Ganzheitliches Projektmanagement

Karl Pfetzing · Adolf Rohde

5., überarbeitete Auflage

Versus · Zürich

Bibliografische Information der Deutschen Nationalbibliothek

Die Deutsche Nationalbibliothek verzeichnet diese Publikation in
der Deutschen Nationalbibliografie; detaillierte bibliografische Daten
sind im Internet über http://dnb.dnb.de abrufbar.

Das Werk einschließlich aller seiner Teile ist urheberrechtlich geschützt.
Jede Verwertung ist ohne Zustimmung des Verlags unzulässig. Dies gilt
insbesondere für Vervielfältigungen, Übersetzungen, Mikroverfilmungen
und die Einspeicherung und Verarbeitung in elektronischen Systemen.

Weitere Informationen zu Büchern aus dem Versus Verlag unter
www.versus.ch

Von diesem Buch erscheint eine Teilauflage
im Verlag Dr. Götz Schmidt (ISBN 978-3-921313-90-9).

© 2014 Verlag Dr. Götz Schmidt, Gießen
© 2014 Versus Verlag AG, Zürich

Umschlagbild: Fritz Huser · Lenzburg
Printed in Germany

ISBN 978-3-03909-244-4

Vorwort zur 5. Auflage

Wir freuen uns über den anhaltenden Erfolg unseres PM-Buchs, der uns eine weitere, überarbeitete Neuauflage ermöglicht. Damit können wir unter anderem sehr schnell die Änderungen in der 5. Edition des PMBOK® (2013) aufgreifen.

Das Project Management Institute (PMI®) hat außerdem in den letzten 2 Jahren seine Standards im Themenbereich Programm-, Portfoliomanagement und Projektmanagementsysteme deutlich ausgeweitet. Daran angelehnt werden vor allem Praktiker und Berater in diesem Bereich in Kapitel 3 und 9 neue Anregungen finden.

Die neu eingeführten Referenzen zu den internationalen Standards des PMI® und der IPMA zu Beginn der Kapitel wurden positiv aufgenommen.

Viele Hinweise von Seminarteilnehmern und Trainern zu unseren Tabellen und Abbildungen haben wir genutzt, um deren Verständlichkeit und Lesbarkeit weiter zu erhöhen. So erscheinen einige seit der ersten Auflage bewährte Darstellungen in neuem Gewand und wurden um zusätzliche Erläuterungen im Text ergänzt.

Aufgrund der aktuellen Projektfehlschläge wie dem Flughafen Berlin-Brandenburg und der Elbphilharmonie gehen wir inhaltlich stärker auf die Themen Krisenmanagement, Kritikalität von Projekten und die psychologischen Auswirkungen bei Entscheidungen unter Risiko ein.

Das Glossar und ein erweitertes Stichwortverzeichnis soll die Suche nach wichtigen Fachbegriffen im Projektmanagement erleichtern, ohne ein entsprechendes Kompendium ersetzen zu wollen.

Wir bedanken uns bei allen Lesern, Seminarteilnehmern, Trainer- und Beraterkollegen für die zahlreichen Anregungen und vor allem bei Dagmar Hofmann-Kahlke und Andreas Schmidt, die uns bei der kontinuierlichen Verbesserung des Buchs maßgeblich unterstützt haben.

Wettenberg bei Gießen, April 2014

Karl Pfetzing
Adolf Rohde

Vorwort zur 4. Auflage

Es ist eine sehr erfreuliche Entwicklung, dass nach nur kurzer Zeit eine weitere Neuauflage unseres PM-Buchs nötig wird. Dies gibt uns die Gelegenheit, schnell auf neue Tendenzen im Projektmanagement wie etwa „agile Methoden" einzugehen und mit den Aktualisierungen internationaler Projektmanagement-Standards Schritt zu halten. So hat nun z. B. das Project Management Institute (PMI®) in der aktuellen Auflage seines PMBOK® alle Projektmanagement-Prozesse in einheitlicher Form beschrieben.

Da viele Leser unser Buch auch als Lehrmaterial nutzen und sich gezielt auf Zertifizierungsprüfungen nach PMI® oder IPMA vorbereiten, haben wir die Referenzen zu diesen Standards ausgeweitet, unsere Beispiele darauf ausgerichtet, typische Fragenkataloge aufgenommen und Glossar, Stichwort- und Literaturverzeichnis deutlich erweitert.

Unser bewährtes Projektmanagement-Modell dient dabei nach wie vor als Klammer zwischen den internationalen Standards, um Gemeinsamkeiten, aber auch die unterschiedlichen Schwerpunkte zu erläutern.

Die IPMA Competence Baseline 3.0 beschreibt jetzt vor allem auch die Verhaltenskompetenzen eines Projektleiters. Wir haben ihre Anwendung in typischen Projektsituationen erläutert, mit entsprechenden Verweisen versehen und normkonforme Ergänzungen vorgenommen.

Um den Transfer der Methoden und Techniken in die Praxis zu fördern, haben wir unser durchgängiges Anwendungsbeispiel aktualisiert und erweitert und zusätzliche Praxisbeispiele aus unterschiedlichen Branchen aufgenommen. Wichtige Fachbegriffe aus dem Projektmanagement sind nun auch mit den englischen Synonymen versehen, um Praktiker in internationalen Projekten zu unterstützen.

Wir danken unseren Lesern und Kollegen für die zahlreichen Anregungen, unserem Verleger für die motivierende Unterstützung und ganz besonders Dagmar Hofmann, ohne deren unermüdlichen Einsatz die Veröffentlichung der Neuauflage kaum möglich gewesen wäre.

Wettenberg bei Gießen, Juli 2011

Karl Pfetzing
Adolf Rohde

Inhaltsverzeichnis

Einführung		**15**
1	**Grundlagen Projektmanagement**	**17**
1.1	Erfolgreiches Projektmanagement	17
1.2	Projekt, Programm, Portfolio	20
1.3	Projektarten und -klassen	23
1.3.1	Anlagenbauprojekte/Bauprojekte	26
1.3.2	Outsourcing-Projekte	27
1.3.3	Forschungsprojekte	27
1.3.4	Organisationsprojekte	27
1.3.5	Kulturveränderungsprojekte	28
1.4	Aufbaustrukturen und Prozesse in Projekten	30
1.4.1	Projektmanagement-Modell	31
1.4.2	Projektstrategie	32
1.4.3	Projektkultur	32
1.4.4	Projektstruktur	33
1.4.5	Initiative	33
1.4.6	Planung	35
1.4.7	Ebenen der Zusammenarbeit	37
1.4.8	Diagnose und Steuerung	39
1.4.9	Abschluss	40
1.5	Normen und Richtlinien im Projektmanagement	41
1.5.1	DIN 69901:2009	42
1.5.2	PMBOK® des PMI®	43
1.5.3	IPMA Competence Baseline (ICB 3.0)	45
2	**Projektorganisation**	**47**
2.1	Gestaltungsprinzipien	47
2.2	Projektbeteiligte	48
2.3	Aufgaben, Befugnisse und Verantwortung wichtiger Rollen im Projekt	50
2.3.1	Projektleiter	50

2.3.2	Projektmitarbeiter	51
2.3.3	Auftraggeber (Sponsor)	52
2.3.4	Lenkungsausschuss (Steering Committee)	52
2.3.5	Antragsteller	54
2.3.6	Bewilligungsgremium (Decision Committee)	54
2.3.7	Programmmanager	55
2.3.8	Portfoliomanager (Multiprojektleiter)	56
2.3.9	Projektmanagement-Office	56
2.3.10	Unternehmensleitung	58
2.3.11	Funktional Beteiligte/Fachbeauftragte	59
2.3.12	Leitung von Funktionsbereichen	60
2.3.13	Leitung von Geschäftsbereichen	60
2.3.14	Bereichskoordinatoren	60
2.3.15	Benutzervertreter	61
2.3.16	Externe Berater/Spezialisten	61
2.4	Formen der Projektorganisation	62
2.4.1	Stabs- oder Einfluss-Projektorganisation	62
2.4.2	Matrix-Projektorganisation	63
2.4.3	Reine oder autonome Projektorganisation	65
2.4.4	Projektorientierte Teilbereiche oder projektbasierte Organisation	66
2.5	Projektorganigramme	67
3	**Multiprojektmanagement**	**69**
3.1	Grundlagen des Multiprojektmanagements	69
3.1.1	Typische Schwierigkeiten des Multiprojektmanagements	70
3.1.2	Funktionen des Multiprojektmanagements	72
3.1.3	Multiprojektmanagement-Modell	73
3.1.4	Der Einfluss der Stammorganisation auf das Multiprojektmanagement	74
3.2	(Multiprojekt-)initiative im Überblick	77
3.3	Projektentstehung	78
3.3.1	Initiatoren und Anlässe	78

3.3.2	Prozessmanagement	79
3.3.3	Produktmanagement	80
3.3.4	Systemmanagement	83
3.4	Projektanträge formulieren	84
3.5	Prüfung von Vorhaben	86
3.5.1	Strategie und Leitbild	86
3.5.2	Balanced Scorecard	88
3.5.3	Strategiebezug von Vorhaben	89
3.5.4	Muss-Projekte	90
3.5.5	Strategiebeitrag von Projektportfolios	91
3.5.6	Projekterfolgskriterien	92
3.5.7	Beurteilung der Wirtschaftlichkeit von Projektideen	97
3.5.8	Prüfungsprozess	101
3.6	Priorisierung	104
3.6.1	Priorisierungsverfahren (Überblick)	105
3.6.2	Quantitative ABC-Analyse	105
3.6.3	Qualitative ABC-Analyse (oder Nutzwertanalyse)	106
3.6.4	Priorisierungstabelle	109
3.6.5	2-dimensionale Portfolio-Analyse	110
3.6.6	3-dimensionale Portfolio-Analyse	111
3.6.7	Abhängigkeiten von Projekten	112
3.6.8	Übergreifende Ressourcenplanung	115
3.6.9	Engpassorientiertes Ressourcenmanagement	119
3.7	Entscheidung über Projekte	121
3.7.1	Verkaufen der Projektidee	121
3.7.2	Sitzungen des Bewilligungsgremiums	123
3.8	Planung, Diagnose und Steuerung des Projektportfolios	124
3.8.1	Planung des Projektportfolios	124
3.8.2	Verrechnung von Projektleistungen	125
3.8.3	Multiprojektberichtswesen	127
3.8.4	Veränderungen im Projektportfolio	134

4	**Projektstart**	**137**
4.1	Auftragsabstimmungsprozess (Überblick)	138
4.2	Projektauftrag	139
4.2.1	Inhalte	140
4.2.2	Beispiel für das Projekt: „Call-Center für den Kundenservice"	142
4.2.3	Abstimmung mit dem Auftraggeber	145
4.3	Change Management in Projekten	146
4.4	Auswahl des Projektleiters	149
4.5	Projektumfeld und interessierte Parteien	150
4.6	Widerstände	156
4.7	Zusammenstellung des Projektteams	159
4.8	Partizipation	160
4.8.1	Ziele und Voraussetzungen	161
4.8.2	Formen der Partizipation	162
4.8.3	Projektmarketing	166
4.8.4	Kick-off-Meeting	169
4.9	Erste Projektsitzung	170
5	**Projektplanung**	**175**
5.1	Grundlagen der Planung	175
5.2	Vorgehen	179
5.2.1	Prinzipien und Klassifizierung von Vorgehensmodellen	180
5.2.2	Phasenorientiertes Vorgehen	181
5.2.3	Iteratives Vorgehen in der Produktentwicklung	189
5.2.4	Agiles Vorgehen	194
5.3	System	202
5.3.1	Systemdenken	202
5.3.2	System abgrenzen	206
5.3.3	Einflussgrößen ermitteln	208
5.3.4	Chancen und Risiken ableiten	210
5.3.5	Lieferobjekte festlegen	210
5.4	Ziele	212
5.4.1	Bedeutung und Funktion	213
5.4.2	Zielbildungsprozess	216

5.4.3	Ziele formulieren, strukturieren und gewichten	217
5.4.4	Anforderungen formulieren	221
5.4.5	Anforderungen klassifizieren	222
5.4.6	Qualitätsmanagement in Projekten	229
5.5	Projektstrukturen	232
5.5.1	Zweck von Strukturplänen	233
5.5.2	Aufbau und Gliederung eines Projektstrukturplans	234
5.5.3	Erstellung eines Projektstrukturplans	240
5.5.4	Die Schritte nach dem Projektstrukturplan	242
5.6	Ablauf und Termine	244
5.6.1	Vorgänge definieren	246
5.6.2	Vorgangsfolgen festlegen	247
5.6.3	Ressourcen und Dauer für Vorgänge schätzen	251
5.6.4	Kritischen Weg und Puffer berechnen	255
5.6.5	Balkenplan	257
5.6.6	Terminplan optimieren	258
5.6.7	Critical Chain	260
5.7	Ressourcen	266
5.7.1	Ressourcenarten	267
5.7.2	Sachmitteleinsatz planen	269
5.7.3	Personaleinsatz planen	270
5.7.4	Methoden der Aufwandsschätzung	274
5.7.5	Beschaffung	281
5.7.6	Vertragsformen	284
5.7.7	Vertragsinhalte	288
5.8	Kosten- und Finanzmittelplanung	292
5.8.1	Grundlagen der Kostenplanung	292
5.8.2	Kostenarten	293
5.8.3	Schritte der Kostenplanung	294
5.8.4	Struktur der Projektkosten	296
5.8.5	Projektkosten und Budgetierung im zeitlichen Verlauf	298
5.8.6	Finanzmittelplanung	301
5.9	Projektpläne integrieren und abstimmen	303

6	**Führung, Zusammenarbeit und Ausführung**	**305**
6.1	Führungsarbeit im Projektverlauf	307
6.1.1	Führungsgrundlagen	308
6.1.2	Menschenbilder und Einstellungen	310
6.1.3	Situativ angemessenes Führungsverhalten	311
6.1.4	Die Führung des Projektteams	312
6.2	Vergabe der Arbeitspakete	313
6.3	Motivation im Team	315
6.4	Teamentwicklungsprozess	319
6.5	Feedback als Lernchance	324
6.6	Internationale Zusammenarbeit	325
7	**Projektdiagnose und -steuerung**	**329**
7.1	Grundlagen und Themenüberblick	329
7.1.1	Regelkreis	330
7.1.2	Inhalte der Projektdiagnose	331
7.1.3	Projektüberwachungszyklus	332
7.1.4	Organisation der Ist-Erfassung	334
7.1.5	Techniken der Projektdiagnose im Überblick	336
7.2	Diagnose des Projektfortschritts	338
7.2.1	Aktivitätenbericht	338
7.2.2	Fertigstellungsgrad von Arbeitspaketen	339
7.2.3	Fortschrittsmessung in IT-Projekten	342
7.3	Diagnose von Projekt- und Produktqualität	347
7.3.1	Reviews und Audits	347
7.3.2	Prüfungen und Tests	349
7.3.3	Darstellung von Messergebnissen	352
7.4	Termine und Ressourcen überwachen	357
7.4.1	Terminliste	357
7.4.2	Balkendiagramme	358
7.4.3	Meilensteintrendanalyse	359
7.4.4	Pufferverbrauch	361
7.4.5	Verfügbarkeitstabellen und Histogramme	362

7.5	Kosten überwachen	364
7.5.1	Kostenstrukturanalysen	365
7.5.2	Kostenartenanalyse	366
7.5.3	Earned Value-Analyse	368
7.6	Risikomanagement	373
7.6.1	Risikomanagement in Projekten	373
7.6.2	Risiken identifizieren	377
7.6.3	Qualitative Risikoanalyse durchführen	379
7.6.4	Quantitative Risikoanalyse	387
7.6.5	Risikobewältigung planen	390
7.6.6	Risiken überwachen	392
7.6.7	Risikoeintritt managen	394
7.7	Informationsmanagement im Projekt	397
7.7.1	Typische Mängel der Information und Kommunikation	398
7.7.2	Information und Kommunikation im Projekt gestalten	399
7.7.3	Kommunikationsformen im Projekt	404
7.7.4	Berichtswesen	406
7.7.5	Dokumentation	410
7.8	Gesprächsführung zur Diagnose und Steuerung	415
7.8.1	Grundlagen der Kommunikation	416
7.8.2	Mitarbeiterzentrierte Gesprächsführung	420
7.8.3	Kritikgespräch	422
7.8.4	Konflikte	425
7.8.5	Verhandlungen im Projekt	430
7.9	Wirksame Projektsteuerung	437
7.9.1	Steuerungsmaßnahmen	438
7.9.2	Maßnahmenverfolgung	440
7.9.3	Eskalation	441
7.9.4	Umgang mit Macht und Hierarchie	442
7.9.5	Sitzungen des Lenkungsausschusses	445
7.9.6	Konfigurations- und Änderungsmanagement	446

8	Projektabschluss	455
8.1	Aktivitäten im Überblick	455
8.2	Lernen aus Projekterfahrungen	456
8.3	Abschlussbesprechung planen und durchführen	457
8.4	Abschlussbericht	459
8.5	Projektreferenzen	460
8.6	Projektbewertung	461
9	**Weiterentwicklung des Projektmanagements**	**463**
9.1	Bestandteile eines Projektmanagement-Systems	464
9.2	Beurteilung eines Projektmanagement-Systems	469
9.3	Das Projektmanagement-System systematisch verbessern	474
9.5	Personalentwicklung für Projektpersonal	483
9.6	Zertifizierung von Projektleitern	487
9.6.1	Die Zertifizierungsverfahren der IPMA	488
9.6.2	Zertifizierungen des Project Management Institute (PMI®)	491
9.7	Zukunft des Projektmanagements	494

Anlage A	**Anhänge 1-33**	495
Anlage B	**Glossar**	523
Anlage C	**Literaturverzeichnis**	527
Anlage D	**Stichwortverzeichnis**	535

Einführung

Gibt es nicht bereits mehr als genug Bücher, die sich mit Projektmanagement befassen? Diese Frage lag angesichts des riesigen Literaturangebots vor der ersten Veröffentlichung 2001 nahe, hat sich aber angesichts der nun schon fünften Auflage ganz im Sinne der Autoren erübrigt. Deren langjährige Trainer- und Beratertätigkeit gab seinerzeit den Anstoß, ein Buch über Projektmanagement vorzulegen, das den Praktikern neben den erforderlichen theoretischen Grundlagen vor allem eine Vielzahl von Anregungen, Ideen und Werkzeugen für die reale Projektarbeit bietet. Pate stand dabei auch die Erkenntnis, dass profunde PM-Kenntnisse und die Anwendung der richtigen Methoden und Werkzeuge allein noch nicht den erwünschten Erfolg bringen, wenn es nicht gelingt (oder gar vergessen wird), alle von den Projekten in irgendeiner Weise betroffenen Menschen zu berücksichtigen und bei allen Vorgehensweisen, beim Einsatz der Techniken und Werkzeuge sowie in allen Phasen der Planung und Durchführung von Projekten die (Aus-)Wirkungen auf die jeweils betroffenen bzw. beteiligten Mitarbeiter in die Überlegungen und Aktivitäten einzubeziehen.

Ganzheitliches Projektmanagement stellt genau das sicher, indem konsequent auf die „weichen" Faktoren eingegangen wird und zahlreiche Hinweise und Anregungen für den Umgang mit den Projektteams, mit den Gremien des Projektmanagements (Auftraggeber, Lenkungsausschuss) und mit den Betroffenen gegeben werden.

> „Ein Buch ist ein Garten, den man in der Tasche trägt."
> Afrikanisches Sprichwort

Das Buch bietet dem Leser reichlich „Erntemöglichkeiten":

- einen aktuellen und vollständigen Überblick
- konkrete zielgruppenorientierte Handlungsanleitungen (Tipps/Checklisten für die praktische Arbeit)
- allgemeingültige Gemeinsamkeiten für alle Branchen, aber auch branchenspezifische Besonderheiten
- ganzheitliche Betrachtung (Strategie/Struktur/Kultur)
- Anregungen zur Bestimmung der eigenen Position
- Möglichkeiten zum Nachschlagen in konkreten Projektsituationen
- Lernhilfen und Unterstützung in Seminaren und bei Prüfungsvorbereitungen.

Ziele des Buchs

Schließlich ergänzt es die erfolgreiche Verlagsreihe, wobei einige thematische Überschneidungen nicht nur unvermeidlich, sondern ausdrücklich gewollt sind.

Zielgruppen

Ganzheitliches Projektmanagement wendet sich in erster Linie an die „Macher" in Projekten, also an Projektleiter, Projektmitarbeiter, Mitarbeiter des Projektmanagement-Office, Mitglieder der Lenkungsausschüsse und Auftraggeber/Entscheider sowohl in Klein- und Mittelbetrieben aller Branchen als auch in global tätigen Konzernen. Hilfreich und interessant kann es aber auch für Studierende der Betriebswirtschaft, der Informatik sowie der Ingenieur- und Sozialwissenschaften sein, ebenso für interne und externe Berater und erst recht für die Teilnehmer an Seminaren und bei der Vorbereitung auf die Zertifizierungsverfahren. Darüber hinaus dürften auch die Entwickler von Projektmanagement-Software Anregungen erhalten.

Aufbau und Gestaltung

Die Autoren haben sich bei ihren Ausführungen konsequent an einem Projektmanagement-Modell orientiert, das den Zusammenhang von Strategie, Struktur und Kultur beim Managen von Projekten verdeutlicht. In insgesamt neun Kapiteln werden alle Bestandteile des PM-Modells aufgearbeitet. Konkrete, zielgruppenorientierte Beschreibungen und Handlungsanleitungen unterstützen die strategische Ausrichtung der Projektarbeit und die Anpassung organisatorischer Regelungen und Strukturen an den jeweils spezifischen Charakter der Projekte und erleichtern die Umsetzung in die Praxis.

Dabei finden die strukturellen Überlegungen immer ihre „kulturelle" Ergänzung, d.h. zu allen methodischen Werkzeugen liefert das Buch Hinweise zu den Auswirkungen auf die betroffenen bzw. beteiligten Menschen sowie Möglichkeiten für eine angemessene Berücksichtigung des „human factor". Neben allgemeinen Organisationsprojekten werden auch Besonderheiten von Projekten unterschiedlicher Branchen, Art und Größe behandelt.

Über die wichtigsten Grundlagen des Projektmanagements (Aufbaustrukturen und Prozesse) hinaus werden Fragen der Projektauswahl (Multiprojektinitiative), die erforderlichen Startbedingungen (z.B. Auftragsgestaltung), alle Elemente einer erfolgsorientierten Projektplanung, Möglichkeiten und Notwendigkeiten der Projektdiagnose und Steuerung einschließlich Führung, Kommunikation und Risikomanagement sowie aus Projekten resultierende Lern- und Entwicklungschancen betrachtet.

1 Grundlagen Projektmanagement

Kompetenzelemente der ICB 3.0		Kapitel und PM-Prozesse des PMBOK®	
1.01	Projektmanagementerfolg	1	Einführung
3.01	Projektorientierung		

Ziele dieses Kapitels – Was können Sie erwarten?

Sie kennen

- die international anerkannten Normen im Projektmanagement und ihre Definitionen von Projekt, Programm, Portfolio, Projektmanagement-Prozessen und -Kompetenzen
- wichtige Erfolgsfaktoren für das Projektmanagement
- das Zusammenspiel von Strategie, Struktur und Kultur in Projekt- und Stammorganisation.

Sie können

- Projekte nach Arten und Klassen unterscheiden und daraus Anforderungen an das Projektmanagement ableiten
- die Interaktionen zwischen den Projektmanagement-Prozessen mit ihren Schritten anhand eines PM-Modells erläutern
- Projekt- und Produktlebenszyklus unterscheiden.

1.1 Erfolgreiches Projektmanagement

Schon immer hatten die Menschen große Herausforderungen zu bewältigen, die sie in Form von Projekten abgewickelt haben. Ob es sich um die Eroberung des Himmels und des Weltraums, die Erschließung von Energiequellen, die Kommunikation in entlegenste Gebiete oder Erfindungen handelte, die das Leben vereinfachten – immer wieder gab es Anlass zur Veränderung.

Ein hoher Innovations- und Veränderungsdruck für Unternehmen ist heute allgegenwärtig. Als Reaktion werden Projekte ins Leben gerufen, die flexibel und schnell Veränderungen umsetzen sollen. Erfolgreiches Projektmanagement ist nun auch für die Unternehmen, die bisher nicht ausschließlich oder überwiegend in Projekten gearbeitet haben, zu einem Wettbewerbsfaktor geworden.

Grundlagen Projektmanagement

Ohne Kenntnisse im Projektmanagement ist heute das Arbeitsleben nicht mehr zu bewältigen.

Hohe Investitionen in PM-Qualifizierung

In den letzten Jahren wurden unzählige Qualifizierungsmaßnahmen im Projektmanagement durchgeführt, Projektmanagement-Methoden und -Techniken in vielen Unternehmen und Organisationen überarbeitet und weiterentwickelt und der Erfahrungsaustausch durch internationale Organisationen wie das Project Management Institute (PMI®) oder die International Project Management Association (IPMA) gefördert. Dennoch scheinen sich die Quoten erfolgreicher Projekte kaum zu verändern und es gibt immer wieder spektakuläre Beispiele gescheiterter Projekte:

Aktuelle Projektfehlschläge

- Eröffnung des Flughafens Berlin-Brandenburg um mindestens 2 Jahre verzögert, die Projektkosten sind dreimal so hoch wie veranschlagt und das Projekt ertrinkt in einer Flut von Änderungen
- Kostenexplosion und Baustopp bei der Elbphilharmonie
- Flughafen Kassel-Calden eröffnet, aber keiner fliegt von dort
- Siemens kann ICE-Lieferzusage zum neuen Winterfahrplan nicht halten
- das Projektmanagement der Energiewende ist unzureichend.

Ein hoher Reifegrad im Projektmanagement erhöht den Projekterfolg

Wie ist dies zu erklären? Zunächst haben die Anstrengungen für ein erfolgreiches Projektmanagement gefruchtet. Organisationen mit einem hohen Reifegrad im Projektmanagement haben doppelt so häufig Projekterfolge zu verzeichnen wie Unternehmen, die dem Managen von Projekten, Programmen und Portfolios eine geringere Bedeutung beimessen. Selbst im Durchschnitt aller an einer Umfrage des PMI® beteiligten Unternehmen konnte von 2008 bis Ende 2011 der Anteil von Projektabbrüchen und Fehlschlägen von 55% auf 32% gesenkt werden.

Seit 2012 werden die Rahmenbedingungen für Projektmanager jedoch wieder zunehmend schwieriger, wie eine aktuelle Untersuchung der deutschen Gesellschaft für Projektmanagement (GPM) über die häufigsten Probleme in der Projektarbeit zeigt (siehe Abb. 1.01). So beklagen sich Projektleiter besonders oft darüber, dass das Top-Management unzureichend die für das Portfolio-Management verfügbaren Informationen für ihre Entscheidungen nutzt, während bei der Zusammenarbeit in der Projektorganisation Probleme seltener sind.

Rang	Kategorie	Ursache	Mittel
1	Rahmenbedingungen	Topmanagement nutzt das Projektportfolio-Controlling nicht zur Unternehmenssteuerung	3,75
2	Ziele und Planung	Unvollständiger Projektressourcenplan	3,49
3	Leitung und Steuerung	Personenbezogenes Veränderungsmanagement ist mangelhaft	3,47
4	Ziele und Planung	Mangelhafte/nicht systematische Machbarkeitsanalyse im Projektvorfeld	3,47
5	Zusammenarbeit mit externen Akteuren	Veränderungen der Anforderungen durch Kunden	3,46
51	Komplexität	Komplexität wegen hoher kultureller Diversität	2,59
52	Projektteam/interne Zusammenarbeit	Mangelnde Teamfähigkeit	2,54
53	Projektteam/interne Zusammenarbeit	Mangelnde Motivation von Teammitgliedern	2,51
54	Zusammenarbeit mit externen Akteuren	Kein regelmäßiger Kontakt zum Project Steering Committee	2,40
55	Leitung und Steuerung	Kein regelmäßiges Treffen des Projektteams	2,06

Abb. 1.01: Die häufigsten Probleme in der Projektarbeit (vgl. RIETIKER/SCHEURER/WALD, 2013)

Mittel = Nennung der Häufigkeit (Skala 1-5)

In einem Umfeld mit fehlender Verbindlichkeit von Ressourcenzusagen, oberflächlich durchgeführten Voruntersuchungen und der Änderungsfreudigkeit von Kunden haben sich Projektleiter meist zu bewähren. Soll der Projekterfolg nicht gleich unmöglich werden, werden Projektumfeld-, Stakeholder-, System- und Anforderungsanalysen immer wichtiger, einschließlich der notwendigen Dokumentation und Kommunikation der jeweils aktuellen Ergebnisse.

Projektumfeld unbedingt analysieren

Der Projektauftrag mit der Festlegung des Projekterfolgs und den darin festgehaltenen Rahmenbedingungen ist ebenfalls bedeutsam. Dies wissen auch die besten 2% der Projektmanager einer Untersuchung von ANDY CROWE (2008), die ihre Projektaufträge so verhandeln, dass sie sich darüber nicht beschweren müssen.

Die besten Projektleiter haben klare Aufträge

Änderungen routiniert und flexibel zu managen, gehört zum Alltag. Diesen Aspekten versuchen vor allem agile Vorgehensweisen zu entsprechen. Häufige inhaltliche Änderungen verunsichern aber auch Betroffene und Beteiligte von Projekten. Leider wird das personenbezogene Änderungsmanagement zu wenig beachtet.

Änderungen und Veränderungen managen

Die Zahl der Fehlschläge ist auf dem besten Weg, wieder das inakzeptable Niveau früherer Jahre zu erreichen, wenn sich nicht die gesamte Organisation

Fokussierung der Besten im Projektmanagement

auf die Erfordernisse erfolgreicher Projekte ausrichtet. Top-Performer in ihren Branchen konzentrieren sich auf die folgenden 3 Punkte, um ihre Projektauftraggeber intern und extern zufrieden zustellen:

- Strategische Ausrichtung (Programm-/Portfoliomanagement, agile Methoden, Projektnutzen realisieren)
- Fokus auf Talente (Karrierepfade, laufendes Training, formalisierte Personalentwicklung)
- Unterstützung von Projektmanagementstandards (Durchgängigkeit, Zertifizierung, aktive Sponsoren in Projekten).

1.2 Projekt, Programm, Portfolio

Für eine Definition ist es immer hilfreich, bekannte Standards zu bemühen. So gibt es zum einen die International Project Management Association (IPMA), deren deutsches Mitglied – die Gesellschaft für Projektmanagement (GPM) – die DIN nutzt. Danach ist ein Projekt folgendermaßen definiert:

Definition

Ein Projekt ist ein „Vorhaben, das im Wesentlichen durch die Einmaligkeit der Bedingungen in seiner Gesamtheit gekennzeichnet ist, z.B. Zielvorgabe, zeitliche, finanzielle, personelle und andere Begrenzungen, Abgrenzung gegenüber anderen Vorhaben und projektspezifische Organisation" (DIN 69 901).

Projekte sind also immer etwas Zusätzliches, Besonderes. Sie erfordern jeweils spezielle, für konkrete Probleme und Aufgabenstellungen geeignete Regelungen und Verfahren.

Einmalig und zeitlich begrenzt

Etwas kürzer betont das Project Management Institute (PMI®) in seinem PMBOK® (Project Management Body of Knowledge) Guide die zeitliche Begrenzung und Einmaligkeit von Projekten. Darin ist ein Projekt ein zeitlich begrenztes Vorhaben zur Schaffung eines einmaligen Produkts oder einer Dienstleistung. Das Projektergebnis wird dabei schrittweise erarbeitet.

Meist geht in Organisationen dem Start eines Projekts ein Auswahlprozess voraus, der die notwendige Begründung für das Projekt liefert und damit den Zweck des Projekts beschreibt.

Der ebenfalls weitverbreitete Projektmanagement-Standard der britischen Regierung, PRINCE2, stellt dies in den Vordergrund seiner Projektdefinition. Dabei liefert immer ein „Business Case" die sachliche Grundlage für ein Projekt. Demzufolge ist ein Projekt ein zeitlich begrenztes Managementumfeld, dessen Zweck darin besteht, ein oder mehrere Produkte unter Einhaltung eines genau umschriebenen Business Case zu liefern.

In der Praxis werden Projekte häufig über die Eigenschaften der mit Projekten zu lösenden Aufgabenstellungen und Probleme definiert.

Probleme / Aufgabenstellungen	Projekt	Ergebnis
Mit den typischen Merkmalen ■ neuartig ■ komplex ■ übergreifend (viele Betroffene) ■ arbeitsteilig (viele Beteiligte/ Spezialisten) ■ risikoreich ■ aufwändig (Zeit, Kosten) ■ strategisch bedeutend ■ dringlich ■ außergewöhnlich.	Einmaliger Prozess mit einem bestimmten Start- und Endtermin zur Erreichung definierter Ziele mit ■ begrenzten Ressourcen ■ eigenständiger Hierarchie und Regelungen (Projektstruktur) ■ eigenständigen Normen, Wertvorstellungen, Einstellungen, die das Verhalten aller Projektmitarbeiter prägen (Projektkultur) ■ aus der Unternehmensstrategie abgeleiteter grundlegender Ausrichtung (Projektstrategie).	Ziele = Qualitätsanspruch an das Ergebnis (beispielhaft) ■ höhere Leistung ■ kostengünstiger ■ mehr Durchsatz ■ hohe Akzeptanz ■ breite Einsatzmöglichkeiten ■ hohe Modularität ■ hohe Transparenz ■ geringe Fehlerquote ■ ansprechende Form.

Projektmerkmale

Abb. 1.02: Projekt als Problemlösungsverfahren

Folgende Aufgabenstellungen könnten in einer Organisation in Projektform abgewickelt werden:

- Call-Center Kundenservice
- Modernisierung der Testumgebung
- Migration des Kernbanksystems
- Umstellung auf Windows 7
- Einführung agiles PM in der SW-Entwicklung
- Release 3.0 Kredis
- Optimierung ITIL-Prozesse
- Kapazitätserweiterung Server und Netze
- Systemmodifikation für Großkunde.

Beispiele für Projekte

Damit die Projektorganisationen bei diesen komplexen Aufgabenstellungen effizienter als die Stammorganisation wirken können, sind Kriterien anzuwenden, die definieren, bei welchen Vorhaben von einem Projekt gesprochen wird. Ein Projektauftrag dokumentiert die Grenzen der sogenannten Sekundärorganisation im Projekt gegenüber der Stammorganisation. In der Praxis ergeben sich leider viel zu oft fließende Übergänge, die den Projektverantwortlichen das Leben schwer machen.

Projekte als Sekundärorganisation

Grundlagen Projektmanagement

In größeren Organisationen kann die Liste der Projekte lang und unübersichtlich werden, so dass thematische Zusammenfassungen sinnvoll sind, um gemeinsam projektbezogene Ressourcen und Infrastruktur zu nutzen. Die Koordination erfolgt über Programme, die unter einer eigenen Leitung – dem Programmmanager – stehen.

> **Definition** Ein Programm ist eine Gruppe von verwandten Projekten, die durch Teilen von Ressourcen und Infrastruktur sowie Anwendung gemeinsamer Prozesse koordiniert gemanagt werden, um zusätzlichen Nutzen zu generieren.

Während in Programmen Projekte zusammengefasst sind, die vor allem auch inhaltliche Abhängigkeiten aufweisen, spricht man von einem Portfolio, wenn alle Projekte eines Bereichs oder einer Organisation betrachtet werden, um diese auf strategische Unternehmensziele auszurichten. Diese Leitungsaufgabe wird in größeren Organisationen einem von der Unternehmensleitung ernannten Bewilligungsgremium übertragen, das dann von einem Projektmanagement-Office (PMO) unterstützt wird.

Hier liegt die Verantwortung für das Multiprojektmanagement, das in Kapitel 3 ausführlich dargestellt wird.

> **Definition** Ein Portfolio ist eine Sammlung von Projekten oder Programmen und anderen Aufgaben, die in Gruppen zusammengefasst werden, um durch eine effiziente Abwicklung strategische Geschäftsziele besser zu erreichen.

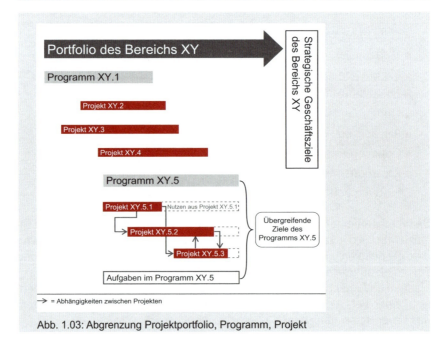

Abb. 1.03: Abgrenzung Projektportfolio, Programm, Projekt

1.3 Projektarten und -klassen

Um den Lösungsmechanismus Projekt nicht jedes Mal von neuem zu erfinden, gibt es standardisierte Projektmanagement-Prozesse, -Rollen und -Regeln. Sie bilden die Grundstruktur eines jeden Projekts in der Organisation, die sogenannte Projektstruktur, und werden in Projekthandbüchern beschrieben. Die Vielfalt der Projekte erfordert jedoch auch unterschiedliche Vorgehensweisen, die in jedem Einzelfall im Spannungsfeld zwischen Flexibilität, Effizienz und strategischer Ausrichtung zu entscheiden sind.

Als Anhaltspunkte können Projektarten und -klassen herangezogen werden, um Empfehlungen für die Anwendung von Projektmanagement-Methoden zu geben.

Von der Projektklasse hängen ab:

- zuständiges Bewilligungsgremium
- Besetzung des Lenkungsausschusses
- Aufbauform des Projekts
- Qualifikation und Auswahl des Projektleiters
- Freistellungsanforderung für Projektleiter und Projektmitarbeiter
- Berichtspflichten.

In der Praxis werden Projektklassen oft unternehmensspezifisch aufgrund von finanziellen (z.B. Projektbudget) und organisatorischen (z.B. Anzahl betroffene Bereiche) Kriterien gebildet, die bei Antragstellung einfach festzustellen sind. Ein allgemeineres Maß für die Bildung von Projektklassen ist die Komplexität eines Vorhabens, in die 5 Aspekte eingehen, die bezüglich der Anzahl der Komponenten, der Beziehungen zwischen den Elementen und der Stabilität und Änderungshäufigkeit eingeschätzt werden. Damit werden auch Projekte zwischen verschiedenen Organisationen vergleichbar.

Das Scoring-Modell der Komplexität wurde von GEROLD PATZAK 2009 zum ersten Mal veröffentlicht.

Um daraus die Projektklasse abzuleiten, wird die Komplexität eines Vorhabens anhand der Ausprägung von einzelnen Aspekten wie Projektziel, Projektgegenstand, Projektaufgabe, Projektausführende und Projektumfeld beurteilt. In der Regel sollte ein Projektantrag erlauben, diese Merkmale zu bestimmen. Die Klassen ergeben sich dann aufgrund der Bewertungszahl, die bei theoretisch maximal 75 liegen kann. So kann ein Unternehmen von großen Projekten (Klasse 1) bei mehr als 45 Punkten sprechen, während es sich bei 35-44 Punkten um Normalprojekte (Klasse 2) handelt und kleine Projekte (Klasse 3) ab 25 Punkte beginnen.

Bildung von Projektklassen anhand der Komplexität

In Abb. 1.04 wird die Komplexität des Projekts „Migration des Kernbanksystems" schrittweise beurteilt. Bei jedem Kriterium werden Einstufungen von 1 für einfach bis 5 für extrem vorgenommen. Wichtige Anhaltspunkte bieten die von PATZAK gelieferten klassifizierenden Beschreibungen, die in der Tabelle nur teilweise wiedergegeben sind.

	Aspekt	Kriterien	Einfach (1)	Wenig (2)	Ziemlich (3)	Hoch (4)	Extrem (5)
1	Projektziel (8 von 15)	Anzahl und Unterschiede der Einzelziele	Wenige				Viele schwer erfassbar
		Zahl der Wechselwirkungen	Keine				Sehr viele
		Unsicherheit in der Zielformulierung	Keine				Laufend
2	Projektgegenstand (11 von 15)	Anzahl und Unterschiedlichkeit der Komponenten	Sehr wenige				Unüberschaubar
		Anzahl der funktionalen und technischen Beziehungen	Einfach				Mannigfaltig
		Änderungen der Konfiguration	Keine				unabsehbar
3	Projektaufgabe (10 von 15)	Anzahl an Phasen, Arbeitspaketen, Vorgängen	< 30				> 3000
		Anzahl und Form von Abhängigkeiten zwischen Arbeitspaketen	Linear				Viele Subnetze
		Änderungen in Arbeitspaketen	Fix				Oft
4	Projektausführende (9 von 15)	Anzahl und Unterschiede der Interessengruppen	Wenige, bekannte				Inhomogen, verteilt
		Unterschiede in der Form der Zusammenarbeit	Klare Aufteilung				Vernetzte Interaktionen
		Personelle Änderungen	Fix				Hohe Dynamik
5	Projektumfeld (10 von 15)	Anzahl der Einflussgrößen	Projekt kann isoliert betrachtet werden				Umfeld ist unklar, chaotisch
		Vielfalt der Art von Einflussgrößen					
		Änderungspotenzial der Einflüsse					
	Score der Komplexität (48 von 75)		0	4	24	20	0

Abb. 1.04: Scoring der Komplexität eines Projekts (vgl. G. PATZAK, 2009)

Für die Projekte aus Kapitel 1.2 könnte die Komplexitätsbewertung folgende Projektklassen ergeben:

Projekt	Ziele	Gegenstand	Aufgabe	Ausführende	Umfeld	Gesamt	Projektklasse
Call-Center Kundenservice	9	11	10	10	7	47	1
Modernisierung der Testumgebung	6	7	8	5	10	36	2
Migration des Kernbanksystems	8	11	10	9	10	48	1
Umstellung auf Windows 7	5	7	5	4	5	26	3
Einführung agiles PM in der SW-Entwicklung	8	13	11	12	11	55	1
Optimierung ITIL-Prozesse	10	10	9	8	7	44	2
Kapazitätserweiterung Server und Netze	6	5	7	5	6	29	3
Systemmodifikation für Großkunde	4	5	6	4	6	25	3

Abb. 1.05: Bestimmung der Projektklasse

Die Umstellung auf Windows 7, die Kapazitätserweiterung Server und Netze und die Systemmodifikation für einen Großkunden sind kleinere Projekte (Klasse 3), die keine besondere Qualifikation und Freistellung des Projektleiters erfordern und für die vereinfachte Berichtspflichten genügen. Das Call-Center für den Kundenservice, die Migration des Kernbanksystems und die Einführung des agilen Projektmanagements sollten dagegen als Projekte der Klasse 1 von besonders erfahrenen und qualifizierten Projektleitern geleitet werden, die auch über umfassende Befugnisse und einen hohen Freistellungsgrad für ihre Aufgabe verfügen. Außerdem muss die Unternehmensleitung in das Berichtswesen zwingend einbezogen sein.

Handlungsempfehlung aufgrund der Projektklasse

Die Messung der Projektkomplexität erlaubt auch, die Projektmanagement-Kompetenzen eines Projektleiters anhand seiner Projektreferenzen einzuschätzen, und wird etwa bei der Prüfung der Anträge zur Projektleiterzertifizierung genutzt.

Je nach Branche und Unternehmensbereich gibt es große Unterschiede im Stellenwert der Projektarbeit. So ist das Abwickeln von Projekten für einen Anlagenbauer und für Beratungsunternehmen ein Kernprozess, während in Handelsunternehmen Projekte nur in unterstützenden Prozessen vorkommen.

Die Einordnung von Branchen, welche Treiber Projekte für Veränderungen sind, nutzt Stephen Rietiker (Vortrag beim IPMA World Congress, Brisbane 2011), um unterschiedliche Anforderungen an das Projektmanagementsystem abzuleiten. Ist eine Organisation groß genug und hat sie eine Vielzahl von Projekten parallel zu managen, sollte auch eine Differenzierung nach Projektarten erwogen werden.

Projektarten werden in vielen Unternehmen definiert, um

- Schwerpunkte im Knowhow-Bedarf zu erkennen,
- eigenständige, spezifische Methoden und Vorgehensweisen festzulegen,
- die unternehmensweite Steuerung zu erleichtern und
- das Setzen von strategischen Schwerpunkten zu vereinfachen.

Sie werden meist nach dem Projektinhalt oder dem Projektauftraggeber gebildet. Die Typisierung nach Geschäftszweck erfolgt bei strategischen Überlegungen. Wenn es keine Projektklassen gibt, kann die relative Neuartigkeit des Projektgegenstandes für die Organisation oder eine vereinfachte Komplexität nach fachlich-inhaltlichen beziehungsweise sozial-kommunikativen Aspekten genutzt werden, um Projektarten abzuleiten.

Projektarten fassen Projekte nach Besonderheiten zusammen

So handelt es sich um ein Potenzialprojekt, wenn die inhaltliche Komplexität hoch und herausfordernd ist, während das Projekt in einem vertrauten sozialen Umfeld stattfindet. Bei Akzeptanzprojekten ist die inhaltliche Komplexität zwar gering, dagegen die Zahl der relevanten Stakeholder mit unterschiedlichen Interessen groß.

Dimension		Projektarten
1	Projektauftraggeber	Externes Projekt Internes Projekt
2	Geschäftszweck	Strategisches Projekt Rationalisierungsprojekt Erweiterungsprojekt Ersatzprojekt
3	Projektinhalt	Forschungsprojekt Produktentwicklungsprojekt Infrastrukturprojekt Organisationsprojekt IT-Projekt Eventprojekt
4	Relative Neuartigkeit	Innovationsprojekt Fachprojekt Routineprojekt
5	Komplexität	Standardprojekt Akzeptanzprojekt Potenzialprojekt Pionierprojekt

Abb. 1.06: Typisierung von Projektarten (GPM 2009)

Ob eine Unterscheidung sinnvoll ist, hängt maßgeblich vom Stellenwert der Projektarbeit und der Zahl der Projekte einer Projektart im Unternehmen ab. Im Folgenden sollen die Merkmale unterschiedlicher Projektarten herausgearbeitet werden, auf die sich ein Projektleiter einstellen muss.

1.3.1 Anlagenbauprojekte/Bauprojekte

Koordination externer Partner

Anlagenbauprojekte/Bauprojekte sind für die initiierenden Unternehmen meist sehr kostenintensive Vorhaben und belasten die finanziellen Möglichkeiten sehr stark. Für Planung und Umsetzung müssen viele externe Lieferanten ausgewählt und koordiniert werden. Mängel und Terminverzüge haben direkte Auswirkungen auf die Wirtschaftlichkeit des Projekts. Da es sich meist um konkret sichtbare und überprüfbare Ergebnisse handelt und bereits sehr viele Erfahrungen mit dieser Projektart vorliegen, können durch eine intensive Planung, klare Anforderungsspezifikationen und qualitätsbewusste Auswahl eines externen Partners Überraschungen vermieden werden.

Die Anwendung von Projektmanagement-Methoden sollte bei dieser Projektart obligatorisch sein, vor allem, wenn sie im Kundenauftrag abzuwickeln sind.

1.3.2 Outsourcing-Projekte

Das Thema Outsourcing hat in den letzten Jahren die meisten Unternehmen oder Institutionen erfasst. Der permanente Kostendruck zwingt sie, nach Einsparungspotenzialen zu suchen. Als Lösung ist Outsourcing immer eine denkbare Alternative. Die Weichen für ein erfolgreiches Outsourcing-Projekt werden bereits bei der Beantwortung der Frage gestellt, welcher Bereich sich für das Outsourcing eignet und ob eine Zusammenarbeit mit einem Anbieter oder die rechtliche Selbständigkeit angestrebt werden sollen. Basis sind vor allem strategische Überlegungen und die Klarheit über die eigenen Kernkompetenzen.

Klarheit über eigene Kernkompetenzen

Jedes Outsourcing-Projekt steht im Spannungsfeld zwischen den erwarteten finanziellen Einsparungen und den personellen Konsequenzen für die Mitarbeiter. So sind kritische Stimmen und Widerstände der betroffenen Mitarbeiter und ein hoher Ergebnisdruck des Managements die Regel. Für das Projektmanagement kommt es darauf an, dies ausreichend zu berücksichtigen.

Frühzeitige Einbindung und Information der Mitarbeitervertretung (Betriebsrat, Personalrat) helfen, Gerüchte zu vermeiden. Kulturfördernde Integrationsmaßnahmen sollten geplant und durchgeführt werden.

Einbindung Mitarbeitervertretung

Strukturell sollten die zielgerichtete Auswahl des „Übernehmers" und die klare Abgrenzung von Aufgaben und Leistungen zum künftigen Anbieter mit entsprechender Absicherung durch Verträge im Vordergrund stehen.

Bei der Zusammenarbeit mit dem Top-Management sollte der Projektleiter überzogenen Erwartungen mit regelmäßig aktualisierten Wirtschaftlichkeitsrechnungen begegnen, mögliche strategische Änderungen aufmerksam verfolgen und bei Eintritt auf mögliche Konsequenzen aufmerksam machen.

1.3.3 Forschungsprojekte

Forschungsprojekte dauern oft viele Jahre und können enorm hohe Kosten verursachen. Sie sind sehr risikoreich und können sich als totale Geldverschwendung herausstellen oder mit einer enorm rentablen Entdeckung enden. Im Gegensatz zu allen anderen Projektarten ist es oft sogar schwierig, das Ziel des Projekts zu spezifizieren. Deshalb sind die klassischen Projektmanagement-Methoden für Forschungsprojekte nur bedingt geeignet. Der Fokus liegt dabei mehr darauf, nach den richtigen Dingen zu forschen. Damit steht die Multiprojektinitiative im Vordergrund, in der versucht wird, den kreativen Ideen eine Richtung zu geben und durch Regeln und Budgetierungsprozesse den Projektfortschritt zu kontrollieren.

Multiprojektinitiative im Vordergrund

1.3.4 Organisationsprojekte

Organisationsprojekte sollen durch Gestaltung von Aufbau- und Prozessstrukturen helfen, Kosten zu senken und die Qualität der Leistungserstellung zu verbessern. So sollen Durchlaufzeiten verkürzt werden, klarere Zuständigkeiten entstehen, Schnittstellen und Komplexität verringert werden. Zwar sind die Gestaltungsinhalte meist auf interne Prozesse und Organisationseinheiten konzentriert, doch die Anstöße und wichtige Ziele werden sehr oft von Kunden ausgelöst. Die interne Organisation soll flexibler werden, sich schneller auf Marktveränderungen einstellen können.

Interessen betroffener Mitarbeiter

Da vor allem für die betroffenen Mitarbeiter die Konsequenzen solcher Organisationsprojekte erheblich sein können, sollte das Projektmanagement nie deren Interessen außer Acht lassen. Denn wenn die Mitarbeiter die neuen Regeln und Verhaltensweisen nicht verinnerlicht haben und akzeptieren, werden auch die erwarteten Rationalisierungseffekte ausbleiben.

Informationstechnologie verzahnt einsetzen

Ein wesentliches Sachmittel bei jedem Organisationsprojekt ist die Informationstechnologie (Hard- und Software). Umstellungen von Prozessen und ganzen Geschäftszweigen durch E-Commerce, Einführungen von Standardsoftware für breite Anwendungsgebiete sind heute alltägliche Projektthemen von Organisationsprojekten. Besonders charakteristisch ist die Verzahnung von technischen, organisatorischen und kulturellen Aspekten in dieser Projektart. Hier ergeben sich viele Unwägbarkeiten und eine oft nur schwer durchschaubare Komplexität, die bei Projektbeginn häufig noch gar nicht sichtbar ist.

1.3.5 Kulturveränderungsprojekte

Definition

Unternehmenskultur ist die Gesamtheit aller Normen und Werte, die den Geist und die Persönlichkeit eines Unternehmens ausmachen.

Normen und Werte kanalisieren das Verhalten der Menschen und schaffen Klarheit für alle Mitarbeiter, was in dieser Organisation als „gut" bzw. „nicht gut" gilt, was „erlaubt" bzw. „nicht erlaubt" ist, was „belohnt" und was „bestraft" wird. Als „Ergebnis" eines komplexen und langjährigen Geschehens drückt sich Unternehmenskultur jedoch nicht in harten Zahlen und Fakten, sondern vor allem durch emotionale Qualitäten aus und kann letztlich nur erlebt, nicht aber gemessen und berechnet werden. Neben fundamentalen und nur bedingt beeinflussbaren Faktoren wie Produkte und Dienstleistungen, Kunden, Personalstruktur, Größe, Eigentumsstruktur, Alter und Geschichte des Unternehmens gibt es eine Vielzahl unternehmensspezifischer Faktoren, die wiederum weitgehend beeinflussbar sind: Verhalten des Managements; Organisationsphilosophie und -struktur; Menschenbilder, Führungsinstrumentarium; Unternehmensziele und -leitbild; Strategie; Führungsgrundsätze; Personalpolitik; Arbeitsplatzgestaltung; Belohnungs- und Sanktionsprinzipien; Kommunikation; Informationspolitik; Regelungsdichte; Architektur und Raumgestaltung; Corporate Identity, Corporate Design, Gestaltung sozialer Ereignisse u.a.m.

Wenn auch Projekte sehr häufig in erster Linie strukturelle Veränderungen im Visier haben, darf nicht übersehen werden, dass sich immer auch Auswirkungen auf die Kultur des Unternehmens/der Organisation ergeben werden. Diese von Beginn an einzubeziehen, trägt meist ganz entscheidend zum Gelingen des Veränderungsvorhabens bei. Schon allein die Art und Weise, wie Veränderungen angegangen werden, inwieweit mit „offenen Karten" gespielt wird, ob und in welchem Umfang die betroffenen Mitarbeiter einbezogen, wie transparent Entscheidungen getroffen werden oder ob es ein verbindliches Projektmanagement gibt, ist Ausdruck der real existierenden Kultur. Projektarbeit ist einerseits Ausdruck einer ausgesprochen kooperativen Unternehmenskultur, andererseits auf eine solche Kultur auch angewiesen, denn sie vollzieht sich in Form von Teamarbeit, „zwingt" zumeist mehrere Unternehmensbereiche zur reibungslosen Zusammenarbeit und bietet gleichzeitig eine institutionalisierte Form von Mitarbeiterbeteiligung – zumindest insoweit, als das Projektteam aus Mitarbeitern der (fachlich) betroffenen Bereiche gebildet wird (siehe auch Kap. 4.3 Change Management in Projekten).

<u>Strukturwechsel hat Auswirkung auf Kultur</u>

Der Erfolg jeder Reorganisation ist unter anderem davon abhängig, ob die kulturellen Voraussetzungen für das Funktionieren des neuen Strukturmodells gegeben sind oder nicht. Es stellt sich somit nicht nur die Frage nach den geeigneten Strukturen, sondern auch nach der geeigneten Kultur. Der kulturelle „Soll-Zustand" muss definiert und der „Ist-Situation" gegenübergestellt werden. Bei gravierenden Abweichungen reicht dann allein die Einbeziehung kultureller Aspekte in die Projektarbeit nicht aus, eigenständige Kulturveränderungsprojekte sind unumgänglich.

<u>Erfolgsfaktor einer Reorganisation</u>

Die Ist-Situation lässt sich am besten mit Hilfe einer Beurteilung der Unternehmenskultur durch die Mitarbeiter erheben. Die Auswertung zeigt dann die wesentlichen Stärken und Defizite und erleichtert die Entscheidung, ob ein Kulturveränderungsprojekt aufgesetzt werden muss.

Kulturveränderungsprojekte zielen unmittelbar auf eine konkrete Beeinflussung der für das Unternehmen wesentlichen Grundeinstellungen, auf die Gestaltung der Beziehungsebene und mehr oder weniger auf die Entwicklung und Durchsetzung relevanter Werte und Normen wie z.B. Kundenorientierung, Mitarbeiterorientierung, Qualität, Innovationsbereitschaft, offene Kommunikation, Kooperation, Konfliktbewältigung und Identifikation. Die größte Herausforderung hierbei ist weder die Analyse der Ist-Situation noch die Definition des angestrebten Soll-Zustands, sondern vielmehr die Umsetzung, die Frage also, wie die Kultur des Unternehmens im betrieblichen Alltag nachhaltig verändert werden kann. Es geht also nicht um bloße Verhaltensänderung der Mitarbeiter, vielmehr bedarf es einer Anpassung der allem Verhalten zugrundeliegenden Einstellungen. In den meisten Fällen fehlt die Zeit, solche Veränderungen ganz gelassen als offenen und unstrukturierten Prozess anzugehen, die Dinge „wachsen zu lassen". Somit gilt auch bei der Veränderung sogenannter „weicher Faktoren": Gebraucht wird ein zielorientiertes Management mit klaren Zielsetzungen, Erfolgskriterien, funktionsfähiger Projektorganisation, realistischer Planung und effizientem Projekt-Controlling.

<u>Beeinflussung der Grundeinstellungen</u>

1.4 Aufbaustrukturen und Prozesse in Projekten

Nachdem Projekte geordnet, klassifiziert und typisiert wurden, gilt es nun, auch das Projektmanagement zu definieren.

Definition — Das PMI® versteht in seinem Project Management Body of Knowledge (PMBOK®) unter Projektmanagement die Anwendung von Wissen, Fertigkeiten, Werkzeugen und Methoden auf Projektvorgänge, um Projektanforderungen zu erfüllen.

Definition — Gemäß DIN 699015 ist Projektmanagement die Gesamtheit von Führungsaufgaben, -organisation, -techniken und -mitteln für die Initialisierung, Definition, Planung, Steuerung und den Abschluss von Projekten.

Alle international verbreiteten Projektmanagement-Standards beschreiben das Projektmanagement über Prozesse und Strukturen, um den Mitarbeitern Orientierung und einen Leitfaden für die Praxis zu geben. Leider setzen sie doch sehr unterschiedliche Schwerpunkte und verwenden nur ähnliche statt einheitliche Begriffe.

Nutzen eines PM-Modells — Wir verwenden in unseren Seminaren ein eigenständiges Projektmanagement-Modell, das einen ganzheitlichen Ansatz verfolgt und die Brücke zwischen den international verbreiteten Projektmanagement-Standards baut. Es erlaubt Projektleitern, für sie relevante Wissensgebiete und ihre Zusammenhänge zu erkennen und kann auch für die Bewertung von Einzelprojekten und Projektmanagement-Systemen als Checkliste herangezogen werden. Außerdem hat es sich als Lernhilfe für Weiterbildungsveranstaltungen im Projektmanagement bewährt.

Durch das Modell soll sich ein Projektzelt als Sinnbild für eine flexible Organisationsform einprägen, dessen Stabilität gebende „Zeltstangen" durch Projektstruktur, Projektstrategie und Projektkultur gebildet werden. An den Zeltseiten verlaufen die Prozesse Planung, Ausführung, Diagnose und Steuerung sowie Führung und Zusammenarbeit. Der Zeltaufbau erfolgt durch den PM-Prozess der Initiative, während der Zeltabbau dem Projektabschluss entspricht.

Das PM-Modell deckt die Projektmanagement-Prozesse des PMBOK® des PMI® vollständig ab, es ergänzt die wichtigen Führungs- und Teamprozesse und umfasst in der Initiative auch strategische und operative Prozesse, die zur Auswahl der richtigen Projekte für ein Unternehmen beitragen.

Außerdem wurden die Wissensgebiete der IPMA Competence Baseline (3.0) den Projektmanagement-Prozessen soweit möglich zugeordnet, um auch diesen international bedeutenden Projektmanagement-Standard einzubeziehen. Damit eignet sich das Modell auch für eine gezielte Prüfungsvorbereitung, wenn sich Projektleiter international zertifizieren möchten.

1.4.1 Projektmanagement-Modell

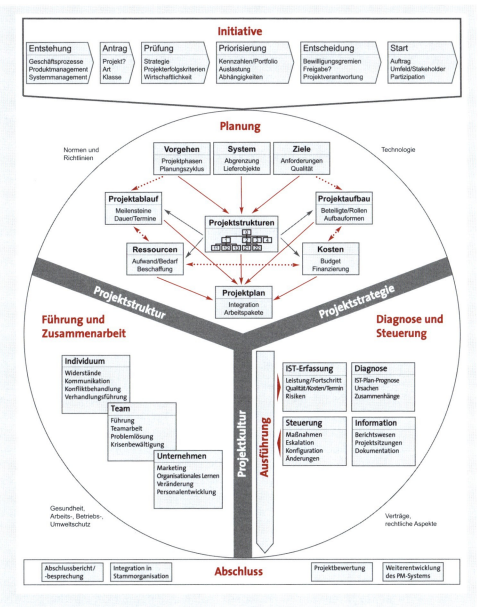

Abb. 1.07: ibo-Projektmanagement-Modell

1.4.2 Projektstrategie

Ausrichtung des Projekts auf die Unternehmensstrategie

Die Projektstrategie ist die grundlegende Ausrichtung des Projekts hinsichtlich Vorgehen, Restriktionen und Zielen, die aus der Unternehmensstrategie abgeleitet sind. Sie wird maßgeblich im Rahmen der Multiprojektinitiative gebildet. Sie hilft dem Projektleiter, in der Projektplanung geeignete Schwerpunkte zu bilden und geeignete Meilensteine zur Überwachung abzuleiten.

Für die Diagnose und Steuerung zeigt sie kritische Punkte, deren negative Entwicklung im Rahmen der Risikoanalyse unbedingt beachtet werden muss. Die Kommunikation zum Top-Management und das Projektmarketing sollten vom Projektleiter vor allem auf die Projektstrategie ausgerichtet sein.

Die Projektstrategie gibt der Führung und Zusammenarbeit Richtung und Verlässlichkeit. Eine hohe Identifikation aller Beteiligten mit der Projektstrategie trägt wesentlich zur Motivation bei und sorgt auch für Orientierung in schwierigen Zeiten im Projekt.

Am Ende des Projekts sollte beim Projektabschluss vor allem kritisch geprüft werden, inwieweit die ursprüngliche Projektstrategie beibehalten werden konnte und welche Auswirkungen mögliche Veränderungen auf das Projekt hatten.

1.4.3 Projektkultur

Gesamtheit aller Normen und Werte im Projekt

Unternehmenskultur wurde definiert als die Gesamtheit aller Normen und Werte, die den Geist und die Persönlichkeit eines Unternehmens ausmachen. Die daraus resultierenden Denkhaltungen, Grundannahmen, Einstellungen und Verhaltensweisen schlagen sich auch und gerade in der Projektkultur nieder. Allerdings bietet Projektarbeit immer auch die Möglichkeit, zumindest indirekt die Kultur zu verändern. Die erforderliche intensive Zusammenarbeit von Mitarbeitern unterschiedlicher Bereiche, die Notwendigkeit zur Überwindung von Bereichsegoismen und nicht zuletzt die gemeinsame Verantwortung für den erfolgreichen Veränderungsprozess können ein Klima des Miteinanders fördern und zur Stärkung der Identifikation mit dem Unternehmen beitragen. Die hier praktizierten Kooperations- und Umgangsformen werden mit der Zeit weitere Bereiche des Unternehmens prägen.

Immer häufiger kommt es heute zu internationalen Besetzungen der Projektteams. Deutsche bearbeiten z.B. gemeinsam mit Amerikanern, Briten, Franzosen, Japanern und/oder Indern Projekte, deren Ergebnisse im weltweit operierenden Konzern umgesetzt werden müssen. Hier prallen zum Teil erhebliche kulturelle Unterschiede aufeinander, die sich nicht nur auf die Teamfähigkeit erstrecken, sondern sogar sehr unterschiedliche Wertesysteme (Grundeinstellungen, Führungsstile, Umgang mit Macht und Hierarchie u.a.m.) im Team zusammenführen. Für den Projektleiter bedeutet dies eine ganz neue und besondere Herausforderung, die ohne Weltoffenheit, ausgeprägte

Toleranz und ein hohes Maß an Einfühlungsvermögen kaum zu bewältigen ist. Zugleich erwächst hieraus eine Chance zur kulturellen Bereicherung sowohl des Unternehmens als auch der Gesellschaft insgesamt. Allerdings sollten die möglichen Schwierigkeiten und Probleme nicht unterschätzt werden. Guter Wille allein wird nicht reichen, erforderlich sind vielmehr eine sorgfältige Einführung in die jeweiligen kulturellen Besonderheiten und eine gründliche und besser noch professionell unterstützte Vorbereitung auf die Leitung eines multinationalen Projektteams (siehe auch Kapitel 6.6 „Internationale Zusammenarbeit").

1.4.4 Projektstruktur

Die Projektstruktur umfasst die Gesamtheit aller aufbau- und ablauforganisatorischen Regelungen für Projekte eines Unternehmens, die für ein konkretes Projekt angewendet werden müssen. Sie bildet den Ausgangspunkt für projektbezogene Regelungen und sollte in einem Projektmanagement-Handbuch beschrieben sein. Es ist sinnvoll, eine auf Projektarten und -klassen ausgerichtete Projektstruktur einzurichten. So können überdimensionierte Projektgremien vermieden und der Formalismus gering gehalten werden. In Kapitel 2 „Projektorganisation" werden Prinzipien zur Gestaltung der Projektstruktur vorgestellt und allgemeingültige Stellenbeschreibungen für Projektbeteiligte aufgezeigt.

Aufbau- und ablauforganisatorische Regelungen

1.4.5 Initiative

Die richtigen Dinge (Projekte) zu tun und die unwichtigen liegen und reifen zu lassen, wird immer mehr zum Erfolgs- oder Überlebensfaktor in der Komplexität und Dynamik der heutigen Zeit.

Unternehmen, die den Prozess zur Beantwortung der Frage:

> **Bearbeiten wir die richtigen Projekte?**

beherrschen, werden in der Zukunft Wettbewerbsvorteile für sich erschließen, die von anderen nur sehr schwer eingeholt werden können.

Der Prozess der (Multiprojekt-)Initiative bewegt sich auf strategischer und operativer Ebene. In der Unternehmensstrategie werden die Rahmendaten für die Projektarbeit gesetzt. Hierzu zählen:

Strategische Aufgaben der Initiative

- die Entwicklung des Gesamtprojektbudgets
- die Formulierung unternehmensspezifischer Projekterfolgskriterien
- die quantitative und qualitative Personalentwicklung von Projektpersonal
- die Aufteilung des Gesamtbudgets nach Projektarten und -klassen
- die Schwerpunktsetzung für die Entwicklung des Projektportfolios
- die Festlegung von Mindestrenditen für Rationalisierungsprojekte.

Der operative Prozess beginnt mit der Entstehung von Projektideen und endet mit der Entscheidung, ob ein Projekt gestartet wird oder nicht. Dabei werden viele Erfolgsfaktoren von Projekten abgeklopft, ob sie beim konkreten Vorhaben gegeben sind. Dies vermeidet Projektruinen und hilft, ausreichende Mittel für wirklich wichtige und Erfolg versprechende Projekte zu haben:

Prozessschritt	Teilschritte
Entstehung	Aus der aktiven Optimierung von Geschäftsprozessen, etwa durch das betriebliche Vorschlagswesen oder angeregt durch Führungskräfte, entstehen innovative Ideen für Projekte. Reaktiv werden durch Wettbewerbsdruck, neue Gesetze und Richtlinien oder durch Kundenanfragen Projektideen ausgelöst.
	Das Produktmanagement leitet systematisch aus Kundenbedürfnissen, Entwicklungen in Markt, Politik und Technologie und dem Lebenszyklus der eigenen Produkte Veränderungsbedarf ab, der durch Projekte umgesetzt wird.
	Das Systemmanagement beurteilt die im Unternehmen eingesetzten Anlagen, Geräte, Gebäude, Software, Hardware hinsichtlich deren Eignung, Kosten und Alter im laufenden Betrieb und ermittelt den Erneuerungs- und Reparaturbedarf, woraus Infrastrukturprojekte entstehen.
Antrag	Anträge halten den Veränderungsbedarf fest und bilden die Basis für die Prüfung. Anhand der Angaben wird beurteilt, ob für die Aufgabe überhaupt ein Projekt die richtige Arbeitsform ist. Anschließend werden die Anträge nach Arten und Klassen katalogisiert, damit passende Entscheidungswege eingeschlagen und die sinnvollsten Projektmanagement-Methoden ausgewählt werden können.

Abb. 1.08 (Teil 1): Schritte der (Multiprojekt-)Initiative

Prüfung	Der Grad der Übereinstimmung der Anträge mit der Strategie zeigt die Attraktivität und Bedeutung der Vorhaben für das Unternehmen. Wesentliche Projekterfolgskriterien sind gegeben, wenn das Unternehmen Einsatzmittel und Knowhow für die Vorhaben bereitstellen kann und ein ernsthafter Wille zur Unterstützung der Projektideen bis zum Ende besteht. Die Wirtschaftlichkeitsbetrachtung offenbart, ob die absehbaren Kosten und der Nutzen der Vorhaben in einem vernünftigen Verhältnis zueinander stehen.
Priorisierung	Die Ergebnisse der Prüfung werden in Kennzahlen umgesetzt, die eine Rangfolge und Einordnung der Vorhaben in das Projektportfolio ermöglichen. Dabei ist zu berücksichtigen, welche Auslastung der Ressourcen aus den Projekten entstehen wird und ob diese für das Unternehmen verkraftbar ist. Für den geeigneten Startzeitpunkt eines Vorhabens sollten die Abhängigkeiten zwischen laufenden Projekten und Projektideen berücksichtigt werden.
Entscheidung	Die geprüften und priorisierten Anträge werden den zuständigen Bewilligungsgremien vorgestellt, die über die Freigabe entscheiden. Bei Genehmigung wird Projektverantwortung über Lenkungsausschuss, Auftraggeber und Projektleiter verankert.
Start	Mit dem Projektauftrag wird der Projektleiter autorisiert, das Projekt offiziell zu starten. Bei der Auftragsklärung müssen Umfeld und Stakeholder analysiert werden, um durch geeignete Partizipation Widerständen zu begegnen.

Abb. 1.08 (Teil 2): Schritte der (Multiprojekt-)Initiative

1.4.6 Planung

Die Planung begleitet den Projektleiter durch das gesamte Projekt, der Schwerpunkt liegt jedoch vor allem zu Beginn des Projekts. Es geht um die Frage:

Wie wird das Projekt richtig angepackt?

Die Projektplanung soll die umfassende Projektaufgabe (beschrieben im Projektauftrag) in kleinere, beherrschbare Einzelteile zerlegen, damit diese (Arbeitspakete) an die Projektbeteiligten verteilt werden können. Sie dient der Koordination und Orientierung und sorgt dafür, dass im Projektverlauf Abweichungen erkannt werden und darauf reagiert werden kann. Die Vielfalt der Planung zeigt sich in der Fülle der Planungsinhalte (Abbildung 1.09):

Inhalt	Beschreibung
Vorgehen	Die Wahl eines Vorgehensmodells klärt, wie das Projekt grundsätzlich angepackt werden soll. Projektphasen decken die großen Schritte im Projektlebenszyklus ab, während der Planungszyklus ein Grundmuster für wiederkehrende Projektabschnitte ist.
System	Durch Abgrenzung des vom Projekt zu gestaltenden Systems wird der Projektumfang festgelegt. Dabei werden die Schnittstellen zwischen Systembestandteilen und Projektumfeld ermittelt, die Lieferobjekte abgeleitet und relevante Restriktionen und Rahmenbedingungen formuliert, aus denen sich Chancen und Risiken ergeben.
Ziele	Über Anforderungen der Stakeholder an die Lieferobjekte werden die Ziele konkretisiert und die Metrik für deren Qualität formuliert.
Projektstrukturen	Projektstrukturen ermöglichen, Projektinhalte nach definierten Regeln in erforderlichem Detaillierungsgrad zu gliedern. Im Zentrum steht der Projektstrukturplan (PSP) als Zerlegung der Projektaufgaben in kleinere, besser beherrschbare Komponenten. Daraus werden der Projektablauf, die Ressourcen, die Kosten sowie ein geeigneter Projektaufbau abgeleitet und die einzelnen Arbeitspakete gebildet.
Projektablauf	Das gewählte Vorgehen erzwingt wesentliche Meilensteine im Projektablauf. Die Projektaufgaben zwischen den Meilensteinen werden in eine logische Reihenfolge gebracht. Anschließend ist die Dauer der Arbeitspakete anhand des Ressourcenbedarfs abzuschätzen. Danach lässt sich dann prüfen, ob die definierten Meilensteine zu erreichen sind, welche Vorgänge kritisch sind, welche Zeitpuffer verbleiben und ob der Terminplan zu optimieren ist.
Projektaufbau	Der Projektaufbau regelt, wer am Projekt beteiligt ist und welche Rollen zu vergeben sind. Eine geeignete Aufbauform definiert die Kompetenzen des Projektleiters.

Abb. 1.09 (Teil 1): Planungsinhalte

Inhalt	Beschreibung
Ressourcen	Für jedes Arbeitspaket des Projektstrukturplans wird der Ressourcenbedarf hinsichtlich Eignung und Menge (Aufwand) ermittelt. Der Bedarf an Einsatzmitteln wird durch Beschaffung oder interne Einsatzmittel gedeckt. Lieferzeiten und Verfügbarkeitsprobleme sind im Projektablauf zu berücksichtigen.
Kosten	Die Kosten ergeben sich aus dem mit Preisen bewerteten Verbrauch der Ressourcen. Die Kosten werden durch intern bereitgestellte Budgets gedeckt oder erfordern eine Finanzierung.
Projektplan	Der Projektplan umfasst die Integration aller Teilpläne der verschiedenen Planungsinhalte und erlaubt, aufeinander abgestimmte Arbeitspakete zu bilden.

Abb. 1.09 (Teil 2): Planungsinhalte

1.4.7 Ebenen der Zusammenarbeit

Unter Ausführung wird das Erledigen der in der Projektplanung gebildeten und an Projektbeteiligte delegierten Arbeitspakete verstanden. *Definition*

Methoden und Techniken, die die Ausführung von Arbeitspaketen betreffen, werden in dieser Schrift nicht behandelt, weil sie sehr stark von den Projektarten abhängig sind. Für Organisationsprojekte enthält Band 1 dieser Schriftenreihe eine Fülle von Methoden und Techniken, die den Organisator bei der Durchführung seiner Arbeitspakete unterstützen. Sie werden nur dann angesprochen, wenn sie für die Arbeitspakete des Projektmanagements von Bedeutung sind.

Projektarbeit lebt im Wesentlichen vom konstruktiven und reibungslosen Zusammenspiel der Beteiligten. Das gilt insbesondere für das Projektteam selbst, das möglichst schnell arbeitsfähig werden und über die gesamte Laufzeit des Projekts gut und zielorientiert zusammenarbeiten muss. Für den Projektleiter ergeben sich drei Handlungsebenen: das Individuum – das Team – das Unternehmen insgesamt.

Handlungsebene „Individuum"

Planung, Diagnose und Steuerung der Projektarbeit erfordern ein hohes Maß an Projektmanagement- und Führungskompetenz. Der Projektleiter muss in der Lage sein, Konflikte mit oder zwischen Teammitgliedern konstruktiv zu bearbeiten, Widerstände zu erkennen und abzubauen, ausgleichend zwischen den Beteiligten zu wirken, Aufgaben (Arbeitspakete) zu delegieren, Feedback zu geben und anzunehmen, die Beziehungsebene positiv zu gestalten und den einzelnen Mitarbeiter in seiner Motivation zu stärken. Besondere Verantwortung trägt er auch für die reibungslose Kommunikation zwischen allen Beteiligten. Darüber hinaus gehört die Verhandlungsführung zum Alltag des Projektleiters, sowohl im Kontakt mit dem Auftraggeber (z.B. Auftragsklärung) als auch in der Zusammenarbeit mit seinem Team, den einzelnen Mitarbeitern, den Gremien und Bereichsleitern (z.B. „Kampf um Ressourcen") und in der Auseinandersetzung mit Betroffenen. Eine besondere Rolle spielt dabei der persönliche Umgang mit Macht und Hierarchie (s.a. Kap. 7.9.4 „Umgang mit Macht und Hierarchie").

Handlungsebene „Team"

Projektarbeit ist Teamarbeit und die hat zum Ziel, aus der Vielfalt der individuellen Potenziale der Teammitglieder (Erfahrungen, Knowhow, Kreativität, Motivation) ein optimales Ganzes zusammenzufügen. Der Projektleiter muss sich daher gleichsam als Teamleiter und Teamentwickler verstehen und durch geeignete Führungs-, Entwicklungs- und Partizipationsmaßnahmen den Teambildungsprozess unterstützen. Moderationstechniken, Methoden der gemeinsamen Problemlösung, Reflexions- und Analysefähigkeiten sowie Mut und Geschick bei der Krisenbewältigung gehören ebenso zu seinem Qualifikationsprofil wie eine von grundsätzlicher Akzeptanz und Wertschätzung, Empathie und Echtheit gekennzeichneten Einstellung den Teammitgliedern gegenüber (s.a. Kap. 6.4 „Teamentwicklungsprozess").

Handlungsebene „Unternehmen"

Da die angestrebten Projektergebnisse letztlich das Unternehmen selbst mehr oder weniger stark verändern, ist mit Zurückhaltung oder gar Widerständen zu rechnen. Von Beginn an bedarf es daher eines sorgfältig geplanten Projektmarketings. Anlass, Notwendigkeit und Zielsetzung müssen öffentlichkeitswirksam kommuniziert werden. Mit breitangelegten Partizipationsmaßnahmen sind Unterstützung und Akzeptanz zu fördern und praxisrelevante Lösungen (Praktikabilität, Beachtung von Schnittstellen) sicherzustellen, um organisationales Lernen zu ermöglichen und gebotene Veränderungen durchzusetzen. Das hat mittelfristig auch Auswirkungen auf die Personalentwicklung (s.a. Kap. 4.8 „Partizipation").

Abb. 1.10: Handlungsebenen des Projektleiters

Insbesondere zur Handlungsebene „Team" gibt es immer wieder Bemühungen, die Erfolgschancen der Projektarbeit durch Modelle bzw. Methoden zu steigern, die sich vor allem mit den „soft skills" befassen. Als ein aktuelles Beispiel sei hier die „Collective Mind Methode" (KÖHLER/OSWALD, 2009) genannt, die darauf abzielt, alle „weichen Faktoren" zu typisieren, die zum Aufbau eines „Collective Mind" (gemeinsamer Projektverstand, der alle Projektschritte kennt und ausführt, so dass das Projekt ein Erfolg wird) beitragen. Dabei soll die Typisierung die Gestaltung der relevanten Faktoren unterstützen.

Dieser Ansatz wird hier nicht weiter verfolgt, weil „Ganzheitliches Projektmanagement" ohnehin die Integration und professionelle Gestaltung der „weichen Faktoren" als Grundlage erfolgreicher Projektarbeit begreift (siehe auch Kapitel 4.4 - 4.9, 6, 7.8, 7.9).

1.4.8 Diagnose und Steuerung

Projektdiagnose und -steuerung während des Projektverlaufs sind die Kernaufgaben des Projektleiters. Sie beschäftigen sich mit der Frage:

> Wie wird Kurs gehalten?

Dieser Projektmanagement-Prozess ermöglicht es, im Projekt flexibel auf Veränderungen einzugehen. Er ist damit charakteristisch für die Projektarbeit. Der Projektleiter hält einen Regelkreis in Gang, der je nach Sachlage mehr oder weniger häufig und schnell durchlaufen wird. Neben dem Blick zurück muss er bei jeder Überprüfung auch die Auswirkungen auf die Zukunft beachten. Ausgangspunkt der Diagnose und Steuerung ist immer die Planung. — Regelkreis

Verträge und rechtliche Aspekte bilden den Rahmen für die Diagnose und Steuerung. Sie sichern die Maßnahmen ab und ermöglichen, Mängel durch Nachforderungen auszugleichen.

Schritte	Beschreibung
Ist-Erfassung	Durch regelmäßige Statusabfragen werden die Arbeitspaketverantwortlichen aufgefordert, die erbrachte Leistung und deren Fortschritt gemeinsam mit den angefallenen Kosten und den aktuellen Terminen zu melden. Reviews ermitteln die Qualität der Arbeitsergebnisse.
	Die Abfrage von Indikatoren für Risiken mit besonderer Tragweite und Eintrittswahrscheinlichkeit zeigt an, inwieweit sich die Risikoeinschätzung geändert hat und Handlungsbedarf entsteht.

Schritte der Diagnose und Steuerung

Abb. 1.11 (Teil 1): Diagnose und Steuerung

Schritte der Diagnose und Steuerung

Schritte	Beschreibung
Diagnose	In der Diagnose werden die Abweichungen zwischen Ist und Plan sowie Prognosen ermittelt. Bei großen Abweichungen müssen die Ursachen und deren Zusammenhänge aufgezeigt werden, um passende Steuerungsmaßnahmen ableiten zu können.
Information	Im Berichtswesen ist zu klären, wie oft und an wen was regelmäßig berichtet werden soll. In Projektsitzungen werden der Status der Arbeitspakete besprochen und steuernde Maßnahmen vereinbart. Die Dokumentation legt fest, wie die Projektergebnisse festzuhalten und wo Detailinformationen zu finden sind. Sie ermöglicht eine effiziente Informationsversorgung im Projekt.
Steuerung	Die Maßnahmen zur Steuerung sollen eine Korrektur der aktuellen Situation bewirken. Sie beinhalten auch vorbeugende Schritte, damit ähnliche Abweichungen künftig nicht mehr auftreten, sowie Eventualmaßnahmen, um heute bereits Vorkehrungen für eine einfache Krisenbewältigung zu treffen. Eine Eskalation kann zur Durchsetzung der Maßnahmen nötig werden. Kommt es zu Änderungen der Projektinhalte, müssen je nach Umfang unterschiedliche Instanzen in Projekt und Linie zustimmen und der Einfluss auf die Konfiguration der laufenden Systeme beachtet werden.

Abb. 1.11 (Teil 2): Diagnose und Steuerung

1.4.9 Abschluss

Ein sauberer und vor allem erlebbarer Projektabschluss ist aus mehreren Gründen wichtig und wird deshalb in Kapitel 8 noch ausführlich behandelt:

Bedeutung des Projektabschlusses

- Projektleiter und Projektteam müssen von ihrer Verantwortung „entlastet" werden
- Die Teammitglieder gehen nach einer meist längeren Phase (Monate oder Jahre) intensiver Zusammenarbeit wieder zurück in die Linie oder in ein anderes Projekt. Die in dieser Zeit gewachsenen Strukturen und Beziehungen verdienen es, abschließend gewürdigt und „behutsam" aufgelöst zu werden
- Die weitere Verwendung der für die Projektlaufzeit bereitgestellten Infrastruktur ist zu klären
- Die Lösungen sind mit aller Konsequenz in die Stammorganisation zu integrieren
- Das Projektergebnis muss abschließend bewertet werden (Zielerreichungsgrad)

- In einer detaillierten Dokumentation (Abschlussbericht) sind sämtliche Ergebnisse und Erfahrungen zu konservieren und für Folgeprojekte verfügbar zu halten
- Eine ausführliche Prozessanalyse während einer Abschlussbesprechung, in der noch einmal der gesamte Projektverlauf nachvollzogen wird, bietet zahlreiche Lernchancen für die Zukunft. Dabei sollte nicht nur der fachliche Aspekt der Projektarbeit betrachtet, sondern vor allem auch die Zusammenarbeit im Projektteam reflektiert werden
- Monate- oder sogar jahrelange Projektarbeit, die zumeist nicht ohne Krisen abläuft und den Teammitgliedern große Anstrengungen abverlangt, darf einen würdigen Abschluss („Abschlussfest") beanspruchen.

Lessons Learned integrieren

Für das Unternehmen ist neben dem hoffentlich positiven Projektergebnis in jedem Fall ein enormer Wissensschatz entstanden, der für die erfolgreiche Gestaltung der Zukunft außerordentlich wichtig sein kann. Ihn zu schätzen und zu nutzen ist nicht nur ökonomisch sinnvoll, sondern drückt gleichzeitig auch Wertschätzung der Projektmitarbeiter aus, was sich in der Motivation für die weitere (Projekt-)Arbeit niederschlagen wird und die Weiterentwicklung des PM-Systems ermöglicht.

Dabei hängt der Nutzen für die Zukunft entscheidend von der Offenheit ab, mit der die Prozessanalyse vorgenommen und (für künftige Projektteams zugänglich) dokumentiert wird. „Beschönigungen" bzw. das Ausklammern von Problemen und Fehlern schränken die Lernchancen erheblich ein. Auch an dieser Stelle wirkt sich die aktuelle Unternehmenskultur aus. Eine auf die Suche nach den „Schuldigen" reduzierte Fehlerkultur lässt diese Offenheit kaum zu.

1.5 Normen und Richtlinien im Projektmanagement

Normen und Richtlinien im Projektmanagement unterstützen den Projektleiter bei seiner komplexen Managementaufgabe. Sie liefern ihm einen Leitfaden durch sein Projekt und zeigen auf, welche Abhängigkeiten bei welchen Schritten er berücksichtigen muss. Sie verhindern, dass er wesentliche Aufgaben vergisst und zeigen ihm auf, welche Kompetenzen er gezielt entwickeln muss.

Aus internationalen PM-Normen interne PM-Standards ableiten

Unternehmen können die internationalen Normen nutzen, um firmenspezifische Regelungen abzuleiten und die Projekte ihrer Organisation einfacher zu steuern. Der „Best-Practice-Ansatz" vieler Normen kann Verbesserungspotenziale aufzeigen und eine kontinuierliche Weiterentwicklung des Projektmanagements in der Organisation fördern. Einen tabellarischen Vergleich der drei wichtigsten internationalen Normen zeigt Anlage 1.

1.5.1 DIN 69901:2009

2009 hat das Deutsche Institut für Normung (DIN) seine Projektmanagement-Standards mit der DIN 69901:2009 erstmals prozessorientiert formuliert und veröffentlicht. Basis ist das Prozesshaus, in dem

- Führungsprozesse
- Projektmanagement-Prozesse
- Unterstützungsprozesse
- Wertschöpfungsprozesse

die verschiedenen Stockwerke bilden.

Die Wertschöpfungsprozesse erzeugen als Fundament im Laufe des Projektlebenszyklus die Lieferobjekte eines Projekts. Der Projektlebenszyklus ist, abhängig von Branchen oder Firmen, in unterschiedliche Projektphasen wie zum Beispiel Vorstudie, Hauptstudie, Teilstudien, Systembau und Einführung unterteilt.

Die Projektmanagement-Prozesse führen dabei durch die Wertschöpfungsprozesse mit all ihren Phasen. Sie werden in 5 Abschnitte, die DIN spricht auch hier von Phasen, und 11 Prozessuntergruppen gegliedert. Die Prozessuntergruppen entsprechen Themen wie

- Ablauf und Termine
- Änderungen
- Information, Kommunikation, Berichtswesen, Dokumentation (IKBD)
- Kosten und Finanzen
- Organisation
- Qualität
- Ressourcen
- Risiko
- Projektstruktur
- Verträge und Nachforderungen
- Ziele,

mit denen sich der Projektleiter im Laufe eines Projekts beschäftigen muss.

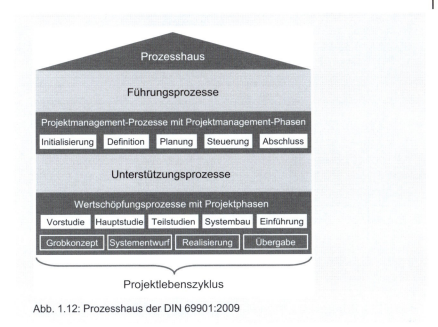

Abb. 1.12: Prozesshaus der DIN 69901:2009

1.5.2 PMBOK® des PMI®

Der PMBOK® Guide des PMI® liegt seit 2013 bereits in seiner fünften Ausgabe vor. PMI® wählt ebenfalls eine prozessorientierte Beschreibung der Funktionen des Projektmanagements. Die fünf Prozessgruppen

- Initiierung – Erkennen, dass ein Projekt/eine Phase beginnen sollte und sich darauf festlegen, es zu tun
- Planung – Ausarbeiten und Fortschreiben eines durchzuführenden Plans
- Ausführung – Koordinieren von Personen und anderen Einsatzmitteln zur Ausführung des Plans
- Steuerung – Sicherstellen, dass die Projektziele erreicht werden, indem der Fortschritt überwacht, der Status bewertet wird sowie gegebenenfalls Korrekturmaßnahmen eingeleitet werden
- Abschluss – Formelle Abnahme des Projekts/der Phase

beziehen sich auf alle Phasen des Projektlebenszyklus und sind aufgrund ihrer Eingangs- und Ausgangswerte verknüpft.

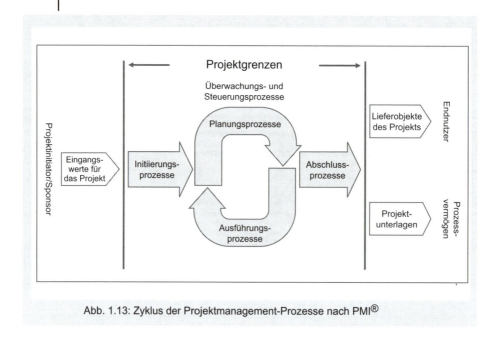

Abb. 1.13: Zyklus der Projektmanagement-Prozesse nach PMI®

Eingangswerte sind Dokumente, die als Grundlage für Aktionen dienen, Ausgangswerte sind die Ergebnisdokumente eines Prozesses. Die Prozesse selbst werden durch die genutzten Werkzeuge und Verfahren beschrieben.

Die Kapitel 1 bis 3 des PMBOK® liefern Definitionen und die Einordnung des Projektmanagements mit dessen Prozessen. Die Wissensgebiete und ihre Prozesszuordnung beginnen deshalb ab Kapitel 4.

PMI® betont die Veränderung und Nutzung des Prozessvermögens der Organisation

Der PMBOK® betont als Ausgangswerte eines Projekts nicht nur die Lieferobjekte für den Kunden bzw. Nutzer, sondern auch Projektunterlagen, die das Prozessvermögen der Organisation steigern. Damit werden die Abschlussprozesse besonders betont. Die Wirtschaftlichkeit eines Projekts kann dann durchaus gegeben sein, wenn eine Organisation viel aus einem innovativen Projekt gelernt hat, obwohl die Lieferobjekte nicht ausreichend vom Kunden vergütet wurden.

Abbildung 1.14 enthält eine Zuordnung aller Teilprozesse zu den Wissensgebieten. Zu Beginn jeden Kapitels ist in diesem Buch ein Verweis anhand der Nummerierung auf diese Teilprozesse aufgeführt, um dem Leser die Prüfungsvorbereitungen zu erleichtern.

Wissensgebiete	PM-Prozessgruppen				
	Initiierung	Planung	Ausführung	Überwachung und Steuerung	Abschluss
4. Integrationsmanagement	4.1 Projektauftrag entwickeln	4.2 Projektmanagementplan entwickeln	4.3 Projektdurchführung leiten und managen	4.4 Überwachen und Steuern der Projektarbeit 4.5 Integrierte Änderungssteuerung durchführen	4.6 Projekt oder Phase abschließen
5. Inhalts- und Umfangsmanagement		5.1 Inhalts- und Umfangsmanagement planen 5.2 Anforderungen sammeln 5.3 Inhalt und Umfang definieren 5.4 Projektstrukturplan erstellen		5.5 Inhalt und Umfang validieren 5.6 Inhalt und Umfang steuern	
6. Terminmanagement		6.1 Terminmanagement planen 6.2 Vorgänge definieren 6.3 Vorgangsfolge festlegen 6.4 Ressourcen für Vorgänge schätzen 6.5 Vorgangsdauer schätzen 6.6 Terminplan entwickeln		6.7 Terminplan steuern	
7. Kostenmanagement		7.1 Kostenmanagement planen 7.2 Kosten schätzen 7.3 Budget festlegen		7.4 Kosten steuern	
8. Qualitätsmanagement		8.1 Qualitätsmanagement planen	8.2 Qualitätssicherung durchführen	8.3 Qualität lenken	
9. Personalmanagement		9.1 Personalmanagement planen	9.2 Projektteam zusammenstellen 9.3 Projektteam entwickeln 9.4 Projektteam managen		
10. Kommunikationsmanagement		10.1 Kommunikationsmanagement planen	10.2 Kommunikation managen	10.3 Kommunikation steuern	
11. Risikomanagement		11.1 Risikomanagement planen 11.2 Risiken identifizieren 11.3 Qualitative Risikoanalyse durchführen 11.4 Quantitative Risikoanalyse durchführen 11.5 Risikobewältigungsmaßnahmen planen		11.6 Risiken steuern	
12. Beschaffungsmanagement		12.1 Beschaffungsmanagement planen	12.2 Beschaffung durchführen	12.3 Beschaffungen steuern	12.4 Beschaffung abschließen
13. Stakeholdermanagement	13.1 Stakeholder identifizieren	13.2 Stakeholdermanagement planen	13.3 Engagement der Stakeholder managen	13.4 Engagement der Stakeholder steuern	

Abb. 1.14: Prozessgruppen und Wissensgebiete des PMBOK® (5. Auflage 2013)

1.5.3 IPMA Competence Baseline (ICB 3.0)

Im Jahr 2007 hat die International Project Management Association (IPMA) ihre IPMA Competence Baseline (ICB) wegen der weiter gestiegenen Anforderungen an die Verhaltenskompetenzen von Projektmanagern und Teammitgliedern angepasst. Außerdem sollen sich Projektmanager besser im dynamischen Kontext von Projekten, Programmen und Portfolios zurechtfinden.

Sie enthält 46 Elemente in den 3 Kompetenzbereichen

- PM-technische Kompetenzen (20)
- PM-Verhaltenskompetenzen (15)
- PM-Kontextkompetenzen (11),

die im sogenannten Eye of Competence angeordnet sind.

Grundlagen Projektmanagement

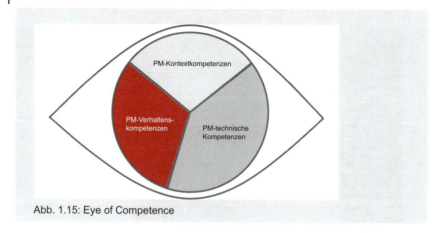

Abb. 1.15: Eye of Competence

Die einzelnen Kompetenzelemente werden in Prozessschritten beschrieben, was die Handlungsorientierung erleichtert. Für die angesprochenen Themenfelder gibt es eine Taxonomie, die je nach Kompetenzniveau (IPMA Level A, B, C oder D) die Anforderungen an Projektleiter, Projektmanager und Programmmanager beschreibt. Damit lassen sich eine zielgerichtete Entwicklung von Projektpersonal und die gezielte Qualifizierung und Vorbereitung der Kandidaten zur Zertifizierung unterstützen.

Eine Tabelle mit allen Kompetenzfeldern und der Taxonomie befindet sich in Anlage A (Anhang 2). Jedes Kapitel des Buchs enthält anhand der Nummerierung einen Verweis auf diese Kompetenzfelder.

Fragen und Aufgaben zur Wiederholung:

1. Benennen Sie aus Ihrer Organisation je ein Beispiel für ein Projekt, Programm und Portfolio und erläutern Sie, inwieweit sie als solche gemanagt werden.
2. Warum ist die Einschätzung der Komplexität eines Projekts wichtig?
3. Wann ist ein Projekt erfolgreich?
4. Sammeln Sie mindestens 6 Projekterfolgsfaktoren und erstellen Sie eine Reihenfolge nach der Bedeutung aus Ihrer Sicht.
5. Worin unterscheiden sich die Ihnen bekannten Normen im Projektmanagement?

2 Projektorganisation

Kompetenzelemente der ICB 3.0		Kapitel und PM-Prozesse des PMBOK®	
1.06	Projektorganisation	2.1	Organisatorische Einflüsse auf das Projektmanagement
		2.2	Stakeholder und Governance
		2.3	Projektteam

Ziele dieses Kapitels – Was können Sie erwarten?

Sie kennen

- die einzelnen Rollen in einer Projektorganisation
- Aufgaben, Befugnisse und Verantwortung eines Projektleiters
- den Nutzen eines Projektmanagement-Office (PMO).

Sie können

- zwischen Stamm-, Projektrahmen- und Einzelprojektorganisation unterscheiden
- Einfluss-Projektorganisation, reine Projektorganisation und Matrix-Projektorganisation beschreiben und beurteilen
- eine geeignete Projektorganisation für Ihr Projekt empfehlen.

2.1 Gestaltungsprinzipien

> „Organisation ist ein Mittel, die Kräfte des Einzelnen zu vervielfältigen."
> (Peter F. Drucker)

Klare Rollenverteilungen und die Festlegung von Aufgaben, Kompetenz und Verantwortung gehören zu einer effizienten Projektarbeit, genauso wie das für die Linienorganisation gilt. Innerhalb der Projektaufbauorganisation werden die Projektbeteiligten definiert, die für jedes einzelne Projekt individuell eingesetzt und zeitlich befristet bestimmt werden. Daneben werden die Koordination und Steuerung der Projekte übergreifend geregelt, die Schnittstellen zur Linienorganisation beschrieben und durch die Aufbauformen die Entscheidungs- und Weisungsbefugnisse zwischen den Projektbeteiligten festgelegt. Innerhalb der Linienorganisation gibt es Stellen, die dauerhaft Aufga-

Aufgaben, Kompetenz und Verantwortung in Linie und Projekt

ben im Rahmen der Projektarbeit wahrnehmen wie Geschäftsleitung, Leitung Informatik/Organisation, Revision u.a.

Die Ausgestaltung der Projektaufbauorganisation hängt von folgenden Faktoren ab:

Kriterien für die geeignete Projektorganisation

- Art des Projekts
- Größe des Projekts
- Bedeutung des Projekts
- Dringlichkeit des Projekts
- Aktuelle Projektphase
- Formen der Beteiligung der Betroffenen
- Verfügbarkeit der Projektmitarbeiter
- Anzahl der betroffenen Bereiche
- Vorhandene Regelungen zur Projektorganisation
- Gesetzliche Vorschriften
- Form der Zusammenarbeit mit Externen
- Unternehmenskultur
- Projektklasse

Es kann sinnvoll sein, die Projektorganisation nach Abschluss von Projektphasen zu ändern.

In Anlage A findet sich eine Übersicht empfehlenswerter Aufbauformen der Projektorganisation in Bezug auf diese Faktoren (Anhang 3).

2.2 Projektbeteiligte

Rollen von Projektbeteiligten, die dauerhaft besetzt sind, zählen zur Projektrahmenorganisation. Rollen eines einzelnen Projekts bilden die Einzelprojektorganisation. Bei jedem Projekt werden prinzipiell zwei Ebenen unterschieden:

Rollenverständnis als Auftraggeber und Auftragnehmer

- Auftraggeber (der das Projekt „will")
- Auftragnehmer (der das Projekt „macht").

Diese Polarität wird im Rollenverständnis in Projekten spürbar. Sie beeinflusst die Teamarbeit und die Zusammenarbeit in den Gremien.

Zu der Projektrahmenorganisation zählen die Gremien und Stellen, die für das Multiprojektmanagement sowie für das Projektmanagement-System verantwortlich sind. Die Einzelprojektorganisation umfasst Stellen in der Linienorganisation, die spezielle Aufgaben in einem konkreten Projekt wahrnehmen, und in jedem Projekt festzulegende Rollen und Entscheidungsinstanzen.

Die Abbildung 2.01 zeigt die Zusammenhänge zwischen den dauerhaft eingerichteten Stellen der Rahmenprojektorganisation und den Rollen in einem konkreten Projekt auf.

Projektbeteiligte | 49

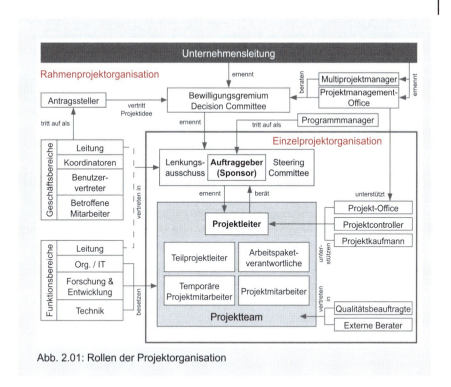

Abb. 2.01: Rollen der Projektorganisation

In Abbildung 2.01 werden, wie im angelsächsischen Sprachraum üblich, Auftraggeber und Sponsor im Sinne eines finanziellen Geldgebers des Projekts verwendet. Wird der Sponsor lediglich als ideeller Förderer eines Projekts betrachtet, so ist er oft kein Mitglied im Lenkungsausschuss.

Unabhängig von der Projektgröße sollten in jedem Projekt Auftraggeber sowie Projektleiter und Projektmitarbeiter (als Teammitglieder) benannt sein. Ein Lenkungsausschuss, dem der Auftraggeber in der Regel vorsteht, wird nur bei bereichsübergreifenden sowie mittleren bis größeren Projekten gebildet. In diesen Fällen werden auch Teilprojektleiter ernannt, denen für thematisch abgegrenzte Bereiche Projektleiter ihre Befugnisse weiterreichen.

Auftraggeber ist Vorsitzender des Lenkungsausschusses

Eine administrative Unterstützung des Projektleiters durch ein Projekt-Office (siehe Anhang 11) lohnt sich nur in größeren Projekten. Als Kundenprojekte abgewickelte Bau-/Anlagenbauprojekte verfügen meist über einen Projektkaufmann, der die Abwicklung von Abrechnungen mit Kunden und Lieferanten übernimmt, damit sich der Projektleiter auf die inhaltliche Projektleitung konzentrieren kann.

2.3 Aufgaben, Befugnisse und Verantwortung wichtiger Rollen im Projekt

2.3.1 Projektleiter

Verantwortung des Projektleiters

Der Projektleiter ist verantwortlich für die fristgerechte Bereitstellung und für die Qualität der im Auftrag geforderten Leistungen. Er beantragt Personal und sonstige Ressourcen und ist zuständig für die Projektplanung, -diagnose und -steuerung sowie für die Führung der Projektmitarbeiter. Der Projektleiter oder Projektmanager leitet und führt komplexe Projekte selbständig.

Fachliche Fähigkeiten und persönliche Eigenschaften des Projektleiters

Da Erfolg oder Misserfolg eines Projekts sehr stark von der Person des Projektleiters abhängen, sollte dieser neben seinen fachlichen Fähigkeiten auch die erforderlichen persönlichen Eigenschaften mitbringen. Die Projektleiterrolle wird aus der Linienorganisation nach vorgegebenen Anforderungsprofilen besetzt.

Projektleiter in Ressourcenpool qualifizieren

In einigen Unternehmen haben sich Ressourcenpools für Projekte etabliert. Die dort erfassten Mitarbeiter sind entsprechend qualifiziert und stehen als potenzielle Projektleiter bereit. Aufgaben, Kompetenzen und Verantwortung sind detailliert und verbindlich beschrieben und bieten eine optimale Grundlage für die Projektleitung.

Die wichtigsten festgeschriebenen Aufgaben sind:

- Erstellen des Projektauftrags und Freigabe im Einvernehmen mit dem Lenkungsausschuss
- Planen des gesamten Projekts (Aufbau, Ablauf, Aufwand, Kosten, Termine, Qualität)
- Diagnose und Steuerung des Projekts bezüglich der relevanten Planungsinhalte
- regelmäßige Information festgelegter Adressaten
- Vorschläge zur Besetzung der Schlüsselrollen im Projekt und in Teilprojekten in Abstimmung mit dem Lenkungsausschuss
- Berücksichtigen von Ziel- und Planänderungen und Kommunikation nach außen
- Vorbereiten angemessener Lösungsalternativen
- Vorbereiten und Herbeiführen phasengerechter Entscheidungen
- Führen der ihm zugeordneten Mitarbeiter im Rahmen seiner Projektkompetenzen
- Sichern des Informationsaustauschs und der Koordination aller am Projekt beteiligten Mitarbeiter und Stellen
- Konfliktmanagement
- Aktives Einbinden der vom Projekt betroffenen Organisationseinheiten und Mitarbeiter
- Berücksichtigen und Pflegen der Projektschnittstellen

Die für die Erfüllung dieser Aufgaben erforderlichen Kompetenzen erstrecken sich auf Ausgaben im Rahmen der freigegebenen Mittel, das Einbringen besonderer Anliegen des Projekts in den Lenkungsausschuss, seine Einberufung (in Abstimmung mit dem Vorsitzenden), das Beantragen von Änderungen der Projektorganisation (wenn Projektziele gefährdet sind bzw. angepasst werden müssen oder wenn sich die Projekteffizienz als ungenügend erweist) oder sogar eines Projektstopps. Darüber hinaus kann der Projektleiter im Rahmen seiner fachlichen Weisungsbefugnis gegenüber seinen Teilprojektleitern und Projektmitarbeitern alle notwendigen Maßnahmen zur Führung und Steuerung des Projekts anordnen, zur Verkleinerung der Leitungsspanne Teilprojekte bilden und bei Bedarf beim Lenkungsausschuss eine externe Projektbegleitung beantragen.

Kompetenz des Projektleiters

Ebenfalls klar geregelt ist die Verantwortung des Projektleiters. Sie erstreckt sich auf die Qualität der Ergebnisse, die Einhaltung der Termine, die Beachtung des Kostenrahmens, die angemessene Projektmanagement-Ausbildung für Teilprojektleiter und deren Stellvertreter sowie die Projekt- bzw. Teilprojektdokumentation einschließlich der Aktualisierung. Des Weiteren ist der Projektleiter für die Aufwandsmeldungen der ihm zugeordneten Projektmitarbeiter und nicht zuletzt für eine sach- und termingerechte Berichterstattung an den Lenkungsausschuss und das Projektmanagement-Office verantwortlich.

Verantwortung für Qualifizierung des Projektpersonals

Anhang 4 zeigt eine tabellarische Rollenbeschreibung, wie sie in Projekthandbüchern verwendet wird. In großen Projekten wird er durch ein Projekt-Office administrativ unterstützt.

2.3.2 Projektmitarbeiter

Projektmitarbeiter erledigen, koordiniert durch den Projektleiter, die Aufgaben im Projekt. Je nach Form der Delegation planen und steuern sie ihre Arbeitspakete weitgehend selbst. Bei großen Projekten gibt es oftmals ein Kernteam von max. 3-4 Mitarbeitern. Abhängig von den Anforderungen in den verschiedenen Phasen kann die Zusammensetzung der Gruppe wechseln.

Bildung von Kernteams für Großprojekte

Häufig liegt bei der Auswahl der Projektmitarbeiter das Hauptaugenmerk allein auf der fachlichen Qualifikation. Wenn diese auch für die Qualität der Projektergebnisse außerordentlich wichtig ist, darf jedoch nicht übersehen werden, dass erfolgreiche Teamarbeit (und Projektarbeit ist Teamarbeit!) weitere Anforderungen an die Mitglieder stellt wie z.B. Team- bzw. Kooperationsfähigkeit, die Beherrschung relevanter Gruppenarbeitstechniken, die Bereitschaft und Fähigkeit, Konflikte konstruktiv zu bearbeiten, Solidarität und Hilfsbereitschaft. Im laufenden Projekt lassen sich diese Fähigkeiten sicherlich – in begrenztem Maße – weiterentwickeln (auch eine Aufgabe des Projektleiters), vorteilhaft ist es aber, wenn diese als fester Bestandteil der Mitarbeiterentwicklung im Unternehmen etabliert sind.

Qualifikation von Projektmitarbeitern

52 | Projektorganisation

Arbeitspakete selbständig erledigen

Auch für die dem Ressourcenpool angehörenden potenziellen Projektmitarbeiter gelten konkrete und verbindliche Festlegungen bezüglich ihrer Aufgaben, Kompetenzen und der Verantwortung. So obliegt ihnen z.B. die selbständige Erledigung definierter Arbeitspakete im Rahmen des Freistellungsgrads für das Projekt, die Ermittlung und Meldung des eigenen Arbeitsaufwands, die Dokumentation der Arbeitsergebnisse, die Teilnahme an Statusmeetings und Workshops und die Unterstützung der Teamarbeit im Allgemeinen. Hinzu kommen noch Hinweise auf erkannte Verbesserungspotenziale sowie Themenvorschläge für die Teamsitzungen. Die zugehörigen Kompetenzen werden dann jeweils im Arbeitspaketauftrag festgelegt.

Störungen und Verzögerungen unmittelbar melden

Entsprechend trägt der Projektmitarbeiter die Verantwortung für eine rechtzeitige Information über sich abzeichnende Terminverzögerungen oder Probleme bei der Erledigung seines Arbeitspakets, für fachlich korrekte und mit seinem Fachbereich abgestimmte Arbeitsergebnisse, die frühzeitige Meldung von Störungen und die Information seines Linienvorgesetzten über die Projektarbeit.

Anhang 5 enthält eine tabellarische Rollenbeschreibung, wie sie in Projekthandbüchern zu finden ist.

2.3.3 Auftraggeber (Sponsor)

Der Auftraggeber ist für den Projektleiter erster Ansprechpartner und wichtige Bezugsperson. Er vertritt bei Kundenprojekten die Interessen des Kunden und trägt die Kosten des Projekts. Bei internen Projekten ist er meist Leiter des Bereichs, der den größten Nutzen aus den Projektergebnissen ziehen kann. Wenn der Auftraggeber mit den Lieferobjekten zufrieden ist, wird ein Projekt als Erfolg angesehen.

Formelle und informelle Sponsoren

Im internationalen Projektmanagement wird der Auftraggeber auch als (finanzieller) Sponsor des Projekts bezeichnet. Werden in Organisationen ausschließlich interne Projekte meist ohne interne Verrechnung durchgeführt, kommt der Auftraggeber oft aus dem mittleren Management und entscheidet auch fachlich über die Projektinhalte. Um einem Projekt dann auch die Unterstützung der Unternehmensleitung zu sichern und bei Konflikten schnelle Entscheidungen herbeizuführen, kann auch ein „ideeller" Sponsor neben dem Auftraggeber benannt werden.

2.3.4 Lenkungsausschuss (Project Steering Committee)

Leitende Mitarbeiter der Betroffenen und Beteiligten

Der Lenkungsausschuss (oder Project Steering Committee) setzt sich aus leitenden Mitarbeitern der wesentlich betroffenen Einheiten zusammen und entscheidet über die Organisation des Projekts. Er stellt personelle Ressourcen bereit und entscheidet an den Meilensteinen und bei wichtigen Anlässen über Projektergebnisse und über das Vorgehen im Projekt. Er entscheidet über kleinere Planabweichungen und informiert das Bewilligungsgremium bei größeren Planabweichungen.

Ein Lenkungsausschuss wird für jedes Projekt ab einer bestimmten Größe (Projektklasse) gebildet. Bei großen Projekten mit geschäftspolitischen Auswirkungen wird der Lenkungsausschuss meist mit Mitgliedern der Unternehmensleitung besetzt. Die personelle Besetzung der Lenkungsausschüsse kann für mehrere Projekte identisch sein, so dass in der Praxis häufig mehrere Projekte von einem Lenkungsausschuss gesteuert werden. Da die zusammengefassten Projekte selten den gleichen Endtermin haben und immer wieder neue Projekte generiert werden, kann ein Lenkungsausschuss in dieser Form zu einem dauerhaften Gremium werden. *Besetzung und Bildung von Projektklasse abhängig*

Für Großprojekte sollten mindestens 2 Mitglieder der Unternehmensleitung dem Lenkungsausschuss angehören, bei Normalprojekten max. 1 Mitglied der Unternehmensleitung und die Abteilungsleiter der betroffenen Organisationseinheiten. Die Bereiche des Antragstellers und des Projektleiters sollten auf jeden Fall vertreten sein. Kleinprojekte benötigen in der Regel keinen Lenkungsausschuss. *Besetzungsempfehlung*

Auch für dieses Gremium empfiehlt sich eine verbindliche und transparente Festschreibung der Aufgaben:

- den Projektleiter mit dem Projekt beauftragen
- zu Beginn des Projekts die Voraussetzungen für einen optimalen Projektstart schaffen, bei Projektende die Auflösung des Projekts unterstützen und für die Rückintegration in die Linienorganisation sorgen
- das Projekt durch Projektmarketing aktiv nach außen vertreten und eine Schutzfunktion für das Projekt ausüben
- sich regelmäßig über den Status des Projekts informieren und Handlungsbedarf aufzeigen lassen
- innerhalb angemessener Fristen Entscheidungen treffen, um Verzögerungen der Projektarbeit zu vermeiden
- projektrelevante Informationen unverzüglich an den Projektleiter weitergeben
- die Erreichung der Projektziele gemäß Projektauftrag unterstützen
- den Projektauftrag unterzeichnen (ein Mitglied)
- im Einvernehmen mit dem Projektleiter die Abwicklung des Projekts überwachen und lenken.

Aufgabenabgrenzung zum Projektleiter

Seine Kompetenzen erstrecken sich auf die Benennung des Projektleiters inkl. der Definition seiner spezifischen bzw. zusätzlichen Kompetenzen, die Bereitstellung der vom Projekt benötigten finanziellen Mittel, die Beendigung des

Projektorganisation

Kompetenzen des Lenkungsausschusses

Projekts durch Freigabe des Abschlussberichts, die Freigabe definierter Meilensteine sowie die Entscheidung über Lösungswege. Darüber hinaus verfügt der Lenkungsausschuss über die Kompetenz, bei Kapazitätsengpässen und/oder Terminverschiebungen Prioritäten zu setzen und über einen Projektstopp oder -abbruch zu entscheiden.

Eine tabellarische Rollenbeschreibung, wie sie in Projekthandbüchern vorkommt, zeigt Anhang 6.

2.3.5 Antragsteller

Anstöße für Projekte geben

Antragsteller für Projekte kann im Grunde jeder Mitarbeiter eines Unternehmens sein. So werden die Mitarbeiter durch das Vorschlagswesen aufgefordert, permanent über Verbesserungen nachzudenken und diese entsprechend einzureichen. IT/Organisation, Forschung und Entwicklung, Marketing, Betriebstechnik und einige Spezialisten mit Querschnittsaufgaben (Revision, Steuer, Recht) haben in ihren Stellenbeschreibungen den generellen Auftrag, Projekte zu initiieren und auf mögliche Verbesserungen/Änderungen aufmerksam zu machen. Deshalb kommen die Antragsteller sehr oft aus diesen Bereichen.

Linienvorgesetzte als Antragsteller

Auch wenn viele Ideen von Mitarbeitern kommen, so ist mindestens die Unterstützung des Vorgesetzten nötig, um einen erfolgreichen Antrag zu stellen. Die Ideen werden innerhalb der Gruppe/Abteilung besprochen und dann durch den Vorgesetzten als Antragsteller eingereicht.

2.3.6 Bewilligungsgremium (Decision Committee)

Dauerhaft eingerichtetes oberstes Entscheidungsgremium für das Multiprojektmanagement

Das Bewilligungsgremium (oder Decision Committee) ist die oberste Entscheidungsinstanz für Projekte. Diese Instanz tagt periodisch (2-4 x im Jahr), prüft alle eingehenden Projektanträge und entscheidet darüber. Das Bewilligungsgremium vergibt Projektprioritäten, holt Stellungnahmen ein, entscheidet über notwendige Ressourcen, über die Zusammensetzung des Lenkungsausschusses und greift bei größeren Planabweichungen ein. Es stellt beim Multiprojektmanagement die Verbindung zur Geschäftspolitik und Strategie sicher und ist daher oft mit der Unternehmensleitung identisch.

Eigenständige Bewilligungsgremien je Projektklasse

Um sich fachlich stärker konzentrieren zu können, werden nicht selten für spezielle Projektarten (IT-Projekte, Bauprojekte) eigenständige Bewilligungsgremien (Informatikausschuss, Investitionsausschuss) gebildet. Kleinere Projekte werden von einem eigenständigen Bewilligungsgremium, das mit Abteilungs-/Bereichsleitern besetzt ist, genehmigt und übergreifend gesteuert.

Das Bewilligungsgremium wird je nach Projektklasse besetzt (Abbildung 2.02). Innerhalb von Fachbereichen gibt es in der Praxis eigenständige Bewilligungsgremien, die bereichsbezogen Projekte übergreifend steuern.

Die wichtigsten Aufgaben des Bewilligungsgremiums beziehen sich auf die Benennung der Lenkungsausschüsse und die Priorisierung der Anträge für Normal- und Großprojekte. Halbjährlich werden Entscheidungssitzungen durchgeführt. Dabei verfügt das Gremium über die Kompetenz zur Freigabe von Investitionsbudgets sowie Ressourcen für das Projektportfolio (Ressourcenpool für Groß-/Normalprojekte plus Ressourcenpool für Kleinprojekte) und ist sowohl für die Sicherstellung der strategischen Ausrichtung aller Projekte im Unternehmen als auch für die Bereinigung von Konflikten zwischen den verschiedenen Projekten verantwortlich, die nicht durch die Lenkungsausschüsse geklärt werden können.

Wichtigste Aufgaben

Erste Ebene, alle Mitglieder des Vorstands, Geschäftsleitung	Projektklasse A: Übergreifend, strategisch, hoher Aufwand
Ausgewählte Mitglieder der ersten Ebene mit Bereichsleiter IT/Organisation und Controlling	Projektklasse B: Strategisch, fachbereichsbezogen (z.B. IT-Projekte)
Zweite Ebene, Bereichsleiter aus IT/Organisation, Controlling, Vertrieb, Technik	Projektklasse C: Übergreifend mit mittlerem Aufwand
Bereichsleiter IT/Organisation mit den Abteilungsleitern Organisation, Betrieb, Anwendungsentwicklung	Projektklasse D: Kleinprojekte mit geringem Aufwand im Bereich Technik/IT

Abb. 2.02: Bewilligungsgremien nach Projektklassen

Anhang 7 enthält eine für Projekthandbücher typische tabellarische Rollenbeschreibung.

2.3.7 Programmmanager

Werden in einer Organisation Programme bzw. Großprojekte (Laufzeiten von 4 und mehr Jahren) definiert, so stehen diese unter der Leitung von Programmmanagern, die bei großen Portfolios mit mehr als 50 laufenden Projekten pro Jahr das Bewilligungsgremium entlasten. Sie entwickeln einen Gesamtprogrammplan und überwachen den Fortschritt von Programmkomponenten mit den zugehörigen Projekten, um sicherzustellen, dass die Gesamtziele des Programms erreicht werden.

Projektorganisation

Programmmanager treten als Auftraggeber ihrer Projekte auf

Sie treten für die Projekte des Programms als Auftraggeber auf, um schneller verbindliche Entscheidungen zu treffen. Ihnen wird ein Budget für alle Projekte des Programms sowie alle unterstützenden Funktionen übertragen. Damit sind sie häufig auch für die im Programm eingesetzten Projektleiter und einige Projektmitarbeiter disziplinarisch verantwortlich, um besser für Vision und Gesamtführung des Programms sorgen zu können.

Im Fokus stehen die Abhängigkeiten zwischen den Projekten des Programms, der übergreifende Einsatz von Key-Ressourcen, aber auch die Realisierung des Nutzens bereits abgeschlossener Einzelprojekte und somit die Wartung deren Ergebnisse.

2.3.8 Portfoliomanager (Multiprojektleiter)

Portfoliomanager entlasten Geschäftsführung und Bewilligungsgremium

Portfoliomanager unterstützen dauerhaft die Unternehmens- oder Bereichsleitung bei der strategischen Ausrichtung von Programmen und Projekten einer Organisation. Sie stellen die Gesamtsicht auf alle Projekte und Programme einer Organisation her, werden als Stabsfunktion eingerichtet und tragen die Gesamtverantwortung für das Projektmanagement-System.

Portfoliomanager überwachen das Gesamtbudget aller Projekte und Programme, bereiten Entscheidungen über Projektanträge vor, entwickeln Lösungsvorschläge für Konflikte zwischen Projekten und leiten aus der Strategie Kriterien zur Priorisierung von Projekten ab. Sie moderieren die Sitzungen des Bewilligungsgremiums und sorgen für die Umsetzung der festgelegten Maßnahmen.

Sie können von allen Projektleitern und Programmmanagern Statusinformationen abverlangen und haben Zugriff auf die Allokation von Projektressourcen.

Um als kompetenter Ansprechpartner in allen Leitungsebenen anerkannt zu werden, benötigen Portfoliomanager Projekt- und Leitungserfahrung und ein umfassendes Verständnis der geschäftlichen Zusammenhänge.

2.3.9 Projektmanagement-Office (PMO)

Dauerhafte Unterstützung von Managern in Linie und Projekt

Das Projektmanagement-Office als dauerhafte Einrichtung gibt den Projekten den methodischen Rahmen und Standards für das Projektmanagement vor und unterstützt Projektleiter und Projektmitarbeiter in der Anwendung.

Unterschiedliche organisatorische Einordnungen sind möglich:

- Stabsstelle der Geschäftsleitung, zuständig für alle Projekte des Unternehmens
- Stabsstelle von projektorientiert arbeitenden Bereichen z.B. Org./IT, zuständig für alle Projekte mit Beteiligung des Bereichs

- Servicestelle im Fachbereich nur mit Beratungs- und Serviceaufgaben; Kontrollfunktionen auf Controlling, Revision und Qualitätsmanagement verteilt, integriert im QM-System und für alle Projekte gültig.

Innerhalb des Multiprojektmanagements unterstützt das Projektmanagement-Office das Bewilligungsgremium oder den Multiprojektleiter bei der Begutachtung von Projektanträgen, prüft Anträge auf Vollständigkeit und Ordnungsmäßigkeit, pflegt das Projektportfolio, gibt Antragstellern Hilfestellung bei der Antragsformulierung, informiert die Antragsteller über den Status ihrer Anträge und spricht Empfehlungen zur Klassifizierung der Projektanträge aus. Es erhält regelmäßig die Statusberichte der Projekte und fasst diese zu übergreifenden Berichten zusammen, damit das Bewilligungsgremium, dessen Sitzung es vorbereitet, übergreifend die Ressourcen steuern kann.

Darüber hinaus gibt das Projektmanagement-Office den Mitgliedern im Lenkungsausschuss Hilfestellungen bei der Entscheidungsfindung im Projektverlauf, prüft Projektergebnisse methodisch, erstellt ereignisbezogene und periodische Berichte über die eigene Arbeit, sorgt für eine projekt- und fachgebietsübergreifende Koordination und leitet als Sonderaufgabe mitunter selber Projekte.

LA-Mitglieder beraten

Schließlich entwickelt es das Projektmanagement im Unternehmen weiter, plant in Abstimmung mit der Personalabteilung Schulungsmaßnahmen für Projektmanagement, sammelt und bewertet aktuelles Projektmanagement- und Organisationswissen, stellt Projektmanagement-Software bereit und übernimmt die Pflege des Projektleitfadens und Projektmanagement-Handbuchs.

Projektmanagement im Unternehmen weiterentwickeln

Das Projektmanagement-Office hat die Kompetenz, Statusberichte von den Projektleitern anzufordern und die Einhaltung der Projektmanagement-Standards zu überwachen. In dringenden Fällen kann es eine außerordentliche Sitzung des Bewilligungsgremiums beantragen. Somit trägt es die Verantwortung für die Aktualität der Standards, die transparente, aktuelle und objektive Darstellung des Projektgeschehens, die Anwendung der gültigen Priorisierungsverfahren und die Förderung einer unternehmensweiten positiven Einstellung zur Projektarbeit.

Kompetenzen des Projektmanagement-Office

Die organisatorische Einordnung des Projektmanagement-Office ist abhängig vom Gültigkeitsbereich des Projektmanagement-Systems und der Projekt- und Führungskultur im Unternehmen. So kann es für das Projektmanagement-Portfolio verantwortlich sein.

Organisatorische Einordnung ist ein Spiegelbild der Projektkultur

Einordnung und Gültigkeitsbereich	Vorteile	Nachteile
■ Stabsstelle der Geschäftsleitung ■ Alle Projekte des Unternehmens	■ Kurze Entscheidungswege ■ Übergreifender Blick ■ Einheitliche Projektkultur möglich ■ Hoher Stellenwert ■ Leichtere Abstimmung mit Strategie	■ Wenig Verständnis für Besonderheiten der Projektarten ■ Akzeptanzprobleme in projektorientiert arbeitenden Bereichen ■ Abhängigkeit von der Geschäftsleitung ■ Aufwändige Einführung
■ Stabsstelle von projektorientiert arbeitenden Bereichen z.B. Org./IT ■ Alle Projekte mit Beteiligung des Bereichs	■ Kompetente Unterstützung durch Nähe zu den Projekten ■ Höhere Fachkompetenz in der Beratung ■ Geringere Widerstände bei der Einführung	■ Nicht alle Projektarten abgedeckt ■ Gesamtüberblick fehlt ■ Durchsetzung der Standards erschwert
■ Managementoffice im Fachbereich nur mit Beratungs- und Serviceaufgaben; Kontrollfunktionen auf Controlling, Revision und Qualitätsmanagement verteilt ■ Integriert in QM-System für alle Projekte gültig	■ Gute Nutzung bestehender Linienstrukturen ■ Unabhängigkeit von Beratung und Kontrolle erleichtert Akzeptanz	■ Erhöhter Abstimmungsaufwand ■ Einseitiger Blick auf die Projekte ■ Hohe Projektmanagement-Kompetenz im Managementoffice nötig

Abb. 2.03: Einordnungsmöglichkeiten des Projektmanagement-Office

Im Anhang 10 wird eine in Projekthandbüchern verwendete tabellarische Rollenbeschreibung aufgezeigt.

2.3.10 Unternehmensleitung

Vorstand als oberste Entscheidungsinstanz

Die Unternehmensleitung (Vorstand) ist das oberste Bewilligungsgremium für Projekte. Sie entscheidet über Vorhaben, die von strategischer Bedeutung sind und alle Bereiche des Unternehmens betreffen. Sie löst in Vorstandssitzungen Projektideen aus. In Konfliktfällen oder bei übergreifendem Steuerungsbedarf wird die Unternehmensleitung als letzte Entscheidungsinstanz angerufen. Sie verabschiedet die jährliche Budgetplanung und gibt damit den Rahmen für Investitionen und Kapazitäten für die Projekte vor.

Ist der Lenkungsausschuss eines Projekts mit dem Vorstand identisch, zeigt dies den hohen Stellenwert des Projekts für das Unternehmen. Das ermöglicht kurze Entscheidungswege, motiviert die Projektbeteiligten („Wir berichten direkt an den Vorstand!") und erleichtert merklich die Projektarbeit. In der Praxis verschieben sich allerdings häufig die Prioritäten und die Unternehmensleitung ist für das Projekt nur noch schwer zu erreichen. Auch wenn der Vorstand in zu vielen Lenkungsausschüssen vertreten ist, kann die Reaktionsfähigkeit und Flexibilität der Projektarbeit darunter leiden.

Vorstand nicht in Lenkungsausschüssen binden

2.3.11 Funktional Beteiligte/Fachbeauftragte

Es gibt Fachgebiete, die in nahezu allen Projekten angesprochen werden, meist gesetzliche Vorgaben betreffen und übergreifende Auswirkungen haben. Sie müssen durch Spezialisten oder gesetzlich vorgeschriebene Funktionsträger begutachtet werden. Hierzu zählen Umwelt, Qualität, Datenschutz, Sicherheit, zentrales Produktdatenmanagement etc.

Gesetzlicher Zwang zur Einbindung in Projekte

Fachbeauftragte vertreten diese Fachgebiete. Sie führen in Projekten inhaltliche Reviews durch, um die Vereinbarkeit von Projektergebnissen mit ihrem Fachgebiet abzusichern. Zu diesen Abnahmen oder Workshops treffen sich dann die Fachbeauftragten mit dem Projektteam. Werden die Fachbeauftragten projektbezogen zusammengefasst, so spricht man von einem Reviewteam. Aufgrund der Vielzahl von Projekten können Fachbeauftragte nur in wenigen Projekten im Projektteam mitarbeiten. Außerdem wird das Wissen meist nur punktuell im Projekt benötigt, was eine permanente Mitarbeit wenig sinnvoll macht.

Expertenwissen fallweise abrufen

Können manche Fachgebiete vom Projektteam fachlich nicht abgedeckt werden, sollte ein Beratungsgremium gebildet werden. Es unterstützt den Projektleiter, den Projektauftrag zu präzisieren, schafft Voraussetzungen für die Projektdurchführung (Bereitstellen von Gutachten), berät das Projektteam und den Lenkungsausschuss, kontrolliert die Umsetzung der Projektergebnisse, sorgt für den Informationsaustausch zwischen benachbarten Wissensgebieten und versucht, Parallelentwicklungen zu vermeiden.

Projektübergreifender, fachlicher Austausch

Funktional Beteiligte sind keine Mitglieder der Projektgruppe, um auf diese Weise ihre Unabhängigkeit zu bewahren. Sie nehmen einzelne begrenzte Funktionen wahr (Einkauf, Personal, Controlling, Recht, Steuern) oder müssen zu bestimmten Sachverhalten ihre Zustimmung geben (Revision, Mitarbeitervertretung).

Begrenzte Funktionen

2.3.12 Leitung von Funktionsbereichen

Auftragnehmersicht im Projekt

Die Leitung IT/Organisation vertritt in IT- und Organisationsprojekten die Auftragnehmersicht. Sie beurteilt Projektanträge auf Machbarkeit und setzt diese gemeinsam mit dem Antragsteller in vorläufige Projektaufträge um. Sie plant und steuert den Einsatz des eigenen Personals und übernimmt die laufende Koordination aller Projekte, an denen der Bereich beteiligt ist. Sie sorgt dafür, dass Abhängigkeiten zwischen verschiedenen Projekten erkannt und berücksichtigt werden, dass betriebliche Standards geschaffen und eingehalten und Mehrspurigkeiten in der Projektarbeit vermieden werden. In dieser Aufgabe wird sie von dem Projektmanagement-Office unterstützt.

Leitung IT/Org. als Berater

Gegenüber dem Bewilligungsgremium, dem Lenkungsausschuss und den Vertretern der Fachbereiche wirkt die Leitung IT/Organisation auch als Berater und Gutachter und vermittelt, wenn unterschiedliche und widersprüchliche Interessen in einem Organisationsprojekt „unter einen Hut" gebracht werden müssen. Die erforderliche Neutralität wird in der Praxis nicht selten durch eine Polarisierung in Auftragnehmerseite (IT/Organisation) und Auftraggeberseite (Fachbereich) erschwert.

In der gleichen Rolle wie die Leitung IT/Organisation befinden sich der Leiter Forschung und Entwicklung bei Entwicklungsprojekten und der Leiter Betriebstechnik bei technischen Optimierungsprojekten, wenn sie über eigene Projektkapazitäten verfügen.

2.3.13 Leitung von Geschäftsbereichen

Auftraggebersicht im Projekt

Die Geschäftsbereichsleitung vertritt in der Regel die Auftraggeberseite und stellt Betroffene für das Projekt frei. Sie wirkt bei der Projektplanung und insbesondere bei der Formulierung der Anforderungen des Fachbereichs mit und stellt Benutzervertreter oder Fachbereichskoordinatoren ab, um ihre Forderungen zu artikulieren. Darüber hinaus ist sie „natürliches Mitglied" im Lenkungsausschuss, wenn der eigene Fachbereich wesentlich betroffen ist.

2.3.14 Bereichskoordinatoren

Erste Unterstützung bei der Einführung

Bereichskoordinatoren stellen eine Art „verlängerter Arm" des Bereichs IT/Organisation innerhalb der Fachbereiche dar. Sie sind erste Ansprechpartner bei der Einführung neuer EDV-Systeme, koordinieren alle in einem Fachbereich angesiedelten Projekte und unterstützen oft als „first-level-support" die Benutzer bei Problemen in IT-Anwendungen. Sie führen als Multiplikatoren neue Lösungen im Fachbereich ein und sorgen für die organisatorische Umsetzung.

Im Fachbereich bilden sie die Anlaufstelle für Projektideen und Änderungswünsche in bestehenden Anwendungen, konsolidieren und priorisieren gemeinsam mit der Fachbereichsleitung die Projektideen, bringen sie in die Sitzungen des Bewilligungsgremiums ein und formulieren gemeinsam mit dem Projektleiter Projektaufträge aus Sicht des Fachbereichs.

Anlaufstelle für Projektideen

2.3.15 Benutzervertreter

Ein Benutzervertreter soll sicherstellen, dass die Interessen der Benutzer ein ausreichendes Gewicht erhalten, insbesondere wenn die Projektleitung nicht vom betroffenen Fachbereich ausgeübt wird. Die Rolle wird meistens als „Nebenaufgabe" wahrgenommen. Sie sollte von einem Mitarbeiter übernommen werden, der von den übrigen Benutzern akzeptiert wird und mit den Anwendungen vertraut ist. So können die Anforderungen des Fachbereichs praxisgerecht formuliert werden. Benutzervertreter müssen insbesondere in der Testphase intensiv in die Projektarbeit eingebunden werden.

Anforderungen praxisgerecht formulieren

Bei großen Anwenderzahlen und übergreifenden Anwendungen sollten Kommunikations- und Informationsplattformen für Benutzervertreter (User-Clubs, Usertreffen) geschaffen werden. Damit können

- die Interessen besser gebündelt werden
- die Benutzer frühzeitig die Konsequenzen von Entwicklungen diskutieren
- Entwicklungsschwerpunkte aufgenommen werden
- das Anwendungswissen und der Erfahrungsaustausch gefördert werden und
- es kann insgesamt eine höhere Akzeptanz erreicht werden.

Nutzen von Usertreffen

2.3.16 Externe Berater/Spezialisten

Externe Berater/Spezialisten sind heute in vielen Projekten anzutreffen. Sie bringen ihr Methoden- und Expertenwissen in die Projekte ein, das immer häufiger im Unternehmen nicht mehr vorgehalten wird, arbeiten als Teammitglied in der Projektgruppe, beraten den internen Projektleiter methodisch, begutachten Projektergebnisse, moderieren Workshops und/oder übernehmen mit einem eigenständigen Team ganze Teilprojekte.

Methoden und Expertenwissen im Projekt

Die Bereitstellung ist meist vertraglich abgesichert. Die strukturelle und kulturelle Integration in die Projektgruppe bereitet jedoch mitunter Schwierigkeiten. Das kann z.B. an einer unklaren Abgrenzung ihrer Kompetenzen oder auch an Unterschieden im Arbeitsrhythmus liegen. Auch der Umstand, dass Externe nicht an Teamsitzungen oder Informationsveranstaltungen teilnehmen (dürfen), erschwert eine konstruktive Zusammenarbeit.

Integration Externer in das Projekt

2.4 Formen der Projektorganisation

Bei der Ausgestaltung des Leitungssystems eines Projekts ist festzulegen,

Regelungsbedarf

- wie das Projekt in das Unternehmen integriert wird und
- welche Weisungsbeziehungen zwischen den Beteiligten hergestellt werden.

In der Praxis haben sich vier Konzepte herauskristallisiert, die sich hinsichtlich der Weisungsrechte der Projektleiter, der Freistellung für die Projektarbeit und damit hinsichtlich des Konzentrationsgrads auf das Projektziel unterscheiden.

2.4.1 Stabs- oder Einfluss-Projektorganisation

Projektleiter als Koordinator

Das Konzept der Stabs- oder Einfluss-Projektorganisation sieht keine Weisungsrechte für den Projektleiter vor, der als Stabsstelle in die Hierarchie des Unternehmens integriert ist und daher mehr als „Projektkoordinator" anzusprechen ist.

Einfluss über persönliche Autorität

Der Projektleiter ist im Wesentlichen Informationssammler und Entscheidungsvorbereiter für den Entscheider bzw. das Entscheidungsgremium und kann auf Termine, Kosten und Ergebnis des Projekts nur durch Empfehlungen, Hinweise und Berichte Einfluss nehmen. In der Praxis kann man häufig beobachten, dass der Projektleiter ein Quasi-Weisungsrecht besitzt, wenn er einer hohen Hierarchieebene unterstellt ist oder eine starke persönliche Autorität ausstrahlt.

Die Stabs-Projektorganisation sollte für Projekte gewählt werden, die eine niedrige Priorität haben bzw. in Projektphasen eingesetzt werden, die ein relativ geringes Ausmaß an Konzentration auf das Projektziel erfordern.

Projektleiter freigestellt, Projektmitarbeiter benannt

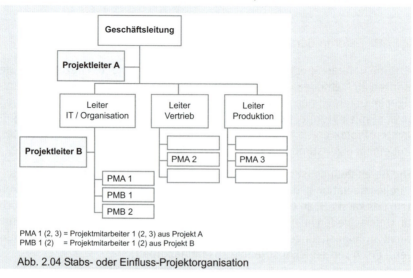

Abb. 2.04 Stabs- oder Einfluss-Projektorganisation

Merkmale	Anwendungsvoraussetzungen
■ Projektleiter ist zuständig für die sachliche, terminliche und kostenmäßige Projektverfolgung ■ Keine Kompetenzen ■ Keine Freistellung von Mitarbeitern	■ Weniger wichtige, dringliche und kleine Projekte ■ Evtl. als Vorstufe in einer Vorstudie ■ Projektleiter ist starke Persönlichkeit
Vorteile	**Nachteile**
■ Niedrige Umstellungskosten bei Bildung und Auflösung ■ Gute Auslastung vorhandener Kapazitäten ■ Hohe Flexibilität ■ Leichte Rekrutierung der Projektmitarbeiter	■ Geringe Beeinflussbarkeit von Ergebnis, Termin, Kosten ■ Hohe Belastung der Linie ■ Identifikation und Motivation gefährdet ■ Akzeptanz der Ergebnisse in der Breite oft gering

Abb. 2.05: Eignung der Stabs- oder Einfluss-Projektorganisation

2.4.2 Matrix-Projektorganisation

Die Projektmitarbeiter verbleiben organisatorisch in ihren Stammbereichen und werden zusätzlich als „Teilzeitkräfte" im Projekt eingesetzt und für die dort zu erfüllenden Aufgaben dem Projektleiter fachlich unterstellt. Die disziplinarischen und fachlichen Weisungsbefugnisse für die Fachbereichsaufgaben bleiben beim Linienvorgesetzten.

Ressourcenverantwortung beim Linienvorgesetzten

Mit der Aufteilung der Weisungsrechte entsteht für den einzelnen Mitarbeiter eine schwierige Situation, ist er doch während der Laufzeit des Projekts „Diener zweier Herren", die im Wettbewerb um seine Kapazität stehen. Sachkonflikte sind somit vorprogrammiert, die leicht in Beziehungskonflikte umschlagen können. Um diesen Konflikten vorzubeugen und um abzusichern, dass die Kapazitäten der Mitarbeiter wirklich bereitgestellt werden, ist eine entsprechende Vereinbarung im Projektauftrag festzuschreiben. Diese vertragliche Regelung beinhaltet, wer wann wie lange mit welcher Kapazität zur Verfügung steht bzw. wann ausdrücklich nicht.

Konfliktträchtig

Die Matrix-Projektorganisation eignet sich im Grunde für alle Projekte. Typisch ist der Einsatz für mittlere bis große Projekte mit entsprechender Priorität. Hat man in der Vorstudie mit der Stabs-Projektorganisation gearbeitet, empfiehlt sich spätestens ab der Hauptstudie der Wechsel zur Matrix- oder sogar zur Reinen Projektorganisation.

Eignet sich für alle Projekte

Projektorganisation

Prozentuale Freistellung für Projektleiter und Projektmitarbeiter

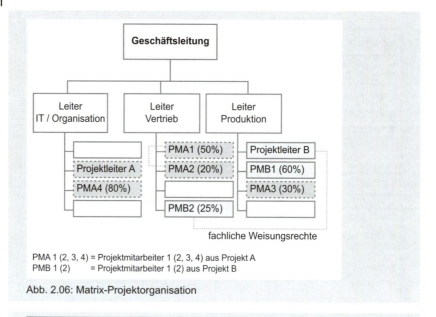

Abb. 2.06: Matrix-Projektorganisation

Merkmale	Anwendungsvoraussetzungen
▪ Anteilige Freistellung von Mitarbeitern, Verbleib im Stammbereich ▪ Aufteilung der Weisungsrechte auf Linien- und Projektvorgesetzte	▪ Mittlere bis große Projekte ▪ Wichtige und terminkritische Vorhaben ▪ Interdisziplinäre Problemstellung ▪ Projektleiter hat starke Position
Vorteile	**Nachteile**
▪ Gute Kapazitätsauslastung ▪ Gute Beeinflussbarkeit von Terminen und Kosten ▪ Hohe Flexibilität ohne Änderung der Linienorganisation ▪ Geringe Umstellungskosten ▪ Leichte Reintegration der Mitarbeiter	▪ Sehr konfliktträchtig ▪ Mitarbeiter zwischen den Stühlen ▪ Hoher Koordinationsaufwand ▪ Projektarbeit wird zugunsten Tagesgeschäft vernachlässigt (oder umgekehrt)

Abb. 2.07: Eignung der Matrix-Projektorganisation

Ausgestaltung der Schnittstelle zur Linie

In der Praxis wird die Schnittstelle in der Matrix unterschiedlich ausgestaltet. Ist der Projektleiter mit dem Projektinhalt vertraut und stammt etwa aus dem Bereich des Auftraggebers, sind seine fachlichen Weisungsbefugnisse stark ausgeprägt. Die Delegation der Arbeitspakete entspricht einer betrieblichen Anweisung mit allen Konsequenzen bei Nichterfüllung. Man spricht dann von einer starken Matrix-Projektorganisation.

Bei sehr komplexen und übergreifenden Fragestellungen ist der Projektleiter enorm auf das fachliche Knowhow seiner Projektmitarbeiter angewiesen. Diese vertreten die Interessen von Fachgebieten, die auch in der Linie die fachliche Weisung ausüben, wie etwa IT-Betrieb, Revision, Qualitätssicherung, Produktentwicklung. Dem Projektleiter stehen die Projektmitarbeiter wie vereinbart für das Projekt zur Verfügung, seine Weisungsbefugnisse beschränken sich allerdings nur auf die Erledigung der Projektaufgaben, wobei er mögliche fachliche Konflikte im Sinne der Projektziele ausgleichen muss. Bei dieser schwachen Matrix-Projektorganisation stehen für den Projektleiter Koordinationsaufgaben im Vordergrund.

2.4.3 Reine oder autonome Projektorganisation

Das Konzept der Reinen oder autonomen Projektorganisation beinhaltet, dass die Mitarbeiter zu 100% ihrer Kapazität in das Projekt eingebunden werden. Der Projektleiter erhält alle fachlichen und disziplinarischen Weisungsbefugnisse, die er benötigt, um mit den Mitarbeitern die angestrebten Projektergebnisse zu erreichen.

Fachlich und disziplinarisch unterstellt

Die Entscheidungsgewalt über die langfristige Personalentwicklung des Mitarbeiters verbleibt beim Stammvorgesetzten, der vom Projektleiter diesbezüglich informiert und beraten wird. Das Problem der Wiedereingliederung in den Stammbereich wird so gemildert.

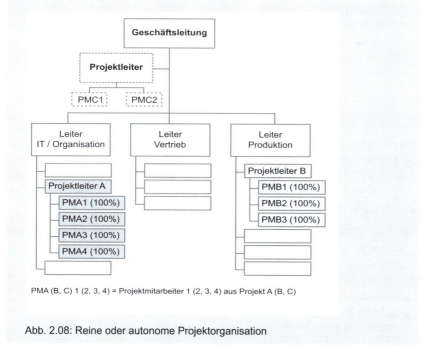

Eigene Gruppe für Projektlaufzeit

PMA (B, C) 1 (2, 3, 4) = Projektmitarbeiter 1 (2, 3, 4) aus Projekt A (B, C)

Abb. 2.08: Reine oder autonome Projektorganisation

Hohe Konzentration der Kräfte

Das Konzept der Reinen oder autonomen Projektorganisation bietet das stärkste Maß an Konzentration auf die Lösung eines Problems. Wegen des hohen organisatorischen Umstellungsaufwands und der damit verbundenen Kosten sollte diese Form der Projektorganisation nur bei großen Projekten mit höchster Priorität in Betracht gezogen werden. Sind diese Bedingungen erfüllt, ist die Reine Projektorganisation spätestens in der Hauptstudie zu installieren.

Merkmale	Anwendungsvoraussetzungen
▪ Volle Kompetenz gegenüber den dem Projekt zugeordneten Mitarbeitern ▪ Mitarbeiter stehen zu 100 % dem Projekt zur Verfügung	▪ Große, sehr wichtige, sehr terminkritische Projekte, spätestens ab Hauptstudie ▪ Projekte mit geringer organisatorischer Verknüpfung mit anderen Stellen
Vorteile	**Nachteile**
▪ Wenige Konflikte während der Projektarbeit ▪ Hohe Identifikation und Motivation ▪ Gute Beeinflussbarkeit der Qualität, Kosten und Termine ▪ Vorteile der Teamarbeit kommen voll zum Tragen	▪ Schlechte Auslastung vorhandener Kapazitäten ▪ Wiedereingliederung nach Projektende schwierig ▪ Hohe Umstellungskosten ▪ Rekrutierung der Projektmitarbeiter schwierig ▪ Eigendynamik der Gruppe

Abb. 2.09: Eignung der Reinen Projektorganisation

2.4.4 Projektorientierte Teilbereiche oder projektbasierte Organisation

In größeren Firmen findet man ähnlich dem Konzept der Reinen oder autonomen Projektorganisation nicht selten projektorientierte Teilbereiche, die zwar dauerhaft installiert sind, sich aber auf das Arbeiten in Projektform spezialisiert haben. Die Bereiche sind nach Projekten untergliedert. Es existiert in der Regel ein Pool von Projektleitern und -mitarbeitern, aus denen je nach Bedarf und Qualifikation Projektgruppen gebildet werden.

Wechselnde Zugehörigkeit zu verschiedenen Projektgruppen

Projektorientierte Teilbereiche sind wie andere Organisationseinheiten mit einer Hierarchie ausgestattet. Die Projektleiter besitzen somit fachliche und disziplinarische Weisungsbefugnisse gegenüber den Mitgliedern ihrer Projektgruppe wie normale Linienvorgesetzte. Wegen der wechselnden Zugehörigkeit zu verschiedenen Projektgruppen sind allerdings die langfristig wirkenden Befugnisse hinsichtlich der Personalentwicklung auf einer höheren Ebene innerhalb des Teilbereichs angesiedelt, um die Kontinuität zu wahren.

Das geschilderte Konzept der projektorientierten Teilbereiche findet man in Fachbereichen, in denen Projektarbeit häufig vorkommt bzw. typisch ist. Dazu gehören z. B. Forschung, Entwicklung, Informatik und Organisation. In Extremfällen kann das ganze Unternehmen nach Projekten strukturiert sein (z. B. Beratungsunternehmen).

2.5 Projektorganigramme

Projektorganigramme geben einen Überblick über die Zuständigkeiten und Weisungsbefugnisse in einem Projekt. Sie klären die personelle Besetzung wichtiger Rollen und enthalten meist auch Freistellungsvereinbarungen. Sie liefern Stakeholdern Hinweise, wen sie zu welchem Thema ansprechen können und aus welcher Linienorganisation die Projektbeteiligten kommen.

Es sollten im Projekt vorhandene Hierarchie- und Entscheidungsebenen abgebildet werden und unterschiedliche Weisungsbefugnisse (fachliche, disziplinarische) optisch sichtbar sein. Wird im Projekt mit externen Partnern zusammengearbeitet, muss das Projektorganigramm deren Integration darstellen, wobei diese auch in verschiedenen Hierarchieebenen vorkommen.

Weisungsbefugnisse und Entscheidungsebenen werden sichtbar

Das Projektorganigramm ist ein zentrales Projektdokument und unterliegt damit den geltenden Regeln der Dokumentation (Version, Status ersichtlich) und des Änderungsmanagements. Es sollte jederzeit aktuell sein. Personelle Änderungen während des Projekts, insbesondere beim Start in neue Projektphasen, sollten unmittelbar nachvollzogen werden.

68 | Projektorganisation

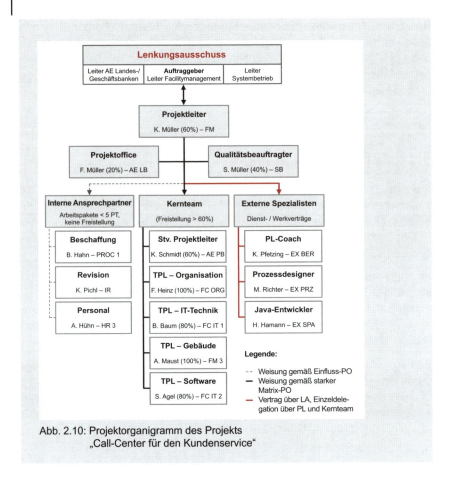

Abb. 2.10: Projektorganigramm des Projekts „Call-Center für den Kundenservice"

Fragen und Aufgaben zur Wiederholung:

1. Wie kann ein Projektorganigramm aufgebaut sein?
2. Erläutern Sie, wann während eines Projekts eine Änderung der Projektorganisation sinnvoll ist.
3. Was sind projektorientierte Teilbereiche?
4. Welche Kriterien sind bei der Auswahl der geeigneten Projektorganisationsform zu beachten? Gehen Sie dabei auch auf kulturelle Aspekte ein.
5. Welchen Zusammenhang gibt es zwischen der Komplexität eines Projekts und der gewählten Projektorganisation? Gehen Sie auf Formen und Rollen ein.
6. Welche Aufgaben und Befugnisse hat ein Projektmanagement-Office (PMO)? Was ist ein Projektoffice?

3 Multiprojektmanagement

Kompetenzelemente der ICB 3.0
3.02 Programmorientierung
3.03 Portfolioorientierung
3.05 Stammorganisation
3.06 Business

Kapitel und PM-Prozesse des PMBOK®
1.4 Beziehungen zwischen Projekt-, Programm- u. Portfoliomanagement
1.5 Projektmanagement, Betriebsmanagement und Strategie
1.6 Geschäftswert
7.1 Kosten schätzen

Ziele dieses Kapitels – Was können Sie erwarten?

Sie kennen
- die Prozesse und Anlässe in einer Organisation, die Projekte auslösen
- die Vorteile eines Projektantragsverfahrens
- Verfahren zur Beurteilung der Wirtschaftlichkeit von Projekten
- Techniken zur Prüfung und Priorisierung von Projekten.

Sie können
- aus einer Balanced Scorecard Kriterien zur Priorisierung von Projekten ableiten
- aus der Projektinitiative wichtige Einflussgrößen und Ziele für ein Projekt erkennen
- Abhängigkeiten zwischen Projekten beschreiben und bei der Projektfreigabe berichten
- aus Multiprojektberichten übergreifende Steuerungsmaßnahmen ableiten.

3.1 Grundlagen des Multiprojektmanagements

> „Beherrschen Sie neben der Kunst, Dinge zu erledigen, die edle Kunst, Dinge unerledigt zu lassen. Die Weisheit des Lebens liegt im Aussondern alles Unwesentlichen."
> Lin Yutang

In Unternehmen, Behörden oder sonstigen Institutionen werden ständig mehrere Projekte von unterschiedlichen Ressourcen durchgeführt. Viele Projektbeteiligte sind gleichzeitig in mehreren Projekten tätig.

Multiprojektmanagement

Die Komplexität im Multiprojektmanagement wächst vielfältig

Die einzelnen Projekte befinden sich in unterschiedlichen Entwicklungsstadien (Idee, Vorstudie, Hauptstudie, Umsetzung, Einführung, Abschluss, Erhaltung), hängen oft inhaltlich voneinander ab, konkurrieren um die gleichen Einsatzmittel (Mitarbeiter, Sachmittel, Finanzmittel) und werden von den unterschiedlichen Interessen der Organisationseinheiten initiiert und begleitet.

3.1.1 Typische Schwierigkeiten des Multiprojektmanagements

Unsicherheit und Intransparenz in der Steuerung von Projekten

Während es bei einem großen Projekt schon schwierig genug ist, den Überblick zu behalten, erhöht sich noch die Intransparenz, wenn es um mehrere Projekte geht, und jedes Unternehmen bearbeitet viele Projekte gleichzeitig. Meist ist es auf Top-Managementebene schwierig, auch sehr einfache Fragen zu beantworten:

- Welchen Stand haben unsere Projekte?
- Welche Ziele verfolgen sie?
- Wann sind deren Ergebnisse reif für den Einsatz?
- Was werden sie für das Unternehmen bringen?

Dem Innovationsdruck ungefiltert nachgeben hat Folgen

Trotz dieses Mangels werden immer wieder neue Vorhaben bewilligt. Dies hat Folgen:

- Projekte überschneiden sich und verfolgen unbemerkt identische Ziele
- Einzelne Projekte sind aus Unternehmenssicht sinnlos
- Neue Projekte werden begonnen, obwohl sie Ressourcen von laufenden Projekten abziehen und diese damit gefährden oder verzögern, ohne dass die Konsequenzen erkannt werden
- Arbeitsüberlastung.

Projektportfolio strategisch und operativ managen

Abhilfe schaffen hier nur Transparenz und Strukturen, die strategisch und operativ wirken. Dies erfordert eine Planung und Steuerung der Gesamtheit aller Projekte (Projektportfolio) sowohl auf operativer Ebene, um Abstimmungen zwischen einzelnen Projekten vorzunehmen, als auch auf strategischer Ebene, um die richtigen Projekte zu initiieren und den Umfang an Einsatz- und Finanzmitteln für Projekte festzulegen.

Zur Koordination und Unterstützung der Einzelprojekte sind projektübergreifende Prozesse und Strukturen mit Regelungen und Standards einzurichten, die von dauerhaft bestehenden Organisationseinheiten (Projektmanagement-Office, Bewilligungsgremium) getragen werden.

Typische Schwierigkeiten des Multiprojektmanagements | 71

Unter Multiprojektmanagement versteht man das Einrichten, Betreiben und ständige Weiterentwickeln dieser Strukturen und Prozesse auf operativer und strategischer Ebene.

Definition

Zu einem effizienten Multiprojektmanagement gehört es, auch die Verzahnung der Projekte untereinander offen zu legen, damit

- Doppelarbeiten vermieden
- Verbundvorteile frühzeitig festgestellt und genutzt
- inhaltliche Abhängigkeiten erkannt und in die Planung einbezogen und
- Engpässe bei Einsatzmitteln umgangen werden können.

Abhängigkeiten zwischen Projekten klären

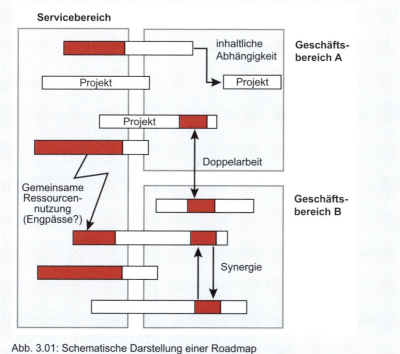

Abb. 3.01: Schematische Darstellung einer Roadmap

Dabei wächst die Komplexität für das Multiprojektmanagement (MPM), Abhängigkeiten zwischen Projekten zu erkennen, mit der Unternehmensgröße deutlich an. In großen, divisionalisierten Unternehmen verfügen einzelne Geschäftsbereiche über eigene, spezifische Projektportfolios und greifen andererseits gemeinsam auf die Ressourcen von Org/IT und anderen Servicebereichen zu. Einen guten Überblick liefert eine „Roadmap", in der Status und Abhängigkeiten aller Projekte eines Unternehmens aufgezeigt sind.

Komplexität steigt mit der Unternehmensgröße

3.1.2 Funktionen des Multiprojektmanagements

Im Multiprojektmanagement wird die Initiative als wichtigste PM-Funktion von der Entstehung bis zur Entscheidung unterteilt (Abbildung 3.02).

MPM-Funktion	Strategisch	Operativ
Entstehung	▪ F+E-Budget festlegen ▪ Geschäftsfelder definieren ▪ Produkt- und Technologiestrategie formulieren	▪ Vorschlagswesen, KVP ▪ Markt beobachten ▪ Lebenszyklen von Produkten und Systemen beurteilen
Antrag	▪ Zuständigkeiten bestimmen ▪ Antragsinhalte festlegen ▪ Kriterien für Projektarten/-klassen formulieren	▪ Anträge formulieren, sammeln ▪ Abhängigkeiten und Überschneidungen ermitteln ▪ Projektklasse bestimmen
Prüfung	▪ Attraktivitäts- und Projekterfolgskriterien aus Strategie ableiten und gewichten ▪ Merkmale für Muss-Projekt vereinbaren ▪ (Budget)-Rahmen je Projektklasse festlegen ▪ Stellenwert von Wirtschaftlichkeit und Mindestrenditen formulieren	▪ Strategiebeitrag, Chancen und Risiken der Projektidee bestimmen ▪ Einsatzmittel und Knowhow für Projekt einschätzen ▪ Einstellung zur Projektdurchführung hinterfragen ▪ Kosten und Nutzen abschätzen und quantitativ bewerten
Priorisierung	▪ Priorisierungsverfahren vereinbaren ▪ Einfluss von Abhängigkeiten bestimmen	▪ Rang im Projektportfolio ermitteln ▪ Erwartete Auslastung der Einsatzmittel planen
Entscheidung	▪ Bewilligungsgremien besetzen und mit Kompetenzen versehen	▪ Projektideen verkaufen ▪ Projekte freigeben, ablehnen, zurückstellen
Planung, Diagnose und Steuerung	▪ Projekte ins Controlling aufnehmen und Strategie überprüfen	▪ Multiprojektberichtswesen ▪ Projektübergreifende Steuerung des Projektportfolios
Abschluss	▪ Projektmanagement-System weiterentwickeln	▪ Integration in Stammorganisation ▪ Projektbewertung

Abb. 3.02: Funktionen des Multiprojektmanagements

3.1.3 Multiprojektmanagement-Modell

Modellhaft betrachtet umkreisen die Funktionen des Multiprojektmanagements die vielen „Projektzelte", die überall Schnittstellen zur Linienorganisation haben. Auf diesem Kreis befinden sich zwei Übergänge. So werden durch die Multiprojektinitiative regelmäßig neue „Projektzelte" aufgestellt, während im Projektabschluss das „Projektzelt" abgebaut wird und die erzielten Ergebnisse an die Linienorganisation übergeben werden. Zwischen den Übergängen werden über das Multiprojektberichtswesen die Planung, Diagnose und Steuerung des gesamten Projektportfolios durchgeführt und die Schnittstelle zum Unternehmenscontrolling bedient. Das Multiprojektmanagement-Modell ergibt sich damit durch Erweiterung („Zoomen") des Blickwinkels auf das allgemeine Projektmanagement-Modell.

Die Multiprojektinitiative und der Projektabschluss bilden die Übergänge zwischen Linie und Projekten

Die Funktionen des Multiprojektmanagements entsprechen den Aufgaben eines Campingplatz-Betreibers. So muss bei jedem „Neuankömmling" die Belegung bereits aufgestellter Zelte und deren Abreisedatum bei der Entscheidung berücksichtigt werden, wo das neue Zelt aufgestellt wird. Liegen langfristige Reservierungen etwa durch Budgetvereinbarungen vor, gehen diese natürlich vor. Für überraschende Neukunden müssen entweder freie Kapazitäten vorgehalten werden oder die Camper müssen näher zusammenrücken. Außerdem entbrennt natürlich der Kampf um die besten Plätze. Manche Kunden (Projekte) brauchen die Sonnenseite, um ihre Projektziele zu erreichen, andere, insbesondere mit kleinen Kindern („Projektmanagement-Neulinge") benötigen kurze Wege zu den Infrastruktureinrichtungen, die durch das Projektmanagement-Office bereitgestellt werden.

Auf dem „Zeltplatz" des Multiprojektmanagements

Verlängerungswünsche der Besucher, Streitigkeiten zwischen Zeltnachbarn, Beschwerden über schlechtes Essen und defekte Duschen sind während des Betriebs zu bearbeiten. Ein regelmäßiger Rundgang sorgt als Frühwarnsystem dafür, dass Fehlentwicklungen rechtzeitig erkannt werden können.

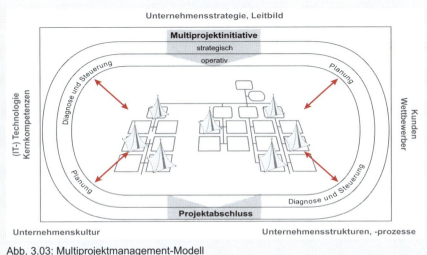

Abb. 3.03: Multiprojektmanagement-Modell

3.1.4 Der Einfluss der Stammorganisation auf das Multiprojektmanagement

Bedeutung von Projektmanagement in den Organisationseinheiten reicht von Kerngeschäft bis Störung

Wie das Multiprojektmanagement in einer Organisation auszugestalten ist, hängt von der Stammorganisaion und dem Stellenwert des Projektmanagements in den einzelnen Organisationseinheiten ab. So können Projekte in einem Bereich zum Kerngeschäft gehören, die wesentliche Ergebnisbeiträge liefern, während in anderen Einheiten mit der routinierten Abwicklung von Standardprozessen der größte Teil der Wertschöpfung erfolgt und Projekte lediglich zur Optimierung dieser Prozesse dienen. Hier werden Projekte oft als Störung des Tagesgeschäfts empfunden und es lassen sich nur sehr schwer Mitarbeiter für die Projektarbeit gewinnen.

Projekte liefern Innovation

Bereiche wie Forschung und Produktentwicklung treiben mit Projekten die Innovation des Unternehmens voran. Sie können meist unabhängig von anderen Bereichen kreative Ideen entwickeln und liefern die Basis für die Zukunft einer Organisation. Die Ergebniserwartungen und Vorgehensweisen sind mit großen Unsicherheiten verbunden. In den Projekten kommt es auf die systematische Eingrenzung der Vielzahl der Lösungen an. Aber auch kleinere Einzelinitiativen von Forschern und kleinen Teams können erfolgreich sein. Ein umfassendes, standardisiertes Projektvorgehen kann dann als Gängelung empfunden werden.

In der Org/IT genießen Projektleiter hohes Ansehen

In der Entwicklung von IT-Anwendungen sind Projekte Alltag. Sie sollen Lösungen liefern, die mit der technologischen Entwicklung Schritt halten. Sie betreffen oft eine Vielzahl von Organisationseinheiten, haben zahlreiche Schnittstellen und müssen deshalb verlässlich und professionell durchgeführt werden. In diesem Bereich haben Projektleiter einen hohen Stellenwert für die Organisation und sie sind es gewohnt, professionelle und breit akzeptierte Projektmanagement-Methoden einzusetzen.

Mit dem KEY9-Raster von S. RIETIKER (2006) lassen sich die Spannungsfelder des Multiprojektmanagements sehr anschaulich machen (Abbildung 3.04), insbesondere, wenn Geschäftsbereiche einbezogen werden, die in unterschiedlichen Branchen tätig sind.

Um das Verständnis der unterschiedlichen Anforderungen an das Multiprojektmanagement zu vertiefen, sollten die Geschäftsfelder der Stammorganisation veranschaulicht werden. So sind die Markt- und Wettbewerbsbedingungen anders, sie stehen oft unter einer besonderen Leitung und die strategische Ausrichtung kann sich deutlich unterscheiden. Es kann sinnvoll sein, für „strategische Geschäftsfelder" eigenständige Projektportfolios zu bilden.

Die Geschäftsfelder entstehen aus der Zusammenfassung von geeigneten Produkt-/Marktkombinationen. Anhang 12 zeigt ein Beispiel eines IT-Dienstleisters.

Der Einfluss der Stammorganisation auf das Multiprojektmanagement | 75

Abb. 3.04: Positionierung von Bereichen einer Stammorganisation
(vgl. S. Rietiker, Vortrag IPMA World Congress, Brisbane 2011)

Damit eine Organisation am Markt erfolgreich ist und bleibt, benötigt sie Technologien und Kompetenzen, die von Wettbewerbern schwer oder gar nicht kopiert werden können. Diese Kernkompetenzen gilt es bei der Steuerung im Multiprojektmanagement systematisch zu stärken und nicht zu vernachlässigen. Es kann sich dabei um einzigartige Patente und Lizenzen handeln, eine besondere IT-Infrastruktur, die einen hohen Automatisierungsgrad ermöglicht, technische Anlagen an besonders günstigen Standorten oder den einfachen Zugang zu Ressourcen.

Kernkompetenzen der Stammorganisation im Multiprojektmanagement nutzen und stärken

Bei der Auswahl von geeigneten Projekten sollte immer der positive Einfluss auf die Kernkompetenzen berücksichtigt werden, damit einzelne Fehlinvestitionen nicht zum Verlust der Geschäftsbasis führen. Kernkompetenzen erlauben, neue, innovative Produkte abzuleiten und sicherer in neue Märkte vorzustoßen (siehe Anhang 13).

Der Einfluss von Unternehmensstrategie und Leitbild auf das Multiprojektmanagement ist fundamental. So werden für die Prüfung von Vorhaben daraus abgeleitete Kriterien genutzt und viele Projektideen direkt in Strategie-Workshops entwickelt (siehe Kapitel 3.5).

Strategie ist Grundlage für richtige Projektwahl

Auch die Unternehmenskultur beeinflusst die Ausgestaltung des Multiprojektmanagements. So werden sich in einem Unternehmen, das familiäre Nähe und persönliche Beziehungen besonders schätzt, ausgefeilte Templates, detaillierte Prozessbeschreibungen und formell strukturierte Entscheidungsgremien schwer durchsetzen lassen, während dies in einer Organisation, die sich auf formale Autorität beruft und in der Mitarbeiter meist aus Sicherheitsgründen klaren Anweisungen folgen müssen, durchaus erfolgversprechend sein kann.

PM-Richtlinien hängen von Unternehmenskultur ab

Treiben in einem Bereich sehr leistungsstarke Mitarbeiter und Führungskräfte oft als Einzelkämpfer die Geschäfte voran und werden diese auch als „Stars" angesehen, muss für ein teamorientiertes Projektmanagement besondere Überzeugungsarbeit geleistet werden. In diesem Fall wird auch ein Kulturveränderungsprojekt nötig.

Netzwerkkultur erleichtert Projektarbeit

Werden in einem Unternehmen interdisziplinäre Verbindungen besonders geschätzt und vor allem durch persönliche Gespräche Türen geöffnet, ist dies eine für das Multiprojektmanagement und deren Entwicklung förderliche Unternehmenskultur. Sie erlaubt ein besonders starkes Wachstum, das aber einer klaren strategischen Ausrichtung bedarf.

Diese verschiedenen Richtungen von Unternehmenskultur sind in Organisationen auch in einzelnen Bereichen zu finden. Eine Einordnung nach Arten der Unternehmenskultur (siehe Anhang 15) liefert einen ersten Eindruck über zu erwartende Spannungsfelder, der mit einer Kulturanalyse und der Stakeholder-Analyse detailliert werden kann.

Das Multiprojektmanagement muss sich auch an den Aufbaustrukturen und Prozessen der Stammorganisation orientieren. So bereiten Stabsbereiche strategische Entscheidungen über das Gesamtportfolio vor, während in operativ verantwortlichen Geschäfts- und Servicebereichen eigenständige Portfolios mit Programmen und Projekten existieren. Die Zuständigkeiten werden anhand von Projektklassen und Eskalationsstufen abgegrenzt. Eigenständige Strategien und Leitbilder erlauben den Geschäfts- und Servicebereichen, weitgehend unabhängig Projekte zu priorisieren.

Projektpriorisierung ist Sache der Geschäftsbereiche

Besteht das Kerngeschäft eines Unternehmens aus routiniert und stabil wiederholten Prozessen, wie zum Beispiel bei einem Finanzdienstleister (siehe Organigramm in Anhang 14), wird der größte Teil der Projektarbeit in den Servicebereichen, wie IT und Organisation, geleistet. Da die Projektergebnisse einen starken Einfluss auf die Leistungsfähigkeit der Geschäftsbereiche haben, sollte die Verantwortung für die Priorisierung der Projekte allerdings nicht dem Servicebereich überlassen werden.

Projekte durch Auftrag von Stammorganisation abgrenzen

Bestehende Weisungsbeziehungen, die Anzahl der Hierarchieebenen und die Größe der Leitungsspannen sind ebenso für das Verständnis der Stammorganisation wichtig, um die „Sekundärorganisation" sauber von der Stammorganisation abgrenzen zu können. Es gilt, die Vorteile der Stammorganisation als Wissensspeicher mit stabilen Prozessen zu nutzen, um für jedes Projekt passend Flexibilität und Unabhängigkeit zuzulassen. In der Praxis unterbleibt leider allzu oft diese Klärung im Rahmen des Projektauftrags.

3.2 (Multiprojekt-)initiative im Überblick

Ziel der Multiprojektinitiative ist es, die Frage zu beantworten:

> Bearbeiten wir die richtigen Projekte?

Sie beginnt mit der Entstehung von Projektideen und endet mit einer Entscheidung, ob ein Projekt zurückgestellt oder gestartet wird, mit einem vorläufigen Projektauftrag und der Bereitstellung der Ressourcen wie Beteiligte und finanzielle Mittel. Die Projekte werden dann mit einer Projektnummer katalogisiert, die Verrechnung der Aufwände wird festgelegt und das Projekt kann den Beteiligten in einem Kick-off bekanntgemacht werden.

Abb. 3.05: Schritte der Multiprojektinitiative

Die Schritte stellen sicher, dass die erfolgversprechendsten Projektideen ermittelt werden können:

- Die permanente Beobachtung der Geschäftsprozesse von Unternehmen und Institutionen sorgt proaktiv für Projektideen
- Das Produktmanagement leitet systematisch aus Kundenbedürfnissen, Entwicklungen in Markt, Politik und Technologie und dem Lebenszyklus der eigenen Produkte und Systeme den Veränderungsbedarf ab
- Anträge halten den Veränderungsbedarf fest und ermöglichen eine Einteilung nach Art und Klasse, damit passende Entscheidungswege eingeschlagen und die sinnvollsten Projektmanagement-Methoden ausgewählt werden
- Die Prüfung der Anträge gegenüber der aktuellen Strategie zeigt deren strategische Chancen auf und klärt mögliche Risiken
- Der mögliche Projekterfolg zeigt sich unter anderem daran, inwieweit das Unternehmen Einsatzmittel und Knowhow für die Vorhaben bereitstellen kann und ob ein ernsthafter Wille zur Unterstützung der Projektideen bis zum Ende besteht oder mit Widerständen zu rechnen ist
- Die Wirtschaftlichkeitsbetrachtung offenbart, ob die absehbaren Kosten und der Nutzen der Vorhaben in einem vernünftigen Verhältnis zueinander stehen

Dem „Mach-Mal-Chaos" durch eine systematische Multiprojektinitiative begegnen

Projekterfolgskriterien

- Die Priorisierung bringt das Projektportfolio in eine Rangfolge und weist aus, welche Auslastung der Einsatzmittel daraus entstehen wird und ob diese für das Unternehmen verkraftbar ist
- Die geprüften und priorisierten Anträge werden in für die jeweilige Projektklasse zuständigen Bewilligungsgremien vorgestellt und entweder genehmigt, zur Überarbeitung zurückgestellt oder abgelehnt
- Mit der Entscheidung wird die Projektverantwortung an Auftragnehmer delegiert
- Beim Start entwickelt der Projektleiter einen Projektauftrag aus den in Prüfung, Priorisierung und Genehmigung gemachten Zusagen und der ihm übertragenen Verantwortung. Für einen gelungenen Start gilt es, das Projektumfeld und die Interessen der Stakeholder genau zu analysieren, um deren Grad der Beteiligung festzulegen (Partizipation). Die erfolgreiche Gestaltung von Kick-off, der ersten Projektsitzung, der Projektorganisation und dem Kommunikationsplan reduziert das Risiko von Widerständen während des Projekts.

Welch ein fantastischer Start!

Jedes Projekt, das diese Schritte vollständig und gewissenhaft durchlaufen hat, wird von allen als dringend erforderlich betrachtet, bringt ein Unternehmen voran, hat breite Unterstützung, verfügt über geeignete Einsatzmittel und hat bereits einen geklärten Auftrag, der allen Projektbeteiligten bekannt ist.

3.3 Projektentstehung

> „Die beste Methode, zu einem guten Einfall zu kommen, ist, viele Einfälle zu haben."
> Linus Pauling (amerikanischer Chemiker)

3.3.1 Initiatoren und Anlässe

Externem Handlungsdruck proaktiv begegnen

Projekte werden aus den verschiedensten Anlässen geboren. Eine Vielzahl von Projekten wird reaktiv ausgelöst. Probleme werden solange vertagt, bis ein enormer Druck zum Handeln zwingt. Projekte mit zu eng gesetzten Terminen unterliegen der Gefahr von suboptimalen Lösungen (Schnellschüsse, Symptombekämpfung), da die Zeit zur systematischen Problemanalyse und -beseitigung in der Regel fehlt.

Um sich dem Teufelskreis der ständigen „Feuerwehrmaßnahmen" entziehen zu können, empfiehlt es sich, proaktiv bei der Initiierung von Projekten vorzugehen. Prozessmanagement, Produkt- und Systemmanagement nehmen diese proaktive Rolle in Unternehmen wahr.

Reaktiv	Proaktiv

■ Kundenanfragen umsetzen
■ Störungen in Anwendungen beseitigen
■ Ersatzkapazitäten schaffen
■ Markttrend folgen
■ Gesetze, Verordnungen umsetzen
■ Auf Hinweise von Problembereichen warten:
  – Betriebliche Vorschläge (BVW)
  – Forderungen aus Revisionsberichten
  – „Hilfeschrei" aus Abteilungen
  – Rückfragen von Projektbetroffenen
  – Wartungsberichte
	■ Neue Technologien aufgreifen
	■ Mitarbeiterpotenziale ausnutzen
	■ Wettbewerbsvorteile neuer Strukturen erkennen
	■ Konkurrenzaktivitäten eruieren
	■ Systematisch nach verbesserungswürdigen Sachverhalten suchen:
	  – Systematische Problemanalyse
	  – Benchmarking
	  – Checklisten
	  – Eigeninitiierte Erfolgskontrolle
	  – Six Sigma und KVP-Programme

Abb. 3.06: Anlässe der Projektentstehung

Die ständige Beobachtung der zukünftigen Unternehmens- und Umweltsituation ermöglicht es, sich abzeichnende Chancen und Risiken frühzeitig zu erkennen. Auf diese Weise werden Projekte ins Leben gerufen, um anstehende Gefahren zu vermeiden oder frühzeitig zu erkennen und sich bietende Möglichkeiten zu nutzen. Die Schwierigkeit von proaktiv ausgelösten Projekten liegt in der Prognoseunsicherheit sowie in dem nicht immer vorliegenden Realisierungswillen aufgrund von fehlendem Leidensdruck.

Kapazitäten für proaktives Handeln reservieren

3.3.2 Prozessmanagement

Ein Prozess ist eine Struktur, deren Elemente Aufgaben, Aufgabenträger, Sachmittel und Informationen sind, die durch logische Folgebeziehungen verknüpft sind (mehr in Band 9 dieser Schriftenreihe).

Definition

Darüber hinaus werden zeitliche, räumliche und mengenmäßige Dimensionen konkretisiert. Ein Prozess hat ein definiertes Startereignis (Input) und Ergebnis (Output) und dient dazu, einen Wert für Kunden zu schaffen.

Abb. 3.07: Prozessdefinition

Aus der Optimierung von Prozessen resultieren häufig Org/IT-Projekte

Das Prozessmanagement unterstützt vielfältige Managementfunktionen und ist damit an der Entstehung von Projektideen maßgeblich beteiligt. Es zergliedert die Funktionen eines Unternehmens in Führungsprozesse, Ausführungsprozesse und Unterstützungsprozesse. In einem Prozessmodell sind die Prozesse hierarchisch gegliedert und als Landkarte zur Orientierung im Unternehmen dargestellt.

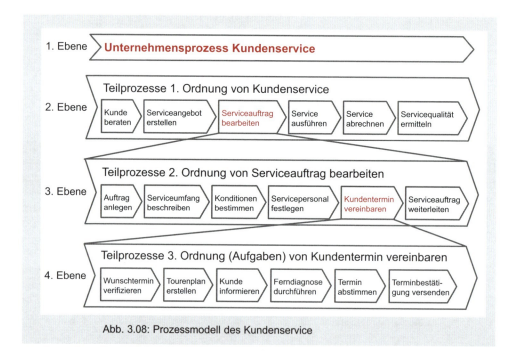

Abb. 3.08: Prozessmodell des Kundenservice

3.3.3 Produktmanagement

Das Produktmanagement nimmt Anregungen vom Markt und von Kunden auf und setzt diese in ein passendes Produktangebot um. Es ist verantwortlich für den dauerhaften Erfolg des Produktprogramms, der über eine produktorientierte Deckungsbeitragsrechnung kontrolliert wird. Hierzu gehört auch die Einschätzung, an welcher Stelle im Lebenszyklus sich die Produkte eines Produktprogramms befinden, um daraus F+E-Programme und Projekte anzustoßen, die die Zukunft des Produktprogramms sichern.

Zur Steuerung des Produktprogramms sind für jede Produktgruppe die Marktattraktivität und die eigene Wettbewerbsstärke zu beurteilen. Damit lassen sich die Produkte in ein Portfolio einordnen, um möglichen Handlungsbedarf aufzuzeigen. Die Wettbewerbsstärke einer Produktpalette hängt auch vom Lebenszyklus ab.

Wettbewerbsfähigkeit der Produkte beobachten

Produkte haben eine begrenzte Lebensdauer. Sie durchlaufen im Laufe ihres „Lebens" von der Idee bis zur Elimination verschiedene Phasen. Die Entwicklungsperiode umfasst dabei die Initialisierung und die Projektphasen mit Planung und Realisierung. Die Markt-/Einsatzperiode enthält die Herstellung und den Verkauf der Produkte bzw. den Betrieb und die laufende Wartung der Systeme bis hin zum Abbruch und Recycling.

Produktlebenszyklus von der Einführung bis zur Aufgabe eines Produkts

Das Denken in Lebenszyklen ist die Grundlage für die Wirtschaftlichkeitsbetrachtungen, um den Zeitpunkt zu erfassen, ab wann sich eine Neuauflage lohnt.

Es entstehen während der Marktperiode typische Phasen, die eine Prognose der künftigen Absatzerwartungen erlauben. Damit werden dem Produktmanager Anhaltspunkte für Maßnahmen (sogenannte Aktionsprogramme) geliefert, die den Markterfolg unterstützen. Aus diesen Überlegungen entstehen immer wieder kleinere und größere Projektideen.

Aktionsprogramme des Produktmanagements führen zu Projektideen

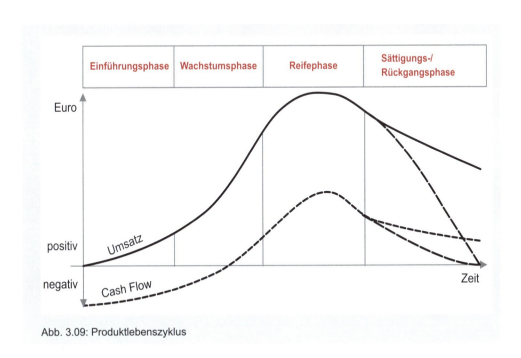

Abb. 3.09: Produktlebenszyklus

Phase	Marktverhalten	Aktivitäten, Projektideen
Entwicklungsperiode	■ Keine Erlöse ■ Negative Deckungsbeiträge wegen Entwicklungskosten	■ Entstehung des Produkts, Projektarbeit ■ Neuentwicklung
Markteinführung	■ Etablierung im Markt oder Flop ■ Deckungsbeitrag noch negativ	■ Spezielle Kundenwünsche berücksichtigen ■ Intensive Werbung ■ Nachbesserungen
Wachstum	■ Kampf um Marktanteile ■ Positiver Deckungsbeitrag erreicht	■ Variantenbildung zur Differenzierung gegenüber Wettbewerbern ■ Versionen entwickeln
Reife	■ Sinkende Zuwachsraten, steigende Deckungsbeiträge	■ Kostenreduzierungsprogramme ■ Rationalisierungsprojekte
Sättigung	■ Absatzmenge stagniert	■ Variationen des Produkts, um neue Märkte zu erschließen ■ Weiterentwicklung
Rückgang	■ Absatzmenge und Deckungsbeitrag sinken	■ Relaunch durch grundlegende Verbesserungsinnovationen ■ Einführung Ersatzprodukt ■ Neuentwicklung

Abb. 3.10: Phasen des Produktlebenszyklus

3.3.4 Systemmanagement

Systeme bestehen aus Teilsystemen und Komponenten bis hin zu einzelnen Elementen. Jeder dieser einzelnen Bestandteile hat eine unterschiedliche Lebensdauer. Sie hängt ab von

- der Beanspruchung der Komponente
- der regelmäßigen Wartung und Pflege
- dem Zeitpunkt der letzten Reparatur oder des Austauschs
- der Beständigkeit des Materials
- dem technischen Stand
- dem Beitrag der Komponente zur Nutzung des Systems
- der Entwicklungsgeschwindigkeit im Umfeld/Markt
- den Kosten der Entsorgung.

Einflussfaktoren für die Lebensdauer von Systemen

Bei der Veränderung eines Systems ist für jeden Bestandteil festzulegen, inwieweit er von der Änderung betroffen ist und wie weitgehend eine Änderung ausfällt. Dabei sind für jede Komponente die Kosten und Risiken einer Neuentwicklung gegenüber den steigenden Reparatur- und Wartungskosten abzuwägen.

Systemerneuerung oder neue Komponenten

Der Lebenszyklus eines Systems ist abgeschlossen, wenn alle Komponenten einmal grundlegend überarbeitet wurden.

Komponente	Lebensdauer	Letzte Änderung	Art der Veränderung
Gehäuse	10 Jahre	10/2009	Neue Form
Rahmen	8 Jahre	5/2012	Anderes Material
Elektronik	3 Jahre	12/2012	Neue Steuerung und Zusatzfunktionen
Mechanik	6 Jahre	12/2011	Innovative Neuentwicklung

Abb. 3.11: Lebensdauer von Komponenten eines Produkts

Der aktuelle Status eines Systems mit all seinen Komponenten wird durch das Konfigurationsmanagement sichergestellt (siehe Kapitel 7.9.6).

3.4 Projektanträge formulieren

Veränderungsbedarf in Anträge fassen

Prozess-, System- und Produktmanagement leiten aus ihren Überlegungen künftigen Veränderungsbedarf ab. Ob diese geplanten Veränderungen in Form von Projekten, innerhalb der Linienorganisation oder überhaupt umgesetzt werden, ist zu diesem Zeitpunkt noch offen. Durch das Festhalten des Veränderungsbedarfs in Anträgen geht keine der Ideen verloren und es wird ein Gesamtüberblick ermöglicht, was sich alles in der Projekt-Pipeline befindet.

Antragseingang koordinieren

In der Praxis werden die Anträge oft unkoordiniert und formlos gegenüber Vorgesetzten oder Serviceabteilungen gestellt. Je nach Anliegen werden unterschiedliche Angaben erfragt, um die Sinnhaftigkeit prüfen zu können.

Bei internen organisatorischen Vorhaben interessieren vor allem folgende Fragen:

Minimalangaben

- Wie äußert sich das Problem?
- Wer und welche Prozesse sind davon betroffen?
- Welche Erwartungen werden mit einer Lösung des Problems verknüpft?
- Wie soll die Lösung erarbeitet werden?

Bei ausgabewirksamen Investitionen wird die Aufnahme in das Investitionsprogramm beantragt. Hierbei sind folgende Angaben erforderlich:

Wirtschaftliche Auswirkungen beurteilen

- Art der Investition (Ersatz, Rationalisierung, Erweiterung, Infrastruktur)
- Technische Grunddaten wie Mengen, Volumen
- Erwartetes Investitionsvolumen verteilt auf die Projektlaufzeit
- Erwartete Einsparungen mit einer Wirtschaftlichkeitsrechnung
- Benötigtes Knowhow, Kapazitäten
- Mögliche technische Risiken.

Unterschriften zeigen Kenntnisnahme und Freigabe

Hilfreich ist in jedem Fall ein klar geregelter, durch Antragsformulare gestützter Weg, damit alle Angaben zur Prüfung des Vorhabens vorliegen und der Projektantrag an die richtige Stelle innerhalb des Unternehmens gelangt. Durch die notwendigen Unterschriften und Freigaben wird sichergestellt, dass alle relevanten Abteilungen ihre Beurteilung abgegeben haben. Der Antragsteller sollte möglichst umfassende Angaben machen, damit viele Informationen direkt in den künftigen Projektauftrag übernommen werden können.

Projektantrag - Titel									Seite 1	
Identifikationsnummer	**Klasse**	1	2	3	**Art**	IT	Lean	PE	Sonstige	
Antragsteller/Organisationseinheit					Befürworter/Organisation/Titel					
Datum/Unterschrift Antragsteller					Datum/Unterschrift Befürworter					

Antragsinhalte

1. Ausgangslage
Beschreibung der Problemsituation/des Anlasses für das Vorhaben → Handlungsdruck

2. Umfang und Inhalt
Aufzählung der zu ändernden oder neu zu schaffenden Produkt-/Systembestandteile; Benennung der betroffenen Organisationseinheiten/Prozesse; Abgrenzung und Schnittstellen auch zu anderen Projekten

3. Ziele/Ergebnisse/Lieferobjekte
Aufzählung, was mit dem Vorhaben und den Lieferobjekten erreicht werden soll, welchen Nutzen das Vorhaben für das Unternehmen hat

4. Erwartete Projektaufgaben/-schritte
Beschreibung der wesentlichen durchzuführenden Aufgaben/Phasen

5. Aufwand/Kosten
Einschätzung des derzeitigen und absehbaren Bedarfs an finanziellen und personellen Ressourcen (Prognose des Aufwands und der Kosten)

6. Termine
Ausführungen über terminliche Erfordernisse (Fristen/Abhängigkeiten/bekannte Meilensteine)

7. Einflussgrößen
Aufzählung der zwingend einzuhaltenden Restriktionen und zu beachtender Rahmenbedingungen, insbesondere möglicher Risiken

8. Begründung der Attraktivität
Zusammenfassende Abschätzung des künftigen quantitativen und qualitativen Nutzens, Prognose der Chancen und Risiken bei Durchführung sowie Nicht-Durchführung des Vorhabens.

Ausführungen zu den Punkten 1-8 auf den folgenden Seiten des Projektantrags

Einschätzung der Wirkung auf *)	Kunde	Finanzen	Prozesse	Wachstum	Erfolgsfaktoren (Harte/Weiche)	Muss

Der Projektantrag wird	Genehmigt ( )	Nicht genehmigt ( )
Begründung		
Antragsbewilliger		Datum/Unterschrift

*) Skalierung gemäß Prüfungsvorgaben z.B. von -2 negativ bis +2 sehr positiv

Abb. 3.12: Inhalte eines Projektantrags

Multiprojektmanagement

Anhand des Antrags kann geklärt werden, inwieweit das Vorhaben in einer eigenständigen Organisationsform (als Projekt) abgewickelt werden soll und welchen weiteren Entscheidungsweg die Projektidee gehen muss. Handelt es sich um ein Thema, das nur einen Bereich betrifft, wenig komplex ist und mit geringem Aufwand umgesetzt werden kann, kann es sogar an den Antragsteller zurückgewiesen werden, ohne dass die Umsetzung den etablierten Projektmanagement-Methoden unterliegt.

3.5 Prüfung von Vorhaben

Ziel der Prüfung von Vorhaben ist es, alle vorliegenden Anträge nach einheitlichen, aus der Strategie abgeleiteten Kriterien in das Projektportfolio einzuordnen und eine Rangfolge zu bilden.

Hierzu sind zunächst einige grundsätzliche Festlegungen zu treffen:

Prüfkriterien und Verfahren festlegen

- Die Unternehmensführung muss aus ihrem Leitbild und der Strategie Kriterien ableiten, die Aussagen über die Attraktivität von Vorhaben ermöglichen, und sich darauf verständigen, diese Kriterien bei der Priorisierung von Vorhaben konsequent anzuwenden
- Der für Einsatz- und Finanzmittel bereitstehende Rahmen muss vorgegeben werden
- Es sollte geklärt sein, inwieweit im Unternehmen die Genehmigung von Vorhaben von der Unterstützung und Akzeptanz abhängen
- Die anzuwendenden Methoden der Wirtschaftlichkeitsberechnung sollten feststehen und bekannt sein.

3.5.1 Strategie und Leitbild

Projekte sollen Strategie und Visionen verwirklichen

Projekte sind dann für ein Unternehmen attraktiv, wenn sie helfen, der Vision näher zu kommen. Deshalb sollten die Kriterien zur Ausrichtung des Projektportfolios aus Strategien und Leitbildern abgeleitet sein.

Visionen sollen für alle Mitarbeiter motivationsfördernd sein. Sie weisen folgende Merkmale auf:

Funktion von Visionen

- Zukunfts- und Realitätsbezug
- Bildhaft-szenarische Darstellung
- Enger Bezug der Vision zu Personen und deren Wirkungen auf sie.

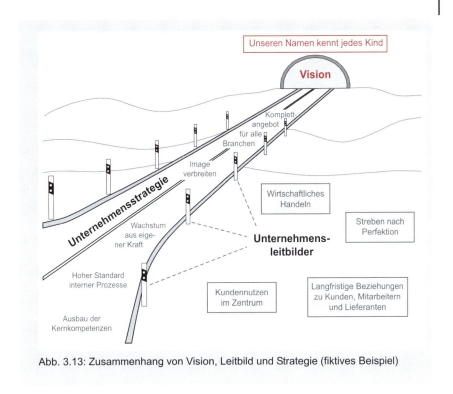

Abb. 3.13: Zusammenhang von Vision, Leitbild und Strategie (fiktives Beispiel)

Leitbilder übertragen die Visionen in relativ abstrakte Aussagen über anzustrebende Ziele, Werte, Normen, Einstellung zum Kunden, Gestaltung der zwischenmenschlichen Beziehungen und den Umgang mit Lieferanten und Wettbewerbern. Sie sind Handlungsrahmen und Verhaltenskodex für alle Aktivitäten im Unternehmen.

Um die abstrakten Aussagen für Mitarbeiter begreifbar zu machen, sollten Leitbilder im Führungsalltag angewendet und kommuniziert werden. Das gilt natürlich auch bei der Begründung von Entscheidungen für oder gegen eine Projektidee. Eine bildhafte Sprache und die Verwendung von Metaphern und Anleihen aus Mythologien können dabei die Kommunikation wesentlich erleichtern. ANDREAS ROTHER gibt in seinem Buch „Unternehmensphilosophie in Textbausteinen" viele Anregungen, wie eine grundsätzliche, mythologische Ausrichtung eines Unternehmens in Formulierungen für Leitbilder umgesetzt werden kann.

Leitbilder in der Führung und bei Entscheidungen erlebbar kommunizieren

Strategien zeichnen den Weg vor, auf dem die Vision erreicht werden soll. Sie lassen sich nach dem organisatorischen Geltungsbereich unterscheiden.

Definition

Multiprojektmanagement

Eine Strategie beantwortet folgende Kernfragen:

- Auf welchen Märkten will das Unternehmen präsent sein?
- Welche Produkte und/oder Dienstleistungen will das Unternehmen auf den jeweiligen Märkten anbieten (Geschäftsfelder)?
- Wo liegen die zukünftigen Kernkompetenzen des Unternehmens?

Kritische Erfolgsfaktoren von Organisationen

Aus diesen Grundpositionen lassen sich die kritischen Erfolgsfaktoren eines Unternehmens ableiten. Sie geben Antwort auf die Frage, worauf ein Unternehmen seinen Markterfolg zurückführt und sind deshalb nur unternehmensindividuell zu ermitteln. Vor allem die Branche bestimmt die Verschiedenartigkeit der Erfolgsfaktoren, die zur Beurteilung von Projekten herangezogen werden können.

Beispiele

- Styling und Händlernetz in der Automobilindustrie
- Schulung und Weiterbildung des Außendienstes in der Versicherungsbranche
- Service und Beratung im Kreditgewerbe
- Image und Schnelligkeit von Verwaltungen.

3.5.2 Balanced Scorecard

Ausbalancieren der Perspektiven Kunde, Finanzen, Prozesse und Entwicklung

Die Balanced Scorecard (BSC) ist eine Managementmethode, die Vision und Strategie eines Unternehmens in Ziele und Kennzahlen übersetzt. Der Grundgedanke der Balanced Scorecard ist, dass der wirtschaftliche Erfolg einer Organisation sich auf Faktoren gründet, die hinter den finanziellen Erfolgsgrößen stehen und diese ursächlich bestimmen. „Balanced" verdeutlicht, dass mehrere Steuerungsbereiche ausbalanciert werden müssen. Daher berücksichtigt die Balanced Scorecard neben der finanziellen drei weitere Perspektiven: die Kunden, die internen Prozesse sowie Lernen und Entwicklung bzw. das Mitarbeiterpotenzial.

Je Perspektive sind die vier Felder

- Ziele
- Kennzahlen
- Vorgaben
- Maßnahmen

auszuformulieren. Aus diesen Angaben ergeben sich dann Beurteilungskriterien zur Priorisierung von Projekten.

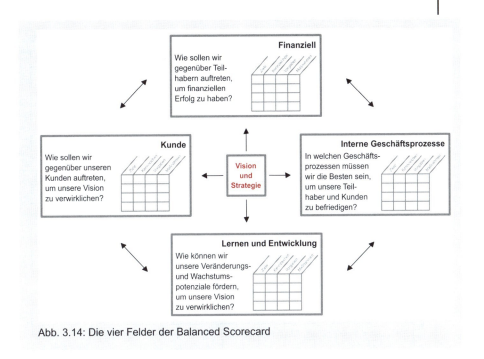

Abb. 3.14: Die vier Felder der Balanced Scorecard

Um mit Hilfe der Balanced Scorecard das Projektportfolio auszurichten, müssen die einzelnen Felder auf ihre Bedeutung für die Projektarbeit hin geprüft werden. Auch die Übertragung auf verschiedene Projektarten kann zu unterschiedlichen Ergebnissen führen. So gelten für Produktentwicklungsprojekte andere Faktoren als für interne Reorganisationsprojekte, wodurch sie sich einfacher zur Steuerung des Projektportfolios anwenden lassen. Dabei muss stets die aus der Strategie abgeleitete Balanced Scorecard als Ausgangsbasis verwendet werden.

Kritische Erfolgsfaktoren von Organisationen

3.5.3 Strategiebezug von Vorhaben

Kriterien, um den Strategiebezug von Projekten zu beurteilen, können aus Leitbildaussagen, Visionsformulierungen, Strategiepapieren, bereichsbezogenen Strategien und Kennzahlen einer Balanced Scorecard abgeleitet werden.

Projekte haben nicht nur positive Auswirkungen (Chancen) auf Strategie und Leitbild, sie sind auch mit Risiken verbunden, die die Attraktivität einschränken. Deshalb sollten auch standardmäßig potenzielle Risiken – was beeinflusst die Strategie negativ und sollte vermieden werden – anhand eines Kriterienkatalogs geprüft werden. Damit werden die Antragsteller veranlasst, sich frühzeitig Gedanken zu machen, wie sie den möglichen Risiken begegnen wollen.

Positive und negative Kriterien für Projektattraktivität ableiten

Aussagen aus Leitbild und Strategie
■ Wir streben die technologische Führerschaft in unserem Kerngeschäft an
■ Wir schöpfen die Synergien aus dem weltweiten Verbund unserer Kerngeschäfte optimal aus
■ Wir wollen gemeinsam mit unseren Kunden und Lieferanten zukunftsweisende Anwendungen unserer Produkte entwickeln
■ Wir handeln verantwortungsbewusst gegenüber unserer Umwelt und wollen Ökonomie und Ökologie in Einklang bringen
■ Wir wollen erfolgreich und unabhängig bleiben, um unsere eigene unverwechselbare Identität zu behalten
■ Durch ein weltweit attraktives und sicheres Arbeitsumfeld wollen wir eine hohe Identifikation unserer Mitarbeiter mit unserem Unternehmen und seinen Werten schaffen.

Chancenkriterien		Risikokriterien	
Stärkung des Unternehmensverbunds	25%	Personal- und Technologieabhängigkeit	20%
Verbesserung der Flexibilität	5%	Beeinträchtigung von Umwelt und Arbeitssicherheit	30%
Steigerung der Innovationsfähigkeit	30%	Wahrscheinlichkeit eines Misserfolgs	5%
Stärkung der Bindung zu Kunden und Lieferanten	20%	Unsicherheit von Zeit- und Kostenprognosen	20%
Steigerung der Arbeitsplatzattraktivität	10%	Knowhow-Verlust	10%
Ertragssteigerung	10%	Imageschäden	15%

Abb. 3.15: Ableitung eines Kriterienkatalogs für den Strategiebezug

3.5.4 Muss-Projekte

Die Beurteilung des Strategiebezugs eines Vorhabens liefert wichtige Erkenntnisse für die Priorisierung. Von dieser Beurteilung werden nur Projektideen ausgenommen, die einem Zwang zur Durchführung unterliegen, sogenannte Muss-Projekte. Sie werden im Projektportfolio separat gekennzeichnet und ihr Bedarf an Einsatzmitteln bildet eine Grundlast.

Folgende Zwänge führen zu Muss-Projekten:

- Juristische Zwänge, wenn etwa durch Kartellauflagen Unternehmensteile verkauft werden müssen
- Kundenzwänge, wenn für die Betreuung eines wichtigen Kunden interne Prozesse optimiert werden müssen, um den vereinbarten Servicelevel zu halten
- Lieferantenzwänge, wenn für ein IT-System Wartungsverträge auslaufen und vom Hersteller nicht mehr unterstützt werden
- Technische Zwänge, wenn beim Ausfall einer Anlage ein technologisch neuwertiger Ersatz erfolgt, der weitergehende Prozessoptimierungen nach sich zieht.

Beispiele von Muss-Projekten

Die Zwänge müssen für die Priorisierung klar formuliert und von den Entscheidungsgremien akzeptiert sein. Dabei ist es immer auch erforderlich, die Gründe für den Zwang klar darzulegen und abzugrenzen, welcher Teil des Projekts für die Erfüllung von Auflagen zwingend ist und was gegebenenfalls zum späteren Zeitpunkt erfolgen kann. Auf die Genehmigung von nice-to-have-Funktionen im Mantel eines Muss-Projekts sollte verzichtet werden.

3.5.5 Strategiebeitrag von Projektportfolios

Wenn Kriterien für den Strategiebezug von Projekten definiert sind, lässt sich auch insgesamt beurteilen, welchen Beitrag die Vorhaben zur Umsetzung der Unternehmensstrategien leisten. Dabei wird unterschieden, inwieweit die Projekte

Relevant für die Strategieumsetzung

3 – entscheidend
2 – wichtig
1 – förderlich oder
0 – irrelevant

für die Strategieumsetzung sind. Hohe Werte für ein Projekt zeigen eine ideale Übereinstimmung zwischen den Unternehmenszielen und den Projektzielen. Die Spaltensumme pro Unternehmenszielkriterium zeigt, welche strategischen Ziele im aktuellen Projektportfolio besonders gefördert werden. Falls einige strategische Ziele zu kurz kommen oder die Abdeckung nicht ausgewogen ist, kann dies zur Aufnahme weiterer Projekte führen.

Die Beurteilung erfolgt nicht nur während der Multiprojektinitiative, sondern wird im Interesse einer strategischen Gesamtsteuerung auch für laufende Projekte aktualisiert.

Projekte Strategiebeitrag: 3 - entscheidend 2 - wichtig 1 - förderlich 0 - irrelevant	Investitionssumme	Produktqualität	Imagesteigerung	Ausbau Kernkompetenz	Langjährige Kundenbindung	Hoher Standard interner Prozesse	Summe Strategiebezug	% vom Maximum (15)
Call-Center für den Kundenservice	3.000	1	3	0	3	2	9	60%
Modernisierung der Testumgebung	300	2	0	2	0	2	6	40%
Migration des Kernbankensystems	500	2	1	1	1	2	7	47%
Umstellung auf Windows 7	80	0	0	1	0	2	3	20%
Einführung agiles PM in SW-Entwicklung	200	3	2	1	1	0	7	47%
Release 3.0 von Kredis	1.500	2	1	1	2	0	6	40%
Optimierung ITIL-Prozesse	100	0	0	1	0	3	4	27%
Kapazitätserweiterung Server + Netze	300	0	0	2	1	2	5	33%
Systemmodifikation für Großkunde	20	1	0	0	2	0	3	20%
Summe	6.000	11	7	9	10	13	50	
Anteil an Summenstrategiebeitrag (50)		22%	14%	18%	20%	26%		

Abb. 3.16: Strategiebeiträge von Projekten eines Projektportfolios

3.5.6 Projekterfolgskriterien

Harte und weiche Erfolgsfaktoren — Der erwartete Projekterfolg hängt von der Fähigkeit eines Unternehmens ab, für ein Vorhaben die zur Realisierung benötigten Einsatzmittel bereitzustellen, und von der generellen Bereitschaft im Unternehmen, das Projekt umzusetzen. Deshalb sollten zur Entscheidung über neue Vorhaben diese Kriterien bei den Projektanträgen überprüft werden.

Harte Erfolgsfaktoren – Projektfähigkeit

Die Planung der Einsatzmittel für alle Projekte (Eignung, Volumen) ist eine strategische und langfristige Aufgabe. Sie ist in den Geschäftsplanungsprozess integriert und schafft die Rahmenbedingungen für die Projektarbeit. Ein Beispiel sind die jährlichen Investitionsprogramme, die mit der Finanzsituation (Eigenkapitalausstattung) des Unternehmens abgeglichen werden.

Der Aufbau und die Bereitstellung von qualifiziertem Knowhow und leistungsfähiger Technologie sichern langfristig den Erfolg eines Unternehmens. Hieraus entstehen eigenständige Projekte und Infrastrukturmaßnahmen, deren Umfang mit der Wachstumsstrategie des Unternehmens zu vereinbaren ist.

Rahmen für die Projektfähigkeit setzen

Hierzu einige Beispiele:
- 10% vom Umsatz für Forschungsprojekte
- 5% der Arbeitstage je Mitarbeiter für Fortbildung
- 25% des Projektvolumens für Ersatzinvestitionen
- 20% der Arbeitszeit steht für Projektarbeit bereit.

Damit wird ein Rahmen für die Ausstattung von Projekten mit Finanz- und Einsatzmitteln gesetzt. Er ist nach Bereichen und Projektarten gegliedert und eine Entscheidungsgrundlage für die Genehmigung von Projekten.

Dieser Rahmen wird jährlich in der strategischen Planung abhängig von der Geschäftsentwicklung neu gesetzt und auf die Bereiche eines Unternehmens heruntergebrochen. Er definiert die Größe der sogenannten „Projektbaskets". Diesen Körben wird dann der Ressourcenbedarf aus laufenden Projekten und bottom-up gesammelten Projektideen gegenübergestellt.

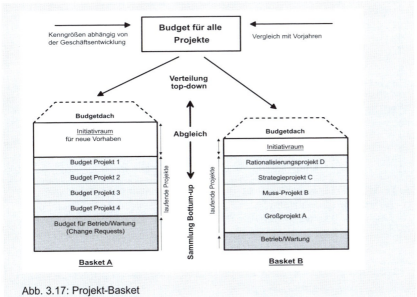

Abb. 3.17: Projekt-Basket

Multiprojektmanagement

Eigenes PM-Knowhow kritisch hinterfragen

Oft stehen die Anforderungen an das Projektmanagement im umgekehrten Verhältnis zu den tatsächlichen personellen und infrastrukturellen Möglichkeiten effektiver Projektabwicklung. Ausgebildete, erfahrene Projektmitarbeiter fehlen, Räumlichkeiten stehen nicht zur Verfügung, Projektmanagement-Standards sind nicht vorhanden oder sind nicht bekannt etc. Selbst bei Unternehmen und Verwaltungen, die regelmäßig in Projektform arbeiten, sind angemessene Projekterfahrung und -infrastruktur nicht selbstverständlich.

Defizite ernst nehmen und Projekt entsprechend unterstützen

Bestehen Bedenken bezüglich der Projektfähigkeit eines Unternehmens, sollten vor dem Start die potenziellen Projektmitarbeiter intensiv Erfahrungen austauschen. Liegen dringliche Gründe für einen sofortigen Projektbeginn vor, sollten zumindest in der Anfangsphase verstärkt externe, erfahrene Projektmitarbeiter in das Team eingebunden werden.

Verfügbare finanzielle Mittel	Gibt es für das Projekt bereits eine Budgetposition? Wie eng ist die finanzielle Situation des Unternehmens in Bezug auf das Projekt? Wie groß ist der Finanzbedarf im Vergleich zum Gesamtinvestitionsvolumen?
Vorhandene Personalkapazität	Wie leicht können Mitarbeiter für das Projekt gewonnen werden? Inwieweit sind Personalkapazitäten bereits für das Vorhaben reserviert, eingeplant? Steht den vorgesehenen Lenkungsausschussmitgliedern ausreichend Zeit für die Steuerung des Projekts zur Verfügung?
Verfügbares Knowhow	Inwieweit ist das für das Vorhaben erforderliche Wissen zugänglich? Welches Qualifikationsniveau haben die bereitgestellten Projektmitarbeiter? In welchem Umfang muss Knowhow während des Projekts aufgebaut werden?
Vorhandene Standards	Inwieweit stehen für die Projektaufgaben standardisierte Methoden zur Verfügung? In welchem Umfang sind diese Methoden den Projektbeteiligten bekannt? Wie groß ist die Verbreitung und Akzeptanz der Standards? Wie gut sind die vorhandenen Standards zur Lösung der Projektaufgabe geeignet?
Vorhandene Erfahrung	Konnten bereits mit einem ähnlichen Vorhaben Erfahrungen gesammelt werden? Inwieweit sind diese Erfahrungen dokumentiert und dem neuen Projekt zugänglich? In welchem Umfang müssen für das Projekt neue, innovative, für die Projektbeteiligten unbekannte Wege beschritten werden? Welche Führungserfahrung hat die vorgesehene Projektleitung?
Verfügbare Sachmittel/Anlagen	Inwieweit werden für die Projektarbeit besondere technische Einsatzmittel wie Laborgeräte, Testanlagen, CAD, Simulationssoftware, Software für Prozessdarstellungen, eigene Projekträume benötigt? Wie leicht können diese für das Projekt bereitgestellt werden? Sind die Einsatzmittel auf dem neuesten Stand der Technik?

Abb. 3.18: Harte Erfolgsfaktoren

Für jeden harten Erfolgsfaktor können Obergrenzen oder Mindestvoraussetzungen als eine Genehmigungsrestriktion gesetzt werden. Um deutlich zu machen, dass Projekte dann gute Erfolgsaussichten haben, wenn sie die Kriterien besonders gut abdecken, können sie mit Gewichten versehen zur Priorisierung von Vorhaben hinzugezogen werden.

Mindestvoraussetzungen und Gewichte unterstützen Priorisierung

Weiche Erfolgsfaktoren – Projektwilligkeit

Empirische Untersuchungen zeigen, dass die fehlende Identifikation der Unternehmensführung mit Projekten und Widerstände der Betroffenen gegenüber Veränderungen Hauptursachen für gescheiterte Projekte sind. Deshalb sollte vor Projektbeginn geprüft werden, wie es um die Projektwilligkeit bestellt ist, um frühzeitig diesen Risiken entgegenzuwirken. Unter Umständen ist sogar ein Verzicht auf das Vorhaben zu erwägen.

Hauptursachen für gescheiterte Projekte

Die Projektwilligkeit kann durch aufmerksames Beobachten des Auftraggeberverhaltens, der Unternehmensstruktur und -kultur sowie der Projekthistorie des Unternehmens eingeschätzt werden. Sind starke Zweifel an der Projektwilligkeit absehbar, ist dem Projektmarketing besondere Aufmerksamkeit zu schenken. Das gilt auch für die Gewinnung geeigneter Befürworter.

Mit hochrangigen Förderern (Sponsoren) und Projektmarketing Projektwilligkeit erhöhen

Aber auch die Unternehmenskultur mit ihren Normen und Werten beeinflusst die Projektwilligkeit:

- Wie geht die Organisation mit Veränderungen/Neuerungen um?
- Inwieweit werden die Betroffenen mit ihren Bedürfnissen in Projekte einbezogen?
- Welcher Führungsstil wird in Projekten gepflegt bzw. herrscht im Unternehmen vor?
- Welche Sanktionen haben die Projektbeteiligten bei Versagen zu erwarten?
- Wie offen wird mit Abweichungen umgegangen?
- Welches Vertrauensverhältnis besteht zwischen den Projektbeteiligten (Projektleiter, Projektmitarbeiter, Entscheider)?

Fragen zur Projektkultur

Auf strategischer Ebene muss deshalb intensiv an der Organisationsentwicklung gearbeitet werden, um die Bedingungen für erfolgreiche Projektarbeit zu schaffen.

Inwieweit die Willigkeit der Projektdurchführung zur Entscheidung für ein Projekt herangezogen wird, hängt ebenfalls von der Unternehmenskultur ab. Oft wird lediglich verlangt, dass ein Geschäftsleitungsmitglied als Befürworter gewonnen werden kann, und die Sicht der Betroffenen bleibt unberücksichtigt.

Änderungswunsch der Betroffenen	Wie stark wird die Projektidee von den direkt betroffenen Mitarbeitern unterstützt? Wurde das Vorhaben von den Betroffenen selbst initiiert?
Unterstützung durch Top-Management	Welchen Stellenwert hat das Vorhaben für die Unternehmensleitung? Wie viele Mitglieder der Unternehmensleitung interessieren sich persönlich für das Vorhaben? Wie kontrovers wird das Projekt in der Unternehmensleitung diskutiert? Gibt es ein Mitglied der Unternehmensleitung als Sponsor?
Unterstützung durch Middle-Management	Inwieweit sind Bereichs- und Abteilungsleiter durch das Projekt betroffen? Wie umfangreich und welcher Art sind die Auswirkungen für sie persönlich? Wurde das Vorhaben aus dem mittleren Management heraus initiiert? Wird das Projekt zu Kompetenzverlusten führen? Mit welchem Nachdruck wird die Notwendigkeit des Projekts begründet? Wie groß ist die Bereitschaft im mittleren Management, Mitarbeiter für das Projekt abzustellen?
Akzeptanz der Benutzer	Welche Einstellung haben die Benutzer gegenüber dem neuen System? Ist mit Widerständen zu rechnen? Welche Bereitschaft besteht, sich mit den Neuerungen auseinanderzusetzen? Inwieweit sind die erwarteten Vorteile den Benutzern bekannt? Welche Form der Mitwirkung bei der Gestaltung ist vorgesehen?
Stellenwert der Projektarbeit	Inwieweit können sich die Projektmitarbeiter im Projekt persönlich weiterentwickeln? Welche Lernchancen ergeben sich für sie? Wie wird die Mitarbeit im Projekt von Kollegen und Vorgesetzten anerkannt? Wie groß ist die generelle Bereitschaft im Unternehmen, Projekte durchzuführen? Wie werden anfallende Mehrbelastungen ausgeglichen?
Identifikation der Projektbeteiligten	Wie leicht lassen sich die Projektbeteiligten für das Projekt begeistern? Wie heterogen muss das Projektteam besetzt werden? Inwieweit sind unterschiedliche Kulturen im Projekt vertreten? Bleibt ausreichend Zeit für Integration und Teambildung? Welche Herausforderungen werden durch das Vorhaben an die Teammitglieder gestellt?

Abb. 3.19: Weiche Erfolgsfaktoren

Entsprechend gewichtet können diese Kriterien beim Priorisieren von Projektideen berücksichtigt werden.

3.5.7 Beurteilung der Wirtschaftlichkeit von Projektideen

Nachbetrachtungen von Projekten stellen häufig die Wirtschaftlichkeit der Vorhaben in Frage. Ein Teil der ineffizienten Projekte geht auf die nicht beeinflussbare Problematik der Unsicherheit innovativer Vorhaben zurück. Bei einem mindestens ebenso großen Anteil der Projekte wäre bei sorgfältiger Wirtschaftlichkeitsberechnung die mangelnde Rentabilität im Vorhinein bereits erkennbar gewesen. Aussagen wie

- „Das lässt sich doch nicht quantifizieren!"
- „Das Projekt muss doch sowieso gemacht werden, wozu noch eine Wirtschaftlichkeitsrechnung?"
- „Die Kosten lassen sich doch im Moment noch gar nicht absehen!"
- „Wir wissen doch noch gar nicht, wie die Lösung aussehen wird, wie sollen wir da Angaben zum Nutzen machen?"

Widerstände gegenüber Wirtschaftlichkeitsprüfungen

sind in der Praxis häufig anzutreffen, um sich vor konkreten Angaben in einer Wirtschaftlichkeitsrechnung zu drücken. Aber wie soll die Sinnhaftigkeit von Vorhaben beurteilt werden, wenn keine Aussagen zur Wirtschaftlichkeit gemacht werden? Jeder Entscheidungsträger wird diese Angaben verlangen. Wie wird man die Willigkeit zur Projektdurchführung einschätzen, wenn niemand mit Annahmen über die wirtschaftliche Zukunft ins Obligo geht? Deshalb sollte eine Wirtschaftlichkeitsrechnung für jedes Vorhaben obligatorisch sein.

Prüfung der Wirtschaftlichkeit ist ein Muss

> Ein Projekt ist wirtschaftlich, wenn der erzielbare quantitative Nutzen die entstehenden effektiven und/oder kalkulatorischen Kosten sowie drohende negative Begleiterscheinungen des Projekts rechtfertigen.

Definition

Wirtschaftlichkeitsrechnungen berücksichtigen nur den quantitativen Nutzen. Qualitative Vorteile müssen getrennt gewürdigt werden. Da in der Initiative die Unsicherheit über den künftigen Nutzen der im Projekt zu schaffenden Lösung sehr hoch ist, sollte man versuchen, die Unsicherheit mit Eintrittswahrscheinlichkeiten auszudrücken. Es kann Unsicherheiten in der Leistungsfähigkeit der Lösung, aber auch in der Wirkung beim Einsatz geben. Mit Bandbreiten, wie hoch der Nutzen im ungünstigsten Fall ist, er im Normalfall ist beziehungsweise bestenfalls sein könnte, lässt sich die Sensitivität der Wirtschaftlichkeit einschätzen.

Unsicherheit quantitativ ausdrücken

Ein zusätzlicher Unsicherheitsfaktor ist auch der zeitliche Verlauf von Kosten und Nutzen, der bei den dynamischen Verfahren der Wirtschaftlichkeitsrechnung berücksichtigt wird:

Multiprojektmanagement

Statische Verfahren	Dynamische Verfahren
▪ Rentabilitätsrechnung ▪ Amortisationsrechnung	▪ Kapitalwertmethode ▪ Interne Zinsfußmethode ▪ Annuitätenmethode

Abb. 3.20: Verfahren der Wirtschaftlichkeitsrechnung

Jedes dieser Verfahren basiert auf konkreten Ein- und Auszahlungen, die aus Annahmen über die Entwicklung von Faktoren wie:

Parameter für die Wirtschaftlichkeit von Projekten

- Arbeitsaufwand für die Projektarbeit (eigen, fremd)
- Laufzeit des Projekts
- Nutzungsdauer des entstehenden Systems/Produkts
- Aufwand für Wartung und Pflege der Systeme
- Ausgestaltung der Systembestandteile/Produkte und deren Kosten
- Entwicklung von Mengen der Produkte (Nachfrage), Preise (Markt und Einkauf), Währungskursen und Zinsen
- Renditeerwartungen von Kapitalgebern

abgeleitet werden. Die Nutzungsdauer ist dabei ein wichtiger Parameter, der je nach Projekttyp unterschiedlich ist.

Investitionsarten	Nutzungsdauer
Gebäude	20 bis 50 Jahre
Betriebsvorrichtungen	6 bis 10 Jahre
Maschinen und Apparate	6 bis 12 Jahre
Forschungseinrichtungen	3 bis 5 Jahre
IT-Systeme	3 bis 5 Jahre

Abb. 3.21: Nutzungsdauer von Projektergebnissen

Auch die Projektlaufzeit beeinflusst die Wirtschaftlichkeit. So kann eine Beschleunigung zu früheren Erträgen führen. Verzögerungen können die Amortisationsdauer deutlich verlängern.

Beurteilung der Wirtschaftlichkeit von Projektideen | 99

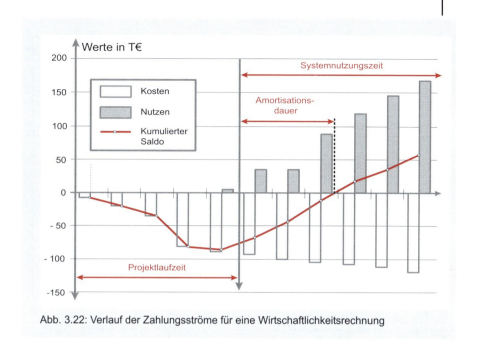

Abb. 3.22: Verlauf der Zahlungsströme für eine Wirtschaftlichkeitsrechnung

Im Umgang mit der Ungewissheit der getroffenen Annahmen sollten für verlässliche Entscheidungsgrundlagen einige Vorkehrungen getroffen werden:

- Einheitliche Berechnungsmodelle für die Wirtschaftlichkeit aller Projekte
- Definition kritischer Faktoren für die Wirtschaftlichkeit je Projekttyp
- Dokumentation der Annahmen über die Entwicklung der Faktoren
- Beobachten der Entwicklung kritischer Faktoren
- Modelle mit optimistischen, realistischen und pessimistischen Annahmen
- Validieren der Annahmen während des Projekts durch Markt- und Risikoanalysen
- Aktualisieren der Wirtschaftlichkeitsrechnung bei Erreichen von Meilensteinen
- 1 bis 2 Jahre nach Projektende Erfolgskontrollen und Nachbetrachtungen.

Wirtschaftliches Denken in Projektvorgehen einbeziehen

Multiprojektmanagement

	Wirtschaftlichkeitsrechnung	Bearbeiter			Datum		
A	Einmalige Ausgaben	2014	2015	2016	2017	2018	2019
A_1	Personalkosten IT/Organisation	200	300	0	0	0	0
A_2	Personalkosten Fachabteilung	0	0	0	0	0	0
A_3	Investitionen (gemäß Antrag)	800	0	0	0	0	0
A_4	Sonstige Sachkosten	0	0	0	0	0	0
A_5	Schulungskosten	60	0	0	0	0	0
A_6	Summe der Projektausgaben	1060	300	0	0	0	0
B	Ausgaben nach Projektende						
B_1	Zinsaufwand für Investitionen	28	0	0	0	0	0
B_2	Informatik-Betriebskosten	0	20	30	50	50	50
B_3	Kosten für Hard-/Software	0	0	0	0	0	0
B_4	Laufender Wartungsaufwand	0	0	0	0	0	0
B_5	Summe laufender Ausgaben	28	20	30	50	50	50
C	Einnahmen nach Projektende						
C_1	Erlöse und sonstige Erträge	0	300	0	0	0	0
C_2	Einsparung Betriebskosten	0	100	150	200	200	200
C_3	Einsparung Hard-/Software	0	0	70	90	90	90
C_4	Einsparung Personal-/Sachkosten	0	150	150	150	150	150
C_5	Summe der Einnahmen	0	550	370	440	440	440
D	Cash-Flow (kumuliert)	-1088	-858	-518	-128	262	652
D_1	Einnahmen ./. Ausgaben	-1088	230	340	390	390	390
D_2	Interner Zinsfuß in %	17,5					
D_3	Amortisationsdauer					3,3	
D_4	Investitionsrendite in %	32,8					

Abb. 3.23: Wirtschaftlichkeitsrechnung für ein IT-Projekt

Interpretation der Ergebnisse

Im Beispiel in Abbildung 3.23 wurde die statische Investitonsrendite aus dem durchschnittlichen jährlichen Saldo aus Einnahmen und Ausgaben und der Investitionssumme von 1060 T€ errechnet. Die Amortisationsdauer zeigt an, dass im 4. Jahr die Investitionssumme durch den Saldo von Einnahmen und Ausgaben wieder eingespielt ist.

Der interne Zinsfuß als dynamische Wirtschaftlichkeitsbetrachtung wurde durch Iteration ermittelt, um festzustellen, bei welchem Zinssatz der jährlich abgezinste Saldo aus Einnahmen und Ausgaben der ursprünglich eingesetzten Investitionssumme entspricht. Diese Kennzahl ermöglicht einen guten Vergleich mit Alternativinvestitionen am Kapitalmarkt. Der hier berechnete Wert von 17,5 % weist ein durchaus rentierliches Vorhaben aus, wenn man die derzeit gültigen Zinssätze am Kapitalmarkt berücksichtigt.

Zur Absicherung der Daten können durch Eingabe optimistischer und pessimistischer Zahlungsströme in einer Sensitivitätsanalyse die getroffenen Annahmen hinsichtlich ihrer Auswirkungen auf die Wirtschaftlichkeitskennzahlen beurteilt werden. Hier zeigt sich dann sehr schnell, welche gravierenden Auswirkungen höhere Investitionskosten und nur teilweise realisierte Einsparungen haben. Wenn im obigen Beispiel die Investitionssumme um 200 T€ überschritten wird und die Betriebskosteneinsparungen nur bei jährlich 100 T€ liegen, sinkt der interne Zinsfuß auf 3,3 %.

Eine Sensitivitätsanalyse gibt mehr Entscheidungssicherheit

3.5.8 Prüfungsprozess

Ein guter Prozess zur Prüfung von neuen Vorhaben sollte

- einem akzeptierten, automatisierten Workflow folgen
- die Einschätzung erfahrener Experten einbeziehen
- vom Antragsteller fehlende Informationen verlangen
- eine der Größe und der Bedeutung der Vorhaben angemessene Frequenz haben
- eine „fast-lane" für dringliche Fälle besitzen
- in der Organisation bekannte und transparente Beurteilungskriterien nutzen
- Priorisierung und Genehmigung erleichtern
- nichterfolgversprechende Vorhaben herausfiltern
- die Entscheidungsgremien nicht mit vorab geklärten Anträgen verstopfen.

Anforderungen an den Prüfungsprozess

Zur Vorselektion haben sich von Experten durchgeführte Triagen in der Praxis bewährt, die in Notfallstationen von Spitälern üblich sind. Anhand eines Prüffragenkatalogs mit geschlossenen Fragen, die spontan mit ja oder nein zu beantworten sind, werden die Projektanträge in drei Kategorien X, Y, Z unterteilt. Die Reihenfolge der Prüffragen ist so aufgebaut, dass sehr schnell das Vorhaben in der Kategorie X oder Y landet und dann der Prozess unterbrochen werden kann. Mit maximal fünf bis sieben Fragen liegen die nächsten Schritte für alle Vorhaben fest.

X-Vorhaben	Y-Vorhaben	Z-Vorhaben
■ Lassen gute Ergebnisse erwarten ■ Aufwand für weitere Prüfung unnötig ■ Mittel reserviert, geklärt	■ Mindestanforderungen an Projekterfolg fehlen ■ Nutzenerwartung sehr unsicher ■ Weiterer Aufwand, sich mit dem Thema zu beschäftigen, ist überflüssig	■ Eine genauere Analyse bringt mit sehr geringem Aufwand eine positive Verbesserung der Ergebniserwartung
Schnell anpacken und über Mittel sofort entscheiden!	Verwerfen der Idee!	Genau analysieren, Maßnahmen zur Ergebnisverbesserung ableiten, danach entscheiden!

Abb. 3.24: Vorselektion von Vorhaben mit einer Triage

Die Ja-Nein-Antworten werden spontan gegeben. Eine absolute Gewissheit gibt es nicht. Sind die Prüffragen und deren Reihenfolge von erfahrenen Projektmanagementexperten entwickelt, ist die Trefferquote nachweislich deutlich höher als bei Diskussionsrunden in Expertenkreisen. Näheres findet der Leser bei G. GIGERENZER, 2014 („Risiko").

Vorhaben kritisch prüfen, um Optimismusfalle zu vermeiden

Die Überzeugungskraft der Antragsteller hat oft einen hohen Einfluss auf die Beurteilung von Vorhaben. So schildern sie überschwänglich die Vorteile der Zukunft, wenn das Projekt beendet sein wird. Sie erzeugen mit ihren Ergebniserwartungen aber auch eine enorme Hypothek für die Projektbeteiligten. So müssen Projekterfolgsfaktoren während der gesamten Projektlaufzeit gegeben sein, damit das Projekt nicht scheitert. Es gilt, dieses von K.D. TUMUSCHEIT (2007) als „Optimismusfalle" bezeichnete Phänomen frühzeitig im Prüfungsprozess zu verhindern. Manchmal genügen dem Antragsteller auch Ergebnisse, die Minimalanforderungen erfüllen.

So sollten die Ergebniserwartungen des Antragstellers als Abstufungen festgehalten werden.

Stufe	Projektergebnis ...	Beschreibung
1	...ist perfekt	Das Projektergebnis soll kompromisslos alle Kundenerwartungen, Hoffnungen und Träume erfüllen.
2	...ist außerordentlich	Nahezu perfekt sollen die Lieferobjekte die Erwartungen übertreffen. Der Ruf von Projektbeteiligten und Kunden soll profitieren.
3	...übertrifft die Erwartungen	Es sollen mehr als die Basisanforderungen erfüllt werden, in kürzerer Zeit und/oder mit weniger Budget als üblich.
4	... voll zufriedenstellend	Das Projektergebnis soll die normalen Qualitätsanforderungen erfüllen und im Zeit- und Kostenrahmen bleiben.
5	...reicht aus	Es sollen gerade die Mindestanforderungen erfüllt werden. Der Kosten-/Zeitrahmen kann überschritten werden.

Abb. 3.25: Stufen der Erwartungen an die Projektergebnisse

Wird die Ergebniserwartung des Antragstellers mit der Komplexität (Klasse) des Vorhabens kombiniert, ergibt sich ein Maß für die Kritikalität, die sich in einem Portfolio darstellen lässt. Laufen bereits mehrere Projekte hoher Kritikalität in einer Organisation, wird die potenzielle Überforderung schnell sichtbar.

Ergebniserwartung und Komplexität zeigen, wie kritisch ein Vorhaben ist

Stellt man nun die Abdeckung der harten und weichen Erfolgsfaktoren der Kritikalität gegenüber, werden sehr schnell die Risiken des Vorhabens deutlich. Dies sollte vor allem für die meist wenigen Großprojekte und Programme aufgezeigt werden. Bei Entscheidungen über öffentliche Großprojekte wie z. B. dem Flughafen Berlin-Brandenburg bliebe dann vielleicht dem Steuerzahler einiges erspart.

104 | Multiprojektmanagement

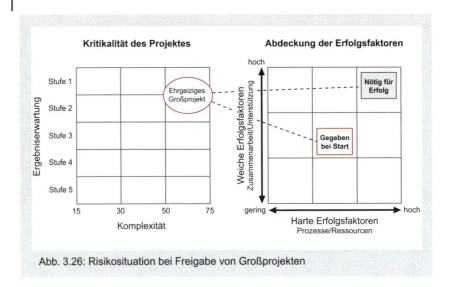

Abb. 3.26: Risikosituation bei Freigabe von Großprojekten

3.6 Priorisierung

Probleme entstehen immer dann, wenn Unternehmen viele Projekte parallel bearbeiten. Die Kapazitäten verzetteln sich in vielen Projekten und der Wettbewerb um Knowhow-Träger blockiert die Projektarbeit. Die Projektpriorisierung hilft, die begrenzten Einsatzmittel auf Erfolg versprechende Projekte zu konzentrieren.

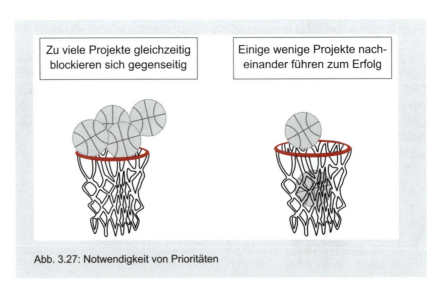

Abb. 3.27: Notwendigkeit von Prioritäten

3.6.1 Priorisierungsverfahren (Überblick)

Die Entscheidung über die Prioritäten kann durch Priorisierungsverfahren vorbereitet und unterstützt werden.

Die Verfahren basieren auf den Ergebnissen der Prüfung und lassen sich nach der Art und Anzahl der gleichzeitig betrachteten Kriterien unterscheiden.

Art der Kriterien Betrachtete Dimensionen	Quantitativ (z.B. Kosten, Erträge, Rendite)	Qualitativ (z.B. Attraktivität, Potenzial)
Eindimensional	ABC-Analyse	Nutzwert-Analyse
Zweidimensional	Priorisierungstabellen	Portfolio-Analyse
	Kosten-Nutzen-Analyse	
Dreidimensional	Wirtschaftlichkeitskennzahlen	3D-Portfolio-Analyse

Abb. 3.28: Einordnung von Priorisierungsverfahren

3.6.2 Quantitative ABC-Analyse

Bei der quantitativen ABC-Analyse werden die Projekte nach einer Kennzahl sortiert, um daraus eine Reihenfolge abzuleiten. Durch vorher festgelegte Schwellenwerte können die Projekte in die Kategorien A, B, C eingeteilt werden.

Mit Kosten und Aufwänden als quantitative Kriterien wird zunächst über die größten Projekte entschieden. Besser eignen sich Barwerte der Erträge pro Einsatzmonat der Projektergebnisse, da dann die wirtschaftlichsten Vorhaben zu den A-Projekten zählen.

Entscheidungsreihenfolge nach Größenklassen

	Aufwand in PT	Investitionssumme		
Call-Center für den Kundenservice	2000	3.000.000 €	50,0%	A
Release 3.0 von Kredis	3000	1.500.000 €	75,0%	A
Migration des Kernbankensystems	500	500.000 €	83,3%	B
Kapazitätserweiterung Server + Netze	100	300.000 €	88,3%	B
Modernisierung der Testumgebung	400	300.000 €	93,3%	B
Einführung agiles PM in SW-Entwicklung	800	200.000 €	96,7%	C
Optimierung ITIL-Prozesse	300	100.000 €	98,3%	C
Umstellung auf Windows 7	80	80.000 €	99,7%	C
Systemmodifikation für Großkunde	200	20.000 €	100,0%	C

Abb. 3.29: ABC-Analyse nach Investitionssumme der Projekte

In Abb. 3.29 sind die Projekte unseres Beispiel-Portfolio nach ihrer Investitionssumme sortiert, um sich zunächst auf die Vorhaben mit der größten Bindung an finanzielle Ressourcen zu konzentrieren.

	A-Projekte	B-Projekte	C-Projekte
Anteil Kosten	80%	15%	5%
Anzahl der Vorhaben	Klein	Mittel	Groß
Zuständiges Bewilligungsgremium	Geschäftsleitung	Bereichsleiterebene	Abteilungsleiterebene

Abb. 3.30: Größenklassen von Projekten

Nach Kennzahlen der Wirtschaftlichkeitsrechnungen sortieren

Innerhalb der gebildeten Klassen werden zusätzlich andere wirtschaftliche Kennzahlen, wie z.B. die Höhe der zu erwartenden Einsparungen oder die Amortisationsdauer, zur Bildung einer Reihenfolge herangezogen. In der Praxis haben sich Richtwerte für die Genehmigung bewährt.

Art und Projektklasse	Richtwert
Organisationsprojekt	Amortisationsdauer < 4 Jahre
Hardware-Austausch	Amortisationsdauer < 2 Jahre
Bauprojekt	Rendite > 8 %
Neue Anlage zur Kapazitätserweiterung	Rendite > 12 %

Abb. 3.31: Schwellenwerte für die Projektfreigabe

3.6.3 Qualitative ABC-Analyse (oder Nutzwertanalyse)

Die qualitative ABC-Analyse erfolgt in folgenden Schritten:
- Auswahlkriterien aus Strategie und Leitbild ableiten
- Kriterien gewichten
- Projekt beurteilen, inwieweit die Auswahlkriterien durch das Projekt gefördert (z.B. +2) oder behindert (z.B. -2) werden
- Punktwert durch Multiplikation ermitteln
- Alle Projekte nach Punktwerten sortieren.

Priorisierung nach Teilergebnissen nutzen

Die detaillierte Ermittlung der Punktwerte kann dem nachfolgenden Beispiel entnommen werden. Als Teilergebnisse werden Punktwerte für Projekt-attraktivität, Risiken des Projekts, qualitativen Nutzen und das Kostenniveau (die quantitativen Projektkosten werden hier in einen Punktwert umgesetzt) vergeben.

Bewertungskriterien	Gewicht	Bewertung	Gewicht x Bewertung
Schnelle Reaktion auf Kundenanliegen	9	2	18
Kompetenter Partner für Kunden	7	1	7
Kundenorientierung, Servicequalität	6	2	12
Effizienter und effektiver Vertrieb	5	0	0
Hohe Motivation und Kompetenz der Mitarbeiter	4	0	0
Image des Unternehmens	3	1	3
Sicherheit in Planung und Steuerung	6	1	6
Projektattraktivität	**40**		**46**
Erfolgswahrscheinlichkeit hinsichtlich Zielerreichung	7	1	7
Konstante Rahmenbedingungen	3	-1	-3
Risikoeinschätzung	**10**		**4**
Personalkosteneinsparungen in T€ (0: bis 20; 1: > 20-150; 2: > 150)	10	1	10
Sachkosteneinsparungen in T€ (0: bis 50; 1: > 50-200; 2: > 200)	7	1	7
Gewinnsteigerung in T€ (0: bis 100; 1: > 100-500; 2: > 500)	13	2	26
Nutzeneinschätzung	**30**		**43**
Personalkosten in T€ (0: bis 50; -1: > 50-170; -2: > 170)	12	-2	-24
Sachkosten in T€ (0: bis 20; -1: > 20-100; -2: > 100)	8	0	0
Kosteneinschätzung	**20**		**-24**
Summe	**100**		**69**

Skalierung für die Bewertung:
-2 = sehr schlecht / -1 = schlecht / 0 = neutral oder keine Bedeutung
+1 = gut / +2 = sehr gut

Abb. 3.32: Nutzwertanalyse „Call-Center für den Kundenservice"

Abbildung 3.32 zeigt beispielhaft die Ermittlung des Nutzwertes für das Vorhaben „Call-Center für den Kundenservice". Die Beurteilungskriterien und deren Gewichtung werden bei einem Versicherungsunternehmen in dieser Form verwendet.

Es werden nun alle zu priorisierenden Projekte gleichermaßen bewertet und nach den erzielten Punkten eine Reihenfolge ermittelt.

Rang	Nutzwertklasse	Projekt	Attraktivität	Risiken	Nutzen	Kosten	Strategischer Nutzwert
1	A	Call-Center für den Kundenservice	46	4	43	-24	**69**
2	A	Release 3.0 von Kredis	30	8	40	-12	**66**
3	B	Kapazitätserweiterung Server + Netze	25	15	25	-4	61
4	B	Modernisierung der Testumgebung	35	10	20	-5	60
5	B	Umstellung auf Windows 7	15	15	25	0	55
6	B	Systemmodifikation für Großkunde	15	20	18	0	53
7	C	Optimierung ITIL-Prozesse	20	6	25	-1	50
8	C	Einführung agiles PM in SW-Entwicklung	35	4	12	-2	49
9	C	Migration des Kernbankensystems	40	5	1	-6	40

Abb. 3.33: Qualitative ABC-Analyse

ABC-Einteilung Auch für die qualitative ABC-Analyse ist es sinnvoll, ein Mindestanspruchsniveau an Nutzwertpunkten zu definieren und daraus Empfehlungen für die Freigabe abzuleiten.

Klasse	Punktwert	Freigabeempfehlung
A	Mehr als 65	Freigabe, mit hoher Priorität umsetzen
B	50 bis 64	Begrenzte Freigabe einer ersten Phase
C	Unter 50	Ablehnung, Neubewertung bei besseren Rahmenbedingungen

Abb. 3.34: Schwellenwerte für die qualitative ABC-Analyse

Praxistipp Die ABC-Analysen versuchen, anhand einer konzentrierten Kennzahl eine Priorisierung vorzunehmen, wobei Abhängigkeiten zwischen den Projekten und anderen Handlungszwängen außen vor bleiben. Dies führt in der Praxis häufig zu dem Versuch, alle Argumente in diese eine Priorisierungskennzahl zu packen, und es besteht die Gefahr, dass die Zahlendiskussionen die inhaltliche Auseinandersetzung mit den Projekten überlagern.

3.6.4 Priorisierungstabelle

In Priorisierungstabellen kann die Rangfolge von Projekten nach mehreren Kriterien beurteilt werden. Sie sind wahlweise nach einem Kriterium zu sortieren (z.B. Kosten) und enthalten gleichzeitig die Rangfolge nach den anderen Kriterien. Die Kriterien werden nicht durch eine Gewichtung verdichtet. In dem folgenden Beispiel sind Muss-Projekte aufgrund von Gesetzesauflagen gekennzeichnet und bereits laufende Projekte einbezogen. Damit lassen sich die Auswirkungen von Entscheidungen auf das Gesamtprojektportfolio darstellen.

Mehrere Rangfolgen und Muss-Projekte abdecken

	Projekt	Muss?	Ressourcen?	Kosten in T €			Aufwand in PT	Ertrag p.a.		Pay back/Rendite		
				Investition	Personal	Gesamt		Rang	in T €	Rang	Jahre	%
Zur Genehmigung	Projekt 10		N	1.200	1.200	2.400	1.500	1	200	4	6	16
	Projekt 11	X1	J	700	1.900	2.600	700	5	0	5	-	-
	Projekt 12		N	250	2.150	2.400	100	3	60	3	4	24
	Projekt 13		J	80	2.230	2.310	20	2	80	1	1	100
	Projekt 14	X2	J	30	2.260	2.290	60	4	10	2	3	33
	Total			2.260			2.380					
Ressourcen-Pool							2.000					
Über-/Unterdeckung							-380					
Aktive	Projekt 1						80/200	Rest/Gesamt				
	Projekt 5						40/160					
	Projekt 7						5/50					

x₁: Rechtliche Vorgabe umsetzen   x₂: Servicevertrag läuft aus
Abb. 3.35: Priorisierungstabelle

Die Priorisierungstabelle in Abb. 3.35 wird von einer Schweizer Bank zur Priorisierung von Projekten genutzt. Dabei wird gekennzeichnet, ob über zusätzliche Ressourcen zu entscheiden ist. Es gibt Rangfolgen für die Wirtschaftlichkeitskennziffern wie Rendite, Länge der Payback-Periode und durchschnittlich erwarteter Ertrag pro Jahr. Außerdem gibt es Statusinformationen über den Restaufwand der laufenden Projekte.

3.6.5 2-dimensionale Portfolio-Analyse

Entscheidungsgrundlagen mit Portfolio-Analyse aufzeigen

Die Portfolio-Analyse ist ein Instrument des strategischen Managements mit dem Ziel, die Priorisierung von Projekten unter Berücksichtigung von zwei verschiedenen Kriterien zu visualisieren. Sie baut auf den Ergebnissen einer Wertetabelle auf, die für jedes geprüfte Vorhaben zum Beispiel den Strategiebezug und die Abdeckung der Projekterfolgsfaktoren insgesamt berechnet.

Für verschiedene Bereiche der Grafik können dann abhängig von Schwellenwerten Handlungsempfehlungen aufgezeigt werden. Unser Beispiel-Portfolio zeigt, dass das Vorhaben „Call-Center für den Kundenservice" aufgrund des besten Strategiebezugs freigegeben werden sollte, während die „Optimierung ITIL-Prozesse" die erste Phase in Angriff nehmen kann. Alle Vorhaben erfüllen die Mindestanforderung und sollten durchgeführt werden. Für die konkrete Reihenfolge sind noch weitere Betrachtungen anzustellen.

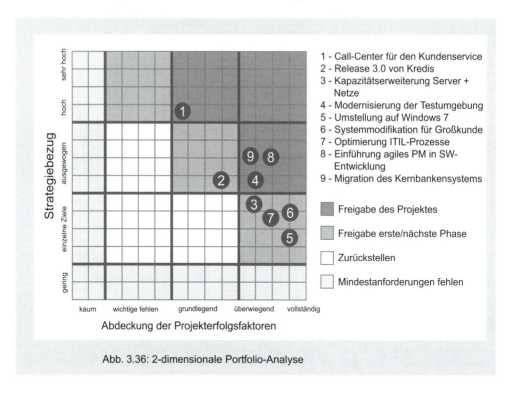

Abb. 3.36: 2-dimensionale Portfolio-Analyse

3.6.6 3-dimensionale Portfolio-Analyse

In die Visualisierung der 2-dimensionalen Portfolio-Analyse lassen sich leicht weitere Dimensionen (Kriterien) einfügen (z.B. durch unterschiedliche Kreisdurchmesser oder Farben). Damit entsteht eine 3-dimensionale Portfolio-Analyse. Basis ist wieder eine Bewertungstabelle. Mit Mustern und Farben innerhalb der Kreise lässt sich der Informationsgehalt der Portfolio-Analyse weiter erhöhen. So ist häufig eine Strukturierung nach Projektarten, Zuständigkeitsbereichen oder auch Dringlichkeitskennzeichen sinnvoll. Eine rote Farbe kann etwa signalisieren, dass diese Projekte starken Einfluss auf andere Projekte des Portfolios haben. Darüber hinaus erleichtert eine Segmentierung mit einprägsamen Überschriften die Lesbarkeit.

Das folgende Beispiel (Abb. 3.37) zeigt eine Portfolio-Analyse mit Wirtschaftlichkeit und Risikoeinschätzung als Hauptachsen für ein Produktentwicklungsportfolio. Die Größen der Kreise drücken die Verhältnisse der im jeweiligen Projekt gebundenen Budgets aus. Für ein wirtschaftliches Gesamtportfolio sollten im Bereich der „weißen Elefanten" nicht zu viele Projekte mit hohem Investitionsvolumen platziert sein.

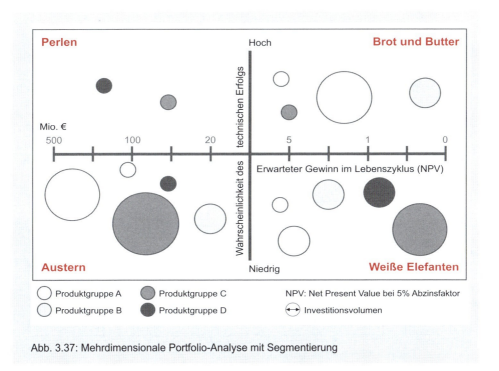

Abb. 3.37: Mehrdimensionale Portfolio-Analyse mit Segmentierung

Beurteilung

Vorteile	Nachteile
■ Fördert ganzheitliches Denken ■ Bezieht externe Faktoren explizit in die Projektbewertung ein ■ Ermöglicht qualitative Beurteilung ■ Fördert bereichsübergreifende Kommunikation ■ Zwingt zur Einigung ■ Formalisierung, Einfachheit und Visualisierung erleichtern den Zugang und erhöhen die Transparenz und Nachvollziehbarkeit	■ Hoher Abstraktionsgrad ■ Subjektive Auswahl und Ermittlung der Achsen ■ Schwierige Operationalisierung ■ Realitäts- und Zeitferne

Abb. 3.38: Vor- und Nachteile der Portfolio-Analyse

3.6.7 Abhängigkeiten von Projekten

Notwendigkeit (Warum Abhängigkeit betrachten?)

Die meisten Priorisierungstechniken gehen von der inhaltlichen Unabhängigkeit zwischen den Projekten im Projektportfolio aus. Dies trifft allerdings in der Praxis selten zu. So legen manche Projekte die inhaltliche Basis für andere oder zwei Projekte sind nur gemeinsam sinnvoll zu bearbeiten.

Eine Abhängigkeitsanalyse macht diesen Sachverhalt sichtbar und ergänzt damit die Priorisierung. In einem paarweisen Vergleich wird die Frage beantwortet, ob Projekt A Projekt B beeinflusst. Die Ergebnisse werden in den Kreuzungspunkt einer Matrix eingetragen.

0	Projekt A ist unabhängig von B.	Kein Einfluss
1	Ergebnisse von Projekt A sollten bei B berücksichtigt werden, da sonst Nacharbeiten erforderlich werden.	Schwacher Einfluss
2	Wenn die Ergebnisse von Projekt A nicht bei B eingehen, entstehen große wirtschaftliche Nachteile.	Mittlerer Einfluss
3	Ergebnisse von Projekt A sind zwingende Voraussetzung für B.	Starker Einfluss

Abb. 3.39: Stufen der Einflussnahme

Unterstützt die Abgrenzung zwischen Projekten

Werden in der Praxis die Abhängigkeiten diskutiert, zwingt dies dazu, die einzelnen Vorhaben klarer gegeneinander abzugrenzen und schärft den Blick für die kritischen Projekte, die mit voller Aufmerksamkeit (hochrangige Besetzung des Lenkungsausschusses) zu verfolgen sind. Das Ergebnis der Abhängigkeitsanalyse für das Portfolio der Org/IT-Projekte des Beispielunternehmens zeigt die nachfolgende Tabelle:

Nr.	Wirkung von / auf	1	2	3	4	5	6	7	8	9	Summe Einflussnahme
1	Call-Center für den Kundenservice		0	0	0	0	1	1	1	0	3
2	Release 3.0 von Kredis	0		1	1	0	2	0	1	0	5
3	Kapazitätserweiterung Server + Netze	2	1		0	0	0	0	0	0	3
4	Modernisierung der Testumgebung	1	3	1		1	2	1	3	2	14
5	Umstellung auf Windows 7	1	1	1	0		0	0	0	0	3
6	Systemmodifikation für Großkunde	0	1	0	0	1		0	0	1	3
7	Optimierung ITIL-Prozesse	1	1	0	2	0	0		0	0	4
8	Einführung agiles PM in SW-Entwicklung	0	2	0	1	0	0	1		2	6
9	Migration des Kernbankensystems	0	2	0	0	0	1	0	1		4
	Summe Beeinflussung	5	11	3	4	2	6	3	6	5	

0 = Kein Einfluss;   1 = Schwacher Einfluss;   2 = Mittlerer Einfluss;   3 = Starker Einfluss

Abb. 3.40: Abhängigkeitsanalyse

Die Zeilensumme gibt Auskunft über die Einflussstärke jedes einzelnen Projekts auf die anderen Projekte. Die Spaltensumme ist eine Aussage über den Grad der Abhängigkeit von anderen Projekten. Aus der obigen Analyse fallen zwei Projekte besonders auf. Die „Modernisierung der Testumgebung" hat einen hohen Einfluss auf die anderen Projekte, das heißt, dieses Projekt sollte so schnell wie möglich umgesetzt werden, da viele andere Projekte auf Ergebnisse warten, insbesondere das Projekt „Release 3.0 von Kredis". Es benötigt aber auch Resultate aus anderen IT-Infrastrukturprojekten, so dass es trotz hohem Strategiebezug besser ist, nicht sofort damit zu beginnen. Zumal es eher einen geringen Einfluss auf die anderen Vorhaben hat. Alle Projekte lassen sich in ein Handlungsportfolio einordnen. Dies gibt Hinweise, wie mit den einzelnen Projekten aus Sicht der Abhängigkeiten zu verfahren ist.

Infrastruktur-Projekte haben oft hohen Einfluss auf andere Projekte

Handlungsportfolio unterstützt Priorisierungstechniken

114 | Multiprojektmanagement

Beeinflussung		
hoch	**Passive Projekte** Sind von anderen abhängig, mit ihnen sollte nicht begonnen werden	**Kritische Projekte** Stark vernetzt, mit hoher Aufmerksamkeit verfolgen
gering	**Träge Projekte** Wenig vernetzt, ausschließlich nach Priorisierung behandeln	**Aktive Vorhaben** Hoher Einfluss auf andere Projekte
	gering	hoch Einflussnahme

Abb. 3.41: Handlungsportfolio

Einordnungsgrenzen Die Grenzen für die Punktzahlen zwischen geringer und hoher Einflussnahme bzw. Beeinflussung hängen dabei von der Zahl der Projekte ab und inwieweit es sich auf eine Projektart beschränkt. Eine sinnvolle Grenze liegt bei 20% bis 25% der maximal möglichen Punkte.

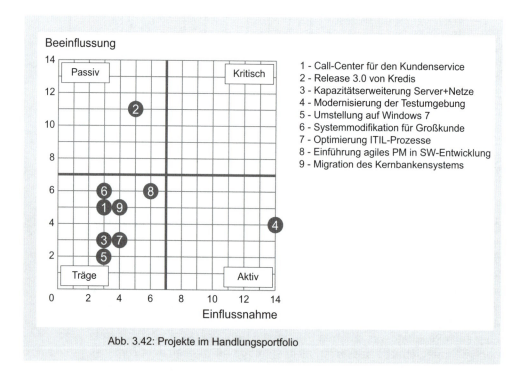

Abb. 3.42: Projekte im Handlungsportfolio

3.6.8 Übergreifende Ressourcenplanung

Bei der Priorisierung ist auch die Auslastung der Einsatzmittel über alle Projekte hinweg (laufende und neue) zu betrachten, ohne die Belastung durch Linienmaßnahmen zu vernachlässigen. Dabei ist die Frage zu beantworten, wann welche Mitarbeiter mit welcher Qualifikation zu wieviel Prozent für den Einsatz in Projekten zur Verfügung stehen. Bei der Gestaltung in der Praxis gilt es, einen Ausgleich zu finden zwischen der hohen Flexibilität und schnellen Reaktion auf neue Anfragen einerseits und einer gleichmäßig hohen Kapazitätsauslastung sowie geringen Personalkosten andererseits.

Die Auslastung der Projektkapazitäten bestimmt oft den Projektstart

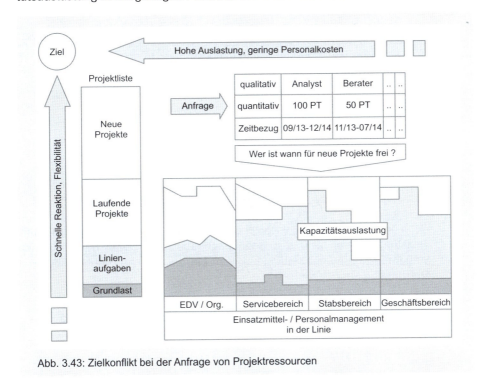

Abb. 3.43: Zielkonflikt bei der Anfrage von Projektressourcen

Für eine transparente, aktuelle und verlässliche Beurteilung der Kapazitätsauslastung der Einsatzmittel sind eine Reihe von Voraussetzungen zu schaffen:

- Der Gesamtaufwand für Projekt- und Linienarbeit aller Projektmitarbeiter und Projektleiter über alle Projekte muss zentral (z.B. in einem Projektmanagement-Office) bekannt sein
- Grundlasten und Nichtverfügbarkeiten aus Regeltätigkeiten und Linienmaßnahmen müssen für Projektmitarbeiter und Projektleiter (durch ihre Vorgesetzten) eingepflegt werden

Organisatorische Grundlagen für eine gute Einsatzmittelplanung

Organisatorische Grundlagen für eine gute Einsatzmittelplanung

- Jedes Projekt muss gemäß Projektfortschritt regelmäßig und vollständig Ist-Daten und aktuelle Planungen eingeben. Ein „nicht angeschlossener" oder nicht konsequenter Projektleiter oder Ressourcenverantwortlicher bringt das System zu Fall
- Die Entscheidungen des Bewilligungsgremiums, welche Projekte in das Projektportfolio eingegliedert werden, müssen die Budgetplanungen der einzelnen Bereiche berücksichtigen
- Eine Übersicht der Einsatzmittel (Personen und Sachmittel) für Projekte mit Verantwortungsbereichen, Einsatzmöglichkeiten und freien Kapazitäten für Projektarbeit sollte gepflegt und aktuell sein. Sie kann ergänzt sein durch Verweise auf charakteristische Merkmale und die Qualifikationen
- Ein Verfahren zur Anfrage von Einsatzmitteln für Projekte sollte etabliert sein
- Es sollte eine Gesamtprojektliste mit Priorisierungskennzeichen, Status sowie logischen und zeitlichen Abhängigkeiten geführt werden
- Der erforderliche Detaillierungsgrad der Einsatzmittelplanung sollte zwischen Einzelprojekten und dem Multiprojektmanagement abgestimmt sein.

Wenn diese Voraussetzungen gegeben sind, können Projektmanagement-Tools Belastungsdiagramme und aussagefähige Tabellen erzeugen. Daraus können Steuerungsmaßnahmen abgeleitet werden, um die Kapazitäten möglichst gleichmäßig auszulasten.

Geringe Belastung	Überlastung
■ Projekte vorziehen ■ Einsatzmittel für Linienarbeit freigeben ■ Stärker interne Projektmitarbeiter nutzen ■ Freisetzen von Externen ■ Forcieren von Projekten ■ Kleinere Projekte, Vorstudien einpassen.	■ Projekte gemäß Prioritäten verschieben ■ Zusätzliche Einsatzmittel beschaffen (Externe) ■ Engpasspersonal durch Schulung gezielt aufbauen ■ Laufende Projekte geringer Priorität zeitlich strecken (Einsatzmittel abziehen).

Abb. 3.44: Maßnahmen zur Steuerung von Projektkapazitäten

Die Darstellung der Ressourcenallokation sollte die Priorität der eingeplanten Projekte zeigen. Der Ressourcenbedarf der Projekte mit der höchsten Priorität sollte zuerst eingelastet werden, danach das nächst wichtigere usw. Mit jedem zusätzlichen Projekt werden die Spitzen des Ressourcenbedarfs und das Erreichen der Kapazitätsgrenze erkennbar. Daraus sich ergebende Konflikte sollten frühzeitig angepackt werden, wobei auch ausreichend Spielräume (T. DeMarco, 2001) zugunsten einer schnellen Reaktion auf Markterfordernisse zu beachten sind.

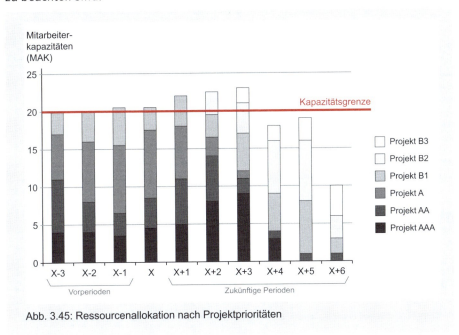

Abb. 3.45: Ressourcenallokation nach Projektprioritäten

Die bisher dargestellten Formen des übergreifenden Ressourcenmanagements erfordern ein hohes Maß an Datenpflege für Veränderungen in den laufenden Projekten und aktualisierte Planungen von neuen Vorhaben. Es muss ein Kompromiss zwischen zu vielen Daten, der Komplexität der Steuerung und der Verlässlichkeit und Unsicherheit der Informationen hergestellt werden. Oft fehlen in der Praxis einfach IT-Systeme, die die erforderlichen Informationen darstellen oder die dazu notwendigen Prozesse sind nicht praktikabel.

Hoher Aufwand für Datenpflege beachten

Im Gegensatz dazu kann man versuchen, mit Obergrenzen die Zahl von Projekten in Bearbeitung je Ressourcengruppe zu beschränken. Dies fördert die abschließende Bearbeitung von Projektaufgaben, da ein neues Vorhaben nur in Angriff genommen werden kann, wenn das aktuelle für die Ressourcengruppe abgeschlossen ist. Kommt der Projektfluss bei einer Ressourcengruppe ins Stocken, wird dieses Problem so gelöst, dass schnell weitergearbeitet werden kann, um den sogenannten Work-in-Process (WIP) niedrig zu halten.

Multiprojektmanagement

Da sich diese Steuerung nur auf die Anzahl von Projekten bezieht, muss zwischen Change requests und Projekten verschiedener Klassen unterschieden werden. Die Ressourcengruppen arbeiten nach klaren Prioritätsvorgaben und Bearbeitungsregeln, die zwingend einzuhalten sind. Die Veränderungen in der Belastung sind für alle Mitarbeiter und Führungskräfte transparent, um daraus Steuerungen im Detail abzuleiten. Eine solche Tafel zeigt Abbildung 3.46.

Projektklasse	Frei-gegeben	Analyse		Entwicklung		Test		Übergabe	
		in Arbeit	fertig	in Arbeit	fertig	in Arbeit	fertig	in Arbeit	fertig
A - Großprojekte	📄			📄					📄
WIP-Limit: 2		1		1		1		1	
B – Normalprojekte	📄	📄		📄📄	📄			📄	
WIP-Limit: 5		1		2		2		2	
C - Kleinprojekte	📄📄	📄📄	📄	📄📄📄	📄	📄📄📄📄	📄	📄📄📄	
WIP-Limit: 15		3		4		4		2	
D – Change Requests	📄📄📄📄📄	📄📄 📄	📄📄 📄	📄📄📄 📄📄📄		📄📄📄 📄📄📄	📄📄	📄📄	
WIP-Limit: 20		6		6		6		2	
Kritische Projekte	📄					📄			
WIP-Limit: 1				1		1		1	

Abb. 3.46: Limitierung der Zahl von Projekten in Bearbeitung – Statustafel

Für kritische Projekte gibt es eine „Fast-Lane", in der sich alle Ressourcen nur maximal einem Projekt widmen dürfen.

3.6.9 Engpassorientiertes Ressourcenmanagement

Die gängigsten Techniken zur übergreifenden Einsatzmittelplanung gehen von einer möglichst vollständigen Betrachtung aller Einsatzmittel für Projekte aus. Aus sich abzeichnenden Überlastungen werden Steuerungsmaßnahmen abgeleitet, die dann häufig wieder an anderer Stelle zu Konflikten von Terminen oder Ressourcen führen.

Praktische Schwierigkeiten der vollständigen Betrachtung

Der vollständige Ausgleich von Ressourcenüberlastungen ist ein extrem komplexes Unterfangen. Wenn es dann gelungen ist, zeigt sich eher in der Praxis, dass häufiges Umplanen nicht die gewünschten Effizienzvorteile verschafft. Vielmehr schaukeln sich die Störungen zwischen den Projekten eher hoch und Projektmitarbeiter werden stark verunsichert, wenn sich ihre Arbeitsprioritäten in den Projekten mehrmals ändern.

Häufige Umplanungen sind nicht effizient

Diesem Effekt soll das in der industriellen Fertigung vorherrschende engpassorientierte Ressourcenmanagement entgegen wirken. Hierbei wird nicht der durchschnittliche Ausgleich der Belastung der Ressourcen optimiert, sondern nur auf die optimale Auslastung und die störungsfreie Nutzung von Engpassressourcen geachtet. Alle Projekte und alle anderen Einsatzmittel orientieren sich dabei an dem aktuellen Arbeitsvorrat der Engpassressourcen. Das heißt, das Engpasseinsatzmittel gibt den Takt (Drum) vor, nach dem die Projekte geplant werden. Das kann bei Nicht-Engpassressourcen dazu führen, dass sie bewusst ihre Kapazitäten nicht voll auslasten.

Engpassressourcen bestimmen den Takt der Projektauslastung

Benötigen neue Projekte Engpassressourcen, können sie nur freigegeben werden, wenn freie Kapazitäten bei den Engpässen absehbar werden und Planungen vorliegen, die den Zeitraum der Engpassnutzung angeben können.

Damit die Engpassressourcen möglichst effizient arbeiten können, wird das durchaus etablierte Multitasking dort stark eingeschränkt.

Multitasking einschränken

Typische Engpassressourcen sind

- Knowhow-Träger mit Spezialkenntnissen, die nicht „Nein" sagen können
- Testeinrichtungen und -kapazitäten, die von jedem Projekt durchlaufen werden müssen
- Gruppen mit reduzierter Personalstärke und hohen Arbeitsrückständen
- Personen, die fachliche Freigaben erteilen, oder auch
- selten verfügbare Entscheidungsträger.

Beispiele von Drum-Ressourcen

Durch eine Konzentration und Ausrichtung der übergreifenden Einsatzmittelplanung auf diese Engpassressourcen lassen sich größere Vorteile im Projektdurchsatz erreichen als durch ein vollintegriertes IT-Tool für das Ressourcenmanagement.

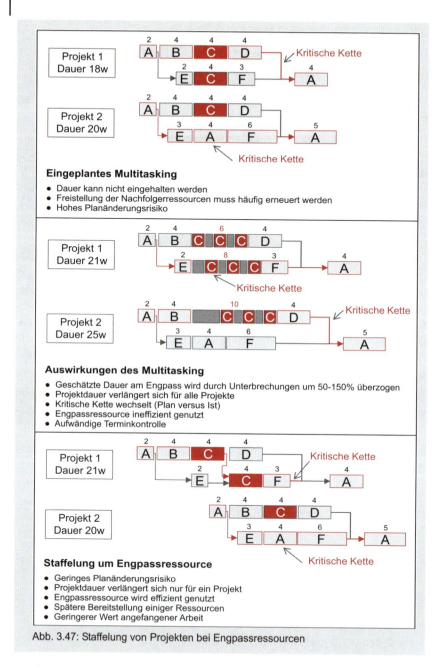

Abb. 3.47: Staffelung von Projekten bei Engpassressourcen

Damit eine Staffelung der Projekte gelingt, müssen zwischen den Projekten 1 und 2 verbindliche Rangfolgen vergeben und eingehalten werden. Der Erfolg dieser Ressourcenbelegungspläne lässt sich am besten durch die Summe der Erträge aus den Projektergebnissen aller in einem Zeitraum (z.B. 24 Monate) abgeschlossenen Projekte messen. Diese Größe wird als Projektdurchsatz bezeichnet.

Vergleicht man in Simulationen Belegungspläne von mehreren Projekten (10 und mehr Projekte mit bis zu 25 Vorgängen) mit mehreren Projektressourcen (10 und mehr), so zeigt sich, dass die theoretisch beste Belegung nach Durchrechnen aller möglichen Varianten gegenüber einer Belegung ohne Rangfolge einen um 400% besseren Projektdurchsatz hat, ohne Kapazitätsanpassungen vornehmen zu müssen. Welch ein Optimierungspotenzial!!!

<small>Konsequentes Anwenden von Prioritäten erhöht Projektdurchsatz</small>

Aufgrund der unermesslichen Zahl von Möglichkeiten lässt sich eine theoretisch „beste Belegung" nur durch heuristische Regeln annähern. Folgende Regeln für die Reihenfolge des Starts der Projekte haben sich bewährt:

1. First-In-First-Serve: Belegung nach der Reihenfolge der Projektgenehmigung
2. Starte kleine Projekte (geringer Ressourcenaufwand) zuerst
3. Ziehe Projekte mit dem höchsten absoluten Ertrag pro Einsatzmonat der Projektergebnisse vor
4. Starte Projekte mit dem größten Return on invest (ROI) zuerst
5. Bevorzuge Projekte mit dem geringsten Aufwand für die Engpassressource
6. Nutze den Quotienten aus absolutem Ertrag pro Einsatz und Aufwand für die Engpassressource als Priorisierungskriterium.

<small>Projekte mit hohem Nutzen und geringem Bedarf an Engpassressourcen haben höchste Priorität</small>

In vielen Simulationen hat sich gezeigt, dass Regel 1 bereits eine Verbesserung um 100% bringt und Regel 6 der theoretisch besten Belegung sehr nahe kommt.

3.7 Entscheidung über Projekte

> „Wenige Menschen denken, und doch wollen alle entscheiden."
> Friedrich der Große

3.7.1 Verkaufen der Projektidee

Eine Idee mag noch so brillant, ein Problem noch so gravierend sein, die Entscheidung für ein entsprechendes Projekt hängt nicht zuletzt davon ab, wie das Vorhaben den Entscheidern vorgestellt wird. Die Mitglieder des Bewilligungsausschusses müssen erreicht werden, sie müssen Handlungsdruck spüren, die Chancen oder Gefahren erkennen und/oder die strategische Bedeutung für das Unternehmen nachvollziehen können.

Mit einer entsprechend gestalteten Präsentation der Projektidee, in der die formalen Kriterien wie Ausgangslage, Gestaltungsbereich, Kosten/Nutzen-Aspekte etc. nicht nur abgearbeitet, sondern adressatengerecht und „verkäuferisch" aufbereitet und dargestellt werden, lässt sich das am besten erreichen. Die folgende Checkliste hilft bei der Vorbereitung, Durchführung und Nachbereitung.

Vorbereitung

Checkliste für Sitzungen von Bewilligungsgremien

- Wer sind die Teilnehmer (Stakeholder)? Welche Interessen haben sie? Welche Informationen können vorausgesetzt werden? Welche Aspekte sind für sie besonders wichtig?
- Wie nutze ich dieses Wissen, um Spannung zu erzeugen?
- Planung und Visualisierung (auf Flipchart) des Ablaufs (Dramaturgie!), z.B.:
  - Begrüßung und Einleitung
  - Ausgangslage
  - Gestaltungsbereich
  - Ziele/Ergebnisse
  - Aufwand/Kosten
  - Termine
  - Einflussgrößen
  - Begründung der Attraktivität
  - Zusammenfassung
  - Diskussion
- Wer präsentiert was?
- Visualisierung der Hauptaussagen, Daten usw.
- Erstellung eines Handouts (Details, Folienkopien…)
- Repräsentativer Projekttitel (zur Wiedererkennung auf allen Medien)
- Adressatengerechte Argumentation (siehe oben!)
- Medien vorbereiten und bereitstellen
- (evtl.) Generalprobe.

Durchführung

- Freundliche Begrüßung
- Sich für die Gelegenheit zur Präsentation bedanken
- Zustimmung zum geplanten Ablauf einholen, ggf. Änderungswünsche oder weitere Punkte berücksichtigen
- Nach Ablaufplan vorgehen
- Spannung und Aufmerksamkeit erzeugen

- Persönliche Betroffenheit aufzeigen (z.B. spürbare Verbesserungen, Einsparungsmöglichkeiten, Marktchancen u.a.m.)
- Blickkontakt halten
- Entscheidungsrelevante Aussagen wie Ziele, Kosten, Einsparungen, Marktchancen, Perspektiven u.ä. permanent und bis zuletzt sichtbar lassen (Flipchart, Metaplanwände)
- Auf Modulation der Stimme achten
- Reaktionen/Stimmungen aufnehmen und ggf. reagieren
- Auf Handout verweisen
- Überzeugend argumentieren
- Die wichtigsten Aussagen zusammenfassen
- Nachdrücklich um Auftrag bitten.

Nachbereitung

- Wie sind wir vorgegangen (Prozessanalyse)?
- Was hat sich als vorteilhaft erwiesen?
- Was war nicht so gut?
- Was muss beim nächsten Mal anders gemacht werden?

Eine möglichst zeitnahe Reflexion der Präsentation (und auch aller weiteren Aktivitäten) trägt entscheidend zu einer kontinuierlichen Verbesserung bei (siehe auch Kapitel 6.2 Vergabe der Arbeitspakete).

3.7.2 Sitzungen des Bewilligungsgremiums

Projektmanagement-Office und Bewilligungsgremium sind Träger der Projektpriorisierung. Das Projektmanagement-Office bereitet die entsprechenden Sitzungen des Bewilligungsgremiums vor, trägt zu einem reibungslosen Verlauf bei und leitet anschließend die Umsetzung der getroffenen Entscheidungen ein.

Verantwortung für die Freigabe von Projekten

Wichtige Aufgaben des Projektmanagement-Office vor den Sitzungen sind

- die Koordinierung der Projekt-/Änderungsanträge und ihre Überprüfung auf formelle Richtigkeit und Vollständigkeit
- die Einordnung neuer Projekte nach dem gültigen Priorisierungsverfahren
- die Verdichtung der Termin- und Kosteninformationen aller Projekte des Unternehmens
- die Zusammenfassung der Einsatzmittelbelastungen aus bestehenden und beantragten Projekten sowie den Linienaufgaben zu aussagekräftigen Kapazitätsprofilen

Aufgaben des Projektmanagement-Office bei der Projektfreigabe

- die Erstellung der Tagesordnung, der Einladungen und der Entscheidungsvorlagen
- die transparente Darstellung von Überschneidungen, Engpässen oder Mängeln jeglicher Art.

In den Sitzungen unterstützt das Projektmanagement-Office das Bewilligungsgremium bei

- der Prüfung und Entscheidung der Projektanträge im Abgleich mit der Unternehmensstrategie sowie der finanziellen und ressourcenmäßigen Machbarkeit
- der Prüfung und Genehmigung von Budgetänderungsanträgen zu laufenden Projekten
- der Verteilung des Gesamtprojektbudgets auf die einzelnen Projekte
- der Priorisierung der Projekte nach einem einheitlichen Verfahren
- der Erteilung von Projektaufträgen, der Besetzung von Lenkungsausschüssen und der Beauftragung der Projektbeteiligten.

Im Anschluss an die Sitzungen übernimmt das Projektmanagement-Office

- das Erstellen und Verteilen des Ergebnisprotokolls
- das Einpflegen der Sitzungsergebnisse in das Gesamtprojektportfolio
- das Aktualisieren der Projektdatenbank sowie
- die Information der Antragsteller über die getroffenen Entscheidungen.

3.8 Planung, Diagnose und Steuerung des Projektportfolios

3.8.1 Planung des Projektportfolios

Die Planung des Projektportfolios orientiert sich an der Anzahl der jährlichen Sitzungen des Bewilligungsgremiums, das in der Regel 2 bis 4mal pro Jahr tagt.

Abstimmung der Planungsprozesse in Linien- und Projektmanagement

Eine dieser Sitzungen ist in den jährlichen Planungsprozess integriert. Dabei findet der planerische Abgleich zwischen der Linien- und Projektarbeit statt.

Folgende Punkte sind dabei aufeinander abzustimmen:
- Bestehende Produkte
- Erfolge von Produkten aus laufenden Projekten
- Infrastrukturmaßnahmen

- Absatzplanung
- Umsatzplanung
- Ergebnisplanung
- Finanzbedarfsplanung
- Personalplanung (Anteil für Projekte)
- F+E Budgetplanung.

Da viele Projekte über mehrere Jahre laufen, sollte neben der Budgetierung für das erste Planjahr auch eine mehrjährige Planung (3 bis 5 Jahre) rollierend mitgeführt werden. Die langjährigen, genehmigten Projekte sind namentlich bekannt, belasten Ressourcen und verbrauchen finanzielle Mittel, die für neue Vorhaben dann nicht mehr zur Verfügung stehen. Oft sind sie auch Auslöser weitergehender Vorhaben. Damit langfristig ausreichend Spielraum bleibt, sollte für künftige, noch nicht namentlich bekannte Einzelprojekte ein Planungsrahmen gesetzt werden. Der Planungshorizont für kleinere Projekte bis etwa 100 T€ sollte nur maximal 3 Jahre betragen.

Rollierende mehrjährige Planungen

Neben den finanziellen Mitteln sind vor allem die Abhängigkeiten zwischen den einzelnen Vorhaben für die Planung des Portfolios relevant. So lassen sich Projektbündel inhaltlich zu sogenannten Programmen zusammenfassen. Für diese Programme werden oft übergreifende, dauerhafte Zuständigkeiten definiert, die dem Produktmanagement in Unternehmen ähneln. Diese Programme können nach folgenden Gesichtspunkten gebildet werden:

Projektbündel zu Programmen zusammenfassen

- Ähnliche Sparten und Geschäftsprozesse betroffen
- Starke inhaltliche Abhängigkeiten
- Gleicher Auftraggeber
- Projektteams aus denselben Bereichen.

Für die langfristige Ausrichtung des Unternehmens sollten die Auswirkungen der Projekte auf die Unternehmensplanung regelmäßig aktualisiert werden.

3.8.2 Verrechnung von Projektleistungen

Die Kostenrechnung der Stammorganisation verfolgt das Prinzip der verursachungsgerechten Ermittlung und Verteilung von Kosten. Deshalb wird auch bei internen Projekten nach Auftragnehmer und Auftraggeber unterschieden.

Übernahme der Projektkosten einrichten

Für die Verrechnung von Projekten bedeutet das,

- alle einem Projekt zuzuordnenden Kosten zu sammeln
- nach Kostenstellen, die Projektleistungen erbringen bzw. die Projektleistungen empfangen, zu unterscheiden
- Verrechnungspreise für leistende Kostenstellen festzulegen

- nach projektrelevanten Kostenarten zu differenzieren
- Projekte als Kostenträger zu betrachten
- sich auf einen Verteilungsschlüssel für Projektkosten bei mehreren Auftraggebern zu einigen
- zu regeln, wohin vom Projekt ausgelöste Rechnungen gebucht werden, und festzulegen, welche vom Projekt ausgelösten Kosten direkt vom Auftraggeber getragen werden oder über laufende Betriebskosten auf mehrere Jahre zu verteilen sind.

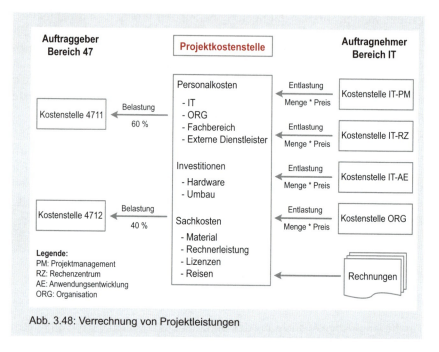

Abb. 3.48: Verrechnung von Projektleistungen

Damit soll eine Einbettung der Projekte in das betriebliche Rechnungswesen erfolgen. In der Praxis erschweren Bereichsegoismen und Unzulänglichkeiten der Betriebsbuchhaltung und Abrechnungssysteme einen klaren Blick auf die „echten" Projektkosten.

Wichtige Verfahrensfragen

Die Einzelheiten der Verrechnung wie

- einheitliche oder qualifikationsabhängige Preise
- Preise mit oder ohne Infrastrukturanteile
- direkte Belastung von externen Rechnungen oder Sammlung auf Verrechnungskonten
- Einrechnen von Leistungen der Auftragnehmerseite

sind oft für alle Projekte gleichermaßen festgelegt. Besonderheiten wie Verteilungsschlüssel sind im Projektauftrag zu regeln.

Die Verrechnung der Projektleistungen ist auch ein Steuerungsinstrument für die Leistungsfähigkeit von Serviceeinheiten wie Organisation, Informatik, Betriebstechnik oder Forschung und Entwicklung. Sie ermöglicht einen Vergleich mit externen Serviceanbietern. Die Preisgestaltung kann dabei eine volle Deckung der Kosten erfordern oder auch eine jährliche angepasste strategische Unterdeckung erlauben.

Maß für die Leistungsfähigkeit von Serviceeinheiten

3.8.3 Multiprojektberichtswesen

Mit dem Multiprojektberichtswesen sollen Entscheidungsgrundlagen geschaffen werden, um das Projektportfolio und die in Projekten beschäftigten Mitarbeiter übergreifend zu steuern. Es werden die Berichte der einzelnen Projekte zusammengeführt und ihre Auswirkungen auf das gesamte Projektportfolio und die Ressourcenbelastung dargestellt. Folgende Themen sind dabei zu klären:

- Ziele der Berichte
- Inhalte der Berichte
- Entstehungsprozess der Berichte
- Adressaten und Lieferanten von Berichten
- Standards für die Berichte
- Verwertung der Berichte in Gremien, bei Entscheidungen
- Rückkopplung und Lernprozesse, um die Projektlandschaft zu verstehen
- Gestaltung der Kommunikation und Zusammenarbeit zwischen Projektbeteiligten und Gremien.

Träger des Multiprojektberichtswesens ist das Projektmanagement-Office. Es ist allerdings bei der bestehenden Komplexität und Datenfülle vom Zusammenwirken aller Projektbeteiligten abhängig. Ein funktionierendes Multiprojektberichtswesen setzt folgendes voraus:

Projektmanagement-Office als Träger des Multiprojektberichtswesens

- Ziele und Grundverständnis des Multiprojektberichtswesens sind ausgearbeitet und kommuniziert
- Die Unternehmensleitung fordert und nutzt die Informationen
- Die Rollen und die damit verbundenen Verantwortungen sind klar
- Standards und Regeln des Multiprojektberichtswesens sind vereinbart
- Projekte liefern qualifizierte Informationen
- Das Multiprojektberichtswesen wird durch ein leistungsstarkes IT-System gestützt

- Das Multiprojektberichtswesen basiert auf einer Vertrauenskultur, es wird als gemeinsame Aufgabe verstanden.

Adressaten für Gesamtstatusberichte sind:

Wer braucht Multiprojektberichte?

- Bereichsleiter, von deren Bereichen Projekte initiiert wurden (Auftraggeber)
- Bereichsleiter, die Projektmitarbeiter bereitstellen (z. B. F+E, Organisation, Information, Betriebstechnik)
- Controlling, um Auswirkungen auf die Ergebnissituation zu erkennen
- Marketing, um das Produktprogramm zu steuern
- Geschäftsleitung, Vorstand, für die strategische Steuerung.

Monatliche Verdichtung

Die in den Projekten verteilt anfallenden Plan- und Ist-Daten werden von dem Projektmanagement-Office zentral zusammengetragen. Hier empfiehlt sich ein regelmäßiger Turnus, z. B. monatlich, indem die Projektleiter die Informationen dem Projektmanagement-Office zur Verfügung stellen. Die Daten werden mit Hilfe vorhandener Formulare wie etwa Projektauftrag oder Projektstatusbericht übermittelt.

Standardberichte einführen

Die Informationen aus den Einzelprojektplänen unterscheiden sich sehr oft im Detaillierungsgrad sowie in der Darstellungsform. Die Aufgabe des Projektmanagement-Office besteht darin, die unterschiedlichen Daten einheitlich und adressatengerecht aufzubereiten. Hierbei kann es auf eine Reihe von Standardberichten zurückgreifen, die je nach Zweck, Anlass und Status des Projektportfolios genutzt werden. Die folgende Tabelle zeigt ein paar typische Berichte:

	Bericht	Inhalte
1	Statusüberblick	■ Einschätzung Status für Termin, Kosten, Qualität, Einsatzmittel nach Ampel (rot, gelb, grün) ■ Projektidentifikation, -leiter ■ Projektlaufzeit, -aufwand
2	Projekte mit Planabweichungen	■ Detaillierung von 1; Abweichungsursachen, Risiken, Maßnahmen ■ Auswirkungen auf Portfolio
3	Abgebrochene Projekte	■ Gründe, Lessons learned ■ Umgang mit Restarbeiten
4	Neu eingereichte Anträge	■ Geschätzte Laufzeit, Aufwand ■ Strategiebeitrag ■ Projektrisiken, Wirtschaftlichkeit
5	Zurückgestellte, abgelehnte Anträge	■ Wie 4 mit Ergänzung der Gründe für Ablehnung und Rückstellung
6	Prioritätenliste der laufenden Projekte	■ Inhalte wie 4, sortiert nach Muss, Strategiebeitrag, wirtsch. Nutzen
7	Zeitplan des Projektportfolios	■ Wie 6 mit Balkendiagramm
8	Ressourcenentwicklung im Projektportfolio	■ Zu- und Abgänge Projektportfolio ■ Obergrenzen für interne, externe Einsatzmittel nach Bereichen ■ Verbrauch laufender Projekte
9	Kostenentwicklung des Projektportfolios	■ Nach Kostenarten getrennt Personal-, Sachkosten, Investitionen ■ Gesamtbudget für alle Projekte ■ Abweichungen (einzeln, gesamt)
10	Keyplayer-Analyse	■ Name, Anzahl zugeordneter Projekte, verplante Kapazität, sonstige Aufgaben ■ Risikoeinschätzung, Maßnahmen ■ Einzelprojektangaben
11	Externe Partner in Projekten	■ Rolle externer Partner im Projekt ■ Firmenname, Leistungsumfang ■ Interne Auftraggeber

Abb. 3.49: Standardberichte für das Multiprojektberichtswesen (vgl. G. LOMNITZ, 2008)

Da die Multiprojektberichte einerseits kompakt und für das Management leicht lesbar sein, andererseits Problembereiche sofort aufzeigen und Handlungsbedarf signalisieren sollen, haben sich in der Praxis sogenannte Ampelberichte bewährt, wobei je nach Status (gelb oder rot) die Adressaten festgelegt werden können.

Status GRÜN	Keine Besonderheiten erkennbar	→	Beobachten
Status GELB	Besonderheiten beim Verfahren ■ Dokumentation ■ Organisation ■ Planung	→	Entwicklung verfolgen
Status ROT	Besonderheiten im Projektablauf ■ Projektumfang/-ziele unklar ■ Aufwand nicht ausreichend ■ Termine nicht haltbar ■ Projektbudget gefährdet ■ Ressourcen nicht ausreichend ■ Produktqualität gefährdet	→	Handeln

Abb. 3.50: Bedeutung der Ampelfarben für einen Ampelbericht

Status Portfolio A zum 1. Dez. 2013

Nr.	Projekte	Aufwand in PT	Investitionssumme	Start/Ende	Priorität	Qualität[1]	Kosten[2]	Termin[2]	Ressourcen[1]	Kostenleistungsindex (CPI)	Terminleistungsindex (SPI)
1	Call-Center für den Kundenservice	2000	3.000.000 €	01.01.13 / 31.12.14	A1					0,85	0,90
6	Release 3.0 von Kredis	3000	1.500.000 €	30.10.13 / 30.11.15	A2					1,00	1,00
3	Migration des Kernbankensystems	500	500.000 €	30.06.13 / 01.02.15	B1					0,80	0,92
8	Erweiterung Server und Netze	100	300.000 €	01.11.13 / 30.03.14	B2					0,75	1,05
2	Modernisierung der Testumgebung	400	300.000 €	01.04.13 / 02.06.14	B3					1,10	0,88
5	Agiles PM in Softwareentwicklung	800	200.000 €	01.11.12 / 30.09.14	C1					1,05	0,80
7	Optimierung ITIL-Prozesse	300	100.000 €	30.06.13 / 30.11.14	C2					1,00	1,02
4	Umstellung auf Windows 8	80	80.000 €	15.09.13 / 30.03.14	C3					1,10	1,03
9	Systemmodifikation für Großkunde	200	20.000 €	15.10.13 / 30.03.14	C4					0,98	0,95

[1] Subjektive Einschätzung aus Statusbericht des Projektes
[2] Ampelfarbe gesetzt nach Eingreifgrenzen (0.9; 1.1) und Toleranzgrenzen (0.85; 1.2)

3.51: Statusüberblick (Ampelbericht)

Durch den Einblick in die Einzelprojektpläne und Fortschrittszahlen ist es dem Projektmanagement-Office möglich, existierende oder drohende Konflikte zwischen Projekten festzustellen.

Mit Ampelsymbolen Eskalation vorbereiten

Neben dem Status der aktuell parallel laufenden Projekte ist natürlich auch für die Steuerung im Multiprojektmanagement wichtig, was als nächstes auf die Organisation zukommt. Zum einen welche Vorhaben mit welcher Priorität entstehen oder kurz vor dem Start stehen und in welchen Quartalen mit größeren Belastungen aus Neueinführungen zu rechnen ist. Wird dies wie in Abbildung 3.52 mit dem Status und Fortschritt laufender Projekt kombiniert, ergibt sich ein sehr transparentes Bild des Portfolios, das zur Steuerungsentscheidung genutzt werden kann.

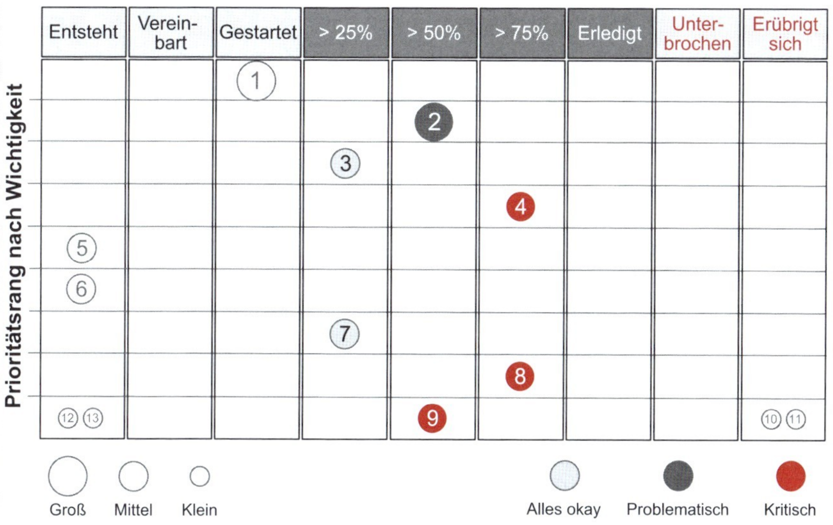

Abb. 3.52: Portfolio aktiver und geplanter Vorhaben nach Status und Priorität

Ein gutes Maß für den sich abzeichnenden übergreifenden Handlungsbedarf von Projekten sind die im Projekt für den Projektmanager verbliebenen Reserven, um flexibel handeln zu können. Diese Reserven ergeben sich zu Projektbeginn aufgrund der Risikoabschätzung des Programmmanagements.

In der Praxis wird häufig ungern offen über die in Projekten versteckten Reserven auf Managementebene diskutiert. Sie sind fast zum „Unwort" degradiert worden. Aber gerade die aus der Risikoabschätzung abgeleiteten Reserven oder, wie es Tom de Marco (2001) nennt, Spielräume geben den Projektmanagern das aufgrund der großen Unsicherheiten und Risiken vieler Projekte so wichtige Vertrauen und vermeiden allzu häufige Eskalationen und Umplanungen im gesamten Projektportfolio.

132 | Multiprojektmanagement

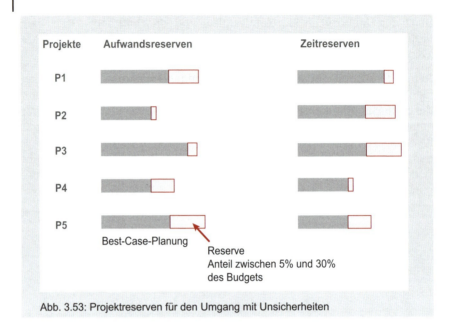

Abb. 3.53: Projektreserven für den Umgang mit Unsicherheiten

Sind diese Reserven einmal eingeräumt, sollte deren Verbrauch während des Projektverlaufs ein zentraler Inhalt des Projektcontrollings sein und in das regelmäßige Berichtswesen gegenüber dem Portfoliomanagement integriert werden. Dies fördert die offene Kommunikation zwischen Projektmanager und Portfolio- bzw. Top-Management.

Stark verdichtete Berichte als Einstieg für das Top-Management

Wird auf oberster Managementebene über die Situation der laufenden Projekte diskutiert, muss zunächst ein grober Überblick gegeben werden. Diese sehr stark verdichteten Berichte sollen die Gesamtsituation verdeutlichen und den Einstieg in detailliertere Berichtsformen unterstützen. Sie enthalten wichtige Informationen über die Struktur des aktuellen Projektportfolios, vor allem wie hoch der Anteil von Projekten mit übergreifendem Steuerungsbedarfs ist (Status rot). Auch der wirtschaftlich erwartete Erfolg der laufenden Projekte ist von Interesse, um zu prüfen, ob angekündigte Zielgrößen erreicht werden können.

Das Projektmanagement-Informationssystem sollte allen Managementebenen bedarfsgerecht Steuerungsinformationen bereitstellen, die integriert und abgestimmt sind. Die höchste Verdichtung zeigt das Multiprojekt-Cockpit (Abbildung 3.54). Von dort aus können dann gezielt Details zu Entwicklungen im Projektportfolio angerufen werden.

Multiprojektberichtswesen | 133

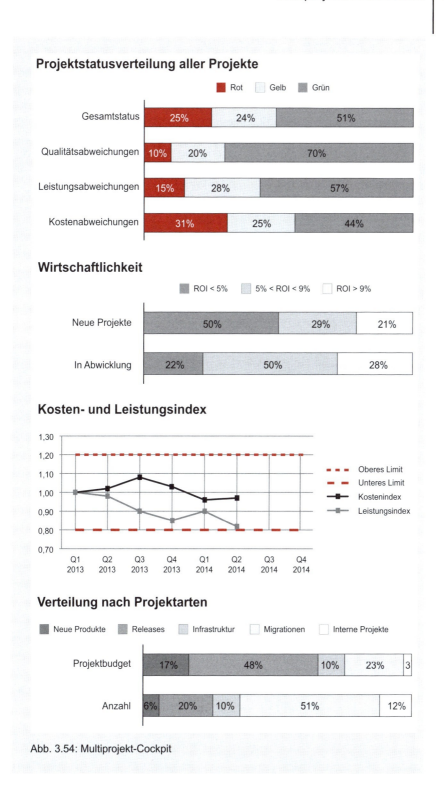

Abb. 3.54: Multiprojekt-Cockpit

3.8.4 Veränderungen im Projektportfolio

In der Praxis reicht es nicht aus, dass jeder Projektleiter nur sein eigenes Projekt mit Diagnose und Steuerung auf Kurs hält. Auch das gesamte Projektportfolio wird durch verschiedene Anlässe immer wieder verändert. Das Multiprojektberichtswesen sorgt dafür, dass der Gesamtblick nicht verloren geht. Durch Eskalationsverfahren, Informationsverpflichtungen und regelmäßige Sitzungen des Bewilligungsgremiums werden Abhängigkeiten aufgedeckt und die strategische Gesamtsicht beachtet. Hier ein paar Beispiele von Anlässen, in denen die Diagnose und Steuerung des Projektportfolios gefordert ist.

- Genehmigung von Änderungsanträgen
  - Durch die Genehmigung von Änderungsanträgen einzelner Projekte können sich auch die Rahmenbedingungen anderer Projekte ändern
- Neuausrichtung von Projekten
  - Wird ein Projekt beispielsweise gestoppt und inhaltlich neu aufgesetzt, kann es zur Verzögerung anderer Projekte kommen
- Neubewertung laufender Projekte
  - In den regelmäßigen Sitzungen des Bewilligungsgremiums kann es zu einer Neubewertung der laufenden Projekte kommen
- Deutliche Abweichungen gegen Plan im Berichtswesen
  - Mit zunehmender Projektdauer sowie überarbeiteten Planzahlen können sich die Positionen der Projekte im Projektportfolio verändern
- Ressourcenkonflikte
  - Durch den Einblick in die Einzelprojektpläne und Fortschrittszahlen lassen sich existierende oder drohende Konflikte zwischen Projekten feststellen. Die Konflikte zwischen Projekten können inhaltlicher, zeitlicher, kostenmäßiger und ressourcenmäßiger Art sein
- Mussprojekt
  - Prioritätsänderungen von Projekten sind auch aufgrund von geänderten Voraussetzungen (z.B. gesetzliche Änderungen) möglich
- Strategieänderung
  - Beschlossene Strategieänderungen können zu veränderten Positionen der Projekte im Portfolio führen.

Fragen und Aufgaben zur Wiederholung:

1. Nennen Sie die vier Perspektiven einer Balanced Scorecard und leiten Sie daraus strategische Ziele für ein beliebiges Projekt ab.

2. Wozu werden Projektarten und -klassen unterschieden? Geben Sie Beispiele für die Bildung von Projektarten und -klassen in Ihrem Unternehmen.

3. Wie lassen sich Abhängigkeiten zwischen Projekten bei der Priorisierung berücksichtigen?

4. Welche Techniken zur Projektpriorisierung kennen Sie?

5. Was ist „schädliches" Multi-Tasking?

6. Wie können Projekterfolgsfaktoren in der Projektinitiative genutzt werden?

7. Was sind Engpassressourcen?

8. Welche Multiprojektberichte sollten in welchem Kreis regelmäßig diskutiert werden?

9. Wie können Mussprojekte definiert werden? Welchen Einfluss haben sie bei der Verteilung von Projektressourcen?

4 Projektstart

Kompetenzelemente der ICB 3.0
1.02 Interessierte Parteien
1.18 Kommunikation
1.19 Projektstart
2.01 Führung
2.04 Durchsetzungsvermögen
2.06 Offenheit
2.08 Ergebnisorientierung
2.09 Effizienz
2.12 Konflikte und Krisen
2.14 Wertschätzung

Kapitel und PM-Prozesse des PMBOK®
4.1 Projektauftrag entwickeln
9.2 Projektteam zusammenstellen
10.1 Kommunikationsmanagement planen
13.1 Stakeholder identifizieren
13.2 Stakeholdermanagement planen

Ziele dieses Kapitels – Was können Sie erwarten?

Sie kennen

- die Bedeutung des Auftragsabstimmungsprozesses für den Projekterfolg
- den Zusammenhang von Change Management und Projektarbeit
- die Auswirkungen des Produktumfelds und den Einfluss der interessierten Parteien (Stakeholder) auf den Projektverlauf.

Sie können

- einen vollständigen Projektauftrag erstellen
- Widerstände gegen und Einflüsse auf Veränderungsprozesse erkennen und in der Projektarbeit berücksichtigen
- effektive und zielorientierte Projektmeetings vorbereiten, durchführen und steuern.

4.1 Auftragsabstimmungsprozess (Überblick)

> „Wenn man nicht bekommt, was man will, ist man gezwungen, das zu wollen, was man bekommt."
> George Bernard Shaw

Nach der Genehmigung durch das Bewilligungsgremium liegt ein verabschiedeter Projektantrag vor. Daraus können die wesentlichen Inhalte in den Projektauftrag übernommen werden. Dieser soll die Bedingungen der Übergabe der Projektverantwortung an den Projektleiter, interne bzw. externe Auftraggeber und gegebenenfalls einen Lenkungsausschuss beschreiben. Der Auftrag enthält vor allem die vom Projekt erwarteten Ergebnisse und die dem Projektleiter zugeschriebenen Befugnisse über Personal und Budgets, um die Ergebnisse zu liefern. Die Qualität des Projektauftrags hängt von den gewissenhaften Prüfungen während der Projektinitiative und dem professionellen Auftragsabstimmungsprozess zwischen Projektleiter und Auftraggeber ab. Der Auftrag wird als vorläufig betrachtet, da noch nicht alle Auftragsinhalte eindeutig geklärt sind.

Typischerweise fehlen Aussagen zu folgenden Punkten:

Fehlende Punkte im Projektauftrag

- Es ist unklar, wer zu diesem Zeitpunkt die Verantwortung für das genehmigte Projekt trägt
- Der Auftraggeber kann ohne Verfügungsgewalt über die Projektmitarbeiter der Auftragnehmerseite (z.B. IT/Organisation) noch nicht loslegen
- Wichtige Fragen der Projektaufbauorganisation und Rollenverteilung sind noch offen
- Die Mitglieder des Bewilligungsgremiums informieren unkoordiniert über die Linienhierarchie die betroffenen Bereiche über die Projektfreigabe und die Notwendigkeit, Projektmitarbeiter abzustellen.

Abhilfe schafft hierbei ein eingespielter Auftragsabstimmungsprozess mit klaren Zuständigkeiten.

Am Ende der folgenden Schritte sollten der Projektleiter und alle feststehenden Teammitglieder den Auftrag verstanden und zusammen mit Lenkungsausschuss/Auftraggeber die Punkte geklärt haben, die nicht schlüssig, nicht annehmbar, unpräzise oder unvollständig sind. Mit dem Projektauftrag wird festgelegt, was mit dem Projekt erreicht werden soll, und der Projektleiter legitimiert, das Projekt zu beginnen.

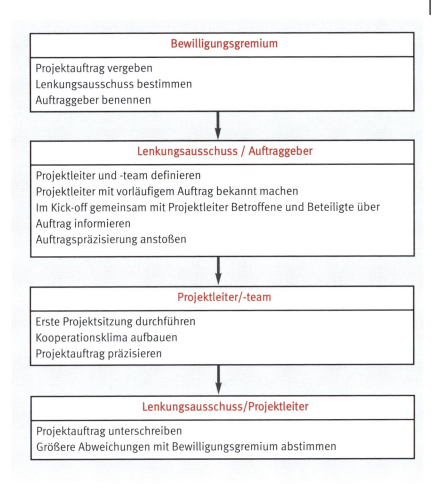

4.2 Projektauftrag

Ein klarer Projektauftrag ist für den Projektleiter die Basis der Projektarbeit. Er sollte ihn nutzen, um bei

- der Präsentation von Projektergebnissen die Einordnung zu erleichtern
- zusätzlichen Forderungen von Fachbereichen und Auftraggeber den Ausgangspunkt klar zu stellen
- möglichen Änderungen die Auswirkungen beurteilen zu können
- Gesprächen mit anderen Projektleitern die Inhalte deutlich zu machen.

Nutzen des Projektauftrags

140 | Projektstart

Für Auftraggeber und Lenkungsausschuss bietet ein abgestimmter Auftrag die Gewähr, dass Projektleiter und Team ziel- und aufgabenorientiert arbeiten.

Nach ANDY CROWE „Alpha Project Managers" verhandeln die besten 2% der Projektmanager ihren Projektauftrag so gut, dass diese sich nie darüber beklagen müssen.

Regeln zum Projektauftrag

- Ein vollständiger und aktueller Projektauftrag ist Holpflicht des Projektleiters.
- Der Auftrag lebt! Auftragsänderungen sind möglich. Der grundlegende Charakter darf jedoch nicht verloren gehen.
- Änderungen müssen vom Auftraggeber/Lenkungsausschuss genehmigt sein, mit Änderungsdatum und Unterschrift versehen werden und dokumentiert sein.
- Bei Änderung einer Auftragsposition sind die Auswirkungen auf alle anderen Inhalte zu prüfen.

4.2.1 Inhalte

Der Projektauftrag ist in der Regel ein mehrseitiges Dokument, in dem die Auftragsinhalte im Einzelnen detailliert und erläutert werden. In Abbildung 4.01 sind die Zusammenhänge der Auftragsinhalte veranschaulicht.

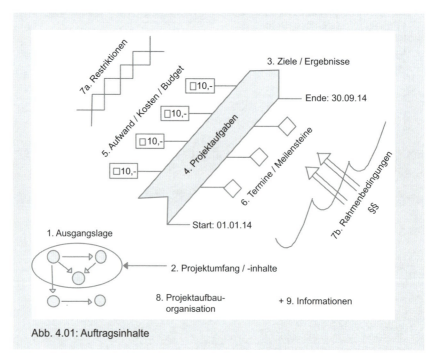

Abb. 4.01: Auftragsinhalte

Projekt-/Phasenauftrag - Titel		Seite 1
Projektnummer	Auftragsverfasser/Organisationseinheit	
Klasse		
Art	Datum/Unterschrift Auftragsverfasser	
Auftragsinhalte		

1. Ausgangslage
Beschreibung der Grundlage des Auftrags (Handlungsdruck, vorliegende Ergebnisse früherer Phasen)

2. Umfang und Inhalt
Aufzählung der zu ändernden oder neu zu schaffenden Produkt-/Systembestandteile; Benennung der betroffenen Organisationseinheiten/Prozesse; Abgrenzung und Schnittstellen auch zu anderen Projekten → Gestaltungsbereich

3. Ziele/Ergebnisse/Lieferobjekte
Aufzählung, was in diesem Projekt/dieser Phase mit den Lieferobjekten erreicht werden soll (erwarteter quantitativer und qualitativer Nutzen; Erfolgskriterien, Anforderungen zur Abnahme)

4. Projektaufgaben
Beschreibung der durchzuführenden Aufgaben/Phasen

5. Aufwand/Kosten/Budget
Bedarf an finanziellen und personellen Ressourcen für das Projekt/die Phase und Festlegung, welche Mittel von wem/wann bereitgestellt werden

6. Termine/Meilensteine
Nennung der Projekt-/Phasenstart- und Phasenendtermine (Ausführungen über terminliche Erfordernisse, Fristen/Abhängigkeiten)

7. Einflussgrößen
Aufzählung der zwingend einzuhaltenden Restriktionen und zu beachtender Rahmenbedingungen, insbesondere möglicher Risiken

8. Projektaufbauorganisation
Benannter Projektleiter mit Verantwortlichkeiten und Befugnissen, Mitglieder des Lenkungsausschusses und des Projektteams

9. Information
Festlegung vereinbarter Empfänger von Projektinformationen mit Anlässen, Terminen und Formen der Kommunikation sowie übergreifende Anforderungen an die Dokumentation

Ausführungen zu den Punkten 1-9 auf den folgenden Seiten des Projektauftrags

Der Projektauftrag wird	Genehmigt [ ]	Nicht genehmigt [ ]
Begründung		
Auftragnehmer/Projektleiter Datum/Unterschrift	Auftraggeber Datum/Unterschrift	
Erledigt	**Abgenommen**	
Auftragnehmer/Projektleiter Datum/Unterschrift	Auftraggeber Datum/Unterschrift	

Abb. 4.02: Formaler Projektauftrag

In der Praxis fällt es dem Projektleiter oft schwer, den Projektauftrag sauber zu formulieren. Er hat zu wenig Zeit dafür eingeplant („Ist ja nur reine Formsache!"), ihm ist die Bedeutung einzelner Punkte unklar, er möchte sich nicht konkret festlegen, fürchtet sich vor Fehleinschätzungen, führt Unwesentliches detailliert aus und vergisst wichtige Festlegungen.

Der Projektleiter sollte bis zu 3% des Gesamtaufwands für die Auftragsklärung und -formulierung einplanen und vor allem auf die Plausibilität zwischen den Auftragspositionen achten. So ergeben sich immer wieder Fragen, deren konsequente Klärung die Startbedingungen des Projekts erheblich verbessern. Es muss nicht immer alles in den Auftrag gepackt werden. Verweise auf Dokumente, Protokolle und Ergebnisse, die zur Entscheidungsfindung dienten, sollten immer beachtet werden. Als Restriktionen und Rahmenbedingungen sollten auch gemachte Annahmen und Risikoüberlegungen einbezogen werden.

In Unternehmen mit einem etablierten Projektmanagement-System werden Auftragsformblätter im Intranet bereitgestellt und zu jedem Punkt Ausfüllhilfen angeboten. Das Projektmanagement-Office unterstützt bei der Formulierung. Es weist auf wichtige Pflichtbestandteile wie Kostenstellen von Auftraggeber und Auftragnehmer hin, vergibt die Projektnummern, fordert Berichtspflichten ein und erläutert die Systeme zur Aufwandserfassung.

Das folgende Beispiel soll einen Eindruck über Umfang und Form eines Projektauftrags vermitteln.

4.2.2 Beispiel für das Projekt: „Call-Center für den Kundenservice"

Call-Center für den Kundenservice:
Von der Hauptstudie bis zur Einführung
Projekt-Nr. 0033-02/2014

1. Ausgangslage

In der Sitzung des Bewilligungsgremiums am 10.10.2013 wurde die Vorstudie „Prüfung des Einsatzes von Call-Centern im Unternehmen" abgenommen und die Einrichtung eines Call-Centers nur für den Kundenservice beschlossen. Die Anzahl der Anfragen beim Kundenservice sind durch die Umsatzsteigerungen in den letzten 3 Jahren von täglich 50 auf über 150 gestiegen. Die 7 Mitarbeiter im Kundenservice der 3 regionalen Büros sind überfordert. Folgende Probleme sind dadurch aufgetaucht:

- Anwachsen der Beschwerden im After-Sales-Bereich
- Lange Durchlaufzeiten und viele Irrläufer bei Serviceanfragen
- Viele Überstunden im Kundenservice
- Steigende Unzufriedenheit bei den Mitarbeitern.

Der Druck wächst, da bereits zwei Wettbewerber durch erfolgreiche Call-Center Marktanteile wieder gewinnen konnten.

Abb. 4.03 (Teil 1): Projektauftrag für das Projekt „Call-Center für den Kundenservice"

Umfang und Inhalt
Betroffen sind die Kundenservice-Mitarbeiter in den 3 regionalen Büros sowie die regionalen Vertriebsmitarbeiter. Durch die Übernahme von Betreuungsaufgaben für EDV- und Telefontechnik sind auch Informatik und Betriebstechnik betroffen. Folgende Prozesse und ihre Schnittstellen sind zu gestalten: ■ Telefonische Kommunikation mit dem Kunden bei Anfragen ■ Schriftliche Bearbeitung von Kundenanfragen (per Mail, Brief, Internet) ■ Datenpflege im Kundeninformationssystem ■ Beschwerdemanagement ■ Auftragsabwicklung ■ Betreuung der Kommunikationstechnik und der Kundeninformationssysteme.

3. Ziele/Ergebnisse/Lieferobjekte

Wirtschaftliche Ziele	Leistungsziele	Personelle Ziele
■ Niedrige Investitionskosten ■ Geringe laufende Kosten ■ Hohe Kapazitätsauslastung	■ Hohe Erreichbarkeit ■ Flexible, zukunftsorientierte Lösung ■ Schnelle, kompetente Hilfen ■ Weniger Beschwerden	■ Klare Zuständigkeiten ■ Attraktive Aufgaben ■ Weniger Überstunden

- Zentrales, mit vorhandenen Mitarbeitern besetztes Call-Center an einem der heutigen Standorte
- Ausgestattet mit ACD-Anlage und Verbindung zum Kundeninformationssystem
- Aufbauorganisatorische Einordnung des Call-Centers ist geklärt
- Die Zuständigkeiten und geänderten Prozesse sind durch Stellenbeschreibungen und Arbeitsanweisungen beschrieben
- Die Räume sind abgetrennt und möbliert
- Es gibt Arbeitszeitregelungen für den Mitarbeitereinsatz, der über Informationen zur Servicequalität zielgerichtet gesteuert werden kann
- Die Mitarbeiter sind mit den neuen Prozessen und Systemen vertraut und in der Gesprächsführung geschult
- Die neue Form der Kundenbetreuung ist werbewirksam vermarktet
- Die neue Call-Center-Gruppe hat sich als Team formiert.

Abb. 4.03 (Teil 2): Projektauftrag für das Projekt „Call-Center für den Kundenservice"

4. Projektaufgaben			
Hauptstudie ■ Gesamtkonzept erarbeiten ■ Geeigneten Standort wählen ■ Call-Center-Besetzung dimensionieren ■ Anforderungen an EDV-Anpassungen formulieren **Teilstudien** ■ Kommunikationskonzept ■ DV-Konzept ■ Testkonzept ■ Schulungs- und Einführungskonzept ■ Vermarktungskonzept ■ Servicezeiten ■ Prozessbeschreibungen ■ Anbieterauswahl **Systembau** ■ Mitarbeiterauswahl ■ Installation und Test ■ Pilotbetrieb **Einführung** ■ Schulungen ■ Kundeninformation			
5. Aufwand/Kosten/Budget			
	Interne PT	Externe PT	Investitionen
Hauptstudie	40	10	
Teilstudien	80	60	50 T€
Systembau	120	40	300 T€
Einführung	30	5	100 T€
Gesamt	270	115	450 T€
6. Termine/Meilensteine			
Kick-off-Meeting: Ende Hauptstudie: Pflichtenheft steht: Aufnahme des Pilotbetriebs: Projektende:		02.05.2014 03.09.2014 15.10.2014 15.12.2014 31.01.2015	

Abb. 4.03 (Teil 3): Projektauftrag für das Projekt „Call-Center für den Kundenservice"

7. Einflussgrößen	
Restriktionen	**Rahmenbedingungen**
■ Keine Entlassungen ■ Bestehende Dokumentationsstandards und Verfahren für Auftragsänderungen verwenden ■ Keine Auflösung der Regionalbüros ■ Datenschutzbestimmungen einhalten ■ Vorhandene Räume müssen genutzt werden	■ Kundenwachstum ■ Mitarbeiterstruktur der regionalen Büros ■ Angebot an ACD-Anlagen ■ Erreichbarkeit der Call-Center der Wettbewerber ■ Raumangebot in den Regionalbüros

8. Projektaufbauorganisation		
Lenkungsausschuss	**Projektleiter**	**Projektteam**
H. Peter, Ltg. Vertrieb F. Richter, Ltg. Orga. F. Kleiner, Ltg. Personal	H. Müller - Orga. 100 % fachlich weisungsbefugt im Rahmen der Freistellung, Vergabe externer Aufträge mit Ltg. Orga	F. Kehl - Kundenservice H. Karl - Orga zu je 40 % H. Otto - IT zu 30 % H. Benz - vRP

9. Information		
LA-Sitzungen	**jour-fix**	
20.6., 1.8., 3.9., 15.10., 1.12., je 14.00 – 16.00	Dienstags 11.00 –13.00	Monatliche Statusberichte an LA und Projektmanagement-Office

Abb. 4.03 (Teil 4): Projektauftrag für das Projekt „Call-Center für den Kundenservice"

4.2.3 Abstimmung mit dem Auftraggeber

Die Qualität des Projektauftrags ist allein durch die Einhaltung der formalen Regeln noch nicht ausreichend gewährleistet. Auf die konkreten Inhalte kommt es an, und die sind häufig erst in einem langwierigen und bisweilen recht schwierigen Verhandlungsprozess zwischen Auftraggeber und (designiertem) Projektleiter zu erarbeiten. Dieser braucht dazu nicht nur profunde Projektmanagement-Kenntnisse. Mut zum Hinterfragen und Standfestigkeit sind mindestens ebenso wichtig. Dabei muss sich der Projektleiter seiner großen Verantwortung bewusst sein, die er mit der Leitungsfunktion übernimmt:

■ Verantwortung gegenüber dem Auftraggeber, wobei die Erreichung der Projektziele im Vordergrund steht

Projektverantwortung des Projektleiters

- Verantwortung gegenüber dem Projektteam, dessen Mitglieder darauf vertrauen können müssen, dass ihre berechtigten Interessen auch nach außen nachhaltig vertreten werden und sie Arbeitsbedingungen vorfinden, die eine erfolgreiche Mitarbeit im Projekt möglich machen
- Verantwortung gegenüber allen am Projekt beteiligten Personen
- Verantwortung gegenüber den Betroffenen, die schließlich die Veränderungen „leben" müssen
- Verantwortung gegenüber den Kunden, die direkt oder zumindest indirekt von den Auswirkungen des Projekts berührt sein können
- Verantwortung für sich selbst, was gerade das mutige Eintreten für optimale Projektvoraussetzungen einschließt, um den Erwartungen tatsächlich gerecht werden zu können.

Der Abstimmungsprozess beschränkt sich nicht nur auf die Startphase, häufig ergibt sich während der gesamten Projektlaufzeit immer wieder neuer Abstimmungsbedarf, in jedem Fall beim Erreichen von Meilensteinen bzw. am Ende von Projektphasen.

Charakteristisch für Projektarbeit ist das Vordringen in „neue Welten", und das bedeutet, dass selbst bei aller Erfahrung und größter Planungssorgfalt nicht alle Entwicklungen und Notwendigkeiten bereits bei Projektbeginn erkennbar sind. Für Korrekturen bzw. Verbesserungen darf es niemals zu spät sein!

4.3 Change Management in Projekten

Projekte zielen auf Veränderungen

Unabhängig von den konkreten Inhalten bzw. Fragestellungen gilt für jedes Projekt, das abgeschlossen wurde: etwas im Unternehmen ist nicht mehr so wie es bisher war. Projekte zielen immer auf Veränderungen. Auch wenn diese noch so geringfügig sein mögen – die Verantwortlichen müssen sich darüber im Klaren sein, dass sie damit die betroffenen Mitarbeiterinnen und Mitarbeiter an einer sehr „empfindlichen" Stelle treffen. Zumindest (und hoffentlich nur) vorübergehend besteht eine gewisse Unsicherheit. Neue Verfahren oder Techniken sollen jetzt angewendet werden, modifizierte Prozesse unterscheiden sich mehr oder weniger von den bisherigen, vertrauten. Mitarbeiter müssen sich in neue Strukturen einfügen, mit anderen Kollegen zusammenarbeiten, ihre Verhaltensweisen ändern u.a.m. Hierbei brauchen sie umfassende und professionelle Unterstützung. Andernfalls kommt es fast unweigerlich zu „Widerstandshandlungen", die den Projekterfolg durchaus in Frage stellen können (hierauf wird in Kap. 4.6 ausführlich eingegangen).

Professionelles Change Management ist vor diesem Hintergrund als „ständiger Begleiter" einer erfolgsorientierten Projektarbeit zu betrachten.

Change Management ist die bewusste professionelle Gestaltung von Veränderungsprozessen, die mit einem hohen Grad an Zielorientierung, Effizienz, Umsetzungsstärke und Akzeptanz durch die Betroffenen einhergeht.

Definition

Es ermöglicht somit eine ganzheitliche Betrachtungsweise des jeweiligen Projekts und stellt sicher, dass alle relevanten Handlungsfelder berücksichtigt werden (siehe Abbildung 4.04).

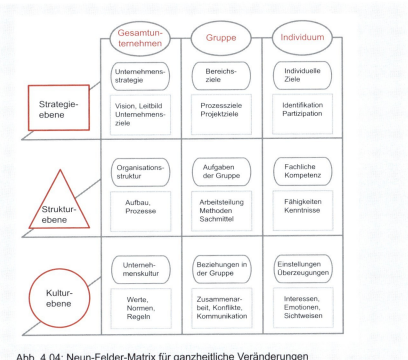

Abb. 4.04: Neun-Felder-Matrix für ganzheitliche Veränderungen
(vgl. BERGER/CHALUPSKY/HARTMANN, 2013)

Schon mit Beginn der Projektplanung sind die möglichen Wirkungen bzw. Auswirkungen auf die Betroffenen mit zu bedenken und Maßnahmen zur Förderung der Adaption und Akzeptanz vorzusehen. Das beginnt mit einer angemessenen Informationspolitik und umfasst je nach Möglichkeit weitergehende Formen der Beteiligung. Schließlich sind rechtzeitig eventuell erforderliche Qualifizierungsmaßnahmen einzuleiten. Dabei ist darauf zu achten, dass genügend Zeit für die Anpassungsprozesse zur Verfügung steht. Als hilfreich erweist sich die Berücksichtigung der Phasen der Veränderung, die mehr oder weniger erkennbar von den Betroffenen durchlaufen werden:

Zeit für Anpassungsprozesse einplanen

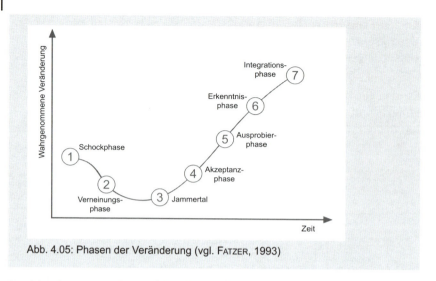

Abb. 4.05: Phasen der Veränderung (vgl. FATZER, 1993)

Partizipationsmaßnahmen (siehe hierzu Kap. 4.8) zielen insbesondere darauf ab, die Phasen 1 bis 3 zu verkürzen und Akzeptanz als Voraussetzung für eine erfolgreiche und zeitgerechte Integration der Neuerungen zu fördern. Dabei spielt die jeweils vorhandene Veränderungsenergie der Mitarbeiter eine große Rolle.

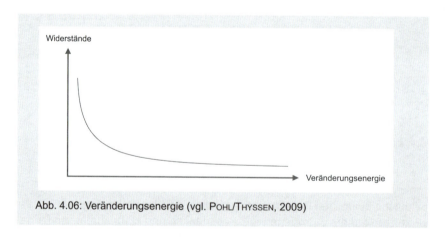

Abb. 4.06: Veränderungsenergie (vgl. POHL/THYSSEN, 2009)

Haben Mitarbeiter in der Vergangenheit schlechte Erfahrungen mit Veränderungen gemacht (z. B. eine tatsächliche oder auch nur subjektiv empfundene Verschlechterung ihrer Arbeitsbedingungen), werden sie eher Vorbehalte oder sogar Ängste entwickeln und dem Projekt zumindest skeptisch gegenüber stehen.

Niemals gegen die Betroffenen! Allen muss klar sein: gegen die betroffenen Menschen lassen sich Veränderungen – so nötig sie auch sein mögen – letztlich nicht wirklich erfolgreich umsetzen.

4.4 Auswahl des Projektleiters

Es liegt auf der Hand, dass dem Projektleiter in der Projektarbeit zentrale Bedeutung zukommt. Erfolg oder Misserfolg eines Projekts hängen sehr stark von seiner Person bzw. von seiner Persönlichkeit ab. Für eine begrenzte Zeit leitet er ein relativ eigenständiges „Unternehmen", das im Vergleich zum „Mutterunternehmen" an einem eher kurzfristigen Erfolg orientiert ist. Meist bleibt wenig Zeit, sich zu organisieren, zu orientieren und einzugewöhnen – das „Unternehmen" muss aus dem Stand auf Hochtouren kommen.

Vor diesem Hintergrund mutet es fast merkwürdig an, dass bei der Auswahl des Projektleiters häufig ausschließlich Aspekte der fachlichen Eignung herangezogen werden. Über eine hohe fachliche Qualifikation zu verfügen, ist für die Projektarbeit natürlich von Vorteil, sie allein befähigt jedoch nicht zu dem, was ein professioneller Projektleiter leisten muss. Und ganz „ungefährlich" ist die Dominanz der Fachkompetenz auch nicht, verführt sie doch mehr oder weniger dazu, die inhaltliche Arbeit im Projekt zu sehr an sich zu ziehen und dadurch weniger die Mitarbeiterpotenziale zu nutzen. Negative Auswirkungen auf die Motivation der Teammitglieder kommen dann noch hinzu. Immerhin wird mittlerweile in zunehmendem Maße Wert auf eine ausreichende Projektmanagement-Kompetenz gelegt, was sicherlich im Zusammenhang mit der sich ausbreitenden Einführung von Projektmanagement-Systemen steht. Wenn der Projektleiter sich dann auch noch eher als Manager denn als Macher sieht, kann eine wachsende Professionalisierung der Projektarbeit erwartet werden.

Auswahlkriterien für Projektleiter

Das im Anhang 17 gezeigte Anforderungsprofil für den Projektleiter zielt aber noch auf ein ganz anderes Kompetenzfeld – Sozialkompetenz, die sich vor allem in der Persönlichkeit des Projektleiters niederschlägt. Dort ist u.a. von Freude an der Verantwortung, Teamorientierung, Mitarbeiterführung, Verhandlungsgeschick, Selbstdisziplin und Autorität die Rede – Faktoren also, die nicht so ohne weiteres erlernt werden können, sondern sich eher in langfristigen, die ganze Persönlichkeit einschließenden Sozialisationsprozessen entwickeln müssen. Bei der Auswahl des Projektleiters sind somit drei Fragen zu beantworten:

1. Verfügt der Mitarbeiter über ausreichende Fachkenntnisse?
2. Lässt sein Knowhow ein professionelles Projektmanagement erwarten?
3. Reicht seine Sozialkompetenz aus, um die schwierigen und anspruchsvollen Projektleitungsaufgaben erfolgreich zu bewältigen?

Schlüsselkompetenzen des Projektleiters

Im „Eye of Competence" (siehe Abb. 1.15 in Kap. 1.5.3) werden dazu die nachfolgenden Elemente der PM-Verhaltenskompetenz aufgeführt:

Verhaltenskompetenz-Elemente (ICB – IPMA Competence Baseline 3.0)

- Führung
- Engagement und Motivation
- Selbststeuerung
- Durchsetzungsvermögen
- Entspannung und Stressbewältigung
- Offenheit
- Kreativität
- Ergebnisorientierung
- Effizienz
- Beratung
- Verhandlungen
- Konflikte und Krisen
- Verlässlichkeit
- Wertschätzung
- Ethik

Auch in den internationalen Zertifizierungsverfahren für Projektleiter finden diese Anforderungskriterien neben den „PM-Kontextkompetenz- und PM-technischen Kompetenzelementen" mittlerweile eine gleichwertige Berücksichtigung.

4.5 Projektumfeld und interessierte Parteien

Projekte sind immer in ein Umfeld eingebettet, das zuallererst vom Unternehmen bzw. der Organisation selbst, darüber hinaus aber auch durch weitere Felder wie die Region, die Branche, den Wirtschaftsraum, Politik und Gesellschaft u.a. bestimmt wird und direkten oder indirekten Einfluss auf die Projektarbeit ausüben kann. Dieser Einfluss kann sich sowohl förderlich als auch hinderlich auswirken und letztlich sogar zum Scheitern des Projekts führen. Es ist daher sehr wichtig, von Anfang an das Augenmerk auf alle betroffenen Interessengruppen (Stakeholder) zu richten.

Projektumfeld und interessierte Parteien | 151

Stakeholder sind Individuen oder Gruppen, die einen Anspruch am Projekt und dessen Ergebnissen haben und/oder am Projekt beteiligt bzw. davon betroffen sind.

Definition

Mithilfe einer sorgfältigen Analyse sind alle relevanten Interessengruppen und ihre Beziehungen zum Projekt (direkte/indirekte Beteiligung, Betroffenheit durch Ziele und/oder Ergebnisse, Möglichkeiten der Einflussnahme, Interessen und Erwartungen) zu ermitteln.

Eine solche Stakeholder-Analyse besteht im Kern aus drei Fragen:

1. Welche Personen bzw. Personengruppen und Institutionen müssen als potenzielle Stakeholder des Projekts betrachtet werden?
2. Welchen Einfluss haben die potenziellen Stakeholder, d. h. welche Macht steht ihnen in Bezug auf das Projekt zur Verfügung?
3. Wie werden sich die relevanten Stakeholder in Bezug auf das Projekt verhalten?

Zunächst sind die projektrelevanten Stakeholder zu identifizieren. Hierbei kann ein Systemdiagramm helfen, aus dem die Nähe der Stakeholder zum Projektinhalt hervorgeht.

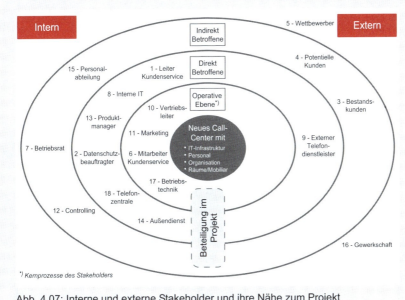

Mögliche Stakeholder von Projekten

Abb. 4.07: Interne und externe Stakeholder und ihre Nähe zum Projekt

Unabhängig von ihrer Nähe zum Projektinhalt beeinflussen Stakeholder ein Projekt mehr oder weniger stark und mit unterschiedlichen Einstellungen. So hat der Leiter des Kundenservice als Auftraggeber einen besonders hohen Einfluss auf unser Projekt und wird es als Promotor sicherlich zu Beginn ausgenommen positiv unterstützen.

Die Gewerkschaften sind dagegen oft sehr weit von einem konkreten Projekt entfernt, können aber meist über den Betriebsrat zu einem mächtigen Opponenten des Projekts werden, wenn etwa Arbeitszeitregelungen berührt werden.

Das Einordnen der Stakeholder in ein Stakeholder-Portfolio zeigt bereits sehr früh erwartete Konflikte und Risiken auf und gibt einige grundsätzliche Handlungsempfehlungen für die Projektkommunikation:

- mit minimalem Aufwand überwachen, falls Macht und Interesse gering sind
- Stakeholder mit hohem Einfluss, aber geringem Interesse unbedingt zufriedenstellen
- Stakeholder mit großem Interesse, aber geringem Einfluss regelmäßig auf dem Laufenden halten
- Mächtige und Interessierte sehr eng managen.

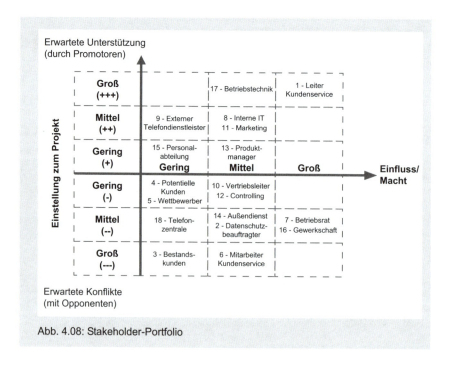

Abb. 4.08: Stakeholder-Portfolio

Projektumfeld und interessierte Parteien | 153

Nach der Einordnung werden die Interessen je Stakeholder erfragt, um daraus wichtige Erkenntnisse für die Zusammenarbeit im Projekt und den Kommunikationsplan abzuleiten.

Stakeholder	Hauptinteressen	Erkenntnisse/ Maßnahmen
Leiter Kundenservice	■ Kundenzufriedenheit ■ Laufende Kosten ■ Hohe Auslastung	Unterstützung würdigen, in Projekt einbeziehen, gut informieren
Mitarbeiter in Regionalbüros	■ Sicherer Arbeitsplatz ■ Keine finanziellen Nachteile ■ Anerkennung der Arbeit	Neutral stimmen. Sorge durch Information (z.B. Präsentationen) nehmen
Großkunden	■ Persönliche Betreuung ■ Schnelle, kompetente Reaktion auf Anfragen	Positiv stimmen, Ziele und Vorteile in Kundengesprächen aufzeigen. Anforderungen erfragen
Vorstand	■ Innovatives Image ■ Schneller Projektablauf	Positiv stimmen durch Nutzen darstellen, Projektfortschritt aufzeigen. Erste Prototypen präsentieren
Technisch ambitionierte Mitarbeiter im Kundenservice	■ Karrierechance ■ Gestaltungsmöglichkeiten	Einbeziehen. Für Projektteam gewinnen, freistellen
Betriebsrat	■ Rechtliche Interessen ■ Auswirkungen auf andere Bereiche	Positiv stimmen. In Betriebsratssitzungen informieren

Abb. 4.09: Interessen und Erkenntnisse einer Stakeholder-Analyse

So können Erkenntnisse gewonnen werden in Bezug auf:
- zu erwartende Handlungsmuster der Stakeholder
- notwendige Projektmarketingmaßnahmen
- geeignete Strategien im Umgang mit den Stakeholdern

Nutzen der Stakeholderanalyse

- zu berücksichtigende Ziele, Bedürfnisse und Visionen bei der Lösungsfindung
- potenzielle Konflikte
- kritische Erfolgsfaktoren bzw. Risiken
- die Zusammensetzung der Projektgruppe und des Lenkungsausschusses
- die Besetzung der Projektleiterrolle.

Aus der Stakeholderanalyse ergeben sich zum einen die unterschiedlichen Prioritäten der Interessengruppen, zum anderen werden die für den Projekterfolg wichtigsten Stakeholder deutlich. Diese Informationen bilden eine gute Grundlage, um mit dem Auftraggeber die Projektziele zu vereinbaren, da ihm die Interessengemeinsamkeiten und -gegensätze deutlich werden.

Klarheit über die Motive der Betroffenen gewinnen

Da der Projekterfolg sehr stark von der Akzeptanz der betroffenen Mitarbeiter im Unternehmen abhängt, muss gerade diese Interessengruppe in besonderem Maße vom Projektteam frühzeitig in die Überlegungen einbezogen werden. Bewährt hat sich hier eine Betroffenheitsanalyse, die vor allem auch die „weichen Faktoren" berücksichtigt. Mit dieser Analyse, die am besten zu Projektbeginn gemeinsam erarbeitet wird, lässt sich sehr genau ermitteln, welche Mitarbeiter bzw. Mitarbeitergruppen wie stark und mit welcher Wirkung von den anstehenden Veränderungen berührt sein werden (siehe Abb. 4.10).

In der Auswertung lassen sich die kritischen Aspekte erkennen. Sie können dann unmittelbar in die weitere Planung bzw. das weitere Vorgehen einbezogen werden. Aber auch mögliche positive Auswirkungen liefern hilfreiche und wichtige Anhaltspunkte. Betroffenheit muss sich ja nicht ausschließlich negativ äußern (z. B. Verlust von Einfluss, Eigenständigkeit o.ä.) – Veränderungen können für die betroffenen Mitarbeiter genauso gut Vorteile generieren (z. B. Entwicklungschancen, Qualifikationssteigerungen usw.). Solche Vorteile erleichtern die Argumentation und das „Verkaufen" der Projektidee (mehr hierzu in Kap. 4.8.3 Projektmarketing).

Betroffenheitsanalyse					
Mitarbeiter (Organisationseinheit)					
Projekt beeinflusst vermutlich:	Grad der Betroffenheit			Art der Betroffenheit	
	nicht	wenig	stark	positiv	negativ
Aufgabenverteilung		X			X
Arbeitsablauf			X		X
Arbeitsplatzgestaltung		X			X
Informationsstand	X				X
Verantwortung		X		X	
Handlungsspielraum			X	X	
Fremdkontrolle			X	X	
Arbeitsbelastung			X		X
Qualität der geleisteten Arbeit			X	X	
Persönliches Ansehen		X		X	
Einfluss			X	X	
Führungsrolle		X		X	
Karrieremöglichkeiten		X		X	
Einkommen		X		X	
Selbstverwirklichung			X	X	
Soziale Beziehungen		X			X
Anerkennungschancen		X		X	
.....					

Abb. 4.10: Betroffenheitsanalyse (vgl. HANSEL/LOMNITZ, 2003)

Die hier erfassten Kriterien sind nur beispielhaft, sie sollten für jedes Projekt jeweils neu zusammengestellt werden.

Um die für eine realistische Einschätzung erforderlichen Informationen zu bekommen, bieten sich mehrere Möglichkeiten an:

++	**Persönliche Gespräche**
++	**Workshops** Mit den verschiedenen Gruppen wird über mögliche Auswirkungen diskutiert
+ -	**Rollentausch** Man versetzt sich in die Lage des Betroffenen: „Ich bin der Betroffene und ich denke..."

+ + = Direkter Kontakt zwischen Projektleiter/Projektteam und möglichen Betroffenen
+ - = Kein direkter Kontakt

Abb. 4.11: Wichtige Informationsquellen für die Betroffenheitsanalyse (vgl. HANSEL/LOMNITZ, 2003)

Hierzu noch ein Hinweis: All diese Aktivitäten verursachen natürlich Aufwand. So müsste z. B. ein Workshop gründlich vorbereitet, dann durchgeführt und schließlich sorgfältig ausgewertet werden. Wurde dies bei der Planung und Aufwandsschätzung nicht berücksichtigt, gerät das Projektteam sehr schnell unter (Zeit-)Druck!

4.6 Widerstände

Projekte zielen immer auf Veränderungen. Das bedeutet für die betroffenen Mitarbeiter, dass sich für sie die vertraute Situation (Organisation, Prozesse, Aufgabenstellungen, Techniken, Personalstruktur u.a.m.) in irgendeiner Weise ändern wird. Zumindest anfänglich dominieren Instabilität und Verunsicherung. Veränderungsprozesse lösen daher zunächst meist mehr oder weniger spürbare Widerstände aus. Diese sollten ernst genommen und von Beginn an in die Projektplanung und -durchführung einbezogen werden. Gegen den Willen der Mitarbeiter lassen sich Veränderungsprojekte letztlich kaum erfolgreich realisieren.

4 Grundsätze von Widerstand gegenüber Veränderungen

1. **Es gibt keine Veränderung ohne Widerstand!**
 (Scheinbare Ruhe an der Basis ist trügerisch!)

2. **Widerstände enthalten immer eine versteckte Botschaft!**
 (z.B. „Frag mich"; „Informiere mich"; „Hilf mir")

3. **Nichtbeachtung von Widerständen führt zu Blockaden!**
 (Ihre Überwindung ist meist aufwändig und mitunter unmöglich)

4. **Mit dem Widerstand gehen, niemals gegen ihn!**
 (Umgang mit Widerstand ist Bestandteil jeder Projektarbeit)

Für das Projektteam kommt es entscheidend darauf an, Widerstände und ihr Potenzial zu erkennen, ihre Ursachen zu verstehen und konstruktiv mit den Vorbehalten der Betroffenen umzugehen. Widerstände können kurz- oder langfristig, bewusst oder unbewusst ablaufen, offen oder verdeckt geäußert werden, Einzelne oder Gruppen betreffen.

Dabei sind die eher aktiven Formen erfahrungsgemäß leichter zu handhaben, da sie sich eindeutiger ausdrücken und somit schneller bemerkt und aufgegriffen werden können.

Die nachfolgende Übersicht zeigt eine Auswahl möglicher Indikatoren.

	Verbal (reden)	**Nonverbal** (Verhalten)
Aktiv (Angriff)	▪ Widerspruch ▪ Gegenargumentation ▪ Vorwürfe ▪ Drohungen ▪ Polemik ▪ Gerüchte streuen ▪ Persönliche Angriffe	▪ Unruhe, Agitation ▪ Intrigen, Mobbing ▪ Informationen zurückhalten ▪ Cliquenbildung ▪ Sabotage ▪ Körperliche Angriffe ▪ Rechtstreit und Kündigung
Passiv (Flucht)	▪ Schweigen ▪ Bagatellisieren ▪ Blödeln ▪ Ins Lächerliche ziehen ▪ Unwichtiges debattieren ▪ Stammtischparolen ▪ Entschuldigungen	▪ Unaufmerksamkeit ▪ Dienst nach Vorschrift ▪ Übertriebener Formalismus ▪ Fehler und Verzögerungen ▪ Müdigkeit ▪ Abwesenheit ▪ (Sucht-)Erkrankungen ▪ Resignation

Abb. 4.12: Mögliche Ausdrucksformen von Widerstand

Sabotage, Erkrankungen oder Resignation zeigen besonders deutlich, welchen ungeheuren Druck Veränderungsprozesse auf die betroffenen Menschen ausüben können. Natürlich ist jede Form von Sabotage völlig inakzeptabel und kann selbstverständlich nicht hingenommen werden. Dass es in solchem Zusammenhang aber immer wieder dazu kommt, weist auf die Brisanz hin und sollte auch als Appell an das Verantwortungsbewusstsein der Entscheider verstanden werden, so zumutbar und behutsam wie möglich vorzugehen. Das gilt ebenso für mögliche (psychosomatische) Erkrankungen, die vielleicht als fast schon dramatische Botschaft (Hilferuf) interpretiert werden müssen.

Als besonders unangenehm erweisen sich immer wieder sogenannte adaptive Reaktionen. Dem betroffenen Mitarbeiter sind mehr oder weniger deutlich Vorbehalte anzumerken, er äußert sie aber nicht. Selbst auf direkte Nachfrage kommen keine Informationen – mit der Folge, dass eine konstruktive Auseinandersetzung nicht möglich ist und die offensichtlichen Vorbehalte nicht aufgegriffen werden können.

Widerstand bei Veränderungen ist zugleich Ausdruck eines erhöhten Energiepotenzials. Systemisch ausgedrückt wird Widerstand erzeugt, um ein stabiles System im Gleichgewicht zu halten. Aus Sicht des Unternehmens kollidieren also für erforderlich gehaltene Veränderungsprojekte mit einem an sich sehr sinnvollen Mechanismus (Stabilität ist für Verlässlichkeit, Vertrauen und gleichbleibende Qualität unverzichtbar). In diesem Spannungsfeld kommt es für die Verantwortlichen darauf an, die Ursachen möglicher Widerstände zu verstehen, um angemessen und verantwortungsvoll agieren und reagieren zu können. Mögliche Ursachen und ihre (Aus-)Wirkungen sind z.B.:

Ursachen von Widerständen

- Negative Erfahrungen (etwa zu späte oder unzureichende Information, keine Berücksichtigung der Erfahrungen und Ideen, erlebte Verschlechterung der Arbeitsbedingungen), was sehr schnell Befürchtungen und Skepsis hervorrufen kann
- Tatsächliche oder vermeintliche Bedrohung individueller Bedürfnisse (siehe auch Kap. 6.3 Motivation im Team), die Beunruhigung und Angst auslöst
- Verunsicherung (was kommt da auf mich zu, was wird aus mir?), die z. B. durch betontes Festhalten am Status Quo zurückgedrängt werden soll
- (Subjektiv) erlebte Geringschätzung (wieso fragt man mich nicht, wieso werde ich übergangen, sind meine Kenntnisse und Erfahrungen ohne Belang?), die Verständnis und Identifikation für die bzw. mit den Maßnahmen und Unternehmenszielen erschwert oder gar unmöglich macht
- Ängste (z.B. der befürchtete Verlust von Status, Einfluss, Macht, Anerkennungsmöglichkeiten, sozialen Bindungen, Vertrautheit, Sicherheit oder gar des Arbeitsplatzes insgesamt; die empfundene Bedrohung wichtiger Bedürfnisse; Angst zu versagen, den künftigen Anforderungen nicht mehr gewachsen zu sein mit allen Konsequenzen in einer Leistungsgesellschaft!), die besonnenes und rationales Verhalten verhindern und durch Widerstandshandlungen zurückgedrängt und vor allem auch „versteckt" werden sollen.

Menschen entwickeln immer dann Angst, wenn sie Unsicherheit und Unklarheit ausgesetzt sind, Zusammenhänge und Hintergründe nicht verstehen und nachvollziehen und/oder die Auswirkungen von Ereignissen bzw. (Veränderungs-)Maßnahmen nicht überschauen können. Somit besteht ein unmittelbarer Zusammenhang zwischen der Informationspolitik des Unternehmens den Mitarbeitern gegenüber und der Entstehung von Angstpotenzialen! Für das Projektteam bedeutet das, den Kontakt mit den betroffenen Mitarbeitern so früh wie möglich zu suchen, umfassend zu informieren, um Vertrauen zu werben und eventuelle Bedenken, aber auch Anregungen und Erfahrungen soweit möglich aufzugreifen. Das geht aber nicht ohne die eindeutige Unterstützung des Managements (Auftraggeber, Unternehmensleitung). Die „Lösung" dieser Problematik liegt in einer konsequenten Partizipation, auf die in Kap. 4.8 noch näher eingegangen wird.

Informationspolitik und Ängste vor Veränderungen

Widerstand kann aber auch von den (designierten) Projektteammitgliedern kommen, und zwar um so mehr, je unklarer ihnen der Projektauftrag und/oder die Rahmenbedingungen ihres Projektengagements erscheinen. Es ist daher wichtig, für einen klaren Auftrag zu sorgen und mit den jeweiligen Linienvorgesetzten konkrete und verlässliche Absprachen bezüglich Zeitbedarf und Entlastung vom Tagesgeschäft zu treffen. Auch hierbei sollte sich der Projektleiter auf den Auftraggeber, die Geschäftsleitung und eventuelle Sponsoren stützen können.

4.7 Zusammenstellung des Projektteams

Wie schon bei der Auswahl des Projektleiters sollte auch das Projektteam nicht nur unter einseitig fachlichen Gesichtspunkten zusammengesetzt werden. Natürlich muss zunächst sichergestellt werden, dass die für das Projekt erforderliche Fachkompetenz im Team zusammengeführt wird, darüber hinaus sollte aber auch die Teamfähigkeit der Mitarbeiter Berücksichtigung finden. Hohe fachliche Qualifikation allein garantiert noch längst kein zufriedenstellendes Projektergebnis. Erst wenn es gelingt, die individuellen Potenziale in gemeinsames Handeln zu bündeln, erschließen sich die Vorteile der Projektarbeit.

Teamfähigkeit muss erlernt werden. Leider kommt dieser Aspekt in den meisten Ausbildungsgängen zu kurz. Für die Unternehmen bedeutet das dann mehr oder weniger umfangreiche und zum Teil langwierige und kostspielige Lernprozesse, die parallel zum Tagesgeschäft ablaufen müssen. Teamfähigkeit drückt sich u.a. in Kooperationsbereitschaft, Offenheit, Fairness, Vertrauen, Zuverlässigkeit, Rücksichtnahme und Verantwortung für die gemeinsamen Ziele aus. Es ist also auch hier ein hohes Maß an sozialer Kompetenz gefragt. Die Kenntnis bewährter Gruppenarbeitsformen (z.B. die Moderationsmethode) sowie fundiertes projektmethodisches Wissen tragen zusätzlich zur Effektivität des Projektteams bei.

Teamfähigkeit erlernen

Mitgestaltung erleichtert Akzeptanz

Projektarbeit ermöglicht allein schon unter fachlichen Gesichtspunkten eine intensive Beteiligung der von den anstehenden Veränderungen betroffenen Bereiche. Dies kann aber auch für die Förderung einer breiten Akzeptanz genutzt werden. Die Mitgestaltung erleichtert den Zugang zu neuen Lösungen und ermöglicht die Berücksichtigung bereichsspezifischer Vorstellungen. Insbesondere bei schwierigen und vielleicht sogar „schmerzhaften" Vorhaben ist deshalb daran zu denken, Vertreter „kritischer" Bereiche oder „Meinungsbildner" bei der Teambildung zu berücksichtigen.

Produktivität durch konstruktive Zusammenarbeit

Projektarbeit bietet unter anderem den großen Vorteil, die Erfahrungen, das Knowhow und die Kreativität von Mitarbeitern der verschiedenen (betroffenen) Unternehmensbereiche zusammenführen und nutzen zu können. Das führt in zahlreichen Projekten dazu, dass unterschiedliche Ebenen der Unternehmenshierarchie in der Projektgruppe vertreten sind. Um eine reibungslose und konstruktive Zusammenarbeit sicherzustellen, ist auf die Gleichbehandlung aller Projektmitarbeiter sorgfältig zu achten. Erfolgreiche Teamarbeit findet auf „Augenhöhe" statt. Werden hierarchische Unterschiede betont, beeinträchtigt das mit großer Wahrscheinlichkeit die Produktivität der Gruppe und hemmt die Mitarbeiter.

Entscheidende Impulse müssen dabei von den in der Hierarchie höher platzierten Mitarbeitern ausgehen. Je nachdrücklicher und glaubwürdiger sie sich kooperativ verhalten, desto besser kann sich das gesamte, der Projektgruppe innewohnende Potenzial an Können, Erfahrungen und Ideen entfalten. Aber auch die übrigen Mitglieder des Projektteams können einen wesentlichen Beitrag für eine gute Zusammenarbeit leisten, indem sie sich von ihren „inneren Hierarchievorstellungen" befreien (siehe auch Kap. 7.9.4 Umgang mit Macht und Hierarchie), den Umgang miteinander klären und mutig und selbstbewusst auftreten.

4.8 Partizipation

Da – wie zuvor ausführlich beschrieben – Widerstand in der einen oder anderen Form geradezu als fester Bestandteil aller Veränderungsvorhaben und als einer der entscheidenden Erfolgsfaktoren der Projektarbeit gesehen werden muss, kommt der Partizipation eine überragende Bedeutung zu. „Lippenbekenntnisse" helfen jedoch nicht weiter. Es geht um wirkliche und ganz konkrete Beteiligungsmaßnahmen, die einen nicht unerheblichen Aufwand verursachen und daher budgetiert werden müssen.

4.8.1 Ziele und Voraussetzungen

Partizipation zielt darauf, „Betroffene zu Beteiligten zu machen". Dahinter steht die Erfahrung, dass Menschen sich leichter auf Veränderungen einlassen können, wenn sie in die Prozesse einbezogen werden. Die Beteiligung vermittelt das Gefühl, „wichtig" zu sein und ernst genommen zu werden. Hier wird erlebbar, dass das Unternehmen Wert auf die Meinung und Erfahrung des Einzelnen legt und sich um seine Sorgen, Bedenken und Erwartungen kümmert. Darin liegt auch eine Form der Anerkennung und Wertschätzung, die bekanntlich für die Motivation der Mitarbeiter besonders wichtig ist. Hinzu kommt noch ein ökonomischer Aspekt. Lösungen werden durch die Beteiligung der Betroffenen, die über ein riesiges Erfahrungspotenzial verfügen und „ihren Bereich" sehr genau kennen, praxisnäher und damit funktionsfähiger. Partizipation kann außerdem als fester und wesentlicher Bestandteil des Projektmarketings betrachtet werden, das ja Akzeptanz und Adaption der Veränderungsmaßnahmen unterstützen will und muss (siehe Kap. 4.8.3).

Betroffene beteiligen

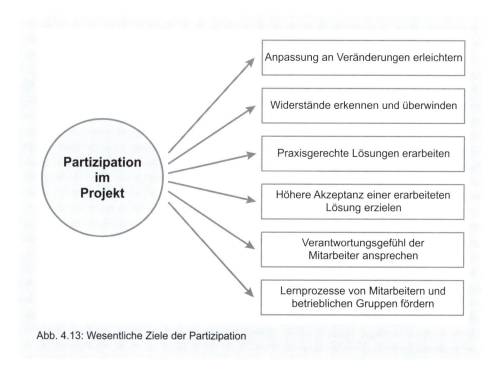

Abb. 4.13: Wesentliche Ziele der Partizipation

Um wirklich glaubwürdig und effektiv zu sein, ist Partizipation allerdings auf einige Voraussetzungen angewiesen:

Voraussetzungen für Partizipation

Eine kooperative Unternehmenskultur
Die Bereitschaft, Mitarbeiter zu beteiligen, darf sich nicht auf entsprechende Erklärungen beschränken. Sie muss vielmehr durch ein Klima der Zusammenarbeit gedeckt sein („Miteinander, nicht Gegeneinander").

Der Wille zur Mitsprache
Die Bereitschaft sich zu beteiligen, wird dann nicht besonders ausgeprägt sein, wenn in der Vergangenheit negative Erfahrungen („Scheinpartizipation") gemacht wurden oder das Engagement als unzumutbare zusätzliche Belastung eingeschätzt wird. Werbung um Vertrauen, Konsequenz in der Durchführung, das Aufzeigen der Mitgestaltungschancen und eine realistische Planung der Belastungen können hier Abhilfe schaffen.

Die Delegation von Kompetenz und Verantwortung
Partizipation ist mehr als schlichte Arbeitsteilung. Die Mitarbeiter brauchen einen klar definierten Handlungsspielraum, um motiviert ihre Potenziale einbringen zu können.

Projektfähige Mitarbeiter
Der Wille zur Mitarbeit allein genügt nicht. Die betroffenen Mitarbeiter benötigen Grundkenntnisse der wichtigsten Gruppenarbeitstechniken und ein Mindestmaß an Teamfähigkeit.

Klare Perspektiven
Insbesondere bei großen Projekten mit längeren Laufzeiten ist die Bereitschaft zur Mitarbeit (z.B. im Projektteam) nicht zuletzt davon abhängig, dass erkennbar ist, wie sich dieses Engagement auf die weitere persönliche Entwicklung auswirken kann. Befürchten Mitarbeiter einen „Karriereknick" (die Kollegen in der Linie ziehen vielleicht zwischenzeitlich an ihnen vorbei), werden sie sich kaum mit ganzer Kraft auf die Projektarbeit einlassen. Auch hier müssen klare Verhältnisse geschaffen werden (z.B. Projektarbeit als zweiter Weg zur beruflichen Entwicklung).

4.8.2 Formen der Partizipation

Verschiedene Formen der Partizipation, die sich in ihrer Intensität unterscheiden, sind möglich:

Information der Mitarbeiter
Nach Möglichkeit sollte noch vor dem Start des Projekts eine allgemeine Information (je nach Brisanz und Tragweite des Vorhabens per Rundschreiben, Mail, Aushang oder in einer Versammlung), in der Ausgangslage/Anlass und (grobe) Zielsetzung beschrieben werden, an alle Mitarbeiter gehen. Dies verhindert am besten die Entstehung von Gerüchten, die – sind sie erst einmal in Umlauf – die Projektarbeit erheblich erschweren und nur noch sehr mühsam (und bisweilen gar nicht) ausgeräumt werden können. Weitere Informationen müssen folgen, um für ausreichend Transparenz zu sorgen und die Betroffenen schon frühzeitig und damit ohne Zeitdruck an die Veränderungen heranzuführen. Das kann zu bestimmten Meilensteinen oder am Ende der jeweiligen Projektphasen geschehen. Darüber hinaus ist an eine „permanente" Berichterstattung (Projektmarketing!), z.B. in der Hauszeitschrift, zu denken.
Berücksichtigung der Meinungen der Mitarbeiter
Hier handelt es sich um eine deutlich intensivere Form der Partizipation. Die Mitarbeiter bekommen Gelegenheit, ihre Meinung zum Projekt allgemein, zu sich abzeichnenden Lösungswegen, vielleicht auch zu Detailfragen zu äußern. Damit kann der Mitarbeiter mehr oder weniger Einfluss auf die Ergebnisse der Projektarbeit nehmen. Lassen die Vorgaben und Bedingungen gar keine Einflussnahme der betroffenen Mitarbeiter zu, sollte das eindeutig kommuniziert werden, da sonst der Eindruck einer „Scheinpartizipation" entsteht. Die Betroffenen würden sich reingelegt fühlen, das Vertrauensverhältnis wäre nachhaltig beschädigt. Wege zur Meinungsbildung sind z.B. Interviews, Mitarbeiter-Befragungen oder Workshops.
Mitarbeit
Diese Form der Mitarbeiterbeteiligung ist charakteristisch für Projektarbeit, weil das Projektteam ja in aller Regel aus Mitarbeitern der betroffenen Bereiche zusammengesetzt wird. Wenn diese Mitarbeiter auch noch das Vertrauen ihrer Kollegen haben, können auch deren Vorstellungen und Ideen, aber auch eventuelle Bedenken einfließen. Das wird die Akzeptanz fördern und damit die Umsetzung der Projektergebnisse wesentlich erleichtern.
(Mit-)Entscheid
Noch intensiver und nachhaltiger gestaltet sich Partizipation, wenn die Betroffenen in Entscheidungsprozesse einbezogen werden. Das kann in Teilbereichen – z.B. bei der Auswahl von Lösungsalternativen oder bei Vorgehensfragen in Einzelfällen – durchaus möglich sein. Es liegt auf der Hand, dass Lösungen, die mitentschieden wurden, von Mitarbeitern eher und lieber mitgetragen werden. In jedem Fall sollten aber Entscheidungen transparent gemacht werden! Menschen wollen (und sollen) wissen, warum so oder so entschieden wurde.

Abb. 4.14: Formen der Partizipation

Rechtzeitige Information als Minimum!

Zusammenfassend lässt sich feststellen, dass mit steigender Intensität der Mitarbeiterbeteiligung die Chancen für eine erfolgreiche Realisierung von Veränderungsprozessen größer werden. Nicht immer wird das wünschenswerte Ausmaß der Beteiligung machbar sein (z.B. aus Zeitgründen oder aufgrund spezifischer Rahmenbedingungen), in jedem Fall sollte aber für eine ausreichende und vor allem rechtzeitige Information der betroffenen Mitarbeiter gesorgt werden, wobei nicht nur die positiven Auswirkungen zu kommunizieren sind. Mitarbeiter müssen wissen, was auf sie zukommt. Beschönigungen beschädigen nur die Vertrauensbasis.

Eine weitere Entscheidung betrifft die Auswahl: Soll es eine persönliche Mitwirkung aller Betroffenen geben oder ist auf Repräsentanten zurückzugreifen? Abhängig ist das in erster Linie von der Anzahl der Betroffenen. Zur aktiven Mitarbeit – z.B. im Projektteam – können im Allgemeinen nur einzelne Vertreter der betroffenen Bereiche herangezogen werden. Eine repräsentative Mitwirkung funktioniert aber nur dann recht gut, wenn die vom Management oder – besser – von den Betroffenen ausgewählten Mitarbeiter das Vertrauen und die Akzeptanz ihres Bereichs besitzen.

Schließlich ist noch zu klären, zu welchen Zeitpunkten die Partizipation erfolgen soll. Nicht in allen Phasen eines Projekts ist sie möglich oder sinnvoll. Denkbar ist z.B. folgender Weg:

Vor dem Projektstart	Berufung der Teammitglieder + Information über Anlass, Ausgangslage und Ziele an alle Mitarbeiter
Am Ende der Vorstudie	Präsentation der Lösungsvarianten inkl. Meinungsbildung – Bekanntgabe der Entscheidung
Hauptstudie/ Teilstudien	Informationen zu ausgewählten Meilensteinen
Vor der Einführung	Ausführliche Information an alle Mitarbeiter, z.B. in einer Versammlung + Einleitung eventueller Qualifikationsmaßnahmen – Begleitung in den ersten Monaten der neuen Situation (z.B. durch Prozessbegleiter)

Abb. 4.15: Zeitpunkt der Partizipation

Mit einer „Beteiligungsanalyse" lässt sich klären, welche Mitarbeitergruppen wie und in welchen Phasen in die Projektarbeit einbezogen werden sollen bzw. können. Als vorteilhaft erweist es sich, wenn Vertreter der Betroffenen an dieser Analyse mitwirken.

Formen der Partizipation | 165

Beteiligungsanalyse				
Mitarbeiter (Organisationseinheit)				
Projektphasen Art der Mitwirkung	Vorstudie	Hauptstudie	Teilstudien	usw.
1. Keine Beteiligung				
2. Informationen geben	P	P	P	
3. Meinungen berücksichtigen	P	R	R	
4. Mitarbeit	R	R	R	
5. (Mit-)Entscheidung	P/R	R	R	

Beteiligungswünsche

P = persönliche Mitwirkung; R = repräsentative Mitwirkung

Abb. 4.16: Beteiligungsanalyse (nach HANSEL/LOMNITZ, 2003)

Es kann vorkommen, dass manche Mitarbeiter kein Interesse an der Mitwirkung bei Veränderungsprozessen haben, obwohl sie stark betroffen sind. Sie trotzdem zu einer Beteiligung zu zwingen, ist in der Regel für beide Seiten frustrierend und führt nicht zum Erfolg. Sinnvollerweise sollte die Fachbereichsleitung nach den Ursachen des Desinteresses forschen.

Mitunter sind aber auch betroffene Abteilungen nicht bereit, wichtige Mitarbeiter für die Projektarbeit freizustellen – z.B. aufgrund mangelnden Interesses oder fehlender Ressourcen. Hier muss der Projektleiter (nötigenfalls mit Unterstützung des Auftraggebers)

- durch klare Darstellung der Ziele und mögliche Auswirkungen des geplanten Projekts aufzeigen, wie stark der Bereich vom Projekt betroffen ist.
- durch Information darüber, in welcher Form die betroffenen Mitarbeiter/Abteilungen einbezogen werden und sich beteiligen können, Interesse an der Mitarbeit wecken.
- mögliche Konsequenzen aufzeigen, die sich dadurch ergeben können, dass die Abteilung nicht mitarbeitet (z.B. einseitige Lösungen, die aus Unkenntnis nicht die Interessen und Bedürfnisse der Abteilung berücksichtigen).

Bereitschaft zur Partizipation herbeiführen

Sind fehlende Ressourcen die Ursache für mangelnde Beteiligung, müssen möglichst tragfähige Kompromisse gefunden werden, die eine angemessene Partizipation gewährleisten.

Personalvertretung im Projekt

Noch ein Wort zur Beteiligung der Personalvertretungen: Abgesehen von den zahlreichen gesetzlichen Bestimmungen, die die Einbeziehung der Personal- oder Betriebsräte im Detail regeln, empfiehlt sich generell eine frühzeitige und umfassende Information über alle wichtigen Aspekte der Projektarbeit. Zurückhaltung oder Unvollständigkeit würden vermutlich sehr schnell Vorbehalte entstehen lassen, die ein Projekt und insbesondere seine Realisierung behindern oder zumindest erschweren können. Eine direkte Beteiligung – etwa in Form einer Mitarbeit im Projektteam – verbietet sich jedoch in aller Regel, da dies mit der wichtigen Kontrollfunktion der Personalvertretung kollidiert. Beteiligung bedeutet hier also in erster Linie Information sowie die Möglichkeit der Personalvertretung, zu den Projekten Stellung zu nehmen und die Interessen der Mitarbeiter zur Geltung zu bringen.

4.8.3 Projektmarketing

Projektmarketing als Kernaufgabe des Projektleiters

Eine Schlüsselrolle für den Projekterfolg spielt das Projektmarketing. Dabei geht es darum, Idee, Anlass, Ziele, Lösungswege und Nutzen dem Projektumfeld aktiv darzustellen. Erfahrungsgemäß hängt der Erfolg eines Projekts nicht selten fast mehr vom Marketing als von der Qualität der Ergebnisse ab. Gute Arbeit mit hervorragenden Resultaten allein ist noch kein Garant dafür, dass die Lösungen tatsächlich auch gewünscht bzw. akzeptiert werden. Projektarbeit beinhaltet somit auch umfangreiche „verkäuferische" Aktivitäten, die frühzeitig geplant werden müssen, um über die erforderlichen Ressourcen verfügen zu können. Projektmarketing stellt eine Kernaufgabe des Projektleiters dar, der immer auch ein guter Verkäufer sein muss. Das ist bei schwierigen und heiklen Projekten sogar noch wichtiger als die inhaltlich/fachliche Qualifikation, die ja über entsprechende Experten aus den Fachbereichen in das Projekt eingebracht werden kann.

Definition

> Projektmarketing zielt auf das „aktive Verkaufen" eines Vorhabens von der Projektidee bis zur Realisierung und Einführung

Zwei Aspekte stehen dabei im Vordergrund:

1. Die Schaffung einer Projektidentität, um die Wahrnehmung und die Akzeptanz eines Projekts innerhalb des Unternehmens zu fördern
2. Medien- und Öffentlichkeitsarbeit, die je nach Projektinhalten innerhalb des Unternehmens und/oder in Richtung Unternehmensumwelt für eine positive Transparenz sorgen muss und damit den Boden für eine erfolgreiche Umsetzung bereitet.

Bereits im Vorfeld der Präsentation der Projektidee ist ein umfassendes Marketing unverzichtbar, um sowohl die Chancen für die Antragsbewilligung zu erhöhen als auch den Grundstein für eine ausreichende Unterstützung aller relevanten Interessengruppen (Stakeholder) zu legen. Wenn auch oftmals ein objektiver Bedarf vorliegt (z.B. kann eine Leistung einfacher und/oder kostengünstiger erbracht bzw. ein Prozess effektiver und kundenorientierter gestaltet werden), so ist dieser Sachverhalt nicht immer den Entscheidern oder den betroffenen Bereichen bewusst. Es muss also nicht nur der Bedarf ermittelt, sondern auch bei den Betroffenen das entsprechende Bedürfnis geweckt werden. Die „klassischen" Elemente des Projektmarketings (siehe nachstehende Übersicht) zielen somit auch darauf ab, den Willen zur Projektdurchführung zu fördern.

Chancen für die Bewilligung erhöhen

Bedarfs-ermittlung	Es muss herausgefunden werden, was aus der Sicht ■ des Unternehmens ■ der betroffenen Abteilungen ■ der betroffenen Mitarbeiter ■ sonstiger Stellen „objektiv" benötigt wird.
Bedürfnis-weckung	Soweit dieser Bedarf bei allen oder einzelnen Beteiligten noch nicht erkannt ist, muss ihnen der Nutzen bewusst gemacht werden, so dass auch sie den Wunsch (Bedürfnis) nach einer Lösung haben. Hier sind ganzheitlich sowohl die betroffenen Mitarbeiter als auch die Hierarchie und insbesondere mögliche Sponsoren einzubeziehen.
Bedürfnis-befriedigung	Im Projekt muss dann versucht werden, so weit wie möglich die geweckten Bedürfnisse zu befriedigen. Dabei kann es selbstverständlich nicht immer allen rechtgemacht werden. Eventuelle Ziel- (Bedürfnis-)konflikte sind zu ermitteln, in ihren Wirkungen abzuwägen und bei der Lösungsgestaltung zu berücksichtigen.
Bedürfnis-gerecht informieren und argumentieren	Während der gesamten Laufzeit eines Projekts und insbesondere in der Einführungsphase ist darauf zu achten, dass allen Bedürfnisträgern adressatengerecht bewusst gemacht wird, was sie aus dem Projekt zu erwarten haben – welche ihrer Bedürfnisse befriedigt werden – aber auch was und weshalb etwas nicht erreicht werden kann.

Abb. 4.17: Elemente des Projektmarketings

Projektstart

Wer immer ein Projekt beantragt bzw. erfolgreich realisieren will, braucht die eindeutige und spürbare Unterstützung

Unterstützung für das Projekt

- der Unternehmensleitung
  Die Gewinnung eines Sponsors, der mit dem Gewicht seiner Position und seines Ansehens hinter der Projektidee steht und offensiv für ihre Realisierung eintritt, erweist sich meist als äußerst hilfreich.

- des Middle-Managements
  Die Führungskräfte der betroffenen Mitarbeiter bzw. die Leiter der betroffenen Bereiche müssen als Fürsprecher gewonnen werden – schließlich stellen sie die Ressourcen zur Verfügung.

- der betroffenen Mitarbeiter
  Durch klare Information und das Aufzeigen des Nutzens für das Unternehmen sowie die Mitarbeiter selbst kann der notwendige Änderungswunsch entwickelt werden. Gegen den Widerstand der Betroffenen lässt sich kein Projekt erfolgreich durchführen (siehe auch Kap. 4.6).

Jede sich bietende Gelegenheit sollte genutzt werden, um z.B. in Einzelgesprächen mit den Führungskräften und Bereichsleitern, in Strategie-Sitzungen, Qualitätszirkeln und sonstigen KVP-Aktivitäten (Kontinuierlicher Verbesserungsprozess), sowie in Workshops oder Informationsveranstaltungen mit betroffenen Mitarbeitern für die Projektidee zu werben, Bedenken zu erkennen und offensiv anzusprechen sowie Bedürfnisse und Anregungen aufzunehmen. Die hierbei gewonnenen Erkenntnisse und Informationen können dann unmittelbar in die Planung einfließen.

Sofern weitere Interessengruppen (Stakeholder) – z.B. Kunden, Eigentümer, Partner, Anteilseigner u.a. – erkennbar betroffen sind, sind auch diese in die Marketingaktivitäten einzubeziehen.

Die nachfolgende Liste zeigt eine Auswahl möglicher Marketingmaßnahmen:

Marketingmaßnahmen

- Herausgabe einer eigenen Projektzeitschrift
- Pflegen einer eigenen Projekthomepage im Intranet
- Frage und Antwort im Chat zum Projekt
- Gestaltung einer eigenen Seite oder Ecke in der Hauszeitschrift
- Artikel in hausinternen Newslettern
- Ein einprägsamer und selbstsprechender Projektslogan
- Ein positiv besetzter und anschaulicher Projektname
- Ein eigenes Projektlogo
- Offene und zentral gelegene Projekträume

- „Kundenorientierung"
- Informationsmarkt
- Einmalige, aufsehenerregende Aktionen
- Informationen am schwarzen Brett über Projektmitarbeiter
- Workshops zur Meinungsbildung
- Informationspräsentationen, Diskussionsveranstaltungen
- Rundbriefe.

4.8.4 Kick-off-Meeting

Nachdem das Bewilligungsgremium den Projektantrag genehmigt hat, erfolgt nun der offizielle „Startschuss". Allen Beteiligten muss klar sein, dass es jetzt wirklich losgeht. Das bedeutet konkret: alle erforderlichen Ressourcen sind bereitzustellen.

Teilnehmer am Kick-off-Meeting sollten sein:

- die Auftraggeber/Entscheider
- Vorstand/Geschäftsleitung (falls nicht selbst Auftraggeber/Entscheider)
- der designierte Projektleiter (und sein Team)
- die leitenden Mitarbeiter aus den betroffenen Einheiten
- eventuelle Sponsoren/Promotoren.

Teilnehmer am Kick-off-Meeting

Folgende Ziele/Themen stehen im Vordergrund:

- Projektauftrag mit allen Beteiligten klären und abstimmen
- Rahmenbedingungen des Projekts klären
- Projektleiter mit der endgültigen Formulierung des Projektauftrags beauftragen (inkl. Termin zur Entscheidungsvorlage)
- Projektteammitglieder auswählen (inkl. Ressourcenzusage der betroffenen Bereichsleiter)
- die Bedeutung des Projekts für das Unternehmen bewusst machen
- eine breite Unterstützung durch Vorstand/Geschäftsleitung, Auftraggeber/Entscheider und die Leiter der betroffenen Bereiche sicherstellen
- „Motivationsschub".

Ziele des Kick-off-Meetings

Rollenverteilung beim Kick-off-Meeting

Auftraggeber/Entscheider bzw. Geschäftsleitung spielen hierbei eine besonders wichtige Rolle, denn vielfach entscheidet sich bereits zu diesem Zeitpunkt, ob das Projekt überhaupt Aussicht auf Erfolg hat. In ihrer Vorbereitung auf das Kick-off-Meeting sollten sie sich über die Projektziele klar werden und den für das Projekt notwendigen Handlungsspielraum abstecken.

Für die Leiter der betroffenen Bereiche besteht bereits bei dieser Sitzung die Möglichkeit, aktiv an der Gestaltung des Vorhabens mitzuwirken und ihre Interessen, Vorstellungen und eventuellen Bedenken einzubringen. Schließlich haben sie die erforderlichen personellen Kapazitäten bereitzustellen. Ihre Zustimmung stellt eine feste Zusage dar, auf die sich insbesondere der Projektleiter und sein Team verlassen können müssen. Auch weitere Formen der Beteiligung sowie die Informationswünsche sind abzuklären.

Hauptaufgabe des Projektleiters in diesem Meeting ist es, eindeutige und klare Aussagen bzw. Zusagen der Auftraggeber/Entscheider sowie der Leiter der betroffenen Bereiche zu erlangen. Zu klären sind u.a. die Projektorganisation, Termine, Budget und Ressourcen. Dies mag nicht immer ganz leicht sein und ein gewisses Maß an „Hartnäckigkeit" und Durchsetzungsvermögen erfordern. Der Projektleiter muss sich aber bewusst sein, dass er letztlich allein am Erfolg des Projekts gemessen wird. Ohne ausreichende Unterstützung aller Beteiligten ist der kaum zu erreichen.

4.9 Erste Projektsitzung

„Weichenstellung"

Zu Beginn von Projekten herrscht bei den Beteiligten oft eine mehr oder weniger ausgeprägte Unsicherheit, die zumeist aus Informationsdefiziten und/oder unklaren bzw. unterschiedlichen Vorstellungen von den Projektzielen und -inhalten resultiert. Für eine erfolgreiche und effiziente Zusammenarbeit ist eine rasche Klärung der verschiedenen Erwartungen, Interessen und eventuellen Befürchtungen unabdingbar. Die Projektteammitglieder müssen möglichst schnell miteinander in Kontakt kommen, ihre zum Teil vielleicht sehr unterschiedlichen Vorstellungen kennenlernen und angleichen und sich vor allem über die Projektziele verständigen. Die erste Projektsitzung bietet hierzu die erste (und beste) Möglichkeit („Weichenstellung"). Auf der Grundlage einer sorgfältigen Vorbereitung kann und muss der Projektleiter für die nötige Ziel- und Rollenklarheit sorgen und den Teambildungsprozess einleiten (detaillierte Ausführungen folgen in Kapitel 6.4 „Teamentwicklungsprozess"). Abbildung 4.18 zeigt die wichtigsten Klärungspunkte und gibt Hinweise für die Vorbereitung, Durchführung und Steuerung dieser entscheidenden Sitzung.

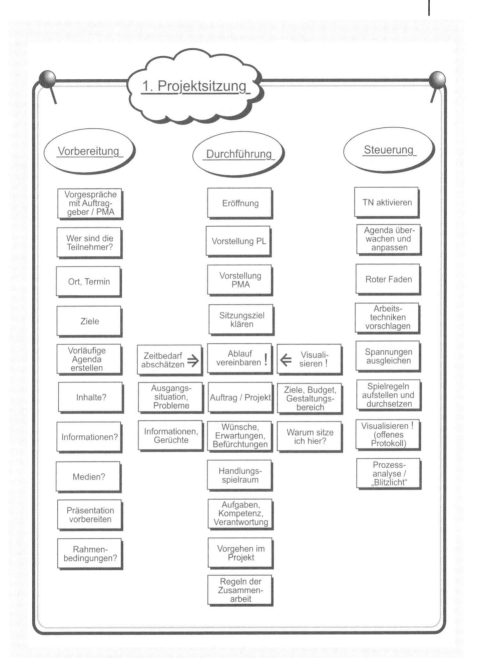

Abb. 4.18: Erste Projektsitzung – Vorbereitung, Durchführung, Steuerung

Schon mit der Eröffnung dieser Sitzung werden Weichen für die künftige Zusammenarbeit gestellt. Eine wirklich freundliche Begrüßung, die den Teilnehmern das Gefühl vermittelt, willkommen und wichtig zu sein („Ich freue mich, dass Sie heute hier sein können ...") und eine durchaus persönliche Vorstellung des Projektleiters helfen bereits, den „Bann" der Unsicherheit und des Abwartens zu durchbrechen. Wird die Bedeutung des Projekts bewusst gemacht und werden die Chancen und Gestaltungsmöglichkeiten des Projektteams aufgezeigt, trägt das ebenfalls zu einer positiven Einstimmung bei.

Eine ausführliche Vorstellungsrunde der Teammitglieder, die offen oder auch strukturiert ablaufen kann (z.B. „Wer bin ich? Wo komme ich her? Was will ich hier? Wie stelle ich mir die Zusammenarbeit vor? ..."), „erzwingt" schon zu einem frühen Zeitpunkt die aktive Beteiligung der Teilnehmer und wirkt so der anfänglichen Passivität entgegen. Dabei gibt der Projektleiter mit seiner Vorstellung Hinweise auf die gewünschte Intensität und Ausführlichkeit. Anschließend müssen die Sitzungsziele geklärt und die daraus resultierenden Teilschritte (TOPs) vereinbart werden. Es reicht nicht, den vorbereiteten Gruppenarbeitsplan nur vorzustellen, um dann danach zu verfahren. Erst wenn sichergestellt ist, dass alle Beteiligten sowohl die Ziele als auch die einzelnen Arbeitsschritte einheitlich verstehen und akzeptieren, ist eine effektive Sitzung zu erwarten. Der gut sichtbar aufgehängte Gruppenarbeitsplan (Agenda) dient dann als Wegweiser und Kontrollinstrument.

Gruppenarbeitsplan als Wegweiser und Kontrollinstrument

Ziele(e):	In Kontakt kommen, Projektauftrag und Zusammenarbeit klären, Projektteam arbeitsfähig machen	
Teilschritte:		von - bis
	1. Eröffnung	09.00 – 09.15
	2. Vorstellung Projektleiter und Projektmitarbeiter	09.15 – 09.45
	3. Klärung des Projektauftrags	09.45 – 10.30
	4. Wünsche, Erwartungen, Befürchtungen	10.30 – 11.00
	5. Rollenklärung (inkl. PL)	11.00 – 11.30
	6. Pause	11.30 – 11.45
	7. Aufgaben, Befugnisse, Kompetenzen	11.45 – 12.15
	8. Regeln der Zusammenarbeit	12.15 – 12.30
	9. Weiteres Vorgehen	12.30 – 12.45
	10. Termine	12.45 – 13.00
	11. Prozessanalyse	13.00 – 13.15
Reserve:	20'	

Abb. 4.19: Beispiel für einen Gruppenarbeitsplan (1. Projektsitzung)

Für die Zusammenarbeit ist es wichtig, möglichst früh Wünsche und Erwartungen, aber auch eventuelle Befürchtungen zu artikulieren. Manches kann der Projektleiter sofort klären bzw. ausräumen oder korrigieren, anderes muss erst noch recherchiert, auf jeden Fall aber im Auge behalten werden. Solche Punkte sind unbedingt in einem (offenen) Protokoll festzuhalten. Die Teammitglieder müssen erleben können, dass ihre Gedanken und Anliegen ernst genommen und beachtet werden.

Absprachen, Aufgaben, Termine und Regelungen sind ebenfalls zu visualisieren. Um die Verteilung von Aufgaben klar und verbindlich zu gestalten, empfiehlt sich die Dokumentation in einer Tabelle, die z.B. auf einer Metaplanwand vorbereitet ist.

Nr.	Aufgabe	Wer	Bis wann

Abb. 4.20: Tabelle „Aufgaben"

Regeln der Zusammenarbeit werden am besten auf einem Flipchartbogen notiert, der in jeder Sitzung, gut sichtbar platziert, als Orientierungshilfe für den Umgang miteinander dienen kann. Bei der Zusammenstellung solcher „Spielregeln" sollten zunächst die Teammitglieder ihre Vorstellungen äußern können. Die Sammlung kann im Verlauf der Projektarbeit bei konkreten Anlässen (z.B. sich wiederholende Unpünktlichkeit) erweitert werden. Hier drückt sich auch ein Grundsatz der Teamarbeit aus, der für die erfolgreiche Bearbeitung von Projekten besonders wichtig ist: Die Teammitglieder verfügen über individuelle Potenziale an Erfahrungen, Kreativität und Ideenreichtum. Und diese Potenziale gilt es zu erschließen und zusammenzuführen. Das gelingt aber nur, wenn der Projektleiter das zulässt, seinen Teammitgliedern etwas zutraut und sich selbst mehr als Lenker (Moderator) des Teamarbeitsprozesses versteht.

Regeln der Zusammenarbeit gemeinsam entwickeln

Noch ein Tipp zum Protokoll: In der Praxis hat sich die offene Protokollführung bewährt. Alle für die Teamarbeit relevanten Aspekte – insbesondere die Agenda, Regelungen, Termine, (Zwischen-)Ergebnisse, offene Fragen, Aufgaben – werden vom Moderator (Projektleiter) in Abstimmung mit allen Beteiligten visualisiert (z. B. auf Flipchart oder Metaplanwand) und sichtbar gehalten. Das offene Protokoll ermöglicht so eine optimale Orientierung und vermeidet Unstimmigkeiten und Missverständnisse, wie sie bei der herkömmlichen Protokollführung nicht selten (im Nachhinein) auftreten. Als Fotoprotokoll steht

Offene Protokollführung

es zudem allen Teammitgliedern unmittelbar zur Verfügung. Ein eventuell erforderliches Ergebnisprotokoll (für einen festgelegten Verteiler) kann ohne Mühe daraus abgeleitet werden.

Fragen und Aufgaben zur Wiederholung:

1. Wie können aktiv Projektideen im Unternehmen gefördert werden?
2. Welche Inhalte sollte ein Projektauftrag haben und worauf ist bei deren Abstimmung zu achten?
3. Was sind Unterschiede und Gemeinsamkeiten von Projektumfeld und Stakeholder-Analyse?
4. Wie kann man Stakeholder klassifizieren und welche Handlungskonsequenzen leiten sich daraus ab?
5. Wie äußern sich Widerstände gegenüber Projekten und was können deren Ursachen sein?
6. Was soll mit Projektmarketing erreicht werden? Zeigen Sie einige Maßnahmen des Projektmarketings auf. Beschreiben Sie aus Ihrer Projekterfahrung gute und schlechte Beispiele von Projektmarketing.
7. Was sind die Ziele eines Kick-off-Meetings?
8. Welche Regelungen zur Zusammenarbeit sollten in einer ersten Projektsitzung festgelegt werden?
9. Welche Funktion hat ein Projektauftrag für den Projektleiter?

5 Projektplanung

5.1 Grundlagen der Planung

Die Begriffe Planung und Projekt gehörten schon immer eng zusammen. So bedeutet „Pro" nach vorne und „jekt" werfen, also den Blick nach vorne werfen. Dies entspricht der wohlbekannten Definition von Planung:

Planung ist das gedankliche Vorwegnehmen zukünftigen, zielgerichteten Handelns. *Definition*

Durch Planung erstellt der Projektleiter ein mentales Modell dessen, was vor ihm liegt, einen Plan. Dieser ist wie eine Straßenkarte, die zur Orientierung benutzt wird. Danach kann der Projektleiter navigieren und den Fortschritt messen. Damit ist der Plan auch ein Element der Führung, um Aufgaben koordinieren und delegieren zu können. Er gibt den Projektmitarbeitern Anknüpfungspunkte und Sicherheit. Deshalb sollte der Projektleiter jede Gelegenheit nutzen, das Team im Detail mit dem Plan vertraut zu machen oder noch besser an der Planung zu beteiligen.

Der Projektleiter sollte sich trotz innerer Widerstände hierfür ausreichend Zeit nehmen,

denn die Planung kann	der Zeiteinsatz lohnt, obwohl er
■ die Effizienz des Handelns erhöhen ■ die Komplexität reduzieren ■ Transparenz schaffen ■ Risiken/Chancen aufzeigen ■ den Zeitdruck bei Entscheidungen reduzieren ■ eine Vernetzung ermöglichen ■ Abweichungen erst erkennbar machen.	■ vom Handeln abhält ■ Zeit kostet ■ die Flexibilität einschränkt ■ weniger Kreativität zulässt ■ gegebenenfalls zu umfangreich wird.

Nutzen der Planung

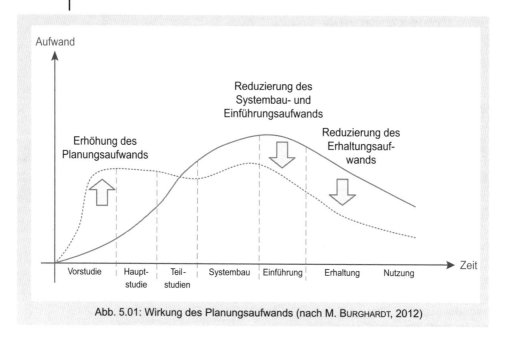

Abb. 5.01: Wirkung des Planungsaufwands (nach M. Burghardt, 2012)

Nach einer ersten Planung wird der Plan auf Papier oder mit Projektmanagement-Software festgehalten und vielleicht als Tapete (Format DIN A0) im Zimmer des Projektleiters aufgehängt. Damit scheint er oft seinen Zweck erfüllt zu haben, denn er wird kaum mehr wahrgenommen, nicht mehr aktualisiert und verliert seinen Wert. Der Projektleiter sollte daher mit ihm arbeiten und ihn lebendig halten. Denn:

> „Ein Plan ist nichts, Planung ist alles."
> Dwight D. Eisenhower

Der geeignete Detaillierungsgrad für die Planung wird vor allem durch die Komplexität, den Umfang und den Zeitrahmen des Projekts bestimmt. Hier gilt: So viel wie nötig, nicht so viel wie möglich. Das Ziel muss sein, eine praktikable, übersichtliche und wirtschaftliche Projektabwicklung zu gewährleisten.

Eine zu grobe Planung birgt die Gefahr, dass Einzelheiten des Projekts nicht mehr festgelegt werden. Bei der Projektdurchführung können dann beträchtliche Koordinations-, Abstimmungs- und Kontrollprobleme auftreten. Eine zu detaillierte Planung erhöht den Kontroll- und Anpassungsaufwand und senkt die Flexibilität.

Es ist unmöglich und unsinnig, beim Projektbeginn die Planung bis zum Abschluss des Vorhabens im Detail vorzunehmen. Zum einen steigt die für Projekte charakteristische Unsicherheit überproportional, je mehr der Realisierungszeitpunkt vom Planungszeitpunkt entfernt ist, zum anderen schränkt eine zu detaillierte Planung die gerade mit der Projektform beabsichtigte flexible und ganzheitliche Arbeitsweise ein.

In der Praxis hat sich die rollierende Korridorplanung bewährt:

- für das Gesamtprojekt wird ein grober Plankorridor festgelegt
- die anstehende Phase wird detailliert geplant
- Erkenntnisse aus der Realisierung einer Phase fließen in die Detailplanung der nächsten Phase und in die grobe Planung des restlichen Projektverlaufs ein.

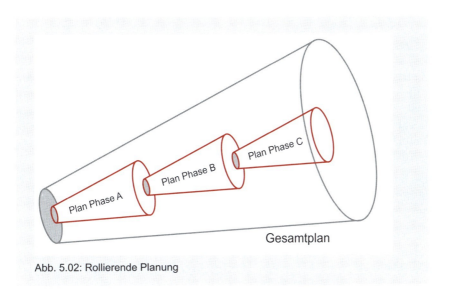

Abb. 5.02: Rollierende Planung

Mit der rollierenden Korridorplanung wird erreicht, dass

- das Projekt nicht grundsätzlich die falsche Richtung einschlägt
- situationsbezogene Arbeitsweisen für den Projektmitarbeiter ad hoc möglich sind
- der Planungsaufwand vertretbar und realistisch bleibt
- ein Projektabbruch in einem frühen Stadium des Projekts ohne „Gesichtsverlust" möglich ist.

Nutzen der rollierenden Planung

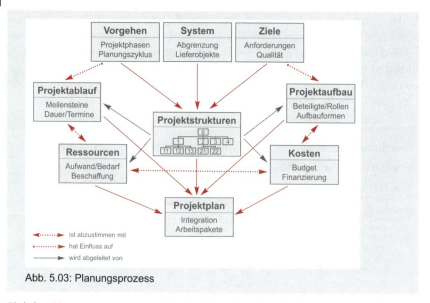

Abb. 5.03: Planungsprozess

Vom Auftrag zum Basisplan

Ziel des Planungsprozesses ist, den Projektauftrag in konkrete delegierbare Arbeitspakete zu zerlegen, die, ohne den Zusammenhang zu verlieren, rationell, zielgerichtet, möglichst parallel, mit klaren Abhängigkeiten, einzeln oder im Team erledigt und überwacht werden können. Es werden thematische Teilpläne erstellt, die gegeneinander und gegenüber dem Projektauftrag abzustimmen sind. Dies ist eine anspruchsvolle Aufgabe.

Der integrierte, abgestimmte, oft freizugebende Projektplan wird vom PMBOK® als Projektmanagementplan bezeichnet. Er ist Basis für den Ausführungsprozess und dient in der Diagnose und Steuerung als Vergleich.

Der Projektstrukturplan gliedert hierarchisch alles, was im Projekt zu tun ist

Im Zentrum des Planungsprozesses stehen die verschiedensten Projektstrukturen. Sie bilden ein standardisiertes Vorgehen ab, beinhalten die Gliederung der Lieferobjekte und beschreiben Beziehungen und Hierarchien zwischen den angestrebten Zielen und Anforderungen. Die daraus abgeleitete hierarchische Zerlegung der Projektaufgaben ist der Projektstrukturplan. Er besteht meist aus Phasen, Teilprojekten, Teilaufgaben, Arbeitspaketen und einzelnen Aktivitäten, die mit einer eindeutigen Identifizierung erlauben, die jeweilige Gliederungsebene zu erkennen. In dieser sogenannten Codierung können weitere Zuordnungs- und Sortiermerkmale enthalten sein wie etwa Buchungskonten der Kosten.

Planung zwischen Terminen, Ressourcen und Projektaufgaben abstimmen

Aus dem gewählten Vorgehen ergeben sich auch erste Meilensteine für den Projektablauf. Mit der geschätzten Dauer der Aufgaben und Arbeitspakete und deren logischer Reihenfolge lassen sich Anfangs- und Endtermine, mögliche Puffer und der kritische Weg errechnen. Ob die Termine plausibel sind und die gesetzten Meilensteine gehalten werden können, kann allerdings erst nach Abstimmung mit der Ressourcenplanung beantwortet werden.

Für jede Aufgabe aus dem Projektstrukturplan wird abgeleitet, welche Ressourcen (Personal, Sachmittel) mit welcher Leistungsfähigkeit benötigt werden. Die Aufwandsschätzung der Arbeitspakete ergibt den Ressourcenbedarf. Aufgrund der internen Kapazitäten und deren Verfügbarkeit kann eine Beschaffung von externen Ressourcen, aber auch eine Anpassung von Terminen nötig werden.

Der Verbrauch und die Nutzung von Ressourcen verursachen Kosten, die im Projektverlauf zu decken sind. Hierfür sind Budgets bereitzustellen, die bei manchen Projektarten eine gesonderte Finanzierung benötigen.

Die Aufgaben aus dem Projektstrukturplan werden von den Beteiligten im Projekt erledigt. In welcher Rolle mit welchen Befugnissen und Verantwortlichkeiten sie die Aufgaben erledigen, regelt der Projektaufbau. Der Einfluss der Projektbeteiligten hängt von ihren Zielen als Stakeholder des Projekts ab und davon, inwieweit sie Budgets bereitstellen oder finanzieren.

Nach der ersten Zuordnung werden die Konsequenzen deutlich, denn die Planungsinhalte sind stark voneinander abhängig. Deshalb schließt sich immer ein Abstimmungs- und Integrationsprozess an.

Integration und Abstimmung der Teilpläne

5.2 Vorgehen

Kompetenzelemente der ICB 3.0	Kapitel und PM-Prozesse des PMBOK®
1.11 Projektphasen, Ablauf und Termine	2.1 Projektlebenszyklus

Ziele dieses Kapitels – Was können Sie erwarten?

Sie kennen

- die Unterschiede zwischen einem phasenorientierten und iterativen Vorgehen im Projekt
- die Prinzipien des agilen Projektmanagements
- die Merkmale phasenorientierter Vorgehensmodelle.

Sie können

- ein für Ihr Projekt geeignetes Vorgehen ableiten
- Varianten zum Standardvorgehen einsetzen
- Projektphasen definieren und gegeneinander abgrenzen.

5.2.1 Prinzipien und Klassifizierung von Vorgehensmodellen

Ein Vorgehensmodell fasst die Erfahrungen vieler gleichartiger Projekte sozusagen als „gesunden Menschenverstand" zusammen. Es ist ein Vorgehensleitfaden für die Um- oder Neugestaltung von Systemen und soll die Projektleiter bei der Planung unterstützen.

Typische Abschnitte im Verlauf eines Projekts

Jedes Vorgehensmodell besteht aus groben Abschnitten, den Projektphasen und sich ständig wiederholenden Schrittmustern für die Veränderung von Systemen, die als Iterationen oder Zyklen bezeichnet werden.

In der Praxis gibt es eine Reihe von Vorgehensmodellen, die sich aus den Besonderheiten bestimmter Projektarten herausgebildet haben. Auch wenn die Bezeichnungen der Phasen und Teilschritte oft sehr unterschiedlich sind, so verfolgen alle Modelle folgende Prinzipien:

Vorgehensprinzipien

- vor der Lösung die Ziele
- von der Breite in die Tiefe
- vom Groben zum Detail
- vor dem Detail die verbindliche Entscheidung
- zur Entscheidung „echte" Varianten anbieten
- Abweichungen vom Standard nur in begründeten Ausnahmefällen.

Der letzte Punkt dieser Prinzipien wird besonders spürbar, wenn das Vorgehen sehr ausführlich in vielen detaillierten Einzelschritten und Regeln beschrieben ist. Agile Methoden lassen hierbei ein sehr hohes Maß an Flexibilität zu, andere wie etwa das V-Modell verlangen, um eine hohe Ergebnisqualität zu erzielen, konsequent das Vorgehen einzuhalten. Dies gilt natürlich auch für branchenbezogene Standards wie etwa bei der Entwicklung von Medikamenten in der pharmazeutischen Industrie.

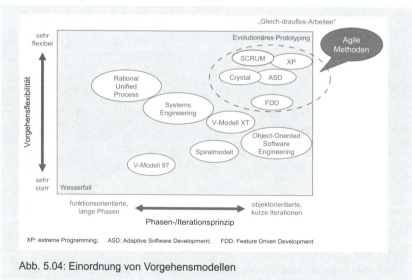

Abb. 5.04: Einordnung von Vorgehensmodellen

Außerdem ist nach dem Umfang der vorgesehenen Veränderung zwischen empirischem und konzeptionellem Vorgehen zu unterscheiden.

Beim empirischen Vorgehen orientiert man sich am Ist-Zustand und versucht als Politik der kleinen Schritte, ihn punktuell zu verbessern. Das Vorgehen erfordert meist eine detaillierte Erhebung und Analyse. Daraus ergeben sich viele Einzelvorschläge, die dann schrittweise umgesetzt werden. Man erzielt zwar mit weniger Widerstand bei den Betroffenen sehr schnell Ergebnisse, nutzt allerdings nicht die Chance, deutliche Verbesserungen zu erzielen.

Beim konzeptionellen Vorgehen wird ein grundlegend neuer Ansatz verfolgt. Deshalb werden nur grobe Erhebungen und Analysen durchgeführt und der Schwerpunkt auf das Entwickeln, Bewerten und Erproben neuer Lösungen gelegt. Für die Projektplanung ergeben sich daraus unterschiedliche Aufwände für die jeweiligen Projektschritte.

5.2.2 Phasenorientiertes Vorgehen

Beim phasenorientierten Vorgehen bildet der Projektlebenszyklus den Rahmen für das Vorgehen. Er ist in Phasen unterteilt, die anhand von gleichartigen Prinzipien gebildet werden. Entlang des Projektlebenszyklus steigt meist der Ressourcenbedarf an, ehe er in der letzten Phase bei der Übergabe der Ergebnisse in die Stammorganisation wieder abnimmt.

Jede Phase endet mit einem Meilenstein zur Prüfung der Phasenergebnisse. Bei einem sequentiellen Projektverlauf hängt von der Erfüllung dieser sogenannten „Quality Gates" ab, ob mit der nächsten Phase begonnen werden kann, eine Wiederholung der Phase nötig wird oder sogar der Projektabbruch sinnvoll ist. Hierzu müssen für jede Phase Teilziele definiert und Leistungsbilder beschrieben sein. Die Phasen sind zeitlich begrenzt.

Lieferobjekte der Phasen werden abgenommen

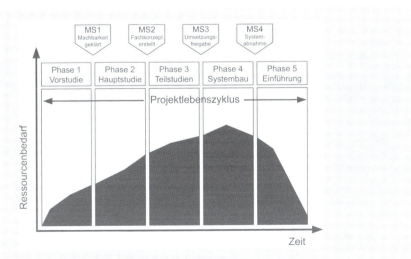

Abb. 5.05: Projektlebenszyklus

Beim Wasserfallmodell können die Phasen auch überlappend angeordnet sein. Ergebnisse vorhergehender Phasen finden dann sozusagen fließend Eingang in die folgenden Phasen.

Je nach Projekttyp ergeben sich in den Vorgehensmodellen andere Phaseneinteilungen und Verläufe sowie unterschiedliche Lieferobjekte am Ende der Phase, die Grundlage für das weitere Vorgehen in der anschließenden Phase sind. In manchen Branchen werden die Lieferobjekte auch als Ergebnistypen bezeichnet.

Investitionsprojekte	Produktentwicklungsprojekte		Organisationsprojekte	IT-Projekte
Anlagen/Bau	Einzelprodukt	Serienprodukt	Prozesse	Hard-/Software
Grundlagenermittlung	Ideenfindung	Problemanalyse	Vorstudie	Problemanalyse
	Konzeption			
Vorplanung	Durchführbarkeitsstudie	Konzeptfindung	Hauptstudie	Systemplanung
Entwurfsplanung		Produktdefinition	Teilstudien	Detailorganisation
Genehmigungsplanung	Entwurf	Produktentwicklung		
Ausführungsplanung	Ausführungsplanung			
Ausschreibung, Vergabe		Realisierung	Systembau	Implementierung
Bauausführung	Herstellung	Produktion		Test
	Auslieferung	Markteinführung	Einführung	Übergabe
			Abnahme	Abnahme
Objektverwaltung	Service, Betreuung	Außerdienststellung	Erhaltung	Wartung

Abb. 5.06: Projektphasen gängiger Vorgehensmodelle nach Projektarten

Um typische detaillierte Schritte eines phasenorientierten Vorgehens zu beschreiben, verwenden wir im Folgenden das allgemeine Vorgehensmodell nach Götz Schmidt, das für Organisationsprojekte typisch ist. Es lässt sich leicht auf andere Projekttypen übertragen und durch Varianten zum Standardvorgehen flexibel auf konkrete Projekte anwenden. Es ist damit sehr universell einsetzbar. Näheres findet man in Band 1 dieser Schriftenreihe.

Das Vorgehensmodell nach Götz Schmidt folgt dem Lebenszykluskonzept von Systemen. Es grenzt die Initiative (oder den Anstoß) zu Beginn und die nach Projektende beginnende Erhaltung von den eigentlichen Projektphasen ab. Es folgt dem Grundmuster Planen – Machen – Übergeben. Innerhalb der Planungsphasen (Vorstudie, Hauptstudie, Teilstudien) wiederholen sich systematisch oder auch für Einzelfragen sehr schnell immer wieder – wie in einem Zyklus – die gleichen Schritte. Diese Detailschritte pro Planungsphase bilden den Planungszyklus. Darin werden folgende vier Fragen zu jedem Systembestandteil beantwortet:

- Wohin sollen wir?
- Wo stehen wir?
- Welche Wege gibt es?
- Welcher ist der beste Weg?

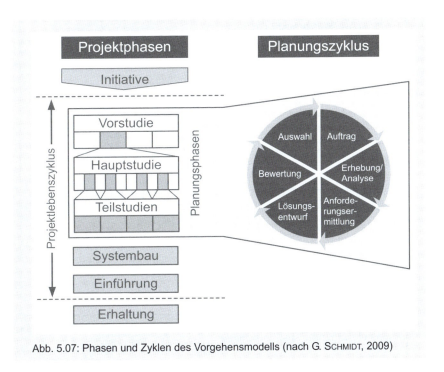

Abb. 5.07: Phasen und Zyklen des Vorgehensmodells (nach G. SCHMIDT, 2009)

Vorstudie: Welche machbare Richtung sollen wir einschlagen?	
■ Erhebung und Analyse von Informationen (grob) ■ Modellierung der Situation ■ Abgrenzung des Projekts ■ Interne Wirkzusammenhänge ■ Externe Beziehungen und Einflüsse ■ Ermittlung der wichtigsten Funktionen der Lösung ■ Erarbeitung prinzipieller Lösungsvarianten ■ Erarbeitung einer Empfehlung	■ Prüfung der Realisierbarkeit nach den Kriterien • machbar • durchsetzbar • sozial verträglich • wirtschaftlich sinnvoll ■ Verfeinerung der Ziele auf der Basis von Stärken/Schwächen, Chancen/Risiken ■ Bewertung ■ Kosten (einmalig und laufend) ■ Nutzen
Bewerteter machbarer Lösungsvorschlag zur Weiterverfolgung in der Hauptstudie	

Hauptstudie: Was braucht der Benutzer?	
■ Verfeinerung der modellierten Situation ■ Zerlegung des Projekts in abgrenzbare Teilprojekte ■ Weitergehende Erhebung und Analyse zu den abgegrenzten Teilprojekten und zu der Projektumwelt ■ Ermittlung der Schnittstellen zwischen abgegrenzten Teilprojekten und ihrer Projektumwelt ■ Ermittlung der fachlichen Benutzer-/Kundenanforderungen in dem größtmöglichen Detaillierungsgrad ■ Ermittlung von Prioritäten für Teilprojekte	■ Erarbeitung globaler Lösungsvarianten je abgegrenztem Teilprojekt ■ Verfeinerung der Ziele für die Teilprojekte ■ Prüfung der Verträglichkeit von Teillösungen ■ Bewertung der Lösungsvarianten (Kosten/Nutzen/Umsetzungszeit) ■ Empfehlungen für die Teilprojekte erarbeiten ■ Weitergehende Qualitätsanforderungen ermitteln ■ Sicherheitskonzept erarbeiten
Umfang ist geklärt, Auswirkungen auf Kosten und Zeit sind bekannt, Vorgehensvarianten sind entschieden	

Abb. 5.08 (Teil 1): Inhalte der Projektphasen

Teilstudien: Wie sieht die Lösung auf dem Papier bzw. im Modell aus?	
■ Bedarfsabhängig weitere Erhebung und Analyse von Informationen ■ Komplettierung der funktionalen Anforderungen und der Ziele ■ Ermittlung des quantitativen und qualitativen Bedarfs an Personal, Raum/Gebäuden und sonstigen Sachmitteln ■ Elementare Funktionen, Datenfluss und Schnittstellen beschreiben	■ Ausführungsreife Pläne erarbeiten ■ Pflichtenhefte und Anforderungskataloge aufstellen ■ Angebote einholen und bewerten ■ Testkonzept erstellen ■ Tests entwerfen und spezifizieren ■ Einführung planen
Abgeschlossene inhaltliche Planung bis zu ausführungsreifen Detailplänen	

Systembau: Wie baue ich die Komponenten funktionsfähig zusammen?	
■ Umsetzung der Pläne in arbeitsfähige Lösungen ■ Vergabe und Überwachung von Fremdaufträgen ■ Durchführung baulicher Maßnahmen ■ Installation notwendiger Sachmittel wie Hard- und Software ■ Erstellung von Programmen ■ Einstellung von Funktionsparametern und Tabellen	■ Testdaten bereitstellen ■ Komponenten zusammenführen ■ Test der Integration ■ Abschluss der Projektdokumentation ■ Fertigstellung der Benutzerdokumentation ■ Qualitätssicherung durchführen ■ Abschluss der Einführungsvorbereitung
Fertiggestelltes, betriebsbereites System	

Einführung: Wie mache ich Betroffene mit dem neuen System vertraut?	
■ Information der indirekt Betroffenen ■ Schulung der direkt Betroffenen ■ Unterstützung der Anwender in der Anfangsphase	■ Sicherstellung eines störungsfreien Funktionierens ■ Stabilisieren der Lösung ■ Entscheidung für die Nutzungsfreigabe vorbereiten
Nutzungsfreigabe	

Abb. 5.08 (Teil 2): Inhalte der Projektphasen

Projektplanung

Erhaltung: Wie halte ich die Nutzung aufrecht?	
■ Betriebs- und Nutzungsinformationen sammeln ■ Störungsdiagnose und Behebung von Störungen ■ Überprüfung, in welchem Ausmaß die Regelungen eingehalten werden bzw. die Lösung genutzt wird	■ Überprüfung auf sachgerechte Ergebnisse ■ Durchführung des Soll-Ist-Vergleichs: Sind die Ziele – in welchem Ausmaß – erreicht? ■ Ermittlung von Anpassungs-/Änderungsbedarf (ggf. Anstoß für ein neues Projekt)
Angepasstes, funktionsfähiges, genutztes System	

Abb. 5.08 (Teil 3): Inhalte der Projektphasen

Die Planungsphasen des Vorgehensmodells werden nach dem gleichen Grundmuster abgewickelt. Sie umfassen jeweils einen oder mehrere Planungszyklen. Innerhalb eines Zyklus sind auch Rücksprünge (Schleifen) möglich. Aus dem Planungszyklus lassen sich sehr leicht Teilaufgaben innerhalb von Arbeitspaketen ableiten.

Schritte	Zu erledigende Aufgaben	
Auftrag	Ziele, Restriktionen, Projektorganisation, Termine, Kosten (Budget) für diese Phase, evtl. auch eine Rentabilitätsrechnung (Business Case) für das Projekt definieren. Darüber muss am Ende der Phase eine neue Entscheidung eingeholt/gefällt werden.	*Wohin sollen wir?*
Erhebung/ Analyse	Sammeln von relevanten Informationen zum Ist-Zustand und über die zukünftige Entwicklung. Aufbereiten und Ordnen des erhobenen Materials.	*Wo stehen wir?*
Ermittlung der Anforderungen	Ermitteln der Anforderungen von Kunden, Betroffenen, Entscheidern und anderen Stakeholdern bei der Weiterentwicklung von Produkten und Systemen auf der Grundlage von Stärken, Schwächen, Chancen und Risiken. Überarbeiten des Anforderungs-/Zielkatalogs.	
Lösungsentwurf	Sammeln möglicher (Teil-)Lösungen. In einer Vorstudie sollte der Ist-Zustand („Null-Variante") grundsätzlich auch eine mögliche Lösung sein, es sei denn, eine Restriktion verhindert dies.	*Welche Wege gibt es?*

Abb. 5.09 (Teil 1): Schritte eines Planungszyklus

Schritte	Zu erledigende Aufgaben	
Bewertung	Die ermittelten, geprüften Varianten werden den Zielen gegenübergestellt, der Zielerreichungsgrad der Varianten etwa mit einer Nutzwertanalyse ermittelt. Es wird eine Empfehlung für Entscheider erarbeitet.	Welcher Weg ist der beste?
Auswahl	Die Entscheidungsberechtigten überprüfen den Vorschlag und legen verbindlich fest, wie weiter vorzugehen ist. Wenn das Projekt fortgeführt wird, erteilen sie einen Auftrag für das weitere Vorgehen.	

Abb. 5.09 (Teil 2): Schritte eines Planungszyklus

Varianten zum Standardvorgehen

Die Vielfalt der Projekte ist so groß, dass nur selten ein standardisiertes Vorgehensmodell eins zu eins befolgt werden kann. Manche Projekte sind zu klein, um alle Phasen gleichermaßen zu durchlaufen, im anderen Fall ist die Ungewissheit über die künftige Lösung sehr groß, dass sehr schnell greifbare Ergebnisse vorliegen müssen oder aufgrund gesetzlicher Vorgaben es kaum Handlungsalternativen gibt. Oft ist eine Variante zum Standardvorgehen bereits im Projektauftrag als Projektstrategie formuliert oder stellt sich im Rahmen der Vorstudie als eine grundsätzliche Lösungsalternative heraus. Spätestens nach Abschluss der Hauptstudie sollte über die Vorgehensvariante bezogen auf das Gesamtprojekt oder in Teilbereichen entschieden sein. Die Varianten werden hier nur im Überblick erläutert. Näheres wird im Band 1 dieser Reihe ausgeführt.

Es kann auf eine Vorstudie verzichtet werden, wenn

- die Lösung bereits feststeht, d.h. der Lenkungsausschuss ein bestimmtes Ergebnis haben will
- ein fertiges System nur noch eingeführt werden soll
- aufgrund der politischen und rechtlichen Situation keine echten Varianten vorhanden sind.

Wegfall/ Komprimierung von Projektphasen

Hauptstudie und Teilstudien können zusammengelegt werden, wenn

- sie innerhalb von weniger als 3 Monaten abzuwickeln sind
- keine eigenständigen Teilprojekte sinnvoll sind
- eine erneute Wirtschaftlichkeitsbetrachtung nicht verlangt wird.

Prototyping

Damit Produkte und Systeme nicht an den Wünschen der Kunden und Anwender vorbei entwickelt werden, empfiehlt sich das Konzept des Prototypings. Der Prototyp enthält entweder wesentliche Funktionen des zu entwickelnden Systems (funktionaler Prototyp) oder die wesentlichen Eigenschaften der Benutzeroberfläche (Prototyp der Benutzerschnittstelle). Der Prototyp wird schon in der Hauptstudie entwickelt, so dass sehr früh zu erkennen ist, wie später mit dem System gearbeitet wird. Änderungswünsche der Anwender können sehr früh eingebracht werden. Dadurch wird gewährleistet, dass das zu entwickelnde System in Einklang mit den Anforderungen der Anwender steht.

In der Regel ist das Prototyping jedoch nur für einzelne Teilprojekte anwendbar, nicht für das Gesamtprojekt.

Haubentaucher

Voraussetzung für die Anwendung des Haubentaucher-Modells ist, dass als Ergebnis der Vorstudie ein Rahmenkonzept vorliegt, das dann in der Hauptstudie in Teilprojekte zerlegt wird. Entweder von hier aus oder von der Plattform der Teilstudien aus werden die Teilprojekte gemäß Prioritätenrangfolge nacheinander ausführungsreif geplant, realisiert und eingeführt. Das Haubentaucher-Konzept ähnelt damit einem Puzzlespiel, bei dem die Randstücke zuerst gelegt wurden. Es wird zwar letztlich eine komplette Lösung angestrebt, aber sie wird Teilprojekt für Teilprojekt, Puzzleteil für Puzzleteil, vervollständigt.

Versionenkonzept

Soll bewusst nur eine Annäherung an eine fiktive Ideallösung entwickelt werden, die später vervollständigt und verbessert wird, so wird das Versionenkonzept angewendet. Dabei laufen Planungs- und Realisierungsphasen sequenziell, zunächst aber nur für einen eingeschränkten Lösungsumfang des Gesamtsystems ab, später für weiter zu entwickelnde Teilbereiche. Dieses Vorgehen wird empfohlen, wenn

- dringend und kurzfristig eine Problemlösung gesucht wird
- die Rahmenbedingungen des Projekts stark schwanken
- die Gesamtlösung mehrere Jahre dauern würde
- schnell Erfahrungen der Anwender in weitere Versionen einfließen sollen.

Für unser Projekt „Call-Center für den Kundenservice" empfiehlt sich ein phasenorientiertes Vorgehen, da viele verschiedene Themen und Bereiche der Organisation betroffen sind und koordiniert werden müssen. Gerade zu Beginn sind viele richtungsweisende Entscheidungen zu treffen, die zentralen Einfluss auf die Details sowie Budgets und übergreifenden Termine haben. Da es sich um den Aufbau eines neuen Call-Centers handelt und die Serviceprozesse sich damit grundlegend ändern, sollte ein konzeptioneller Ansatz gewählt werden.

In späteren Phasen kann in Teilbereichen wie etwa bei der Software-Anbindung zwischen CRM-System und der ACD-Anlage ein iteratives Vorgehen sinnvoll sein.

5.2.3 Iteratives Vorgehen in der Produktentwicklung

Bei der Entwicklung neuer Produkte – insbesondere Softwareprodukte – müssen sich die Projekte einer besonders hohen Dynamik mit einer Vielzahl von oft wechselnden Anforderungen stellen. Außerdem ist es meist sehr schwierig, die Kundenwünsche in entsprechende technische Anforderungen umzusetzen. Dabei kommt es immer wieder zu Missverständnissen, die bei einem phasenorientierten Vorgehen oft sehr spät oder zu spät geklärt werden. Auch reicht die Vorstellungskraft der Nutzer nicht aus, ihre Anforderungen präzise auszudrücken, ohne ein konkretes Produkt zu sehen.

Hohe Dynamik und wechselnde Anforderungen

Ein iteratives Vorgehen mit seinen bewussten, sehr häufigen Abstimmungen von Anforderungen und entwickelten Lösungen unter Einbeziehung von Kunden und Nutzern soll hierbei Abhilfe schaffen. Die bereitgestellten Standardschritte und Komponenten sind dabei sehr klein und können flexibel kombiniert werden. Dabei ist jedoch ein Regelwerk etwa für Qualitäts-, Projekt-, Konfigurations- und Änderungsmanagement konsequent einzuhalten, das das Zusammenspiel der allgemein beschriebenen Rollen regelt.

Einige besonders in der Informationstechnologie verbreitete Vorgehensweisen wie

- der Rational Unified Process (RUP),
- das V-Modell XT und
- das Spiralmodell

sollen hier kurz vorgestellt werden.

Rational Unified Process

Der Rational Unified Process ist ein objektorientiertes Vorgehensmodell, in das die jahrzehntelangen Erfahrungen eingeflossen sind, wie man Software am besten entwickelt. Hierzu zählen:

- Iterative Software-Entwicklung
- Anforderungsmanagement
- Verwendung komponentenbasierter Architekturen
- Visuelle Softwaremodellierung (Unified Modeling Language – UML)
- Verifizierte Softwarequalität
- Kontrolliertes Change Management.

190 | Projektplanung

Diese Best Practices werden durch geeignete Werkzeuge und Dienstleistungen unterstützt. Die Abbildung 5.10 zeigt, mit welchem Aufwand in den einzelnen Workflows während der Phasen Vorbereitung, Entwurf, Entwicklung und Übergang zu rechnen ist.

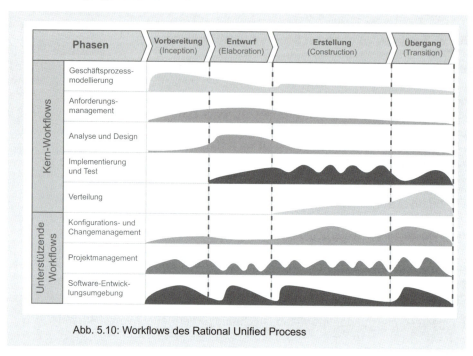

Abb. 5.10: Workflows des Rational Unified Process

Die Kern-Workflows eignen sich auch, um den Fortschritt eines Entwicklungsprojekts zu messen, in dem die Zahl der Anforderungen ermittelt wird, die gerade in einem Kern-Workflow bearbeitet werden. Siehe auch Kapitel 7.2.3 DART-Prinzip.

Jeder Workflow wird durch folgende Elemente beschrieben:

Elemente
- Worker
- Artefakte wie Dokumente, Modelle, Teile eines Modells
- Aktivitäten
- Phasen
- Konzepte
- Toolmentoren
- Richtlinien
- Templates
- Reports
- Checkpoints.

Dabei gelten Projektmanager, Architekt, Designer, Softwareentwickler, Geschäftsprozessanalytiker, Systemtester etc. als sogenannte Worker, deren Rollen beschrieben sind.

Die Meilensteine zwischen den Phasen sind ereignisorientiert formuliert.

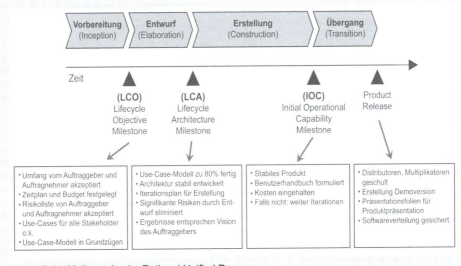

Abb. 5.11: Meilensteine im Rational Unified Process

V-Modell XT

Das V-Modell XT beschreibt detailliert, auf welche Art und Weise ein Projekt im öffentlichen Bereich durchzuführen ist. Es erlaubt je nach Projektart und Organisation ein maßgeschneidertes Vorgehen (eXtreme Tailoring), enthält einzelne Bausteine, unterscheidet Sichten von Auftraggeber, Auftragnehmer und Betreiber und stellt eine durchgängige Werkzeugunterstützung bereit.

Die Philosophie des V-Modells XT ist ein ziel- und ergebnisorientiertes Vorgehen.

- Produkte stehen im Mittelpunkt, sie sind die Projektergebnisse.
- Die grundlegende Struktur des Projektverlaufs wird durch die Projektdurchführungsstrategie und definierte Entscheidungspunkte bestimmt.
- Die Bearbeitung und Fertigstellung von Produkten bildet die Basis für die detaillierte Projektplanung und -steuerung.
- Für jedes Produkt ist eindeutig eine Rolle verantwortlich und im Projekt eine zugeordnete Person.
- Die Produktqualität wird durch definierte Anforderungen an das Produkt und explizite Abhängigkeiten zu anderen Produkten überprüfbar.

Das V-Modell XT ist aus modularen Vorgehensbausteinen aufgebaut, die

- Rollen, Produkte und Aktivitäten zusammenfassen,
- als Einheit eigenständig verwendet werden können und
- als Einheit unabhängig verändert und weiterentwickelt werden können.

Die Vorgehensbausteine sind in der „V-Welt" als Weltkarte angeordnet.

Ein Entscheidungspunkt im V-Modell XT definiert einen im Projektplan festzulegenden Zeitpunkt, an dem eine Fortschrittsentscheidung (go or no go) getroffen wird, zu der eine Menge von Produkten fertig sein müssen.

Die Entscheidungspunkte sind im V-Modell XT so angeordnet, dass das Ursprungsmodell in Form eines „V" sichtbar wird.

Iterationen von Komponenten bis zum vollständigen System

Innerhalb des „V" sind die bei IT-Projekten üblichen geplanten Iterationen vorgesehen, die sich für einzelne Systemelemente genauso ergeben können wie für Komponenten und vollständige Systeme. In welcher Form dies im konkreten Projekt geschieht, ist in der Projektdurchführungsstrategie zu formulieren.

Die Systementwicklung im V-Modell XT erfolgt durch Zerlegung und Spezifikation des Systems in Einheiten, die realisiert und in bestehende oder gerade fertiggestellte Einheiten integriert werden. Zwischen Spezifikation/Zerlegung und Realisierung/Integration werden die Ergebnisse gegebenenfalls durch Iterationen verifiziert und validiert.

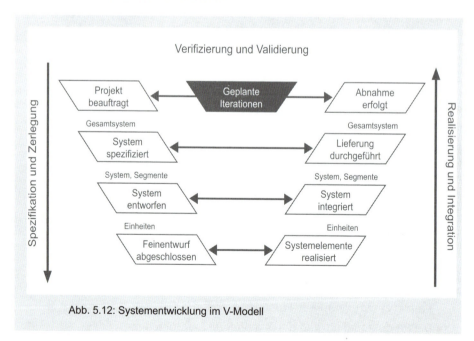

Abb. 5.12: Systementwicklung im V-Modell

Entscheidungspunkte	Produkte
Projekt beauftragt	▪ Anforderungen (Lastenheft)
System spezifiziert	▪ Gesamtsystemspezifikation (Pflichtenheft) ▪ Gefährdungs- und Sicherheitsanalyse
System entworfen	▪ Systemarchitektur ▪ Systemspezifikation ▪ Implementierungs-, Integrations- und Prüfkonzept
Feinentwurf abgeschlossen	▪ Hardware- und Software-Architektur ▪ Spezifikation externer Einheiten
Systemelemente realisiert	▪ Hardware- und Software-Einheiten ▪ Externe Einheiten
System integriert	▪ Logistische Unterstützungsdokumentation ▪ System mit allen Segmenten
Lieferung durchgeführt	▪ Lieferung mit Prüfprotokoll der Segmente
Abnahme erfolgt	▪ Prüfprotokoll der Lieferung ▪ Abnahmeerklärung

Produkte = Projektergebnisse = Lieferobjekte = Ergebnistypen

Abb. 5.13: Lieferobjekte eines Projekts nach V-Modell XT

Das Spiralmodell

In Projekten mit einem hohen Anpassungsbedarf an die Anforderungen von Benutzern, bei eher unklaren Vorgaben zu Beginn und bei innovativen, risikoreichen Fragestellungen zeigt das Spiralmodell seine Vorzüge. Ausgehend von den Basisanforderungen werden sehr schnell erste (Teil-)Lösungen entwickelt und durch Tests validiert. Die Teillösungen werden mit jedem Zyklus schrittweise erweitert, wobei die Ergänzungen immer wieder in die Gesamtlösung eingepasst werden.

Eine konsequente Qualitätssicherung anhand in jedem Durchgang präzisierter Anforderungen, ein gut funktionierendes Konfigurationsmanagement und in jedem Durchlauf aktualisiertes Risikomanagement sorgen für ein systematisches und stabiles Wachsen der Lösung bis zum insgesamt angestrebten Funktionsumfang. Für den Start ist es nötig, das System grob und sauber abzugrenzen in seine Bestandteile zu zerlegen. Dies ermöglicht eine erste Aufwandsschätzung. Um Überraschungen beim Budget zu vermeiden, müssen klare Ausstiegsbedingungen aus der Spirale festgelegt werden.

Systematisches und stabiles Wachsen der Lösung

Das Spiralmodell wird bei Software-Entwicklungsprojekten und technischen Innovationen mit bekannten Komponenten eingesetzt.

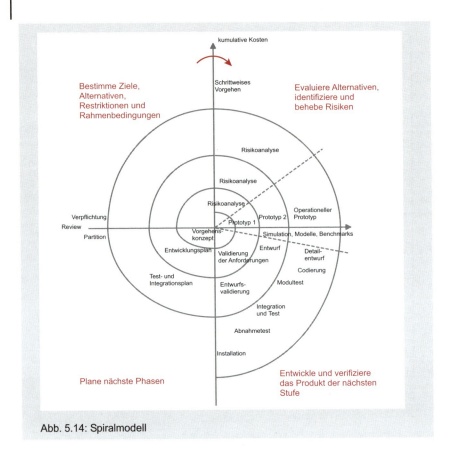

Abb. 5.14: Spiralmodell

5.2.4 Agiles Vorgehen

Instrumentarien der klassischen Vorgehensmodelle sind weniger wichtig

Während die meisten Vorgehensmodelle immer konkretere, detailliertere Methoden und professionellere Tools hervorbrachten, wird von den Vertretern des agilen Vorgehens das ganze Instrumentarium weniger gewichtet bis ganz in Frage gestellt und durch Kommunikation, eigenverantwortliches Handeln und gegenseitiges Vertrauen ersetzt.

Dadurch sollen die Entwicklungsprozesse flexibler, schlanker und damit beweglich und flink, also agil werden. Zwar ist gerade in der Software-Entwicklung ein regelrechter Hype bezüglich agilem Vorgehen ausgebrochen und jedes renommierte Softwareunternehmen befindet sich im Moment in einem Veränderungsprozess zur agilen Software-Entwicklung, so stammen viele der Prinzipien und Praktiken aus den Erkenntnissen der industriellen Fertigung der letzten Jahrzehnte. Es lohnt sich in jedem Fall zu prüfen, ob ein agiles Vorgehen bei einem Produktentwicklungsprojekt oder auch jeder anderen Projektart doch zumindest teilweise sinnvoll ist. Frühe Projektphasen und Innovationsprozesse sind sicherlich gute Möglichkeiten.

Das Fundament bildet das sogenannte Agile Manifest, in dem folgende Werte formuliert sind:

- Die beteiligten Individuen und deren Interaktionen sind wichtiger als Prozesse und Werkzeuge. Unbestreitbar sind definierte Entwicklungsprozesse und leistungsfähige Werkzeuge wichtig, allerdings sind die Qualifikation der Beteiligten und deren effiziente Kommunikation wichtiger.
- Funktionierende Lösungen (Programme) sind wichtiger als eine ausführliche Dokumentation. Eine transparente, leicht verständliche Dokumentation ist hilfreich, wichtiger aber ist ein gut funktionierendes, intuitiv zu nutzendes (und weiter zu entwickelndes) Produkt.
- Die permanente Zusammenarbeit mit den Kunden ist wichtiger als jeder Vertrag. Zwar sind Verträge oder klare Aufträge notwendig, die sich im Projektfortschritt normalerweise weiterentwickelnden Anforderungen der Kunden können jedoch nur durch einen ständigen Austausch ermittelt werden.
- Der Mut und die Offenheit für Änderungen sind wichtiger als das Befolgen eines festen Plans. Der Erkenntniszuwachs im Projektverlauf und die Veränderung der Bedingungen erfordern eine schnelle und unbürokratische Reaktion.

Es bedeutet nicht, dass Prozesse, Werkzeuge, Dokumentationen, Verträge und Pläne unwichtig sind!

Dies mutet revolutionär gegenüber den in diesem Buch dominierenden Methoden und Techniken an. Unser ganzheitlicher Projektmanagement-Ansatz, der je nach Projekt verlangt, die Schwerpunkte zwischen fachlichen, methodischen oder teamorientierten Verhaltensprinzipien zu verschieben, lässt auch dieses Vorgehen zu. Er ermuntert gerade dazu, pragmatisch sich den Erfordernissen des Projektumfelds und -inhalts im Interesse des Kunden anzupassen.

Agiles Vorgehen ist kein Widerspruch zum ganzheitlichen Projektmanagement

Methode	Autoren	Beschreibung
eXtreme Programming (XP)	Kent Beck Ward Cunningham Ron Jeffries	Bekannteste agile Methode, mit sehr kurzen Iterationen (2 Wo.). 12 genau definierte, vollständig einzuhaltende Arbeitspraktiken wie Programmieren in Paaren, testgetriebene Programmierung. Kundenvertreter im Team permanent anwesend
Scrum	Ken Schwaber Jeff Sutherland Mike Beedle	Annahme: Entwicklungsprozess nicht planbar, 30-tägige Sprints aus Anforderungsliste gebildet, Koordination über tägliche 15-minütige "Scrum-Meetings"

Abb. 5.15 (Teil 1): Agile Methoden im Überblick

Methode	Autoren	Beschreibung
Adaptive Software Development (ASD)	Jim Highsmith	Schnelle Änderungen sind erfolgsentscheidend. Änderungsfreundlicher, adaptiver Lebenszyklus. Zeitlich begrenzte Iterationen (Timeboxing). Feedback durch Kundenfokusgruppe. Lernspirale – Spekulieren – Zusammenarbeiten – Lernen
Crystal	Alistair Cockburn	Methodenfamilie, die abhängig von Teamgröße und Kritikalität agile und planungsgetriebene Prinzipien enthält. Menschliche Aspekte dominieren Methoden und Tools
Feature Driven Development (FDD)	Jeff De Luca Peter Coad	Architekturbasierter Prozess mit Feature-Liste als Basis. Sehr kurze Iterationen (1 bis 2 Wo. pro Feature incl. Integration). Schlüsselpersonen (Chefentwickler) wichtiger als Prozesse. Für größere Projekte mit mehreren Teilteams geeignet.

Abb. 5.15 (Teil 2): Agile Methoden im Überblick

Die Autoren der agilen Vorgehensmodelle haben die agilen Werte in verschiedenen Praktiken und Regeln umgesetzt, die alle das Ziel haben, die Beweglichkeit systematisch zu maximieren. Folgende Agile Praktiken sind zu erwähnen:

- Paarprogrammieren. Zwei Programmierer sitzen gleichzeitig vor einem Computer, einer bedient das System – codiert, der andere denkt mit und hat das „große Bild" im Kopf.
- Kollektives Eigentum. Die gesamte Projektgruppe steht in der Verantwortung für das Ergebnis, nur alle gemeinsam können erfolgreich sein, Einzelne besitzen kein Wissensmonopol.
- Permanente Integration. Einzelne Komponenten werden in kurzen Zeitabständen zu einem lauffähigen Gesamtsystem integriert, so dass ein täglicher Abruf der Projektergebnisse möglich wird – „daily delivery".
- Testorientierte Entwicklung. Die Testanforderungen werden vor der Entwicklung formuliert, so dass der Entwickler beim Programmieren bereits Testschritte berücksichtigt.
- Einbeziehen der Kunden. Die gewünschten Neuerungen werden gemeinsam mit dem Kunden durch sogenannte User Stories – Funktionsanforderungen an ein System aus der Sicht eines Anwenders oder Kunden – beschrieben, der Kunde erhält in regelmäßigen Zeitabständen einen lauffähigen Zwischenstand des Produkts.
- Refactoring. Da auch ein Code akzeptiert wird, der zu Beginn nicht perfekt ist, müssen laufend Verbesserungen der Architektur, des Designs und des Codes vorgenommen werden.

Im Folgenden soll Scrum stellvertretend für die anderen agilen Vorgehensweisen dargestellt werden, da es weit verbreitet ist und viele der agilen Praktiken darin integriert werden können.

Scrum

Scrum oder „Gedränge": Spielzug im Rugby, bei dem alle Spieler dicht beisammen stehen und mit den Füßen den Ball aus dem Gedränge herauskicken müssen, um ihn dann weiter mit den Händen spielen zu können. *Definition*

Scrum ist ein Framework mit klar definierten Rollen, zu erstellenden Artefakten, Prinzipien, festgelegten Meetings und besonderen Wertvorstellungen.

Im Zentrum des Geschehens stehen bei Scrum das Team, der Scrum-Master und der Product Owner. Diese drei Rollen bilden zusammen das sogenannte Scrum-Team und teilen sich damit die Managementverantwortung des Projekts. Es gibt keinen Projektleiter, der vorschreibt, wie zu arbeiten ist. Das Scrum-Team muss sich anhand der Rollenverteilung basierend auf gegenseitigem Respekt und Vertrauen selbst organisieren. Die Verantwortlichkeiten sind disjunkt und sorgen für eine ausgewogene Kräfteverteilung innerhalb des Scrum-Teams.

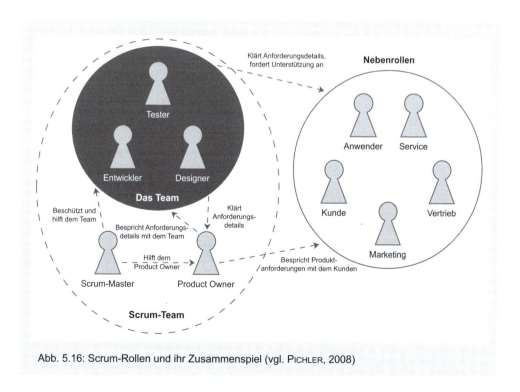

Abb. 5.16: Scrum-Rollen und ihr Zusammenspiel (vgl. PICHLER, 2008)

Neue Rollendefinition für Projektleiter erforderlich

Hierin liegt eine der größten Herausforderungen im Veränderungsprozess, wenn Organisationen sich entschließen, vom klassischen Projektmanagement zu agilen Methoden wie Scrum zu wechseln. Es erzwingt, die Zerrissenheit der Projektleiter als Vertreter der Stakeholderinteressen, Förderer der Zusammenarbeit im Team und Verantwortliche für Projektergebnisse zu klären.

Produktvision und das Wichtigste für den Kunden zuerst

Am Anfang des Projekts steht bei Scrum immer die Vision bzw. Idee für das zu entwickelnde Produkt, die der Product Owner zusammen mit dem Kunden (und allen anderen Stakeholdern) entwickelt hat. In ihr wird die Bedeutung und Wichtigkeit des Projekts anhand klar priorisierter Kundenbedürfnisse beschrieben, die das künftige Produkt erfüllen soll. Daraus ergibt sich ein stets nach Bedeutung geordneter Arbeitsvorrat, der sogenannte Product Backlog, der nach den in Form von sogenannten User Stories formulierten Anforderungen mit dem höchsten Geschäftswert abgearbeitet wird. So ist sichergestellt, dass immer das augenblicklich für den Kunden Wichtigste zu erst angepackt wird.

Der Product Backlog wird vom Team in Iterationsschleifen fester Länge (2 bis 4 Wochen), den sogenannten Sprints, eigenverantwortlich und selbstorganisiert abgearbeitet. Welche User Stories aus dem Product Backlog innerhalb eines Sprints fertiggestellt werden sollen, wird vom Product Owner im ersten Sprint Planning Meeting als Selected Backlog vorgestellt. Aufgrund des erwarteten Aufwands und der Leistungsfähigkeit des Teams wird vereinbart, was alles erledigt werden kann.

Was „fertiggestellt" für einen Sprint bedeutet, wird präzise in einer „Definition of done" definiert. Sie ist das Qualitäts- und Abnahmekriterium für jede User Story.

Daraus leitet das Team für jede User Story kleine Einzelschritte ab, die meist innerhalb von 2 bis 4 Stunden erledigt werden können. Alle User Stories mit Prioritäten und geschätzten Aufwandsgrößen und die zugehörigen kleinen Aufgaben werden an einem Board sichtbar gemacht. Jedes Teammitglied nimmt sich eigenverantwortlich Einzelschritte vor, die zu den User Stories mit dem größten Kundennutzen gehören. Es erfolgt keine Delegation durch einen Projektleiter (vom Push- zum Pull-Prinzip).

Daily Scrum Meetings zeigen Fortschritt und Hindernisse auf

Um den Fortschritt der Einzelschritte zu messen, wird täglich im Rahmen von 15-minütigen Treffen („Daily Scrums") aufgezeigt, wo der aktuelle Sprint steht. Hindernisse werden sofort besprochen, adressiert und durch Aufnahme von zusätzlichen Schritten gelöst. Diese kurzen Feedback-Schleifen sind das Herz von Scrum. Der Scrum-Master unterstützt das Team vor allem beim Ausräumen der Hindernisse und verteidigt Aufgaben, die zum Auflösen der Problembereiche beitragen, aber keinen Fortschritt in der Abarbeitung des Backlog gegenüber dem Product Owner bringen.

Am Ende eines Sprints kommt es zur Abnahme der entwickelten Ergebnisse durch den Product Owner, evtl. gemeinsam mit Vertretern des Kunden. Es werden ausschließlich für den Kunden nutzbare Ergebnisse (z.B. Software) gezeigt und beurteilt. Mit dem sogenannten Sprint Review lässt sich nun feststellen, wie viele Anforderungen mit welchem Kundennutzen und welchem geschätzten Aufwand mit der geforderten Qualität innerhalb eines Sprints fertiggestellt werden konnten.

Das Team beendet den Sprint mit einem Rückblick (Retrospektive) über den eigentlichen Entwicklungsprozess. Ergebnis ist eine Liste mit konkreten Verbesserungsvorschlägen, die vom Scrum-Master und vom Team umgesetzt werden. Damit wird ein kontinuierlicher Verbesserungsprozess implementiert, dessen Erfolg am Ende der nächsten Iteration zu einer höheren Entwicklungsgeschwindigkeit („Velocity") führt.

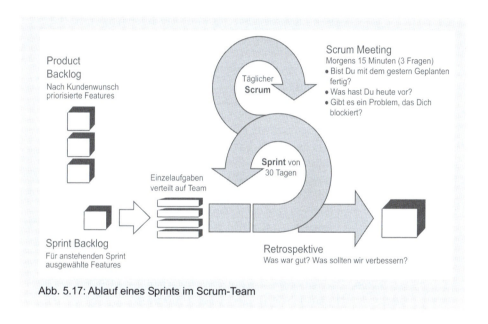

Abb. 5.17: Ablauf eines Sprints im Scrum-Team

Der Erfolg von Scrum in der Produktentwicklung ist eng mit dem Einhalten von Regeln verbunden, die auch im klassischen Projektmanagement sinnvoll sind.

Regeln für erfolgreiches agiles Vorgehen

Transparenz	Alle Ergebnisse, Hindernisse, Messgrößen des Fortschritts sind immer öffentlich zugänglich und für jeden nachvollziehbar dargestellt.
Beobachten und Anpassen	Der Prozess, die Zusammenarbeit des Teams und die produzierten Ergebnisse werden ständig beobachtet. Bei fehlgeschlagenen Tests, aber auch wenn der Kunde seine Prioritäten ändert, ist sofort zu reagieren.
Timeboxing	Scrum gesteht jeder Tätigkeit feste Zeiten zu. Das Ende ist nicht verschiebbar. Es wird nicht akzeptiert, wenn Deadlines immer wieder nach hinten geschoben werden. Schritte für unfertige Ergebnisse werden in das nächste Zeitfenster bewusst verschoben. Der Umfang wird dagegen angepasst.
Dinge abschließen	User Stories werden solange als offen betrachtet, bis ihr Abschlusskriterium erreicht ist. Bei allen Einzelschritten geht es auch für das Team darum, sie unverzüglich vollständig abzuschließen. Nur fertige Arbeiten werden gewertet. Dies sorgt automatisch dafür, dass die Zahl von Aufgaben in Arbeit klein ist. Man kann auch Grenzen für diese Zahl definieren, um bei Überschreiten sofort zu reagieren.
Maximierung von Geschäftswert	Das Scrum-Team beschäftigt sich von Anfang an mit Anforderungen und Aufgaben, die dem Kunden schnell einen maximalen Nutzen versprechen. Bei allen Entscheidungen ist dies zu berücksichtigen.

Grenzen des agilen Vorgehens

Bei Großprojekten mit verteilten Teams stoßen agile Vorgehensweisen heute noch sehr oft an ihre Grenzen. Auch die wirtschaftliche Integration einzelner Experten bleibt häufig eine ungelöste Frage. Oft ist es auch ein langer Weg, bis die für einen Erfolg notwendigen kulturellen Veränderungen in der Organisation implementiert sind. Auch der Veränderungsprozess verlangt, agil zu sein und sich immer wieder auf das gerade Wichtigste zu konzentrieren. Und dies ist, den Kundennutzen zu steigern.

Agile Methoden bei	Plangetriebene Methoden bei
■ kleinen Projekten mit bis zu 10 Personen ■ Systemen mit geringer Kritikalität ■ hoch dynamischem Umfeld mit Anforderungsänderungsraten von 30% im Monat und mehr ■ mehr als 30% hoch qualifizierten Kräften im Team ■ Unternehmenskultur mit vielen Freiräumen für Teammitglieder.	■ Großprojekten mit mehr als 100 beteiligten Personen ■ Systemen mit hoher Kritikalität ■ stabilen Rahmenbedingungen mit Anforderungsänderungsraten von weniger als 5% pro Monat ■ mehr als 30% niedrig qualifizierten, weniger als 20% hochqualifizierten Projektmitarbeitern ■ Unternehmenskultur mit klaren Regeln und Richtlinien.

Abb. 5.18: Agile und plangetriebene Methoden im Vergleich

Fragen und Aufgaben zur Wiederholung:

1. Was sind Projektphasen und zu welchem Zweck werden sie definiert?
2. Erläutern Sie empirisches und konzeptionelles Vorgehen in IT-Projekten.
3. Beschreiben Sie typische Ergebnistypen (Lieferobjekte) der Phasen eines Anwendungsentwicklungsprojekts.
4. Welche Vorgehensvarianten eines phasenorientierten Vorgehensmodells kennen Sie und wann sind diese sinnvoll?
5. Bei welchen Projekten können Sie sich vorstellen, agil vorzugehen?

5.3 System

Kompetenzelemente der ICB 3.0	Kapitel und PM-Prozesse des PMBOK®
1.04 Risiken und Chancen	5.1 Inhalts- u. Umfangsmanagement planen
1.10 Leistungsumfang u. Lieferobjekte	5.2 Anforderungen sammeln
3.07 System, Produkte, Technologie	5.3 Inhalt und Umfang definieren
	11.2 Risiken identifizieren

Ziele dieses Kapitels – Was können Sie erwarten?

Sie kennen

- die Elemente und Beziehungen eines Systems
- den Unterschied zwischen Restriktionen und Rahmenbedingungen
- die Grundbegriffe und Schritte des Systemdenkens.

Sie können

- ein Systemdiagramm darstellen und damit Inhalt und Umfang ableiten
- aus Rahmenbedingungen eines Projekts Chancen und Risiken ableiten
- das Systemdenken auf unterschiedliche Projektarten anwenden.

5.3.1 Systemdenken

Mit der Systemplanung wird in methodischen Schritten ein Bild der angefertigten und die Lösung beeinflussenden Faktoren bestimmt. Dabei wird der Projektgegenstand systematisch in Gestaltungsinhalte zerlegt und seine Beziehungen werden nach innen und außen aufgedeckt, um sagen zu können, was dazu gehört und was nicht, welche Komponenten geändert werden sollen und welche beibehalten werden können.

Hierzu wird der Projektgegenstand als System begriffen, um komplexe und vielschichtige Probleme leichter zu bearbeiten und möglichst redundanzfreie Ergebnisse zu erhalten. Das Systemdenken basiert auf dem Systems Engineering (der ingenieurmäßigen Gestaltung von Systemen).

Was im konkreten Projekt sinnvoll als Elemente und Beziehungen anzusehen ist, hängt sehr stark vom Fachgebiet, der Projektart und dem Detaillierungsgrad ab.

Ein System ist gegenüber seiner Umwelt abgegrenzt, besteht aus Teilen (Elemente), die bestimmte Merkmale (Dimensionen) aufweisen, die Elemente werden miteinander verknüpft (Beziehungen) und wirken aufeinander ein.

Definition

Projektart/ Fachgebiet	Elemente	Beziehungen
Organisationsprojekt	Bereiche, Abteilungen, Stellen, Aufgaben, Aufgabenträger, Sachmittel, Information	Prozesse, Weisungsbeziehungen, Über-/Unterordnungen, Kommunikationswege, Zuständigkeiten
Produktentwicklung	Produktteile, Stücklisten, Funktionsgruppen, Arbeits-Prüfpläne, Zeichnungen	Schraub-, Löt-, Spann-, Klebeverbindungen, Bearbeitungsprozesse, Montageschritte
IT-Projekt	Hardware-, Softwarekomponenten, Handbücher, Datenbankinhalte, Masken, Listen	Recoveryverfahren, Übertragungsprotokolle, Netzverbindungen, Eingabeprozeduren, Updateverfahren
Bauprojekt	Außenanlagen, Gebäude, Geschosse, Keller, Dach, Boden, Räume, Straße, Zufahrt	Heizungsanlage, Warmwasser-, Elektroversorgung, Beleuchtung, Verglasung, Telefonverbindungen

Abb. 5.19: Systemelemente/-beziehungen in verschiedenen Fachgebieten

Insgesamt hilft das Systemdenken den Fachexperten bei der gemeinsamen Modellbildung des Projektgegenstands, damit sie sich orientieren können: Wo befinden wir uns gerade, welche Komponente ist wovon abhängig, welche Änderung bewirkt was? Hierzu haben sich je Fachgebiet eigenständige Verfahren und Darstellungsformen herausgebildet, deren gemeinsames Gedankengut das Systemdenken ist.

An dieser Stelle soll lediglich ein kurzer Überblick gegeben werden. Einzelheiten und genauere Erläuterungen sind in Band 1 dieser Schriftenreihe zu finden.

Grund-begriffe			
		Ein System ist gegenüber der Umwelt abgegrenzt. Es besteht aus Teilen, die miteinander verknüpft sind und die aufeinander einwirken. Im Rahmen eines Projekts wird durch ein System der Bereich beschrieben, innerhalb dessen Änderungen erwünscht bzw. erlaubt sind.	System
		Als Umsystem wird ein Bereich verstanden, der außerhalb der Systemgrenzen liegt, zu dem das System aber Beziehungen aufweisen kann. Die Summe aller Umsysteme bildet die Systemumwelt.	Umsystem/ Systemumwelt
		Ein Element ist eine Einheit eines Systems, die nicht mehr unterteilt werden soll (weil es nichts „bringt", sich damit auseinanderzusetzen) oder die nicht mehr unterteilt werden kann, weil die größtmögliche Gliederungstiefe bereits erreicht ist.	Elemente
		Beziehungen sind Verbindungen (Relationen/Verknüpfungen) zwischen Elementen (z.B. Aufgabe-Aufgabenträger-Beziehung), aber auch zwischen Unter- und Teilsystemen sowie zwischen dem System und der Umwelt.	Beziehung
		Ein Untersystem ist eine kleinere, in sich abgrenzbare Einheit eines Systems, die bei einer hierarchischen Gliederung („von oben nach unten") entsteht. Eine solche Untergliederung ist über mehrere Stufen möglich (z.B. Unternehmung, Abteilung, Stelle, Aufgabe).	Untersystem
		Ein Teilsystem wird gebildet durch eine Menge von Elementen, die über eine bestimmte Beziehungsart miteinander verknüpft sind bzw. bestimmte Gemeinsamkeiten haben. Diese Beziehungen können das gesamte System überlagern (z.B. Informations- oder Kompetenzsystem).	Teilsystem

Abb. 5.20: Begriffe des Systemdenkens

			SEUSAG
S	Systemgrenzen bestimmen	Abgrenzen des Systems nach außen: Wie soll das zu untersuchende System von der Systemumwelt abgegrenzt werden? Welche Sachverhalte sollen/dürfen organisatorisch verändert werden, welche nicht? Damit wird der Gestaltungsbereich festgelegt.	
E	Einflussgrößen ermitteln	Einflussgrößen sind – aus der Sicht des Projekts – nicht lenkbare Faktoren. Es werden unterschieden: ■ Restriktionen, die durch Entscheider im Projekt als Vorgaben gesetzt sind oder extern erzwungen werden (Gesetze, Verträge etc.) ■ Rahmenbedingungen (haben Einfluss auf die Problemsituation, können im Rahmen des Projekts nicht verändert werden = Schlüsselgrößen, z.B. Verfügbarkeit von geeigneten Mitarbeitern, technisches Angebot im Markt etc.).	
U	Untersysteme/ Teilsysteme abgrenzen	Abgrenzen von Systemen nach innen: Welche kleineren Einheiten können abgegrenzt werden, um sie isoliert zu bearbeiten? Was gehört im Innern zum Projekt? Konzentration auf Unter- und Teilsysteme, die nacheinander geplant werden. Vorgehen: ■ Vom Groben ins Detail – stufenweise Bildung ■ Minimierung der Schnittstellen bei der Abgrenzung.	
S	Schnittstellen ermitteln	Welche Schnittstellen sind zwischen den Unter- bzw. Teilsystemen und zu den relevanten Umsystemen zu beachten ■ Integration der Untersysteme von außen nach innen (Schnittstellenmatrix) ■ Zur Integration von Teilsystemen: schichtenweise – iterative – Planung, keine Realisation vor Abschluss der Planung (ohne Kenntnis wichtiger Zusammenhänge von Teil- bzw. Untersystemen).	
A	Analysieren	Ermitteln und ordnen der Elemente, Beziehungen und Dimensionen in den Unter- und Teilsystemen.	
G	Gemeinsamkeiten ermitteln	Ermitteln gemeinsamer Elemente und Beziehungen in den abgegrenzten Unter- und Teilsystemen.	

Abb. 5.21: Schritte des Systemdenkens

5.3.2 System abgrenzen

Bei einem Organisationsprojekt werden zunächst die relevanten Organisationseinheiten, aber auch Interessengruppen (Stakeholder) als Komponenten oder Bestandteile des Systems ermittelt.

Kernfrage: Wer ist vom Projekt betroffen, daran beteiligt, hat Interessen?

Bei dem Projekt „Call-Center für den Kundenservice" könnten das sein:

Beispiel

#	Bereich	Rolle	
1	Kundenservice	Hauptbetroffene	Im Gestaltungsbereich (System)
2	Call-Center (neu)	wird neu gestaltet	
3	Vertrieb	Aufgabenverlagerung	
4	Verwaltung	Aufgabenverlagerung	
5	Informatik	zusätzliche Betreuungsaufgaben	
6	Betriebstechnik	zusätzliche Betreuungsaufgaben	
7	Organisation	nur Beteiligte	Umsystem
8	Produktentwicklung	stellt Anforderungen	
9	Marketing	Einfluss auf Außendarstellung	
10	Personalbereich	Beteiligte bei Personalauswahl	
11	Vorstand	Auftraggeber	
12	Personalvertretung	Zustimmung zu Arbeitszeitregelung	
13	Controlling	Steuerungsinformationen, Abrechnung	
14	Kunden	direkter Ansprechpartner	

Abb. 5.22: Systemabgrenzung „Call-Center für den Kundenservice"

Die Komponenten des Systems und Umsystems sind heute durch organisatorische Prozesse verbunden und/oder arbeiten bei übergreifenden Themen zusammen. Dies sind die Teilsysteme (siehe Abb. 5.20), aus denen sich mögliche Gestaltungsinhalte des Projekts ergeben. Damit nichts Wichtiges vergessen wird, sollten Fachexperten herangezogen, Gestaltungsinhalte ähnlicher abgeschlossener Projekte oder Checklisten benutzt werden.

System abgrenzen | 207

Kernfrage: Um welche Themen müssen wir uns kümmern?

Im aufgezeigten Beispiel könnten es folgende Gestaltungsinhalte sein:

Beispiel

1	Vermarktung
2	Aufgaben des Call-Centers
3	Aufbauorganisation
4	Einsatzstrategie des Call-Centers
5	Technik
6	Kommunikationsverhalten
7	Ablauforganisation/Prozesse
8	Personalfragen
9	Raumfragen
10	Servicequalität

Abb. 5.23: Gestaltungsinhalte „Call-Center für den Kundenservice"

Aus den Gestaltungsinhalten lassen sich nun die Lieferobjekte des Projekts ableiten. So sind die künftigen Aufgaben des Call-Centers mit einem Aufgabenkatalog (Lieferobjekt) zu beschreiben. Für das Thema Aufbauorganisation werden Stellenbeschreibungen und ein Organigramm erwartet.

Bezogen auf jeden Gestaltungsinhalt entstehen nun Beziehungen zwischen den Organisationseinheiten und Interessengruppen. Sie lassen sich in einem Systemdiagramm aufzeigen. Nach dieser Betrachtung kann dann endgültig die Systemgrenze festgelegt werden.

Zusammenhänge zwischen den Projektinhalten und Stakeholdern aufzeigen

Kernfrage: Welche Beziehungen werden durch die Gestaltungsinhalte zwischen den Organisationseinheiten, Interessengruppen, Beteiligten aufgebaut?

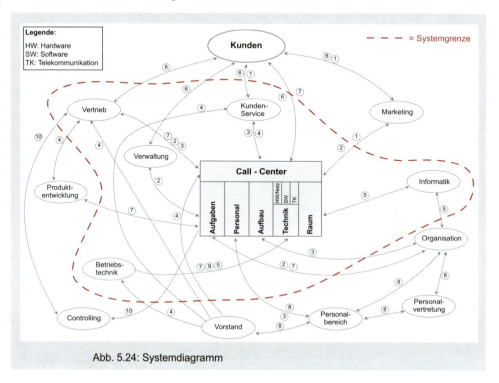

Abb. 5.24: Systemdiagramm

Die Nummerierung zeigt auf, welche Organisationseinheiten von den Gestaltungsinhalten berührt sind. Damit ist der erste Schritt des Systemdenkens vollzogen und das Projekt nach außen abgegrenzt.

5.3.3 Einflussgrößen ermitteln

Jedes System ist in eine Umgebung mit unterschiedlichsten Einflussfaktoren (rechtlich, ökonomisch, ökologisch, wissenschaftlich, technisch, kulturell und politisch) eingebettet, in der und mit der es lebt. Durch die Erfassung dieser Faktoren lässt sich ein vollständiges und abgerundetes Bild der Situation gewinnen, was besonders zu Beginn eines Projekts eine wichtige Rolle spielt. Später wird durch diese ganzheitliche Betrachtung die Gestaltung integrationsfähiger Lösungen gefördert sowie deren Einbettung in ihr Umfeld erleichtert.

Im Rahmen einer Einflussgrößenanalyse sind drei grundlegende Fragen zu beantworten:

- Welche Einflussgrößen wirken auf das Projekt ein?
- Welche Trends können für diese Einflussgrößen prognostiziert werden?
- Welche Auswirkungen auf das Projekt lassen sich daraus ableiten?

Um diese Schlüsselgrößen zu ermitteln, können folgende Arten von Restriktionen und Rahmenbedingungen hinterfragt werden:

Abb. 5.25: Mögliche Einflussgrößen

Restriktionen	Rahmenbedingungen
■ Keine Entlassungen	■ Kundenwachstum
■ Bestehende Dokumentationsstandards und Verfahren für Auftragsänderungen verwenden	■ Mitarbeiterstruktur der regionalen Büros
	■ Angebot an ACD-Anlagen
■ Keine Auflösung der Regionalbüros	■ Erreichbarkeit der Call-Center der Wettbewerber
■ Datenschutzbestimmungen einhalten	■ Raumangebot in den Regionalbüros
■ Vorhandene Räume müssen genutzt werden	

Einflussgrößen „Call-Center für den Kundenservice"

5.3.4 Chancen und Risiken ableiten

Restriktionen und Rahmenbedingungen können sowohl positive als auch negative Effekte für ein Projekt hervorrufen. Konkrete Ereignisse, abgeleitet aus den Restriktionen und bestimmten Rahmenbedingungen, erlauben, die Auswirkungen klarer zu beurteilen. Da sich die Rahmenbedingungen ständig verändern, können die Ereignisse nur mit einer gewissen Wahrscheinlichkeit eintreten. Diese Ereignisse werden im PMBOK® als Risiken bezeichnet.

Definition

Ein Risiko ist ein noch nicht eingetretenes Ereignis, das einen positiven (= Chance) oder einen negativen Einfluss (= Risiko) auf das Erreichen der Projektziele hat.

Aus Einflussgrößen ergeben sich Chancen und Risiken

In unserem Projekt „Call-Center für den Kundenservice" müssen die vorhandenen Räume genutzt werden (Restriktion). Nun könnten ein sehr starkes Kundenwachstum und das derzeit vorhandene Raumangebot (Rahmenbedingungen) dazu führen, dass die Raumkapazitäten für die notwendigen Mitarbeiter nicht ausreichen.

Auf der anderen Seite könnte die Erreichbarkeit der Call-Center der Wettbewerber (Rahmenbedingung) so unzureichend sein, dass sich aus der angestrebten Erreichbarkeit ein spürbarer Wettbewerbsvorteil ergäbe.

Das möglicherweise begrenzte Angebot an verfügbaren ACD-Anlagen (Automatic Call Distribution) könnte zu Lieferverzögerungen und einer Abhängigkeit von einem Lieferanten führen.

Die Vorgabe, keine Entlassungen vorzunehmen, reduziert die Eintrittswahrscheinlichkeit von Widerständen gegenüber dem Projekt.

Der Projektleiter sollte bei der Erarbeitung der Einflussgrößen die Gelegenheit nutzen, eine erste Liste möglicher Chancen und Risiken daraus abzuleiten. Dieses sogenannte Risikoregister wird im Rahmen des Risikomanagements systematisch beurteilt und überwacht. Es ist oft nach den auf Seite 209 genannten Arten von Rahmenbedingungen gegliedert. Die detaillierten Ausführungen befinden sich im Kapitel 7.6.

5.3.5 Lieferobjekte festlegen

Um Lieferobjekte für das Projekt festzulegen, kann der Projektgegenstand in kleinere Einheiten zerlegt oder auf konkrete Ergebnistypen der Vorgehensmodelle zurückgegriffen werden.

Die im Systemdiagramm dargestellten Organisationseinheiten (Untersysteme) wie etwa die Kunden können nach Kundengruppen unterteilt werden, für die das Projekt zum Beispiel spezifische Fragebögen zu entwickeln hat. Der

Vertriebsbereich wird in seine Abteilungen und Regionalbüros gegliedert, für die das Projekt Ansprechpartner für den Second-Level-Support zu definieren und im IT-System und der Telefonanlage einzurichten hat. Für das Call-Center selbst sind für die Aufbauorganisation die Zahl der neuen Stellen zu definieren, die zugehörigen Stellenbeschreibungen zu erstellen und mit geeigneten Befugnissen auszustatten.

<small>Systemdenken nutzen, um Lieferobjekte zu bestimmen</small>

Aus funktionaler Sicht (Teilsysteme) können die Prozesse des Call-Centers in eingehende (Inbound) Anrufe, aktive Telefonaktionen (Outbound) und die Messung der Reaktionszeiten unterteilt werden. Hierzu sind im Projekt ein Prozesskatalog, Prozessbeschreibungen und Arbeitsanweisungen und Schulungsunterlagen für die Einweisung der Mitarbeiter zu erstellen.

Am Ende stehen immer inhaltliche Strukturpläne, die eine hierarchische Zerlegung des Projektgegenstands vom Groben ins Detail zeigen und mit identifizierenden Schlüsseln versehen sind.

Projekt-inhalte	Hauptstudie	Teilstudien	Systembau	Einführung
Prozesse	Prozesskatalog mit Stärken und Schwächen	Beschreibungen der Soll-Prozesse	Arbeitsanweisungen	Schulungsunterlagen
Räume	Raumkonzept	CAD-Zeichnungen, 3D-Modell	Ergonomiemodell, Umbauaufträge, Möbel	Umzugsauftrag
Aufbauorganisation	Organigramme	Stellenbeschreibungen	Arbeitsverträge	Mitarbeitergespräche
Kommunikation	Kommunikationsplan, Fragebogen	Kommunikationsanweisungen	Serviceerprobung	Broschüren, Homepage
Personal	Personalkonzept	Anforderungsprofile	Assessment-Center	Betriebsvereinbarung
Technik	Lieferantenliste	Ausschreibung	Installationsprotokoll	Wartungsvertrag
Software	Anforderungskatalog	Screenshots, Systemspezifikation, Testkonzept, Testfälle	Installationsfreigabe	Anwenderdokumentation

Abb. 5.26: Lieferobjekte der Projektphasen

Fragen und Aufgaben zur Wiederholung:

1. Grenzen Sie den Projektinhalt eines Ihrer Projekte ab. Stellen Sie wichtige Schnittstellen und Elemente in einem Systemdiagramm dar.
2. Leiten Sie aus dem Projektumfeld Rahmenbedingungen für Ihr Projekt ab.
3. Was können typische Restriktionen sein, die den Handlungsspielraum des Projekts einschränken?
4. Formulieren Sie anhand der Einflussgrößen wie Restriktionen und Rahmenbedingungen typische Chancen und Risiken, die sich für das Projekt ergeben können.
5. Erstellen Sie eine Liste von Lieferobjekten Ihres Projekts. In welchen Projektphasen müssen diese vorliegen?

5.4 Ziele

Kompetenzelemente der ICB 3.0	Kapitel und PM-Prozesse des PMBOK®
1.03 Projektanforderungen und Ziele	5.1 Inhalts- u. Umfangsmanagement planen
1.05 Qualität	5.2 Anforderungen sammeln
2.08 Ergebnisorientierung	8.1 Qualitätsmanagement planen

Ziele dieses Kapitels – Was können Sie erwarten?

Sie kennen

- die Funktion von Zielen für die Projektarbeit
- die Prozesse des Qualitätsmanagements
- die KANO-Analyse für Anforderungen.

Sie können

- funktionale und nicht-funktionale Anforderungen unterscheiden
- nach SMART Ziele formulieren
- Ziele in Qualitätsmetriken umsetzen.

5.4.1 Bedeutung und Funktion

> „Der Mensch ist ein zielstrebiges Wesen, doch meist strebt er zu viel und zielt zu wenig."
> Mark Twain

Unter einem Ziel wird ein angestrebter Zustand, eine erwünschte Wirkung verstanden. Ziele beschreiben also künftige Ergebnisse, die durch bestimmte Maßnahmen oder Lösungen erreicht werden. Sie setzen den Qualitätsmaßstab für die Ergebnisse fest, indem sie erlauben, die Güte der Ergebnisse zu bestimmen.

Ziele bestimmen Qualitätsanspruch

Lösungen/Maßnahmen	Ergebnis/Ziele	
	Soll (angestrebter Zustand)	Wirkung
■ Einsatz von Workflow-Software ■ Optimierung der Prozesse im Kundenservice ■ Einführung eines Call-Centers ■ Teamentwicklung	■ Neues EDV-System ■ Optimierte Prozessorganisation im OHB veröffentlicht ■ Umgebautes Gebäude	■ Verringerung von Durchlaufzeiten ■ Senkung von Personalkosten ■ Transparente Organisation ■ Besseres Image
⇩	⇩	
Auf welchem Weg soll es erreicht werden?	Was soll erreicht werden?	

Über Ziele lassen sich auch die Interessen der verschiedenen Interessengruppen (Stakeholder) eines Projekts ausdrücken, um Lösungen zu suchen, die möglichst breit akzeptiert werden.

Nicht immer kann eindeutig unterschieden werden, ob ein Ziel oder eine Lösung vorliegt. Es gilt der Grundsatz, dass mit zunehmender Detaillierung – im Projektfortschritt – die Ziele immer lösungsnäher werden.

Ziele haben einen hohen Stellenwert für das Projektmanagement, denn sie haben folgenden Zweck:

Funktion von Zielen

Zwecksetzung	Beschreibung	Konsequenzen für das Projektmanagement
Koordination	Ziele fördern die Zusammenarbeit mehrerer Beteiligter an einem Projekt sowie zwischen Projekten.	Ableiten von Projektaufgaben, um zu zeigen, dass die Schritte zielführend sind.
Steuerung	Steuerung durch Entscheider wie auch die Steuerung durch den Projektleiter.	Die aktuellen Ziele bei Gesprächen mit Entscheidern als Argumentationshilfe benutzen.
Lösungssuche	Ziele stoßen die Suche nach Lösungen an (Value-Focused Thinking).	Ziele immer sichtbar machen. In kreativen Prozessen (z. B. Workshops) als Einführung bringen.
Entscheidung	Ziele sind Kriterien für die Eignung von Lösungen.	Ziele immer als Bewertungskriterien heranziehen (Nutzwertanalyse). Hierzu müssen Prioritäten in Form von Gewichten gesetzt und entschieden werden.
Messung	Ziele erlauben die Messung von Resultaten der Projektarbeit.	Ziele mit klaren Messkriterien versehen, operationalisieren. Durch Abnahmen und Reviews überprüfen, ob die bisher erreichten Ergebnisse den geforderten Ansprüchen genügen.
Motivation	Sind die Ziele bekannt und realistisch gesetzt, fördern sie die Leistungsbereitschaft.	Beim Operationalisieren sind Obergrenzen so festzulegen, dass sie für die Projektbeteiligten klar sind und innerhalb der gesetzten Fristen erreichbar scheinen.
Akzeptanz	Wird den Betroffenen und anderen Stakeholdern sichtbar, dass ihre Interessen in die Lösungsfindung einbezogen wurden, werden die Ergebnisse eher unterstützt und akzeptiert.	Projektteam an der Zielbildung beteiligen. Interessen aller Stakeholder sammeln.

Bedeutung und Funktion | 215

Obgleich Ziele für jedes Projekt erforderlich sind, ist das Fehlen von Zielen einer der häufigsten Mängel im Projekt. Außerdem sind die Ziele den Beteiligten zu Beginn oft nur unzureichend bekannt. Ursachen hierfür sind:

- Der Auftraggeber ist sich über seine Ziele selbst nicht im Klaren – Störgefühl löst Projekt aus
- Der Auftraggeber nennt seine Ziele nicht, weil er sie für selbstverständlich hält
- Eine gewünschte Lösung steht im Vordergrund, über Ziele wurde noch nicht nachgedacht
- Unterschiedliche Gruppen verfolgen mit einem Projekt bestimmte Ziele, die im Projekt nicht alle bekannt sind
- Klare Aussagen zu Zielen werden bewusst vermieden, um später nicht anhand der Ziele gemessen werden zu können
- Auftraggeber oder Entscheider sind sich über die zu verfolgenden Ziele nicht einig und vermeiden deswegen klare Aussagen.

Ursachen für das Fehlen von Zielen

Ziele, die sich auf die Lösung selbst beziehen, werden als Systemziele bezeichnet (z.B. ausbaufähige ACD-Anlage). Daneben gibt es sogenannte Vorgehensziele, die den Projektverlauf betreffen (z.B. schneller Abschluss des Projekts). Zwischen den verschiedenen Zielkategorien können Zielkonflikte auftreten. Ein klassischer Zielkonflikt – ein sogenanntes „magisches Dreieck" – besteht zwischen den Zielen:

- Kurze Durchlaufzeit des Projekts (Vorgehensziel)
- Niedrige Kosten des Systems
- Hohe Qualität der Lösung.

Sollen Ziele wirksam sein, sind einige Forderungen zu erfüllen.

Strategieverträglich	Ziele eines Projekts dürfen der Strategie nicht widersprechen.
Lösungsneutral	Ziele müssen unterschiedliche Lösungen erlauben, sie dürfen nicht von vornherein nur eine Lösung zulassen.
Redundanzfrei	Gleiche Ziele – auch wenn sie sich hinter unterschiedlichen Begriffen verbergen – sollen nicht mehrfach genannt werden.
Widerspruchsfrei	Ziele dürfen sich nicht widersprechen, Zielkonkurrenzen sind nicht zu vermeiden.

Anforderungen an Ziele

Anforderungen an Ziele

Realisierbar	Ziele müssen im Rahmen des konkreten Projekts beeinflusst werden können (realistisch sein oder innerhalb des Gestaltungsbereichs des Projekts liegen).
Beurteilbar	Ziele sind so zu formulieren, dass im Vorhinein bekannt ist, anhand welcher Kriterien die Zielerreichung gemessen werden soll.
Vollständig	Alle Ziele mit einem nennenswerten Gewicht sollten bekannt sein (zu viele Ziele können allerdings den Blick für das Wesentliche verstellen).
Relevant	Ziele müssen für die jeweilige Fragestellung maßgeschneidert sein. So ist das Ziel „hohes Image" für das Teilprojekt Technik anders zu verstehen als für das Teilprojekt Vermarktung.
Aktuell	Ziele sind permanent an die aktuelle Situation und den aktuellen Wissensstand anzupassen.

Die Anforderungen an Ziele werden in der Literatur auch mit dem Akronym SMART verbunden. Es steht für

- Spezifisch   – Specific/Simple
- Messbar   – Measurable
- Akzeptiert   – Achievable/Attainable
- Realistisch – Realistic/Relevant
- Terminiert   – Timeable/Timely.

5.4.2 Zielbildungsprozess

Die Schritte des Zielbildungsprozesses stellen sicher, dass diese Forderungen erfüllt werden können. Erste Zielvorstellungen sind im Auftrag bereits enthalten. Hierbei handelt es sich jedoch oft lediglich um die Sicht des Auftraggebers und eventuell aus der Strategie abgeleitete Ziele. Aus den Missständen in der Ausgangslage lassen sich ebenfalls erste Ziele ableiten.

Eine systematische Erläuterung der Schritte wird im Band 1 dieser Schriftenreihe gegeben.

Zielbildungsprozess	
1.	**Zielideen suchen** ■ Brainstorming im Team ■ Stakeholder-Analyse
2.	**Zielstruktur aufbauen** ■ Lösungen durch Ziele ersetzen ■ Restriktionen von (Kann-)Zielen trennen ■ Projektbezug prüfen ■ Zielwidersprüche beseitigen, entscheiden ■ Redundanzen eliminieren ■ Geeignete Oberbegriffe suchen ■ Vervollständigen unter Oberbegriffen
3.	Ziele operationalisieren
4.	Ziele gewichten
5.	Zielkatalog entscheiden
6.	Ziele dokumentieren
7.	Ziele verfolgen und anpassen

Abb. 5.27: Schritte zur Zielformulierung

5.4.3 Ziele formulieren, strukturieren und gewichten

Die in Kapitel 4.5 dargestellten Erkenntnisse aus der Stakeholder-Analyse (Abb. 4.09) bilden eine gute Grundlage für das Formulieren, Strukturieren und Gewichten von Zielen. Die je Stakeholder aufgeführten Interessen können dann in einem Bottom-up-Ansatz auf ihre Verträglichkeit geprüft und anschließend geordnet werden.

Andererseits besteht auch die Möglichkeit, ausgehend vom Gesamtziel, wie etwa die Einführung eines modernen Call-Centers, über einen Top-down-Ansatz den Zielkatalog systematisch zu vervollständigen. Dies hat den Vorteil, dass eher globale Ziele des Auftraggebers durch Ergänzungen konkretisiert werden.

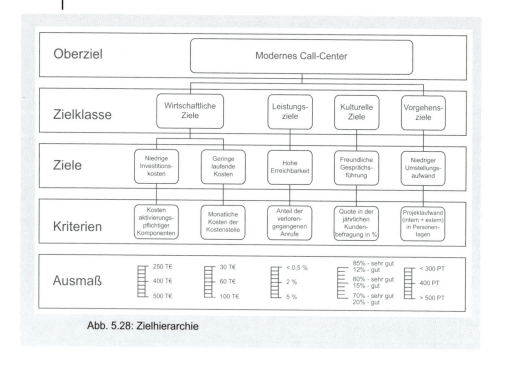

Abb. 5.28: Zielhierarchie

Für ein klares Verständnis der einzelnen Ziele sollten sie bei der Vergabe der Prioritäten qualifiziert und mit einer Metrik versehen werden. Im Beispielprojekt „Call-Center für den Kundenservice" könnte diese für das Ziel „hohe Erreichbarkeit" folgendermaßen definiert sein:

Operationalisierte Ziele

- Messkriterium: Anzahl der verloren gegangenen Anrufe
- Skalierung: noch akzeptabel: 10 pro Tag;
  normal: 5 pro Tag;
  ideal: weniger als 2 pro Tag
- Messzeitpunkt: Pilotphase von 2 Wochen
- Messobjekt: Installierte ACD-Anlage im Probebetrieb
- Messverfahren: Automatisches Protokoll der Anlage, Test mit 10 verschiedenen Einstellungsparametern, Statistische Auswertung.

Die Zielgewichtung kann in einem ersten Schritt durch Abfrage der Prioritäten einzelner Ziele pro Stakeholder vorbereitet werden. Die Zahl der priorisierten Ziele pro Stakeholder ist zu begrenzen, zum Beispiel auf maximal 5. Steht ein Stakeholder einem Ziel indifferent bzw. gleichgültig gegenüber, so wird kein Eintrag vorgenommen. Widerspricht ein Ziel dem Interesse des Stakeholders, so sollte dies deutlich gekennzeichnet sein.

Ziele formulieren, strukturieren und gewichten | 219

Ziele 5 – sehr wichtig 4 – wichtig 3 – bedeutsam 2 – weniger wichtig 1 – auch noch relevant ⚡ – widersprüchlich für Stakeholder	Großkunden	Vorstand (Sponsor)	Leiter Kundenservice (Auftraggeber)	IT/Organisation	Mitarbeiter im Call-Center	Betriebsrat	...	...	Gesamtpriorität (Rang)
1.1 Niedrige Investitionskosten		4		1					10
1.2 Geringe laufende Kosten		1	5	2					3
1.3 Geringer Wartungsaufwand				5	2				7
2.1 Hohe Erreichbarkeit	5	5	3						1
2.2 Flexible, zukunftsorientierte Lösung		3		4					6
2.3 Kompetente Hilfen	3								13
2.4 Schnelle Problemlösung	2		2						12
3.1 Abwechslungsreiche attraktive Aufgaben					5	2			8
3.2 Klare Zuständigkeiten	1		1		1	3			9
3.3 Freundliche Gesprächsführung	4					1			11
3.4 Weniger Überstunden					3	5			5
4.1 Niedriger Umstellungsaufwand			2	4	3				2
4.2 Umfassende Einbeziehung der Betroffenen					1				4

Die Rangfolge wird aus der Summe der Bedeutungen über alle Stakeholder ermittelt. Wertungen von Auftraggeber und Kunden können höher gewichtet werden. (Einige Wertungen nicht sichtbar!)

Abb. 5.29: Stakeholder-Zielmatrix

Die Gesamtpriorität der Ziele ergibt sich oft erst durch einen längeren Abstimmungs- und Verhandlungsprozess der verschiedenen Stakeholder. Dieser sollte einem reinen mathematischen Verfahren vorgezogen werden. Die Abbildung 5.29 ist eine wichtige Grundlage für die laufende Kommunikation gegenüber den Stakeholdern, um auf deren bedeutsame Interessen eingehen zu können und unterstützt viele Entscheidungsprozesse im Projekt.

Die Ergebnisse lassen sich dann zum Beispiel in eine gewichtete Zielstruktur übertragen. Zur Ableitung von Prioritäten und Gewichten von Zielen gibt es eine Reihe weiterer Methoden und Techniken wie etwa

- die stufenweise Gewichtung
- die Präferenzmatrix
- das Abstandsverfahren und
- der analytische Hierarchiebildungsprozess (analytical hierarchy process).

Näheres zu diesen Verfahren im Band 1 dieser Schriftenreihe.

Ziele	Gewicht	Maßstab
1 Wirtschaftlichkeitsziele	30%	
1.1 Niedrige Investitionskosten	15%	Ausgabewirksame Kosten des Projekts für aktivierungspflichtige Komponenten wie ACD-Anlage, Baumaßnahmen, Hardware
1.2 Geringe laufende Kosten	10%	Kosten der Kostenstelle Call-Center pro Monat und Mitarbeiter
1.3 Geringer Wartungsaufwand	5%	Aufwand für die Systembetreuung pro Jahr in Arbeitstagen
2 Leistungsziele	40%	
2.1 Hohe Erreichbarkeit	15%	Anzahl der verloren gegangenen Anrufe
2.2 Flexible, zukunftsorientierte Lösung	5%	Anzahl der Ausbaustufen der ACD-Anlage von Minimal bis Maximal
2.3 Kompetente Hilfen	10%	Anzahl Rückfragen zum gleichen Thema
2.4 Schnelle Problemlösung	10%	Zeit vom Eingehen der Anfrage bis zur vollständigen Klärung mit dem Kunden
3 Kulturziele	20%	
3.1 Abwechslungsreiche, attraktive Aufgaben	2%	Anzahl unterschiedlicher Tätigkeiten einer Person
3.2 Klare Zuständigkeiten	5%	Anzahl der Weitervermittlungen wegen falschen Ansprechpartners
3.3 Freundliche Gesprächsführung	10%	Quote in der jährlichen Kundenbefragung in Prozentpunkten
3.4 Weniger Überstunden	3%	Durchschnittlicher Anteil der Überstunden pro Mitarbeiter
4 Vorgehensziele	10%	
4.1 Niedriger Umstellungsaufwand	5%	Projektaufwand (intern/extern) in Personentagen
4.2 Umfassende Einbeziehung der Betroffenen	5%	Anteil Personalaufwand für Betroffene im Projekt am gesamten Personalaufwand im Projekt

Abb. 5.30: Gewichtete Zielstruktur, Beispiel „Call-Center für den Kundenservice"

5.4.4 Anforderungen formulieren

Die Bedeutung der Anforderungen für den Erfolg eines Projekts kann kaum überschätzt werden. Nur wenn die Anforderungen bekannt sind, kann die richtige Lösung erarbeitet werden. Nur wenn die Anforderungen erfüllt werden, gibt es zufriedene Kunden (Stakeholder). Nur wenn die Anforderungen in der ganzen Breite ermittelt und zu einem schlüssigen Gesamtsystem verdichtet sind, lässt sich der Aufwand für ein Projekt sinnvoll planen. Nur wenn übertriebene Anforderungen rechtzeitig „abgewehrt" werden, kann eine Lösung in vertretbarer Zeit und mit vertretbaren Kosten erarbeitet werden.

Eine Anforderung beschreibt eine Eigenschaft oder Leistung, die von einem Produkt, einem Prozess oder einer an einem Prozess beteiligten Person erwartet wird.

Im Vordergrund der Anforderungsermittlung stehen die sogenannten funktionalen Anforderungen. Das sind beispielsweise Leistungen, die eine Software zur Verfügung stellt, oder der unmittelbare Nutzen, den ein Produkt bietet. Sie werden häufig in einem „Use Case" beschrieben.

Daneben gibt es aber auch noch weitere Anforderungen, die auch als nicht-funktionale Anforderungen oder als geforderte Randbedingungen bezeichnet werden. Solche nicht-funktionalen Anforderungen sind beispielsweise Anforderungen an die Entwicklung einer neuen Lösung oder an nachgelagerte Prozesse wie Wartung und Unterstützung.

Zur Dokumentation von Anforderungen hat sich in der Praxis das Volere-Schema durchgesetzt, das wie folgt gegliedert ist:

1. Produktrahmenbedingungen wie Zweck, Nutzer, Betroffene, Kunden

2. Funktionale Anforderungen
   - Abgrenzung des Systems
   - Anforderungen an Funktionen und Daten des Systems

3. Nicht-funktionale Anforderungen
   - Oberflächenanforderungen
   - Benutzbarkeitsanforderungen
   - Performance, Durchsatz, Sicherheit
   - Operationelle Anforderungen
   - Wartungs- und Portierungsanforderungen
   - Zugriffsschutzanforderungen
   - Kulturelle und politische Anforderungen
   - Rechtliche Anforderungen

4. Projektrahmenbedingungen wie Probleme, Aufgaben, Risiken, Kosten.

Um Anforderungen in einem Projekt systematisch zu ermitteln, kann man beispielsweise auf eine funktionale oder wertmäßige Analyse des bestehenden Systems zurückgreifen oder ausgehend von den Kernanforderungen des Kunden durch Dekomposition schrittweise einzelne Detailanforderungen ableiten.

Beispiel Die Kernanforderung von Handy-Nutzern besteht sicherlich darin, mobil telefonieren zu können. Daraus lässt sich ableiten, dass das Handy etwa folgende Teile/Funktionen besitzen muss:

1. Spracheingabe
2. Anwahl des Gesprächspartners
3. Sprachausgabe
4. Sendeeinrichtung
5. Empfangsteil (Antenne)
6. Netzzugang
7. Mobile Stromversorgung.

Um nun etwa die mobile Stromversorgung sicherzustellen, werden ein Ladegerät, eine Batterie, Kontakte zum Stromverbraucher im Handy und eine erschütterungsresistente Arretierung der Batterie benötigt. Wenn eine dieser technischen Anforderungen nicht realisiert werden könnte, wäre die Kernanforderung unmöglich.

Die Anforderungen sollten gegliedert, priorisiert, klassifiziert und mit Verweisen auf letzte Änderungen, Stakeholder und die Projektstruktur als sogenannte „Traceability matrix" dokumentiert werden.

5.4.5 Anforderungen klassifizieren

In der Projektpraxis kommt es beim Klären und Zerlegen der Anforderungen immer wieder zu Missverständnissen hinsichtlich ihrer Bedeutung, zumal die Erfüllung aller Anforderungen meist den Rahmen des Projektbudgets sprengt. Deshalb sind gemeinsam zwischen Kunden (Auftraggeber) und Technik (Auftragnehmer) abgestimmte Anforderungsdefinitionen unerlässlich, die vor allem klare Strukturen und Prioritäten enthalten.

Die Anforderungen an das Projektergebnis sollten vor allem nach ihrer Bedeutung für Kunden beziehungsweise Nutzer eingeschätzt werden. Hier gilt es, den „voice of the customer" (VOC) wahrzunehmen und zu verstehen, insbesondere dann, wenn es sich um eine heterogene Kunden-/Nutzerstruktur handelt. Sie lassen sich zum Beispiel wie folgt klassifizieren:

?	Die Anforderung ist noch nicht zwischen den verschiedenen Nutzern/Kunden geklärt und noch nicht ausreichend definiert.
A	K.O.-Kriterium, kein Betrieb möglich, wenn diese Anforderung nicht erfüllt werden kann.
B	Das Fehlen dieser Anforderung erzeugt einen Mehraufwand, der sich als wirtschaftlicher Schaden beziffern lässt.
C	Das Fehlen dieser Anforderung ist umständlich aufzufangen und entspricht einem nicht bezifferbaren Handicap.

Abb. 5.31: Klassifizierung nach der Bedeutung für Kunden

Auf der technischen Seite müssen die Anforderungen verstanden und ihre Umsetzbarkeit eingeschätzt werden. So kann es sein, dass eine für den Kunden sehr zentrale Anforderung einfach und schnell realisiert werden kann. Diese sogenannten „Quick-wins" fördern auch die Akzeptanz der übrigen Projektergebnisse. Aus technischer Sicht werden die schwierig umzusetzenden Anforderungen als besonders wichtig erachtet, da diese hohen Aufwand erwarten lassen und in der Regel das Risiko von Fehlschlägen größer ist.

?	Die technische Umsetzung der Anforderung ist noch nicht geklärt und/oder kann noch nicht beurteilt werden.
A	Technische Lösung strittig und unklar spezifiziert.
B	Lösungskonzept vorhanden, enthält aber viele Abhängigkeiten. Die Umsetzung ist aufwändig und komplex.
C	Einfach und schnell realisiert. Lösungsweg bekannt, geringer Aufwand für die Umsetzung oder durch Standardlösung abdeckbar.

Abb. 5.32: Klassifizierung nach der eigenen Umsetzungsfähigkeit

Mit Hilfe dieser Einteilung der Anforderungen lässt sich der Status in der Anforderungsdefinition, aber auch später für ein Projekt beurteilen. So kann etwa der Fortschritt während eines Klärungsworkshops durch ein Anforderungsportfolio visualisiert werden.

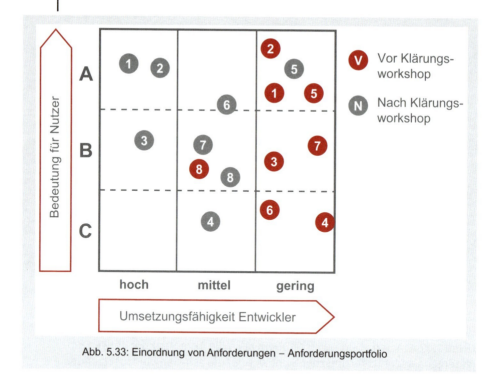

Abb. 5.33: Einordnung von Anforderungen – Anforderungsportfolio

Kano-Analyse

Noriaki Kano hat einen Ansatz entwickelt, mit dessen Hilfe Anforderungen klassifiziert werden können, um damit auch Aussagen über deren relative Bedeutung zu machen. Die nach ihm benannte Kano-Analyse bietet insbesondere bei Produkten und Leistungen eine gute Hilfe für eine erste Gewichtung.

Kano versucht, unterschiedliche Arten von Anforderungen zu ermitteln, indem er potenziellen Kunden oder Abnehmern zwei Fragen stellt:

- Wie würden Sie es finden, wenn diese Anforderung erfüllt würde (Positive Frage)?
- Wie würden Sie es finden, wenn diese Anforderung nicht erfüllt würde (Negative Frage)?

Für beide Fragen sind vier Antwortmöglichkeiten vorgegeben:

- Fände ich gut.
- Erwarte ich (ist normal, dass es geboten wird).
- Ist mir gleichgültig.
- Würde mir nicht gefallen.

Werden diese Fragen und die Antwortmöglichkeiten in einer Matrix einander gegenübergestellt, ergeben sich die folgenden sinnvollen Kombinationen:

		Wie würden Sie es finden, wenn die Anforderung nicht erfüllt würde?			
		Fände ich gut	Erwarte ich	Ist mir gleichgültig	Gefiele mir nicht
Wie würden Sie es finden, wenn die Anforderung erfüllt würde?	Fände ich gut		Außerordentlich zufrieden	Außerordentlich zufrieden	Macht zufrieden
	Erwarte ich				Macht unzufrieden
	Ist mir gleichgültig				Macht unzufrieden
	Gefiele mir nicht				

Abb. 5.34: Fragen der Kano-Analyse

Kano nimmt die Position des Kunden (Anwenders, Nutzers) ein und unterscheidet drei Kategorien von Anforderungen:

- Elementare Anforderungen (basic requirements)
- Performance-Anforderungen (core competitive requirements)
- Überzeugende Anforderungen (breakthrough requirements)

Elementare Anforderungen sind zwingend erwartete Bestandteile oder Funktionalitäten eines Produkts, einer Leistung oder eines Prozesses. Werden diese Anforderungen nicht erfüllt, ist der Kunde äußerst unzufrieden. Damit können diese Anforderungen auch als Muss-Bestandteile angesehen werden. Kunden oder Anwender nennen diese Anforderungen häufig gar nicht, weil sie aus ihrer Sicht selbstverständlich sind. Beispiele für elementare Anforderungen an einen MP3-Player sind die Funktionalitäten, dass er Musik aufzeichnen kann, wiedergeben kann, dass die Lautstärke geregelt werden kann und so weiter.

Elementare Anforderungen sind Muss-Bestandteile

Performance-Anforderungen sind Standardmerkmale eines Produkts oder einer Leistung, die aber sehr unterschiedlich ausfallen können. Bei einem MP3-Player könnten dies beispielsweise das Speichervolumen, die Leistungsfähigkeit des Akkus oder die Auflösung des Displays sein. Hier gilt die generelle Aussage, dass der Kunde umso zufriedener ist, je besser diese Anforderungen erfüllt werden.

Bessere Performance sichert Zufriedenheit

Mehr als der Kunde erwartet

Überzeugende Anforderungen sind Leistungen oder Funktionen eines Produkts oder eines Prozesses, die der Kunde gar nicht erwartet hat und die er deshalb von sich aus auch gar nicht als Anforderung formulieren würde. Das Angebot überrascht den Kunden, beeindruckt ihn und führt im besten Fall dazu, dass er von der Leistung des Produkts begeistert ist. Bietet ein MP3-Player erstmalig die Möglichkeit, Musik direkt aus dem Internet – ohne den Umweg über einen Computer – aufzuzeichnen, so könnte dies für viele Kunden eine Neuerung sein, die einen erheblichen Vorteil gegenüber anderen Geräten bietet und die dem Anbieter damit einen Wettbewerbsvorteil beschert – zumindest solange die Mitbewerber nicht nachziehen.

Den Zusammenhang zwischen dem Ausmaß der Erfüllung dieser unterschiedlichen Anforderungen und der Kundenzufriedenheit zeigt die folgende Abbildung.

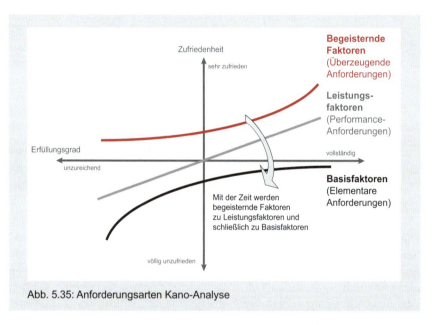

Abb. 5.35: Anforderungsarten Kano-Analyse

Wettbewerbsvorteil durch Alleinstellungsmerkmal

Werden elementare Anforderungen erfüllt, kann damit lediglich Kunden-Unzufriedenheit vermieden werden. Je besser die Performance-Anforderungen erfüllt werden, desto höher ist die Kundenzufriedenheit. Kann der Kunde darüber hinaus mehr bekommen als er sich „erträumt" hat, so steigt die Kundenzufriedenheit unter Umständen sehr steil an. Das ist auch die Erklärung dafür, warum die Unternehmen immer wieder versuchen, Wettbewerbsvorteile durch Alleinstellungsmerkmale (Unique Selling Proposition – USP) zu gewinnen, also durch Leistungsmerkmale, welche die Mitbewerber noch nicht bieten und die von den Kunden hoch geschätzt werden. In einem marktwirtschaftlichen System führt das normalerweise dazu, dass immer mehr Anbieter diese „einmaligen" Funktionalitäten bieten, so dass permanent Innovationen gesucht werden, um erneut einen Wettbewerbsvorteil zu gewinnen. Die gleiche Aussage gilt auch für die Performance-Anforderungen. So steigen die Erwartungen der Kunden an bestimmte Leistungsmerkmale (z.B. Benzinverbrauch bei Automobilen, Ausstattung mit Airbags, Unterstützung durch elektronische Fahrhilfen) immer weiter an, je mehr ehemalige Spitzenleistungen zum Standard werden.

Die Anforderungsanalyse nach Kano kann also dazu beitragen, aus Kundensicht die richtigen Prioritäten bei den Anforderungen zu setzen.

Die Befragung von Kunden über ihr Urteil zur Erfüllung beziehungsweise Nicht-Erfüllung von Anforderungen gibt Hinweise darauf, wie Unzufriedenheit vermieden, Kundenzufriedenheit gefördert und durch Alleinstellungsmerkmale außerordentliche Kundenzufriedenheit geschaffen werden kann. Daraus lässt sich die Gewichtung von Anforderungen ableiten.

Zusammenfassung

Beziehung zwischen Anforderungen und Projektzielen

Bei vielen Projekten lassen sich nicht alle Anforderungen an funktionale Verbesserungen eines Systems gleichzeitig verwirklichen. So müssen einige neue Funktionen aufgrund von Budget- oder Terminrestriktionen in nachfolgende Versionen verschoben werden oder der Kunde erzwingt schnelle Erfolge bzw. verändert seine Ziele.

Um jederzeit die Projektarbeit auf den Fortschritt der Funktionen zu konzentrieren, die den größten Zielerreichungsgrad für den Kunden bedeuten, empfiehlt es sich, in Anlehnung an die „Quality Function Deployment"-Methode (QFD) Relationen zwischen den Zielen mit ihren Messkriterien und den funktionalen Anforderungen herzustellen. Dabei bedeuten die Einträge in den Kreuzungspunkten der Matrix:

Kein Eintrag	Die Art der Realisierung der Anforderung (Zeile) wirkt sich nicht auf die Erreichung des konkreten Ziels (Spalte) aus.
1	Die Realisierung dieser Funktion trägt in geringem Maße zur Zielerreichung bei.
3	Die Realisierung dieser Funktion trägt wesentlich zur Zielerreichung bei.
9	Die Realisierung dieser Funktion ist entscheidend für die Erreichung des Ziels.

Hat die Realisierung einer Funktion negative Auswirkungen auf die Erreichung eines Ziels, so kann dies durch entsprechende, negative Werte ausgedrückt werden. Sie sollten allerdings nicht gegen die positiven Werte bei der Summenbildung aufgerechnet werden, sondern als Maß für die zu klärenden Zielkonflikte und Abhängigkeiten zwischen den Anforderungen genutzt werden.

Die (positiven) gewichteten Zeilensummen ergeben ein Maß für die Bedeutung einer Anforderung zur Erreichung der Projektziele insgesamt. Die Spaltensummen zeigen auf, ob die zur Realisierung vorgesehenen Funktionen die richtigen Schwerpunkte der Projektziele abdecken. Die nachfolgende Tabelle zeigt einen Auszug aus der Anforderungsliste für die ACD-Anlage (Automatic Call Distribution) unseres Projekts „Call-Center für den Kundenservice":

		Ziele								
		Hohe Erreichbarkeit	Flexible, zukunftsorientierte Lösung	Kompetente Hilfen	Schnelle Problemlösung	Abwechslungsreiche, attraktive Aufgaben	Klare Zuständigkeiten	Freundliche Gesprächsführung	Weniger Überstunden	Zielbedeutung
	Gewichtung	20	10	15	20	5	10	10	10	100
Anforderung/Funktion										
1	Automatische Anrufverteilung	9	3		1		3		1	270
2	Auswahlregel für freien Clienten		3	3	3		3			165
3	Umleitungsketten	9			3				3	270
4	Kundendateninterface	3	9	9	9			1	1	485
5	Anwahl über Kundendatenbank		3		1	3	3		3	125
6	Auslastungsreport	9				1	3		3	245
7	Anrufbeantworter	1							3	50
8	Kundenspezifische Dokumentation			3	3			1		115
9	Mitarbeitertraining (Technik)	1		1	9	1		3	3	280
10	Kommunikationstraining			9	9	3		9		420
11	Möblierung der Arbeitsplätze		3			9		3		105
12	Anforderungsprofile			3			9		1	145
13	FAQ-Datenbank		1	9	9	1		3	1	370
14	Integration Second Level Support	3		9	9		3	3	3	465
15	Betriebsvereinbarung	3				3	9		9	255
	Zielschwerpunkte des Anforderungskatalogs	38 14%	22 8%	46 17%	56 21%	21 8%	33 12%	23 9%	31 11%	270

Abb. 5.36: Beziehung zwischen Anforderungen und Zielen nach QFD (Quality Function Deployment)

5.4.6 Qualitätsmanagement in Projekten

Qualität ist Zielerfüllung oder, wie die ISO 9000-Norm es formuliert, ein (positiver oder negativer) Grad, in dem ein Satz inhärenter Merkmale eines Produkts, Prozesses, einer Dienstleistung Anforderungen erfüllt.

In vielen Branchen werden die Anforderungen an Produkte und Dienstleistungen in allgemeingültigen Normen und Standards zur Verfügung gestellt. Damit lassen sich dann Qualitätsziele ableiten, die von einem einfachen Erfüllen der Norm bis zum deutlichen Übertreffen geforderter Mindestanforderungen reichen. Manche Unternehmen und Institutionen haben sich durch Zertifizierung ihrer Prozesse zur Einhaltung dieser Normen verpflichtet.

Damit muss auch jedes Projekt diese Qualitätsvorschriften und -grundsätze der Stammorganisationen als Restriktionen unbedingt einhalten. Hierzu zählen auch zwingend vorgegebene Abnahmen am Phasenende des vorgeschriebenen Vorgehens.

Um die Qualität im Projekt sicherzustellen, müssen

- messbare, gewichtete Ziele zur Verfügung stehen,
- Anforderungen präzise formuliert werden,
- Messungen zur Übereinstimmung von Anforderungen und Merkmalen des Projektergebnisses geplant und durchgeführt werden,
- die Messergebnisse verfolgt und beurteilt sowie
- bei Abweichungen Maßnahmen abgeleitet und implementiert werden, die sicherstellen, dass die Projektergebnisse entsprechend angepasst werden und dafür gesorgt wird, dass ähnliche Abweichungen vermieden werden.

Hierfür sorgen nach PMBOK® die Prozesse des Qualitätsmanagements im Projekt:

- Qualitätsmanagement planen
- Qualitätssicherung durchführen
- Qualität lenken.

In der Qualitätsplanung werden die Qualitätsanforderungen und/oder -standards für das Produkt und das Projektvorgehen identifiziert und festgelegt, mit welcher Dokumentation das Projekt deren Einhaltung nachweist.

Die geplanten Qualitätsmanagement-Prozesse verursachen Kosten, die wirtschaftlich abzuwägen sind. Die Qualitätskosten bestehen aus den internen und externen Fehlleistungskosten und den Kosten der Übereinstimmung, die anfallen, um Fehler festzustellen und/oder zu vermeiden. Sie lassen sich durch konsequente Anwendung der Qualitätsmanagement-Prozesse verringern, die die Fehlervermeidung betonen.

230 | Projektplanung

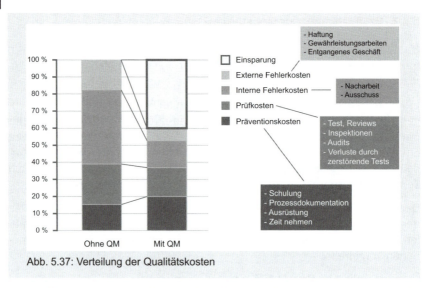

Abb. 5.37: Verteilung der Qualitätskosten

Im Qualitätsmanagementplan sind Qualitätsmetriken (entsprechen operationalisierten Zielen) für die Qualitätsziele zu definieren, die Bandbreiten für bestimmte Merkmale enthalten.

So könnte für das Ziel „klare Zuständigkeiten" die Anzahl der Weitervermittlungen wegen eines falschen Ansprechpartners in der Erprobungsphase täglich gemessen werden. Bei einem Zielwert von 0,5% der Anrufe könnte die untere Eingriffgrenze 0,1% und die obere Eingriffgrenze 0,8% sein, bei denen tiefer nach den Ursachen geforscht werden soll. Wenn die obere Toleranzgrenze bei 3% der Anrufe liegt, würde beim Überschreiten dieses Werts die Erprobung abgebrochen und sofort nach Gründen und Verbesserungsmaßnahmen gesucht.

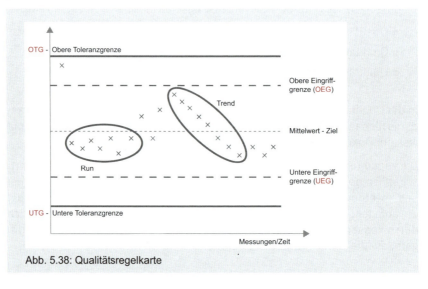

Abb. 5.38: Qualitätsregelkarte

Mit Qualitätsregelkarten werden die gesetzten Qualitätsmetriken durch regelmäßige Messungen überwacht. Dabei soll geprüft werden, ob die Prozesse im Projekt Ergebnisse innerhalb statistischer Schwankungen liefern oder auffällige Entwicklungen zeigen. So enthält Abb. 5.38 einen negativen Trend, der durch Korrekturen aufgehalten wurde. Zu Beginn zeigt sich ein sogenannter „Run", bei dem die Messwerte mindestens 7 Mal auf einer Seite der Ziellinie liegen. Nach der „rule of seven" müssen in diesem Fall auch die Ursachen dafür ermittelt und gegengesteuert werden, obwohl die Eingriffgrenze noch nicht erreicht ist, da dies statistisch nicht normal ist.

Auffällige Ziel-/Qualitätsabweichungen mit Regelkarten erkennen und Verbesserungen einleiten

Außerdem muss der Projektleiter in einem Prozessverbesserungsplan festlegen, wie er regelmäßig aktiv und reaktiv nach Verbesserungen der Prozesse und Produkte sucht und wer dafür verantwortlich ist. Interne und externe Projekt-Reviews und Projekt-Audits sind im Projektplan zu berücksichtigen. Diese Aufgaben werden häufig an einen Qualitätsbeauftragten delegiert, der auch ausgehend von internen Standards spezifische Qualitätschecklisten entwickelt.

Die im Qualitätsmanagementplan definierten Methoden und Techniken werden in der Qualitätssicherung und Qualitätslenkung angewendet. Hierauf wird in Kapitel 7 näher eingegangen.

Fragen und Aufgaben zur Wiederholung:

1. Welche Funktion haben Ziele in einem Projekt?
2. Was ist eine Zielstruktur und wie wird sie entwickelt? Erläutern Sie das Vorgehen anhand eines Umzugs.
3. Wie sind Ziele zu formulieren? Wofür steht SMART?
4. Warum ist die Gewichtung von Zielen notwendig und welche Schwierigkeiten ergeben sich in der Praxis, eine Gewichtung vorzunehmen?
5. Was bedeutet Traceability von Anforderungen?
6. Geben Sie jeweils 2 Beispiele für funktionale und nicht-funktionale Anforderungen in einem Anwendungsentwicklungsprojekt.
7. Warum sollten Anforderungen priorisiert werden? Nach welchen Kriterien könnte dies geschehen?
8. Welche Kostenarten werden im Bereich Qualitätskosten unterschieden?
9. Wofür wird eine Qualitätsregelkarte verwendet?

5.5 Projektstrukturen

Kompetenzelemente der ICB 3.0	Kapitel und PM-Prozesse des PMBOK®
1.09 Projektstrukturen	5.4 Projektstrukturplan erstellen

Ziele dieses Kapitels – Was können Sie erwarten?

Sie kennen

- die Gliederungsprinzipien zur hierarchischen Strukturierung eines Projekts
- die Möglichkeiten zur Codierung von Projektstrukturen
- die Vorzüge einer geeigneten Projektstruktur für den Projektleiter.

Sie können

- einen Projektstrukturplan im Team entwickeln
- in einem Projektstrukturplan Teilprojekte und Arbeitspakete ableiten.

Projektstrukturen helfen dem Projektleiter, sein Projekt, dem Prinzip vom Groben ins Detail folgend, im Griff zu behalten. Sie zerlegen die Lieferobjekte, die Projektaufgaben, Ressourcen und auch Risiken hierarchisch nach klar definierten Gliederungsregeln. Zugeordnete identifizierende Schlüssel, die sogenannte Codierung, erlauben dann, die Hierarchieebene des Strukturelements zu erkennen, das Gliederungsprinzip abzuleiten und über sogenannte Attribute vielfältige Auswertungen und Zuordnungen vorzunehmen.

Unternehmensvorgaben beim Strukturieren nutzen

In vielen Unternehmen muss der Projektleiter seine Projektstrukturen auf vorhandenen Regeln aufbauen. So sind Kostenstrukturen, Produktstrukturen und Vorgehensmodelle mit übergreifenden Meilensteinen gegeben, die wichtige Referenzen für die Verbuchung von Kosten, das Nachvollziehen von Änderungen (Konfigurationsmanagement) oder übergreifende Freigabeprozesse sind. Sie erlauben dem Projektleiter, sich in der Stammorganisation zurechtzufinden und erleichtern die Koordination.

Zweck von Strukturplänen | 233

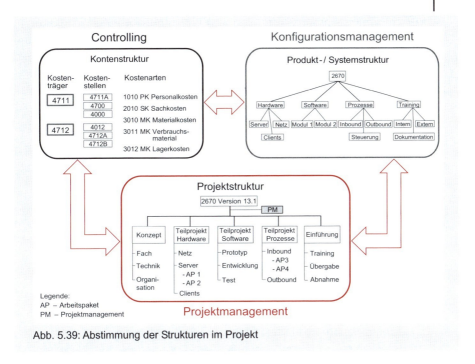

Abb. 5.39: Abstimmung der Strukturen im Projekt

Der Projektstrukturplan gliedert die Projektarbeit und sollte mit den übrigen Strukturen der Organisation abgestimmt sein, um unnötige Übertragungsschritte und Missverständnisse mit der Stammorganisation zu vermeiden. Er steht im Vordergrund der nachfolgenden Beschreibung.

5.5.1 Zweck von Strukturplänen

> „Mit Hilfe von Sprache, Logik und schlicht und einfach gesundem Menschenverstand sind die entscheidenden Punkte herauszufinden und eine konkrete Vorgehensweise festzulegen."
> Abraham Lincoln

Der Projektstrukturplan (PSP) oder Work Breakdown Structure (WBS) zerlegt die große Projektaufgabe in kleinere delegierbare Teile. Er dokumentiert den Arbeitsvorrat aller Projektbeteiligten und fügt die Einzelergebnisse zusammen. Er ist der „Masterplan", von dem alle wesentlichen Projektpläne ausgehen und stellt ein unverzichtbares Orientierungsraster und Ordnungssystem für die Projektabwicklung dar.

Nur mit einem sauber geordneten und vollständigen Projektstrukturplan behält der Projektleiter sein Projekt im Griff. Nachträgliche Strukturänderungen können einen hohen zusätzlichen Planungsaufwand bedeuten. Deshalb sollten möglichst frühzeitig alle relevanten Aufgaben ermittelt und eingeordnet werden.

Aus dem Projektstrukturplan werden der Charakter (welche Projektart), der Planungszustand (in welcher Projektphase befindet sich das Projekt), die Projektstrategie und das gewählte Vorgehen erkennbar.

Der Projektstrukturplan bietet dem Projektleiter und seinem Team eine Menge Vorteile:

Nutzen des Projektstrukturplans

- Besserer Überblick über die zu erledigenden Aufgaben
- Lücken und Überschneidungen werden erkennbar (Fehlen wichtige Arbeitspakete?)
- Mehr Systematik in der Projektplanung
- Liefert die Basis für die Formulierung von Teilergebnissen und Schnittstellen
- Unterstützt eine transparente Aufwands- und Kostenschätzung
- Liefert Bausteine für die Ablauf- und Terminplanung
- Ist Grundlage für die Arbeitsteilung und Zuordnung von Kosten zu Verantwortlichen
- Gibt mehr Klarheit für alle Projektbeteiligten bezüglich der Leistung und Verantwortung
- Ist Voraussetzung für Diagnose und Steuerung
- Erleichtert die Projektdokumentation, da er die Gliederungsstruktur für die Ergebnisdokumente bildet.

5.5.2 Aufbau und Gliederung eines Projektstrukturplans

Im Projektstrukturplan sind die geplanten Projektaufgaben hierarchisch geordnet. Jede Gliederungsebene wird durch eine eindeutige Nummer – die sogenannte Codierung – identifiziert. Dieses Nummernsystem ermöglicht die Zuordnung der Teile zum Ganzen. Die unterste Gliederungsebene enthält die Arbeitspakete, die Teilaufgaben oder Aufgabenkomplexe zusammenfassen. Die zweite Gliederungsebene wird oft als Teilprojektebene bezeichnet. Allerdings kann in dieser Ebene auch nach Phasen gegliedert werden. Die Projektmanagement-Aufgaben wie Projektplan erstellen, Berichte geben und Abnahmen werden in Koordinationsarbeitspaketen zusammengefasst. Sie sollten immer eigenständig aufgeführt sein, damit der hierfür notwendige Aufwand nicht untergeht.

Bei jeder Dekomposition (z.B. eines Teilprojekts) in die nächste Ebene sollte nach einem einheitlichen Gliederungsprinzip vorgegangen werden. Dieses Gliederungsprinzip kann von Stufe zu Stufe beibehalten oder im Wechsel eingesetzt werden. Entscheidend ist die Zweckmäßigkeit. Es gibt keine falschen, sondern nur mehr oder weniger zweckmäßige Projektstrukturpläne.

<small>Zweckmäßigkeit vor Anwendung von Prinzipien</small>

Folgende Gliederungsprinzipien werden unterschieden:

- Objektorientiert
  Welche Teile sind im Projekt, im Teilprojekt, in der Teilaufgabe zu bearbeiten?
- Funktions- oder verrichtungsorientiert
  Welche Funktionen sind im Projekt, im Teilprojekt, in der Teilaufgabe auszuführen?
- Phasen- oder prozessorientiert
  In welchen Schritten läuft das Projekt, das Teilprojekt, die Teilaufgabe ab?

Projektstrukturpläne werden nach dem dominierenden Gliederungsprinzip eingeteilt. Es ist eher selten, dass ein Gliederungsprinzip für alle Zerlegungen gleichermaßen verwendet wird.

Phasen- oder prozessorientierter Strukturplan für ein Organisationsprojekt

Viele Organisationsprojekte laufen immer nach dem gleichen Muster ab. Damit bietet sich das standardisierte Vorgehen als dominierendes Gliederungsprinzip an. Meist ist zu Beginn der Projektumfang unklar, es sind wichtige Entscheidungspunkte zu setzen und die Teilergebnisse bauen sehr stark aufeinander auf. Eine Gliederung nach Phasen ist vor allem bei großen Projekten sinnvoll.

Abb. 5.40: Projektstrukturplan für ein Organisationsprojekt

Objektorientierter Strukturplan für ein technisches Projekt

Bei großen Projekten, insbesondere aus dem Anlagenbau, ist es zunächst wichtig, den Projektgegenstand in seiner vollen Komplexität zu begreifen. Während des Projekts werden dann diese Gestaltungsinhalte oder Objekte schrittweise verändert oder neu entwickelt. Hierzu werden je Objekt sehr unterschiedliche Einsatzmittel (Anlagen und Spezialisten) benötigt, wobei die Kosteneinhaltung und Steuerung im Vordergrund stehen. Da die Arbeit an den einzelnen Objekten zeitlich sehr stark überlappt und sich in ihrer Reihenfolge oft ändert, ist eine phasen- oder ablauforientierte Gliederung nicht sinnvoll. In diesen Projekten dominiert die systematische Zerlegung des Systems bzw. Produkts.

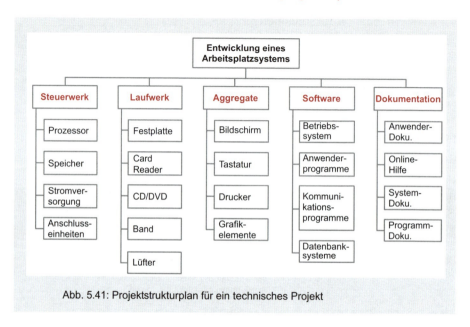

Abb. 5.41: Projektstrukturplan für ein technisches Projekt

Funktions- oder verrichtungsorientierter Strukturplan für ein Bauprojekt

In Bauprojekten wird sehr stark arbeitsteilig gearbeitet. Sie laufen immer nach dem gleichen Muster ab. Dabei werden von Spezialkräften immer die gleichen Funktionen ausgeführt. Aufgrund der Bautechnik ergibt sich eine natürliche Reihenfolge der Verrichtungen, zwischen denen oft bestimmte zeitliche Abstände liegen, z.B. die Trocknungszeit des Estrichs. Die Koordination der verschiedenen Arbeitsgruppen wird als eigenständige Funktion betrachtet und kann einem Funktionsträger zugeordnet werden (Architekt). Die Verrichtungen/Funktionen werden über Aufwand und Termin gesteuert. So kann meist durch Kapazitätserhöhung die Arbeit beschleunigt werden.

Aufbau und Gliederung eines Projektstrukturplans

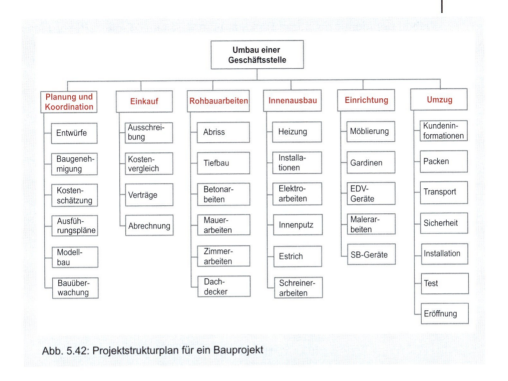

Abb. 5.42: Projektstrukturplan für ein Bauprojekt

Die Codierung im Projektstrukturplan soll zur eindeutigen Kommunikation im Projekt beitragen. Sie

- ist der Kontenplan des Projekts
- hilft bei der Einordnung der Arbeitspakete/Teilaufgaben
- unterstützt die Aufwandsschätzungen
- erleichtert eine Auswertung über mehrere Projekte.

Vorteile einer Codierung

Als unterschiedliche Schlüsselarten findet man:

- rein numerische
- rein alphabetische
- gemischt alpha-numerische

PSP-Codierungen.

Neben der identifizierenden Funktion innerhalb eines Projektstrukturplans kann eine klassifizierende Codierung auch noch Informationen über die Zugehörigkeit zu Projektarten, Phasen, Abteilungen, Kostenträgern und Tätigkeitsarten beinhalten. Eine projektübergreifende Standardisierung ist erforderlich.

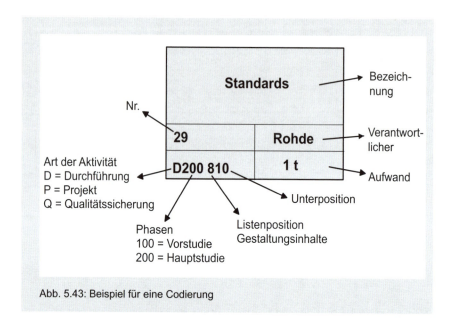

Abb. 5.43: Beispiel für eine Codierung

Der Projektstrukturplan kann grafisch oder als Tabelle dargestellt werden. Mit Farben und Formen kann die Übersichtlichkeit noch verbessert werden. In Abb. 5.44 ist der Projektstrukturplan unseres Projekts „Call-Center für den Kundenservice" zu Beginn des Projekts dargestellt. Die folgenden drei Darstellungsvarianten von Projektstrukturplänen finden sich am häufigsten:

- Graphisch: Horizontale oder vertikale Baumstruktur
- Halbgraphisch: Aufgabenstruktur mit Einrückungen
  (wie in den obigen Beispielen)
- Tabellarisch: Dokumentation über Klassifikationsnummern
  (Schlüssel).

Aufbau und Gliederung eines Projektstrukturplans | 239

Abb. 5.44: Projektstrukturplan bei Projektstart „Call-Center für den Kundenservice"

5.5.3 Erstellung eines Projektstrukturplans

Wird im Projekt methodisch gearbeitet, sind bereits einige Strukturen definiert:

- Vorgehensstrukturen und Entscheidungspunkte
  (Wie gehe ich prinzipiell vor?)
- Systemstrukturen
  (Um welche Gestaltungsinhalte geht es? Wie sind diese aufgebaut?)
- Gewichtete Zielstruktur
  (Wie gut muss das Ergebnis sein? Worauf kommt es besonders an?)

Der Projektstrukturplan entsteht aus diesen Bestandteilen in einem iterativen Prozess, bis Arbeitspakete eindeutig auf die Projektbeteiligten zugeordnet werden können. Bei der Zerlegung müssen drei Dinge berücksichtigt werden:

1) Wie können die Schnittstellen minimiert werden?
2) Was muss in einer Hand bleiben?
3) Nach welchen Gliederungsprinzipien (Phasen, Objekte, Verrichtungen) soll unterteilt werden?

Nicht mehr als vier Gliederungsebenen

Ein Projektstrukturplan bleibt handhabbar, wenn er nicht mehr als 4 Gliederungsebenen enthält. Der Detaillierungsgrad hängt dabei von folgenden Kriterien ab:

- Voraussichtliche Dauer des Projekts
- Voraussichtliche Kosten
- Komplexität
- Beherrschbarkeit des Ablaufs
- Risiko des Projekts
- Organisatorische Rahmenbedingungen
- Führungsprinzip innerhalb der Projektorganisation.

Der Projektstrukturplan ist kein starres Gebilde, das einmal zu Beginn festgelegt wird, sondern er lebt während des gesamten Projektgeschehens.

Bei der Strukturierung des Projekts hilft grundsätzlich das Denken in Objekten und Verrichtungen. Mit dem Systemdenken werden Teilprojekte erkennbar, die sich anhand der Fragen der Aufgabenanalyse in Aufgabenkomplexe und Arbeitspakete gliedern lassen.

Die nachfolgenden PRAKTIKER-Prinzipien geben als Checkliste wichtige Hinweise für eine sinnvolle Strukturierung.

Erstellung eines Projektstrukturplans

PRAKTIKER

Pragmatische Strukturierung ansteuern	Die Qualität des Strukturplans hängt jedoch nicht von einer möglichst reinen Form der Zerlegung, sondern vielmehr von der pragmatischen Berücksichtigung der Projektziele und Rahmenbedingungen sowie von den Erfahrungen der Beteiligten ab.
Ressourcen berücksichtigen	Einheiten sollten so abgegrenzt werden, dass sie einzelnen Personen oder Gruppen übertragen werden können, weil nach deren Wissen und Können zu erwarten ist, dass sie die Teilaufgaben erfolgreich bewältigen können.
Angemessene Tiefe anstreben	Aufgaben sollten der Komplexität und Neuartigkeit des Projekts entsprechend untergliedert werden. Bei innovativen Projekten ist ein eher grober Detaillierungsgrad ratsam, der den Arbeitspaketverantwortlichen die erforderliche Flexibilität bewahrt.
Kombination aus Bottum-up- und Top-down-Vorgehen wählen	Die Ermittlung der Komponenten des Projektstrukturplans erfolgt sinnvollerweise sowohl aus einer bottom-up-orientierten kreativen Sammlung aller denkbaren Elemente als auch aus einer systematischen Top-down-Analyse der Aufgaben.
Techniken einsetzen	Bei der Planung der Projektstruktur fördern Gruppenarbeits- und Visualisierungstechniken die notwendige Transparenz, Kreativität und Ganzheitlichkeit.
Inneren Zusammenhang beachten	Es sollten die Einheiten so abgegrenzt werden, dass Module entstehen, die nicht zu viele Schnittstellen nach außen haben (Übergewicht der inneren Bindung).
Komplette Aufgabenliste anstreben	Von der Aufgabenplanung hängen viele andere Planungen ab (Zeiten, Kapazitäten, Kosten). Es sollte versucht werden, so frühzeitig wie möglich alle relevanten Aufgaben zu erkennen.
Ergebnisorientierung vorziehen	Bei der Konzeption der Strukturelemente sind eindeutig definierte Ergebnisse reinen Handlungsauflistungen vorzuziehen. Je konkreter die Anforderungen an den Zustand der Systemkomponente vorliegen, desto leichter fällt die Messung der Ergebniserfüllung.
Rollende Planung anwenden	Durch eine rollende Planung sind die Teilaufgaben zunehmend zu konkretisieren (nicht schon zu Beginn versuchen, das letzte Detail zu planen – von der Breite in die Tiefe).

Abb. 5.45: PRAKTIKER-Prinzipien

Projektplanung

Mehr Verständnis der Aufgaben durch Erarbeiten im Team

Der Projektstrukturplan stellt für die weitere Projektarbeit eine Art Landkarte dar, deren Genauigkeit über die Qualität des Projektergebnisses mit entscheidet. Auch hier kommt es darauf an, dass der Projektleiter aus dem Team „herausholt", was in ihm steckt. Als Werkzeug bietet die Moderationsmethode mit der Metaplantechnik eine sehr gute Hilfe. In einem „Brainstorming mit Kartenabfrage" z.B. schreiben die Teammitglieder auf Pinnkarten alle Aufgaben, Teilschritte und Aspekte, die ihrer Meinung und Erfahrung nach in den Projektstrukturplan aufgenommen werden müssen. Alle Karten werden an einer Pinnwand nach und nach in eine logische Struktur gebracht. Am Ende dieses Prozesses ist in gemeinsamer Arbeit ein Projektstrukturplan entstanden, der nicht nur mit hoher Wahrscheinlichkeit vollständig ist, sondern von allen Teammitgliedern verstanden, getragen und akzeptiert wird.

Erfahrungsgemäß kollidiert eine solche „teamorientierte" Vorgehensweise nicht selten mit dem verständlichen Sicherheitsbedürfnis des Projektleiters. Er trägt letztlich die Gesamtverantwortung und will daher ganz sichergehen, dass an alles gedacht wird, was dann dazu verführt, schon im Vorfeld „alles" zu bedenken, zu planen und festzulegen. Aber gerade diese Haltung verhindert die volle Nutzung des Teampotenzials – die Teammitglieder werden in eine eher passive Haltung gedrängt, die Teamarbeit beschränkt sich auf die Entgegennahme und Bearbeitung von Aufgaben, vielfältige Erfahrungen, Kenntnisse, Fähigkeiten und Ideen kommen kaum zum Tragen, die Motivation sinkt.

Projektarbeit ist per se Teamarbeit, also weit mehr als Arbeitsteilung nach dem Motto „Ich sage, was zu tun ist, Ihr macht es". Nur wenn dies verstanden und von allen „gelebt" wird, lohnt sich letztlich der mit dieser Arbeitsform verbundene beträchtliche Aufwand (siehe Kapitel 6 „Führung, Zusammenarbeit und Ausführung").

5.5.4 Die Schritte nach dem Projektstrukturplan

Aufwandsorientierte Planung

Nach erfolgreicher Strukturierung hängt die Reihenfolge der nächsten Planungsschritte vom jeweiligen Projekttyp und der Projektstrategie ab. Werden für ein Projekt (wie etwa ein Tunnelbau) spezielle Ressourcen benötigt, deren Kapazitäten abgesichert werden müssen, und soll möglichst schnell eine erste Kostenschätzung vorliegen, so werden zunächst die Ressourcen geplant, die Kosten ermittelt und Finanzierung und Beschaffung geregelt. Danach werden die Reihenfolge der Arbeitspakete festgelegt und die Termine fixiert.

In einem anderen Fall sind bestimmte Terminvorgaben unbedingt einzuhalten, ohne dass zunächst wichtig ist, wer die Projektaufgaben erledigt. Eine Beschleunigung des Projekts ist eher durch eine geschickte Reihenfolgeplanung als durch zusätzliche Ressourcen zu erreichen und der Personaleinsatz ist stark termingebunden. In diesem Fall werden zunächst Meilensteine gesetzt, die Dauer der Arbeitspaketerledigung ohne Berücksichtigung von konkreten Kapazitäten geschätzt und anschließend die Reihenfolgen geplant. Die Ressourcen werden dann nach Termin angefordert.

Terminorientierte Planung

In den meisten Fällen gehen die Schritte ineinander über. Da alle Planungsinhalte voneinander abhängen, müssen diese iterativ aufeinander abgestimmt werden.

Fragen und Aufgaben zur Wiederholung:

1. Nach welchen Prinzipien lässt sich ein Projekt in einem Projektstrukturplan gliedern?

2. Grenzen Sie die Begriffe Teilprojekt und Arbeitspaket gegeneinander ab. Nutzen Sie dazu einen groben Projektstrukturplan.

3. Was ist eine Codierung?

4. Erläutern Sie die Projektstruktur Ihres aktuellen Projekts. Gehen Sie auf die von Ihnen genutzten Gliederungsprinzipien ein.

5.6 Ablauf und Termine

Kompetenzelemente der ICB 3.0	Kapitel und PM-Prozesse des PMBOK®
1.11 Projektphasen, Ablauf, Termine	6.1 Terminmanagement planen
1.12 Ressourcen	6.2 Vorgänge festlegen
	6.3 Vorgangsfolgen festlegen
	6.4 Ressourcen für Vorgänge schätzen
	6.5 Vorgangsdauer schätzen
	6.6 Terminplan entwickeln

Ziele dieses Kapitels – Was können Sie erwarten?

Sie kennen

- die verschiedenen Möglichkeiten, Vorgangsfolgen von Projektaufgaben zu bilden
- Methoden, um mit der Unsicherheit von Zeitschätzungen umzugehen
- die unterschiedlichen Puffer eines Terminplans und ihre Bedeutung.

Sie können

- den kritischen Weg eines Terminplans ermitteln
- Anordnungsbeziehungen in einem Netzwerkdiagramm darstellen
- Terminpläne beschleunigen und Ressourcenkonflikte lösen.

Die Ablauf- und Terminplanung erfolgt nach PMBOK® in nachfolgenden Schritten (Abbildung 5.46), deren Ergebnisse schrittweise in einer Vorgangsliste und/oder einem Netzplan dokumentiert werden.

Schritte	Ergebnis
1. Terminmanagement planen	Terminmanagementplan
2. Vorgänge definieren	Vorgangsliste
3. Vorgangsfolgen festlegen	Netzwerkdiagramme Termineinschränkungen Vorzieh- und Nachlaufzeiten Meilensteine
4. Ressourcen für Vorgänge schätzen	Ressourcengruppe mit Anforderungsprofil, geschätzter Aufwand
5. Vorgangsdauer schätzen	Optimistische, realistische, pessimistische Dauer pro Vorgang, PERT-Dauer, Varianz und Standardabweichung
6. Terminplan entwickeln	Kritischer Weg, freier Puffer, Gesamtpuffer, ressourcenoptimierter Terminplan

Abb. 5.46: Ablauf- und Terminplanung nach PMBOK®, 5. Edition

Seit der fünften Edition des PMBOK® ist auch beim Terminmanagement im ersten Schritt zu klären, wie ein für das Projekt passendes Terminmanagement aussieht. Fragen wie,

- welche Anordnungsbeziehungen zu verwenden sind,
- welches IT-Tool für die Terminplanung und -überwachung genutzt werden soll,
- wie oft der Terminplan anzupassen ist und wer dazu autorisiert ist,
- welche Zeitschätzungen und Schätzmethoden eingesetzt werden sollen,
- wie mit Zeitreserven umgegangen werden soll und ob Projekt-/Meilensteinpuffer zu nutzen sind und
- in welchen Schritten Ressourcenkonflikte zu lösen sind.

werden mit dem Terminmanagementplan beantwortet.

Für das Terminmanagement muss der Projektleiter vorab grundlegende Fragen klären

5.6.1 Vorgänge definieren

Meist reicht die Gliederungstiefe des Projektstrukturplans nicht aus, um

Warum tiefer gliedern?

- zu erkennen, was im Detail alles getan werden muss
- die Abhängigkeiten zwischen Arbeitspaketen sauber zu formulieren
- die Dauer für die Erledigung zu ermitteln
- den Arbeitsaufwand verlässlich einzuschätzen.

Detaillierung des Arbeitspakets

Viele Arbeitspaketverantwortliche zerlegen für sich ihr Arbeitspaket in kleinere Schritte, um zu erkennen, was im Einzelnen auf sie zukommt und ob sie mit der ihnen vorgegebenen Zeit auskommen können.

Der Projektleiter sollte die weitere Untergliederung dem Fachwissen des Arbeitspaketverantwortlichen überlassen und lediglich die sich daraus ergebenden Konsequenzen in seiner Planung berücksichtigen.

D100110 Kundenbefragung

Im Beispiel „Call-Center für den Kundenservice" soll in dem Arbeitspaket D100110 das heutige Kommunikationsverhalten erhoben und analysiert werden. Erst die folgende Feingliederung erlaubt klare Aussagen über Zeitbedarf und Abhängigkeiten auch zu anderen Arbeitspaketen:

Nr.	Teilschritte (Vorgänge)	(Teil-)Ergebnisse
1	Fragebogen entwerfen	- Ausgefüllte Fragebogen - Fragebogenergebnisse in Datenbank erfasst
2	Fragebogen vervielfältigen	
3	Teilnehmerkreis bestimmen	
4	Anschreiben formulieren	
5	Fragebogen versenden	
6	Rücklauf verfolgen, Fragen beantworten	
7	Ausgefüllte Fragebogen in Datenbank erfassen	

Auf dieser Planungsebene können nun Abhängigkeiten und Zeitbedarf festgelegt werden. Der Arbeitspaketverantwortliche kann sich daraus einen eigenen Terminplan ableiten und sich zur Terminabstimmung mit Projektleiter und anderen Arbeitspaketverantwortlichen vorbereiten. Daraus ergibt sich eine durchgängige Planungshierarchie, die für jedes Vorhaben individuell anzupassen ist.

Abb. 5.47: Detaillierung von Arbeitspaketen nach Verantwortungsebenen

Die Teilschritte und Arbeitspakete werden unabhängig von der Gliederungstiefe als Vorgänge bezeichnet.

5.6.2 Vorgangsfolgen festlegen

Vorgangsfolgen oder auch Anordnungsbeziehungen definieren die Reihenfolge, in der die Vorgänge abzuwickeln sind. Sie werden über Vorgänger bzw. Nachfolger eines Vorgangs beschrieben. Bei technischen Projekten erzwingen die Herstellungs- und Montageprozesse meist eine feste Sequenz der einzelnen Vorgänge. Diese werden als erzwungene Vorgangsfolgen oder „Hard Logic" bezeichnet.

Bei IT-Projekten hat sich eine Art Best-Practice-Ablauf etabliert, von dem auch abgewichen werden kann. So sollte das Fachkonzept abgenommen sein, bevor mit den Detailspezifikationen begonnen werden kann, jedoch wird im Ist bereits früher mit Teilschritten begonnen. Diese sogenannte „Soft Logic" wird durch diskrete Anordnungsbeziehungen beschrieben.

Aber auch IT-Projekte müssen oft außerhalb des Projekts vorgegebene Termine zwingend einhalten. Diese externen Abhängigkeiten wie etwa vorgegebene Termine für Integrationstests werden als Meilensteine oder Termineinschränkungen berücksichtigt.

Normalerweise müssen Vorgänge abgeschlossen sein, bevor der nachfolgende Vorgang beginnen kann. Diese sogenannte Normalfolge wird als Ende-Anfang-Beziehung bezeichnet. So müssen in unserem Beispielprojekt die Richtlinien recherchiert sein, bevor in Managerinterviews nach der Wirksamkeit und Eignung dieser Richtlinien gefragt werden kann.

Möchten wir nun, dass in unserem Projekt die Managerinterviews und die Kundenbefragung zum gleichen Termin fertig sind, damit die Auswertung sich direkt anschließt, ohne dass Daten nachgeliefert werden, so kann man dies mit einer Ende-Ende-Beziehung zwischen beiden Vorgängen erreichen.

In ähnlicher Weise kann es sinnvoll sein, dass nach einer kurzen Übergabe (etwa durch einen Architekten) zwei parallele Arbeiten im ersten und zweiten Stock zum selben Zeitpunkt anfangen sollen. Hierzu wird eine Anfang-Anfang-Beziehung zwischen den Arbeiten im ersten Stock und den Arbeiten im zweiten Stock hergestellt. Wann diese Arbeiten im Terminplan stattfinden, bleibt dann flexibel.

Fester Abstand zwischen zwei Vorgängen

In unserem Projekt muss der Ergebnisbericht der Vorstudie 2 Wochen vor der Lenkungsausschusssitzung vorliegen, damit die Mitglieder ausreichend Zeit haben, diesen zu studieren. Dies lässt sich durch eine Wartezeit zwischen den Vorgängen Ergebnisbericht und Lenkungsausschusssitzung von 2 Wochen abbilden.

Überlappung von Vorgängen

Um einen Terminplan zu beschleunigen, kann es sinnvoll sein, dass Vorgänge überlappend geplant werden. Dies kann man durch eine Vorziehzeit erreichen, die entweder als Prozentanteil des Vorgangs oder absolut in Zeiteinheiten definiert wird.

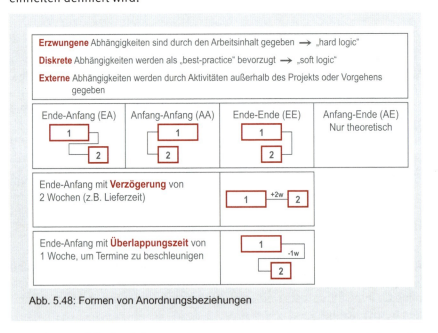

Abb. 5.48: Formen von Anordnungsbeziehungen

Meilensteine setzen

Nachdem die Folgebeziehungen definiert sind, werden für die Beteiligten die Freiheitsgrade durch Setzen von Meilensteinen weiter eingeschränkt. Dabei werden zunächst nur die Meilensteintermine definiert, an denen laut Auftrag konkrete Teilergebnisse vorliegen müssen.

Meilensteine müssen nicht immer mit einem Termin verknüpft sein. In der Praxis werden sie jedoch häufig an Terminen festgemacht, z.B. Vorstudie ist am 31. Mai abgeschlossen oder der Grundstein wird am 15. August gelegt.

Ein Meilenstein ist ein wesentliches und eindeutig vordefiniertes Zwischen- beziehungsweise Endergebnis im Projektablauf.

Definition

Meilensteine können definiert werden bei:

Start- und Abschluss- ereignissen bezogen auf	Test- bzw. Lieferergebnissen	Projektkontrollpunkten
■ Gesamtprojekt	■ Hard-/Software	■ Anforderungsüberprüfungen
■ Phasen	■ Dokumentation	■ Entwurfsüberprüfungen
■ Teilprojekte	■ Dienstleistung	■ Abnahmen
■ Arbeitspakete		

Ereignisse für Meilensteine

Meilensteine fixieren Abschnitte, legen Kontrollpunkte im Projekt fest und setzen Entscheidungspunkte für das weitere Vorgehen. Das können Freigaben durch externe Kunden sein, Entscheidungen über grundsätzliche Alternativen oder die Festlegung des point of no return (Änderungsstopp). Da an den Entscheidungspunkten eines Projekts Weichen gestellt werden, sollte danach immer eine Aktualisierung der Pläne vorgesehen werden. In zeitkritischen Projekten macht es Sinn, Alternativpläne je nach Entscheidungslage zu entwickeln. Hierfür gibt es eigenständige Planungsmethoden und Projektmanagement-Tools.

Liegen die Arbeitspakete und Meilensteine vor, können Folgebeziehungen zwischen ihnen hergestellt werden, damit deutlich wird, welche Ergebnisse aus den einzelnen Arbeitspaketen zu den jeweiligen Meilensteinen vorliegen müssen. Das zwingt alle Projektbeteiligten, auf bestimmte Projektabschnitte hinzuarbeiten. Die Diagnose und Steuerung kann dann auch auf die Meilensteine konzentriert werden. Mit dem vorgesehenen Start- und Endtermin (einer Phase) stehen in der Regel mindestens zwei Meilensteine fest.

Die Folgebeziehungen werden in eine Vorgangsliste eingetragen, die in diesem Planungsstadium nur die ersten vier Spalten der folgenden Informationen umfasst:

- Vorgangsnummer
- Vorgangs-/Arbeitspaketbezeichnung
- Vorgänger
- Nachfolger

Inhalte einer Vorgangsliste

Projektplanung

Inhalte einer Vorgangsliste

- Dauer und Aufwand in Arbeitstagen
- Einsatzmittel (Bezeichnung und Kapazität)
- Frühester Anfang, frühestes Ende, spätester Anfang, spätestes Ende
- Puffer (Gesamt, freie).

In der Vorgangsliste für die Vorstudie „Call-Center für den Kundenservice" sind nun die ersten 4 Spalten gefüllt und beinhalten alle Informationen, um die Reihenfolge zwischen den Vorgängen darzustellen.

Nr.	Vorgang	Vorgänger	Nachfolger	Dauer in Tagen	Frühester Anfang	Frühestes Ende	Spätester Anfang	Spätestes Ende	Gesamtpuffer	Freier Puffer
					FA	FE	SA	SE	GP	FP
1	Kick-off		2	1						
2	Regelungen erheben	1	3, 4	9						
3	Kundenbefragung	2	5	40						
4	Führungskräfteinterviews	2	5	20						
5	Auswertung	3, 4	6, 9	10						
6	SWOT-Analyse	5	7	10						
7	Lösungsworkshop	6	8, 10	2						
8	Nutzwertanalyse	7	11	3						
9	Ergebnisbericht	5	11 EA +2W	10						
10	LA-Sitzung vorbereiten	7	11	5						
11	**LA-Sitzung**	8, 9 EA + 2W, 10	12	1						
12	Protokoll nachbereiten	11	13	4						
13	**Ende Vorstudie**	12		0						

(**EA** = Ende-Anfang-Beziehung)

Abb. 5.49: Vorgangsliste der Vorstudie mit Anordnungsbeziehungen und geschätzter Dauer

Handelt es sich um komplexe Zusammenhänge zwischen den Vorgängen eines Projekts, so ist es unerlässlich, diese grafisch in Form eines Netzwerkdiagramms darzustellen. Die heute vor allem von PM-Tools genutzte Darstellung ist der Vorgangsknotennetzplan (VKN). Dabei enthalten die Knoten alle

Informationen der Spalten der Vorgangsliste, Pfeile zeigen die Anordnungsbeziehungen auf. Auf den Pfeilen werden besondere Formen der Vorgangsfolgen sowie Warte- und Vorziehzeiten notiert.

Die schrittweise Berechnung von Terminen und Puffern entlang des Netzplans wird in Anlage A dargestellt (Anhang 20).

Um die Lesbarkeit der Grafik zu erhöhen, sollte versucht werden, die Knoten möglichst zeitlich korrekt zu platzieren. Diese sogenannte „Layout-Kontrolle" ist für viele gängige PM-Tools eine große Herausforderung, so dass meist manuell die Darstellungen nachbearbeitet werden müssen.

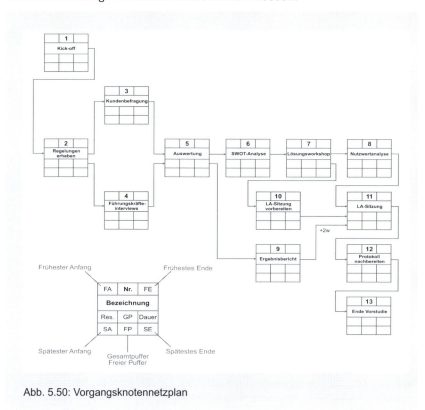

Abb. 5.50: Vorgangsknotennetzplan

5.6.3 Ressourcen und Dauer für Vorgänge schätzen

Um zu einem ersten Terminplan zu kommen, muss nun für jeden Vorgang die jeweilige Zeitdauer geschätzt werden. Diese kann unabhängig, aber auch wie in den meisten Fällen abhängig vom Aufwand, der Leistungsfähigkeit und der Kapazität der eingesetzten Ressourcen sein. Typischer Weise ist die Dauer einer Schulung unabhängig von der Zahl der Teilnehmer.

Müssen allerdings aufgrund der Gruppengröße zwei gleiche Schulungen hintereinander durchgeführt werden, könnte man mit zwei Trainern die Trainings parallel durchführen. Damit ergibt sich eine ressourcenabhängige Zeitdauer, da sich durch zusätzliche Kapazitäten die Dauer verkürzen lässt.

Um die Unsicherheit der Dauerschätzungen gering zu halten, müssen zunächst für jeden Vorgang Ressourcenanforderungen bezüglich Leistungsfähigkeit und Kapazitäten festgelegt werden. Dem Prinzip „vom Groben zum Detail" folgend, beginnt man mit der Anzahl von Personen einer Ressourcengruppe mit einem durchschnittlichen Qualifikationsprofil, die für einen Vorgang gebraucht werden und prüft, ob davon ausreichend Mitarbeiter existieren.

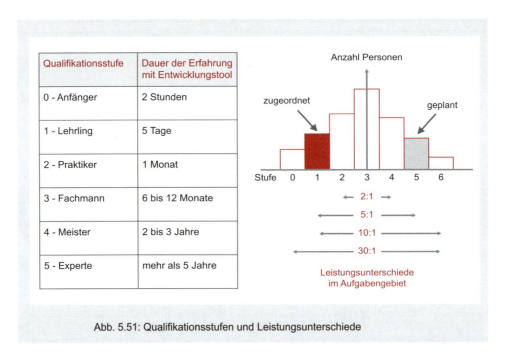

Abb. 5.51: Qualifikationsstufen und Leistungsunterschiede

Typische Ressourcengruppen sind Analysten, Organisatoren, Programmierer, Vertriebsspezialisten, Marketingfachleute, Webdesigner, Betriebsingenieure, Trainer, Berater usw.

In vielen Bereichen haben Knowhow und Verfügbarkeit der Mitarbeiter einen enormen Einfluss darauf, wie lange eine Aufgabe dauert. Insbesondere wenn die konkreten Personen gefunden werden sollen, müssen Kompromisse bezüglich Verfügbarkeit und Qualifikationsstufe eingegangen werden.

Liegt eine Aufwandsschätzung vor (siehe Kapitel 5.7.4 Methoden der Aufwandsschätzung) ergibt sich dann daraus die Zeitdauer.

Oft wird allerdings versucht, die Zeitdauer durch eine sogenannte Drei-Punktschätzung einzugrenzen. Dabei steht

- optimistisch für die Zeit, die benötigt wird, wenn alles gut läuft
- pessimistisch, wenn ungünstige Umstände vorliegen
- realistisch unter normalen Bedingungen.

Bandbreite der Vorgangsdauer bestimmen

Dieses Eingrenzen der Zeitdauer wird von der PERT-Methode (Project Evaluation and Review Technique) dazu benutzt, statistisch eine mittlere Zeitdauer sowie Varianz und Standardabweichungen für die Vorgangs- und die Projektdauer zu errechnen. Daraus ergeben sich zeitliche Sicherheitszuschläge, die bei Angeboten mit großen zeitlichen Unsicherheiten genutzt werden können, um eine geeignete Risikovorsorge zu treffen. Eine andere Methode, um die Unsicherheit von Zeitschätzungen in den Griff zu bekommen und für die Projektsteuerung zu nutzen, ist die Projektplanung nach Critical Chain, die in Kapitel 5.6.7 näher erläutert wird.

Die PERT-Dauer eines Vorgangs wird nach der Formel

$$\text{PERT-Dauer} = (\text{optimistisch} + 4 \cdot \text{realistisch} + \text{pessimistisch}) / 6$$

ermittelt.

Die statistische Standardabweichung um diese PERT-Dauer ist dann

$$\text{Standardabweichung} = (\text{pessimistisch} - \text{optimistisch}) / 6$$

Damit ergibt sich dann die Varianz zu

$$\text{Varianz} = \text{Standardabweichung} \cdot \text{Standardabweichung}$$

In der nachfolgenden Tabelle sind die Drei-Punktschätzungen für die Vorstudie unseres Projekts mit den zugehörigen PERT-Berechnungen ermittelt. Als Einheit wurden Arbeitstage verwendet.

Projektplanung

	Vorstudie Call-Center für Kundenservice	Optimistisch (O)	Realistisch (R)	Pessimistisch (P)	PERT-Dauer	Standard-Abweichung σ = (P-O)/6	Varianz V = σ•σ
1	Kick-off	1	1	1	1,0	0,0	0,0
2	Regelungen erheben	5	9	19	10,0	2,3	5,4
3	Kundenbefragung	25	40	49	39,0	4,0	16,0
4	Führungskräfteinterviews	8	20	26	19,0	3,0	9,0
5	Auswertung	5	10	21	11,0	2,7	7,1
6	SWOT-Analyse	7	10	13	10,0	1,0	1,0
7	Lösungsworkshop	1	2	9	3,0	1,3	1,8
8	Nutzwertanalyse	1	3	11	4,0	1,7	2,8
9	Ergebnisbericht	8	10	24	12,0	2,7	7,1
10	LA-Sitzung vorbereiten	3	5	13	6,0	1,7	2,8
11	LA-Sitzung	1	1	1	1,0	0,0	0,0
12	Protokoll nachbereiten	2	4	6	4,0	0,7	0,4
13	Ende Vorstudie	0	0	0	0,0	0,0	0,0
	Gesamtdauer	57	85	132	87,0	7,3	53,4

Abb. 5.51a: Berechnung der PERT-Dauer aus der Drei-Punkt-Schätzung

Achtung: Die Gesamtdauer ist nicht die Summe aller Einzelvorgänge

Die Gesamtdauer der Vorstudie wird jeweils mit den geschätzten bzw. bei PERT berechneten Dauerangaben und den Anordnungsbeziehungen ermittelt. Dabei kann der kritische Weg je nach verwendeten Schätzungen (optimistisch, realistisch, pessimistisch) variieren. Die Standardabweichung für die Gesamtdauer wird aus den einzelnen Standardabweichungen nach folgender Formel berechnet:

$$\sigma_{Gesamtdauer} = \sqrt[2]{\sum \sigma_i^2} \quad \{i \text{ ist Vorgang auf dem kritischen Weg}\}$$

Die Gesamtdauer ist anhand der Anordnungsbeziehungen berechnet. Mit der Standardabweichung können wir nun Aussagen treffen, mit welcher Sicherheit die Dauer eines Vorgangs oder Projekts in einem bestimmten Zeitintervall liegt. Dieses sogenannte Konfidenzintervall wird wie folgt ermittelt:

	Sicherheit	Untere Grenze	Obere Grenze
1 Sigma	68,26%	PERT-Dauer – Sigma	PERT-Dauer + Sigma
		87,0 - 7,3 = 79,7	87,0 + 7,3 = 94,3
2 Sigma	95,46%	PERT-Dauer – 2 • Sigma	PERT-Dauer + 2 • Sigma
		87,0 - 14,6 = 72,4 Tage	87,0 + 14,6 = 101,6 Tage

Damit können wir mit mehr als 95% Sicherheit davon ausgehen, dass die Vorstudie zwischen 72 und 102 Tagen dauert. Oder, dass unsere Chance, schneller als in 72 Tagen die Vorstudie zu beenden, geringer als 2% ist.

5.6.4 Kritischen Weg und Puffer berechnen

Nach Eingabe der Dauer können nun die früheste und die späteste zeitliche Lage jedes Vorgangs bestimmt werden (siehe auch Anhang 20).

Durch Vorwärtsrechnung (Beginn Startvorgang) werden der früheste Anfang (FA) und das früheste Ende (FE) jeden Vorgangs bis zum Projektende ermittelt. Für das Projektende werden dann frühestes Ende und spätestes Ende gleichgesetzt und durch Rückwärtsrechnung (Beginn Endvorgang) das späteste Ende (SE) und der späteste Anfang (SA) jeden Vorgangs berechnet. Bei letzterem wird die Frage gestellt, welche späteste Lage der Vorgänge noch erlaubt ist, damit die bei der Vorwärtsrechnung ermittelte Projektdauer eingehalten wird. Anhand dieser Berechnung können Pufferzeiten ermittelt werden.

Unter „Pufferzeiten" versteht man Zeitreserven, in deren Rahmen der Vorgang verschoben oder verlängert werden kann, ohne die Projektdauer zu gefährden. Sie stellen somit den Gestaltungsspielraum des Planers dar. Besonders wichtig ist die Gesamtpufferzeit (GP). Sie sagt aus, um wie viele Zeiteinheiten ein Vorgang verlängert oder verschoben werden kann, damit der oder die Nachfolger gerade noch zum spätest erlaubten Anfangszeitpunkt beginnen können.

Pufferzeiten beschreiben die Flexibilität der Vorgänge aufgrund der Anordnungsbeziehungen

Die Gesamtpufferzeit eines Vorgangs i wird wie folgt berechnet:

$$GP_i = SA_i - FA_i = SE_i - FE_i$$

Nr.	Vorgang	Vorgänger	Dauer in Tagen	Frühester Anfang	Frühestes Ende	Spätester Anfang	Spätestes Ende	Gesamtpuffer	Freier Puffer
		VG	D	FA	FE	SA	SE	GP	FP
1	Kick-off		1	0	1	0	1	0	0
2	Regelungen erheben	1	9	1	10	1	10	0	0
3	Kundenbefragung	2	40	10	50	10	50	0	0
4	Führungskräfteinterviews	2	20	10	30	30	50	20	20
5	Auswertung	3, 4	10	50	60	50	60	0	0
6	SWOT-Analyse	5	10	60	70	63	73	3	0
7	Lösungsworkshop	6	2	70	72	73	75	3	0
8	Nutzwertanalyse	7	3	72	75	77	80	5	5
9	Ergebnisbericht	5	10	60	70	60	70	0	0
10	LA-Sitzung vorbereiten	7	5	72	77	75	80	3	3
11	LA-Sitzung	8, 9 EA + 2W, 10	1	80	81	80	81	0	0
12	Protokoll nachbereiten	11	4	81	85	81	85	0	0
13	Ende Vorstudie	12	0	85	85	85	85	0	0

Abb. 5.52: Vollständig berechnete Vorgangsliste

Konvention Startzeitpunkt 0

Die Tabelle enthält die Ergebnisse einer manuellen Berechnung ohne Kalender. Sie nutzt die übliche Konvention, dass der erste Vorgang zum Zeitpunkt null beginnt. Dies entspricht dem ersten Arbeitstag zum offiziellen Arbeitsbeginn, zum Beispiel Montag 9:00 Uhr. Die manuelle Berechnung sollte schrittweise mit Hilfe des Netzwerkdiagramms durchgeführt werden.

Vorgänge, die keine Zeitreserven bzw. eine Gesamtpufferzeit von Null besitzen, heißen Kritische Vorgänge. Sie sind daran zu erkennen, dass die Werte für das frühest mögliche und spätest erlaubte Ende gleich sind. Der kritische Weg besteht also aus kritischen Vorgängen, deren Gesamtpufferzeit Null ist. Im Beispiel bilden die Vorgänge 1, 2, 3, 5, 9, 11, 12 und 13 den kritischen Weg, was im Wesentlichen daran liegt, dass der Ergebnisbericht spätestens 10 Tage vor der LA-Sitzung dem Lenkungsausschuss vorliegen muss.

Ein wichtiges Maß für die Flexibilität eines Terminplans ist der sogenannte freie Puffer. Er gibt an, inwieweit ein Vorgang nach hinten geschoben werden kann, ohne dass sich die frühesten Anfangstermine seiner Nachfolger verschieben. Das bedeutet, dass eine Verzögerung eines Vorgangs mit freiem Puffer zu keinerlei Auswirkungen auf andere Vorgänge führt, soweit sich die Verzögerung innerhalb des freien Puffers bewegt. Die Berechnungsformel lautet:

$$FP_i = \min(FA_j) - FE_i, \text{ wobei } j \text{ alle Nachfolger von } i \text{ sind.}$$

Berechnung des freien Puffers

So beträgt der freie Puffer der Führungskräfteinterviews (Vorgang 4) 20 Tage, da er frühestens am 30. Tag enden und sein einziger Nachfolger, die Auswertung, frühestens am 50. Tag beginnen kann. Dies bedeutet, dass die Führungskräfteinterviews sich um 20 Tage verzögern können, ohne dass weitere Vorgänge davon berührt sind.

Der Lösungsworkshop (Vorgang 7) dagegen hat zwar einen Gesamtpuffer von 3 Tagen, seine Nachfolger (Vorgänge 8 und 10) müssen jedoch frühestens am 72. Tag beginnen, ohne ihren Puffer zu verlieren. Dies ist allerdings der früheste Zeitpunkt, an dem der Lösungsworkshop beendet ist.

Um die Flexibilität hinsichtlich Terminverschiebungen und spezifischer Kalender zu berücksichtigen, sollte ein Projektmanagement-Tool eingesetzt werden, das auch die gängigste Termindarstellung, einen Balkenplan oder Gantt-Chart, automatisch erzeugt.

5.6.5 Balkenplan

Balkenpläne haben sich in der Praxis als nützliche und leicht lesbare Instrumente etabliert, um Terminsituationen transparent zu machen. Die Länge der Balken gibt die geplante Dauer für die Durchführung der Aufgaben an. Die Lage der Balken zueinander bildet logische und zeitliche Folgebeziehungen sowie sachliche Abhängigkeiten ab. Die Verknüpfungen lassen sich auch – allerdings auf Kosten der Übersichtlichkeit – in den Balkenplan aufnehmen. Für die Darstellung des kritischen Wegs werden die Balken der Arbeitspakete auf dem kritischen Weg farbig oder durch Muster markiert. Meilensteine werden häufig in Form einer Raute abgebildet.

Die hierarchische Struktur des Projektstrukturplans wird durch Einrücken der Vorgänge dargestellt. Die übergeordneten Balken werden dabei als Sammelvorgänge bezeichnet. Die Einsatzmittel können durch Bezeichnung der Balken zugeordnet oder individuell eingefärbt werden, was die Beobachtung von kritischen Einsatzmitteln erleichtert.

258 | Projektplanung

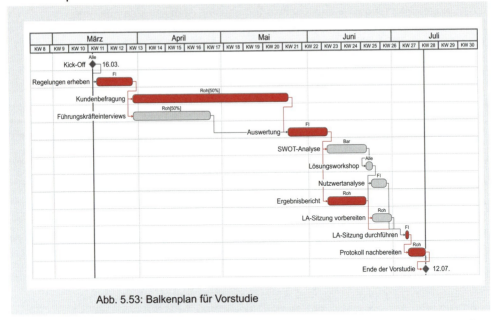

Abb. 5.53: Balkenplan für Vorstudie

In Abbildung 5.53 sind die Vorgänge auf dem kritischen Weg durch rote Balken gekennzeichnet. Die Länge der Phase Vorstudie wird durch die senkrechten Striche nach oben/unten von den Meilensteinen für Start und Ende sichtbar.

5.6.6 Terminplan optimieren

Der erste, errechnete Terminplan trifft häufig nicht die gestellten Anforderungen. So liegen wichtige Meilensteine zu spät, vorgesehene Mitarbeiter fallen wegen Urlaub oder anderer Projekte aus oder die geschätzte Dauer von Vorgängen erscheint zu pessimistisch. Es gibt folgende Möglichkeiten, den Terminplan zu beschleunigen:

- Paralleles Durchführen von Aufgaben
- Veränderter Mitarbeitereinsatz
- Aufstocken der vorgesehenen Personalkapazitäten
- (Zeitlich begrenztes) Ansetzen von Überstunden
- Vergabe von Aufgaben an Unterauftragnehmer (intern oder extern)
- Kaufen von Entwicklungsteilen statt Eigenentwicklung („make or buy")
- Verbessern der Qualifikation des einzusetzenden Personals
- Sinnvolles Beschränken der Leistung des geplanten Produkts durch eine Wertanalyse → Auftragsänderung.

Im Beispiel fehlen wichtige Mitarbeiter wegen ihres Urlaubs in den ersten 2 Wochen des kommenden Monats und der Lenkungsausschuss möchte noch über die Vorstudienvarianten entschieden haben. Folgende Maßnahmen sollen die Terminkonflikte lösen:

- Die Kundenbefragung wird nur eine Woche nach dem Kick-off in Angriff genommen, so dass erste Ergebnisse aus der Erhebung der Regelungen vorliegen
- Der Projektleiter unterstützt den Arbeitspaketverantwortlichen für die Auswertung in der Anfangsphase. Dadurch kann die Dauer von 10t auf 7t gesenkt werden
- Die Vervielfältigung der Fragebogen wird nicht wie geplant durch die eigene Druckerei vorgenommen, sondern in einem Copy-Shop. Die Zusatzkosten sind im Budget zu berücksichtigen. Die Dauer verkürzt sich damit von 40t auf 35t.

Termin-
konflikte
lösen

Die Maßnahmen konzentrieren sich darauf, die Dauer von Vorgängen auf dem kritischen Weg zu verkürzen, wobei der Verlauf des kritischen Wegs sich ändern kann.

Das Beispiel belegt, wie der Zwang zur Einhaltung eines Meilensteins die Phantasie beflügelt, um geeignete Maßnahmen der Terminbeschleunigung zu finden.

So können Projektleiter ihre Kompetenz beweisen. Sie nutzen ein Planungsinstrument, um die Terminsituation klar zu machen und daraus zielgerichtet Maßnahmen abzuleiten, ohne gleich dem Lenkungsausschuss eine Terminverschiebung abzuverlangen. Der optimierte Terminplan hat nun folgendes Aussehen (siehe Abbildung 5.54).

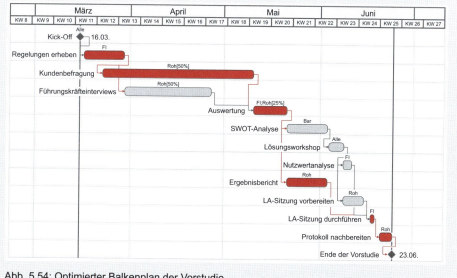

Abb. 5.54: Optimierter Balkenplan der Vorstudie

5.6.7 Critical Chain

Sicherheitszuschläge in der Dauerschätzung sind etwas „Persönliches"

Bei der Optimierung von Projektplänen nach dem kritischen Weg wird der Ansatz verfolgt, so früh wie möglich mit einem Vorgang zu beginnen, um ausreichend Puffer zu behalten. Handlungsbedarf wird nur bei Vorgängen sichtbar, die auf dem kritischen Weg liegen. Deshalb wird die Dauer dieser Vorgänge in der Regel mit einem Sicherheitspuffer versehen, damit die Tätigkeiten auch in der vorgegebenen Zeit zu schaffen sind. So braucht ein Projektmitarbeiter eigentlich nur 5 Tage für ein Arbeitspaket, obwohl er 8 Tage im Projektplan einträgt. Dies hängt von der persönlichen Einschätzung der Projektmitarbeiter ab. Aussagen wie

- „Zeitüberschreitungen sind mir unangenehm!"
- „Ich habe einen eigenen Zuschlag für Unvorhergesehenes!"
- „Meine Terminschätzung wird von Auftraggeber und Projektleiter sowieso gekürzt!"

führen in der Praxis zu enormen Sicherheitszuschlägen, um vor den Ungewissheiten geschützt zu sein.

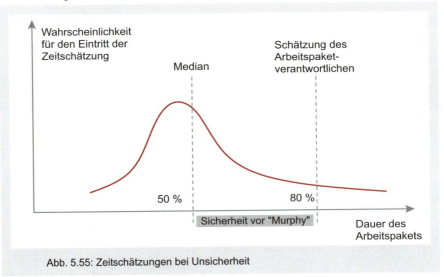

Abb. 5.55: Zeitschätzungen bei Unsicherheit

Sicherheitspuffer verstreichen oft ungenutzt

In der Planung wird damit der kritische Weg deutlich länger als er in Wirklichkeit sein könnte. Es ist menschlich, dass diese Puffer auch ausgenutzt werden, weil kaum ein Projektmitarbeiter bereits nach 5 Tagen „früher fertig" ruft, wenn er sich 8 Tage Zeit lassen kann. Das in der Praxis häufig anzutreffende „Studentensyndrom" sorgt dafür, dass der durchaus sinnvolle Puffer für Unvorhergesehenes seinen Zweck nicht erfüllen kann. Denn meist verstreicht gerade zu Beginn des Arbeitspakets die Zeit, die zum Endtermin hin gebraucht wird und der Projektleiter erhält erst kurz vor dem Endtermin Signale, dass eine Zeitüberschreitung droht. Damit wird die Reaktionszeit für den Projektleiter sehr kurz.

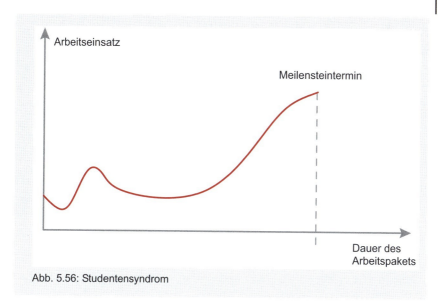

Abb. 5.56: Studentensyndrom

Diesem Vorgehen möchte der von E. M. GOLDRATT (2002) vorgestellte Ansatz „Critical Chain" entgegen wirken. Die Projektmitarbeiter geben die einzelnen Sicherheitspuffer pro Vorgang an einen Gesamtprojektpuffer weiter, der vor dem Meilenstein am Projektende eingesetzt wird. Die Zeitschätzungen werden aufgrund von „besten Bedingungen" vorgenommen, die auch entsprechend zu dokumentieren sind. Dabei sind diese Zeitangaben nur zu 50% realistisch haltbar, so dass Terminverschiebungen während des Projekts sehr häufig sind.

Persönliche Puffer werden „sozialisiert"

Der Projektleiter ist kein „Terminwächter", sondern überwacht den Projektfortschritt und den Verbrauch des Projektpuffers und sorgt dafür, dass die Projektmitarbeiter unter besten Bedingungen arbeiten können.

Die Projektmitarbeiter fangen so spät wie möglich mit den Arbeitspaketen an, sorgen jedoch dafür, dass sie sich voll auf die Erledigung der Arbeitspakete konzentrieren können. Die Teilergebnisse werden wie bei einem Staffellauf in einem Wechselterminkorridor von Projektmitarbeitern selbstständig übergeben.

Eine kürzere Dauer eines Arbeitspakets kommt dann sofort dem Projektpuffer zu Gute, während Verzögerungen zum Verbrauch führen. Bei Projektende sollten der Puffer vollständig verbraucht und alle Aufgaben erledigt sein.

Diese Methode ist besonders erfolgreich bei Projekten, in denen ein Terminverzug zu deutlich sichtbaren finanziellen Konsequenzen führt und ein zügiges Arbeiten sich für Projektleiter und Projektmitarbeiter lohnt.

Terminverzug hat finanzielle Konsequenzen

Im Folgenden sollen die Schritte der Terminplanung nach Critical Chain an einem einfachen Beispiel dargestellt werden:

262 | Projektplanung

1. Erstelle einen Projektplan nach der Methode des kritischen Wegs, um den Endtermin zu bestimmen.

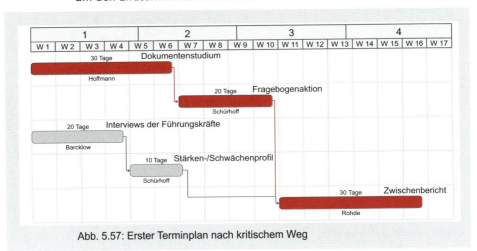

Abb. 5.57: Erster Terminplan nach kritischem Weg

2. Ersetze jede Vorgangsdauer durch eine Best-Case-Schätzung und halte die optimalen Bedingungen als Voraussetzungen fest. Vereinfacht kann auch die realistische Dauer (wie im Beispiel) halbiert werden. Damit sind alle möglichen Reserven, die in der Zeitschätzung enthalten waren, eliminiert. Lasse nun alle Vorgänge so spät wie möglich beginnen. Es ergibt sich ein völlig vor Überraschungen ungeschützter Terminplan, der so nie eintreffen kann!! Mit den nächsten Schritten werden Sicherheiten für Ungewissheiten eingebaut.

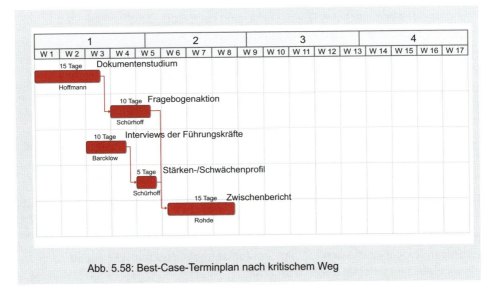

Abb. 5.58: Best-Case-Terminplan nach kritischem Weg

3. Setze 50% der Differenz zwischen Best-Case und Ursprungsplan als Projektpuffer ans Ende des letzten Meilensteins und schütze den kritischen Weg durch Zuführungspuffer. Diese sollten maximal 50% der Länge des eingehenden Strangs haben und zu keiner Veränderung des kritischen Wegs führen, d.h. unterhalb des Gesamtpuffers nach der CPM-Methode liegen.

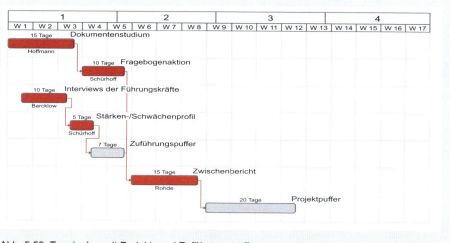

Abb. 5.59: Terminplan mit Projekt- und Zuführungspuffer

4. Beseitige die Ressourcenkonflikte im Projektplan, so dass jede Ressource sich voll auf den Vorgang konzentrieren kann. Dadurch verlängert sich im Beispiel das bisher ermittelte Projektende um 5 Tage.

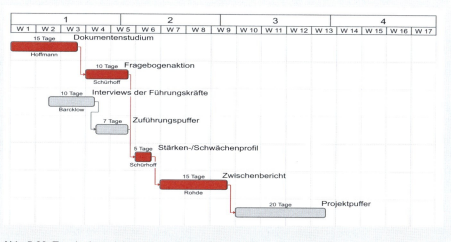

Abb. 5.60: Terminplan mit bereinigten Ressourcenkonflikten

5. Ermittle nun die „kritische Kette" als längsten Weg durch das Projekt, der Verknüpfungen und Ressourcen berücksichtigt.

6. Baue für die Ressourcen in der „kritischen Kette" Ressourcenpuffer auf, um zusätzlichen Ressourcenbedarf sofort decken zu können. Dies soll bei den Übergängen zwischen verschiedenen Projektmitarbeitern dafür sorgen, dass die Projektmitarbeiter Kapazitäten haben, um ihren Schreibtisch zu leeren beziehungsweise andere Vorgänge und Linientätigkeiten abzuschließen.

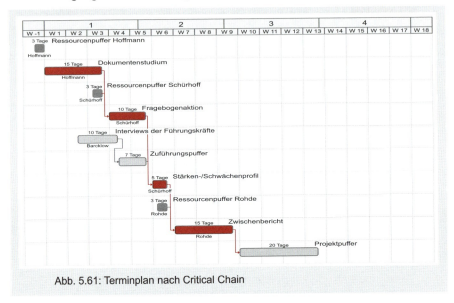

Abb. 5.61: Terminplan nach Critical Chain

7. Nutze den Projektpuffer zur Vorsorge und seinen Verbrauch als Maßstab, um die Leistungen im Projekt zu überwachen. Gegebenenfalls kann der Projektpuffer nun soweit ausgedehnt werden, dass der ursprüngliche Endtermin erreicht wird.

Damit dieser Projektplan in der Praxis funktioniert, sind Verhaltensänderungen bei Projektleiter, Projektmitarbeitern und Management sowie eine ausführliche Schulung der Methodik im Rahmen des Kick-off und der ersten Projektsitzung nötig.

Verhaltensänderungen im Projekt nötig

Management (PL, LA, AG)	Projektmitarbeiter
■ Projektmitarbeiter zur Verwendung von 50/50-Zeitschätzungen ermutigen	■ Nur auf eine Aufgabe konzentrieren und diese so schnell wie möglich abschließen
■ Ermöglichen, dass Projektmitarbeiter sich auf nur einen Vorgang konzentrieren können	■ Sich ständig über die Pufferberichte informieren, um zu entscheiden, was als Nächstes zu tun ist

Mit Hilfe der Planung nach „Critical Chain" sollen
- die Dauer des Projekts verkürzt werden können
- der Risikofaktor aus Einzeltätigkeiten genommen und
- das Ressourcen-Verhalten der Projektmitarbeiter positiv beeinflusst werden.

Fragen und Aufgaben zur Wiederholung:

1. Listen Sie bis zu 10 Aufgaben auf, die zu erledigen sind, um einen geeigneten Lieferanten für ein IT-Produkt auszuwählen. Definieren Sie Anordnungsbeziehungen zwischen diesen Aufgaben.
2. Welche Typen von Anordnungsbeziehungen können Sie nutzen?
3. Stellen Sie die Anordnungsbeziehungen in einem Netzwerkdiagramm dar.
4. Schätzen Sie die Dauer der Vorgänge ein. Wie gehen Sie dabei in der Praxis vor?
5. Erläutern Sie anhand Ihres Beispiels die Ermittlung des kritischen Wegs.
6. Beurteilen und kommentieren Sie das berechnete Ergebnis.
7. Welche Vorteile hat ein Balkendiagramm gegenüber einem Netzwerkdiagramm?
8. Wie werden Meilensteine definiert? Welche Bedeutung haben sie für die Terminplanung?

5.7 Ressourcen

Kompetenzelemente der ICB 3.0
1.12 Ressourcen
1.14 Beschaffung und Verträge

Kapitel und PM-Prozesse des PMBOK®
7.1 Kosten schätzen
9.1 Personalmanagement planen
9.2 Projektteam zusammenstellen
12.1 Beschaffungsmanagement planen
12.2 Beschaffung durchführen

Ziele dieses Kapitels – Was können Sie erwarten?

Sie kennen

- die Entwicklung der Schätzgenauigkeit im Projektverlauf
- die Schritte des Beschaffungsprozesses in Projekten
- die in Projekten typischen Vertragsinhalte und -formen.

Sie können

- geeignete Methoden zur Aufwandsschätzung in Projekten einsetzen
- mit Histogrammen den Ressourceneinsatz im Projekt aufzeigen und optimieren.

Im Folgenden werden die Begriffe Einsatzmittel und Ressourcen synonym verwendet.

Die Aufgaben im Projekt beanspruchen Einsatzmittel, sonst können sie nicht erledigt werden. Die Ressourcenplanung leitet aus dem Projektstrukturplan den zukünftigen Bedarf ab, stößt die Beschaffung der Einsatzmittel an und optimiert durch Aufzeigen von Engpässen und Leerläufen deren Einsatz.

In Projekten wechseln sich für viele Projektmitarbeiter Zeiten hoher Arbeitsintensität mit ruhigeren Phasen ab. In Spitzenzeiten wäre es sinnvoll, schnell und kurzfristig Spezialisten bereitzustellen, während sonst diese Experten (unnötig) Personalkosten binden. Die Ressourcenplanung versucht, zwischen einer gleichmäßig hohen Auslastung der Einsatzmittel, dem Kosten bindenden Vorhalten von Knowhow und Anlagen und dem kurzfristigen, flexiblen Bedarf einen Ausgleich herzustellen.

Ressourcen sind nach DIN 69902 Personal und Sachmittel, die zur Durchführung von Vorgängen, Arbeitspaketen und Projekten benötigt werden. Sie können wiederholt oder nur einmal einsetzbar sein. Sie können in Wert- oder Mengeneinheiten beschrieben und für einen Zeitpunkt oder Zeitraum disponiert werden.

Definition

5.7.1 Ressourcenarten

Es können folgende Einsatzmittelarten unterschieden werden:

- nicht-verzehrbare Einsatzmittel (Personal, Sachmittel)
- verzehrbare Einsatzmittel (Material, Geldmittel).

Die Bedeutung der verschiedenen Ressourcen in Projekten ist je Projektart sehr unterschiedlich. Bei Organisationsprojekten wird meist nur Personal eingesetzt, während im Anlagenbau die Einsatzplanung aufwändiger und teurer Sachmittel wie Kräne oder Tunnelbohrmaschinen wichtiger ist. Für Forschungsprojekte werden seltene Spezialisten und oft teure, erst zu entwickelnde Geräte benötigt; bei der Entwicklung einer neuen Waschmaschine mit vielen Einzelteilen ist das Material- und Teilemanagement ein kritischer Erfolgsfaktor.

Projektart und ihre speziellen Ressourcen

Die unterschiedlichen Ressourcenarten sind auch in der Kostenplanung zu berücksichtigen. So hängen die Kosten für Material häufig von Marktpreisen und ihren Schwankungen ab und gehen in die Betriebskosten des Unternehmens direkt ein. Für nicht-verzehrbare Ressourcen wie Personal und Sachmittel wird ein Nutzungsentgelt oder Kostensatz pro Zeiteinheit fällig. Der Kostenverlauf hängt maßgeblich vom Terminplan und Ressourceneinsatz ab. Allerdings werden in der Praxis für den internen Personaleinsatz nicht immer Kostensätze definiert und dem Projekt belastet. Dann obliegt auch das Ressourcenmanagement im Wesentlichen der Stammorganisation, die die Kosten dafür trägt. Der Projektleiter zeigt seine qualitativen, quantitativen und zeitlichen Einsatzmittelanforderungen den Linienmanagern mit Histogrammen auf.

Einsatzmittel	Bedarfs-ermittlung	Optimierung	Beschaffung
Personal ■ Projektteammitglieder ■ Interne Mitarbeiter aus Fach- und Servicebereichen ■ Fremde Dienststellen ■ Externe Consultants ■ Dienstleister	Personalvorrat Personalbedarf (Aufwandsschätzung)	Personaleinsatzplanung	Personalanforderungen Personalbeschaffung Qualifizierung
Sachmittel ■ EDV-Anlagen ■ Testgeräte ■ Präsentationsgeräte ■ Labors ■ Räume ■ Videokonferenz ■ CAD ■ Software für Simulationen, Prozessdarstellung ■ CASE-Tools, CNC-Maschinen ■ Transportmittel	Betriebsmitteleinsatzplanung		Investitionsgütereinkauf
Material ■ Produktbestandteile ■ Toner/Papier ■ Labormaterial	Lagerhaltung Absatzplanung	Logistik	Materialeinkauf
Geldmittel ■ Interne Budgets ■ Fremdmittel	Controlling		Finanz- und Rechnungswesen

Abb. 5.62: Ressourcenarten

5.7.2 Sachmitteleinsatz planen

Viele technische Projekte benötigen sehr kostspielige Sachmittel wie Labors, CAD-Arbeitsplätze, Prüfsysteme, Kräne, Transportmittel, Schulungsräume und Testanlagen. Unternehmen stehen häufig vor der Entscheidung, diese Sachmittel selbst vorzuhalten, individuell im Rahmen des Projekts zu erzeugen oder bei Bedarf zu mieten und damit nur eine Nutzungsgebühr zu entrichten.

Für die eigene Bevorratung spricht der schnellere und flexiblere Zugriff auf die Sachmittel. In der Regel sind die Mitarbeiter besser mit den Geräten vertraut und sie können zielgerichtet für das Projekt eingesetzt werden.

Sehr selten eingesetzte Sachmittel wie Spezialkräne oder moderne Prüfeinrichtungen können meist nicht ausreichend ausgelastet werden, erfordern hohe Investitionen, verursachen hohe laufende Kosten und binden viel Kapital. Wenn diese Sachmittel benötigt werden, empfiehlt es sich, frühzeitig das Angebot an Dienstleistern zu sichten, damit im Bedarfsfall schnell reagiert werden kann. Ein guter Projektplan hilft, die Sachmittel termingerecht zu reservieren. Bei bedarfsbezogener Beschaffung können auch die aktuellsten und modernsten Geräte und Technologien eingesetzt werden.

Spezielle Sachmittel bedarfsbezogen beschaffen

Stehen benötigte Sachmittel intern zur Verfügung, so werden die Anforderungen in einem Belegungsplan übergreifend dargestellt. Als Zugriffsregel wird meist das FIFO-Prinzip (first in, first out) angewendet: Wer zuerst kommt, wird als erster bedient. Weitere Spielregeln sollten das Vordrängeln einzelner Projekte oder langfristige Reservierungen nur zur Sicherheit eingrenzen. Für besondere Notfälle ist eine allgemeine Reserve nützlich.

Interne Sachmittel rechtzeitig reservieren

Der Belegungsplan sollte auch die wichtigsten Merkmale der Sachmittel enthalten und nach Sachmittelarten sortiert sein, damit leichter Alternativen angeboten werden können.

Sachmittel	Merkmale	KW 10					KW 11				
		Mo	Di	Mi	Do	Fr	Mo	Di	Mi	Do	Fr
PC-Schulungsraum A	max. 20 TN 10 PC	P1	P1	P1			P2	P2	P2		
		P1	P1	P1			P2	P2	P2		
Schulungsraum B	max. 30 TN			P2	P2	P2		P3			
	2 Beamer, Videoanlage			P2	P2	P2		P3			
Besprechungszimmer	max. 10 TN	P1	P1	P1							
	1 Flip-Chart	P1	P1	P2							
Testanlage	20 User				P4	P4	P4	P4			
Videoanlage 1	Digital, 2011	T1	T1	T2	T2	T2					
Videoanlage 2	Analog, 2008									T3	T3

Abb. 5.63: Belegungsplan (T = Team; P = Projekt)

5.7.3 Personaleinsatz planen

In den meisten Projekten ist das eingesetzte Personal hinsichtlich Kosten, Qualifikation und Wissen das wertvollste Einsatzmittel und damit ein sehr knappes Gut. Deshalb ist eine fundierte Terminplanung Grundvoraussetzung für die Personaleinsatzplanung, um folgende Aspekte im Projekt ausreichend berücksichtigen zu können:

Kernfragen der Einsatzmittelplanung

- Qualifikation des Personals
  Welches Wissen und Können ist vorhanden?
- Verfügbare Personalkapazität
  Wie viele Mitarbeiter sind mit der entsprechenden Qualifikation vorhanden?
- Zeitliche Verfügbarkeit
  Wann können die Mitarbeiter für das Projekt wie intensiv eingesetzt werden?
- Örtliche Verfügbarkeit
  Wo sind die Mitarbeiter einsetzbar?
- Organisatorische Zuordnung
  Wer muss die Mitarbeiter für das Projekt freigeben?

Andererseits müssen Personaleinsatzplanung und Terminplanung häufig miteinander abgeglichen werden, denn es sind die Sichten von Auftraggeber und Auftragnehmer unter einen Hut zu bringen.

Auftraggeber gibt Termin vor		**Das Personal auf Auftragnehmerseite steht fest**
Welche Personalkapazität in welcher zeitlichen Belegung ist erforderlich?	↔	Welches ist der früheste Projektabschlusstermin bei optimalem Personaleinsatz?
Termintreue Einsatzplanung		**Kapazitätstreue Einsatzplanung**

Die Personaleinsatzplanung durchläuft folgende Schritte:

Schritte der Einsatzmittelplanung

- Kapazitäten ermitteln
- Personalaufwand aus den Projekten schätzen
- Ressourcenkonflikte aufzeigen und lösen
- (Personal-)beschaffungsmaßnahmen ableiten.

Betrachtungsebenen der Personaleinsatzplanung

Beim Bestimmen des verfügbaren Personalvorrats befindet man sich in der „Zwickmühle" zwischen qualifikationsgerechter Betrachtung („Eignung"), zeitgerechter Betrachtung („Zeiträume freier Kapazität") und pauschalierter Betrachtung („Gesamtkapazität").

Bei qualifikationsgerechter Betrachtung teilt man das zur Verfügung stehende Personal in Gruppen gleicher Qualifikation (Skills) ein und ordnet es gemäß der Eignung den Projektaufgaben zu. Eine Zuordnungsmatrix kann nur eine grobe Orientierung geben, da die zeitliche Belastung nicht sichtbar wird. Auch reichen in der Praxis die Gruppeneinteilungen nicht aus. Vielmehr muss die Eignung über den Abgleich von Skill-Profilen und der Know-how-Anforderung aus dem Projekt ermittelt werden.

Die Zuordnung nach Kopfzahlen ist nur eine Momentaufnahme und lässt die zeitliche Komponente außer Acht. Hinter jeder Zuordnung verstecken sich konkrete Projekte mit einer geplanten Zeitdauer und unterschiedlichen Belastungen für die Mitarbeiter. Außerdem sind Veränderungen im Mitarbeiterstamm wie

- Neueinstellungen
- Kündigungen
- Arbeitszeitverkürzungen
- Pensionierung
- Versetzungen

Brutto-Kapazität

nicht berücksichtigt. Werden diese einkalkuliert, so erhält man den Brutto-Personalvorrat je Zeiteinheit. Für den Netto-Personalvorrat müssen noch Fehl- und Ausfallzeiten einbezogen werden.

Hierzu zählen:

- krankheits- oder unfallbedingte Ausfälle
- Urlaub
- Weiterbildungen.

Diese Fehl- und Ausfallzeiten werden meist durch Pauschalen abgedeckt.

Netto-Kapazität

Anhand der Vorgangsliste und der Zuordnung des Aufwands zu Arbeitspaketverantwortlichen kann nun der zeitliche Verlauf des Personalbedarfs ermittelt und dem Personalvorrat gegenübergestellt werden. Da Mitarbeiter in der Regel in unterschiedlichen Projekten tätig sind und zusätzlich oft noch Linienaufgaben erfüllen, reicht es nicht aus, die Kapazitätsbelastung für ein Projekt isoliert zu betrachten. Außerdem müssen sogenannte Grundlasten wie z.B. Ausbildungszeiten und regelmäßige Linienaufgaben einbezogen werden.

Für eine gute Steuerung der Projektmitarbeiter sollte es möglich sein, die Kapazitätskurven unter den Blickwinkeln

- Projekte
- Organisationseinheiten (Linienverantwortung)
- Themen/Qualifikation

Auswertung von Projektkapazitäten

betrachten zu können. Darüber hinaus muss erkennbar sein, aus welchen konkreten Projektaufgaben die Belastung entsteht.

Die Kapazitätsbelastung wird in Form von Histogrammen dargestellt, in denen Überlastungen farblich abgesetzt werden.

Die Abb. 5.64 zeigt neben dem Ressourcenhistogramm auch die dazugehörigen Vorgänge, die den Ressourcenbedarf auslösen. Kritische Vorgänge sind rot markiert. Bei nicht-kritischen Vorgängen werden Gesamtpuffer und freie Puffer ausgewiesen, die anzeigen, inwieweit ein Vorgang zum Ausgleich von Überlastungen verschoben werden kann, ohne dass es sich auf Nachfolger (freie Puffer) oder das Projektende (Gesamtpuffer) auswirkt.

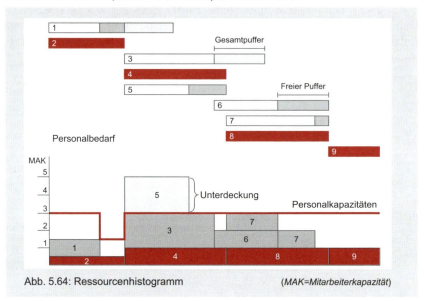

Abb. 5.64: Ressourcenhistogramm   (MAK=Mitarbeiterkapazität)

Praktische Einschränkungen der Optimierung

Beim Optimieren der Personalauslastung wird versucht, nicht-kritische Arbeitspakete aus Überlastbereichen in Zeiten mit geringer Auslastung zu verlegen. Oft ist dies wegen personeller, technologischer oder organisatorischer Abhängigkeiten nur eingeschränkt möglich. Nur der Projektleiter kann durch eine genaue Kenntnis der einzelnen Arbeitspakete einschätzen, inwieweit eine Verschiebung sinnvoll ist. Der Handlungsspielraum des Projektleiters wird in der Praxis auch durch Linienvorgesetzte und andere Projektleiter eingeschränkt. Diese orientieren sich an den einmal gemachten Zusagen, wann welcher Mitarbeiter in welchem Umfang benötigt wird. Eine Änderung der Einsatzzeiten beeinträchtigt auch deren Planungen.

Maschinelle Kapazitätsabgleiche sind problematisch

Ein von vielen Projektmanagement-Tools angebotener maschineller Kapazitätsabgleich bringt in der Regel deutlich schlechtere Ergebnisse als manuelle Eingriffe des Projektleiters, da unter Umständen Vorgänge weiter unterteilt, eine angenommene gleichmäßige Belastung flexibel eingepasst oder individuell Arbeitspakete an andere Mitarbeiter weitergegeben werden müssen.

Bei der Optimierung steht der Projektleiter immer vor der Frage, ob die Einhaltung des Endtermins oder die kapazitätsgetreue Auslastung vorgeht. Um hier möglichst flexibel zu sein, werden oft externe Mitarbeiter eingesetzt, die die Belastungsspitzen abdecken. Allerdings muss hierbei immer ein zeitlicher Vorlauf für Einarbeitung und Suche eingeplant werden.

Um Ressourcenkonflikte zu lösen, sollte der Projektleiter alle Möglichkeiten ausschöpfen, die innerhalb des Projekts und damit in seinem Verantwortungsbereich liegen. Eine Kombination von Balkendiagramm und Ressourcenhistogramm kann das Ausnutzen von Pufferzeiten und Reserven unterstützen.

Die Balken werden mit den frühestmöglichen Terminen dargestellt, aus denen die Ressourcenbelastung hervorgeht. Die kritischen Vorgänge müssen als erste von den Ressourcen wie eine Art „Bodensatz" sichergestellt werden. Die Balken der nicht-kritischen Vorgänge werden um die freien und (Gesamt-) Pufferzeiten verlängert, um zu sehen, inwieweit ein Vorgang innerhalb der Kapazitätsgrenzen verschoben werden kann, ohne dass dies Einfluss auf den nächsten Vorgang bzw. auf den Endtermin hat. Eine Nummerierung der Vorgänge im Balkendiagramm und im Ressourcenhistogramm erleichtert das Durchdenken von Handlungsalternativen. Leider gehört dies nicht zu den Standardfunktionalitäten der meisten Projektmanagement-Tools.

Maßnahmen	Verantwortung	
	PL	Linie
Planung optimieren		
Pufferzeiten und Reserven nutzen	X	
Arbeiten splitten	X	
Arbeiten parallel abwickeln	X	
Variable Belastung je Zeit zulassen	X	
Andere Aufgabenzuteilung im Projekt	X	X
Aufwand reduzieren		
Anforderungen reduzieren oder vereinfachen	X	
Arbeiten weglassen	X	
Bestehende Komponenten verwenden	X	
Etappenweise realisieren und einführen	X	
Kapazitäten erhöhen		
Prioritäten anderer Projekte reduzieren		X
Personal einstellen oder aufbauen		X
Überstunden anordnen		X
Externe Ressourcen beschaffen und einbeziehen	X	X
Andere interne Stellen nutzen	X	X
Leistungsanreize schaffen	X	X

Abb. 5.65: Handlungsalternativen bei Ressourcenkonflikten
(vgl. SCHELLE/OTTMANN 2005)

5.7.4 Methoden der Aufwandsschätzung

Jede Aufwandsschätzung eines Projekts basiert auf einem Projektstrukturplan, einer Aufwandsschätzmethode und einer gehörigen Portion Erfahrung.

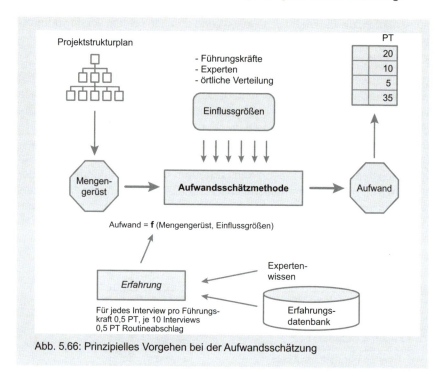

Abb. 5.66: Prinzipielles Vorgehen bei der Aufwandsschätzung

Gerade bei den Aufwandsschätzungen ergeben sich in der Praxis häufig Probleme. Diese können gemildert werden durch

Voraussetzungen einer „guten Aufwandsschätzung"

- einen solide erarbeiteten Projektstrukturplan
- eine genaue Beschreibung (Abgrenzung) von Arbeitspaketen
- die Benennung eines exakten Qualitätsniveaus
- klare Anforderungen an das Qualifikationsprofil des Mitarbeiters
- hohe Objektivität
- genaue Verarbeitungs- und Bewertungsrichtlinien, kein Checklistencharakter
- Anwenderfreundlichkeit – einfach zu erlernen, praktikabler Einsatz, geringer Zeitaufwand
- frühzeitige Berücksichtigung relevanter Faktoren
- Vergleich über viele Projekte hinweg
- Ermittlung von Gesamtaufwänden und Teilaufwänden.

Die Kenntnisse über die Arbeitspaketinhalte (Schätzobjekte) und die erwartete Schätzgenauigkeit bestimmen das Vorgehen bei der Aufwandsschätzung. Da das Wissen über die Arbeitspakete im Laufe des Projekts kontinuierlich zunimmt, sollten in jeder Projektphase die Aufwandsschätzungen überarbeitet werden. Hierzu werden die jeweils getroffenen Annahmen über die Mengengerüste und Einflussfaktoren dokumentiert und entstandene Änderungen berücksichtigt. Insbesondere kann dann die Nachkalkulation am Projektende wichtige Anhaltspunkte für künftige Aufwandsschätzungen liefern.

- Erst messen, dann schätzen
- Im Projektverlauf wiederholen
- Schätzwerte überwachen (tracking)
- Auf mehrere Arten durchführen
- Transparent und nachprüfbar dokumentieren
- Den schleichenden Zuwachs von Anforderungen berücksichtigen
- Von politischen und persönlichen Einflüssen frei halten.

Die in der Praxis angewendeten Aufwandsschätzmethoden lassen sich aufgrund ihrer Funktionsweise in vier Klassen einteilen. Verbreitung und Einsatz hängen von Projektart, Phase und dem Detaillierungsgrad ab.

Algorithmische Methoden	
<ul><li>Parametrische Methoden wie COCOMO, PRICE, SLIM</li><li>Faktorenmethoden wie Sürbeck, ZKP oder IBM-Faktorenmethode</li></ul>	
Anhand vergangener Projekte wird ein formelmäßiger Zusammenhang zwischen Mengen und Einflussgrößen, z.B. durch eine Regressionsanalyse, hergestellt.	
Vorteile	Nachteile
<ul><li>Statistische Sicherheit</li><li>Standardisierte Mengen und Einflussgrößen</li></ul>	<ul><li>Große Datenbasis nötig</li><li>Anspruchsvoll</li><li>Komplex</li><li>Viele Parameter</li><li>Aufwändige Software</li></ul>

Abb. 5.67 (Teil 1): Methoden der Aufwandsschätzung

Vergleichsmethoden	
■ Analogieverfahren mit/ohne Erfahrungsdatenbank (EDB) ■ Funktionswertmethode ■ Data-Point-Methode ■ Relationsmethode	
Mittels Erfahrungsdatenbanken werden ähnliche abgeschlossene Projekte gesucht und das zu planende Projekt anhand von Kennzahlen eingeordnet. Aus dem Vergleich wird der Aufwand abgeleitet.	
Vorteile	Nachteile
■ Der Vergleich mit ähnlichen Projekten gibt zusätzliche Hinweise für die Strukturierung ■ Hohe Sicherheit bei Standardprojekten	■ Aufwändige Pflege einer Erfahrungsdatenbank nötig ■ Abhängig von der Qualität der Aufwandserfassung vergangener Projekte
Kennzahlenmethoden	
■ Prozentsatzverfahren ■ Multiplikatormethoden wie Wolverton ■ Produktivitätsmethoden wie Boeing, Aron	
Aus vergangenen Projekten werden Kennzahlen je Mengeneinheit abgeleitet, die abhängig von Einflussgrößen durch einfache Multiplikation anhand von Faktorentabellen den Aufwand ermitteln.	
Vorteile	Nachteile
■ Einfache Handhabung ■ Leicht nachvollziehbar ■ In vielen Projektphasen anwendbar	■ Trotz aufwändig ermittelter Faktoren große Bandbreite ■ Suggeriert hohe Genauigkeit, die nicht da ist ■ Variiert sehr stark, wenn Kennzahlen sich ändern
Weitere Methoden	
■ Expertenbefragung ■ Schätzklausur ■ Top-down-Methode ■ Bottom-up-Methode	
Durch Befragung und Erfahrungsaustausch wird in mehrfachen iterativen Schritten mit Bildung von Mittelwerten der Aufwand eingegrenzt und abgeleitet.	
Vorteile	Nachteile
■ Immer anwendbar ■ Viele Tipps nebenbei	■ Oft schwieriger Zugang zu den Experten ■ Besonderheiten werden zu wenig beachtet

Abb. 5.67 (Teil 2): Methoden der Aufwandsschätzung

Methoden der Aufwandsschätzung | 277

Im Folgenden sollen einige Aufwandsschätzmethoden an dem Beispiel „Call-Center für den Kundenservice" erläutert werden:

Es wird eine Einschätzung des Gesamtaufwands zu Beginn des Projekts benötigt. Der Projektstrukturplan ist auf oberster Ebene phasenorientiert gegliedert. Deshalb bietet sich an, den Aufwand der Vorstudie genau zu ermitteln und den Gesamtaufwand mit dem Prozentsatzverfahren hochzurechnen. Die Prozentsätze könnten von einem Anbieter für Call-Center stammen, der bereits mehrfach ähnliche Projekte abgewickelt hat.

Aufwandsverteilung nach Phasen

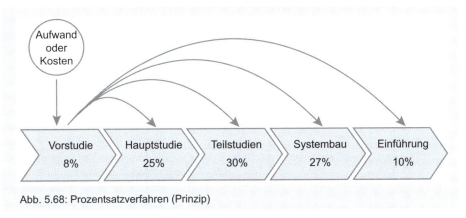

Abb. 5.68: Prozentsatzverfahren (Prinzip)

Damit diese Abschätzungen angewendet werden können, wird nun die Vorstudie so fein strukturiert, dass die erwarteten Ergebnisse je Arbeitspaket klar definiert sind. Anschließend werden pro Arbeitspaket das erwartete Mengengerüst ermittelt und mögliche Einflussgrößen festgehalten.

Arbeitspaket (Nr., Bezeichnung)	Mengengerüst (Kennzahl, Wert)		Einflussgrößen/ Ausprägung	
3 Erhebung/Analyse des Kommunikationsverhaltens	Anzahl betroffener Mitarbeiter	15	Erhebungsform	Interview
	Zahl der Standorte	3	Einstellung der Betroffenen	Kritisch
4 Erhebung/Analyse der technischen Ausstattung	Anzahl verschiedener Geräte	5	Qualität der technischen Dokumente	Schlecht
	Anzahl technischer Schnittstellen	20		
5 Erhebung/Analyse des Verhaltens der Wettbewerber	Zahl der Wettbewerber	3	Datenzugang	Leicht
	Anzahl der erwarteten Aussagen pro Wettbewerber	5	Verwendbarkeit von vorhandenen Daten	Gut

Abb. 5.69 (Teil 1): Mengengerüste und Einflussgrößen für eine Aufwandsschätzung

Arbeitspaket (Nr. Bezeichnung)	Mengengerüst (Kennzahl, Wert)		Einflussgrößen/ Ausprägung	
6 Erhebung/Analyse der relevanten Geschäftsereignisse	Anzahl Geschäftsereignisse	30	Anforderung an die Dokumentation	Hoch
7 Erhebung/Analyse der Organisationsstrukturen	Anzahl Organisationseinheiten	10	Qualität und Aktualität des vorhandenen Organisationshandbuches (OHB)	Gut
	Anzahl der erwarteten Aussagen pro Organisationseinheit	5		
8 Erhebung/Analyse von Personalbestand/-qualität	Anzahl betroffener Mitarbeiter	15	Erhebungsform	Akten
	Zahl der Standorte	3	Aussagefähigkeit bestehender Dokumente	Gut
9 SWOT-Analyse	Anzahl Beteiligter	5	Komplexitätsgrad	Hoch
	Umfang der Dokumentationen	15	Arbeitsform	Workshop
10 Einsatzstrategien entwickeln	Anzahl Varianten	4	Beteiligungsgrad	Hoch
	Anzahl Beteiligter	5	Arbeitsform	Workshop
11 Machbarkeit prüfen	Anzahl Bewertungskriterien	10	Verwendete Methode	Nutzwert-Analyse
13 LA-Präsentation vorbereiten	Seitenzahl des Ergebnisberichts	30	Qualitätsanforderung	Hoch
	Anzahl Charts für Präsentation	10	Standards vorhanden	Ja
14 LA-Sitzung durchführen	Dauer der Sitzung in Std.	2	Standortverteilung	National
	Anzahl Beteiligter	10	Ort	Zentral, intern
	Anzahl Beteiligter mit Anreise	2		
15 LA-Sitzung nachbereiten	Anzahl Veränderungen gegenüber der Vorlage	2	Dokumentationsform	Standard
			Abstimmungsverfahren	Ohne

Abb. 5.69 (Teil 2): Mengengerüste und Einflussgrößen für eine Aufwandsschätzung

Methoden der Aufwandsschätzung | 279

Diese Tabelle gibt dem Projektleiter bereits mehr Sicherheit für die Einschätzung des Aufwands, erleichtert den Vergleich mit anderen Projekten und liefert Experten gute Anhaltspunkte für ihre Schätzungen. Mit Analogiemethoden lassen sich dann Bezüge zu bereits abgewickelten Projekten aus der Vergangenheit herstellen.

In vielen Seminarveranstaltungen hat es sich gezeigt, dass der Austausch von Mengengerüsten, Einflussgrößen und Annahmen zwischen Experten, aber auch thematischen Laien erstaunlich gute Schätzergebnisse liefert.

Aus der Seminarpraxis

Im Beispielunternehmen hat der Bereich Organisation in vielen vergleichbaren Projekten Erhebungen und Analysen durchgeführt. Deshalb kann sehr gut anhand von Vergleichsmethoden der Aufwand abgeleitet werden.

Arbeitspakete	Andere Projekte			Call-Center	Andere Projekte		
	Kennzahlen						
Erhebung/Analyse von Geschäftsereignissen (Aufwand in PT)	5	8	10	15	20	30	50
Anzahl Geschäftsereignisse	20	10	20	30	30	50	100
	Einflussgröße						
Anforderung an Dokumentation	gering	mittel	mittel	mittel	hoch	hoch	mittel

Abb. 5.70: Vergleichsmethode bei einem Arbeitspaket

Zum Aufwand der Erhebung der technischen Ausstattung wurden vier Experten befragt (Expertenbefragung), die jeweils eine optimistische, pessimistische und normale Einschätzung vornehmen sollten.

	Experte 1	Experte 2	Experte 3	Mittelwert	Aufwand= (optimist.+ 4 • normal+ pessimist.)/6
Optimistisch	6	5	7	6,0	10,0 PT
Normal	8	9	10	9,0	
Pessimistisch	17	19	18	18,0	

In ähnlicher Art und Weise können alle Arbeitspakete der Vorstudie bearbeitet werden. In eine realistische Einschätzung sollten, wenn dies bereits feststeht, die künftigen Arbeitspaketverantwortlichen einbezogen werden.

Arbeitspaket (Nr., Bezeichnung)		Aufwand	PL	Org	IT	Vetrieb
3	Erhebung/Analyse des Kommunikationsverhaltens	20 PT	5	10		5
4	Erhebung/Analyse der technischen Ausstattung	10 Pt			10	
5	Erhebung/Analyse des Verhaltens der Wettbewerber	8 PT				8
6	Erhebung/Analyse der relevanten Geschäftsereignisse	15 PT			10	5
7	Erhebung/Analyse der Organisationsstrukturen	7 PT	2	5		
8	Erhebung/Analyse von Personalbestand/-qualität	5 PT	5			
9	SWOT-Analyse	20 PT	5	5	5	5
10	Einsatzstrategien entwickeln	25 PT	7	6	6	6
11	Machbarkeit prüfen	15 PT	6	3	3	3
13	LA-Präsentation vorbereiten	20 PT	8	6	2	4
14	LA-Sitzung durchführen	10 PT	1	2	1	6
15	LA-Sitzung nachbereiten	5 PT	3	2		
	Summe	160 PT	42	49	27	42

Abb. 5.71: Aufwandsverteilung nach Bereichen

Nach Aufsummierung der Einzelaufwände ergeben sich 160 PT. Aufgrund der Prozentsatzmethode muss für das gesamte Projekt mit folgendem Aufwand gerechnet werden:

Vorstudie	Hauptstudie	Teilstudien	Systembau	Einführung	Gesamt
8%	25%	30%	27%	10%	100%
160 PT	500 PT	600 PT	540 PT	200 PT	2000 PT

Schätzungen beim agilen Vorgehen

Beim agilen Vorgehen wird zu Beginn jeder Iteration anstatt einer Expertenbefragung das sogenannte „Schätzpoker" eingesetzt. Ziel ist es nicht, den absoluten Aufwand zu ermitteln, sondern die einzelnen vorgesehenen User-Stories hinsichtlich des Aufwandsverhältnisses zueinander abzuschätzen. An der Schätzrunde nehmen alle Teammitglieder teil, wobei jeder über Karten verfügt, die folgende Werte zeigen: 1, 2, 3, 5, 8, 13, 20, ?, Pause. Mit dem Fragezeichen signalisiert das Teammitglied, dass die User-Story noch nicht klar genug beschrieben ist. Die Pause-Karte unterbricht die „Poker-Runde".

Bei jeder User-Story spielt jedes Teammitglied eine Karte. So könnten in der ersten Runde, die mit der wichtigsten User-Story beginnt, folgende 6 Karten auf dem Tisch liegen: 5, 3, 2, 5, 3, 2. Das Team bespricht die unterschiedlichen

Bewertungen und einigt sich etwa auf 3 sogenannte Story-Points. Die nächste Runde wird mit den Satz eingeleitet, um wieviel ist diese User-Story aufwändiger oder leichter zu bearbeiten als die bisher geschätzten?

Die Summe der aufgelaufenen Story-Points wird permanent mitgeführt. Wird die maximale Punktzahl für eine Iteration, die sogenannte „Velocity" des Teams, erreicht, wird das Spiel beendet.

5.7.5 Beschaffung

Für die Planung, Bedarfsermittlung, Optimierung und Beschaffung sind in Unternehmen je nach Einsatzmittel andere Bereiche verantwortlich, was für den Projektleiter zu einem erhöhten Abstimmaufwand führt. Die Kenntnis der internen Beschaffungsprozesse ist für den Projektleiter unerlässlich.

Die Beschaffung der Einsatzmittel erfolgt in Projekten immer in enger Zusammenarbeit mit den Abteilungen Einkauf, Lager und Personal der Linienorganisation.

Das benötigte Personal wird zunächst in der Linienorganisation angefordert, die ihrerseits mit dem Personalbereich gemeinsam das Personal beschafft. Im Vorfeld sollte der Bedarf qualitativ und quantitativ eindeutig ermittelt werden.

Die Personalbeschaffung gleicht die Anforderungen an die Stelle mit den Qualifikationen der Bewerber ab. Ebenso sollten die Ambitionen eines Bewerbers mit den Erwartungen des Unternehmens weitgehend übereinstimmen. Mögliche Varianten zur Personalbeschaffung sind in Abbildung 5.72 dargestellt.

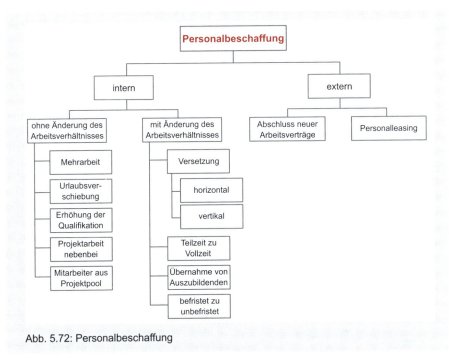

Abb. 5.72: Personalbeschaffung

Für den Einkauf von teuren Sachmitteln (Investitionen) müssen umfangreiche Spezifikationen erstellt, Expertisen von Fachabteilungen eingeholt und spezielle Genehmigungsverfahren durchlaufen werden. Bei der Materialbeschaffung kommt es dabei auf die optimale Bestellmenge über mehrere Projekte an und es sind die aktuellen Lagerbestände zu berücksichtigen.

Ziele der Beschaffung

Jedes Projekt benötigt wirksame Verfahren für Einkauf und Materialverwaltung. Sie sollen Verzögerungen aufgrund von Nachschubmangel und Fehllieferungen vermeiden sowie Kostenüberschreitungen durch zu hohe Lagerbestände, Materialschwund und unnötige Transporte verhindern.

Materialmangel kann den Projektabschluss zeitlich verschieben, die Rechnungslegung aufhalten, die Zahlungseingänge verzögern und sogar Vertragsstrafen nach sich ziehen. Unzureichendes Materialmanagement hat schon so manches Bauunternehmen in Schwierigkeiten gebracht.

Material und Sachmittel werden immer nach dem gleichen Muster beschafft. Deshalb sind die Einkaufsabteilungen der Linienorganisation hierfür zuständig. Die Abwicklung sollte allerdings jederzeit eine Zuordnung der Materialien zum Projekt ermöglichen. Zu Kalkulationszwecken kann eine Verfeinerung auf Arbeitspakete, Produktbestandteile oder Anlagenteile nötig sein. Bei folgenden Schritten, die sich bei jeder Beschaffung wiederholen, müssen sich Einkauf und Projekt inhaltlich, kostenmäßig und terminlich abstimmen:

	Schritt	Zuständig	Typische Probleme in Projekten
1	Material- oder Sachmittel spezifizieren	Konstruktion, Projektleiter	Häufige Änderungen der Spezifikationen
2	Bestand und Verbrauch beobachten	Lager, Einkauf	Überraschend hoher Projektbedarf stört Liniensteuerung
3	Materialbedarf ermitteln (Bedarfsprognosen)	Einkauf, Projektleiter	Unzureichende Abstimmung, ungenaue Prognosen
4	Materialanforderung formulieren	Projektleiter	Unklare Spezifikationen, fehlerhafte Zeichnungen
5	Lieferanten auswählen (Preis, Qualität, Lieferzeit)	Einkauf, Projektleiter	Unklare Vorgaben seitens Projekt, Kompetenzgerangel, Entscheidungsstau, bestehende Rahmenverträge nicht beachtet
6	Vertrag abschließen	Einkauf, Projektleiter, Rechtsabteilung	Langwierige Verhandlungen, ungenaue Rollenklärung im Vertrag, unzureichende Leistungsbeschreibungen

Abb. 5.73 (Teil 1): Beschaffungsprozess

Schritt		Zuständig	Typische Probleme in Projekten
7	Bestellung auslösen	Einkauf	Keine Information an Projektabrechnung
8	Auftragsbestätigung des Lieferanten einplanen	Einkauf, Projektleiter	Weiterleiten an Projektleiter fehlt, Planung wird nicht aktualisiert
9	Liefertermine überwachen	Einkauf	Aktives Nachfassen bei aus Projektsicht wichtigen Materialien und Sachmitteln fehlt
10	Material ausliefern und Rechnung stellen	Lieferant	Keine projektbezogene Differenzierung der Lieferorte, lokale Gegebenheiten nicht beachtet, Rechnung geht an Projektleiter vorbei
11	Eingegangenes Material/Sachmittel prüfen (Menge, Qualität)	Projektmitarbeiter, Lager, QS	Unklare Prüfanforderungen
12	Material einlagern und Bestand aktualisieren	Lager	Vermischen von Projektbeständen
13	Rechnung zur Zahlung freigeben	Projektleiter	Aufwändige Zuordnung zur Bestellung
14	Zahlung abwickeln	Rechnungswesen	Hohe Abhängigkeit von Projektinformationen

Abb. 5.73 (Teil 2): Beschaffungsprozess

Tipp Bei großen, materialintensiven Projekten lohnt es sich, einen Spezialisten für Materialmanagement mit der Koordination des Einkaufs zu betrauen.

5.7.6 Vertragsformen

> „Zusammenkommen ist ein Beginn, Zusammenbleiben ist ein Fortschritt, Zusammenarbeiten ist ein Erfolg."
> Henry Ford

Zusammenarbeit mit Externen im Projekt wächst

Projekte, die ohne externe Unterstützung abgewickelt werden, sind heute selten geworden. So werden externe Lieferanten immer früher und intensiver in die Produktentwicklung einbezogen und die Unternehmen sind bei IT-Projekten auf externe Spezialisten angewiesen.

Wird im Projekt mit Externen zusammengearbeitet, so hängt der Erfolg vom Vertrauen der Partner zueinander und von bestehenden vertraglichen Regelungen ab. Über deren Ausgestaltung muss auch der Projektleiter informiert sein. Verträge können dabei die Vertrauensbasis zwischen Entwicklungspartnern nur ergänzen. Auf die Vertragsebene sollte man sich nur in Konfliktfällen zurückziehen, die sich auf der Beziehungsebene nicht mehr bewältigen lassen.

Der Weg zum Vertrag über Verhandlungen ist meist entscheidender für die künftige Zusammenarbeit als der Vertrag selbst. „Harte" Einkäufer und findige Juristen von mächtigen Unternehmen formulieren einseitige Verträge, die das Interesse überwiegend der Auftraggeberseite betonen. Da der Projektleiter in der Praxis selten einbezogen wird, werden für die Projektarbeit wichtige Punkte unzureichend geklärt und vereinbart.

Klärungsbedarf aus Projektsicht

Projektziele	Was soll gemeinsam erreicht werden? Wer liefert hierzu welchen Beitrag?
Schlüsselpersonen	Wer ist Projektleiter? Welche Knowhow-Träger müssen dabei sein?
Meilensteine, Entscheidungspunkte	Wann sollen welche Ergebnisse vorliegen?
Ausstieg	Wem gehört das Knowhow, falls das Projekt scheitert? Kann eine Partei das Projekt alleine fortsetzen, wenn die andere aussteigt? Welche Ansprüche bestehen dann?

Vertrag als Gesetz zwischen zwei Parteien

Verträge sind das Bindeglied, eine Art Gesetz zwischen zwei Parteien. Aufgrund der in Deutschland bestehenden Vertragsfreiheit können Verträge zwischen Auftraggeber und -nehmer frei gestaltet werden.

Bei Projektverträgen kommt es in aller Regel zum Abschluss von Austauschverträgen. Das heißt, für eine erbrachte Leistung (Beratung) gibt es eine Gegenleistung (Geld). Leistung und Gegenleistung sind im Sinne aller vertragsschließenden Parteien genau zu definieren.

Prinzip Leistung und Gegenleistung

Es gibt grundsätzlich zwei Möglichkeiten, nach denen ein Vertrag zustande kommen kann:

- Unterzeichnung einer Urkunde (Vertrag) durch alle beteiligten Parteien
- Schriftliches oder mündliches Angebot durch eine Partei (z.B. Auftragnehmer) und Annahme durch die andere Partei (Auftraggeber).

Zwar ist ein mündlicher Vertrag grundsätzlich gültig, Projektverträge sollten aber immer schriftlich verfasst werden. Jeder Vertrag muss folgende Mindestanforderungen erfüllen:

- Eindeutige Identifikation der Vertragsparteien durch deren genaue Bezeichnung (Rechtsform, Adresse, Namen der Vertretungsberechtigten)
- Eindeutige Beschreibung des Vertragsgegenstands in Form von zu erbringenden Leistungen und Gegenleistungen
- Klare gegenseitige Willenserklärung.

Mindestanforderungen für einen Vertrag

Das Vertragsrecht und die Arten von Verträgen werden im Bürgerlichen Gesetzbuch (BGB) geregelt.

Vertragsarten nach dem Bürgerlichen Gesetzbuch

Kaufvertrag (§ 433 BGB)	Der Verkäufer liefert 20 nach Spezifikation ausgestattete Rechner.
Dienstvertrag (§§ 611 - 630 BGB)	Erbringung von Diensten wie z.B. laufende Beratung, Begleitung von Projektleitern/-teams, Schulungen, Forschungs- und Entwicklungsvorhaben („reine Kopfarbeit"). Geschuldet wird ein Dienst, kein „Werk".
Werkvertrag (§§ 631 - 650 BGB)	Herbeiführung eines „greifbaren" Arbeitsergebnisses (Werk) wie z.B. Erstellung eines Gutachtens. Hinweis: Ein Bericht, der nur die Ist-Situation dokumentiert (z.B. Prozessdokumentation) ist kein „Werk".
Geschäftsbesorgungsvertrag (§ 675 BGB)	Wirtschaftliche Tätigkeit, die in selbständiger Wahrnehmung fremder Vermögensinteressen besteht („Sachwalter-", „Treuhändertätigkeit"), z.B. Konzeption und Entwicklung neuer Organisationsstrukturen (Beratungswerkvertrag); auf Dauer angelegte Betreuung einer Organisationsabteilung (Beratungsdienstvertrag).

286 | Projektplanung

In der praktischen Projektarbeit kommen häufig Mischformen vor. Beratungsdienstverträge und Beratungswerkverträge können den Charakter einer Geschäftsbesorgung bekommen, wenn die Projektgeschäfte vollständig übertragen werden. In Großprojekten ergeben sich komplexere Vertragsbeziehungen.

Verträge mit Unterauftragnehmern

- Der Projektmanager als alleiniger Auftragnehmer ist General-(Haupt-)unternehmer. Es liegen zwei unterschiedliche Vertragssysteme vor:
  - Auftragnehmer (Projektmanager) mit Auftraggeber
  - Auftragnehmer (Projektmanager) mit weiteren Unterauftragnehmern
- Unterauftragnehmer haben kein direktes Vertragsverhältnis zum Auftraggeber
- Projektmanager muss alle Teilleistungen der Unterauftragnehmer koordinieren
- Unterauftragnehmer sind gem. § 278 BGB Erfüllungsgehilfen des Hauptauftragnehmers. Dieser haftet damit voll für deren Lieferungen und Leistungen. Damit muss der Auftragnehmer auch seine Verpflichtungen an die Unterauftragnehmer weitergeben, um in Haftungsfällen diese in Regress nehmen zu können.

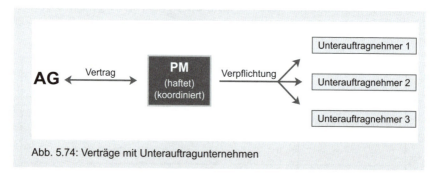

Abb. 5.74: Verträge mit Unterauftragunternehmen

Konsortialverträge

- Mehrere Auftragnehmer sind Vertragspartner des Auftraggebers
- Die Auftragnehmer haben sich zu einem Konsortium zusammengeschlossen; untereinander besteht ein Konsortialvertrag (inneres, zweites Vertragsverhältnis)
- Nach außen, gegenüber dem Auftraggeber, besteht ein Vertrag
- Jeder Konsorte haftet voll für seine eigenen Verpflichtungen und für die der anderen Konsorten

- Zur Vereinfachung der Kontakte mit dem Auftraggeber wird ein Konsortialführer/Federführer als Ansprechpartner bestimmt.

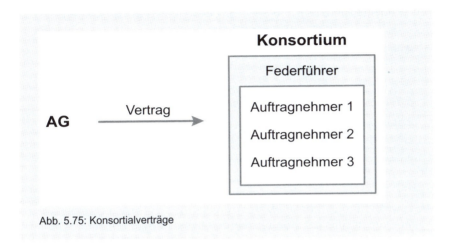

Abb. 5.75: Konsortialverträge

Verträge werden auch häufig nach der Aufteilung der Risiken zwischen Käufer und Verkäufer unterschieden.

1. Absoluter Festpreis
- Gut definierbare Spezifikationen und Leistungsverzeichnisse
- Realistische Kostenschätzungen
- Kosten- und Preisdaten, die einen Preisvergleich ermöglichen.

Formen der Preisgestaltung

2. Festpreis mit Preisgleitklausel
- Instabile Markt- und Lohnverhältnisse
- Langfristverträge und lange Projektlaufzeiten.

3. Festpreis mit Neufestsetzungsregel
- Nur für die (Vorstudie) Frühphase eines Projekts kann ein realistischer Preis festgelegt werden
- Nach Phasenende werden Preise neu verhandelt.

4. Selbstkostenerstattungspreis
- Bei öffentlichen Aufträgen nur, wenn Preisermittlung anders nicht möglich ist
- Kosten sind offenzulegen und werden aufwandsgerecht bis zur vereinbarten Obergrenze erstattet.

5. Selbstkostenerstattungspreis mit Prämienregulierung
- Projekte, bei denen eine Prämienregulierung zu Effizienzverbesserungen der Projektabwicklung führen kann (z.B. Einsparungen bei Projektkosten, Laufzeitverkürzung des Projekts ohne Qualitätsverlust, Leistungsverbesserung des Produkts)
- Leistungsverschlechterungen führen umgekehrt zu Vertragsstrafen.

6. Zeit- und Materialverträge (Kosten plus)
- Zeitlich festgelegte Beistellung von Personal zu vereinbarten Kosten/Preisen (Tages-/Materialsätze)
- Gewinnaufschläge sind enthalten.

Preisgestaltung von Projektart/-phase abhängig

Welche Art der Preisgestaltung gewählt wird, hängt sehr stark von der Projektart bzw. der Projektphase ab. Forschungs- und Entwicklungsprojekte mit hoher Planungsunsicherheit werden häufig nach dem Muster des Selbstkostenerstattungspreises (in letzter Zeit vermehrt mit Prämienregulierung) abgewickelt. Produktionsprojekte werden demgegenüber vielfach zum Festpreis durchgeführt; ebenso Machbarkeitsstudien in Frühphasen von Projekten, um die Kosten besser unter Kontrolle behalten zu können.

5.7.7 Vertragsinhalte

Die Inhalte eines Vertrags sollten modular aufgebaut werden, damit gerade in größeren und technisch orientierten Projekten die Vielzahl von Beteiligten wie Controller, Techniker, Organisatoren, Juristen und Management ihre Interessen in den Vertrag zeitlich und örtlich separat einbringen können. Anschließend werden die Bestandteile zu einem Gesamtvertrag zusammengeführt (siehe Abbildung 5.76).

Aufgrund der Vielzahl von Mitwirkenden an einem Vertrag können bei der Vertragsgestaltung an sich Projektmanagementmethoden erfolgreich angewendet werden. So sollte jeder Beteiligte seinen Beitrag und seine Kompetenzen genau kennen. Auch wenn der Projektleiter nicht der juristische Experte ist, so trägt er die Verantwortung für das „Projekt" der Vertragsgestaltung und muss die verschiedenen Beteiligten so koordinieren, dass die Interessen der verschiedenen Vertragspartner, Experten und des Projekts (Auftraggeber) den Gesetzen entsprechend optimal berücksichtigt werden.

#		
1.	**Präambel/Ausgangslage**	Hier werden kurz die Ausgangslage geschildert und die generellen Ziele des Projekts genannt (z.B. Neuorganisation eines Filialbetriebes).
2.	**Definitionen**	Insbesondere in internationalen Projekten ist auf die genaue Klärung von Begriffen zu achten, um spätere Missverständnisse oder gar Zielverfehlungen zu vermeiden.
3.	**Lieferungen und Leistungen**	Zentraler Teil des Projektvertrags, in dem festgehalten wird, wie das Endprodukt des Projekts aussehen und wie es funktionieren soll (= Spezifikation, Leistungsverzeichnis, Pflichtenheft).
4.	**Kommerzieller Teil**	Inhalt dieses Teils sind u.a. Vereinbarungen zu Preisen, Zahlungsbedingungen, Preisgleitklausel, Versicherungen.
5.	**Juristischer Teil**	Festgehalten sind hier z.B. Rechtsfolgen, die sich aus verspäteter oder schlechter Lieferung und Nichteinhaltung der Vertragsbedingungen ergeben. Von besonderer Bedeutung ist, dass eine genaue Abstimmung mit den Vertragsbestandteilen zu den Leistungen und Lieferungen sowie zum kommerziellen Teil vorgenommen wird.

Abb. 5.76: Vertragsinhalte

Verzögerungen beim Zustandekommen der Verträge haben schon sehr häufig Projektendtermine gefährdet und Auftraggeber und Projektleiter so unter Druck gesetzt, dass eine vertragliche Risikovorsorge unterbleibt.

Nachfolgend Hinweise und Anregungen zu den Vertragsinhalten:

		Partner		Projekt		Linie				
		Geschäftsführung	Projektmitarbeiter	Lenkungsausschuss	Projektleiter	Projektmitarbeiter	Geschäftsleitung	Einkauf	Controlling	Technik	Recht/Steuern
1.	Präambel/Ausgangslage		A	P	B F	B					P
2.	Definitionen		P		F	B				B F	P
3.	Lieferungen und Leistungen	A	B F P	A	B F P	B F		B F P	P	B P	P
4.	Kommerzieller Teil	A P	P	P	P		A	B F P	B F P		P
5.	Juristischer Teil	A	P		P		A	P A	P A		B F P A

B - Inhalte beitragen; F - formulieren; P - prüfen, ergänzen; A - abnehmen

Abb. 5.77: Beteiligte der Vertragsgestaltung und ihre Beiträge

Der Vertragsteil Lieferungen und Leistungen wird in Form eines Leistungsverzeichnisses oder auch Pflichtenhefts formuliert. Er enthält Angaben darüber, was der Auftragnehmer wann und gegebenenfalls auch wo und wie zu erledigen hat. Damit wird im Leistungsverzeichnis festgelegt, welche wesentlichen Aufgaben und Pflichten der Auftragnehmer im Rahmen des Projektvertrags wahrzunehmen hat. Detailangaben (z.B. Projektstrukturplan, Zeitplanung auf Teilprojektebene) sind den speziellen Planungsunterlagen zu entnehmen. Das Leistungsverzeichnis sollte modular aufgebaut sein und sich am Projektstrukturplan orientieren.

Ziele für ein gutes Pflichtenheft

- Missverständnisse vermeiden durch klare Beschreibung und gegenseitige Abgrenzung der Aufgaben des Auftragnehmers und des Auftraggebers und Festhalten von Mitwirkungspflichten des Auftraggebers sowie seiner Beistellungen (Leistungen)
- Eindeutige Formulierungen verwenden: „Der Auftragnehmer wird die Integrationstests auf der Grundlage der vom Auftraggeber definierten Testfälle durchführen." Nicht: „Es werden Tests durchgeführt werden."
- Lieferungen klar definieren durch Angabe von allen Bestandteilen (Hard- und Softwarekomponenten), Dokumenten sowie Liefertermin und Lieferort
- Vorhandene, anzuwendende Verfahren und Standards ausdrücklich aufführen
- Zu viele Details und Mehrfachnennungen vermeiden, eher auf Arbeitspaketbeschreibungen und Terminpläne verweisen.

Je nach Qualifizierung des externen Vertragspartners können hier im Projekt vollständige Entwicklungsblöcke vergeben werden, die durch allgemeine Vergaberichtlinien für Unterauftragnehmer gestützt sind. Diese Tendenz ist besonders im Automobil- und Flugzeugbau verstärkt zu beobachten.

Anwendung bei Auflösung und im Streitfall

Der juristische Teil beschreibt die Vorgehensweise im Streitfall und bei Auflösung des Vertrags: wer etwa wen zu informieren hat, welche Dokumente als Beweise akzeptiert werden, welche Fristen einzuhalten sind, wo der Gerichtsstand ist und welches Landesrecht angewendet wird. Für den Projektleiter ergeben sich daraus eine Menge formaler Anforderungen an die Dokumentation, damit mögliche Nachforderungen gestellt werden können.

Nichterfüllung von vereinbarten Leistungen oder Leistungsverschlechterung sind Fälle, die zu Vertragsstrafen (Pönale) führen. Wie bei Leistungsprämien ist auch hier bei Vertragsabschluss festzulegen, in welchen Fällen Vertragsstrafen fällig werden. Lieferverzug, Kostenabweichungen, Mängel und ihre Folgen für das Unternehmen sind einige Beispiele. Hierzu werden Untergrenzen festgelegt, deren Unterschreitung dazu führt, dass die Abnahme verweigert wird (z.B. Verarbeitungsgeschwindigkeit einer Poststraße, Belastbarkeit von Motorbauteilen, Speicherfähigkeit elektronischer Bauteile).

Die Höhe der Vertragsstrafe muss angemessen sein. Sie darf nicht fiktiv sein, sondern sollte dem tatsächlich entstandenen Schaden des Auftraggebers entsprechen.

Fragen und Aufgaben zur Wiederholung:

1. Welche Methoden zur Aufwandsschätzung kennen Sie?
2. Erläutern Sie die Begriffe kapazitäts- und termintreue Planung.
3. Welche Möglichkeiten bestehen, die für ein Projekt eingesetzte Kapazität zu erhöhen?
4. Was ist ein Ressourcenstrukturplan?
5. Wie wird die Festlegung von Ressourcen in Projekten vorgenommen und welche Schwierigkeiten bestehen dabei?
6. Beschreiben Sie die Unterschiede zwischen einem Werk-, Dienstleistungs- und Kaufvertrag anhand eines IT-Projekts.
7. Wie kommt ein Vertrag mit einem externen Dienstleister zustande?
8. Was sind Inhalte eines Vertrags und wer sollte bei der Vertragsgestaltung zusammenarbeiten?

5.8 Kosten- und Finanzmittelplanung

Kompetenzelemente der ICB 3.0	Kapitel und PM-Prozesse des PMBOK®
1.13 Kosten und Finanzen	7.1 Kostenmanagement planen
3.10 Finanzierung	7.2 Kosten schätzen
	7.3 Budget festlegen

Ziele dieses Kapitels – Was können Sie erwarten?

Sie kennen

- die Kostenstadien zur Finanzmittelplanung
- die Einflussmöglichkeiten auf die Projektkosten im Projektverlauf
- relevante Kostenarten im Projekt.

Sie können

- eine Kostenganglinie ermitteln und daraus eine Plankostensummenkurve ableiten
- die Projektkosten bottom-up ermitteln und top-down mit dem Budget abgleichen.

5.8.1 Grundlagen der Kostenplanung

> „Wer zu spät an die Kosten denkt, ruiniert sein Unternehmen.
> Wer zu früh an die Kosten denkt, tötet die Kreativität."
> Philipp Rosenthal

Mit der Kosten- und Finanzmittelplanung werden Projekte in das Finanz- und Rechnungswesen eingebettet. Sie liefert das Zahlenmaterial, um Budgets festzulegen und schrittweise freizugeben, die Wirtschaftlichkeit regelmäßig zu überprüfen, Projektleistungen intern oder gegenüber Externen abzurechnen und dem Ausufern der Kosten frühzeitig entgegenzuwirken. Dabei ist zu beachten, dass die Projektkosten nur in den Planungsphasen maßgeblich beeinflusst werden können.

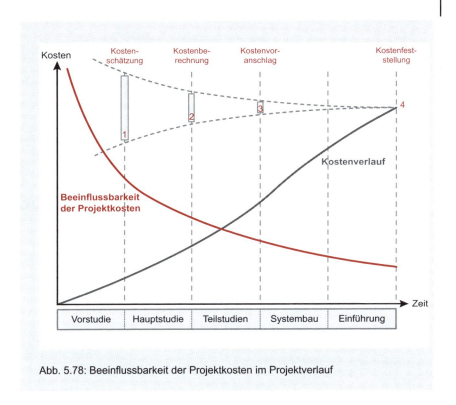

Abb. 5.78: Beeinflussbarkeit der Projektkosten im Projektverlauf

Damit der Brückenschlag zum Rechnungswesen gelingt, müssen die Betrachtungsfelder der klassischen Kostenrechnung

- Was?   →   Kostenart
- Wo?   →   Kostenstelle
- Wofür?   →   Kostenträger

Zuordnung der Kosten auf Projektstrukturen sicherstellen

für Projekte erweitert werden. So sollten die Kosten auf Projektphasen bis hin zu Tätigkeitsarten zuordenbar sein und Kostenherkunft und Kostenempfänger ermittelt werden können.

5.8.2 Kostenarten

In der Praxis werden die angefallenen Kosten nach einem vorgegebenen, nach betriebswirtschaftlichen Gesichtspunkten gegliederten Kostenartenkatalog auf Kostenstellen verbucht. Für eine Kostenplanung ist dieser meist zu detailliert und entspricht selten den Anforderungen des Projektmanagements. Hier ein Beispiel für eine Kostenartengliederung, die für ein Projekt wichtige Kosten zusammenfasst:

Personalkosten	Materialkosten	Sach- und Dienstleistungskosten	Kapitaleinsatzkosten
■ Gemeinkosten Löhne ■ Gemeinkosten Gehälter ■ Sozialkosten ■ Erfolgsbeteiligung ■ Schulungskosten	■ Lagerhaltungskosten ■ Verpackungskosten ■ Rohstoffkosten ■ Hilfsmaterial ■ Einsatzmaterial ■ Werkzeugkosten ■ Büromaterial	■ Vertriebs-, Werbekosten ■ Rechnerstunden ■ Reisekosten ■ Raumkosten ■ Verwaltungskosten ■ Beratungskosten ■ Transportkosten ■ Bewirtungskosten ■ Nachrichtenkosten ■ Instandhaltungskosten	■ Kalkulatorische Abschreibungen ■ Kalkulatorische Zinsen ■ Kalkulatorische Wagnisse ■ Mieten, Pachten ■ Steuern, Versicherungen

Abb 5.79: Kostenartengliederung

Für eine saubere Verbindung zum Finanz- und Rechnungswesen und um aussagekräftige Informationen zur Projektsteuerung zu erhalten, sollte die notwendige Detaillierung nach Kostenarten für Projekte geregelt sein. Das gilt vor allem für Plan- und Budgetwerte.

5.8.3 Schritte der Kostenplanung

Übergreifende Kosten schrittweise zuordnen

Eine transparente und aussagefähige Kostenplanung und Budgetierung setzt einen vollständigen Projektstrukturplan voraus, in dem jedem Arbeitspaket die benötigten Einsatzmittel mit ihrem erwarteten Verbrauch/Aufwand zugeordnet sind. Durch Multiplikation von Verbrauch/Aufwand mit entsprechenden Kostensätzen oder Preisen erhält man durch Aufsummieren (Bottom-up) die geplanten Projektkosten. Dabei sollten alle arbeitspaket- oder teilprojektübergreifenden Kosten wie Risikozuschläge, Grundlagenentwicklung, allgemeine Verwaltung stufenweise als sogenannte „Interfacekosten" zugeordnet werden.

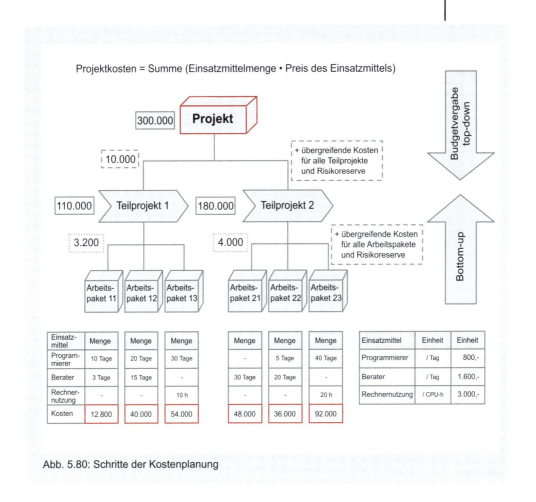

Abb. 5.80: Schritte der Kostenplanung

Aus dem zeitlichen Verlauf der entstehenden Projektkosten kann der langfristige Finanzierungsbedarf abgeleitet werden. Für kostenintensive Projekte (Bau, Anlagenbau, F+E, Produktentwicklungen) sollte daher der Projektstrukturplan so aufgebaut sein, dass er Freigabepunkte von Budgetmitteln enthält und eine Top-Down-Zuordnung der Mittel auf die folgenden Projektschritte ermöglicht.

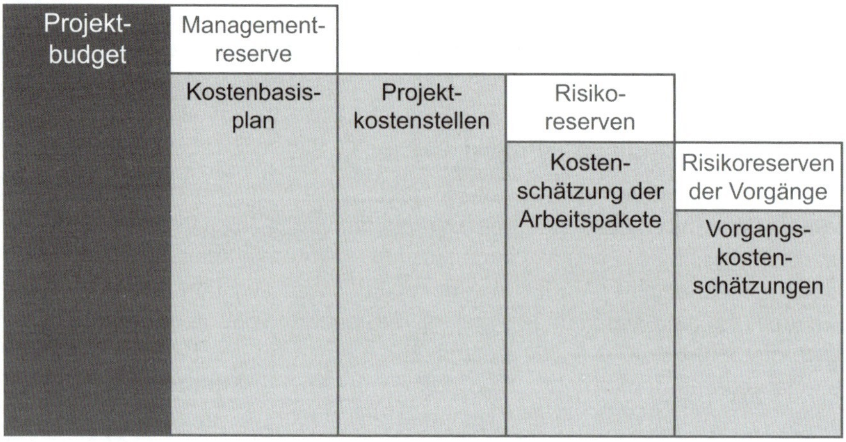

Abb. 5.81: Abdeckung der Kostenreserven durch das Projektbudget

Für den Vergleich mit den aktuell aufgelaufenen Kosten wird die Summe aller geplanten Projektkostenstellen im zeitlichen Verlauf verwendet. Dies ist der Kostenbasisplan. Bis zum Projektbudget sollte noch eine Managementreserve bleiben, die unvorhersehbare Kostenentwicklungen auffangen kann, ohne dass eine Änderung des Projektbudgets nötig wird. Wie hoch die jeweiligen Reserven sind, hängt von der Kritikalität des Projekts ab. Sie sind im Kostenmanagementplan explizit auszuweisen.

5.8.4 Struktur der Projektkosten

Projektkosten lassen sich nach Vorgehens- (im Endprodukt nicht sichtbar) und Systemkosten (Investitionskosten) unterscheiden.

Inhalte der Kostensätze und Preiseinflüsse

Bei der Planung der Vorgehenskosten empfiehlt es sich, einen Pauschalsatz für alle Projektmitarbeiter zu ermitteln. Dieser Satz deckt neben dem Gehalt sämtliche Nebenkosten sowie anteilige Raum-, Energie-, Telefonkosten etc. der Mitarbeiter ab. Da hier auch Zeiten berücksichtigt werden, die nicht für die Projektarbeit zur Verfügung stehen (Fortbildung, Sitzungen etc.) liegt er in der Regel über 600,- €/Personentag. Werden viele Leistungen fremd vergeben, sollte immer mit realen Preisen geplant werden. Liegen noch keine konkreten Angebote vor, müssen die Preisannahmen festgehalten werden, um mögliche Abweichungen richtig zu lokalisieren. Für internationale Projekte sollte eine einheitliche Projektwährung festgelegt werden, um die Steuerung bei wechselnden Kursen nicht zu erschweren. Währungsrisiken werden dann projektübergreifend abgesichert. So plant EADS die Airbus-Projekte in US-Dollar, obwohl die beteiligten Firmen im Euroland ansässig sind.

Normalerweise werden nur die Kosten des Projektleiters sowie der Projektmitarbeiter in der Projektkostenrechnung berücksichtigt. Aufwände von anderen Projektbeteiligten gehen oft nicht in die Projektkostenrechnung ein, d.h., dass beispielsweise die Zeitaufwände für Interviewpartner oder Mitglieder des Lenkungsausschusses nicht mitkalkuliert werden. Das kann insbesondere bei Make-or-Buy-Entscheidungen die Kostenaussagen verfälschen.

Die Systemkosten werden während des Projekts schrittweise konkretisiert, da sie von der gewählten Lösung wesentlich bestimmt sind. Meist können erst dann exakte Aussagen gemacht werden, wenn die Ausschreibungsunterlagen vorliegen. Deshalb sollten frühzeitig Mengengerüste und Kenngrößen ermittelt werden, die eine Abschätzung und Bewertung mit Preisen ermöglichen. In Bauprojekten werden z.B. die Systemkosten aufgrund des Raumbedarfs (Kubikmeter umbauter Raum) und Annahmen über die Ausstattungsqualität ermittelt. Bei Produktentwicklungen liegen oft Zielkosten fest, die den Rahmen für die Systemkosten abstecken.

Für das Projektbeispiel „Call-Center für den Kundenservice" gibt es im Projektverlauf einige auffällige Sprünge. Während zu Beginn die Kosten sehr regelmäßig steigen, da überwiegend Projektarbeit geleistet wird, machen sich später der Kauf der ACD-Anlage, die Lizenzgebühren und die aufwändige Konfiguration der Standardsoftware, die Umbauten und die geplante Systemerweiterung bemerkbar.

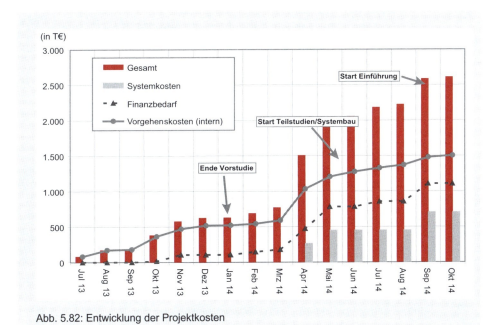

Abb. 5.82: Entwicklung der Projektkosten

5.8.5 Projektkosten und Budgetierung im zeitlichen Verlauf

Abfluss der finanziellen Mittel im Projektverlauf

Um die finanziellen Risiken überschaubar zu halten und dem Management (Auftraggeber) ausreichend Einfluss auf das Projektgeschehen zu geben, werden die finanziellen Mittel für größere Projekte nur schrittweise mit dem Projektverlauf freigegeben. Zusätzlich muss bei langfristigen Projekten (Laufzeit mehr als ein Jahr) ein Abgleich mit der internen Jahresplanung erfolgen. Bei aufwändigen Bauprojekten ist die Bereitstellung der Finanzmittel durch Geldgeber an den Projektfortschritt geknüpft.

Vom Projektleiter wird verlangt, jederzeit genau über den erwarteten Verlauf der Projektkosten berichten zu können. Hierzu verknüpft der Projektleiter die Kostenplanung mit der Terminplanung. Dabei ist es sinnvoll, die Budgetfreigaben im Struktur- und Terminplan deutlich sichtbar zu machen und phasenbezogen die notwendigen Ausgaben abzugrenzen.

Um Überraschungen zu vermeiden, sollten die für die Budgetfreigabe erforderlichen Teilergebnisse genau spezifiziert sein, damit die notwendigen Ergebnisse zeitgerecht vorliegen. Es gibt in der Praxis viele Beispiele für Projektverzögerungen und Projektruinen aufgrund fehlender Unterlagen zur Freigabe des nächsten Abschnitts.

Voraussetzungen für integrierte Kostenplanung

Moderne Projektmanagement-Tools unterstützen den Projektleiter bei der Darstellung des erwarteten zeitlichen Verlaufs der Projektkosten und bei der Überwachung, wenn folgende Voraussetzungen geschaffen sind:

- Projektstrukturplan mit Zuordnung aller erforderlichen Einsatzmittel
- Gliederung des Projektstrukturplans nach Systembestandteilen und Vorgehensschritten
- Terminplan mit Vorgangsliste
- Preisangaben für alle Einsatzmittel (Personen, Sachmittel und Material)
- Festlegung der Abrechnungsform für die Einsatzmittel (regelmäßig, monatlich nach Aufwand, bei Bestellung/Lieferung, mit Abschlagszahlungen nach Fortschritt usw.)
- Schnittstelle zu Einkauf und Rechnungswesen zur korrekten Erfassung von Bestellungen (Mittel sind verfügt), Aktualisierung von Preisen bei Angebotsabgaben und Verbuchung eingehender Rechnungen (Geld ist ausgegeben).

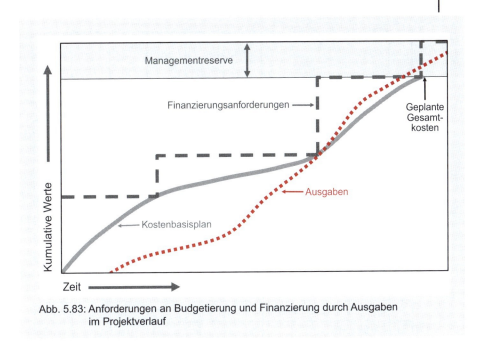

Abb. 5.83: Anforderungen an Budgetierung und Finanzierung durch Ausgaben im Projektverlauf

In manchen Branchen reicht es nicht aus, die aufgelaufenen Kosten zu betrachten. Bei Bauprojekten sind die liquiden Mittel sehr begrenzt. Um die Finanzierungskosten gering zu halten, müssen die erwarteten Ausgaben wöchentlich oder maximal monatlich verfolgt werden. Hier kommen Kostenganglinien zum Einsatz. Sie werden aus dem mit Preisen bewerteten Einsatzmittelverbrauch und den erwarteten Ausgaben für Investitionen abgeleitet.

Der Verlauf orientiert sich an den frühesten Terminen des Projektplans. Die Einmalkosten werden jeweils zu Beginn oder zum Ende der Woche/des Monats fällig. Für die Vorstudie des Call-Center-Projekts könnte die Rechnung wie folgt aussehen:

Projektplanung

		Dauer	Start	Ende	Aufwand in PT	Materialkosten	Einmalkosten
1	Kick-off	1	0	1	10		2
2	Regelungen erheben	9	1	10	9		
3	Kundenbefragung	40	10	50	20	4	
4	Führungskräfteinterviews	20	10	30	10	10	
5	Auswertung	10	50	60	5		5
6	SWOT-Analyse	10	60	70	10		
7	Lösungsworkshop	2	70	72	20		5
8	Nutzwertanalyse	3	72	75	3		
9	Ergebnisbericht	10	60	70	10		5
10	LA-Sitzung vorbereiten	5	72	77	5		
11	**LA-Sitzung**	1	80	81	10		5
12	Protokoll nachbereiten	4	81	85	2		
13	**Ende Vorstudie**	0	85	85			

Abb. 5.84: Kostenplantabelle (1 PT = 1 T€)

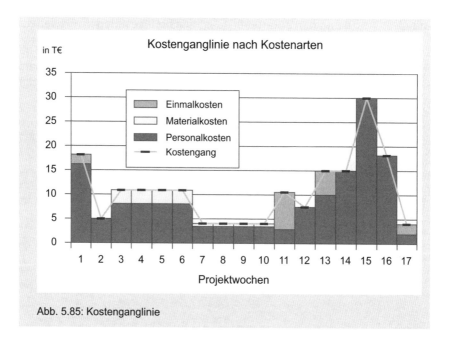

Abb. 5.85: Kostenganglinie

5.8.6 Finanzmittelplanung

Aus dem geplanten Verlauf der Projektkosten lassen sich die ausgabewirksamen Kosten als Finanzmittelbedarf ableiten. Die Beschaffung der dafür nötigen finanziellen Mittel ist die Aufgabe der Projektfinanzierung. Obwohl die Finanzierung selbst oft in den Händen des Auftraggebers liegt, muss der Projektleiter eine Reihe von Unterlagen liefern und die Auswirkungen der finanziellen Situation auf das Projekt berücksichtigen. So hat der Projektleiter

- Angaben über Finanzierungsmöglichkeiten und die zeitliche Einordnung der Finanzierungs- und Kreditbeschlüsse in den Projektablauf (Dringlichkeit; Etappen) zu liefern
- Unterlagen für das Einholen von Gesamtkrediten, Teilkrediten und Zusatzkrediten zu erstellen
- bei der Verwaltung der bewilligten Kredite mitzuarbeiten
- Unterlagen für die Umwandlung kurzfristiger Kredite in langfristige Darlehen und für die Abrechnung der Kredite aufzuarbeiten
- dafür zu sorgen, dass die Kredite rechtzeitig bewilligt und abgerechnet werden
- Risiken ungeklärter Finanzierung zu kennen und entsprechende Eventualmaßnahmen einzuplanen
- die mit den Krediten eingegangenen Verpflichtungen zu kontrollieren
- regelmäßig die Zahlungsströme und Rechnungen zu überwachen
- die Entwicklung des Finanzmittelbedarfs anhand von Teuerung und Zinsen zu planen.

Aufgaben des Projektleiters bei der Projektfinanzierung

Ziel ist es, im Projekt immer über ausreichend Liquidität zur Bezahlung der Rechnungen zu verfügen und andererseits die Zinskosten für nicht beanspruchte Kredite möglichst gering zu halten. Hierzu ist es nötig, folgende Stadien der Projektkosten zu unterscheiden:

- Kostenschätzung als Basis für einen ersten Kredit
  (z.B. am Ende der Vorstudie)
- Kostenberechnung für die Genehmigung eines Ergänzungskredits
  (z.B. am Ende der Hauptstudie)
- Vertragsabschlüsse, Bestellungen
  (zu erwartende Zahlungsverpflichtungen)
- Teilrechnungen, Zahlungen
- Schlussrechnungen
- Voraussichtliche Endkosten.

Projektplanung

Die Zusammenhänge und den zeitlichen Verlauf zeigt nachfolgende Grafik:

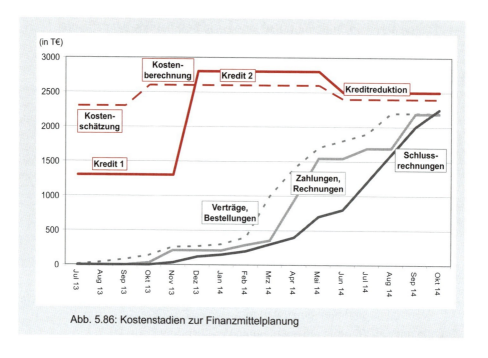

Abb. 5.86: Kostenstadien zur Finanzmittelplanung

Fragen und Aufgaben zur Wiederholung:

1. Wie setzen sich die Kosten eines Projekts zusammen?
2. Welchen Einfluss hat die Übernahme der Projektkosten durch Bereiche auf die Projektorganisation?
3. Welche Voraussetzungen müssen gegeben sein, um eine Kostenganglinie und die Plankostensummenkurve zu berechnen? Erläutern Sie beide Begriffe an einem Beispiel.
4. Welche Aufgaben hat der Projektleiter bei der Projektfinanzierung?

5.9 Projektpläne integrieren und abstimmen

Am Ende der Planung ist aus dem ursprünglichen Auftrag eine Reihe von Einzelplanungen zu den Themen Inhalt, Umfang, Termine, Kosten, Qualität, Chancen und Risiken, Ressourcen, Finanzierung, Beschaffung und Vorgehen im Projekt entstanden, die abschließend aufeinander abgestimmt werden müssen und gegebenenfalls zu einer Änderung des Projektauftrags führen.

Diese Zusammenfassung aller Teilpläne wird als Projektmanagementplan bezeichnet. Er beschreibt, wie die konkreten Ausführungsprozesse durchzuführen sind und formuliert als Basisplan die Ergebniserwartungen. Diese sind Grundlage für die Diagnose und Steuerung.

Der Projektmanagementplan enthält nach PMBOK® folgende Elemente:

Ausführungsanweisungen (Wie?)	Ergebniserwartungen (Was?)
■ Änderungsmanagementplan ■ Konfigurationsmanagementplan	■ Beschreibung von Inhalt und Umfang ■ Pflichtenheft ■ Arbeitspaketbeschreibung ■ Projektstrukturplan ■ PSP-Verzeichnis (Codierung)
■ Anforderungsmanagementplan ■ Inhalts- und Umfangsmanagementplan	
■ Terminmanagementplan	■ Terminbasisplan
■ Kostenmanagementplan	■ Kostenentwicklungsbasisplan
■ Qualitätsmanagementplan (Prozesse) ■ Prozessverbesserungsplan	■ Qualitätsmetriken, Testfälle
■ Personalmanagementplan	■ Personalbedarfsplan
■ Kommunikationsmanagementplan	■ Berichtsverteilungsplan
■ Risikomanagementplan	■ Risikostruktur ■ Risikoregister
■ Beschaffungsmanagementplan	■ Make-or-Buy-Entscheidungen
■ Stakeholdermanagementplan	■ Stakeholderanalyse

Projektplanung

Auf Aktualität und Durchgängigkeit der Teilpläne achten

In der Praxis ist der Projektmanagementplan auf viele Einzeldokumente verteilt oder wird als Zusammenfassung von diesen verstanden. Oft unterscheiden sich die Einzeldokumente bezüglich Terminologie und Detaillierungsgrad, was die Abstimmung und Integration erschwert. Die Ausführungsanweisungen werden als *Projektmanagement-Handbuch des Projekts* angesehen. Dabei wird häufig auf unternehmensweit einheitliche Verfahren zurückgegriffen und eine projektbezogene Anpassung nur bei größeren Projekten vorgenommen.

Projektleiter beklagen sich dann, dass es unter den vorhandenen Termin- und Budgetrestriktionen nahezu unmöglich ist, den Ausführungsanweisungen zu folgen. Jedoch sollte gerade dies durch die Abstimmung der Teilpläne des Projektmanagementplans gewährleistet werden.

Beispiel

Nach dem Kommunikationsmanagementplan sind alle vier Wochen aufwändige Statusberichte zu erstellen und mit dem Unternehmenscontrolling abzustimmen. Im Qualitätsmanagementplan sind alle acht Wochen Meetings zur kontinuierlichen Prozessverbesserung vorgesehen, deren Ergebnisse im Projekt zu berücksichtigen sind. Der Risikomanagementplan enthält Präventiv- und Eventualmaßnahmen, die im Projekt umzusetzen sind. Die Aktivitäten und Aufwände für diese Schritte fehlen im Projektstrukturplan und tauchen auch bei der Kostenschätzung und Budgetverteilung nicht auf.

Inkonsistente Teilpläne unbedingt abstimmen

Ergeben sich daraus Widersprüche und Konflikte mit den Vorgaben aus dem Projektauftrag, sollte der Projektleiter umgehend das Gespräch mit dem Auftraggeber suchen, auf die inkonsistente Planung aufmerksam machen und mögliche Änderungen vorschlagen. Manchmal müssen auch andere Stakeholder wie Revision, Datenschutz-/Sicherheitsbeauftragte, Personalrat etc. ihre Zustimmung zu der Gesamtplanung geben und in die Abstimmung einbezogen werden.

Die Ergebniserwartungen des Auftraggebers an den Projektleiter werden mit dem Projektmanagementplan präzise formuliert und sind grundlegend für die Zufriedenheit des Auftraggebers und damit für den Projekterfolg. Der Projektleiter dokumentiert damit, woran sein Projekt gemessen werden kann und aktuell beurteilt wird.

Abweichungen und Änderungen während der Ausführungsprozesse werden immer aufgrund der Auswirkungen auf alle Elemente des Projektmanagementplans eingeschätzt. Dies aufzuzeigen ist eine Kernkompetenz des Projektleiters.

Tipp

Der Projektleiter sollte die IT-Unterstützung für sein Projekt danach auswählen, inwieweit die Abstimmung und Integration der Teilpläne im Projektmanagement-Handbuch abgebildet wird.

6 Führung, Zusammenarbeit und Ausführung

Kompetenzelemente der ICB 3.0	Kapitel und PM-Prozesse des PMBOK®
1.07 Teamarbeit	4.1 Projektarbeit lenken und managen
2.01 Führung	
2.02 Engagement und Motivation	9.2 Projektteam zusammenstellen
2.03 Selbstkontrolle	9.3 Projektteam entwickeln
2.04 Durchsetzungsvermögen	9.4 Projektteam managen
2.06 Offenheit	
2.07 Kreativität	
2.08 Ergebnisorientierung	
2.09 Effizienz	
2.13 Verlässlichkeit	
2.14 Wertschätzung	
2.15 Ethik	

Ziele dieses Kapitels – Was können Sie erwarten?

Sie kennen

- die wichtigsten Führungsaufgaben des Projektleiters und ihre Bedeutung für erfolgreiche Projektarbeit
- die Auswirkungen unterschiedlicher Führungsstile auf die Zusammenarbeit im Projekt
- die typischen Entwicklungsphasen eines (Projekt-)Teams
- die zunehmende Bedeutung interkultureller Kompetenz in Projekten.

Sie können

- Ihre Führungsaktivitäten situationsgerecht ausrichten
- das Projektteam in seiner Entwicklung unterstützen
- Arbeitssitzungen des Projektteams zielorientiert gestalten
- die Motivation der Teammitglieder mit geeigneten Maßnahmen fördern
- den Teamentwicklungsprozess steuern und unterstützen.

Führung, Zusammenarbeit und Ausführung

Erfolgreiche Projektarbeit (= Teamarbeit!) erfordert ein möglichst effektives Führungsverhalten des Projektleiters, das zum einen auf die Aufgabenerledigung (z. B. Ziel- und Entscheidungsfindungsprozesse, kontinuierliche Analyse des Projektfortschritts) zielt, zum anderen auf die Mitarbeiter (z. B. Unterstützung und Betreuung) ausgerichtet ist.

Definition Führung umfasst die Steuerung aller Einzelaktivitäten im Projekt im Hinblick auf die übergeordneten Projektziele sowie Handlungen, die ein soziales System (Projektteam) aufbauen, in dem Führende und Geführte zusammen eine Aufgabe oder ein Problem optimal lösen bzw. zu lösen versuchen (vgl. MOTZEL, 2010).

Die Projektkultur sowie die Formen der Führung und Zusammenarbeit wirken sich auf die Qualität der Steuerungsinformationen, die Verbindlichkeit von Vereinbarungen und die Wirksamkeit der getroffenen Maßnahmen aus.

Die nachfolgende Darstellung verdeutlicht den Einfluss der Verbindung von Diagnose und Steuerung mit Führung und Zusammenarbeit auf die Ausführung im Projekt:

Diagnose und Steuerung	Führung und Zusammenarbeit
Teamarbeit als Inhalt der Diagnose und Steuerung	Prozessanalyse zur Förderung der Teamentwicklung
Abweichungen erkennen	Konflikte bearbeiten
Risiken einschätzen	Bei Krisen die Phasen von Veränderungsprozessen berücksichtigen
Ursachen von Abweichungen ergründen	Gesprächsführung, die von Offenheit und Vertrauen geprägt ist
Steuerungsmaßnahmen ableiten	Problemlösungen systematisch im Team erarbeiten
Vertrags- und Claimmanagement	Verhandlungen mit internen und externen Vertragspartnern führen
Steuerungsmaßnahmen durchsetzen	Umgang mit Macht und Hierarchie

Abb. 6.01: Diagnose und Steuerung sowie Führung und Zusammenarbeit beeinflussen interaktiv die Projektausführung

6.1 Führungsarbeit im Projektverlauf

Projektleitung ist vor allem auch Führungstätigkeit, die sich jedoch von der Führung mit Linienautorität und Linienfachwissen deutlich unterscheidet. Im Vordergrund steht hier die Persönlichkeit des Projektleiters, da er im Allgemeinen über keine disziplinarische Weisungsbefugnis verfügt. Somit muss er die Mitarbeiter des Projektteams mehr oder weniger „ohne Macht" führen. Das wirkt sich auf den Charakter des Führungsverhaltens aus: Führung der Projektgruppe bedeutet oft Moderation der Projektgruppe, ihrer Arbeit und ihrer Prozesse. Der Projektleiter kann sich jedoch einige projektspezifische Vorteile zunutze machen:

- Projektarbeit ermöglicht partizipative Mitarbeit. Hingegen werden in traditionellen Organisationen Mitarbeiter im Rahmen der normalen Hierarchie kaum oder gar nicht in Entscheidungsprozesse mit einbezogen. Die Projektarbeit erhöht somit im Allgemeinen die Motivation.
- Weitere Anreize ergeben sich aus der Art der Aufgabenstellung, den Inhalten, den Möglichkeiten sich zu qualifizieren (das trifft insbesondere auf die Schulung der sozialen Kompetenz zu) und aus den Profilierungschancen der Mitarbeiter.

Abbildung 6.02 zeigt die wichtigsten Aktionsfelder der Projektführung:

Aktionsfeld	Wichtige Aufgaben
Unternehmen	Projektergebnisse verändern mehr oder weniger das Unternehmen selbst, was Widerstand hervorrufen kann. Daher müssen von Beginn an Anlass, Notwendigkeit und Zielsetzung öffentlichkeitswirksam kommuniziert werden (Projektmarketing!). Mit umfassenden Partizipationsmaßnahmen sind Unterstützung und Akzeptanz zu fördern und praxisgerechte Lösungen sicherzustellen (siehe Kap. 4.8).
Team	Projektarbeit ist Teamarbeit. Der Projektleiter ist zugleich Teamleiter und Teamentwickler. Er muss durch geeignete Führungs- und Entwicklungsmaßnahmen den Teambildungsprozess unterstützen, damit die individuellen Potenziale der Teammitglieder für das Projekt zu einem optimalen Ganzen zusammengefügt werden können (Einsatz von Moderations- und Problemlösetechniken, Prozessanalysen, Kommunikation u.a.m.) (siehe Kap. 6.2; 6.4).
Individuum	Planung, Diagnose und Steuerung erfordern Projektmanagement- und Führungskompetenz. Der Projektleiter muss Aufgaben (Arbeitspakete) delegieren, Feedback geben, Widerstände erkennen und überwinden, ausgleichen und vermitteln, Konflikte mit oder zwischen Teammitgliedern bearbeiten und die Motivation unterstützen (siehe Kap. 6.3; 7.8).

Abb. 6.02: Aktionsfelder der Projektführung

Weitere Handlungsbereiche ergeben sich aus der

- Zusammenarbeit mit dem Auftraggeber (z.B. Auftragsklärung)
- Zusammenarbeit mit den Gremien (z.B. Lenkungsausschuss)
- Zusammenarbeit mit den Leitern der betroffenen Bereiche (z.B. Verhandlungen um Ressourcen).

Projektarbeit vollzieht sich immer – wie alle anderen Arbeitsformen auch – auf zwei Ebenen, der Sach- und der Beziehungsebene. Beide sind für den Projektleiter in seiner Führungsrolle gleichermaßen wichtig!

Sach- und Beziehungsebene in der Projektarbeit

Aspekte der Sachebene	Aspekte der Beziehungsebene
Projektmanagement	Grundeinstellung
Projektauftrag	Kommunikation
Ziele	Führungsstil
Termine	Kooperation
Planung	Konfliktbearbeitung
Diagnose	Teamentwicklung
Steuerung	Umgang mit Macht und Hierarchie
Ressourcen	Motivation
Projektsitzungen	Sitzungsgestaltung
Vor-, Haupt-, Teilstudie	Feedback

Abb. 6.03: Aspekte der Sach- und Beziehungsebene

6.1.1 Führungsgrundlagen

In der Praxis sind zahlreiche, zum Teil sehr unterschiedliche Führungsansätze anzutreffen, die hier nicht näher betrachtet werden müssen (siehe Anhang 28, GRID-Modell). Für den Projektleiter kommt es darauf an, im Interesse einer optimalen Zielerreichung seine Verhaltensweisen und sein Vorgehen mit seiner Persönlichkeit in Einklang zu bringen und an den Möglichkeiten und Bedürfnissen der Projektmitarbeiter zu orientieren. Das nachfolgende Kontinuum (nach TANNENBAUM/SCHMIDT) veranschaulicht das Spektrum des Führungsverhaltens von der Willensdurchsetzung zur Willensbildung:

Führungsgrundlagen | 309

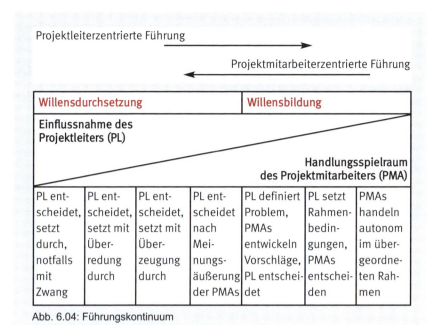

Führungskontinuum nach TANNENBAUM / SCHMIDT

Abb. 6.04: Führungskontinuum

Grundsätzlich wirken alle Verhaltensweisen des Projektleiters als Führungsinstrument – sofern sie bewusst zur Bewältigung der Führungsaufgaben eingesetzt werden. Einige „Instrumente" erweisen sich jedoch immer wieder als besonders nützlich

Führungsinstrument	Bedeutung
Kommunikation	„Man kann nicht nicht kommunizieren" – nach diesem Grundsatz ist der bewusste Umgang mit den Kommunikationsmitteln und die bewusste Wahrnehmung der Kommunikation des Anderen (verbal und nonverbal) Bestandteil effizienter Kommunikation. Ebenso bedeutsam sind Ich-Botschaften, Ermittlung von Kommunikationsblockaden und deren Beseitigung.
Feedback	Feedback ist die wohl wichtigste Lernchance (erwachsener) Menschen – also immer bedeutsam, wenn es darum geht, die Mitarbeiter zum Lernen zu bewegen und bei ihrer Entwicklung zu unterstützen.

Abb. 6.05 (Teil 1): Führungsinstrumente und deren Bedeutung im Überblick

Führungsinstrument	Bedeutung
Fragetechniken	„Wer fragt, der führt" – und lässt den Anderen entscheiden, welche Themen und in welcher Tiefe diese besprochen werden. Direktives und non-direktives Fragen bewusst einsetzen, je nach Ziel im Gespräch.
Delegation	„Wenn alles so laufen soll, wie ich es will, kann ich alles gleich selbst machen" – neben Aufgaben auch Kompetenz und Verantwortung übertragen.
Coaching-Grundhaltung	„Nicht vorneweg laufen und den Weg zeigen, sondern hinter den Menschen" – nichts ist wertvoller als Lernen aus Selbsterkenntnis, Eigenverantwortung und in selbst-bestimmter Geschwindigkeit.

Abb. 6.05 (Teil 2): Führungsinstrumente und deren Bedeutung im Überblick

6.1.2 Menschenbilder und Einstellungen

X-, Y-Theorie   Das Bild, das sich ein Projektleiter von seinen Mitarbeitern macht, prägt den Führungsstil, den er für sich als passend wählt. Die als Theorie X von McGREGOR benannte Vorstellung, dass Menschen natürlicherweise Arbeit so weit wie möglich vermeiden und nicht gerne Verantwortung übernehmen, unterstützt die Vorstellung, Menschen müssten zur Arbeit gezwungen, gelenkt, geführt, kontrolliert und mit Strafe bedroht werden. Dieses Menschenbild gilt zwar als längst überholt, zeigt sich jedoch noch immer mehr oder weniger ausgeprägt in den Denk- und Handlungsmustern so mancher Führungskräfte .

Die volle Nutzung der Leistungsbereitschaft von Menschen und die Verschmelzung von individuellen Zielen mit den Unternehmens- bzw. Projektzielen erfordern jedoch ein verändertes Menschenbild. McGREGOR hat dieses positive Menschenbild in der Theorie Y veranschaulicht.

1. Physische und geistige Anstrengungen bei der Arbeit sind ebenso natürlich wie Spielen oder Schlafen. Daher lehnt der Mensch Arbeit nicht prinzipiell ab.
2. Überwachung und Androhung von Strafe sind nicht die einzigen Mittel, Mitarbeiter dazu zu bewegen, sich für die Ziele des Unternehmens einzusetzen, zumal sie nur kurzfristig wirken und immer wieder erneuert und „verschärft" werden müssen. Zugunsten von Zielen, denen sie sich verpflichtet fühlen, werden Mitarbeiter Selbstdisziplin und Selbstkontrolle praktizieren.

3. Die Identifikation mit den Zielen der Organisation ist eine Funktion der damit erreichbaren Belohnungen. Die wichtigste Belohnung ist die Befriedigung der Ich-Bedürfnisse und des Bedürfnisses nach Selbstverwirklichung.
4. Der Durchschnittsmensch lernt – unter geeigneten Bedingungen – Verantwortung nicht nur zu übernehmen, sondern sogar zu suchen.
5. Die Anlage zu einem verhältnismäßig hohen Grad an Vorstellungskraft, Urteilsvermögen und Erfindungsgabe für die Lösung organisatorischer Probleme ist weit gestreut in Organisationen.
6. Unter den Bedingungen des modernen industriellen Lebens ist das intellektuelle Potenzial des „Durchschnittsmenschen" nur zum Teil genutzt.

Es liegt auf der Hand, dass eine solche Grundeinstellung zum Menschen sehr viel besser zur Idee der Teamarbeit und damit zur Projektarbeit passt.

6.1.3 Situativ angemessenes Führungsverhalten

Entscheidend für die Wirkung eines bestimmten Führungsverhaltens auf die Arbeitsleistung der Mitarbeiter ist die Situation, in der geführt wird. Bei bestimmten Aufgabenstellungen, Arbeitsgruppenstrukturen und Persönlichkeitsmerkmalen kann entweder ein kooperativer oder auch ein (in Maßen) direktiver Führungsstil zu besseren Leistungen führen. Untersuchungen belegen, dass die Effizienz von kooperativ geführten Arbeitsgruppen höher als bei autoritär geführten ist, in manchen kritischen Situationen ein direktiver Führungsstil jedoch effizienter erscheint. Sind Mitarbeiter auch in fachlichen Fragen geringer qualifiziert als die Führungskraft, wird diese eher durch klare Zielvereinbarungen (Management by Objectives) führen. Sind die Mitarbeiter hochrangige Spezialisten, wird die Führung durch Delegation mit weitgehender Selbstregelung (Management by Systems) der situativ angemessene Führungsstil sein. Führung wird in diesem Fall zur Koordination und Moderation von Spezialisten.

Es gibt nicht den richtigen Führungsstil, er muss an die jeweils bestehende Situation angepasst werden. Projektleiter sollten ihr Gespür für konkrete Situationen, in denen sie führen, sehr genau schulen und sensibilisieren und ein Bewusstsein für ihr eigenes Führungsverhalten entwickeln. Sie sollten aufmerksam für Feedback sein und dieses auch von Mitarbeitern und Kollegen erbitten. So können sie ihre eigene Wahrnehmung mit der Fremdwahrnehmung der Mitarbeiter vergleichen, gegebenenfalls Verhaltenskorrekturen vornehmen und insgesamt ihre Führungskompetenz erweitern.

6.1.4 Die Führung des Projektteams

Führen bedeutet auch, in Projekten Mitarbeiter unter Berücksichtigung der jeweiligen Situation auf ein gemeinsames Ziel hin zu beeinflussen. Durch die gemeinsame Vereinbarung der Projektziele und der aus ihnen abgeleiteten Teilziele wächst die Bereitschaft zur Mitarbeit an der Zielerreichung. Auch die Identifikation mit den Projektzielen wird gefördert. Die Zielvereinbarung ist Bestandteil der Auftragsabstimmung und -vereinbarung.

Die Abstimmung mit den Projektmitarbeitern geschieht am besten in Zielvereinbarungsgesprächen. In ihnen werden auf der Basis des Projekt-/Teilprojekt-/Arbeitspaketauftrags die Ziele gemeinsam festgelegt und durch Leistungsstandards präzisiert (Kontrolle der Zielerreichung).

Ein guter Projektleiter muss über hohe fachliche und soziale Kompetenz verfügen. Nur so ist er in der Lage, sowohl aufgaben- und zielorientiert als auch mitarbeiterorientiert zu handeln. Wenn auch sein Erfolg in erster Linie an der Erfüllung des Projektauftrags gemessen wird, darf nicht übersehen werden, dass der Projekterfolg auch und gerade von der Qualität der Mitarbeiterführung abhängt.

Führungsfunktionen

- Einarbeitung neuer Mitarbeiter (veranlassen, unterstützen, durchführen)
- Auftragsklärung
- Vereinbarung von Zielen
- Förderung der Teamentwicklung
- Zuweisung von Aufgaben, die dem Leistungsvermögen der Mitarbeiter entsprechen
- Kontrolle des Arbeitsfortschritts
- Konstruktive Kritik
- Motivation
- Lob und Anerkennung der Mitarbeiter
- Feedback
- Information der Mitarbeiter
- Koordination der Mitarbeiter
- Klärung von Konflikten.

Allgemein gilt, dass mit zunehmender Projektgröße die Führungsaufgabe des Projektleiters gegenüber der Fachaufgabe immer stärker in den Vordergrund tritt. Vor allem in den Fällen, wo das Projektteam aus hierarchisch gleichgestellten Mitgliedern mit ähnlicher oder gleichwertiger Qualifikation zusammengesetzt ist, ist der Projektleiter gefordert. Er muss durch sein Vorbild, sein Interesse an der Arbeit jedes Einzelnen, sein Engagement, seine Kritikfähigkeit und seine Fähigkeit, in echter Form Anerkennung auszusprechen, sein Team immer wieder neu motivieren.

An dieser Stelle soll noch kurz auf Rollenmodelle eingegangen werden, die in zahlreichen Varianten in der Fachliteratur diskutiert werden. Anhang 16 enthält als Beispiel das Rollenmodell Meredith Belbin. Allen diesen Modellen ist der Versuch gemeinsam, die Mitarbeiter zu typisieren (z. B. „Macher", „Umsetzer", „Mitspieler" u.ä.), indem über mehr oder weniger beobachtbare Eigenschaften und Verhaltensweisen eine Zuordnung erfolgt. Hieraus werden dann bestimmte Charaktereigenschaften abgeleitet, die je nach „Typ" zu erwarten sind. Es geht also nicht um die „offiziellen" (formalen) Rollen wie z. B. Mitarbeiter oder Teamleiter, sondern um von Persönlichkeit und Charakter geprägte (bzw. vermutete) „inoffizielle" (informale). Die Befürworter sehen hierin eine gute Möglichkeit, Teams optimal zusammenzusetzen und/oder Mitarbeiter adäquat zu führen. Das birgt gleichzeitig aber auch die Gefahr eines „formalisierten" Umgangs mit den betroffenen Menschen in sich, der ihnen nicht wirklich gerecht wird. Ist der Mitarbeiter erst einmal als bestimmter „Typ" identifiziert, steht fest, wie mit ihm umzugehen ist, und das könnte dann dazu verführen, Individualität und die jeweils konkrete Situation außer Acht zu lassen („Herr X ist ein typischer Mitspieler, also hat er diese und jene Eigenschaften, Stärken und Schwächen, also muss so oder so mit ihm umgegangen werden").

Darüber hinaus wird es in der Projektpraxis eher selten die Möglichkeit geben, die Bildung des Projektteams nach solchen Kriterien vorzunehmen. Dem Projektleiter wird es also nicht erspart bleiben, sich ausreichend, intensiv und sozialkompetent mit seinen Teammitgliedern immer wieder neu auseinanderzusetzen, was aber auch den Reiz dieser verantwortungsvollen Aufgabe ausmacht.

6.2 Vergabe der Arbeitspakete

Aus dem Projektstrukturplan lassen sich alle Aktivitäten ableiten, die in einem vorgegebenen Zeitraster erledigt werden müssen. Jedes Projektteammitglied hat im Rahmen seiner Fachzuständigkeit und seiner Qualifikation Aufgaben zu übernehmen und unter Berücksichtigung vorgegebener bzw. vereinbarter Qualitätsstandards termingerecht zu erledigen. Die Art und Weise, wie die Vergabe der Aufgaben geschieht, hängt einerseits sehr stark vom Führungsverständnis und dem Ausmaß der Teamorientierung des Projektleiters ab, andererseits spielen auch das Leistungsvermögen und die Teamfähigkeit des einzelnen Mitarbeiters dabei eine Rolle. Der Projektleiter muss sich aber im Klaren sein, dass gerade hier sehr oft eine Art „Weichenstellung" im Hinblick auf die Motivation und Leistungsbereitschaft der Teammitglieder erfolgt. Projektarbeit als Teamarbeit wird um so erfolgreicher sein, je besser es dem Projektleiter gelingt, die individuellen Potenziale zu aktivieren und zusammenzuführen. Die Ausgestaltung und Vergabe der Arbeitspakete einschließlich des zugehörigen Controllings erfolgt am besten gemeinsam mit dem Team, wobei Art und Ausmaß der ebenfalls zu vereinbarenden Überwachungsmaßnahmen von den individuellen Möglichkeiten der Mitarbeiter (Erfahrungen, Qualifikation, Selbständigkeit) abhängen. Grundsätzlich sollte hierbei das „AKV-Prinzip" (Aufgabe – Kompetenz – Verantwortung) gelten.

Es empfiehlt sich, die Arbeitspaketvergabe mit einem elektronisch bereitgestellten Formular zu dokumentieren (siehe Anhang 21). Dem Projektleiter gibt es die Gewissheit, dass der Arbeitspaketverantwortliche die Inhalte verstanden hat. Eckpunkte wie Termin und Aufwandsvorgabe sind klar festgehalten. Außerdem sind damit die Voraussetzungen für inhaltliche Reviews geschaffen. Für den Arbeitspaketverantwortlichen ist es eine Checkliste, um sicher zu sein, alle für das Arbeitspaket notwendigen Informationen geklärt zu haben. Auftragsklarheit ist im Projekt in jedem Teilschritt unabdingbar.

Nachdem in der „ersten Projektsitzung" (siehe Kap. 4.9) die Weichen für eine erfolgreiche Teamarbeit gestellt wurden (Kennenlernen – Teambildung – Auftragsklärung – Rollenklärung – Regeln der Zusammenarbeit – Vorgehen im Projekt – Terminplan u.a.m.), beginnt für das Team der „Projektalltag". Die nun folgenden (regelmäßigen) Arbeitssitzungen orientieren sich in ihrem Ablauf am besten an der Struktur der ersten Projektsitzung.

Agenda einer Arbeitssitzung

Projekt „......" Arbeitssitzung am	
Ziel(e):	
Teilschritte:	von ... bis ...
1.	
2.	
3.	
4.	
5.	
6.	
Prozessanalyse	
Reserve:	

Abb. 6.06: Gruppenarbeitsplan für Arbeitssitzungen

Jeweils zu Beginn der Arbeitssitzung wird die Agenda mit Zeitangaben aufgestellt bzw. vereinbart. Kommt es in Einzelfällen zu Überschreitungen des angesetzten Zeitbudgets, lässt sich dies meistens mit Hilfe der Reserve kompensieren.

Die Moderation muss nicht unbedingt beim Projektleiter liegen. Denkbar (und im Sinne des Teamgedankens besser) ist auch ein Wechsel dieser Rolle. Das setzt aber voraus, dass die Mitarbeiter über Grundkenntnisse der Moderationsmethode verfügen.

Durch Visualisierung aller relevanten Regelungen, Vereinbarungen, Fragestellungen, Ergebnisse und Aufgaben – immer in Abstimmung mit dem gesamten Team – ist mit dem Ende der Projektsitzung das Protokoll schon fertig. Noch wichtiger aber ist, dass die Form der „offenen Protokollführung" dem Team in jedem Augenblick der Arbeitssitzung zeigt, wo es steht, was schon erledigt ist, was noch getan werden muss, ob der Zeitplan funktioniert und was alles zu beachten ist. Idealerweise steht noch etwas Zeit für eine abschließende „Prozessanalyse" zur Verfügung. Das Team reflektiert hier gemeinsam den Sitzungsverlauf und eröffnet sich damit wichtige Lernchancen.

Typische Prozessfragen sind:

1. Wie sind wir vorgegangen?
2. Haben wir unsere Ziele erreicht?
3. Was hat uns gefördert?
4. Was hat uns behindert?
5. Was wollen/müssen wir ändern?

Prozessanalyse

Dabei sind die wichtigsten Feedback-Regeln unbedingt einzuhalten (siehe hierzu auch Kap. 6.5).

Die vereinbarten Änderungen werden ebenfalls visualisiert, um in der nächsten Sitzung wirksam werden zu können. Auf diese Weise kann das Projektteam von Mal zu Mal besser werden, der „Teufelskreis" scheinbar unvermeidlicher Unzulänglichkeiten im Ablauf von Sitzungen oder Besprechungen wird durchbrochen!

Lernen aus Erfahrungen

In der Folgesitzung wird gleich zu Beginn der Aktionsplan überprüft – erledigte Aufgaben werden „abgehakt", offene bzw. neue Aufgaben fortgeschrieben.

6.3 Motivation im Team

„Motivation" ist in der Arbeitswelt ein viel gebrauchtes Wort. Motivierte Mitarbeiter werden als leistungsfähiger, zufriedener, weniger krank, anpassungsfähiger, kooperativer, umgänglicher erlebt. Untersuchungen bestätigen diesen Zusammenhang. Die Frage ist nur, wie und ob ausreichend Motivation erzeugt werden kann. Die Meinungen hierzu sind kontrovers. Die Palette reicht von „man kann Mitarbeiter nicht im eigentlichen Sinn motivieren, man kann ihnen nur (und muss!) Bedingungen zur Selbstmotivation schaffen" bis zur Überzeugung, durch die geschickte Anwendung von Motivationstechniken Mitarbeiter optimal motivieren und zu Höchstleistungen bringen zu können. Sogar vom „Mythos Motivation" ist die Rede. Die Wahrheit liegt wohl in der Mitte. Ohne Zweifel spielt die Motivation am Arbeitsplatz eine sehr wichtige

316 | Führung, Zusammenarbeit und Ausführung

Rolle und kann durch entsprechende Bedingungen wie z.B. ein kooperatives Führungsverhalten gefördert werden. Dabei kommt es aber entscheidend darauf an, was der Einzelne aus diesen Bedingungen macht. Ebenso sicher ist davon auszugehen, dass Veränderungsprozesse besser gelingen, wenn sie von einer breiten Mitarbeitermotivation getragen werden. Somit ist Motivation auch und gerade in der Projektarbeit ein wichtiges Thema.

Motivation lässt sich ganz allgemein als die Summe der in einer Handlung wirksamen Motive definieren, die das individuelle Verhalten aktivieren und regulieren. Die Vielzahl möglicher Motive kann differenziert werden nach

Motive für Motivation

- Grundmotiven: alle Motive, die der Existenzsicherung dienen
- abgeleiteten Motiven: Grundmotive können oft nur auf „Umwegen" – z.B. durch Geld, Arbeit – erfüllt werden
- erworbenen Motiven: sie entstehen aus der Auseinandersetzung mit der Umwelt
- aktuellen Anreizen: sie sprechen bereits vorhandene Motive an
- Normen und Werten: sie werden in Sozialisationsprozessen verinnerlicht
- Zukunftsentwürfen: Hoffnungen, Wünsche, Erwartungen u.ä.

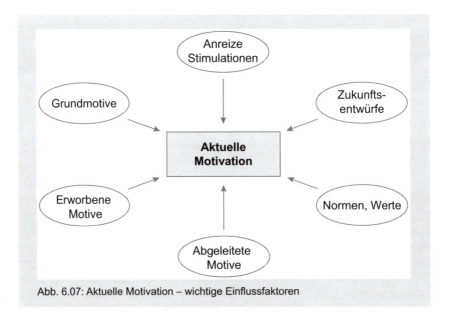

Abb. 6.07: Aktuelle Motivation – wichtige Einflussfaktoren

Die Grafik zeigt nicht nur die Vielschichtigkeit aktueller Motivation, sondern auch, wie unterschiedlich die Motivation einzelner Menschen sein kann. Die Motivation der Mitarbeiter beeinflussen zu wollen heißt demnach auch, sehr genau den jeweiligen Menschen in den Blick zu nehmen.

Dabei geht es immer wieder um die Frage, warum Menschen in einer bestimmten Art und Weise handeln, warum sie es unterschiedlich tun und warum sie trotz Mühen und möglicher Widerstände mehr oder weniger beharrlich Ziele verfolgen.

Aus der Vielzahl von Motivationstheorien und -modellen werden beispielhaft die Ansätze von McGREGOR, MASLOW und HERZBERG etwas näher beschrieben.

Bereits in Kap. 6.1.2 „Menschenbilder und Einstellungen" wurde die XY-Theorie von McGREGOR erläutert. Seine Y-Annahmen weisen darauf hin, dass Mitarbeiter grundsätzlich motiviert sein können und daher Maßnahmen sinnvoll sind, die diese Motivation ermöglichen bzw. fördern. Für Führungskräfte bedeutet das, ihren Mitarbeitern gegenüber Vertrauen zu entwickeln, Zutrauen in die Leistungsfähigkeit und -bereitschaft zu setzen und Spielräume für eigenverantwortliches Handeln, Entfaltung und Entwicklung zu eröffnen.

XY-Theorie

Nach MASLOW entsteht Motivation in erster Linie durch den Wunsch und/oder die Chance, Bedürfnisse befriedigen zu können. In seiner berühmt gewordenen Bedürfnispyramide führt er fünf Gruppen auf:

5 Selbstverwirklichungsbedürfnisse	Bedürfnis-pyramide
4 Wertschätzungs- u. Geltungsbedürfnisse	
3 Zugehörigkeits- und Zuneigungsbedürfnisse	
2 Sicherheitsbedürfnisse	
1 Physiologische Bedürfnisse	

Abb. 6.08: Bedürfnispyramide nach MASLOW

MASLOW nimmt an, dass ein Bedürfnis nur so lange motiviert und das Handeln beeinflusst, wie es unbefriedigt bleibt. Grundgedanke seiner Klassifikation ist das „Prinzip der Vorrangigkeit" in der Motivanregung – die Befriedigung der Bedürfnisse einer Gruppe setzt voraus, dass die darunterliegenden Bedürfnisse im Wesentlichen realisiert sind. Dabei unterscheidet er sogenannte „Defizitbedürfnisse" (1-4) und „Wachstumsbedürfnisse" (5). Dieses Modell ist insofern bedeutsam, als es die Vielfalt möglicher Bedürfnisse aufzeigt und die Unterschiedlichkeit der Bedürfnisse und Interessen der Menschen deutlich macht. Für den Projektleiter (oder ganz allgemein für Führungskräfte) ergeben sich hieraus zahlreiche Ansatzpunkte.

Ähnliche Überlegungen stellt HERZBERG an. Auch er nennt in seiner Zwei-Faktoren-Theorie unterschiedliche Motivgruppen. Im Vordergrund steht für ihn die

Zwei-Faktoren-Theorie
Frage nach der Zufriedenheit bzw. Unzufriedenheit am Arbeitsplatz. Unterschieden werden Hygienefaktoren (z. B. Ausstattung des Arbeitsplatzes, Führungsstil, Bezahlung, Sicherheit), die Unzufriedenheit verhindern, und Motivatoren (z. B. Anerkennung, Entwicklung, Arbeitsinhalt, Verantwortung), die Zufriedenheit ermöglichen. Dieser Ansatz zielt nicht nur auf die Motivation, sondern gleichzeitig auf den Abbau demotivierender Arbeitsbedingungen.

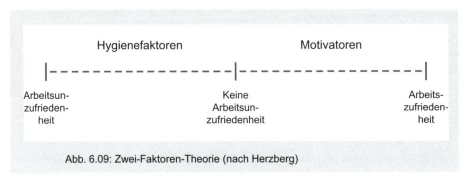

Abb. 6.09: Zwei-Faktoren-Theorie (nach Herzberg)

Während die Hygienefaktoren eher die extrinsische Motivation (Wunsch, etwas zu tun, um negative Folgen – z. B. Strafe – zu vermeiden oder positive Folgen – z. B. Bonus – zu erzielen) unterstützen und Unzufriedenheit verhindern, fördern die Motivatoren mehr die intrinsische Motivation (Wunsch, etwas zu tun, was selbst als interessant, anspruchsvoll oder sinnstiftend wahrgenommen wird) und ermöglichen Zufriedenheit. Ihre Wirkung ist meist nachhaltiger und führt erfahrungsgemäß zu höherem Engagement.

Dem Projektleiter bieten sich gerade in der Projektarbeit gute Ansatzpunkte, die (Selbst-)Motivation der Teammitglieder zu fördern und Demotivationstendenzen entgegen zu wirken. Ein kooperativer Führungsstil, das Zugestehen von Gestaltungsspielräumen und Verantwortung, eine entsprechende Aufgabengestaltung (wichtige Gestaltungsmerkmale sind: Ganzheitlichkeit, Anforderungsvielfalt, Möglichkeiten zur sozialen Interaktion, Autonomie, Lern- und Entwicklungsmöglichkeiten) und konstruktives Feedback seien hier stellvertretend genannt.

Projektarbeit bietet allein schon durch den Einbezug in Gestaltungs- und Entscheidungsprozesse vielerlei Möglichkeiten zur Motivation und Identifikation. Mit Projekten geht aber auch eine nicht unerhebliche Belastung für die Teammitglieder einher, besonders wenn sie – was überwiegend der Fall ist – nur partiell im Projekt mitarbeiten können. Die Belastung besteht dabei einerseits in der rein zeitlichen Überlastung durch die Doppelbeanspruchung Projekt und Linie und andererseits in dem damit verbundenen Konfliktpotenzial, zweierlei „Herren" dienen zu müssen. Wenn hier keine klaren Absprachen getroffen werden, kann das sehr schnell die Motivation beeinträchtigen, der Mitarbeiter sitzt zwischen zwei Stühlen. Der Projektleiter muss daher alles tun, um mit den jeweiligen Linienvorgesetzten seiner Teammitglieder tragfähige und verbindliche Regelungen zu finden. Uneingeschränkte Rückendeckung durch den Auftraggeber und/oder Sponsoren ist hierbei eine unverzichtbare Voraussetzung. Zwei Handlungsfelder stehen im Vordergrund:

- Klare Kompetenzregelungen zwischen Linie und Projekt verschaffen dem Projektmitarbeiter und anderen Beteiligten die notwendige Grundorientierung und Klarheit. Eine klare Kompetenzregelung verhindert zwar nicht alle Konflikte zwischen Linie und Projekt, sie lassen sich aber reduzieren
- Projekte sollten in die strategischen Zielsetzungen des Unternehmens eingebettet werden. Dadurch wird ihr Stellenwert sichtbar. Der Projektleiter erhält die notwendige Rückendeckung, um Mitarbeiter im erforderlichen Umfang freizustellen und somit eine Überforderung zu vermeiden.

Handlungsfelder für Motivation im Projekt

Projekte stellen häufig sehr hohe Anforderungen an das Durchhaltevermögen der beteiligten Mitarbeiter. Insbesondere bei langwierigen Vorhaben kann es mit der Zeit zu einer gewissen Projektmüdigkeit kommen, was sich auf die Motivation und in der Folge auch auf die Qualität der Arbeit auswirken kann. Einer solchen Entwicklung kann jedoch vorgebeugt werden. So empfiehlt sich z.B. eine klare und überschaubare Strukturierung und Gliederung, damit der Fortgang des Projekts „erlebt" werden kann. Über das Erreichen kleinerer Etappenziele lassen sich die für die Motivation so wichtigen Erfolgserlebnisse vermitteln. Bereits in der ersten Projektsitzung können solche Etappen, die sich am geplanten Projektverlauf orientieren müssen, gemeinsam mit dem Team festgelegt werden.

Darüber hinaus ist die Vereinbarung symbolischer Handlungen bei Erreichung eines Etappenziels (z.B. gemeinsame Markierung des visualisierten Verlaufsplans, „Etappenessen" des Projektteams, „Bergfest" u.a.m.) denkbar. Diese und ähnliche Maßnahmen dienen gleichzeitig der Pflege der Beziehungsebene und fördern auf längere Sicht den Teamzusammenhalt, was wiederum der Qualität der Projektarbeit zugute kommt. Sollten sich dennoch „Ermüdungserscheinungen" im Projektteam zeigen, empfiehlt sich eine Aussprache, um die wirklichen Ursachen zu ergründen und eventuelle Änderungen und Neuregelungen zu vereinbaren.

6.4 Teamentwicklungsprozess

Wann immer Menschen zusammenkommen, um miteinander etwas zu tun, begeben sie sich in einen dynamischen Prozess, der in mehreren Phasen abläuft. Die Kenntnis der typischen Entwicklungsprozesse erleichtert dem Projektleiter die Arbeit, weil er so die einzelnen Phasen bewusst gestalten und damit die Teambildung fördern kann.

Führung, Zusammenarbeit und Ausführung

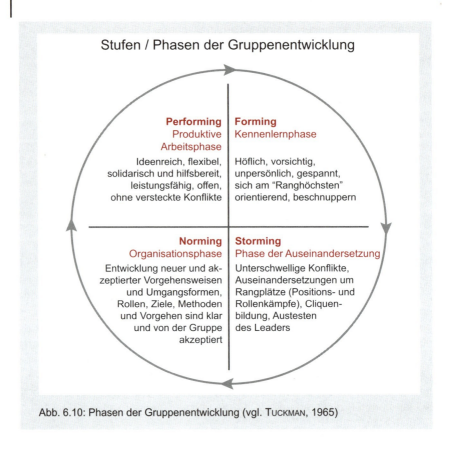

Abb. 6.10: Phasen der Gruppenentwicklung (vgl. TUCKMAN, 1965)

Dieser Phasenverlauf darf nicht als kontinuierlicher Entwicklungsprozess gesehen werden. Selbst wenn den hier unterschiedenen Phasen jeweils genügend Raum gegeben wird, muss in jedem Augenblick mit „Rückschlägen" gerechnet werden. So kann sich in der Arbeitsphase trotz der vorherigen Bemühungen ein Defizit an Zielklarheit herausstellen. Das Team muss dann zurück ins „storming" und die Ziele (Sitzungsziele oder Projektziele) erneut so lange diskutieren, bis Einvernehmen hergestellt werden kann. Denkbar ist auch, dass sich in der Hektik des Geschehens (z.B. durch Termindruck oder ungenügende Ressourcen ausgelöst) der Umgangston nachhaltig verschärft, was vielleicht ein paar zusätzliche Regeln für den Umgang miteinander erforderlich macht.

Störungen haben Vorrang Die Kenntnis dieses Entwicklungsgeschehens bietet dem Projektleiter sowohl Ansätze für die Gestaltung der Zusammenkünfte als auch wichtige Hinweise für die Steuerung des Arbeitsprozesses. Entscheidend ist, dass er Störungen im Team wahrnimmt und gemeinsam bearbeitet.

Die nachfolgende Übersicht zeigt Ansätze zur effektiven Teamsteuerung:

Förderung der Teamentwicklung durch den Projektleiter		
In der Arbeitsgruppe zu beobachtendes Verhalten	**Entwicklungsphase der Gruppe**	**Hilfreiches Verhalten des Projektleiters**
Mitglieder halten einen größeren Abstand zueinander ein, kommunizieren nur oberflächlich und unverbindlich, sind höflich aber unpersönlich, verhalten sich sehr vorsichtig, weichen aus, legen sich nicht fest.	Forming	Unterstützen des gegenseitigen Kennenlernens durch offenes eigenes Verhalten, persönliche Begrüßung, Vorstellungsrunde, Anrede mit Namen, Blickkontakt, motivierender Einstieg.
■ Abklopfen des Moderators nach „Referenzen" und „Schmerzgrenzen" ■ Infragestellen der Ziele und des Vorgehens ■ Gegenseitiges Unterbrechen, mangelhaftes Gesprächsverhalten ■ Übergehen/Ignorieren von Mitgliedern ■ Fortwährende Meinungsverschiedenheiten ■ Fehlende Bereitschaft zu Kompromissen ■ Profilierungsversuche	Storming	■ Sitzungsziel und Ablauf vereinbaren ■ Gelassen reagieren, Beobachtungen mitteilen ■ Konsequent, aber nicht pedantisch auf die Einhaltung von Gesprächsregeln achten ■ Durch Gleichbehandlung oder ausdrückliche Hinweise auf Gleichrangigkeit der Mitglieder hinweisen ■ Trennende und verbindende Standpunkte klar herausarbeiten ■ Durch Feedback die Situation an die Gruppe rückspiegeln, Konsequenzen der Situation deutlich machen ■ Rollen klären ■ Gemeinsam mit der Gruppe die Ursachen der Situation erarbeiten => Prozessanalyse

Abb. 6.11 (Teil 1): Ansätze zur effektiven Teamsteuerung

Förderung der Teamentwicklung durch den Projektleiter		
In der Arbeitsgruppe zu beobachtendes Verhalten	Entwicklungs-phase der Gruppe	Hilfreiches Verhalten des Projektleiters
Die Gruppe unternimmt erste Versuche, selbst Ziele, Vorgehen, Methoden oder Verhaltensregeln zu definieren.	Norming	Der Teamleiter unterstützt die Regelfindung oder leitet sie bei Bedarf mit Hilfe gezielter (offener) Fragen selbst ein. Wichtige Regeln sollten visualisiert, den Teilnehmern im Protokoll zugänglich und bei Folgesitzungen bekräftigt werden.
Die Gruppe arbeitet effizient und weitgehend störungsfrei.	Performing	Erreichte Zwischenresultate unterstreichen, gruppendienliches Verhalten positiv verstärken, offene Protokollführung.

Abb. 6.11 (Teil 2): Ansätze zur effektiven Teamsteuerung

TUCKMAN/JENSEN (1977) haben diesen vier Phasen später noch eine fünfte hinzugefügt, die gerade auch in der Projektarbeit beobachtet werden kann: Adjourning. In dieser Phase gehen die Aufgaben der Vollendung entgegen (z. B. Projektende) und die Auflösung des Teams (Verlust der Teammitglieder) rückt näher, was zum Absinken der Motivation und zu Verunsicherung („Wie geht es für mich weiter?") führen kann. Die Vorstellung neuer Projekte, eine Würdigung der gemeinsamen Arbeit, gegenseitiges Feedback über die empfundene Zusammenarbeit u.ä. können dem entgegenwirken (siehe Kapitel 1.4.9 „Abschluss").

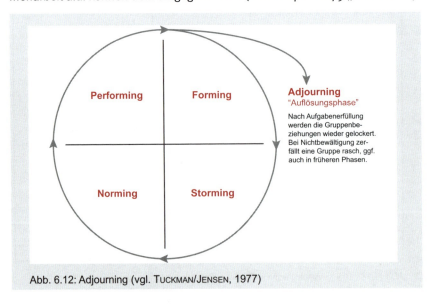

Abb. 6.12: Adjourning (vgl. TUCKMAN/JENSEN, 1977)

Zumindest bei (Projekt-)Teams, die über einen längeren Zeitraum bestehen, empfiehlt es sich, hin und wieder – z. B. nach einigen Monaten oder bei Erreichen eines Meilensteins – den „Zustand" bzw. die Auswirkungen des bisherigen Teamentwicklungsprozesses zu überprüfen, um eventuellen Handlungsbedarf erkennen zu können und geeignete Maßnahmen einzuleiten. Eine solche Diagnose geht über die schon propagierte regelmäßige Prozessanalyse (siehe Kap. 6.2 – Arbeitssitzungen im Projekt) am Ende von Meetings hinaus und erfordert ein strukturiertes, analytisches Vorgehen. Dazu gehören die Wahrnehmung von Prozessverläufen und das Erkennen der vorhandenen und sich selbst entwickelnden Strukturen. Wichtig sind konkrete Beobachtungskriterien.

Teamdiagnose

Die nachfolgenden Prozesse können Gegenstand einer ganzheitlichen Analyse sein:

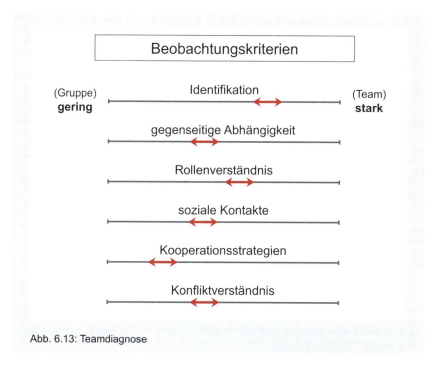

Abb. 6.13: Teamdiagnose

Idealerweise diskutiert das Projektteam gemeinsam die Kriterien und einigt sich jeweils auf die Einstufung. Je mehr diese nach rechts tendiert, desto mehr hat sich eine Entwicklung von der zunächst (z. B. bei Projektbeginn) eher formalen Gruppe hin zu einem echten Team vollzogen. Zeigen sich in einzelnen Bereichen Defizite (geringe Ausprägung), können diese sogleich gemeinsam bearbeitet werden (Ursachenanalyse, daraus abgeleitet geeignete Maßnahmen, verbindliche Vereinbarungen inkl. Controlling).

6.5 Feedback als Lernchance

Der Begriff Feedback bedeutet Rückkopplung und kommt ursprünglich aus der technischen Kybernetik. Übertragen auf lebende Systeme (Individuen, Gruppen, Organisationen) ist damit die Fähigkeit zur Selbstregulierung gemeint.

Feedbackprozesse sind für die Lern- und Anpassungsfähigkeit von Individuen, Gruppen und Organisationen sehr wichtig.

Was passiert bei Feedback?

Selbstbild/Fremdbild

Menschen, die miteinander leben und arbeiten, benötigen zu ihrer Orientierung und zur Entwicklung eines gesunden Selbstbilds Feedback darüber, wie sie mit ihrem Verhalten und Handeln auf ihre Mitmenschen wirken (Fremdbild) und in welche Richtung sie sich sozialkompetent weiterentwickeln oder verändern können bzw. sollten. Zu große Diskrepanzen zwischen Selbst- und Fremdbild können viele Missverständnisse und Konflikte erzeugen. Aber weder die völlige Übernahme des Fremdbilds (Chamäleoneffekte) noch die totale Abwehr (übersteigertes Selbstbild) sind hilfreich. Sinnvoll ist vielmehr der Einbau von Filtern, um einen nützlichen Umgang mit Feedback und die Entwicklung eines positiven und realistischen Selbstbilds zu ermöglichen.

Damit Feedback als individuelle Lernchance wirken kann, ist die Einhaltung einiger Regeln unverzichtbar.

Regeln für den Feedback-Geber

- Feedback muss aktuell sein
- Angaben so genau wie möglich machen und alle Punkte mit konkreten Beispielen des Verhaltens belegen
- Das Verhalten nicht interpretieren oder Motive suchen
- Keine Vermutungen oder Unterstellungen, nur Beobachtetes äußern
- Auch Positives ansprechen (+/-)
- Ausschließlich Ich-Botschaften formulieren (Subjektivität!)
- Keine „Generalabrechnungen" vornehmen.

Regeln für den Feedback-Empfänger

- Zuhören
- Nachfragen (um zu verstehen, was der Geber meint)
- Keine Rechtfertigungen.

Feedback ist immer subjektiv, es geht nicht um „richtig" oder „falsch", sondern allein darum, wie ein Verhalten auf den Feedback-Geber gewirkt hat.

Ergänzende Regeln:

- Beschreibend statt bewertend
- Konkret statt allgemein
- Angemessen (konstruktiv, bedürfnisgerecht) statt destruktiv
- Brauchbar (nur was veränderbar ist)
- Erbeten statt aufgezwungen
- Zur rechten Zeit (möglichst zeitnah und wenn es die Situation zulässt)
- Klar und genau statt diffus und verwaschen
- Korrekt (nachprüfbar)
- Keine Diskussion.

Wenn das Feedback abgeschlossen ist, sollte sich der Empfänger das Gehörte möglichst zeitnah noch einmal durch den Kopf gehen lassen und dann über eventuelle Konsequenzen für sich entscheiden (siehe auch Anhang 29, „Johari-Fenster").

Für das Projektteam ist eine positive Feedbackkultur äußerst hilfreich. Das Verhalten der Teammitglieder und die Qualität der Zusammenarbeit können so regelmäßig überprüft und weiterentwickelt werden. Dabei fördert die Vereinbarung und Einhaltung konkreter Feedbackregeln die Bereitschaft, diese große Lernchance individuell und für das Team zu nutzen.

6.6 Internationale Zusammenarbeit

> „Die gefährlichste aller Weltanschauungen ist die Weltanschauung der Leute, welche die Welt nie angeschaut haben."
> Alexander von Humboldt

Das Zusammenwachsen in Europa und die zunehmende Globalisierung der Wirtschaft beschleunigen die Internationalisierung. Die Mitarbeiter werden dadurch mit ganz neuen Anforderungen konfrontiert und sind gezwungen, ihre Kompetenzen zu erweitern. Weltweite Produktentwicklungen, die Verlagerung von Teilbereichen wie Produktion, Entwicklung oder Datenverarbeitung ins Ausland oder auch der Erwerb von Auslandsbeteiligungen und die damit einhergehende Zusammenarbeit über Länder- und Kulturgrenzen hinaus erfordern internationale Geschäfts-, Fach- und Funktionskompetenz.

Projektteams mit Mitarbeitern verschiedener Nationalitäten

Das hat natürlich auch Konsequenzen für die Projektarbeit. Projekte wirken länderübergreifend, die Projektteams und vielleicht auch die Lenkungsausschüsse werden mit Mitarbeitern verschiedener Nationalitäten besetzt, es kommt verstärkt zu interkulturellen Kooperationen. Das Projektmanagement muss diese Entwicklung nicht nur berücksichtigen, sondern aktiv in die Planung und Durchführung der Projekte einbeziehen. Ganz neue Probleme können auftreten, die mit bisher bewährten Methoden und Vorgehensweisen nicht ohne weiteres zu bearbeiten sind.

Kulturspezifische Mentalitätsunterschiede, Unterschiede in den Werte- und Normensystemen, unterschiedliche Bedürfnisstrukturen, Verschiedenheit bei Umgangs- und allgemeinen Verhaltensformen gilt es zu erkennen und zu berücksichtigen. Dabei ist der Aufbau von gegenseitigem Vertrauen und interkulturellem Verständnis von großer Bedeutung. Menschen aus unterschiedlichen Kulturen nutzen meist verschiedene Arten von Logik oder Argumentationen. Für Teammitglieder in internationalen Projekten ist es daher wichtig, die unterschiedlichen, kulturell geprägten Denk- und Planungsweisen zu verstehen und konstruktiv für alle Beteiligten einzubringen.

In solchen Situationen kann es sinnvoll sein, eine „kulturelle Annäherung" im Projektteam bewusst einzuplanen, Regeln der Zusammenarbeit zu vereinbaren und die Diagnose und Steuerung im Projekt gründlicher zu planen.

Offene Haltung und ständiges Lernen

Der Projektleiter benötigt hierfür erweiterte Qualifikationen, seine soziale Kompetenz muss durch eine ausgeprägte interkulturelle Kompetenz ergänzt werden. Das kann zum einen allein schon die Sprache betreffen, die ja als wichtigstes Kommunikationsmittel die Basis für Verständigung liefern muss, erstreckt sich aber zum anderen auch auf Aspekte wie z.B. Einfühlungsvermögen, eine besonders stark ausgeprägte Bereitschaft und Fähigkeit zu wertschätzendem Umgang mit Unterschieden oder auch die Fähigkeit zu kultureller Toleranz und Flexibilität. Eine offene Haltung ist Vorbedingung für den notwendigen fortlaufenden Lernprozess. Das gilt letztlich auch für die Teammitglieder.

Interkulturelle Kompetenz bildet sich aus fünf Punkten, die miteinander verbunden sind (siehe Abbildung 6.14):

Internationale Zusammenarbeit | 327

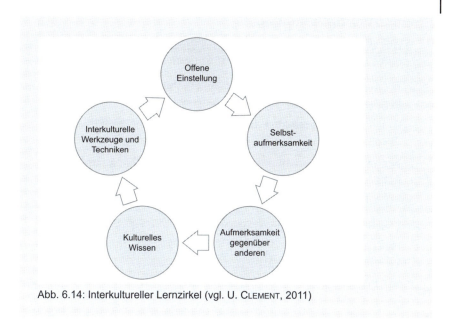

Abb. 6.14: Interkultureller Lernzirkel (vgl. U. CLEMENT, 2011)

Diese Punkte gilt es zu entwickeln, um interkulturell handlungsfähig sein zu können. Grundlage ist – wie schon betont – die Bereitschaft, sich auf andere Kulturen einzulassen, also eine offene Haltung einzunehmen und neue bzw. andere Denk- und Verhaltensweisen „auszuhalten". Aufmerksamkeit, sowohl für das eigene Befinden als auch für das der anderen, ermöglicht es, die aus unterschiedlichen kulturellen Prägungen resultierenden Irritationen zu verstehen und dadurch (wieder) handlungsfähig zu sein. Erleichtert wird dies durch kulturelles Wissen, also Basisinformationen über die jeweilige Region (Geschichte, Einstellungen, Umgangsformen, Rollenbilder, Umgang mit Zeit, Werte und Normen, Religion u.a.m.). Schließlich braucht es geeignete interkulturelle Werkzeuge wie Identitätenklärung, Entwicklung von Gemeinsamkeiten, Teambildungsmaßnahmen, richtiges Fragen (nicht nach dem „warum", besser nach dem „wie") und ständiges Bemühen um Verständigung, um eventuelle Kommunikationsstörungen oder Irritationen aufzulösen.

In internationalen Projekten ist die Partizipation besonders wichtig. Um die erforderliche Akzeptanz und Unterstützung der Betroffenen zu erlangen, bedarf es einer umfassenden Beteiligung, die aber unter Umständen noch sehr viel differenzierter und behutsamer angelegt sein muss.

Bei allem zusätzlichen Aufwand und neuen bzw. anderen Problemen sollte aber nicht übersehen werden, dass die Internationalisierung auch eine riesige Chance bietet: International zusammengesetzte Projektteams können zur Integration verschiedener Kulturen beitragen, die Erschließung neuer (globaler) Märkte ermöglichen, Grenzen überwinden helfen und vielleicht sogar das friedliche und konstruktive Miteinander der Menschheit fördern.

Allgemeine Perspektive

Fragen zur Wiederholung

1. Was unterscheidet die Führung eines Projekts von der Führung eines Bereichs in der Stammorganisation?
2. Wie unterscheiden sich Führungsstile in der Sach- und Personenorientierung?
3. Welche Faktoren sind bei der Motivation der Projektmitarbeiter zu beachten?
4. Woran lässt sich erkennen, ob ein Projektleiter über ausreichende Rollenautorität verfügt?
5. Was unterscheidet eine formale Gruppe von einem „echten" Team?
6. Welche Teamentwicklungsphasen können unterschieden werden, was passiert jeweils und wie kann bzw. muss der Projektleiter dieses Geschehen steuern?
7. Wie lassen sich Teammeetings effektiv gestalten?

7 Projektdiagnose und -steuerung

> „Fakten hören nicht auf zu existieren, wenn man sie absichtlich
> übersieht."
> Aldous Huxley

7.1 Grundlagen und Themenüberblick

Nach erfolgreicher Planung sind die Arbeitspakete an Projektmitarbeiter verteilt. Der Projektleiter wird dennoch nicht arbeitslos, denn nun beginnt die primäre Aufgabe: Kurs halten während des Projektverlaufs. Viele Projektleiter nehmen diese Funktion tagtäglich automatisch wahr, ohne genau zu wissen, dass es sich hierbei um Controlling-Funktionen handelt.

Einige Beispiele:

- Durch die wöchentliche Stundenaufschreibung der Projektmitarbeiter errechnet der Projektleiter eine 20-prozentige Überschreitung der geplanten Personalkosten. Seiner Prognose nach wären damit nach der Hälfte der Projektlaufzeit bereits sämtliche finanziellen Mittel verbraucht. Er ruft eine außerordentliche Projektteamsitzung ein und fragt nach den Ursachen des hohen Stundenaufkommens. Die Mitarbeiter klagen über mangelnde technische Unterstützung bei der Analyse der erhobenen Daten. Daraufhin veranlasst der Projektleiter den sofortigen Kauf leistungsstarker PCs mit entsprechender Software.

- Im Kantinengespräch erfährt der Projektleiter von der wahrscheinlichen Absage zweier für die nächste Phase fest eingeplanter Projektmitarbeiter. Daraufhin fragt er noch in der Mittagspause den Fachbereichsleiter, wen er in diesem Fall für das Projekt gewinnen und einplanen kann.

- Beim täglichen Morning-Meeting des Projektteams gestehen die für die Erhebung eingesetzten Projektmitarbeiter ein, die notwendigen Interviews in der dafür eingeplanten Zeit nicht mehr durchführen zu können. Da keine zusätzlichen Kapazitäten frei sind, bleibt nur eine zeitliche Verlängerung der Erhebungsphase. Der Projektleiter informiert den Lenkungsausschuss und bittet um eine Verlängerung der Projektphase.

- Bei einem Review des Fachkonzepts werden durch die Fachabteilung zusätzliche Anforderungen gestellt, die den Projektumfang um 10% erweitern. Der Projektleiter ermittelt die Konsequenzen dieser Auftragsergänzung hinsichtlich Zeit und Kosten, stimmt das mit dem Auftraggeber ab, dokumentiert es in einer Änderungsmitteilung und aktualisiert seine Planung.

Typische Controlling-Aktivitäten im Projekt

Ob es gelingt, den Kurs zu halten, hängt nicht nur von den Schritten der Diagnose und Steuerung ab. Die Wirksamkeit der Maßnahmen, die Qualität der Steuerungsinformationen und die Verlässlichkeit von getroffenen Vereinbarungen werden von der Projektkultur und den Formen der Führung und Zusammenarbeit geprägt.

Diagnose und Steuerung nur mit Führung wirksam

Bei jeder Abweichung von Vorgaben tauchen Konflikte auf, die der Projektleiter bearbeiten muss. Um die wirklichen Ursachen von Abweichungen zu ergründen, ist eine von Vertrauen und Offenheit bestimmte Gesprächsführung nötig. Problemlösungen sollten systematisch im Team bearbeitet werden. In Projektkrisen sollten immer auch die Chancen für grundlegende Veränderungen gesehen werden. Viele Steuerungsmaßnahmen müssen im Sinne des Projekts gegenüber den „Mächtigen" in der Linie durchgesetzt werden. Eine regelmäßige Diagnose der Zusammenarbeit im Projekt durch eine Prozessanalyse fördert die Flexibilität und die Entwicklung des Teams. Beim Kurshalten wird die Ganzheitlichkeit des Projektmanagements besonders deutlich.

7.1.1 Regelkreis

Die Schritte der Diagnose und Steuerung wiederholen sich immer wieder während des Projektverlaufs und bilden einen Regelkreis, um das Projekt „auf Kurs" zu halten.

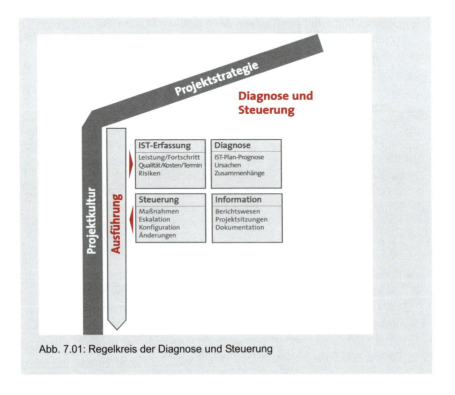

Abb. 7.01: Regelkreis der Diagnose und Steuerung

7.1.2 Inhalte der Projektdiagnose

Während der Kapitän zur See die Lage seines Schiffs ortet, die Geschwindigkeit des Schiffs abliest, die Leistung der Motoren bestimmt, Windrichtung, Windstärke und Seegang beobachtet und die Stimmung in der Mannschaft spürt, sind für den Projektleiter alle Inhalte relevant, die im Rahmen der Projektplanung festgelegt wurden.

Denn es gilt:

> Keine Planung ohne Diagnose und Steuerung.
> Keine Diagnose und Steuerung ohne Planung.
> Plane nur das, was Du auch kontrollieren wirst.

Merke!

So werden genaue und umfassende Vorgaben und Pläne schnell unterlaufen (sie sind offensichtlich nicht so wichtig), wenn nicht entsprechende Kontrollschritte erfolgen, und die Teammitglieder nehmen die Qualitätsansprüche zurück. Andererseits sind übermäßige Kontrollen ohne ausreichende Planvorgaben wenig motivierend.

Im Vordergrund des Interesses stehen gemäß dem „magischen Dreieck" Termine – Kosten – Ergebnisse/Ziele. Der Projektleiter sollte aber auch auf die Leistungsbereitschaft der Projektmitarbeiter achten. Wie in einem Cockpit sind mehrere Anzeigen für den Projektleiter wichtig, um sein Projekt zu beurteilen. Der Beobachtungsschwerpunkt wird sich bei wechselnden Rahmenbedingungen ändern. Dies erfordert auch, häufiger hinter eine Anzeige zu schauen, tiefergehende Informationen einzuholen und Abhängigkeiten zwischen den dargestellten Werten zu ergründen.

Projekt-Cockpit als Instrument des „Projektpiloten"

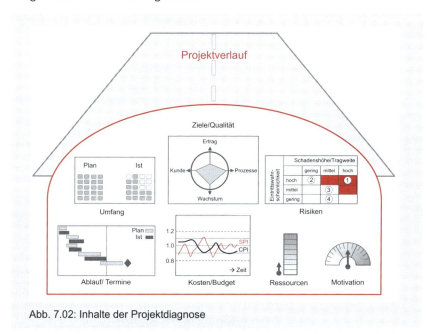

Abb. 7.02: Inhalte der Projektdiagnose

332 | Projektdiagnose und -steuerung

Auch Steuerungsmaßnahmen wirken sich immer auf alle Aspekte aus. Eine einseitige Konzentration auf Termine oder Kosten legt falsche Entscheidungen nahe.

Auswirkung von Steuerung auf Wirtschaftlichkeit

> Mit Überstunden kann ein Projekt beschleunigt werden und einen Monat früher in Betrieb gehen. Dies verursacht überplanmäßige Kosten von 1% der Projektkosten (1.000 T€). Für das Projekt wird ein jährlicher Deckungsbeitrag von 300 T€/Jahr erwartet. Das bedeutet 25 T€ mehr Deckungsbeitrag, die den Mehrkosten von 10 T€ gegenüberstehen.

Da inhaltliche Verbindungen zwischen den abgegrenzten Projektaufgaben bestehen, reicht eine isolierte Betrachtung einzelner Arbeitspakete nicht aus. Es sollte immer versucht werden, die Abhängigkeiten zu anderen, zukünftigen Arbeitspaketen zu ermitteln.

Zusätzlich ist das Projekt auch in das Linienmanagement eingebettet. So können umfangreiche Abstimmungen und Meldungen erforderlich sein. Das bestehende Controlling liefert nur unzureichend detaillierte oder verdichtete Daten, die im Projekt aufbereitet werden müssen.

7.1.3 Projektüberwachungszyklus

Wie ein Kapitän zur See muss der Projektleiter regelmäßig zu festen Terminen die Lage seines Schiffs (Projekts) beurteilen, um ein aktuelles Bild zu erhalten. Diese Termine sind entweder durch das Projekt bestimmt (Meilensteine oder Abnahme von Arbeitspaketen) oder durch den Kalender vorgegeben (monatliche Ergebnismeldungen oder täglicher Rundgang).

Einfluss auf den Überwachungszyklus

An diesen Terminen orientieren sich die Projektbeteiligten, deshalb sind sie mit ihnen zu vereinbaren. Überraschende, nicht angekündigte Kontrollen irritieren. Dabei wird nicht jedes Mal alles im Detail und umfassend überprüft, oft genügen Stichproben.

Wie oft der Regelkreis zur Diagnose und Steuerung durchlaufen wird, hängt vom Projektverlauf ab:

- häufiger in kritischen Abschnitten, wo sich ständig neue Situationen ergeben können
- schrittweise weniger, wenn unerfahrene Projektmitarbeiter eingearbeitet werden
- umfassend nach Projektkrisen.

Projektüberwachungszyklus | 333

Bei der Festlegung der geeigneten Frequenz sollte der Projektleiter nicht nur auf externe Vorgaben und den erforderlichen Aufwand achten, sondern sich auch der Wirkung auf die Teammitglieder bewusst sein. Schnelles Reagieren ist oft wichtiger als auf zu spät vorliegende genaue Informationen zu warten.

Lieber ungefähr richtig als genau falsch reagieren

Das macht Abbildung 7.03 zur Reaktionszeit von Statusberichten deutlich.

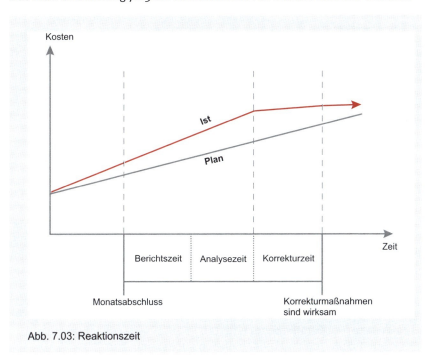

Abb. 7.03: Reaktionszeit

Zur Festlegung des Projektüberwachungszyklus kann man sich, abhängig von der Projektlaufzeit, an folgender Faustregel orientieren:

Projektdauer	Projektüberwachungszyklus
bis 6 Monate	1 Woche
bis 15 Monate	2 Wochen
bis 60 Monate	4 Wochen
über 60 Monate	8 Wochen

Die Vereinbarungen über den Projektüberwachungszyklus sollten in der ersten Projektsitzung getroffen und dokumentiert werden. Das könnte folgendermaßen aussehen:

Controlling-Konzept

Was?	Wann?	Durch wen?
Projektaufwand	Monatlich	Projektleiter/Team
Fertigstellungsgrad der Arbeitspakete (inhaltlich, Restaufwand)	Täglich Wöchentlich	Arbeitspaketverantwortliche Projektleiter
Projektkosten	Monatlich	Projektleiter/Auftraggeber
Status der Arbeitspakete	14-tägig	Arbeitspaketverantwortliche
Ressourceneinsatz	Quartal	Projektleiter/Vorgesetzte der Teammitglieder
Termine	14-tägig Monatlich	Projektleiter Lenkungsausschuss

7.1.4 Organisation der Ist-Erfassung

Anhand seines Controlling-Cockpits legt der Projektleiter, abgestimmt mit dem Auftraggeber und abhängig von internen Vorgaben, fest, welche Ist-Daten über den Projektverlauf er wie oft und wie detailliert gegliedert benötigt. Diese Anforderungen sind fester Bestandteil bei der Delegation der Arbeitspakete mit den Projektmitarbeitern. Der Projektleiter sollte den Aufwand dafür möglichst gering halten und etablierte Abrechnungs- und Zeiterfassungsverfahren nutzen. Typische Fragen sind dabei:

Organisatorische Fragen der Ist-Datenerfassung

- Sind Projekte als Kostenträger eingerichtet?
- Welche Projektmitarbeiter erfassen in der Linie regelmäßig ihren Arbeitsaufwand und ordnen diesen auf Projekte zu?
- Bis zu welcher Gliederungsebene kann auf die Projektstruktur zurückgemeldet werden?
- Inwieweit können Rechnungen Projektstrukturplanpositionen zugeordnet werden und sind den Mitarbeitern der Buchhaltung diese bekannt?
- Welche IT-Unterstützung steht für eine automatische Übernahme von Daten zur Verfügung? Welche unternehmensweiten Standards gibt es hierfür?
- An welcher Stelle werden die Plandaten zugeführt und werden regelmäßig Prognosen aktualisiert?

Die Gliederungstiefe der Rückmeldeinhalte hängt vom Projektstrukturplan, der Strukturierung der Linienorganisation und den angewendeten Methoden zur Erfassung der Ist-Daten ab. Idealerweise sollte von jedem Projektbeteiligten zurückgemeldet werden, welche Arbeitspakete er mit wie viel Aufwand bearbeitet hat und welche Kosten durch ihn dadurch verursacht wurden. Allerdings stehen diesem Wunsch hohe Verwaltungsaufwände und nicht immer vorhandene IT-Systeme entgegen.

Organisation der Ist-Erfassung | 335

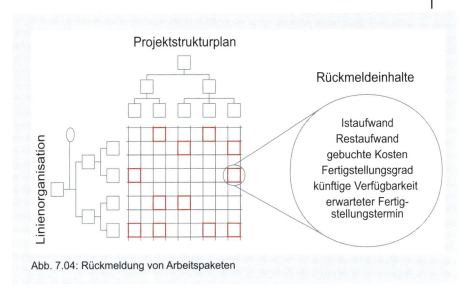

Abb. 7.04: Rückmeldung von Arbeitspaketen

Die aktuelle Situation im Projekt kann durch die in Abbildung 7.05 dargestellten vier Methoden erhoben bzw. gemessen werden.

Formale Abfragen	Teamorientierte Datengewinnung
■ Termin-/Ablaufmeldungen ■ Kostenerfassungsbelege ■ Stundenaufschreibungen ■ Rückmeldelisten	■ Statusbesprechungen ■ Prozessfragebogen ■ Schätzung/Meinungsbildung
Beobachtung	**Qualitätsbewertung**
■ Walkthrough ■ Inspektion ■ Tests ■ Versuchsreihen ■ Prototypen	■ Checklisten ■ Audits ■ Reviews

Abb. 7.05: Methoden der Erfassung von Daten über den Projektverlauf

Die Erhebungsergebnisse werden aufbereitet und transparent in Form von Protokollen dokumentiert. In der Praxis ergeben sich einige Schwierigkeiten, die die Effektivität und Aussagekraft beeinträchtigen:

- Ergebnisse von Vorgängen in Arbeit lassen sich nur schwer abschätzen (fehlende Etappenziele)
- Ergebnisse werden nicht als fertiggestellt gemeldet (90%-Syndrom und mangelnder Mut zum Abschluss)

336 | Projektdiagnose und -steuerung

Typische Probleme bei der Datengewinnung im Projekt

- Learning by doing führt permanent zu Änderungen an Ergebnissen, Terminen und Kosten in der Projektrealisierung (wachsende Kluft zwischen Plan und Ist)
- Reporting wird als Zusatzbelastung und Überwachung empfunden (Defizite in der Lern- und Fehlerkultur)
- Mehrere Mitarbeiter müssen gemeinsam den Vorgangsstatus bewerten, da Vorgänge und Ergebnisse vernetzt sind („Ich kann nicht, weil…"-Syndrom).

Dem kann der Projektleiter durch eine saubere Projektplanung mit der Definition von konkreten (Teil-)Ergebnissen und der Bereitstellung und Nutzung von Erfassungsvorlagen entgegenwirken. Auf der kulturellen Seite erleichtert ein konstruktiver Umgang mit Abweichungen und Fehlern die Akzeptanz der Regelungen.

Für eine eindeutige Identifikation und Zuordnung zu Arbeitspaketen sollten alle erhobenen Ist-Ergebnisse mit Projektnummer, Projektstrukturplan-Code des Arbeitspakets, Arbeitspaketbezeichnung, dem Arbeitspaketverantwortlichen und den beteiligten Projektmitarbeitern versehen sein.

7.1.5 Techniken der Projektdiagnose im Überblick

> „Von der Zeit nehmen wir Notiz, wenn sie vorbei ist."
> Lothar Schmidt

Unterscheidung von Diagnosetechniken

Der Projektleiter erhält eine Fülle von Informationen über den Projektverlauf, die gesichtet, geordnet, dem Plan gegenübergestellt, ausgewertet und analysiert werden müssen. Hierbei hilft ihm eine Reihe von Techniken und Darstellungen, die nach den Gesichtspunkten Controlling-Inhalt und Zeitbezug unterschieden werden.

Alle Techniken basieren auf einer realistischen Feststellung des tatsächlichen Projektverlaufs. Hierzu müssen Informationen, zum Beispiel in Statusmeetings, erhoben werden, Rückmeldungen geregelt sein sowie Qualitätsprüfungen mit Reviews, Tests und Audits stattfinden. Für den Projektleiter kommt es darauf an, den für sein Projekt passenden Mix aufzubauen und in Form eines „Cockpit-Controllings" seine Messinstrumente anzuordnen.

Techniken der Projektdiagnose im Überblick | 337

Kapitel/Abschnitt	Techniken	Controlling-Inhalt							Zeitbezug			
		Termin	Aufwand/Kosten	Fertigstellungsgrad	Qualität	Einsatzmittel	Vorgehen	Zusammenhänge	Plan	Ist	Prognose	Trend
7.2.1	Aktivitätenbericht		x				x			x		
7.2.3	Meilensteinbewertung nach DART	x	x						x	x		
7.2.3	Feature Burn-Down Chart		x						x	x	x	x
7.3.3	Pareto-Diagramm			x		x		x		x		
7.3.4	Ishikawa-Diagramm							x		x		
7.3.4	Ursache-Wirkungs-Netzwerk							x		x		
7.4.1	Terminliste	x							x	x		
7.4.2	Balkendiagramm	x		x					x	x	x	
7.4.3	Meilensteintrendanalyse	x										x
7.4.4	Projektpufferverbrauch			x						x	x	x
7.4.5	Verfügbarkeitstabelle					x			x	x	x	x
7.5.1	Kostenstrukturanalyse		x						x	x	x	
7.5.2	Kostenartenanalyse		x						x	x	x	
7.5.3	Kostenprognosen		x							x	x	x
7.5.3	Earned Value-Analyse	x	x	x					x	x	x	x
7.6.6	Indikatorenentwicklung	x	x	x	x	x	x					x
7.6.6	Risikolage			x							x	x
7.7.4	Ampelbericht	x	x	x	x	x	x		x			
7.9.6	Änderungsstatistik			x			x		x			

Abb. 7.06: Techniken der Projektdiagnose im Überblick

7.2 Diagnose des Projektfortschritts

Kompetenzelemente der ICB 3.0	Kapitel und PM-Prozesse des PMBOK®
1.10 Leistungsumfang und Lieferobjekte	4.4 Projektarbeit überwachen und steuern
1.16 Überwachung, Controlling und Berichtswesen	5.5 Inhalt und Umfang validieren
	5.6 Inhalt und Umfang steuern

Ziele dieses Kapitels – Was können Sie erwarten?

Sie kennen

- verschiedene Formen, den Projektfortschritt zu messen
- die Vorteile von Meilensteinen zur Messung des Projektfortschritts
- das DART-Prinzip und die Burn-Down-Rate.

Sie können

- den Fertigstellungsgrad von Arbeitspaketen ermitteln
- Aussagen über den Projektfortschritt von Projektmitarbeitern verifizieren.

7.2.1 Aktivitätenbericht

Um vor allen Dingen die Entwicklung der Arbeit von Spezialisten nachvollziehbar zu machen, haben sich einfache regelmäßige, schriftliche Statusberichte bewährt, in denen die seit dem letzten Berichtszeitraum erledigten Aktivitäten und bis zum nächsten Bericht vorgesehenen Schritte aufgezeigt werden. Ein Vergleich mit dem letzten Bericht ermöglicht eine gezielte Auseinandersetzung mit dem Arbeitsfortschritt.

Berichtstermin: 15. KW 2013	Projekt: Call-Center für den Kundenservice	Projektmitarbeiter: David Barcklow				
PSP-Code	Erledigte Aktivitäten	Fertigstellungsgrad	Nächste Schritte	Ziele erreichbar?	Hemmnisse	Entscheidungsbedarf	Kommentar/Bemerkungen
1010	Fragebogen entwickelt	50%	Info-Brief an die zu Befragenden	Ja	Nein	Nein	
1020	Richtlinien besorgt	20%	Fehlende Richtlinien aus Archiv holen	Nein	Ja	Nein	
1030	Führungskräfte interviewt; Ergebnisse sind dokumentiert	100%	Arbeitspaket ist abgeschlossen	Ja	Nein	Ja	

Abb. 7.07: Aktivitätenbericht

7.2.2 Fertigstellungsgrad von Arbeitspaketen

Der Arbeitsfortschritt lässt sich anhand von Fertigstellungsgrad (%Complete) und Fertigstellungswert (Earned Value) beurteilen. Der Fertigstellungsgrad (FGR) drückt aus, wie hoch der Anteil der zu einem Stichtag erbrachten Teilleistung von der Gesamtleistung eines Arbeitspakets oder Projekts ist. Der Fertigstellungswert (FW) drückt den Fertigstellungsgrad als Kostengröße aus.

Das Bewertungsverfahren für die Teilleistungen sollte nach klaren Kriterien erfolgen und berücksichtigen, ob die Teilleistung auch wirklich verwertbar ist. Sie kann im Projekt pro Arbeitspaket variieren.

Bei der Einschätzung des Fertigstellungsgrads sollte auch immer die Frage beantwortet werden, wieviel Aufwand noch erforderlich ist, um das Arbeitspaket zu beenden. Ansonsten vergehen viele Berichtsperioden und der Fertigstellungsgrad bleibt bei 90%, obwohl ständig daran gearbeitet wird. Damit kann der Fertigstellungsgrad im Projektverlauf auch sinken, etwa wenn der Leistungsumfang erweitert wird.

Differenzierte Einschätzung des Fertigstellungsgrads

Technik/ Verfahren		Berechnung	Empfohlen für ...
Binär (0 - 100)	nicht begonnen — fertig; 0% — 100%	FGR = 0% oder 100%	Aktivitäten mit kurzer Dauer wie Workshops, Schulungen, Assessment-Verfahren
Zwischenschritt (50 - 50)	nicht begonnen — vorbereitet — fertig; 0% — 50% — 100%	FGR = 0%, 50% oder 100%; keine Zwischenwerte erlaubt	Aktivitäten mit umfangreichen, verwertbaren Vorarbeiten wie Entwürfe, Konzepte
Statusschritte	D A R T; 0% 20% 45% 80% 100%	FGR entspricht festem Anteil des gemeldeten Bearbeitungsstatus; kann sich auch verringern!	Größere Arbeitspakete mit bewertbaren Meilensteinen oder Status. D - definiert; A - analysiert; R - realisiert; T - getestet
Restaufwand-schätzung	Planaufwand / Istaufwand Restaufwand	$FGR = \dfrac{Istaufwand}{(Istaufwand + Restaufwand)}$ %	Systematische Aufwandsrückmeldung auf Arbeitspaketebene mit Restaufwandsabfrage; geeignetes IT-System nötig
Mengen-proportionalität	Planmenge / Istmenge; 32% 50% 80% 100%	$FGR = \dfrac{Fertige\ Menge}{Planmenge\ (Gesamt)}$ %	Arbeitspakete, die Stückzahlen von Lieferobjekten erzeugen oder zählbare Objekte bearbeiten
Zeit-proportionalität	Geplante Dauer / Abgelaufene Dauer	$FGR = \dfrac{Abgelaufene\ Dauer}{Geplante\ Dauer}$ %	PM-Aktivitäten; Supportleistungen im Projekt

Abb. 7.08: Einschätzung des Fertigstellungsgrads

Zur Fortschrittsermittlung sollte man sich immer auf die Bezugsgröße einigen, die zur Einschätzung herangezogen wird.

Linearer Zusammenhang Häufig wird ein linearer Zusammenhang zwischen Fertigstellungsgrad und Arbeitsmenge unterstellt. So sind beim Arbeitspaket „Führungskräfteinterviews" 20 Führungskräfte innerhalb von 5 Wochen zu befragen, was einem geplanten Fortschritt von 4 Interviews pro Woche entspricht. Sind nach 3 Wochen erst 8 Interviews geführt, so ist der Ist-Fertigstellungsgrad 40%, während zu diesem Stichtag bereits 12 Interviews geführt sein sollten. Dies kann allerdings ein falsches Bild ergeben, wenn in der ersten Woche die Terminvereinbarungen stattfinden und erst ab der zweiten Woche die Interviewreihe mit 5 pro Woche beginnen sollte, wie die folgende Abbildung 7.09 zeigt:

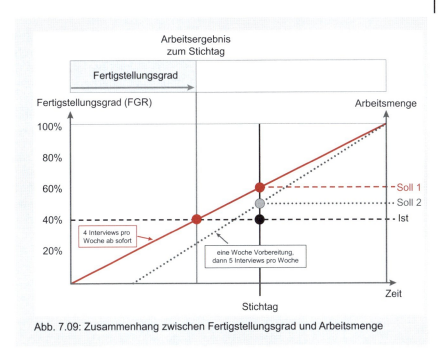

Abb. 7.09: Zusammenhang zwischen Fertigstellungsgrad und Arbeitsmenge

Soll der Fertigstellungsgrad eines Projekts oder mehrerer Arbeitspakete insgesamt ermittelt werden, liegen keine einheitlichen Arbeitsmengen als Bezugsgröße vor und die einzelnen Pakete unterscheiden sich hinsichtlich ihres Anteils am Projektergebnis. Als gemeinsamer Bewertungsmaßstab werden die Plankosten des jeweiligen Arbeitspakets genutzt. Dies ergibt den Fertigstellungswert (FW). Siehe auch Kapitel 7.5.3.

$$FW = \text{Geplante Gesamtkosten} \cdot FGR_{IST}$$

Eine fundierte Fertigstellungswertanalyse setzt voraus, dass die zu erbringende Leistung eindeutig inhaltlich beschrieben und die Leistungserbringung stufenweise messbar ist. Die Maßgrößen hängen sehr stark von dem jeweiligen Projekt ab. Beispiele sind:

- Straßenbauprojekt: Kubikmeter Erdbewegung, geteerte Straßenkilometer, Kubikmeter verbautes Material
- Softwareentwicklung: Zeilen Code, realisierte Funktionen, bediente Schnittstellen
- Produktentwicklung: Reduktion der Produktvarianten
- Organisationsprojekt: Anzahl Ausführungsunterlagen.

7.2.3 Fortschrittsmessung in IT-Projekten

In Software-Entwicklungsprojekten wird der Arbeitsumfang im Wesentlichen durch die vorliegende Anforderungsliste der Kunden und die Liste der technisch nötigen Funktionen bestimmt. Da sich häufig in modernen IT-Entwicklungsumgebungen jede einzelne Anforderung während des Projekts in unterschiedlichen Entwicklungsphasen befindet, hat sich die Messung des Arbeitsfortschritts orientiert an den Projektphasen als ungeeignet für die Diagnose und Steuerung erwiesen.

Deshalb sollte die Beurteilung des Arbeitsfortschritts den Status einzelner Anforderungen berücksichtigen, um den Gesamtprojektfortschritt zu messen. Normalerweise folgt die Entwicklung von IT-Anforderungen/Funktionen verschiedenen Entwicklungsstadien. Das jeweilige Ende kann durch Meilensteindefinitionen beschrieben werden, deren Erfüllung einem prozentualen Fortschritt entspricht. Der Einfachheit halber ist eine gleichmäßige Verteilung zu empfehlen.

Define	50%	Anforderung/Funktion/Prozess ist formuliert und kundenseitig abgestimmt.
Definiert	100%	Anforderung ist vom Entwickler verstanden, abgenommen. Fachliche, organisatorische Lösung bekannt.
Analyzed	50%	Technische Umsetzung der Anforderung ist geklärt. Konsequenzen sind durchdacht.
Analysiert	100%	Technische Vorgaben, Spezifikationen, Schnittstellen, Prozesse sind formuliert.
Realized	50%	Anforderung ist einzeln umgesetzt; kann vom Kunden beurteilt werden.
Realisiert	100%	Anforderung steht für integrierten Kundentest bereit.
Tested	50%	Anforderung ist getestet. Fehlerprotokoll erstellt.
Getestet	100%	Anforderung durch Software inhaltlich erfüllt. Arbeitet zum Umfeld fehlerfrei. Feature ist eingefroren. Keine Änderungen mehr erlaubt

Abb. 7.10: Statusschritte bei der Umsetzung von IT-Anforderungen (DART)

Natürlich sind die Bedeutung einer einzelnen Anforderung oder der geschätzte Aufwand für die Umsetzung der Anforderung ein wichtiger Gewichtungsfaktor, der bei der Beurteilung des reellen Fortschritts mit der geplanten Entwicklung zu berücksichtigen ist. Für einen sinnvollen Vergleich muss allerdings zunächst eine Verteilung des geplanten Fortschritts vorliegen. Hierzu empfiehlt es sich, eine Reihenfolge in der Umsetzung der Anforderungen anzunehmen, die dafür sorgt, dass soweit möglich die wichtigsten Anforderungen zuerst realisiert werden. Damit können vor allem diese mit einem ausreichenden Zeitpuffer vor Verzögerungen geschützt werden. Für die übrigen Anforderungen kann dieser dann kleiner ausfallen oder ganz entfallen.

Die wichtigsten Anforderungen zuerst realisieren

Während des Projekts wird dann die Veränderung des Status von jeder einzelnen Anforderung zurückgemeldet. Dabei ist es möglich, dass durch Fehler oder Änderungen in einzelnen Anforderungen der Fortschrittsgrad sinkt. Bei einem Prototyping-Ansatz kann der Status je Anforderung in mehreren Abschnitten des DART auf 50% stehen, bis bei der Verabschiedung der endgültigen Definition D- und A-Status gleichzeitig auf 100% gesetzt werden.

Wird nun, differenziert nach der Bedeutung der Anforderung, der jeweilige Fortschrittsgrad ermittelt, lässt sich pro Berichtszeitpunkt sehr gut erkennen, ob es im Projektverlauf möglich war, die Kräfte auf den Fortschritt der wichtigsten Anforderungen zu konzentrieren.

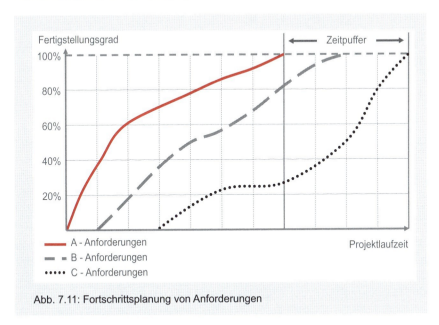

Abb. 7.11: Fortschrittsplanung von Anforderungen

Im nachfolgenden Beispiel (siehe Abbildung 7.12) konnten die A-Anforderungen in den ersten Perioden nicht in dem Maße vorangetrieben werden, wie dies vorgesehen war. Für B- und C-Anforderungen konnten dagegen schnell Fortschritte erzielt werden. Im Lauf der letzten Perioden war es nun möglich, die Lücke bei den A-Anforderungen gegenüber der Planung zu schließen. Dies könnte unter anderem dadurch geschehen sein, dass Ressourcen von B- und C-Anforderungen abgezogen wurden oder der Projektleiter die Entwickler angewiesen hat, sich stärker um den Fortschritt der A-Anforderungen zu kümmern.

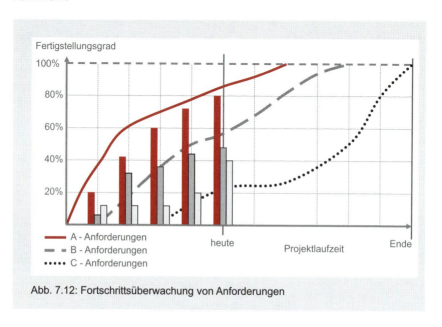

Abb. 7.12: Fortschrittsüberwachung von Anforderungen

Da diese Kurven und Auswertungen bei größeren Projekten mit Hunderten von Einzelanforderungen nur durch umfangreiche Kalkulationen erzeugt werden können, empfiehlt es sich, eine Verknüpfung mit dem IT-gestützten Anforderungsmanagement der IT-Organisation herzustellen. Darin werden dann zentral von den Entwicklern die Veränderungen des Status pro Anforderung zeitnah dokumentiert.

Darüber hinaus sollte auch aufgezeigt werden, wie viele Anforderungen in absoluten Zahlen sich in welchem Entwicklungsstadium befinden. Damit wird transparent, wie groß die Realisierungschancen für alle ursprünglich als Umfang definierten Anforderungen sind.

Fortschrittsmessung in IT-Projekten | 345

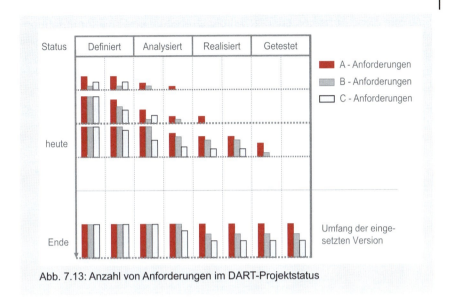

Abb. 7.13: Anzahl von Anforderungen im DART-Projektstatus

Die tägliche Messung und Darstellung des Fortschritts ist beim agilen Vorgehen ein wesentlicher Erfolgsfaktor. Pro Iteration gibt es einen Zielwert der geplanten „User-Stories" in Form der Summe von Story-Points. Jede User-Story wird in kleinere Aufgaben zerlegt, die in der Regel in 2-4 Stunden erledigt werden können. Werden diese Aufgaben von einem oder mehreren Teammitgliedern in Angriff genommen, werden sie auf dem Pinnboard vom Status „offen" in die Spalte „in Arbeit" umgehängt. Im nächsten täglichen Meeting wird erfragt, ob diese Aufgaben erledigt sind oder noch einen weiteren Tag in dieser Spalte bleiben. Nach einem Tag sollte eine Karte in die Spalte „erledigt" umgehängt werden können. Falls nicht, werden die Probleme angesprochen, die die Erledigung behindert haben und die Problemlösung als Task im Team adressiert. So wird mit allen Aufgaben verfahren, die zu einer User-Story gehören.

Optische Fortschrittsmessung beim agilen Vorgehen

Prio.	Story-Points	Anforderung (User-Story)	Zu erledigende Tasks (offen)			In Arbeit	Erledigte Tasks	
1	8	-------------------- -------------------- --------	-------- --------	-------- --------	--------	-------------- --------------	--------	--------
2	9	-------------------- -------------------- -------------------- -------------	-------- -------- --------	-------- -------- --------	-------- --------			
--		--------						

Abb. 7.14: Fortschrittskontrolle beim agilen Vorgehen

346 | Projektdiagnose und -steuerung

Sind alle diese Aufgaben erledigt, ist die User-Story gemäß ihrer Definition-of-Done fertig und damit auslieferungsfähig. Nun kann die Grafik für die Burn-Down-Rate um die Story-Points der abgeschlossenen User-Story aktualisiert werden. Die Darstellung erlaubt dem Team zu verfolgen, wie schnell es seinen Arbeitsvorrat abarbeitet.

Für die verbleibenden Tage einer Iteration wird täglich die Geschwindigkeit linear prognostiziert, um alle geplanten Story Points abzuarbeiten.

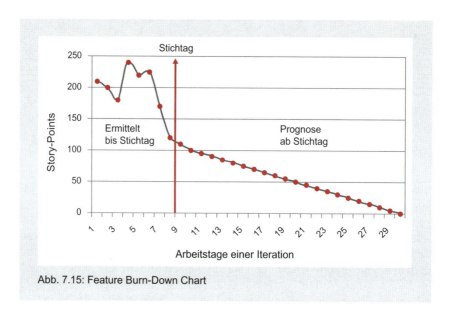

Abb. 7.15: Feature Burn-Down Chart

Fragen und Aufgaben zur Wiederholung:

1. Welche Möglichkeiten stehen zur Messung des Projektfortschritts zur Verfügung?
2. Wie wird der Arbeitsfortschritt beim agilen Vorgehen gemessen?
3. Wie kann man die Genauigkeit der Fortschrittsmessung in IT-Projekten verbessern?

7.3 Diagnose von Projekt- und Produktqualität

Kompetenzelemente der ICB 3.0	Kapitel und PM-Prozesse des PMBOK®
1.05 Qualität	8.2 Qualitätssicherung durchführen
1.16 Überwachung, Controlling und Berichtswesen	8.3 Qualität steuern

Ziele dieses Kapitels – Was können Sie erwarten?

Sie kennen

- Methoden und Techniken zur Beurteilung der Qualität von Lieferobjekten
- die Unterschiede zwischen Reviews, Audits und Tests
- relevante Testverfahren in IT-Projekten.

Sie können

- Testergebnisse auswerten und effektvoll darstellen
- Techniken einsetzen, um Ursachen von Qualitätsabweichungen zu ermitteln.

7.3.1 Reviews und Audits

Mit Reviews, Inspektionen und Tests wird die bisher erzielte Qualität der Ergebnisse gemessen. Dabei prüfen Dritte anhand von definierten Qualitätskriterien erarbeitete Unterlagen, Prototypen, Programme, Systeme, Geräte und dokumentieren die festgestellten Mängel mit ihren Abweichungen. Sie sollen

Ziele der Qualitätssicherung und -lenkung

- Sicherheit für die weiteren Projektschritte geben
- Abnahmen vorbereiten
- Fehler schon in frühen Projektphasen entdecken helfen
- Fehlerkosten senken.

Die Prüfung der Qualität kann von einem „Schau mal drüber" über das Abklopfen der Ergebnisse anhand des Pflichtenhefts bis zu einem formalisierten, strukturierten Abarbeiten eines Testkonzepts von vielen unterschiedlichen Testpersonen reichen. Die entdeckten Mängel werden lokalisiert, beschrieben und nach ihrer Bedeutung gewichtet.

Projektdiagnose und -steuerung

Bei einem Walkthrough „spielen die Teilnehmer Computer" und überprüfen gedanklich den Datenfluss, die Funktionen und Schnittstellen eines Programms. Bei Prozessoptimierungen werden die Soll-Prozesse gedanklich durchlaufen und immer hinterfragt: „Könnte es so funktionieren?"

Voraussetzungen für einen Walkthrough

- Schreibtisch-Testfälle
- Verfahrensanweisungen
- Funktionsbeschreibungen
- Qualitätsvorgaben.

Bei einer Inspektion vergleichen die Teilnehmer vorgelegte Prüfobjekte mit bekannten Normen und Regeln.

Softwareentwicklung	Anlagenbau	Produktentwicklung
- Programmieranweisungen - Modulbeschreibungen - Entity-Relationship-Diagramme	- Technische Zeichnungen - Bauteile - Statikberechnungen - Verfahrensanweisungen	- Proben - Produktionsverfahren - Rezepturen - Stücklisten - Zeichnungen

Abb. 7.16: Prüfobjekte bei Inspektionen

Neben den Prüfobjekten werden Inspektionschecklisten, Spezifikationen, Richtlinien, Normen und Standards für Inspektionen herangezogen. Typische Fragen sind:

Prüffragen

- Stimmte das Objekt mit der Spezifikation überein?
- Ist das Objekt vollständig?
- Sind die Funktionen korrekt implementiert?
- Enthält das Objekt nur Funktionen/Inhalte, die es enthalten soll?
- Sind Richtlinien, Normen und Standards eingehalten?
- Wurden Korrekturen aus vorherigen Prüfungen korrekt implementiert?

Mit Reviews sollen unterschiedliche Betrachtungsweisen in die Entwicklung der Projektergebnisse einfließen und Abnahmen vorbereitet werden.

So geben in Zwischenreviews Experten, Betroffene oder andere Projektmitarbeiter Anregungen zu den Arbeitsergebnissen, die zu Qualitätsverbesserungen führen. Ein Qualitätsaudit prüft dagegen durch einen unabhängigen internen/externen Auditor, ob sich das Projekt an vorgegebene Standards und Prozesse hält.

Ein Abschlussreview wird in erster Linie genutzt, um eine bevorstehende Abnahme vorzubereiten. Damit soll gewährleistet werden, dass

- die Projektergebnisse inhaltlich vollständig und korrekt sind
- die Meinungen von Instanzen mit maßgeblichem Einfluss auf die Akzeptanz einer Lösung berücksichtigt sind
- der Lenkungsausschuss sicherer in der Entscheidungsfindung wird.

Ein Reviewprotokoll hält notwendige Änderungen und den Überarbeitungsbedarf fest, deren Umsetzung wieder zu überwachen ist. Es dokumentiert damit den Qualitätsstatus von Arbeitspaketergebnissen.

7.3.2 Prüfungen und Tests

Bei einem Test werden die Testobjekte anhand von Testfällen/-daten auf ihre korrekte Funktionsweise überprüft. Was korrekt heißt, wird durch Testkriterien festgelegt. Da ein Test nie vollständig die Realität abbilden kann, wird der Testumfang aufgrund von Zuverlässigkeitsanforderungen (Testgenauigkeit) bestimmt.

Die Testergebnisse werden in einem Testprotokoll dokumentiert.

Nachfolgend sind einige gängige Testverfahren aus der Praxis von IT-Projekten aufgeführt:

- Spezifikationstests prüfen gemeinsam mit dem Endnutzer eine Systemspezifikation auf Vollständigkeit, Klarheit, Konsistenz und Realisierbarkeit.
- Modultests sollen alle Abweichungen der programmierten Module von der Spezifikation (einzeln und im Zusammenspiel) aufdecken.
- Integrationstests sollen die Verbindungen zwischen Modulen eines Subsystems und ihre Integration in das Systemumfeld prüfen.
- Produktionstests prüfen das System mit realen Daten unter realen Einsatzbedingungen in Zusammenarbeit mit dem Benutzer.
- Usability-Tests testen Programmsysteme nach Erlernbarkeit, Effizienz der Abwicklung und Zufriedenheit der Benutzer.

In den Tests entdeckte Fehler werden in sogenannte Fehlerklassen eingeteilt, um beurteilen zu können, ob die Abnahmebedingungen eingehalten werden können und welche Prioritäten die Fehler bei der weiteren Bearbeitung haben sollten.

Klasse	Bedeutung
1	Systemabsturz, gegebenenfalls mit Datenverlust; das Testobjekt ist in dieser Form nicht einsetzbar.
2	Wesentliche Funktion ist fehlerhaft; Anforderung nicht beachtet oder falsch umgesetzt; das Testobjekt ist nur mit großen Einschränkungen einsetzbar.
3	Funktionale Abweichung bzw. Einschränkung („normaler Fehler"); Anforderung fehlerhaft oder nur teilweise umgesetzt. System ist eingeschränkt nutzbar.
4	Geringfügige Abweichung; System kann ohne Einschränkung genutzt werden.
5	Schönheitsfehler (z. B. Rechtschreibfehler oder Mangel im Masken-/Drucklayout). System kann ohne Einschränkung genutzt werden.

Abb. 7.17: Fehlerklassifikation

Aufgaben der Qualitätslenkung Für fehlerhafte Module oder Bauteile stellt die Qualitätslenkung sicher, dass diese nicht weiter genutzt werden und zur weiteren Prüfung und Ermittlung der Ursachen an die zuständigen Entwickler oder Abteilungen weitergeleitet werden.

In der Software-Entwicklung stellen Testumgebungen dies durch einen automatischen, rollenbasierten Workflow sicher. Im Anlagenbau müssen die fehlerhaften Teile physisch getrennt werden. Qualitätssicherer nutzen dann eine Fehler-Möglichkeits- und -Einflussanalyse (FMEA), um zu ermitteln, welche nächsten Schritte einzuleiten sind. Die angewendeten Qualitätsmanagementprozesse sorgen dafür, dass die nötigen Freigaben erfolgen und bekannt ist, wie viele Teile wo mit welchem Fehlerstatus liegen und wer für die weitere Bearbeitung zuständig ist.

In IT-Projekten ist der Projektleiter intensiv in diese Prozesse eingebunden:

Status	Gesetzt von	Bedeutung
Neu	Tester	Neue Meldung wurde erfasst. Der Tester hat eine sinnvolle Beschreibung und Klassifizierung eingetragen.
Offen	Testmanager	Testmanager sichtet und prüft regelmäßig neue Fehler, um sie einem zuständigen Entwickler zuzuweisen und den Status „offen" zu setzen.
Abgewiesen	Testmanager	Testmanager betrachtet Fehlermeldung als unberechtigt.
Analyse	Entwickler	Zuständiger Entwickler setzt die Fehlermeldung auf diesen Status, wenn er sie bearbeitet.
Beobachtung	Entwickler	Problem kann vom Entwickler weder nachvollzogen noch ausgeschlossen werden. Fehlermeldung bleibt unerledigt, bis neue Erkenntnisse vorliegen.
Korrektur	Projektmanager	Projektmanager entscheidet aufgrund der Analyse, dass der Fehler korrigiert werden soll. Damit hat der Entwickler die Freigabe zur Korrektur.
Test	Entwickler	Hat der Entwickler die Korrektur aus seiner Sicht erfolgreich vorgenommen, kann die geänderte Version dem Tester zur Verfügung gestellt werden.
Erledigt	Tester	Im nächsten Testzyklus setzt der Tester bei einem erfolgreichen Fehlernachtest den Endzustand „erledigt".
Flop	Tester	War der Fehlernachtest nicht erfolgreich, setzt der Tester den Status auf „Flop".

Abb. 7.18: Fehlerstatus in der Software-Entwicklung

Abnahmen schließen Projektabschnitte ab. Sie setzen natürliche Meilensteine in ein Projekt und sorgen dafür, dass der Bearbeitungsstand von Teilergebnissen eingefroren wird. Sie werden durch Reviews vorbereitet und von Kompetenzträgern vorgenommen. So können die Reviews z.B. an ein Beratungsgremium delegiert werden, während der Lenkungsausschuss sich die Abnahme vorbehält. Die Ergebnisse einer solchen Abnahme werden in Abnahmeprotokollen dokumentiert und gehen damit in den Kreislauf der Diagnose und Steuerung ein oder bereiten den Abschluss einer Phase oder eines Projekts vor.

7.3.3 Darstellung von Messergebnissen

Die Ergebnisqualität wird regelmäßig gemessen, um zu erkennen, ob die Entwicklungsprozesse stabil sind und in welchem Maße sich Abweichungen ergeben. Regelkarten (siehe Kapitel 5.4), Zeitreihen und Streuungsdiagramme eignen sich dafür besonders. Histogramme können Entwicklungen von mehreren Merkmalen aufzeigen wie etwa die Zahl der Fehler je Fehlerklasse.

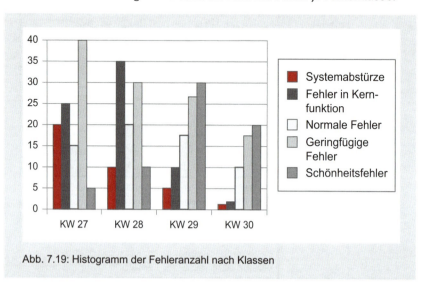

Abb. 7.19: Histogramm der Fehleranzahl nach Klassen

Beispiel: Interpretation des Histogramms

Die Entwicklung der Fehler während der Testphase in unserem Projekt „Call-Center für den Kundenservice" zeigt zwar eine deutliche Abnahme der Fehlerzahlen, allerdings gibt es nach vier Wochen immer noch Systemabstürze und Fehler in Kernfunktionen. Da in den nächsten zwei Wochen die Abnahme geplant ist, müssen nun dringend die Ursachen für diese Fehler gefunden werden, sonst ist der Abnahmetermin gefährdet.

In einem komplexen System ist es oft schwierig herauszufinden, an welcher Stelle es sinnvoll ist, die möglichen Ursachen für Fehler abzustellen. Das Pareto-Prinzip geht davon aus, dass eine relativ kleine Zahl von Ursachen die Mehrzahl von Fehlern auslöst. Dies lässt sich mit einem Pareto-Diagramm darstellen:

Ursachen von Qualitätsabweichungen | 353

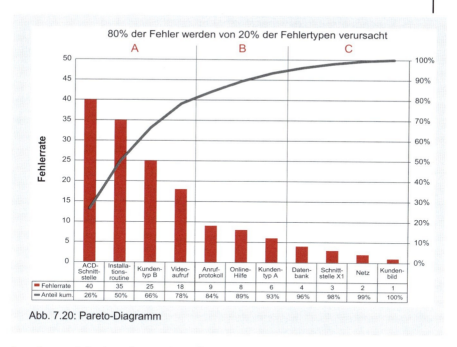

Abb. 7.20: Pareto-Diagramm

Das Pareto-Prinzip oder auch 80/20-Regel ist besonders aussagekräftig, wenn die Zahl der verschiedenen Fehlertypen sehr hoch ist. Sie kann auf die verschiedensten Merkmale angewendet werden. Mit der zusätzlichen Schwelle von 95% als Abgrenzung wird daraus die ABC-Analyse.

7.3.4 Ursachen von Qualitätsabweichungen

> „Etwas wirklich zu wissen bedeutet, dessen Ursachen zu kennen."
> Francis Bacon

Ein guter Arzt ermittelt nicht nur regelmäßig den Blutdruck und verfolgt dessen Entwicklung, sondern nimmt sich bei Abweichungen gegenüber dem Soll Zeit für tiefergehende und gründlichere Untersuchungen, um die Ursachen der Abweichungen zu ergründen. Denn die fundierte Diagnose entscheidet über den Erfolg der (Therapie-)Maßnahmen.

In ähnlicher Art und Weise sollte auch der Projektleiter vor Steuerungsmaßnahmen eine fundierte Analyse der Gründe für erkannte Qualitätsabweichungen stellen. Dabei gilt es:

- Überreaktionen zu vermeiden
- Frühzeitig zu handeln, solange die Abweichungen noch klein sind

- Konsequenzen möglicher Maßnahmen zu überdenken
- Umfang und Tragweite der Abweichung richtig einzuschätzen.

Um den Aufwand gering zu halten, empfiehlt sich ein stufenweises Vorgehen.

Stufen der Ursachenanalyse

1.	Annahmen über Checklisten/Prüffragenkataloge abklopfen
2.	Annahme verifizieren durch Fakten oder Indikatoren
3.	Umfang und Zusammenhänge klären
4.	Tragweite für Projekt einschätzen
5.	Gegebenenfalls Untersuchungsbereich (Kreis der Betroffenen) ausweiten

In der Praxis finden dazu vor allem Gespräche statt und es werden tiefergehende Kontrollen durchgeführt. Die Verlässlichkeit und der Wahrheitsgehalt der erhaltenen Informationen werden dabei maßgeblich durch die Gesprächsführung und das Führungsverhalten des Projektleiters beeinflusst.

Um Ansatzpunkte für steuernde Maßnahmen zu finden und sich vor allem in Gesprächen die Zusammenhänge der Abweichungsursachen bewusst zu machen, haben sich in der Praxis folgende Darstellungstechniken bewährt:

- Ishikawa-Diagramme oder Fischgrät-Diagramme
- Mind-Maps
- Ursache-Wirkungs-Netzwerke.

Während Mind-Maps und Ishikawa-Diagramme lediglich lineare Zusammenhänge zwischen Wirkungen und Ursachen darstellen, machen die Ursache-Wirkungs-Netzwerke auch wechselseitige und zyklische Zusammenhänge deutlich.

Mit dem Ishikawa-Diagramm werden insgesamt sieben grundsätzlich mögliche Ursachenbereiche systematisch abgeprüft und schrittweise verfeinert. Die festgestellte Abweichung ist dabei der Kopf, auf den die Ursachen wie eine Fischgräte zeigen. Das Ishikawa-Diagramm stammt aus der Automobilindustrie und verwendet folgende Ursachenbereiche, die sich größtenteils auch bei Projektabweichungen nutzen lassen:

Die sieben „M" von Ishikawa

- **M**oney (finanzielle Mittel)
- **M**anagement (Steuerungs- und Führungsmängel)
- **M**ilieu (Ursachen im Umfeld)
- **M**ensch (Ursachen beim Knowhow oder in der Zusammenarbeit der Beteiligten)
- **M**aschine (fehlende Werkzeuge, Anlagen, PM-Software)

Ursachen von Qualitätsabweichungen | 355

- **M**ethode (fehlerhafte Prozesse und Vorgehensweisen)
- **M**aterial (ungeeignete Werkstoffe, Rohmaterialien)

Abhängig von der Zahl der vorgegebenen Hauptäste gibt es verschiedene Varianten. So kann Messung für ein achtes „M" stehen und/oder ein Zweig Prozesse hinzukommen.

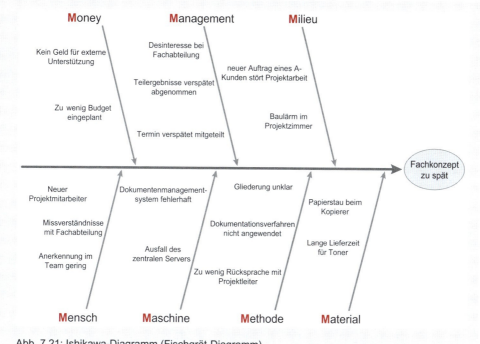

Abb. 7.21: Ishikawa-Diagramm (Fischgrät-Diagramm)

Mit dem Ishikawa-Diagramm lassen sich im Team tiefergehende Ursachen für Projektabweichungen ableiten und dokumentieren. Um vielversprechende Ansätze für die Steuerung daraus abzuleiten, sollten jedoch die Einzelursachen priorisiert und gewichtet werden.

In der Regel sind die Ursachen von Projektabweichungen miteinander vernetzt. Mit Hilfe eines Ursache-Wirkungs-Netzwerks können die Beziehungen von Problemwirkungen und Ursachen visualisiert werden. Es entstehen Problemkreisläufe und sogenannte Hot Spots, von denen die wesentlichen Wirkungen ausgehen und die deshalb gute Ansatzpunkte für Steuerungsmaßnahmen sind.

Hot Spots und Zyklen erkennen

In unserem Beispiel in Abbildung 7.22 gehen von der „mangelnden Kommunikation" und den „fehlenden Standards" nur Pfeile aus, so dass vor allem dort angesetzt werden sollte, um bestehende Qualitätsmängel zu beseitigen.

Fragen Sie mindestens viermal innerhalb einer Kette nach dem „Warum", um ein vollständiges Bild der Ursache-Wirkungs-Beziehungen zu erhalten.

Praxistipp

Bei den Wirkungsbeziehungen wird zwischen verstärkenden ⊕ und abschwächenden ⊖ unterschieden. Die Wirkungsrichtung wird durch Pfeile gekennzeichnet. Sich hochschaukelnde Zyklen werden farblich hervorgehoben. Hierbei sollten die Steuerungsmaßnahmen auf die Unterbrechung des Zyklus ausgerichtet sein, um zunächst ein Verschärfen der Situation zu verhindern.

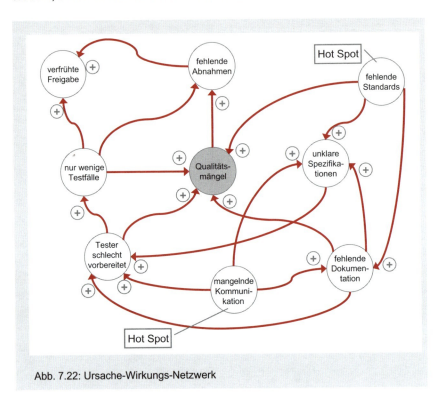

Abb. 7.22: Ursache-Wirkungs-Netzwerk

Fragen und Aufgaben zur Wiederholung:

1. Was ist ein Ursache-Wirkungs-Netzwerk und wozu lässt es sich nutzen?
2. Erstellen Sie ein Ishikawa-/Fischgrät-Diagramm, um zu ergründen, warum Projektmitarbeiter sich bei Projektmeetings verspäten.
3. Was lässt sich in einem Pareto-Diagramm ablesen?
4. Erläutern Sie die Unterschiede zwischen den Testverfahren in der Software-Entwicklung.
5. Wie geht man bei einem Walkthrough vor?
6. Was ist ein Qualitätsaudit?

7.4 Termine und Ressourcen überwachen

Kompetenzelemente der ICB 3.0
1.11 Projektphasen, Ablauf und Termine
1.12 Ressourcen
1.16 Überwachung, Controlling und Berichtswesen

Kapitel und PM-Prozesse des PMBOK®
6.7 Terminplan steuern
9.4 Projektteam managen

Ziele dieses Kapitels – Was können Sie erwarten?

Sie kennen

- die Terminüberwachung nach Critical Chain
- die Zusammenhänge zwischen Terminlisten und der Meilensteintrendanalyse.

Sie können

- eine Meilensteintrendanalyse erstellen
- die Entwicklung der Verfügbarkeit von Ressourcen aufzeigen
- ein Balkendiagramm zur Terminüberwachung nutzen.

Da es kaum Projekte ohne enge Terminvorgaben gibt, zählen Techniken zur Darstellung von Terminen und Meilensteinen zu den gängigsten Überwachungsinstrumenten des Projektleiters.

7.4.1 Terminliste

Ein sehr einfaches, aber anschauliches Instrument zur Ablauf- und Termindarstellung ist die Terminliste. Sie führt die Rückmeldungen der Arbeitspaketverantwortlichen zusammen und kann mit jedem Tabellenkalkulationsprogramm erstellt werden.

Projekt:	Call-Center für den Kundenservice				Terminliste				Status: 02.04.2013	
PSP-Code	Arbeitspakete / Aktivitäten	Anfang		Ende		Dauer in Tagen				
		Geplant	Aktuell	Geplant	Aktuell	Plan	Ist	Verbleibend	% abg.
VS	Vorstudie	15.03.2013	18.03.2013	04.07.2013		85	10	75	12%
VS1.1	Kick-off	15.03.2013	18.03.2013	15.03.2013	18.03.2013	1	1	0	100%
VS2.1.1	Regelungen erheben	18.03.2013	19.03.2013	28.03.2013	02.04.2013	9	5	0	100%
VS2.1.2	Kunden befragen	02.04.2013		21.05.2013		40	0	40	0%
VS2.1.3	Führungskräfte interviewen	02.04.2013		26.04.2013		20	0	20	0%
VS2.2	Auswertung	21.05.2013		04.06.2013		10	0	5	0%
VS2.3	SWOT-Analyse	05.06.2013		18.06.2013		10	0	3	0%
VS3.1	Lösungsworkshop	19.06.2013		20.06.2013		2	0	1	0%
VS3.2	Nutzwertanalyse	21.06.2013		25.06.2013		3	0	2	0%
VS4	Vorstudienbericht	05.06.2013		18.06.2013		10	0	15	0%
VS5.1	LA-Sitzung vorbereiten	21.06.2013		27.06.2013		5	0	4	0%
VS5.2	LA-Sitzung	28.06.2013		28.06.2013		1	0	1	0%
VS5.3	Protokoll nachbereiten	28.06.2013		04.07.2013		4	0	4	0%
VSM1	Ende Vorstudie	04.07.2013		04.07.2013		0	0	0	0%

Abb. 7.23: Terminliste

In dem in Abbildung 7.23 dargestellten Beispiel sind nur die Planwerte und die tatsächlich zurückgemeldeten Ist-Termine aufgeführt. In der Zukunft drohende Terminverschiebungen kann man nicht erkennen und der Betrachtungszeitpunkt, bis zu welchem Termin Rückmeldungen einbezogen sind, fehlt ebenfalls. Für ein kleines Projekt mit geringen Abhängigkeiten zwischen den Arbeitspaketen reicht dies jedoch aus.

Tipp Ein verspäteter Start führt in den gängigsten Projektmanagement-Tools automatisch zu neu berechneten Folge- und Endterminen. Da dies nicht immer erwünscht ist, sollte der Projektleiter die neuen Terminwerte nicht ungeprüft übernehmen, sondern bewusst entscheiden, welche er für die künftige Steuerung verwenden möchte.

7.4.2 Balkendiagramme

Gute Orientierung für Entscheider

Balkendiagramme unterstützen die visuelle Beurteilung der Terminsituation. Abhängigkeiten zwischen den Arbeitspaketen werden angedeutet, der aktuelle Fertigstellungsgrad kann einbezogen werden und ein Vergleich mit zu erwartenden Endterminen wird möglich. Anhand einer Statuslinie lässt sich auch bei länger dauernden Arbeitspaketen beurteilen, ob das Projekt im Fertigstellungsgrad zurückliegt oder bereits vorgearbeitet hat.

In der Vorstudie (siehe Abbildung 7.24) muss wegen des verspäteten Kick-offs sowie der Verzögerungen bei der Kundenbefragung damit gerechnet werden, dass der geplante Lenkungsausschusstermin verschoben werden muss.

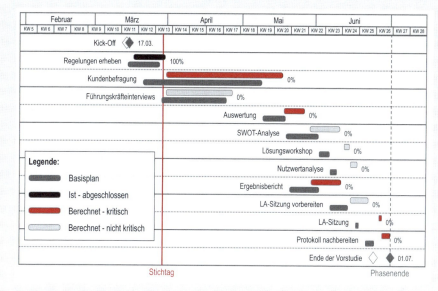

Abb. 7.24: Plan-Ist-Terminvergleich mit Balkendiagramm

7.4.3 Meilensteintrendanalyse

Eine sehr kompakte und vor allem für Statusberichte sehr gut geeignete Darstellung der Terminsituation ist die Meilensteintrendanalyse (MSTA). Hier werden lediglich die Entwicklungen von etwa 4 bis 7 relevanten Meilensteinen aufgezeigt. Aus dem Verlauf der Meilensteine können ein Handlungsbedarf schnell abgeleitet und die Konsequenzen auf nachfolgende Meilensteine aufgezeigt werden. Es empfiehlt sich, in die Grafik genehmigte Terminverschiebungen einzutragen. Damit kann jederzeit nachgewiesen werden, wann es zu Verzögerungen kam und wie darauf reagiert wurde.

Die Aussagekraft der aktuellen Meilensteintrendanalyse eines Projekts ist beachtlich. Geübte Augen können daraus eine Projektgeschichte ablesen.

Nun zu der Technik selbst. Zu jedem Berichtstermin wird das Erreichen aller Meilensteine abgeschätzt und mit dem Punkt des vorherigen Berichtstermins verbunden. Erreicht der Berichtstermin einen Meilensteintermin, so schneidet er bei erfolgreichem Abschluss die Diagonale der Grafik oder er muss terminlich nach oben verschoben werden. Die Kurven lassen sich einfach von Hand in kariertem Papier einzeichnen oder aber in einem Excel-Diagramm darstellen.

Vorgehen

360 | Projektdiagnose und -steuerung

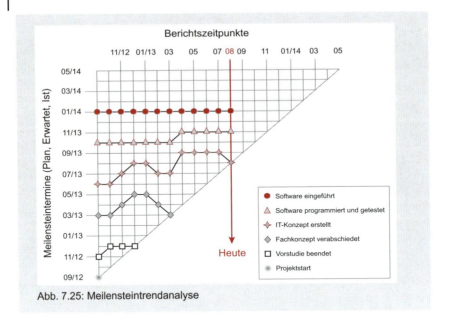

Abb. 7.25: Meilensteintrendanalyse

Die sich ergebenden Kurven lassen sich wie folgt interpretieren:

Interpretation des Kurvenverlaufs

- Werden Termine immer wieder nach hinten verschoben, zeigt die Kurve nach oben, d.h., sie strebt weg vom ursprünglich geplanten Termin, also weg von der Diagonale
- Wird die Planung eingehalten, ergibt sich ein horizontaler Kurvenverlauf
- Werden Termine eher als ursprünglich geplant erledigt, zeigt die Kurve nach unten und strebt der Diagonale entgegen.

Bewertung der Meilensteintrendanalyse

Vorteile	Nachteile
■ Einfach und schnell zu erstellen	■ Subjektive Schätzung
■ Übersichtlich	■ Trendkurve alleine ist nicht ausreichend
■ Terminabweichungen sind sofort erkennbar	■ Kommentare sind erforderlich
■ Geeignetes Kommunikationsmittel innerhalb und außerhalb des Projekts	
■ Abstimmungsdefizite können erkant werden	
■ Schärft und fördert das Terminbewusstsein im Team	

Abb. 7.26: Bewertung der Meilensteintrendanalyse

7.4.4 Pufferverbrauch

Die Terminplanung nach der Methode Critical Chain („Kritische Kette") von ELIYAHU GOLDRATT (2002) verkürzt die Zeitdauer der einzelnen Arbeitspakete und setzt die verbliebene Zeit als Projektpuffer ans Ende des Terminplans. Zur Verfolgung der Terminsituation wird nun der Verbrauch dieses Puffers während des Projekts beobachtet.

Ziel ist es, möglichst wenig von diesem Puffer während der Projektlaufzeit aufzugeben. Wenn er am Ende vollständig verbraucht ist, wurde das Projekt termingerecht abgeschlossen.

Vergleicht man nun den Verbrauch des Projektpuffers mit dem Fertigstellungsgrad der Arbeitspakete auf der kritischen Kette, wird dringender Handlungsbedarf signalisiert, wenn die Kurven sich aufeinander zu bewegen.

Ähnlich der Meilensteintrendanalyse wird damit in einer Grafik die Terminsituation deutlich.

Da die Dauerschätzungen bei dieser Methode nur mit einer 50-50-Chance sicher sind, müssen die Arbeitspaketverantwortlichen aufeinanderfolgender Arbeitspakete in direktem Kontakt stehen, um Veränderungen schnell weiterzugeben. Eine Terminüberwachung durch den Projektleiter erfolgt über Meilensteine und den Pufferverbrauch.

Einzeltermine werden durch Arbeitspaketverantwortliche selbst überwacht

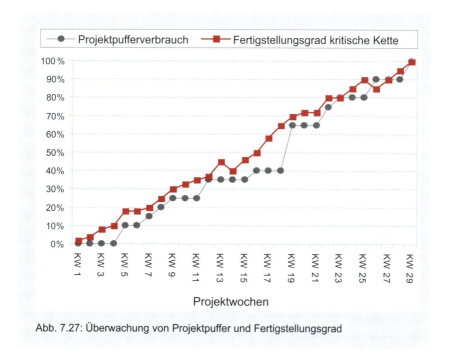

Abb. 7.27: Überwachung von Projektpuffer und Fertigstellungsgrad

7.4.5 Verfügbarkeitstabellen und Histogramme

Zusagen von Linienvorgesetzten kontrollieren

Die Verfügbarkeit von Einsatzmitteln hat in der Praxis einen entscheidenden Einfluss auf die termingerechte Fertigstellung von Projekten. Deshalb sollte sie vom Projektleiter regelmäßig beobachtet werden. Veränderungen gegenüber gemachten Zusagen durch Linienvorgesetzte sind genauer zu analysieren. Eine transparente Darstellung kann hier auch als Gesprächsgrundlage für Konfliktsituationen dienen. Besonderes Interesse gilt hierbei auch grundlegenden Abwesenheiten wie Urlaub, Krankheit und Seminare. Deren überraschende Veränderungen können Anzeichen von sinkender Motivation und nachlassendem Interesse am Projekt sein.

Die Verfügbarkeitstabellen sollten von den Projektmitarbeitern in Abstimmung mit ihren Linienvorgesetzten regelmäßig, mindestens einmal pro Monat, aktualisiert werden. Dabei interessieren lediglich die zu erwartenden Änderungen in der Zukunft, die Auswirkungen auf die Kapazitäten der Projektmitarbeiter haben. Durch eine offene Kommunikation von möglichen Kapazitätsengpässen zwischen Linie und Projekt lassen sich im Vorfeld viele Verzögerungen in Projekten vermeiden und der Projektleiter kann rechtzeitig bei ähnlich gelagertem Knowhow-Profil Aufgaben auf andere Projektmitarbeiter verlagern.

Projektstart: 01. März 2013 | Projektende: 31. Januar 2014

Berater		per Aug 13	Sep 13	Okt 13	Nov 13	Dez 13	Jan 14	per Projektende
Barcklow	Plan	30	6	6	6	6	3	57
	Ist/erwartet	28	4	6	5	8	4	55
	Unter-/Überdeckung (-/+)	-2	-2	0	-1	2	1	-2
	Verfügbarkeit (Ist/erwartet)	22%	19%	27%	24%	53%	21%	25%
Rohde	Plan	60	12	9	6	6	0	93
	Ist/erwartet	70	5	12	8	4	4	103
	Unter-/Überdeckung (-/+)	10	-7	3	2	-2	4	10
	Verfügbarkeit (Ist/erwartet)	56%	24%	55%	38%	27%	21%	46%
Pfetzing	Plan	50	6	8	4	4	4	76
	Ist/erwartet	20	2	4	6	0	0	32
	Unter-/Überdeckung (-/+)	-30	-4	-4	2	-4	-4	-44
	Verfügbarkeit (Ist/erwartet)	16%	10%	18%	29%	0%	0%	14%
Richter	Plan	30	4	4	3	3	3	47
	Ist/erwartet	70	6	8	9	5	0	98
	Unter-/Überdeckung (-/+)	40	2	4	6	2	-3	51
	Verfügbarkeit (Ist/erwartet)	56%	29%	36%	43%	33%	0%	44%
Summe	Plan	170	28	27	19	19	10	273
	Ist/erwartet	188	17	30	28	17	8	288
	Unter-/Überdeckung (-/+)	18	-11	3	9	-2	-2	15
	Verfügbarkeit (Ist/erwartet)	38%	20%	34%	33%	28%	11%	32%
Anzahl Arbeitstage im Monat	Betriebsferien vom 23.12.13 - 06.01.14	125	21	22	21	15	19	223

Generelle Abwesenheiten: Barcklow hat Jahresurlaub vom 14.10. bis 23.10.
Rohde fällt ab 7.10. Montag und Mittwoch für Projekt aus
Richter hat vom 4.11. bis 6.11. PM-Schulung und ab 16.12. Jahresurlaub

Abb. 7.28: Verfügbarkeitstabelle

Die Unterdeckungen ergeben sich aus der Differenz zwischen den geplanten Personentagen pro Mitarbeiter im Monat und der aktualisierten Situation für jeden künftigen Monat. In der Abbildung 7.28 wurden diese bei Herrn Pfetzing durch Herrn Richter ausgeglichen. Für die aktuelle/erwartete Verfügbarkeit je Mitarbeiter und insgesamt wird die Anzahl der Arbeitstage im Monat als Bezugsgröße herangezogen.

Eine grafische Unterstützung bieten Belastungsdiagramme, die von verschiedenen Projektmanagement-Tools für einzelne Mitarbeiter, Gruppen oder Bereiche erzeugt werden. Die Aussagekraft hängt allerdings sehr stark von der Aktualität und Vollständigkeit der eingegebenen Daten ab. Da sich im Projektgeschehen sehr viel ändert, genügen grobe Aussagen und Tendenzen, um daraus Handlungsbedarf abzuleiten. Sinnvolle Aussagen über zu erwartende Überlastungen sind dabei nur möglich, wenn die Projekt- und Linienaufgaben sowie alle Grundlasten und Abwesenheiten erfasst werden.

Gute Aussagekraft nur mit aktuellen und vollständigen Daten

In der Praxis hat es sich besonders bewährt, wenn für die Richtigkeit der Angaben die Linienvorgesetzten die Verantwortung übernehmen und sie die Kapazitätsverteilung ihrer Mitarbeiter regelmäßig pflegen und die Projektleiter entsprechend informieren.

Tipp

Dies setzt natürlich eine Projektkultur im Unternehmen voraus, in der das Zusammenspiel von Linien- und Projektinteressen gut funktioniert. Gestützt von IT-Instrumenten, die Kapazitätsveränderungen in einzelnen Vorhaben übergreifend anzeigen, sollte die regelmäßige Überarbeitung der künftigen Kapazitäten für die Mitarbeiter in Linie und Projekt obligatorisch sein.

Eine einfache Bedienung, transparente Darstellungen, klare Aufschlüsselung der Projektprioritäten und direkter Zugang zu einzelnen Personen helfen, drohende Kapazitätsengpässe zu lösen.

Fragen und Aufgaben zur Wiederholung:

1. Was ist eine Meilensteintrendanalyse?
2. Wie kann der Status der Terminsituation eines Projekts übersichtlich dargestellt werden?
3. Interpretieren Sie den Verlauf der Abbildung 7.27 zum Pufferverbrauch. In welchem Zeitraum war es kritisch und wie sind die Sprünge zu erklären?
4. Wie ist der Verlauf in der Abbildung 7.25 zur Meilensteintrendanalyse zu erklären?

7.5 Kosten überwachen

Kompetenzelemente der ICB 3.0	Kapitel und PM-Prozesse des PMBOK®
1.13 Kosten und Finanzen	4.4 Projektarbeit überwachen und steuern
1.16 Überwachung, Controlling und Berichtswesen	7.4 Kosten steuern

Ziele dieses Kapitels – Was können Sie erwarten?

Sie kennen

- die Zusammensetzung erwarteter Projektkosten
- Methoden zur Kostenprognose
- die Voraussetzungen, um eine Earned Value-Analyse durchzuführen.

Sie können

- Kostenstellen- und Kostenartenrechnung zur Analyse der Projektkosten nutzen
- die Kostenstruktur Ihres Projekts laufend einschätzen
- Termin- und Kostenindex für ein Projekt ermitteln und deren Verlauf beurteilen.

Um Abweichungen bei Aufwand und Kosten auf die Spur zu kommen, benötigt der Projektleiter Auswertungsinstrumente, die

Voraussetzungen für Kostenüberwachung

- top-down über die Hierarchie des Projektstrukturplans auffällige Arbeitspakete identifizieren
- über eine Verbindung zum Rechnungswesen die korrekte Verbuchung von Rechnungen und Bestellungen prüfen können
- anhand des Projektfortschritts die künftige Kostenentwicklung ableiten können
- freigegebene Budgets aufzeigen
- differenziert nach Kostenarten Anhaltspunkte liefern, um Aufwand und Kosten zu beeinflussen.

Projektleiter muss seine Kosten kennen

Neben integrierten DV-Tools zur Projektkostenrechnung (z.B. SAP-PS) stehen dem Projektleiter umfangreiche Listen und Tabellen zur Verfügung. Falls die vorhandenen DV-Systeme nicht die notwendigen projektbezogenen Daten bereitstellen können, sollten trotz des Aufwands eigene Tabellenkalkulationen erstellt werden, denn Fragen zu den Kosten muss der Projektleiter immer beantworten können.

Die Projektkosten können nur gemeinsam mit dem aktuellen Fertigstellungsgrad eingeschätzt werden. So sollte der Projektleiter turnusmäßig von den Arbeitspaketverantwortlichen für die angefangenen Arbeitspakete eine Schätzung der noch offenen Kosten verlangen und feste Budgets pro Arbeitspaket vorgeben. Die erwarteten Projektkosten setzen sich dann aus den Istkosten abgeschlossener und begonnener Arbeitspakete, den geschätzten Restkosten begonnener Arbeitspakete und den geplanten Kosten aller offenen Arbeitspakete zusammen.

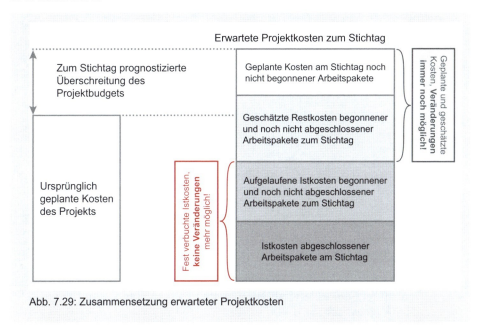

Abb. 7.29: Zusammensetzung erwarteter Projektkosten

7.5.1 Kostenstrukturanalysen

Die Kostenstruktur eines Projekts wird im Projektstrukturplan vorbestimmt. In dieser Gliederungstiefe sollten regelmäßig Aufwand und Kosten überprüft und analysiert werden. Werden die geplanten Gesamtkostenanteile sichtbar gemacht, zeigt sich, in welchen Arbeitspaketen der Projektleiter besonders auf die Kosten achten sollte.

Abbildung 7.30 zeigt den „fiktiven" Stand des Projekts „Call-Center für den Kundenservice" ab der Hauptstudie.

Durch Angabe von Schwellenwerten kann der Handlungsbedarf auch optisch angezeigt werden. Ist die Summe aus aufgelaufenen Istkosten und erwarteten Restkosten in einer Position größer als 10 T€, so wird die Abweichung rot eingefärbt und der Projektleiter sollte hier näher nachforschen. Relative Abweichungen von mehr als 10% sind ebenfalls als auffällig, und zwar in beiden Richtungen, zu betrachten.

Auswertung optisch unterstützen

Code	Arbeitspaket/Teilprojekt/Phase	Plankosten	Anteil	Ist	FGR	Restkosten	Planabweichung absolut	relativ
3	**Hauptstudie**	1.136.600 €	23%	1.206.000 €	100%	- €	69.400 €	6,1%
3.1	Aufgabenumfang des Call-Centers	98.400 €	2%	112.000 €	100%	- €	13.600 €	13,8%
3.2	Prozessgestaltung	498.000 €	10%	533.000 €	100%	- €	35.000 €	7,0%
3.3	Aufbauorganisation	144.500 €	3%	153.000 €	100%	- €	8.500 €	5,9%
3.4	Technikkonzept	136.500 €	3%	140.000 €	100%	- €	3.500 €	2,6%
3.5	Personalkonzept	92.000 €	2%	93.000 €	100%	- €	1.000 €	1,1%
3.6	Vermarktungskonzept	12.000 €	0%	10.000 €	100%	- €	- 2.000 €	-16,7%
3.7	Raumkonzept	31.200 €	1%	31.000 €	100%	- €	- 200 €	-0,6%
3.8	Servicequalität	70.000 €	1%	85.000 €	100%	- €	15.000 €	21,4%
3.9	Gesamtkonzept	54.000 €	1%	49.000 €	100%	- €	- 5.000 €	-9,3%
4	**Teilstudien und Systembau**	3.309.000 €	68%	1.735.000 €	51%	1.700.000 €	126.000 €	3,8%
4.1	Aufbauorganisation	262.500 €	5%	310.000 €	100%	- €	47.500 €	18,1%
4.2	Kommunikationstechnik	747.500 €	15%	370.000 €	47%	410.000 €	32.500 €	4,3%
4.3	Integration zu den EDV-Systemen	1.500.500 €	31%	800.000 €	55%	730.000 €	29.500 €	2,0%
4.3.1	Schnittstellenbeschreibungen	64.000 €	1%	70.000 €	100%	- €	6.000 €	9,4%
4.3.2	Programmbeschreibungen	240.000 €	5%	150.000 €	70%	100.000 €	10.000 €	4,2%
4.3.3	Datenbankentwurf	174.000 €	4%	200.000 €	100%	- €	26.000 €	14,9%
4.3.4	Testkonzept	60.000 €	1%	30.000 €	50%	50.000 €	20.000 €	33,3%
4.3.5	Programmierung	342.500 €	7%	150.000 €	50%	200.000 €	7.500 €	2,2%
4.3.6	Funktionstest	80.000 €	2%		0%	80.000 €	- €	0,0%
4.3.7	Integrationstest	540.000 €	11%	200.000 €	40%	300.000 €	- 40.000 €	-7,4%
4.4	Personal	152.000 €	3%	115.000 €	68%	48.000 €	11.000 €	7,2%
4.5	Prozesse und Steuerung	134.500 €	3%	140.000 €	100%	- €	5.500 €	4,1%
4.6	Vermarktung	44.000 €	1%	- €	0%	44.000 €	- €	0,0%
4.7	Raum	468.000 €	10%	- €	0%	468.000 €	- €	0,0%
5	**Einführung**	212.000 €	4%	- €	0%	202.000 €	- 10.000 €	-4,7%
6	**Projektmanagement**	198.000 €	4%	86.000 €	38%	123.000 €	11.000 €	5,6%
	Gesamtkosten (Aktuell)	4.855.600 €		3.027.000 €	59%	2.025.000 €	196.400 €	4,0%

Abb. 7.30: Kostenstrukturanalyse

Um gleichzeitig die Gesamtentwicklung zu beobachten, können nach jedem Berichtszeitpunkt die ermittelten Kosten festgehalten und in einer Grafik aufgezeigt werden.

> **Merke** Diese Tabelle soll nicht den Eindruck erwecken, als ob damit eine vollständige Analyse von Kostenabweichungen erfolgen könnte. Oft sind die Geschichten hinter den Zahlen viel interessanter und ermöglichen eine bessere Steuerungsgrundlage als das bloße Schreiben von Tabellen.

7.5.2 Kostenartenanalyse

Mit der Kostenartenanalyse werden in den Zeilen die verschiedenen kostenrelevanten Handlungsfelder aufgezeigt. In den Spalten können vom Fertigstellungsgrad abhängige Vergleiche vorgenommen werden.

Kostenartenanalyse

Budget	Welche Mittel wurden für die Kostenart freigegeben?	Kostenvergleichswerte
Plan	Welche Kosten wurden für die Kostenart geplant?	
Verfügt	Bis zu welchem Betrag wurden Bestellungen ausgelöst, Arbeitspakete vergeben?	
Abgerechnet	Welche Arbeitspakete sind vollständig abgeschlossen und bezahlt?	
Offen	Mit welchen Kosten/Aufwänden ist über die Bestellung hinaus noch zu rechnen?	
Erwartet	Wie hoch sind die erwarteten Gesamtkosten (Erwartet = Verfügt + Offen)?	
Über-/Unterdeckung	Mit welcher Abweichung gegenüber dem Budget ist zu rechnen?	

Das Projekt „Call-Center für den Kundenservice" verursacht hohe externe Ausgaben. In diesem Fall empfiehlt es sich, Kosten und Aufwand für die externe Unterstützung gemeinsam zu betrachten und die verfügten, abgerechneten und zu erwartenden Kosten mit dem Budget zu vergleichen.

Basiswerte aus der Buchhaltung abgreifen

Projektkostenstellenbericht

Projekt-Nr: 4712/06 — Neue Kassentresore in den Filialen — Berichtsmonat: Jun 13

	Aufwands-/Kostenart - Werte in T€ -	Plan Preis	Plan Budget	Ist verfügt	Ist abgerechnet	Ist offen	erwartet	Über-/Unterdeckung (+/-)
1	**Investitionen**		1410	1060	510	720	1780	-370
	Hardware		600	100	50	450	550	50
	Software		300	340	0	200	540	-240
	Leitungen/Netzwerke		150	200	150	0	200	-50
	Telekommunikation		200	160	150	20	180	20
	Baumaßnahmen		120	250	150	0	250	-130
	Möbel/Ausstattung		40	10	10	50	60	-20
2	**Sonstige Sachkosten**		74	52	52	52	104	-30
	Projektinfrastruktur		30	40	40	0	40	-10
	Reisekosten		40	10	10	50	60	-20
	Büromaterial		4	2	2	2	4	0
3	**Externe Dienstleistungen**		270	280	120	40	320	-50
	Organisationsberatung		120	130	90	0	130	-10
	Technische Dienstleistungen		80	70	30	30	100	-20
	Software-Lieferanten		70	80	0	10	90	-20
4	**Projektarbeit in Personentagen**		160	100	0	75	175	-15
	Organisation	800	70	60		20	80	-10
	Anwenderbetreuung	800	20	15		15	30	-10
	Zentralbereiche	700	30	10		20	30	0
	Geschäftsbereiche	700	30	10		10	20	10
	Vertriebseinheiten	600	10	5		10	15	-5
5	**Gesamt**		1874	1469	682	867	2336	-462
	ohne bewertete Projektarbeit		1754	1392	682	812	2204	-450

Abb. 7.31: Kostenvergleich nach Kostenarten eines Bankprojekts

Die interne Projektarbeit wird mit den aufgeführten kalkulatorischen Preisen bewertet. Über diese Personentage wird verfügt, wenn sie auf das Projekt gebucht werden. Zeitliche Verzögerungen durch Abrechnungsmodalitäten wirken sich hier nicht aus. Unser Beispiel weist Budgetnachforderungen von 450 T€ bzw. 20% aus, die vom Auftraggeber genehmigt werden müssen.

7.5.3 Earned Value-Analyse

Hinweis In den nachfolgenden Ausführungen werden die in der Praxis üblicherweise benutzten englischsprachigen Begriffe und Abkürzungen verwendet. Der Anhang enthält eine Übersetzungstabelle mit den entsprechenden deutschen Fachbegriffen (Anhang 23) sowie die deutsche Version von Abbildung 7.32 (Anhang 22).

Definition Earned Value ist der Wert der abgeschlossenen Arbeit, ausgedrückt in Einheiten des genehmigten Budgets, das dieser Arbeit für einen Vorgang, ein Arbeitspaket oder eine andere Komponente des Projektstrukturplans zugeordnet worden ist.

$$\text{Earned Value (EV)} = \%\text{Complete (\%C)} \cdot \text{Budget at Completion (BAC)}$$

Die Earned Value-Analyse integriert zu einem Stichtag die Bewertungsparameter Termine, Aufwand, Kosten und Ergebnis zu einem Bündel von Kennzahlen mit hoher Aussagekraft. Sie liefert mit den zu erwartenden Mehrkosten und dem zu erwartenden Leistungsverzug wichtige Fakten für Entscheidungen zur Projektsteuerung.

Sie basiert auf 3 Grundwerten:

1. der laut Kostenplanung bis zum jeweiligen Stichtag geplanten Plankostensumme. Sie stellt die Verbindung zum Kostenbasisplan her und wird Planned Value (PV) genannt.
2. der bis zum Stichtag angefallenen Istkostensumme, den Actual Costs (AC).
3. dem Fertigstellungswert der bis zu einem Stichtag geleisteten Arbeit, dem Earned Value (EV).

Zu jedem Stichtag werden diese Werte miteinander verglichen und daraus Quotienten gebildet, deren Entwicklung regelmäßig verfolgt wird. Mit diesen Indizes lassen sich die zu erwartenden Gesamtkosten hochrechnen, die dann den geplanten Gesamtkosten, dem Budget at Completion (BAC), gegenübergestellt werden.

Die Anwendung der Earned Value-Analyse setzt voraus, dass

- alle Planwerte der Projektzielgrößen Termine, Aufwand, Kosten und Ergebnis vorliegen
- die Ist-Situation für alle Projektzielgrößen zum Stichtag erfasst ist
- die Restwerte vom Stichtag bis zum Projektende ermittelt werden.

Vorteil der Earned Value-Analyse ist die sehr gute Transparenz über den bisherigen und zukünftigen Verlauf des Projekts. Nachteil ist, dass die Earned Value-Analyse ohne integriertes Planungs- und Rückmeldesystem einen erheblichen Aufwand verursacht.

Earned-Value-Analyse | 369

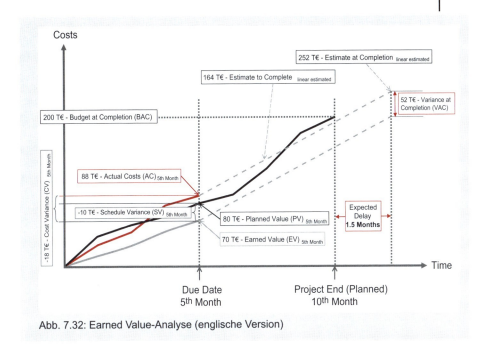

Abb. 7.32: Earned Value-Analyse (englische Version)

In obigem Beispiel haben wir für ein Projekt mit einer Dauer von 10 Monaten Gesamtkosten, Budget at Completion (BAC), von 200 T€ vorgesehen. Nach 5 Monaten sollen 80 T€ angefallen sein. Dafür sollten Vorstudie und Hauptstudie (40 T€) abgeschlossen und die Teilstudien (60 T€) zu zwei Drittel fertig sein.

Tatsächlich sind Vorstudie und Hauptstudie beendet, allerdings sind die Teilstudien nur zur Hälfte fertig. Dies ergibt einen Earned Value (EV) nach dem fünften Monat von 70 T€. Er liegt unterhalb der für diesen Zeitpunkt geplanten Kosten, dem Planned Value (PV), von 80 T€. Dies zeigt einen Leistungsverzug an, da der Fertigstellungsgrad der Arbeitspakete nicht der Planung entspricht. Die Leistungsdifferenz heißt Schedule Variance (SV) und wird folgendermaßen ermittelt:

$$SV_5 = EV_5 - PV_5 = 70\ T€ - 80\ T€ = -10\ T€ < 0\ !$$

Der Wert ist negativ, das heißt wir haben nach fünf Monaten im Projekt 10 T€ weniger Wert geschaffen als zu diesem Zeitpunkt geplant war. Der Quotient von Earned Value (EV) und Planned Value (PV) drückt dies, unabhängig von den absoluten Größen, als Schedule Performance Index (SPI) aus:

$$SPI_5 = EV_5 / PV_5 = 70\ T€ / 80\ T€ = 0{,}875 < 1\ !$$

Ist der SPI kleiner als 1, so zeigt dies den relativen Leistungsverzug an. Ist er exakt 1, so ist der Projektfortschritt nach fünf Monaten exakt wie in der Planung vorgesehen. Bei einem SPI größer als 1 erledigen wir die Arbeitspakete schneller als geplant.

Nach 5 Monaten haben wir 40 Personentage zu 2.000 € geleistet, Softwarelizenzen für 5.000 € angeschafft und einen extern moderierten Workshop für 3.000 € durchgeführt. Damit betragen die aufgelaufenen Istkosten, Actual Costs (AC), 88 T€. Sie sind damit höher als geplant. Die Situation ist allerdings noch ungünstiger, da wir mit diesen höheren Kosten einen gegenüber der Planung geringeren Wert (Earned Value) von 70 T€ geschaffen haben. Diese Kostendifferenz heißt Cost Variance (CV) und wird wie folgt ermittelt:

$$CV_5 = EV_5 - AC_5 = 70\ T€ - 88\ T€ = -18\ T€ < 0\ !$$

Auch dieser Wert ist negativ. Dies bedeutet, dass wir für die vorliegenden Arbeitsergebnisse um 18 T€ mehr bezahlt haben als diese Wert sind. Der Quotient der beiden Werte ist der Cost Performance Index (CPI):

$$CPI_5 = EV_5\ /\ AC_5 = 70\ T€\ /\ 88\ T€ = 0{,}795 < 1\ !$$

Ein CPI kleiner als 1 zeigt eine ungünstige Kostenentwicklung an. Wäre er dagegen größer als 1, so konnten wir unsere Arbeitsergebnisse mit weniger Kosten und/oder Aufwand als geplant erzeugen.

Mit Hilfe der Cost Variance und des Cost Performance Index lassen sich nun die zum Projektende erwarteten Kosten, die Estimate at Completion (EAC), ermitteln. Die additive Hochrechnung (EAC_{add}) nimmt an, dass es nach dem Stichtag bis zum Ende des Projekts weiter geht wie geplant. Dies bedeutet, dass im verbleibenden Zeitraum weder Rückstände aufgeholt werden noch zusätzliche absolute Kostenabweichungen entstehen. Die Formel lautet:

$$EAC_{add} = BAC - CV_5 = 200\ T€ - (-18\ T€) = 218\ T€$$

Die lineare Hochrechnung (EAC_{lin}) geht davon aus, dass die weitere Leistungserbringung im Projekt nach dem Stichtag bis zum Ende so gut oder so schlecht weiter verlaufen wird wie bisher. Die Formel lautet nun:

$$EAC_{lin} = BAC\ /\ CPI_5 = 200\ T€\ /\ 0{,}795 = 252\ T€$$

Die Abweichung zwischen der Hochrechnung und den geplanten Gesamtkosten ist die Variance at Completion (VAC). Sie zeigt an, wie groß ein Budgetnachtrag sein müsste. Unter Verwendung der linearen Hochrechnung ergibt sich:

$$VAC_{lin} = BAC - EAC_{lin} = 200\ T€ - 252\ T€ = -52\ T€$$

Häufig fragen Auftraggeber auch, wie viele finanzielle Mittel vom Stichtag bis zum Projektende aufzuwenden sind. Diese geschätzten Restkosten werden als Estimate to Complete (ETC) bezeichnet und mit Hilfe der Hochrechnungen ermittelt:

$$ETC_{lin} = EAC - AC_5 = 252\ T€ - 88\ T€ = 164\ T€$$

Es ist auch möglich, aber nicht empfohlen, eine Prognose des Endtermins mit Hilfe des SPI vorzunehmen. Dabei wird die geplante Projektdauer durch den SPI geteilt. Was in unserem Beispiel aus Sicht des fünften Monats ein erwartetes Ende nach 10/0.875 = 11½ Monaten verspricht.

Wird die Earned Value-Analyse regelmäßig durchgeführt, lässt sich mit den Leistungskennzahlen CPI (Cost Performance Index) und SPI (Schedule Performance Index) beobachten, inwieweit der Projektleiter Einfluss auf die Entwicklung von Kosten und Termin genommen hat.

Bei der Anwendung in der Praxis erzeugt die Vielzahl der verwendeten Begriffe und Abkürzungen oft Verwirrung. Die Tabelle „Earned Value-Kennzahlen und deren Synonyme" im Anhang 23 zeigt alle Kennzahlen und ihre Berechnungen im Überblick und soll dem Leser die praktische Arbeit erleichtern. Mit einem Tabellenkalkulationsprogramm lassen sich die Leistungskennzahlen regelmäßig ermitteln und grafisch darstellen.

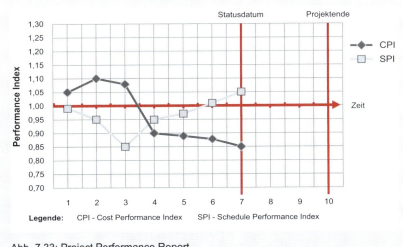

Abb. 7.33: Project Performance Report

Beispiel: Interpretation der Grafik

Während der ersten drei Perioden war unser Projekt terminlich zurück (siehe Abbildung 7.33). Um das Projekt zu beschleunigen, wurden mehr als die vorhandenen Kostenreserven aufgebraucht. Da es nur noch 3 Monate bis zum Projektende sind, kann das Kostenbudget vermutlich nicht eingehalten werden. Der zu erbringende Leistungsindex nach nur 7 Monaten (To-Complete Performance Index – TCPI) beträgt 1,49. Dies bedeutet, dass in der verbleibenden Projektlaufzeit Kosteneinsparungen von ca. 25% gegenüber der Planung realisiert werden müssten.

$$TCPI_7 = \frac{BAC - EV_7}{BAC - AC_7} = \frac{200 - 130}{200 - 153} = \frac{70}{47} = 1{,}49$$

Deshalb sollte der Projektleiter zusätzliche Budgetmittel von 40 T€ durch einen Projektänderungsauftrag beantragen. Bei Genehmigung werden die Plangesamtkosten, das Budget at Completion, erhöht und alle Leistungskennzahlen neu berechnet. Dies führt zu einer Entspannung der Kostenseite (TCPI = 0,97; CPI = 1,02).

Die Leistungskennzahlen geben einen ersten Eindruck über den Verlauf des Projekts und ermöglichen auch einen Vergleich zwischen verschiedenen Projekten für das Multiprojektmanagement (siehe Abb. 3.51). Allerdings sollte sich der Projektleiter nicht auf die Kennzahlen als einziges Beurteilungskriterium verlassen. Eine differenzierte Betrachtung je Arbeitspaket bietet sich ebenso an, wie die Leistungskennzahlen für den kritischen Weg getrennt zu betrachten. Um die Zielgröße 1,0 stets zu erreichen, kann es sein, dass Arbeitspakete, die einen schnellen Fortschritt versprechen, im Projektverlauf vorgezogen werden. Kritische, schwierige Aufgaben werden später angepackt, so dass plötzlich gegen Ende des Projekts die Leistungskennzahlen (CPI, SPI) aus dem Ruder laufen und ein aufwändiges Gegensteuern erfordern.

Fragen und Aufgaben zur Wiederholung:

1. Wie setzen sich die erwarteten Projektkosten zu einem Stichtag zusammen?

2. Bei welchen Projekten ist eine Überwachung der Kosten nach Kostenarten unerlässlich?

3. In einem Projekt sollen in 10 Monaten 5 Filialen mit neuen Kassentresoren mit einem Gesamtbudget von 800 T€ ausgestattet werden. Nach 6 Monaten sind zwei Filialen eingerichtet und 400 T€ ausgegeben. Berechnen Sie aus diesen Angaben die Kennzahlen der Earned Value-Analyse incl. additiver und linearer Hochrechnung.

4. Ein Projekt hat nach der Hälfte der Projektlaufzeit einen TCPI und einen SPI von 0,8. Was sagt dies über das Projekt aus?

7.6 Risikomanagement

Kompetenzelemente der ICB 3.0	Kapitel und PM-Prozesse des PMBOK®
1.04 Risiken und Chancen	11.1-6 Risikomanagement
2.12 Konflikte und Krisen	

Ziele dieses Kapitels – Was können Sie erwarten?

Sie kennen

- die Schritte eines erfolgreichen Risikomanagements
- Frühwarnindikatoren zur Beobachtung von Projektrisiken
- die Stufen vom Gesamtrisiko zum Restrisiko eines Projekts.

Sie können

- einen Risikostrukturplan für Ihr Projekt aufbauen
- Risiken qualitativ bewerten und in ein Risikoportfolio einordnen
- geeignete Risikobewältigungsmaßnahmen ableiten
- Erwartungswerte von Risiken berechnen.

7.6.1 Risikomanagement in Projekten

> „Krisen meistert man am besten, indem man ihnen zuvorkommt."
> Walt W. Ristow

Jedes Projekt ist mit Risiken verbunden. Veränderungen der Umwelt und die Einflüsse der Unternehmensstruktur und -kultur auf das aktuelle Projektgeschehen bergen zum Teil erhebliche Gefahren für den Projekterfolg in sich. Mit dem Risikomanagement sollen die potenziellen Probleme systematisch erforscht und gedankliche Konzepte erarbeitet werden, wie diesen Störungen begegnet werden könnte. Ziel des Risikomanagements ist dabei, nicht alle potenziellen Risiken zu vermeiden (dies wäre sicherlich zu teuer oder auch unmöglich), sondern Handlungsspielräume zu schaffen, um bewusst auf mögliche Bedrohungen eingehen zu können. Es ist, wie beim Abschluss einer Versicherung, immer abzuwägen, inwieweit der Aufwand für eine Absicherung (Versicherungsprämie) gerechtfertigt ist, um den möglichen Schaden auszugleichen.

Das Risikomanagement umfasst alle Projektmanagement-Funktionen. So sollten schon in der Initiative die Risiken abgewogen werden, damit ein Projekt nicht von Beginn an zum Scheitern verurteilt ist. Im Rahmen der Projektplanung sollten vorbeugende Maßnahmen ergriffen und ein Budget zur Absicherung von Risiken eingeplant werden. In der Diagnose und Steuerung werden die Veränderungen der Risikoindikatoren beobachtet und auftretende Krisenfälle bearbeitet. Beim Projektabschluss können Hinweise für die Verbesserung des Risikomanagements für künftige Projekte gesammelt werden.

Angelehnt an das PMBOK® umfasst das Risikomanagement folgende Prozesse, deren Zusammenspiel Abbildung 7.34 verdeutlicht:

Risikomanagement-Prozess

1. Risikomanagement planen
2. Risiken identifizieren
3. Risiken (qualitativ und quantitativ) bewerten
4. Risikobewältigungsmaßnahmen planen
5. Risikobewältigungsmaßnahmen umsetzen
6. Risiken überwachen und steuern
7. Risikoeintritt managen.

Formblätter zur Risikoanalyse in der Praxis nutzen

In vielen Unternehmen werden die Schritte 2.-4. auf einem Formblatt als Risikoanalyse zusammengefasst, die im Rahmen der Projektdiagnose und -steuerung regelmäßig aktualisiert wird. Dadurch sollen auch die Schritte 5. und 6. abgebildet werden. In diesem Bereich zeigen sich allerdings in vielen Projekten große Schwächen, da geplante Risikobewältigungsmaßnahmen oft nicht umgesetzt und veränderte Risikolagen unzureichend thematisiert werden.

Für den Risikoeintritt werden die Ereignisse nach Störung, Notfall, Krise oder Katastrophe unterschieden, um in der Organisation sehr schnell geeignete Prozesse und Verantwortlichkeiten zu aktivieren. Schadenshöhe, Dringlichkeit, Komplexität und die emotionalen Auswirkungen sind bei der Klassifizierung zu berücksichtigen.

Auf Schwarze Schwäne einstellen

Trotz allem Risikomanagement können dabei Ereignisse urplötzlich auftreten, die in keinem Risikoregister auftauchen und extreme Auswirkungen auf Projekte und Organisationen haben. Nach NASSIM TALEB (2010) werden in Zukunft diese sogenannten „Schwarzen Schwäne" immer häufiger auftauchen und Veränderungen in Organisationen erzwingen.

Der Stellenwert des Risikomanagements in einem Projekt hängt sehr stark vom Kontext des Projekts ab. Sind die Rahmenbedingungen stabil, wurde ein ähnliches Projekt erst vor kurzem erfolgreich durchgeführt, und ist das Projekt ein kleineres unter einer Vielfalt von Projekten, können die Prozesse des Risikomanagements vereinfacht gestaltet werden. Auch spielt die Unternehmenskultur eine große Rolle. So ist in manchen Organisationen das Problemmanagement eher karrierefördernd als ein vorausschauendes, absicherndes und elegantes Risikomanagement.

Außerdem muss der Projektleiter oft interne oder auch gesetzliche Vorgaben erfüllen, die eine bestimmte Form des Risikomanagements erzwingen.

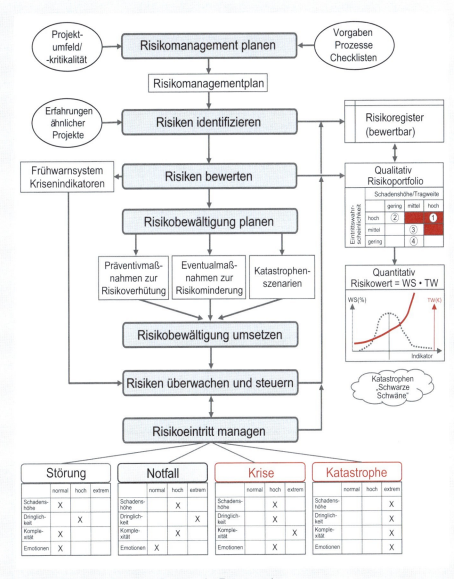

Abb. 7.34: Risikomanagement-Prozesse im Zusammenhang

Im Prozess Risikomanagement planen klärt der Projektleiter dieses Umfeld, berücksichtigt seine Termin-, Kosten- und Qualitätspläne und beschreibt daraus abgeleitet projektspezifische Prozesse für das Risikomanagement. Daraus ergeben sich auch etwa Anleitungen, welche Raster für die Einschät-

Wie gehen wir im Projekt mit Risiken um? (Risikomanagement-Plan)

Projektdiagnose und -steuerung

zung von Risiken verwendet werden, wie häufig die Risikoanalyse angepasst wird und welche Reserven für Risikobewältigungsmaßnahmen zur Verfügung stehen sollen.

Wie unternehmensweit zur Verfügung stehende Risikochecklisten zu nutzen sind, sollte darin auch geplant werden. Außerdem kann der Projektleiter sich Zugang zu den Abschlussberichten beendeter Projekte verschaffen, um deren Erkenntnisse für das eigene Projekt zu nutzen.

Risikocheckliste

Markt- und Branchenrisiken
- Überraschender Technologiewandel
- Ähnliche Produktinnovation von Wettbewerbern
- Einbruch des Marktwachstums
- Preisverfall im Zielmarkt
- Änderung des Kundenverhaltens
- Geänderte Gesetze/Vorschriften im Zielmarkt
- Vertrauensschaden beim Kunden

Managementrisiken
- Unterstützung des Top-Managements fehlt
- Betriebsrat verweigert Zustimmung
- Überraschender Strategiewechsel
- Ungeeignete, ineffiziente Produktionsprozesse
- Geringe Verfügbarkeit von Entwicklungskapazitäten
- Ausfall eines wichtigen Zulieferers
- Unrealistische Zeitpläne, Budgets
- Kontinuierliche Änderung der Anforderungen (Moving Targets)

Prozessrisiken
- Langsame Entscheidungsstruktur
- Unzureichendes Projektmanagement-Knowhow
- Ungeeignete Prozesse zur Analyse des Kundenverhaltens
- Mängel bei extern vergebenen Aufträgen
- Nichteinhalten von Terminen
- Unzureichende Termin- und Kostenkontrolle
- Unklare Aufgabenstellungen für Arbeitspaketverantwortliche
- Mangelnde Kommunikation
- Ausufernde Komplexität

Abb. 7.35 (Teil 1): Risikocheckliste

Produkt- und technische Risiken
■ Überzogene Erwartungen an die technischen Möglichkeiten (IT) ■ Fehlerhafte Funktionen ■ Zeitaufwändige Fehlerbehebung ■ Entwicklung falscher Software-Funktionen ■ Geringe Akzeptanz des Produkts (Projektergebnisses) ■ Eingesetzte Technologie ist nicht beherrschbar ■ Hohe Qualitätsansprüche werden nicht eingehalten
Personelle und kulturelle Risiken
■ Schlüsselperson fällt aus ■ Änderungen in der Projektorganisation ■ Überforderung der Arbeitspaketverantwortlichen ■ Projektleiterwechsel ■ Unzureichende Entscheidungskompetenzen des Projektleiters ■ Widerstände bei den Betroffenen ■ Mangel an Teamgeist ■ Demotivierte Teammitglieder
Finanzielle und rechtliche Risiken
■ Ungenügender Schutz von Knowhow (Patentschutz) ■ Änderungen im rechtlichen, bilanziellen, steuerlichen Umfeld ■ Garantie- oder Gewährleistungsansprüche Dritter ■ Behörden verweigern Genehmigung ■ Kursverluste ■ Rücktritt des Kunden vom Vertrag ■ Haftungsansprüche

Risikocheckliste

Abb. 7.35 (Teil 2): Risikocheckliste

7.6.2 Risiken identifizieren

Um die Risiken zu identifizieren, sollte der Projektleiter zunächst mit seinem Projektteam ein Brainstorming mit Moderationstechniken durchführen. Damit sollen die unterschiedlichen Erfahrungen der Teammitglieder bezüglich potenzieller Probleme und Bedrohungen abgeklopft werden. Hier kommen die Zweifler im Team besonders zum Zug.

Die genannten Risiken sollten konkrete Ereignisse beschreiben, die passieren könnten. Am besten mit einem klaren Zeitbezug und den damit verbundenen Auswirkungen und Konsequenzen.

Wenn der ACD-Spezialist während der Realisierung ausfällt, führt dies zu einer Verzögerung der Programmierung um 3 Wochen, die nur mit Zusatzkosten von 50 T€ aufgeholt werden kann.

Beispiel

In der Praxis werden im Brainstorming viele Risiken mit unterschiedlichem Detaillierungsgrad genannt, so dass eine hierarchische Gliederung in Form eines Risikostrukturplans sinnvoll ist.

Teammitglieder nennen dann meist auch erste Maßnahmen und begründen ihre Einschätzungen mit möglichen Ursachen, die ihnen bekannt sind. Alle Risiken sollten im Risikoregister aufgeführt und in Kategorien eingeteilt und strukturiert sein.

Nach dem Workshop kann ein Durchgehen einer unternehmensspezifischen Risikocheckliste mögliche Lücken aufzeigen und das Risikoregister vervollständigen.

Nr.	Risiko	Hauptursache	Erste Maßnahmen	Kategorie
1	Änderung des Kundenverhaltens	Aggressive Wettbewerber	Regelmäßige Marktbeobachtung	Markt
2	Unterstützung des Top-Managements fehlt	Mangelhaftes Projektmarketing	Projekthomepage einrichten	Management
3	Lieferant der ACD-Anlage fällt aus	Bonität des Lieferanten	Wirtschaftskraft bei Auswahl prüfen	Management
4	Zieländerungen des Auftraggebers	Strategiewechsel	Starke Einbindung	Management
5	Spezialist für ACD-Anlage fällt aus	Viele parallele Projekte	Freistellung sichern	Personell
6	Widerstand bei Mitarbeitern des Kundenservice	Unzureichende Information, Beteiligung	Kommunikationsplan anpassen	Personell
7	Langsame Entscheidungsstrukturen	Kein GF-Mitglied im Lenkungsausschuss	Projektorganisation anpassen	Prozess
8	Unzureichendes PM-Knowhow	Keine internen Standards	Externe Unterstützung einfordern	Prozess
9	Geringe Akzeptanz der Projektergebnisse	Unpräzise Anforderungen	Anforderungsschema entwickeln	Produkt
10	Betriebsrat verweigert Zustimmung	Widerspruch zum Arbeitszeitmodell	Vorteile für Mitarbeiter herausarbeiten	Management

Abb. 7.36: Risikoregister zu Projektbeginn „Call-Center für den Kundenservice"

7.6.3 Qualitative Risikoanalyse durchführen

Die qualitative Risikoanalyse bearbeitet systematisch das Risikoregister, um für die Risiken

- Eintrittswahrscheinlichkeit und Tragweite einzuschätzen
- Risikoklassen mit Handlungsempfehlungen zu definieren
- Indikatoren zur laufenden Beobachtung zu finden
- mögliche Ursachen zu ermitteln
- bekannte Absicherungsmaßnahmen zu verifizieren
- detaillierte Dokumentationen zu erstellen.

Welche Bedeutung haben die Risiken für mein Projekt aus heutiger Sicht?   *Kernfrage*

Eine Risikocheckliste zeigt eine Fülle von möglichen Risiken, die beim genaueren Hinsehen für das aktuelle Projekt völlig unerheblich sind. Manche Risiken sind zwar gravierend, wenn sie eintreten, kommen aber nur mit geringer Wahrscheinlichkeit vor. Für andere, sehr wahrscheinliche Risiken hat man bereits vorbeugende Maßnahmen geplant. Neben diesem Abwägen dient das Gewichten der Risiken auch dazu, abzuschätzen, für welche Risiken sich ein hoher Aufwand zur Absicherung lohnt.

Die Einschätzung der Risiken kann qualitativ von gering bis hoch oder quantitativ mit konkreten Eintrittswahrscheinlichkeiten in % und Schadenshöhen in T€ vorgenommen werden. Für eine erste Einschätzung reicht bei kleineren Projekten die qualitative Betrachtung aus, während in größeren Projekten insbesondere im technischen Umfeld eine Quantifizierung der Risikosituation gefordert wird.

Ein Risiko (A) wird mathematisch als Erwartungswert des entstehenden Schadens bei einer Wahrscheinlichkeitsverteilung p(A) ausgedrückt. Die Formel für den Risikowert lautet:

$$\text{Risikowert}(A) = p(A) \bullet \text{Schaden}(A)$$ *Formel*

Dabei steht A für das Schadensereignis, p(A) für die Wahrscheinlichkeit (probability), dass das Schadensereignis eintritt, und Schaden(A) für den Schaden, der dem Unternehmen entsteht, wenn das Schadensereignis eintritt.

Damit Veränderungen in der Risikoeinschätzung besser verfolgt werden können, sollten Annahmen und Begründungen für die Bewertung zum Zeitpunkt der Einschätzung festgehalten werden.

Um die Wahrscheinlichkeiten für den Eintritt von Ereignissen treffend zu beurteilen, muss versucht werden, aus Entwicklungen in der Vergangenheit, die in Statistiken dokumentiert sind, und in der Gegenwart beobachteten Geschehnissen eine Prognose für die Zukunft abzugeben.

Hierbei kommt es in der Praxis durchaus zu beträchtlichen Fehleinschätzungen, da Menschen dazu neigen, die Eindrücke des Augenblicks deutlich stärker zu berücksichtigen als es geboten ist. Aussagen von Statistiken werden falsch oder im Sinne der persönlichen Neigung interpretiert.

Fehleinschätzung mit katastrophalen Folgen

> Bei eingeschweißten Teams, die viele Gefahren erfolgreich gemeistert haben, kann sich eine „Illusion der Unfehlbarkeit" entwickeln, die einer reellen Einschätzung von Risikoeintrittswahrscheinlichkeiten entgegensteht. Die Challenger-Katastrophe von 1986 ist hierfür ein gutes Beispiel.

Vor der Abschätzung der Wahrscheinlichkeiten sollten das Risikoereignis klar formuliert, Abhängigkeiten zu anderen Risiken bekannt und Einflussfaktoren gesammelt sein. Außerdem ist ein möglichst breites Meinungsbild zu empfehlen.

Folgende Faktoren gehen in die Schätzung von Eintrittswahrscheinlichkeiten für Risiken ein:

Einflüsse auf Risikoeinschätzung

- persönliche Erfahrungen
- Erfahrungen anderer, wobei die persönliche Wertschätzung von Experten und Vertrauten die Gewichtung beeinflusst
- „gelernte Vorurteile" (am Freitag, den 13., macht man keine LA-Sitzung)
- beobachtete Indikatoren (Frühwarnsystem einrichten)
- öffentliche Meinung, Statistiken
- Gesetze der Wahrscheinlichkeitsrechnung.

Um die Tragweite oder mögliche Schadenshöhe eines Risikos bei Eintritt zu beurteilen, müssen die Auswirkungen des Risikoeintritts klar spezifiziert sein. So kann ein eingetretenes Risiko die Erreichung einzelner oder ganzer Bündel von Projektzielen in Frage stellen oder unmöglich werden lassen.

Nach G. GIGERENZER (2014) vermögen selbst Experten nur unzureichend Eintrittswahrscheinlichkeiten als Prozentsätze korrekt einzuschätzen und deren Konsequenzen zu beurteilen. Werden dagegen Tabellen mit absoluten Häufigkeiten (siehe Anhang 24) genutzt, ergibt sich ein wesentlich realistischeres Bild.

Der Schaden kann sich

Mögliche Auswirkungen des Eintritts spezifizieren

- auf die Kosten des Projekts
- die Terminsituation
- die Qualität und Akzeptanz der Ergebnisse
- das Image des Projekts oder handelnder Personen
- den Leistungsumfang auswirken.

Zur Orientierung helfen operationalisierte Schadensstufen.

Wirkung auf	Schadensstufe				
	1	2	3	4	5
Kosten	Kostensteigerung < 1%	Kostensteigerung 1 bis 5%	Kostensteigerung 5 bis 10%	Kostensteigerung 10 bis 20%	Kostensteigerung > 20 %
Termin	Projektverspätung < 1 %	Projektverspätung 1 bis 5 %	Projektverspätung 5 bis 10 %	Projektverspätung 10 bis 20 %	Projektverspätung > 20%
Leistungsumfang	Unwesentliche Reduzierung des Umfangs	Reduzierung unkritischer Teile im Leistungsumfang	Reduzierung wesentlicher Leistungsbestandteile	Reduziertes Projektergebnis erfüllt nicht mehr ursprüngliche Anforderungen	Projektergebnis wird unbrauchbar
Qualität	Unwesentliche Qualitätsreduzierung	Qualitätseinbußen bei unkritischen Teilen	Qualitätseinbußen bei wesentlichen Bestandteilen	Qualitätsreduziertes Projektergebnis erfüllt nicht mehr ursprüngliche Anforderungen	Projektergebnis wird unbrauchbar
Image	Ruf eines Mitarbeiters geringfügig beeinträchtigt	Ruf einer Arbeitsgruppe etwas beeinträchtigt	Projektgruppe kommt innerhalb Unternehmen ins Gerede	Folgevereinbarungen werden wegen Image abgesagt	Ruf des Unternehmens nimmt Schaden

Abb. 7.37: Schadensstufen

In die Beurteilung der Tragweite geht auch das Ausmaß eines möglichen Schadens ein. Hat der Risikoeintritt Einfluss auf

- eine Teilaufgabe
- ein Arbeitspaket
- ein ganzes Teilprojekt
- das Projekt insgesamt
- den gesamten Bereich, der das Projekt beauftragt hat
- das Unternehmen als Ganzes oder
- sogar auch auf das globale Umfeld des Unternehmens?

Schäden können weitreichende Folgen haben

Formulierte Abstufungen der Schwere des Effekts eines Risikoeintritts (siehe Anhang 25) erleichtern den Vergleich zwischen verschiedenen Risiken.

Zur Schätzung des möglichen Schadens kann auch der Mehraufwand für die Beseitigung der Schäden bewertet werden, der entsteht, wenn das Risiko eintritt.

Für das Projekt „Call-Center für den Kundenservice" wurden Eintrittswahrscheinlichkeit und Tragweite in einer Skala von jeweils 1 bis 10 bewertet und die Begründungen für die Einschätzung festgehalten (siehe Abbildung 7.38).

Nr.	Risiken	WS	TW	Annahmen
1	Änderung des Kundenverhaltens	3	7	Letzte Kundenumfrage liegt nur 2 Monate zurück
2	Unterstützung des Top-Managements fehlt	7	8	Vorstand fehlte trotz Zusicherung bei Kick-off
3	Ausfall des Lieferanten der ACD-Anlage	3	9	Es gibt 2 bis 3 Lieferanten mit renommiertem Namen
4	Moving Targets, Zieländerungen des Auftraggebers	7	6	Vertriebsleiter hat im letzten Projekt viele widersprüchliche Entscheide gefällt
5	Spezialist für ACD-Anlage fällt aus	2	8	Spezialist konnte für dieses Projekt gewonnen werden
6	Widerstände bei den Mitarbeitern des Kundenservice	6	9	Die Projektankündigung hat für Unruhe gesorgt
7	Langsame Entscheidungsstrukturen	3	5	Lenkungsausschuss ist kompetent besetzt
8	Unzureichendes Projektmanagement-Knowhow	3	3	Erfahrener Projektleiter wird von externem Berater unterstützt
9	Geringe Akzeptanz der Projektergebnisse	3	8	Projektidee stammt von Mitarbeitern und wird von Kunden gefordert
10	Betriebsrat verweigert Zustimmung	4	10	Betriebsrat steht dem Projekt aufgeschlossen gegenüber

WS - Wahrscheinlichkeit des Eintritts; TW - Tragweite für Projekt oder Unternehmen

Abb. 7.38: Qualitative Risikoeinschätzung „Call-Center für den Kundenservice"

Aufgrund der Ergebnisse der Einschätzung von Eintrittswahrscheinlichkeit und Tragweite bei Risikoeintritt können nun die Risiken klassifiziert werden, um daraus Handlungsanweisungen für die Risikoabsicherung abzuleiten.

Anhand von Schwellenwerten für das Produkt aus Eintrittswahrscheinlichkeit und Tragweite können die Risiken in die Klassen A, B oder C unterschieden werden.

Risikoklasse	Schwellenwert (WS • TW)	Maßnahme
A	Mehr als 50 Punkte	Reagieren notwendig
B	Zwischen 21 und 50 Punkten	Beobachten, Frühwarnsystem einrichten
C	Bis 20 Punkte	Lediglich wahrnehmen

Qualitative Risikoanalyse durchführen | 383

Durch ein Risikoportfolio können die Risiken stärker differenziert und die Ausrichtung der Absicherungsmaßnahmen besser abgeleitet werden. Die Lage der Risiken im Risikoportfolio bestimmt dabei die Ergebnisse der Risikoeinschätzung, wobei bei Risikoeintrittswahrscheinlichkeit und Schadenshöhe geeignete Schwellenwerte festzulegen sind. Hierbei kann auch eine 3-stufige Unterteilung in gering, mittel und hoch für eine erste Priorisierung ausreichen.

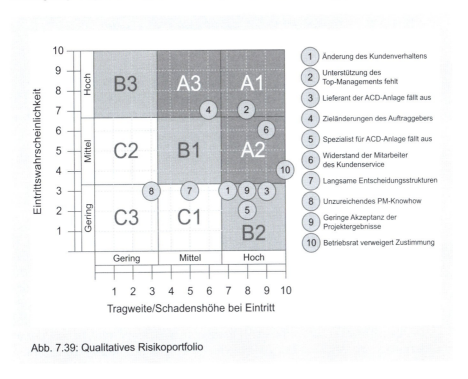

Abb. 7.39: Qualitatives Risikoportfolio

Die Handlungsempfehlungen lassen sich nach Maßnahmen unterscheiden, die

- die Entdeckung von Risiken und deren Veränderung anzeigen (Indikatoren)
- versuchen, die Eintrittswahrscheinlichkeit zu senken (Präventivmaßnahmen) oder
- versuchen, die Tragweite zu vermindern, zu begrenzen oder zu verlagern (Eventualmaßnahmen).

Handlungsempfehlungen erleichtern Risikomanagement

Außerdem bleibt immer die Variante, das Risiko in seinem Ausmaß zu akzeptieren. Aus den Feldern des Risikoportfolios ergeben sich folgende Handlungsempfehlungen (Abb. 7.40):

Risiko-klasse	Indikatoren	Präventivmaßnahmen	Eventualmaßnahmen
A1	Ursachen kennen	sofort umsetzen	sofort umsetzen
A2	Ursachen ermitteln, Eintrittskonsequenzen	geplant	sofort umsetzen
A3	Ursachen ermitteln, Eintrittskonsequenzen	sofort umsetzen	geplant
B1	Frühwarnsystem einrichten	geplant, teilweise umsetzen	geplant, teilweise umsetzen
B2	Beobachten, Eintrittskonsequenzen kennen	planen	sofort umsetzen
B3	Beobachten	sofort umsetzen	planen
C1	Kennen	Risiko akzeptieren	
C2	Kennen	Risiko akzeptieren	
C3	Keine Beachtung	Risiko akzeptieren	

Abb. 7.40: Risikoklassen und Handlungsempfehlung

Indikatoren finden

Woran kann man Veränderungen der Risiken erkennen?

Um diese Frage zu beantworten, müssen Indikatoren, Symptome oder Ereignisse festgehalten werden, die erkennen lassen, ob ein potenzielles Problem eingetreten ist oder einzutreten droht. Diese „Krisenindikatoren" sind besonders intensiv zu überprüfen und zu überwachen, damit rechtzeitig eingegriffen werden kann. Ein solches Frühwarnsystem bedeutet für den Projektleiter zusätzlichen Aufwand, der sich allerdings lohnt, denn plötzliche Überraschungen werden seltener. Damit wird eine wichtige Voraussetzung für die Überwachung der Risiken im Rahmen des Risiko-Controllings geschaffen.

Harte und weiche Krisenindikatoren beachten

Harte Krisenindikatoren	Weiche Krisenindikatoren
■ Abweichung vom Zeitplan	■ Nachlassendes Interesse des Entscheiders/Managements
■ Kostenüberschreitung	■ Spaltungen in der Projektgruppe
■ Ergebnisse nicht erreicht	■ Uneinigkeit bei Präsentationen
■ Entscheidungen sind nicht gefallen	■ Schlechte Erfahrungen werden beschworen
■ Zugesagte Projektmitarbeiter stehen nicht zur Verfügung	■ Hektik und Konfusion nehmen zu
■ Eingeplante Sachmittel wie Projekt-PC oder Projektraum fehlen	■ Zu viele/zu wenige Projektberichte
	■ Drohung mit Externen
■ Projektdokumentationen wurden nicht erstellt	■ Witze über das Projekt tauchen auf und machen die Runde

Als Frühwarnsystem genügt es, die Entwicklungsrichtung der Krisenindikatoren zu beobachten. Ein Frühwarnsystem für einige der A- und B-Risiken des Projektbeispiels könnte wie folgt aussehen:

Risiko	Indikatoren	Technik zur Ermittlung der Ausprägung
Unterstützung des Top-Managements fehlt	▪ Vorlaufzeit für Termine beim Top-Management	▪ Terminstatistik führen
Widerstände bei den Mitarbeitern des Kundenservice	▪ Bereitschaft zur Mitarbeit im Projekt ▪ Anzahl Absagen für Interviewwünsche ▪ Teilnahme der Teammitglieder aus dem Kundenservice an Teamsitzungen	▪ Aufwand für Terminvereinbarungen festhalten ▪ Teilnahme an Teamsitzungen protokollieren
Moving Targets, Zieländerungen des Auftraggebers	▪ Anzahl Auftragsänderungen des Auftraggebers ▪ Aufwand für Formulierung des Auftrags	▪ Aufwand festhalten ▪ Änderungen zählen
Betriebsrat verweigert Zustimmung	▪ Kritische Bemerkungen zum Projekt ▪ Ablehnende Berichte in Betriebszeitung	▪ Betriebsratsorgane lesen

Frühwarnsysteme „Call-Center für den Kundenservice"

Woran könnte es liegen, dass dieses Risiko eintritt?

Mögliche Ursachen abschätzen

Zu Beginn eines Projekts sind Ursachen und Wirkungszusammenhänge von Risiken noch sehr spekulativ. Dennoch sollten die Beziehungen zwischen den Risiken und bereits vorhandenen Problemen aufgezeigt werden. So können frühzeitig wirksame Steuerungsmaßnahmen zur Absicherung abgeleitet werden.

Vor allem mit A-Risiken sollte man sich intensiv auseinandersetzen und sie schriftlich standardisiert dokumentieren. Die Dokumentation sollte folgende Punkte enthalten:

- Kurzbeschreibung des Risikos
- Ursache(n) des Risikos
- Zeitpunkte, zu denen Ursachen und Eintreten zu erwarten sind
- Wirkungszusammenhänge verschiedener Ereignisse (negative Synergien)

Risikoursachen dokumentieren

- mögliche Tragweite in Bezug auf Kosten, Termine und Ergebnisqualität
- angenommene Randbedingungen.

Das A-Risiko „Unterstützung des Top-Managements fehlt" des Beispielprojekts könnte folgende Ursachen haben:
- Managementkapazität durch aktuelle Akquisition gebunden
- wenig attraktive Gestaltung der Managementinformationen über das Projekt
- strategische Bedeutung des Projekts dem Top-Management nicht bewusst
- Projektleiter ist dem Top-Management unbekannt
- Bereichsleiter meiden in Management-Meetings das Projekt ➡ Angst vor Verlust an Einfluss.

Am Ende der qualitativen Risikoanalyse werden die gesammelten Informationen pro Risiko dokumentiert. Dies kann in projektbezogenen Tabellen, aber auch durch Einträge in eine unternehmensweite Datenbank geschehen. Die nachfolgende Tabelle zeigt ein Beispiel für die Inhalte einer solchen Datenbank pro Risiko:

Annahmen der Risikoeinschätzung dokumentieren

Bezeichnung	Zusagen der Partner werden nicht eingehalten
Risikoart und Gültigkeitsbereich	Organisatorisches Risiko, übergreifend
Eintrittswahrscheinlichkeit	6 – da erste Anzeichen sichtbar sind und es bereits in Projekten vorgekommen ist
Beurteilungsindikator	Anzahl Rückfragen, unverständliche Äußerungen
Bekannte Präventivmaßnahmen	Regelmäßige Projektgespräche mit unterschriebenen Protokollen
Tragweite bei Eintritt	6 – negativer Einfluss auf Kosten, Termin und Image der XXX; deutliche Terminverzögerungen (Ressourcen, Freigaben)
Beschreibung der Auswirkungen	Aufwändiges Nachfragen, Gelder werden nicht zweckgebunden ausgegeben, mehrfache Abstimmprozesse, wichtige Dokumente kommen zu spät...
Vorhandene Risikoabsicherung durch Eventualmaßnahmen	Rücktrittsklausel im Vertrag, Meilenstein zur Akzeptanz des Vorprojekts gesetzt

Abb. 7.41: Risikodokumentation

Die Liste der Risiken (Risikoregister) enthält nun alle bekannten Unsicherheiten („known unknowns") des Projekts. Es ist unmöglich, alle Risiken zu erfassen, so dass immer ein Rest nicht identifizierter Risiken bleibt („unknown unknowns"), die vom Management zu tragen sind.

Projektrisiken mit Auswirkungen auf Unternehmen und Umfeld werden vom übergreifenden Risiko- und Sicherheitsmanagement weiterbearbeitet. Einige Risiken müssen zur genaueren Einschätzung einer quantitativen Betrachtung unterzogen werden.

7.6.4 Quantitative Risikoanalyse

In den meisten technischen Projekten reicht es nicht aus, rein qualitativ die Notwendigkeit von Maßnahmen zur Risikoabsicherung zu begründen, insbesondere dann, wenn die Wahrscheinlichkeiten für einen Risikoeintritt sehr weit auseinander liegen und die Schadenshöhen deutliche Unterschiede aufweisen.

In diesen Fällen ist es auch nötig, das Risiko quantitativ zu beziffern, um die Wirtschaftlichkeit von Absicherungsmaßnahmen begründen zu können.

10^{-6}	10^{-5}	10^{-4}	10^{-3}	0,005	0,01	0,025	0,05	0,1	0,2
Gering			Mittel			Hoch			

Um den quantitativen Risikowert zu berechnen, benötigt der Projektleiter einige Grundkenntnisse der Wahrscheinlichkeitsrechnung bezüglich unabhängiger und bedingter Ereignisse.

Beispiel

Im Projekt wird ein wichtiger Workshop mit einem externen Moderator geplant, an dem alle 6 Teammitglieder teilnehmen müssen. Wie hoch ist der Risikowert des Workshops, wenn bei Ausfall der externe Moderator in Höhe von 3.000 € bezahlt werden muss und die Ausfallwahrscheinlichkeit eines Teammitglieds bei 5% liegt?

Risikowert = (1 - 0,95 • 0,95 • 0,95 • 0,95 • 0,95 • 0,95) • 3.000€ = 795€

Wie das Beispiel zeigt, erfordert die Ermittlung des Risikowerts ein gutes Verständnis von der Wahrscheinlichkeit des Eintritts eines Ereignisses. Sollte unter den Teammitgliedern nun ein besonderer Wackelkandidat sein, der sein Kommen mit einer Fifty-Fifty-Chance angegeben hat, erhöht sich der Risikowert sehr schnell auf 1.838 €.

Rein rechnerisch stünden nun bis zu 1.000€ zur Verfügung, um dessen Kommen vielleicht durch ein Flugticket abzusichern.

Nutzen von Maßnahmen mit Risikowerten beurteilen

Leider kann der Workshop auch noch durch andere Ereignisse ausfallen, die in die Wahrscheinlichkeitsbetrachtung einfließen müssen. So könnte die Raumreservierung schief gehen oder der externe Moderator durch Krankheit ausfallen. In diesem Fall handelt es sich um eine verschachtelte Risikosituation, da neben geänderten Wahrscheinlichkeiten auch die Schadenshöhen andere sind.

Zur Schätzung des möglichen Schadens wird der Mehraufwand für die Beseitigung der Schäden bewertet, der entsteht, wenn das Risiko eintritt. Auf der Ebene von Arbeitspaketen lassen sich diese konkret kalkulieren. Übergreifende Risiken sind dagegen vom Projektleiter zu betrachten.

Arbeitspaket		Risiko	WS	Kosten	Risikowert
Testumgebung aufbauen	1	Unvollständigkeit	30%	25 T€	7,5 T€
	2	Inkonsistenz der Testdaten	40%	50 T€	20,0 T€
Testabläufe erstellen	3	Recovery schlägt fehl	20%	150 T€	30,0 T€
	4	Prozesse nicht abgedeckt	10%	200 T€	20,0 T€
Testauswertung	5	Unrichtige Angaben	50%	60 T€	30,0 T€

Die Risiken 3 und 5 haben mit 30 T€ den höchsten Erwartungswert und damit die höchste Priorität. Die Summe beträgt 107 T€, so dass die Absicherungsmaßnahmen deutlich unter diesem Wert sein sollten.

Der Erwartungswert oder erwartete Geldwert (Expected Monetary Value – EMV) kann auch für Entscheidungen unter unsicheren Bedingungen herangezogen werden. Insbesondere, wenn der Projektleiter unsicher ist über die Wirkung von Maßnahmen. Über mehrere Stufen können dann Alternativen und ihre finanziellen Auswirkungen je Bedingungen bestimmt werden, die mit einer gewissen Wahrscheinlichkeit eintreten können. Man entscheidet sich für die Alternative mit dem größten Wert. Risiken werden mit negativen Vorzeichen ausgedrückt, finanzielle Chancen durch einen positiven Geldwert. Diese Schritte werden in einem Entscheidungsbaum dargestellt:

Quantitative Risikoanalyse | 389

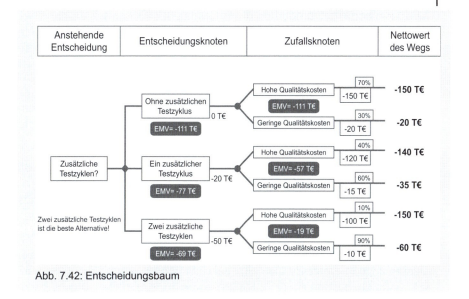

Abb. 7.42: Entscheidungsbaum

In der quantitativen Risikoanalyse muss die Eintrittswahrscheinlichkeit eines Risikos oft mit Wahrscheinlichkeitsverteilungen beschrieben werden. So unterscheiden sich pessimistische, realistische und optimistische Einschätzungen der Eintrittswahrscheinlichkeiten von Risiken sehr stark. Zur Modellierung und Simulation von Risiken werden dann häufig aus diesen Annahmen abgeleitete Beta- oder Dreiecksverteilungen eingesetzt (siehe auch Drei-Punkt-Schätzung der Zeitdauer).

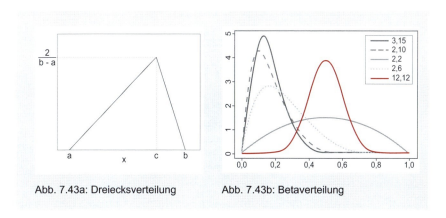

Abb. 7.43a: Dreiecksverteilung   Abb. 7.43b: Betaverteilung

7.6.5 Risikobewältigung planen

Kernfrage — Wie gehe ich mit dem Risiko um?

Risiken vermeiden — Aufgrund des nun bekannten Gesamtrisikos werden jetzt schrittweise Maßnahmen zur Risikobewältigung geplant und implementiert. Es gilt zunächst, Vorkehrungen zu treffen, damit Risiken gänzlich vermieden werden bzw. nicht mehr eintreten können.

Besteht etwa das Risiko des Ausfalls eines externen Trainers aufgrund von Krankheit oder anderen Verpflichtungen, wird dieses Risiko durch die Entscheidung, eigene Trainer einzusetzen, vermieden. Daraus können sich allerdings neue, andere Risiken, sogenannte Sekundärrisiken, ergeben.

Risiken überwälzen — Als nächstes ist zu prüfen, inwieweit Risiken auf andere übertragen werden können und für welche Risiken es sich lohnt, Versicherungen abzuschließen. Müssen ungeübte, eigene Mitarbeiter bei einem Arbeitsschritt mit giftigen Stoffen hantieren, besteht ein erhöhtes Risiko von Arbeitsunfällen. Dieses Risiko kann durch externe Vergabe auf spezialisierte Lieferanten an diese weitergegeben werden.

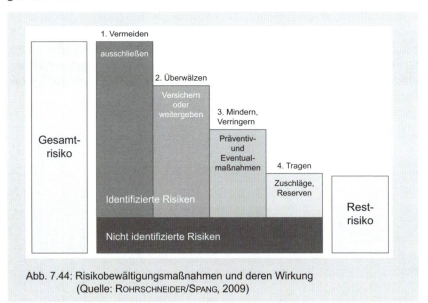

Abb. 7.44: Risikobewältigungsmaßnahmen und deren Wirkung
(Quelle: ROHRSCHNEIDER/SPANG, 2009)

Risiken mindern, verringern — Präventiv- und Eventualmaßnahmen sollen nun das Gesamtrisiko weiter mindern und verringern, indem Präventivmaßnahmen nach dem Motto „Vorbeugen ist besser als heilen" der Eintrittswahrscheinlichkeit eines Risikos entgegenwirken und als Eventualmaßnahmen die Folgen mildern. Für jede vorgeschlagene Maßnahme muss der Projektleiter die Wirksamkeit einschätzen, um abzuwägen, ob der erforderliche Aufwand gerechtfertigt ist.

In der Seefahrt ist das Raffen der Segel eine Vorbeugemaßnahme, während die mitgeführten Rettungsboote, Schwimmwesten und Rettungsringe Eventualmaßnahmen sind.

Für A-Risiken sollten frühzeitig geeignete Eventualmaßnahmen umgesetzt werden, damit diese schnell greifen, wenn die Präventivmaßnahmen versagen. Risikoanalyse und Risikoabsicherung sind im Risikomanagementplan enthalten. Dieser Teil könnte für unser Beispielprojekt folgendermaßen aussehen:

Risiken	Einschätzung **vor** Maßnahmen			Maßnahmen (Art/Aufwand)		Einschätzung **nach** Maßnahmen			Entscheid
	WS	TW		Präventiv	Eventual	WS	TW		
Unterstützung des Top-Managements fehlt	7	8	56	Projektleiter dem Vorstand vorstellen (0 T€) Verbesserte Projektberichte (3 T€)	Projektmarketing intensivieren (5 T€)	4	5	20	Ja
Widerstände bei den Mitarbeitern im Kundenservice	6	9	54	Regelmäßige Infoveranstaltungen (4 T€)	Mitarbeiter vom Markt gewinnen (30 T€)	4	4	16	Nur präventiv
Zieländerungen des Auftraggebers	7	6	42	Klare Auftragsformulierung (1 T€) Intensiv auf Konsequenzen von Änderungen hinweisen (0 T€)	Änderungsverfahren mit Kostenfolgen etablieren (4 T€)	3	5	15	Ja
Betriebsrat verweigert Zustimmung	4	10	40	Berichte bei BR-Sitzungen (2 T€)	Nicht zustimmungspflichtige Alternative fortführen (50 T€)	2	4	8	Nur präventiv

Abb. 7.45: Risikoanalyse und -absicherung im Risikomanagementplan

7.6.6 Risiken überwachen

Mit den bewussten Entscheidungen, Risiken zu akzeptieren oder Maßnahmen zur Absicherung zu vereinbaren, entstehen zusätzliche Projektaufgaben, deren Erfolg zu überwachen ist. Damit es nicht bei Lippenbekenntnissen bleibt, sollten gerade für die Maßnahmen zur Risikoabsicherung von A- und B-Risiken Verantwortliche definiert werden, die über die Wirksamkeit der Maßnahmen und deren Umsetzungsstatus berichten. Für A-Risiken sollte eine Verfolgung der Entwicklung einzelner Risiken obligatorisch sein.

Projekt	Risiko ID-Nr.	Risiko-Titel		Phase/Teilprojekt	Erfasst am 10.10.13	
Call-Center Kundenservice	M 40	Mitarbeiterabzug		Projektierung	Von: G. Paulus	
Risikobeschreibung (Indikatoren)					Wahrscheinlichkeit des Eintritts	
	Mitarbeiter für die technische Feinspezifikation ist noch in 3 weiteren Projekten tätig. Eines davon hat enorme Terminschwierigkeiten, so dass Mitarbeiterabzug erwartet wird.				Letzte	Aktuell
					20%	80%
Auswirkung auf	Qualität	Umfang	Kosten	Termin	Image	Gesamt
(0 – niedrig; 5 – hoch)	4	0	0	5	2	4
Beschreibung der Auswirkung						
Mögliche Maßnahmen	1. .... 2. .... 3.					
Getroffene Maßnahmen					Aktion bis	Verantw.
	1. .... 2. .... 3.				xx.xx.1x	
Auswirkung der Maßnahmen auf das Projekt					Kosten	Aufwand
					XXX,X T€	XX PT
Maßnahmen umgesetzt	Datum, Unterschrift Projektleiter			Datum, Unterschrift Controlling		

Abb. 7.46: Verfolgung von Einzelrisiken

Darüber hinaus sollte die Veränderung von Krisenindikatoren regelmäßig beobachtet werden und in das Risiko-Controlling Eingang finden. Dabei genügt es, die jeweilige Entwicklungsrichtung anzuzeigen.

Risikoverfolgung in regelmäßige Berichterstattung einbeziehen

Ein gleichbleibender, horizontaler Pfeil drückt aus, dass sich der Indikator nicht verändert hat. Eine Verschärfung des Risikos wird durch einen schrägen Pfeil nach oben angezeigt. Zeigt er direkt nach oben, so ist urplötzlich eine Verschlimmerung eingetreten, die sofort Gegenmaßnahmen erfordert. Mit Pfeilen nach unten kann dann der Erfolg von Maßnahmen oder eine generelle Entspannung angezeigt werden.

Risiken überwachen

Nr.	Krisenindikatoren	\multicolumn{10}{c	}{Berichtsmonate}

Nr.	Krisenindikatoren	1	2	3	4	5	6	7	8	9	0
1	Zusagen werden nicht eingehalten	→	→	↗	↗						
2	Zeitüberschreitungen	↘	→	↗	↗						
3	Kostenüberschreitungen	↓	→	↘	↘						
4	Rückstände in der Fertigstellung	→	↗	↗	↗						
5	Anzahl Befunde pro Review	↑	→	→	↗						
6	Anzahl Rückfragen zu den Zielen	→	→	→	→						
7	Anzahl offener Entscheidungen	→	→	↗	↗						
8	Anzahl Änderungen durch Auftraggeber	→	↘	↘	→						
9	Sitzungsbeteiligung	→	→	→	→						

Abb. 7.47: Entwicklung von Krisenindikatoren

Für den Gesamtüberblick kann auch die Veränderung der Risikoeinschätzung innerhalb des Risikoportfolios angezeigt werden. Mit dieser Darstellung lassen sich Risikoentwicklungen und deren Maßnahmen für Entscheider konzentriert aufbereiten.

Darstellung der Risikolage für Auftraggeber

Dabei werden die einzelnen Risiken durchnummeriert und ihre Lage im Portfolio beim letzten Bericht und aktuell sowie deren Veränderung durch Pfeile angezeigt. Die Aufnahme dieser Darstellung in das regelmäßige Berichtswesen schärft den Blick für die Risiken eines Projekts.

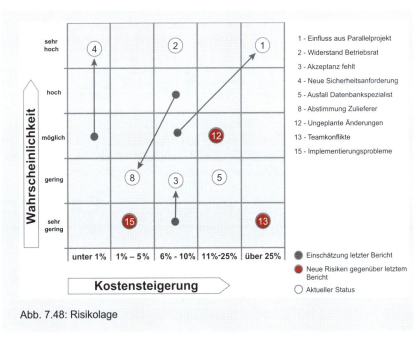

Abb. 7.48: Risikolage

7.6.7 Risikoeintritt managen

Projektarbeit ist immer mit mehr oder weniger Ungewissheit verbunden. Es gilt, komplexe Probleme zu lösen, neue Wege zu beschreiten, Unbekanntes zu wagen. Da bleiben Krisen meist nicht aus. Um diese auf ein Minimum zu reduzieren und sie im Ernstfall beherrschen zu können, sind eine sorgfältige Planung, rechtzeitige Diagnose- und Steuerungsmaßnahmen sowie regelmäßige Risikoanalysen das beste Mittel.

Wenn es dann aber doch zu einer Krise kommt, empfiehlt sich ein besonnenes und gut strukturiertes Vorgehen, das aber in der Realität allzu oft an „vertrauten" bzw. üblichen Handlungs- und Verhaltensweisen scheitert, die alles andere als produktiv und hilfreich sind. Die nachfolgende Abbildung zeigt in Krisensituationen häufig zu beobachtende „Führungstaktiken":

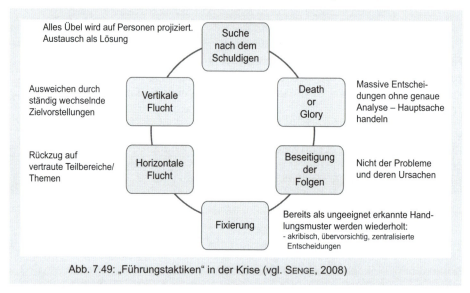

Abb. 7.49: „Führungstaktiken" in der Krise (vgl. SENGE, 2008)

Es ist offenkundig, dass keine dieser „Taktiken" für eine rasche und vor allem nachhaltige Krisenbewältigung taugt. Um sich von diesen unproduktiven Handlungsmustern zu befreien, empfiehlt sich bereits im Vorfeld eine gründliche (und grundsätzliche) Auseinandersetzung mit der Krisenproblematik:

> **Definition** Eine Krise ist eine Eskalation von Problemen innerhalb eines Projekts, deren Lösung unter den gegebenen Rahmenbedingungen unmöglich ist oder als unmöglich erscheint.

Immer wieder lässt sich feststellen, dass einzelne Probleme, die zu einer Krise führen, für sich genommen offensichtlich lösbar sind. Erst in der spezifischen Problemkonstellation zeigt sich die eigentliche Krise, die verschiedene Auslöser haben kann:

- Objektive Unmöglichkeit (es existiert keine Lösung für das Problem)
- Dispositive Unmöglichkeit (unter den gegebenen Rahmenbedingungen gibt es keine Lösung)
- Subjektive Unmöglichkeit (Problemlösung wird nicht erkannt)
- Fachliche Inkompetenz (falsche Lösungen verhindern die Zielerreichung)
- Management-Inkompetenz (im Verlauf des Projekts wurden Fehlentscheide getroffen).

Eine Projektkrise führt mehr oder weniger zum Verlust der Handlungsfähigkeit. Deshalb ist ein frühzeitiges Erkennen für den Projektleiter entscheidend. Ein gutes Frühwarnsystem, Controlling und Reporting, Gespräche (z. B. mit diversen Stakeholdern), regelmäßige Risikoanalysen oder auch das „Bauchgefühl" helfen ihm dabei. Wird das Geschehen als Krise begriffen, ist ein besonnenes (und professionelles) Vorgehen gefragt (Analysen, Aussprachen, Expertisen, Krisenmanagement- und Problemlösungskonzepte statt hektischer Interventionen). Dabei kann sich der Projektleiter an folgendem Verlauf einer Krise orientieren:

Besonnener Umgang mit Krisen

- Krisenentstehung (Entwicklung der Krise, Anzeichen)
- Krisenerkenntnis (Wahrnehmung als Krise)
- Krisendarstellung (Beschreibung der Auswirkungen)
- Krisendiagnose (Analyse der Ursachen, Zusammenhänge, wesentliche Befunde)
- Krisenlösung (Sanierungsansatz, Intern -task force- vs. Extern, neue Muster vs. Abbruch?)
- Aus der Krise lernen (Kontrolle der Wirkung, Nachjustieren, Erfahrung sichern – Risiko-Checklisten, Projektvorgehen, neue Notfallpläne).

Krisenverlauf

Projektleiter und Projektteam sollten sich möglichst umgehend zu einer Krisensitzung zusammenfinden, um die Lage gemeinsam zu analysieren und mit der systematischen Problembearbeitung zu beginnen (Tipps zur Strukturierung und Durchführung finden sich in Kapitel 4.9 „Erste Projektsitzung"). Um einen möglichst vollständigen Überblick zu gewinnen, sind im Rahmen der ersten Analyse der Situation mehrere Schritte sinnvoll:

1. Vorstellung der (Krisen-)Situation durch den Projektleiter
2. Einschätzung der Auswirkungen aus Sicht der Teilnehmer
3. Darstellung und Identifikation der Problembereiche
4. Erkennen von ersten Zusammenhängen und Ursachen
5. Ableiten von Sofortmaßnahmen
6. Bewertung der Probleme
7. Verdichtung auf wesentliche Befunde
8. Formulierung der Diagnose.

Situationsanalyse

Eventuell sind der Auftraggeber, der Lenkungsausschuss oder andere Personengruppen in die Krisenbewältigung einzubeziehen. Entsprechende Gespräche bzw. Sitzungen sollten sich ebenfalls am o.g. Bearbeitungsschema orientieren.

Für die zukünftige Projektarbeit ist es darüber hinaus wichtig, das Krisengeschehen, die Maßnahmen und die Auswirkungen und Erfahrungen genau zu dokumentieren. So können das Projektteam und alle anderen Beteiligten daraus lernen und das Krisenpotenzial künftiger Projekte weiter reduzieren.

Tipp In einer Krise wird ein Sponsor besonders wichtig. Werden z.B. Widerstände und Vorbehalte bei den Betroffenen spürbar, bleiben Ressourcenzusagen aus der Linie unerfüllt oder wird von „interessierter Seite" versucht, Einfluss auf die Projektarbeit zu nehmen, kann ein Sponsor, der über hohes Ansehen, persönliche Autorität und Durchsetzungsvermögen verfügt, den Projektleiter und sein Team entscheidend unterstützen. Regelmäßige Kontakte zwischen Projektleiter und Sponsor erleichtern dieses Zusammenspiel.

Krisenbewältigung bedeutet also das (Wieder)Herstellen der Handlungsfähigkeit. Im Anhang 31 finden sich weitere Hinweise und Anregungen.

Fragen und Aufgaben zur Wiederholung:

1. Was ist ein Risiko? Was ist eine Chance? Geben Sie eine kurze Definition mit passendem Beispiel.
2. Benennen Sie typische Risikoarten/-bereiche eines IT-Projekts.
3. Erläutern Sie die Schritte des Risikomanagements in Projekten am Beispiel einer Fernreise, die Sie mit Ihrer Familie unternehmen wollen.
4. Mit welchen Risikobewältigungsmaßnahmen können Sie das Gesamtrisiko eines Projekts bis zum Restrisiko reduzieren? Geben Sie Beispiele aus einem Ihrer aktuellen Projekte.
5. Ordnen Sie bis zu 5 Risiken Ihres Projekts in ein Risikoportfolio ein.
6. Warum sollte eine Risikoanalyse fester Bestandteil der Projektplanung sein? Wer erstellt die Risikoanalyse eines Projekts?
7. Inwieweit sollten im Projektabschluss Projektrisiken thematisiert werden?

7.7 Informationsmanagement im Projekt

Kompetenzelemente der ICB 3.0
1.16 Überwachung, Controlling und Berichtswesen
1.17 Information und Dokumentation

Kapitel und PM-Prozesse des PMBOK®
10.1 Kommunikation planen
10.2 Kommunikation managen
13.3 Engagement der Stakeholder managen

Ziele dieses Kapitels – Was können Sie erwarten?

Sie kennen

- die Inhalte von Ampelberichten
- Dokumentationsregeln für Projekte.

Sie können

- die Anzahl möglicher Informationskanäle bestimmen
- Informationsbeziehungen systematisch regeln.

> „Wir ertrinken in Informationen, aber wir hungern nach Wissen."
> John Nasbitt

Projekte finden heute in einem sich ständig wandelnden Umfeld statt. In Projekten wird eine Fülle von Informationen verarbeitet und weitergegeben, um

- Akzeptanz und Unterstützung bei Betroffenen und Beteiligten zu schaffen
- aufeinander aufbauende Projektergebnisse zu ermöglichen (das Rad nicht neu erfinden)
- die Erledigung von Arbeitspaketen durch Rahmeninformationen zu unterstützen
- gesetzliche oder unternehmensbezogene Vorgaben und Berichtspflichten zu erfüllen
- die Steuerung der Projektarbeit zu sichern
- mit einem konsequenten Knowhow-Aufbau die Motivation im Projektteam zu erhöhen und zum gemeinsamen Lernen beizutragen.

Ziele des Informationsmanagements

Aufgrund der Komplexität und Arbeitsteiligkeit von Projekten ist eine Vielzahl von Beteiligten adressatengerecht zu informieren. Das Informationsmanagement, die zielgerichtete Beschaffung, Verarbeitung, Speicherung und Weitergabe von Informationen wird deshalb zu einer zentralen Aufgabe des Projektmanagements, die den Erfolg der Projektarbeit maßgeblich beeinflusst.

Das Dilemma des Projektleiters besteht darin, aus der Fülle der projektbezogenen Informationen die in der jeweiligen Situation notwendigen Daten zu kennen, verfügbar zu haben und diese rechtzeitig adressatengerecht weitergeben zu können.

7.7.1 Typische Mängel der Information und Kommunikation

Schlechte Kommunikation ist immer noch eine der häufigsten Ursachen für Projektfehlschläge. Dabei sind sich die Projektbeteiligten wie Projektleiter, Auftraggeber und Teammitglieder der Konsequenzen der Mängel nicht bewusst.

Kommunikationsmängel und ihre Konsequenzen

Typische Mängel	Konsequenzen
Der Kreis der Adressaten wird zu klein gewählt	■ Akzeptanzprobleme bei der Einführung ■ Doppelarbeiten, weil gleiche Ideen mehrfach weiterverfolgt werden ■ Widerstände bei der Ressourcenbereitstellung (Vorgesetzte fühlen sich übergangen)
Die Projektsitzungsprotokolle werden im Gießkannenverfahren an alle Beteiligten/Entscheider verteilt	■ Protokolle werden nur abgelegt und nicht gelesen ■ Das Interesse der Entscheider am Projekt geht zurück ■ Motivation im Team sinkt (zu viel Administration)
Ablagestrukturen werden zu spät oder gar nicht geregelt	■ Projekt(zwischen)ergebnisse nicht erkennbar ■ Aufwändige Suche nach Zwischenergebnissen ■ Überblick über Projektstand geht verloren und verunsichert Projektleiter
Es fehlen Vorgaben zur Dokumentation von Projektergebnissen	■ Schwierige Einarbeitung von zusätzlichen Teammitgliedern ■ Knowhow-Verlust insbesondere bei Abgang von Teammitgliedern ■ Aufwändige Vorbereitung von Ergebnispräsentationen

Abb. 7.50 (Teil 1): Auswirkungen mangelhafter Kommunikation im Projekt

Typische Mängel	Konsequenzen
Projektrelevante Rahmeninformationen werden nicht einbezogen und unzureichend an Teammitglieder weitergegeben	■ Unbrauchbare Projektergebnisse werden erzeugt ■ Verunsicherung der Teammitglieder ■ Kritische Zusammenhänge des Projekts werden nicht erkannt und der Projektleiter wird zu spät informiert
Informationen werden nicht adressatengerecht aufbereitet und dargestellt	■ Gelangweilte Auftraggeber reduzieren ihre Unterstützung ■ Unklarheit bei Betroffenen über die Auswirkungen des Projekts führt zu Unsicherheit und Gerüchten
Unregelmäßige Teamsitzungen ohne Struktur, Ziele und Zeiteinschränkungen	■ Informationsdefizite, weil Teammitglieder fehlen ■ Sinkende Motivation ■ Teamgefühl sinkt, eigene Arbeitspaketerledigung geht vor

Mängel und ihre Konsequenzen

Abb. 7.50 (Teil 2): Auswirkungen mangelhafter Kommunikation im Projekt

7.7.2 Information und Kommunikation im Projekt gestalten

Bei der Gestaltung von Information und Kommunikation hat der Projektleiter zum einen von der Organisation verlangte Berichts- und Aufbewahrungspflichten zu berücksichtigen, zum anderen muss er auf die besonderen Anforderungen aus dem Stakeholder-Management seines Projekts achten. Um die Informationsbedürfnisse möglichst ökonomisch bedienen zu können, ist aus der Stakeholder-Analyse ein Kommunikationsplan abzuleiten.

Hierbei kommt es darauf an, durch Regelungen sicherzustellen, dass die Informationen

- regelmäßig und pünktlich zur Verfügung stehen
- für die Adressaten einfach zugänglich sind und sich bedarfsgerecht erschließen lassen (Überblick, Teile, Details)
- einheitlich vergleichbar, klar formuliert, übersichtlich und verständlich dargestellt sind
- vollständig, aktuell und wahr sind.

Anforderungen an das Informationssystem

Neben diesem formellen Informationssystem sollte der Projektleiter allerdings die informelle Kommunikation nicht außer Acht lassen. Sie hat wesentlichen Einfluss auf die Teamatmosphäre und die angestrebte Projektkultur. Kaffeerunden, Rauchernetzwerke, gemeinsame Treffen zu Geburtstagen und eine spontane Happy Hour nach anstrengenden Projekttagen sind hierfür ein paar

Beispiele. Ausgehend von einer Informationsbedarfsanalyse, um die Adressaten zu bestimmen, sollten für jede projektrelevante Informationsbeziehung folgende Fragen beantwortet werden:

Regelungsbedarf

- Wozu soll der Empfänger informiert werden?
- Welche Inhalte sollen übermittelt werden?
- Wie, in welcher Form sollen die Informationen weitergeleitet werden?
- Wie viele Informationen benötigt der Empfänger?
- Wann soll er die Informationen erhalten?
- Wo wird die Information bereitgestellt?
- Wer trägt die Verantwortung für Erstellung, Ablage, Freigabe, Verteilung und Rückmeldung der Informationen?

Die wichtigste Aufgabe ist es, zunächst die wesentlichen Adressaten und Informationslieferanten (Sender) zu identifizieren und anschließend den Informationsbedarf der Adressaten für das Projekt zu ermitteln.

Anzahl der Informationskanäle

In einem großen Projekt wird die Zahl der gestaltbaren Informationskanäle schnell sehr groß. In unserem Projekt „Call-Center für den Kundenservice" sind 28 Stakeholder mit Informationen zu versorgen. Die maximale Anzahl der Informationsbeziehungen ergibt sich aus der Formel:

$$\text{Anzahl Kanäle} = \text{Anzahl Stakeholder} \cdot (\text{Anzahl Stakeholder} - 1) / 2$$

Wird auch die Richtung der Pfeile unterschieden, so ergeben sich doppelt so viele Wege, wie die Kommunikation im Projekt erfolgen kann.

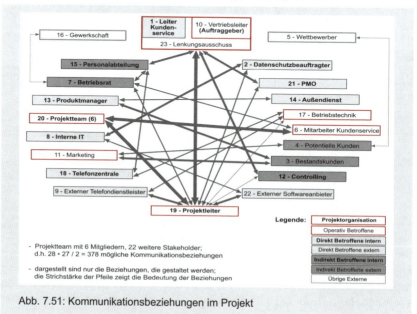

- Projektteam mit 6 Mitgliedern, 22 weitere Stakeholder; d.h. 28 · 27 / 2 = 378 mögliche Kommunikationsbeziehungen
- dargestellt sind nur die Beziehungen, die gestaltet werden; die Strichstärke der Pfeile zeigt die Bedeutung der Beziehungen

Abb. 7.51: Kommunikationsbeziehungen im Projekt

Um aufgrund der Fülle der zu gestaltenden Informationsbeziehungen den geplanten Aufwand für die Unterhaltung des Informationssystems im Projekt im Rahmen zu halten, müssen Schwerpunkte gesetzt werden. So sind „wichtige" Adressaten durch die Wahl der richtigen Inhalte und geeignete Kommunikationsformen besonders zu beachten.

Bedeutung von Informationsbeziehungen

MUSS	Lieferobjekte anhand interner oder gesetzlicher Vorschriften
	▪ Aufwandsmeldungen für das Controlling ▪ Berichterstattung vor dem Betriebsrat ▪ Statusberichte ▪ Projektergebnisse
SOLL	Aktive Gestaltung durch PL/Team, um Risiken zu begrenzen
	▪ Regelmäßige Statusberichte an Auftraggeber ▪ Beiträge in Abteilungsversammlungen von Betroffenen ▪ Projektzeitung/-aushang
KANN	Ad hoc, situativ beim Erkennen von Informationsdefiziten
	▪ Einleitung von Interviews mit Führungskräften ▪ Treffen mit anderen Projektleitern ▪ Lobbying im Projektumfeld (Projektcharts immer dabei)

Oft werden Berichtspflichten als lästig empfunden, obgleich eine einheitliche und verlässliche Informationspolitik im Unternehmen die Projektarbeit wesentlich unterstützt.

Übergreifende Regelungen für die Berichtspflichten eines Projekts

- integrieren die Projekte in die Linienorganisation
- ermöglichen die strategische Multiprojektsteuerung
- setzen Mindeststandards für die Informationsversorgung über die Projektarbeit
- ersparen es dem Projektleiter, eigene Berichtswege aufzubauen und durchzusetzen.

Nutzen unternehmensweiter Regelungen

Projektdiagnose und -steuerung

Um den Aufwand insbesondere für kleinere Projekte möglichst gering zu halten, sollten die Berichtserfordernisse nach Projektklassen unterschieden werden. Hierzu ein Beispiel aus einem Projektmanagement-Handbuch:

Informationsart		Empfänger	
		Lenkungsausschuss	Projektservicestelle
Projekt-Statusbericht	Wie oft?	Gemäß Projektauftrag	Monatlich bis zum 5. Arbeitstag nach Monatsende
	Wie?	Präsentation in LA-Sitzung	Schriftlich per E-Mail, Kurzform
	Durch wen?	Projektleiter	Projektleiter
Protokoll der LA-Sitzungen	Wie oft?	Bis 1 Woche nach LA-Sitzung	Bis 1 Woche nach LA-Sitzung
	Wie?	Schriftlich per E-Mail, Vorlage	Schriftlich per E-Mail, Vorlage
	Durch wen?	Projektleiter	Projektleiter
Abschlussbericht	Wie oft?	Bei letzter LA-Sitzung	Bis 1 Monat nach Projektabschluss
	Wie?	Schriftlich + Abschlusssitzung	Schriftlich, per E-Mail, Vorlage
	Durch wen?	Projektleiter	Projektleiter

Abb. 7.52: Unternehmensweite Berichtspflichten

Standardvorlagen für übergreifende Berichte nutzen

Um sicherzustellen, dass zu allen gewünschten Inhalten Informationen weitergegeben werden, und um Vergleichbarkeit und Transparenz zu fördern, sollten für die übergreifenden Berichte Standardvorlagen existieren.

Für projektbezogene Regelungen lassen sich die Standardfragen (siehe Abb. 7.53) in Form einer Checkliste nutzen. Im Beispielprojekt „Call-Center für den Kundenservice" sind aufgrund der Risikoanalyse die Informationsbeziehungen zu den betroffenen Mitarbeitern des Kundenservice und zum Vorstand von besonderer Bedeutung.

Adressat Wer soll die Informationen erhalten?	Mitarbeiter des Kundenservice	Vorstand
Ziele Wozu soll der Empfänger informiert werden?	▪ Akzeptanz schaffen ▪ Widerstände vermeiden ▪ Hinweise zur Gestaltung erhalten	▪ Unterstützung für Projekt ▪ Interesse wecken ▪ Projekt kompetent nach außen vertreten können
Inhalte Welche Inhalte sollen übermittelt werden?	▪ Befürchtungen ▪ Zusammenhänge ▪ Lösungsideen und persönliche Vorteile ▪ Projektziele ▪ Terminplan	▪ Projektziele im Zusammenhang zur Strategie ▪ Verhalten der Mitbewerber ▪ Erste sichtbare Ergebnisse und ihr Nutzen ▪ Aktueller Terminplan
Medium Wie werden die Informationen weitergeleitet?	Workshop, Aushang im Kundenservice, über Intranet	Persönliche Gespräche und Präsentation in einer Vorstandssitzung
Menge Wie viele Informationen benötigt der Empfänger?	1-tägige Workshops für alle Mitarbeiter, 2 A4-Seiten Aushang	10 Minuten alle 4 Wochen
Zeitpunkt/-raum Wann soll er die Informationen erhalten?	Workshops in der Vorstudie Monatlich aktualisiert	Dienstags 7.30 - 7.40 und Vorstandssitzung am 12.12.
Ort Wo wird die Information bereitgestellt?	Hotel „Schöne Aussicht" Aushang im Kundenservice 2. OG	Vorstandsetage Sitzungszimmer
Zuständigkeit Wer trägt die Verantwortung für Erstellung, Freigabe, Verteilung und Ablage?	Projektleiter führt Workshops durch, H. Barcklow erstellt Aushang und sorgt für Austausch, F. Hofmann pflegt die Seiten im Intranet	Projektleiter

Informationsbeziehungen zu kritischen Stakeholdern des Projekts „Call-Center für den Kundenservice"

Abb. 7.53: Kommunikationsmanagementplan – Auszug

7.7.3 Kommunikationsformen im Projekt

Bei der Auswahl geeigneter Formen geht es um die Festlegung

Kommunikationsformen festlegen

- der Übertragungsmedien (Papier, per E-Mail, mündlich, Sitzungen, Workshops, Foren)
- von formalen Anforderungen an die Inhalte (Aktualität, Umfang, Layout, Detaillierungsgrad)
- der Häufigkeit (regelmäßig, anlassbezogen)

der Informationsweitergabe. Dabei ist neben dem Aufwand auch die Gefahr von Störungen gering zu halten. Das PMBOK® spricht hier von Lärm („Noise").

Nach einer Untersuchung von KATJA NAGEL (2013) werden heute E-Mails in der Projektkommunikation am häufigsten eingesetzt, obwohl persönliche projektinterne Meetings für den Projektleiter die größte Bedeutung haben. Auch die Projektdokumentation, Mitteilungen der Unternehmensführung und Führungskräfteveranstaltungen werden seltener genutzt als es ihrer Relevanz entspricht.

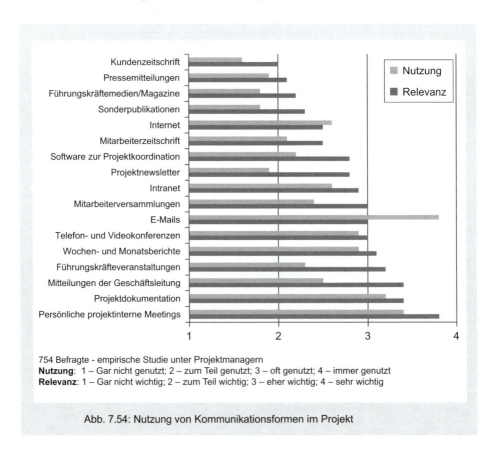

754 Befragte - empirische Studie unter Projektmanagern
Nutzung: 1 – Gar nicht genutzt; 2 – zum Teil genutzt; 3 – oft genutzt; 4 – immer genutzt
Relevanz: 1 – Gar nicht wichtig; 2 – zum Teil wichtig; 3 – eher wichtig; 4 – sehr wichtig

Abb. 7.54: Nutzung von Kommunikationsformen im Projekt

Die gängigsten Formen zur Informationsweitergabe sind immer noch Projektberichte und Sitzungen. Zunehmend werden diese Formen durch moderne IT-Systeme unterstützt. Hierzu zählen:

- die Einrichtung von Projektdatenbanken mit speziellen Zugriffsrechten je Adressat und Lieferverpflichtungen für Sender (z.B. Arbeitspaketverantwortliche)
- die Online-Eingabe von Statusinformationen in Unternehmensdatenbanken
- speziell gestaltete Intranet-Seiten bzw.
- eine eigene Homepage oder Blog für Projekte.

Bei der Wahl der geeigneten Form sollten immer die Projektziele im Vordergrund stehen. Außerdem sind zu berücksichtigen:

- der Aufwand für Erstellung, Plausibilitätsprüfungen, Sicherung der Aktualität
- die Gefahr von Missbrauch der Informationen (Geheimhaltung)
- das notwendige Knowhow und der Ressourcenbedarf für Einrichtung und Pflege
- die im Unternehmen vorhandene und für Projekte verfügbare Infrastruktur sowie
- vorgegebene Standards.

Auswahlkriterien

Durch die Einrichtung einer eigenen Homepage für Projekte können einerseits die Informationen einer breiten Öffentlichkeit zugänglich gemacht, andererseits geschützte Informationen nur Berechtigten bereitgestellt werden. Für mehr Personifizierung in der Informationsbereitstellung sorgen Kontaktseiten, in denen jeder Projektbeteiligte sich mit seiner Rolle, seinem Knowhow, seinen Adressdaten und natürlich per Bild vorstellt.

Projekthomepage als Kommunikationszentrale

Elektronische Medien sind heute aus der Projektarbeit nicht mehr wegzudenken. Sie haben neue Möglichkeiten der Kommunikation geschaffen, reduzieren Reisekosten, erlauben weltweit den Zugang zu Mitarbeitern mit Spezialwissen. In manchen Branchen kann rund um die Uhr gearbeitet werden. Dennoch sollte in jedem Projekt der Einsatz elektronischer Medien gezielt erfolgen. Manchmal ist eine Präsenz vor Ort wesentlich effektiver als „E-Mailkanonaden" und eine permanente „Holschuld" von Projektinformationen aus der eigenen Projekthomepage.

7.7.4 Berichtswesen

Viele Projektleiter beklagen sich über die Vielzahl von Formularen, Präsentationsfolien, Berichten und Meldungen, die sie während eines Projekts bearbeiten sollen. Diese administrative Tätigkeit wird als lästige Pflicht empfunden, aus der kein erkennbarer Nutzen für die Projektarbeit entsteht.

Ursachen für Widerstände gegenüber dem Berichtswesen

- Informationen müssen für die Berichte mühsam zusammengetragen werden
- Kein Feedback auf die Berichte durch die Empfänger (gelesen?)
- Viele technische Details statt Konzentration auf projektrelevante Ziele
- Scheu vor dem Niederschreiben kritischer Situationen (man kann es nachlesen)
- Angst vor Sanktionen beim Überbringen schlechter Nachrichten
- Wenig attraktive Templates, die dem besonderen Charakter der Projekte nicht entsprechen
- Unzureichende Nutzung der Berichte für die Gestaltung der Informationsbeziehungen im Projekt.

Um diesen Ursachen zu begegnen, sollten sich alle Projektbeteiligten der herausragenden Controlling-Funktion von Berichten bewusst werden. Sie verlangen eine permanente Auseinandersetzung des Projektleiters mit den Projektzielen. Sie sind das Navigationssystem von Projektleiter und Steuerungsgremien.

Bei der Gestaltung der Berichte sollte man sich davon leiten lassen, dass

Gestaltungsziele für Projektberichte

- eine regelmäßige und pünktliche Versorgung mit adressatengerechten Informationen gewährleistet ist
- die Informationen vollständig (Aussagen zu allen Erfolgsfaktoren des Projekts) und wahr sind
- die enthaltenen Aussagen knapp und verständlich formuliert sind
- der Aufwand für die Aufbereitung und Nutzung der Informationen angemessen ist
- die Berichte für den Leser durch Grafiken und visuelle Unterstützung attraktiv erscheinen
- eine eindeutige Identifizierung von Projekt, Verfasser und Verteiler möglich wird
- die Lesegewohnheiten der Empfänger beachtet werden
- die Berichte regelmäßig und termingerecht bei den Empfängern ankommen.

Attraktiv gestaltete Projektberichte sind wie eine Visitenkarte des Projekts, wecken Interesse, werben im Unternehmen für Unterstützung und motivieren auch die Projektbeteiligten (Stolz: „Das ist unser Projekt!").

Standardvorgaben der Organisation nutzen

Die Informationsdarstellung sollte eindeutig und übersichtlich sein, denn nur schnell erfassbare Informationen werden gelesen und verstanden. Dies bedeutet, möglichst viel zu visualisieren und längere Textpassagen zu vermeiden. Zur effizienten Erstellung und besseren Vergleichbarkeit hat sich der Einsatz von Formularen und unternehmensweiten Standards bewährt. Für Führungskräfte sollte auf eine adressatengerechte Verdichtung geachtet werden. Hierfür ist ein einseitiges Management Summary geeignet.

Damit der Erstellungsaufwand nicht zu hoch wird, sollten nur wenige, standardisierte Dokumente für jeden Empfänger und nicht zu viele individuelle Berichte erstellt werden. Durch Verwendung von Farben und Symbolen kann das Interesse der Leser geweckt werden. Innerhalb eines mehrseitigen Berichts erleichtert eine Standardgliederung mit erkennbarer Projektstruktur die Navigation. Alle Dokumente sollten grundsätzlich folgende Punkte enthalten:

- Projektbezeichnung/-nummer
- Berichtszweck
- Ersteller
- Datum
- Verteiler
- Inhaltsübersicht.

Einheitliche Inhalte zur Identifikation

Es werden zeitorientierte und ergebnisorientierte Berichte unterschieden. Die häufigste Berichtsform sind regelmäßige Statusberichte für Team, Auftraggeber und Lenkungsausschuss. Weitere Berichtsarten zeigt die folgende Tabelle:

Zeitorientierte Berichte	Ergebnisorientierte Berichte
- Wochenbericht - Statusbericht - Monats-/Quartalsbericht - Arbeitspaketbericht	- Sofortbericht - Phasenabnahmebericht - Projektabschlussbericht - Abnahmeprotokoll

Berichte orientieren sich am Kalender oder an Projektereignissen

Die Inhalte eines Statusberichts werden maßgeblich durch die Projektziele und die Interessenschwerpunkte der Adressaten bestimmt. Dennoch sollten die Berichte harte und weiche Daten enthalten, Probleme und Risiken klar kennzeichnen, mit Trendanalysen Entwicklungen aufzeigen und rechtzeitig zu notwendigen Entscheidungen und Aktionen auffordern.

Es können alle Darstellungstechniken der Diagnose und Steuerung verwendet werden.

Gliederung eines Statusberichts

1. Deckblatt
2. Management Summary mit Ampelbericht
3. Projektstruktur und Fertigstellungsgrad
4. Meilensteintrendanalyse
5. Aufwands- und Kostenübersicht
6. Status der Teilprojekte
   - erzielte Ergebnisse
   - nächste Schritte
7. Entwicklung der Einsatzmittel
8. Einschätzung der Lage
   - Problembereiche
   - Risiken
   - Entscheidungs-/Abstimmbedarf
9. Fazit/Ausblick.

Für jeden Gliederungspunkt sollten Aussagen gemacht werden, die in ausführlicher Form jeweils eigenständige, standardisierte Dokumente sind. Ein einseitiger Gesamtüberblick – auch Management Summary genannt – sollte auf jeden Fall erstellt werden. Darin sind Aussagen zu Ergebnissen, Aufwand/ Kosten und Terminen auf einer Seite zusammengefasst. Diese Seite lässt sich dann regelmäßig (etwa monatlich) an Lenkungsausschussmitglieder weiterleiten oder auf der Projekt-Homepage veröffentlichen, während Auftraggeber und Projektteam den umfassenden Bericht erhalten.

Im oberen Teil wird ein Ampelbericht genutzt, der die Erläuterung zur Lage bezüglich Termin, Kosten, Qualität, Ressourcen und einzelnen Arbeitspaketen optisch unterstützt (siehe Seite 130).

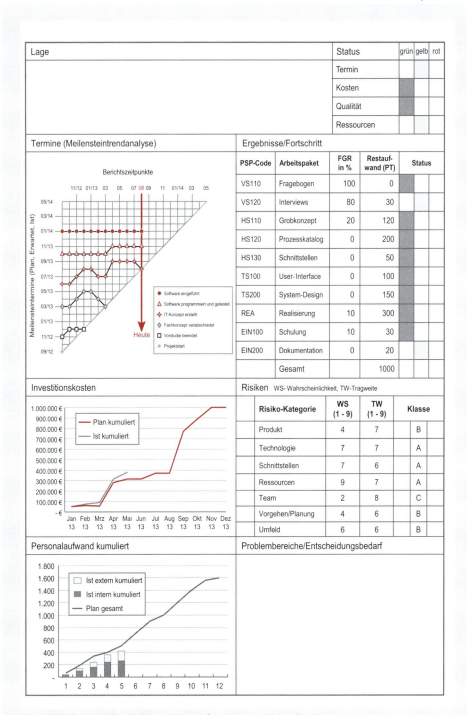

Abb. 7.55: Beispiel für ein Management Summary mit Ampelbericht

7.7.5 Dokumentation

> „Dieses grauenvolle Erlebnis", fuhr der König fort, „werde ich nie und nimmer vergessen." „Da irrst Du", sagte die Königin, „falls Du es nicht sogleich aufnotierst."
> Alice im Wunderland von Lewis Caroll

Standards nutzen — Für die erfolgreiche Projektarbeit ist ein schneller und sicherer Zugriff auf benötigte Informationen für alle Beteiligten wesentlich. Mit der Zusammenführung verschiedener Mitarbeiter aus unterschiedlichen Fachabteilungen und -richtungen finden sich bei der Projektarbeit höchst unterschiedliche Dokumentationsstile ein. Um die Vergleichbarkeit und Transparenz der Informationen sicherzustellen, empfiehlt es sich, Dokumentationsstandards für Gespräche, Sitzungen und Arbeitsergebnisse von Beginn an aufzustellen.

Gemeinsames Lernen — Dabei sind nicht nur die formalen Aspekte wichtig, sondern auch die Form der Weitergabe von erarbeiteten Ergebnissen, damit andere Teammitglieder darauf aufbauen können, neue Mitarbeiter sich einarbeiten können und permanent ein geregelter Wissensaufbau im Projekt stattfindet. Insbesondere beim Einsatz von Spezialisten ist trotz möglicher Widerstände darauf zu achten, dass das gesammelte Knowhow im Projekt verfügbar bleibt. Die Entwicklung einer Projektkultur des gemeinsamen Lernens sollte die Dokumentationsverfahren ergänzen.

Durch die Dokumentation werden die im Projekt erarbeiteten Ergebnisse nachvollziehbar. Die Güte und Klarheit der Dokumentation ist ein wichtiges Hilfsmittel, die Qualität der Projektarbeit nachzuweisen. So verlangt die DIN / ISO 9001 im Kapitel 4 „Designlenkung" eine Reihe von eindeutig identifizierbaren Dokumenten, um die systematische Produktentwicklung prüfen zu können. Viele Unternehmen, vor allem in der Automobilindustrie, machen die Einschätzung ihrer Lieferanten von erfolgreichen Nachweisen und Zertifikaten abhängig. Auch für den von der Gesellschaft für Projektmanagement (GPM) jährlich ausgelobten Projektmanagement-Award verlangen die Bewertungstabellen entsprechende Nachweise, die nur durch eine saubere Dokumentation erbracht werden können.

Grundsätzlich sollten Verlaufs- und Ergebnisdokumente getrennt werden. Die Gliederung der Ergebnisse orientiert sich am Projektstrukturplan, während der Verlauf anhand eines Projektlogbuchs nachzuvollziehen ist. Den Zusammenhang zwischen den Dokumentationsbestandteilen zeigt Abbildung 7.56.

Dokumentation | 411

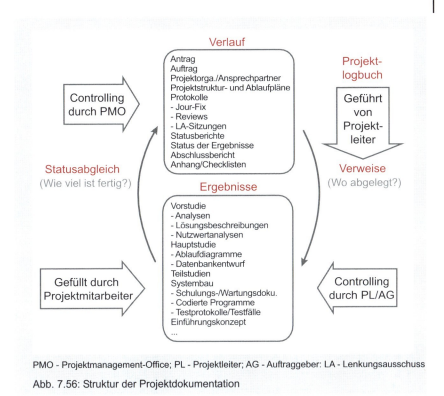

PMO – Projektmanagement-Office; PL – Projektleiter; AG – Auftraggeber: LA – Lenkungsausschuss

Abb. 7.56: Struktur der Projektdokumentation

Im Rahmen der projektbezogenen oder auch übergreifenden Regelung der Dokumentationsverfahren sollten folgende Punkte festgelegt werden:

- zu dokumentierende Informationen
- Art des Speichermediums (elektronisch oder auf Papier, das in bestimmten Registraturarten wie Ordnern oder Hängemappen abgelegt wird)
- Systematik der Ablage bzw. Speicherung
- Ort der Aufbewahrung
- Zugriffsberechtigungen (eventuell auch Ablageberechtigung: bei großen Projekten hat es sich bewährt, einen verantwortlichen „Projektbibliothekar" zu ernennen)
- Aufbewahrungsfristen.

Regelungsbedarf

Während eines Projekts fallen Unmengen von Informationsinhalten und Dokumenten an. Für jeden Projektbeteiligten stellt sich jedes Mal die Frage, ob etwas aufgehoben werden muss und wenn ja, wohin es abzulegen ist, damit auch die anderen und er selbst es wiederfinden können. Deshalb sollte sich der Projektleiter zunächst einen Überblick über mögliche Dokumente verschaffen (siehe Abbildung 7.57).

Projektdokumente

Vorgehensdokumentation		
▪ Protokolle ▪ Berichte ▪ Pläne ▪ Präsentationen	▪ Aufträge/Anträge ▪ Listen ▪ Ist-Daten ▪ Checklisten	▪ Übersichten ▪ Vorlagen/Templates ▪ Arbeitspakete
Verträge		
▪ Verträge ▪ Angebote ▪ Bestellungen	▪ Lieferscheine ▪ Rechnungen	▪ Verpflichtungen ▪ Lizenzen
Korrespondenz		
▪ Briefe ▪ Mitteilungen	▪ E-Mails ▪ Einladungen	▪ Marketingmaterial
Dokumentierte Ergebnisse		
▪ Konzepte ▪ Spezifikationen ▪ Analysen ▪ Pflichtenhefte ▪ Anweisungen	▪ Anleitungen ▪ Schnittstellenbeschreibung ▪ Erhebungsergebnisse ▪ Daten ▪ Modelle	▪ Code ▪ Zeichnungen ▪ Wartungsunterlagen ▪ Datenflusspläne
Sonstige Unterlagen		
▪ Artikel ▪ White-Papers	▪ Informationsmaterial	▪ Vorträge

Abb. 7.57: Physische Dokumente im Projekt

Dokumentation ist Teamaufgabe — Während der ersten Projektsitzung werden im Team Dokumentations- und Archivierungsprinzipien aufgestellt. Die Einhaltung dieser Regeln ist ebenso wichtig wie die Erfüllung der Projektaufgaben. Deshalb sollten sie genauso im Rahmen der Diagnose und Steuerung beachtet werden. Hier sind die ersten Schritte im Projekt besonders wichtig, denn in der Praxis bleibt oft wenig Zeit, ein einmal angerichtetes Chaos wieder zu ordnen.

Dokumentationsregeln

§ 1 Jedes Dokument hat eine eindeutige Kennung.
- Immer einen sprechenden Dokumentennamen vergeben
- aussagekräftige Metainformationen wie Schlagworte, Datum, Ersteller, Suchbegriffe dem Dokument zuordnen
- eine Referenznummer, aus der Projekt, Projektphase, Arbeitspaket, Version, Status und Dokumentenart erkennbar sind.

§ 2 Jedes Dokument kann eindeutig innerhalb der Dokumentationsstruktur abgelegt werden.
- Ordner für Transfers oder Sonstiges einmal pro Woche löschen
- wöchentlich Ablage sichten und Altdokumente archivieren
- die zentrale Ablage ist verbindlich
- lokale Privatverzeichnisse zum Projekt sind zu minimieren.

§ 3 Jedes Dokument wird zentral registriert.
- Eingerichtete Dokumentendatenbank benutzen
- abrufbare Übersichten zu existierenden Unterlagen
- Projektbibliothekar verantwortet die Dokumentendatenbank.

§ 4 Jedes im Projekt erzeugte Dokument wird aus Standardvorlagen generiert.
- Vorlagenverzeichnis einrichten
- allgemeine Daten (Projektnummer, Logo, Datum ...) sind in allen Vorlagen vorhanden und an derselben Stelle platziert
- eingestellte Schriftgrößen und Schriftarten sind zu verwenden.

§ 5 Regelmäßig zwischen physischer und elektronischer Projektbibliothek synchronisieren.

§ 6 Bei Änderungen sind die notwendigen Freigaben einzuholen.
- Von einer Änderung Betroffene identifizieren und Auswirkungen der Änderung klären
- Versionsnummer erhöhen und Betroffene informieren.

§ 7 Die Projektdokumentation ist eine Teamaufgabe, die der Projektbibliothekar unterstützt.
- Standards erarbeiten, vorgeben, Einhaltung überwachen
- Dokumente identifizieren, bereinigen, ablegen
- Zugriffsrechte und Versionen verwalten.

§ 8 Die eingerichtete Dokumentationsstruktur darf nur mit Zustimmung des Projektleiters verändert werden.
- übergreifende, gemeinsame Strukturen sind beizubehalten
- die erste Einrichtung erfolgt zentral durch das Projektmanagement-Office.

Abb. 7.58: Regeln der Projektdokumentation

Anhand der Ablagestruktur können für elektronische Dokumente Zugriffsrechte für alle Projektbeteiligten vergeben werden. Für das Projektmarketing empfiehlt es sich, einen Bereich öffentlich zugänglicher Dokumente etwa über das Intranet einzurichten.

| Projektdiagnose und -steuerung

Projektleiter hat die Verantwortung für den Projektverlauf	Wie beim Kapitän zur See sollte der Projektleiter Eintragungen über den Verlauf des Projekts machen, damit ihm Entwicklungen leichter präsent sind und Ideen und Geschehnisse nicht verloren gehen. Oft sind diese Vermerke wichtige Gedankenstützen, zwingen zur Vor- und Rückschau, geben Anregungen für neue Ideen und sorgen dafür, dass der Projektleiter den nötigen Abstand zur inhaltlichen Arbeit behält.
Tablet-PCs eignen sich zum Führen eines Projekttagebuchs	In der Praxis führen erfahrene Projektleiter handschriftlich ein gebundenes Buch mit leeren Blättern, das Projekttagebuch. Es enthält nicht löschbare Informationen. Vermerke werden darin mit Thema, Datum, Namen der Beteiligten, Skizzen und ausführlichen Beschreibungen gemacht. Offene Punkte, Fragen und Abstimmbedarf mit Auftraggebern können durch Symbole oder Farben markiert werden.

Das Projekttagebuch ist zunächst einmal eine persönliche Unterlage des Projektleiters, sollte aber für jeden Interessierten einsehbar sein.

Fragen und Aufgaben zur Wiederholung:

1. Wie sieht eine gute Struktur der Projektdokumente aus?
2. Welche Regeln zur Projektdokumentation sollten im Team beachtet werden?
3. Entwerfen Sie einen Vorgehensplan zum Aufbau einer Projektdokumentation.
4. Beschreiben Sie Vor- und Nachteile projektübergreifender Dokumentationsstandards und -templates.
5. Wie können Sie Intranet und Internet für Ihre Projektdokumentation nutzen?
6. Welche Bedeutung hat die Projektdokumentation für den Projekterfolg?
7. Wie sollte das Protokoll einer Projektsitzung erstellt werden (was, wann, wer)?
8. Skizzieren Sie Aufbau und Inhalte des Statusberichts aus einem Ihrer Projekte.
9. Erläutern Sie Aufbau und Inhalt von Ampelberichten. Welche Bedeutung haben dabei die Ampelfarben rot-gelb-grün?
10. Welche Berichtsarten kennen Sie aus Ihren Projekten und an wen richten sich diese?
11. Was ist ein Management Summary?
12. In welchen Fällen bevorzugen Sie die Bringschuld von Informationen? Wann ist eine Holpflicht sinnvoll?

7.8 Gesprächsführung zur Diagnose und Steuerung

Kompetenzelemente der ICB 3.0		Kapitel und PM-Prozesse des PMBOK®	
1.18	Kommunikation	4.4	Projektarbeit überwachen und steuern
2.04	Durchsetzungsvermögen	9.4	Projektteam managen
2.05	Entspannung und Stressbewältigung	10.3	Kommunikation steuern
2.07	Kreativität	13.3	Engagement der Stakeholder steuern
2.09	Effizienz		
2.11	Verhandlungen		
2.12	Konflikte und Krisen		

Ziele dieses Kapitels – Was können Sie erwarten?

Sie kennen

- die Bedeutung erfolgreicher Kommunikation für erfolgreiche Projektarbeit.

Sie können

- mitarbeiterzentrierte Gespräche führen
- Konflikte konstruktiv bearbeiten
- in Verhandlungen Ergebnisse herbeiführen, die von allen Beteiligten getragen werden.

Im Laufe der Projektarbeit kann es immer wieder zu Situationen bzw. Entwicklungen kommen, die ein rasches und effektives Gegensteuern erfordern. Termine geraten in Gefahr, Arbeitspakete werden nicht rechtzeitig fertiggestellt, ihre Qualität entspricht nicht den Anforderungen, im Team gibt es Probleme bei der Zusammenarbeit u.a.m. Hier kommt es in erster Linie darauf an, die Ursachen genau zu erfassen und zu verstehen, um dann mit den Betroffenen geeignete Lösungen entwickeln und notwendige Maßnahmen einleiten zu können. Für den Projektleiter bedeutet dies, mit einzelnen Mitarbeitern oder – wenn es der Sachverhalt erfordert – mit dem ganzen Projektteam Gespräche zu führen. Das setzt ein hohes Maß an Kommunikationsfähigkeit voraus. Insbesondere, wenn es um kritische Anlässe geht – z.B. Leistungsdefizite eines Mitarbeiters – hängt der Erfolg eines solchen Mitarbeitergesprächs sehr stark von der Gesprächsbasis ab, die von Vertrauen und gegenseitiger Achtung getragen sein muss.

7.8.1 Grundlagen der Kommunikation

Definition: **Kommunikation** ist ein Prozess der Abgabe, Übermittlung und Aufnahme von Informationen mit dem Ziel, **Verständigung** herbeizuführen.

Das setzt voraus, dass die Kommunikationspartner einander verstehen. Und genau hier liegt ein großes Problem, denn auch wenn zwei Menschen sich der gleichen Sprache bedienen, heißt das noch lange nicht, dass es mit der Verständigung tatsächlich klappt. Zahlreiche Klippen führen allzu oft zu Komplikationen oder gar zum Scheitern. Der Vorgang selbst sieht recht einfach aus (Abbildung 7.59).

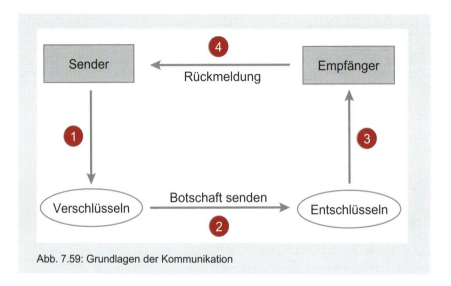

Abb. 7.59: Grundlagen der Kommunikation

Nach der Übermittlung der Botschaft entschlüsselt (decodiert) sie der Empfänger und interpretiert ihren Sinn. Ob die Interpretation der Absicht des Senders entspricht, stellt sich dann heraus, wenn der Empfänger sie durch Feedback rückmeldet.

Verbale und nonverbale Kommunikation: Damit taucht aber schon die erste Hürde auf. Häufig lässt sich der Empfänger von dem leiten, was er glaubt, verstanden zu haben, eine Überprüfung – z.B. in Form einer Rückfrage oder kurzen Zusammenfassung – unterbleibt. Zwar könnte sich auch der Sender vergewissern, ob er in seinem Sinne verstanden wurde, das geschieht jedoch ebenfalls nicht immer. Missverständnisse oder gar Streitigkeiten sind nicht selten die zwangsläufige Folge. Neben der Sprache mit ihrer zentralen Bedeutung für die Kommunikation wirken auch nonverbale Aspekte wie Körpersprache, Mimik und Gestik als Informationsüberträger und können den Verständigungsprozess unterstützen, aber hier sind natürlich ebenso Fehlinterpretationen möglich. Feedback spielt daher für die Verständigung eine sehr wichtige Rolle.

Grundlagen der Kommunikation | 417

Weitere Kommunikationsprobleme können sich aus Fehlern ergeben, die entweder beim Sender oder beim Empfänger liegen. Ein typischer Fehler des Senders besteht in der Abgabe zu großer Informationsmengen – Menschen können nur eine begrenzte Menge von Informationen auf einmal verarbeiten.

Ungeeignet sind darüber hinaus einige weit verbreitete Botschaftsarten, allen voran die „Man-Botschaft", bei der nicht klar wird, von wem hier eigentlich die Rede ist. Die daraus resultierende Unsicherheit erschwert die Verständigung. „Du-", bzw. „Sie-Botschaften" wirken im Zusammenhang mit Differenzen oder Konflikten sehr schnell beschuldigend und aggressiv, was die Verständigung belasten kann – der Empfänger verteidigt sich, es kommt zum Schlagabtausch. Sogenannte „Wir-Botschaften" haben mitunter etwas Belehrendes, Entmündigendes oder Manipulatives („Wie geht es uns denn heute", „Wir müssen doch einsehen...") und provozieren Ablehnung. Die bessere Wahl sind „Ich"-Botschaften, denn sie schaffen Klarheit, was insbesondere bei Kontroversen und Auseinandersetzungen wichtig ist.

„Ich"-Botschaft vor „Man-, Sie-, Du-, Wir"-Botschaft

Ein „Kardinalfehler" auf Seiten des potenziellen Empfängers besteht im nicht ausreichenden Zuhören bzw. zu schnellen Erwidern. Während der Sender noch spricht, sucht der Empfänger bereits „innerlich" nach Gegenargumenten, dabei kann er aber nicht mehr vollständig zuhören. Dem lässt sich durch sogenanntes „aktives Zuhören" (z.B. Blickkontakt, Nicken, Paraphrasieren) entgegen wirken, was dem Sender nicht nur Aufmerksamkeit signalisiert, sondern den Empfänger selbst bei der Informationsaufnahme unterstützt.

Friedemann Schulz von Thun (2011) macht mit seinem Nachrichtenquadrat deutlich, dass jede Aussage immer vier Seiten enthält (Abbildung 7.60).

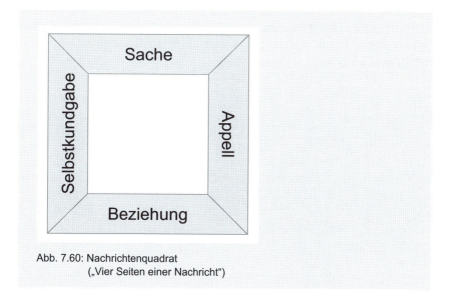

Abb. 7.60: Nachrichtenquadrat („Vier Seiten einer Nachricht")

Bei nahezu jeder Form verbaler Kommunikation wird auf allen diesen vier Ebenen gesendet und empfangen. Missverständnisse sind praktisch vorprogrammiert und können sowohl auf der Sachebene als auch auf den Ebenen der Selbstkundgabe, des Appells und der Beziehung auftreten. Dies ist den Kommunikationspartnern jedoch meistens nicht bewusst, dominiert doch in unserer eher rational ausgerichteten (Arbeits-)Welt eindeutig die Sachebene. Gerade im betrieblichen Umfeld wird alles, was mit Emotionen und persönlichen Bedürfnissen zu tun hat, mehr oder weniger zurückgewiesen.

Beispiel   Sagt ein Teammitglied zu einem anderen: „Ich halte Deinen Vorschlag für völlig ungeeignet", können – in ganz unterschiedlichem Mischverhältnis – folgende Botschaften enthalten sein:

Sache:	Der Vorschlag kann das Problem nicht lösen
Selbstkundgabe:	Ich bestimme hier, was richtig oder falsch ist
Appell:	Du sollst Dir mehr Gedanken machen
Beziehung:	Ich halte sowieso nicht viel von dir.

Im Weiteren wird vermutlich nur über die Sachaussage diskutiert, eventuell gemeinte bzw. gehörte Bedürfnisse oder Störgefühle bleiben ungeklärt und belasten unter Umständen die weitere Zusammenarbeit. Auch hier kann Feedback weiterhelfen. Sensibilität für die verschiedenen Ebenen der Kommunikation stellt eine wichtige Grundlage für erfolgreiche Gesprächsführung dar. Insbesondere bei Missverständnissen und Differenzen kann das Nachrichtenquadrat zur Klärung beitragen (siehe auch Anhang 30: Das Eisberg-Modell der Kommunikation). Nachfolgend einige nützliche Kommunikationsregeln (Abbildung 7.61).

Nützliche Kommunikationsregeln

1. Sprechen Sie per „Ich"!

Sprechen Sie nicht per „wir" oder „man", übernehmen Sie die Verantwortung für das, was Sie sagen!

2. Leiten Sie Ihre Fragen mit einer Begründung ein!

Teilen Sie mit, was die Fragen für Sie bedeuten; bitten Sie um notwendige Informationen und vermeiden Sie unechte, rhetorische Fragen.

3. Seien Sie ehrlich in Ihren Äußerungen!

Aber achten Sie auch auf die Verkraftbarkeit, Wertschätzung, Verständnisfähigkeit und Vertrauensbereitschaft des Anderen. Mangelnde Offenheit, Manipulation und wenig Verständnis verhindern die Kooperation.

4. Interpretieren Sie nicht den Anderen!

Sprechen Sie über die Wahrnehmungen und Reaktionen, die er bei Ihnen ausgelöst hat („Ich habe den Eindruck...", „auf mich wirkt das...").

5. Vermeiden Sie Verallgemeinerungen (immer, nie, überall ...)!

Versuchen Sie vielmehr, bei Ihren Aussagen aktuell und konkret zu bleiben. Verwenden Sie Beispiele zur Veranschaulichung, aber spielen Sie keine Einzelfälle hoch.

6. Hören Sie dem Anderen zu und versuchen Sie, ihn zu verstehen!

Vermeiden Sie Unterbrechungen, aber unterbrechen Sie das Gespräch, wenn Sie eine Störung empfinden oder nicht folgen können.

7. Seien Sie fair, verwenden Sie keine Anklagen, Vorwürfe und Entwertungen (Killerphrasen)!

Sprechen Sie stattdessen von den Gefühlen, die der andere bei Ihnen ausgelöst hat. Suchen Sie bei Problemen nicht den Schuldigen, sondern vielmehr nach Möglichkeiten, wie die Probleme gelöst werden könnten.

8. Sprechen Sie Anwesende direkt an!

Sprechen Sie mit Ihrem Kommunikationspartner, aber sprechen Sie nicht über ihn.

Abb. 7.61: Allgemeine Kommunikationsregeln

7.8.2 Mitarbeiterzentrierte Gesprächsführung

Eine gute Möglichkeit, Probleme mit Mitarbeitern zu bearbeiten und zu klären, bietet die mitarbeiterzentrierte Gesprächsführung. Sie folgt verschiedenen Grundprinzipien, die der Projektleiter unbedingt beachten muss:

Grundprinzipien

- Geduld und Freundlichkeit, keine Unterbrechungen, echtes Interesse
- Wertschätzung
- Kein autoritäres Gebaren
- Keine Ratschläge oder moralischen Ermahnungen
- Keine Streitereien
- Ermutigung zur Offenheit
- „Raum" für den Mitarbeiter.

Sofern es gelingt, mit Hilfe dieser Prinzipien eine tragfähige Gesprächsbasis zu entwickeln, können die Vorteile einer mitarbeiterzentrierten Gesprächsführung wirksam werden:

Vorteile für den Projektleiter

- Der Projektleiter hat Zeit zum Beobachten und Zuhören
- Der Mitarbeiter wird Eigeninitiative entwickeln
- In einer Atmosphäre, in der nicht jedes Wort auf die Goldwaage gelegt wird, fällt es Mitarbeitern leichter, „Dampf abzulassen", auch über brisante Themen zu sprechen
- Bedürfnisse, Gefühle und Ängste können angesprochen werden und erklären oft besser als „Fakten" bestimmte Verhaltensweisen
- Erarbeitete Problemlösungen stammen zumindest zum Teil vom Mitarbeiter, passen also in sein Wertesystem und finden eher Akzeptanz.

Eine gewissenhafte Vorbereitung des Gesprächs erleichtert die Behandlung von Fragen, Gegenargumenten und Einwänden seitens des Mitarbeiters. Deshalb ist es für den Projektleiter hilfreich,

Hinweise zur Vorbereitung

- sich das Ziel des Gesprächs zu verdeutlichen
- sich inhaltlich auf das jeweilige Thema vorzubereiten
- im Gespräch Schwerpunkte zu setzen
- die Welt des Mitarbeiters zu berücksichtigen
- die verfügbare Zeit zu berücksichtigen
- sich auf das Wesentliche zu konzentrieren
- die Verständlichkeit sicherzustellen
- gegebenenfalls Unterlagen vorzubereiten.

Das nachfolgende Phasenkonzept zeigt exemplarisch, wie ein Mitarbeitergespräch zur Klärung und Lösung eines Problems aussehen kann. Es dient als Leitfaden, der natürlich nicht schematisch, sondern flexibel und situationsgerecht eingesetzt werden soll. Phase für Phase muss geprüft werden, welche Kriterien auf die Situation und Zielsetzung zutreffen. Selbstverständlich ist schon bei der Einladung zum Gespräch bzw. bei der Terminabsprache der Anlass zu nennen, damit sich der Mitarbeiter darauf einstellen kann und sich nicht überrumpelt fühlt.

Phasen der Gesprächsführung

Gesprächsphase	Praxishilfen für die Gesprächsführung
1. Gespräch eröffnen: Begrüßung/motivierender Einstieg	▪ Anlass und Ziel nennen ▪ Gesprächsgegenstand (Thema/Problem) abgrenzen ▪ Bedeutung des Gesprächs für den Mitarbeiter herausstellen ▪ Mitarbeiter früh aktivieren ▪ Gesprächsplan anbieten
2. Diskussion/Argumentation	▪ Analyse der Situation ▪ Gemeinsame Ist-/Fakten-Analyse ▪ Kernprobleme herausarbeiten ▪ Nach Ursachen suchen ▪ Gemeinsames Ziel vereinbaren ▪ (Alternative) Lösungen suchen ▪ Gemeinsam diskutieren nach Prüfkriterien wie Durchführbarkeit, Akzeptanz, Kosten
3. Entscheiden	▪ Die beste Alternative auswählen ▪ (Anhand der Prüfkriterien) Entscheidung gemeinsam treffen oder sich die Entscheidung vorbehalten
4. Durchführung planen	▪ Wer tut was bis wann mit wem? ▪ Wer ist zu informieren? ▪ Wer kontrolliert das Ergebnis?
5. Gespräch beenden	▪ Ergebnis zusammenfassen ▪ Motivierende Schlussbemerkung ▪ Ausblick

Abb. 7.62: Phasenkonzept der Gesprächsdurchführung

Projektdiagnose und -steuerung

Noch eine Anmerkung zur Gesprächssituation:

Tipp
> Wählen Sie eine günstige Sitzordnung (möglichst über Eck, kein Frontalverhalten) in einer möglichst störungsfreien Umgebung, gehen Sie behutsam vor, „überfallen" Sie Ihren Gesprächspartner nicht, beginnen Sie möglichst positiv, indem Sie z.B. Gemeinsamkeiten betonen oder bisherige gute Erfahrungen ansprechen und stellen Sie Konfliktträchtiges zunächst zurück.

Es reicht nicht aus, Gesprächsführungstechniken (Frage- und Zuhörtechniken usw.) zu beherrschen, um erfolgreich Gespräche zu führen. Hinzukommen muss eine positive Grundhaltung zum Mitarbeiter, ohne die eine tragfähige Vertrauensbasis zwischen den Gesprächspartnern nicht entstehen kann.

Wesentliche Aspekte einer solchen positiven Grundhaltung sind

Drei Aspekte einer positiven Grundhaltung

1. Akzeptanz und Wertschätzung
   - Äußern Sie Ihren Respekt und akzeptieren Sie Ihren Mitarbeiter ohne Vorbehalt als Menschen!
   - Zeigen Sie, dass Sie Ihren Mitarbeiter als vollwertigen Gesprächspartner anerkennen und das Gespräch auch für Sie von Bedeutung ist!

2. Einfühlendes Verstehen
   - Versuchen Sie, sich in die Lage des Mitarbeiters hineinzuversetzen!
   - Versuchen Sie, sein Verhalten zu verstehen, auch wenn es für Sie nicht akzeptabel ist!

3. Kongruenz und Echtheit
   - Bleiben Sie „echt" und vermitteln Sie Ihren Mitarbeitern Offenheit und Transparenz!
   - Seien Sie sich selbst über Ihre Gefühle im Klaren und übertragen Sie diese nicht auf Ihren Gesprächspartner!

7.8.3 Kritikgespräch

Bietet persönliches Fehlverhalten eines Mitarbeiters den Anlass zu einem Kritikgespräch, sind die Anforderungen an die Kommunikations- und Führungsfähigkeit des Projektleiters noch höher. Schließlich soll ja das Gespräch dazu führen, dass der Mitarbeiter seine kritikwürdige Verhaltensweise korrigiert bzw. zukünftig ein Fehlverhalten unterlässt.

Die folgenden Schritte bieten eine klare Struktur:

1. Anfangskontakt herstellen
2. Kritikwürdigen Tatbestand darstellen
3. Mitarbeiter zu Wort kommen lassen
4. Geklärten Sachverhalt bewerten
5. Künftiges Verhalten vereinbaren (inkl. Kontrolle)
6. Grundsätzliche Wertschätzung ausdrücken.

Sechs Schritte des Gesprächs

1. Anfangskontakt herstellen (Kontaktbrücke)

Zunächst ist eine entspannte Atmosphäre zu schaffen, die dem Abbau von Hemmungen und möglicher sozialer Distanz zwischen den Gesprächspartnern dient. Die freundliche Kontaktaufnahme zu Beginn (z.B. durch ein kurzes Gespräch über aktuelle Ereignisse oder Betriebsangelegenheiten) wirkt allerdings nur, wenn sie echt und passend ist und von einem generell positiven und kooperativen Führungsstil getragen wird. Keinesfalls darf der Einstieg übertrieben oder aufgesetzt daherkommen, weniger ist hier meistens mehr! Sofern die bisherige Zusammenarbeit positiv verlaufen ist, kann dies zu Beginn ausdrücklich festgestellt werden. Die dann folgende Kritik ist so für den Mitarbeiter leichter aufzunehmen.

2. Kritikwürdigen Tatbestand darstellen

Hier legt der Projektleiter Anlass, Tatbestand und Beobachtungen dar. Es werden noch keinerlei Bewertungen angedeutet oder ausgesprochen!

Die Schilderung des Tatbestands soll

- konkret sein, d.h. nicht vage „drum herum" reden; sachlich sein, d.h. nur objektive Fakten darstellen
- nur das Arbeitsergebnis oder das Verhalten, nicht aber die Persönlichkeit des Mitarbeiters ansprechen
- wertneutral sein, d.h. keine Vorwürfe, Unterstellungen, Drohungen oder moralische Bewertung vornehmen.

3. Mitarbeiter zu Wort kommen lassen

Der Mitarbeiter soll nun aus seiner Sicht Stellung zu der kritisierten Situation nehmen. Er erhält Gelegenheit, den Sachverhalt aus seiner Sicht zu ergänzen, zu erklären, ggf. richtig zu stellen und Gründe für sein Verhalten aufzuführen. Eine wichtige Phase, da sich meist erst hier die Basis für eine endgültige Beurteilung des Vorfalls ergibt. Voraussetzung für den Erfolg: Der Projektleiter hört zu.

4. Geklärten Sachverhalt bewerten

Der geklärte Sachverhalt wird nun bewertet, wobei drei Punkte angesprochen werden sollen:

- Wie sollte der Mitarbeiter sich verhalten?
  Der Projektleiter ruft dem Mitarbeiter die Erwartungen, Vorschriften bzw. Vereinbarungen in Erinnerung.
- Wie hat sich der Mitarbeiter verhalten?
  Dem erwünschten Verhalten stellt der Projektleiter das tatsächliche Verhalten gegenüber.
- Warum soll sich der Mitarbeiter anders verhalten?
  Der Projektleiter macht beispielhaft die negativen Folgen des Fehlverhaltens deutlich.

In die Bewertung des Sachverhalts kann außerdem noch die Gesamtbeurteilung der bisherigen Verhaltensweisen und Leistungen des Mitarbeiters mit einfließen.

5. Künftiges Verhalten vereinbaren

Kritik darf nicht bei der Feststellung und Bewertung des unerwünschten Verhaltens stehen bleiben. Der Projektleiter muss zusammen mit dem Mitarbeiter Wege finden, die eine dauerhafte Korrektur des Fehlverhaltens gewährleisten. Kritik wird erst sinnvoll, wenn sie im Zusammenhang mit korrigierenden Maßnahmen geäußert wird, also konstruktiv ist.

Der Projektleiter sollte seine eigenen Vorstellungen zunächst zurückhalten und stattdessen den Mitarbeiter animieren, selbst Lösungsvorschläge zu entwickeln. Partizipation an Problemlösungsprozessen fördert die Akzeptanz, eigene Lösungen werden leichter und lieber umgesetzt. Erscheinen die Ideen des Mitarbeiters aus Sicht des Projektleiters unzureichend oder unzweckmäßig, kann er seine Vorstellungen immer noch äußern.

6. Grundsätzliche Wertschätzung ausdrücken

Jedes Kritikgespräch muss mit einem positiven Schlusskontakt enden.

Er bildet eine Voraussetzung für die künftige Leistungs- und Verhaltensmotivation des Mitarbeiters und soll ihm deutlich machen, dass die allgemeine Wertschätzung der Person des Mitarbeiters durch die erfolgte Kritik nicht geschmälert wird.

Wann soll der Projektleiter Kritik üben?

- Bei deutlichen Abweichungen
- Wenn die Leistungen eines Mitarbeiters erheblich unter den erwarteten durchschnittlichen Leistungen liegen

- Wenn ein Mitarbeiter häufig ungewöhnliches Verhalten zeigt, das stark negativ von den betriebsüblichen Gepflogenheiten bzw. den im Projektteam vereinbarten Regeln abweicht
- Wenn ein Mitarbeiter einen einzelnen schwerwiegenden Fehler gemacht hat
- Bei Gefährdung des Arbeitserfolgs (die Kritik muss sachlich begründet sein und einen Sachverhalt betreffen, der den Projekterfolg gefährdet. Kritik darf nicht durch Sachverhalte ausgelöst werden, die nur dem persönlichen Geschmack des Projektleiters entgegenstehen)
- So bald wie möglich (je schneller dem Fehlverhalten die Kritik folgt, desto besser hat der Mitarbeiter die Situation noch im Gedächtnis. Der Fehler hat sich noch nicht eingeschliffen und kann bereits im Anfangsstadium korrigiert werden).

Hinweise zum praktischen Vorgehen bei Kritik

Was sollte ein Projektleiter bei einem Mitarbeitergespräch ferner beachten?
- Keine verletzende, sondern sachliche Kritik äußern
- Keine Kritik in Abwesenheit des betreffenden Mitarbeiters äußern
- Keine Kritik in Gegenwart von Kollegen äußern
- Keine übertriebene Kritik äußern
- Keine entmutigende Kritik äußern
- Keine Kritik über einen unbeteiligten Dritten äußern
- Keine Kritik über das Telefon äußern
- Notwendige Kritik nicht unterlassen.

Berechtigte Kritik zu unterlassen, ist ein Versäumnis des Projektleiters, da der Mitarbeiter nicht über sein Fehlverhalten informiert wird und somit sein Verhalten nicht positiv verändern bzw. seine Leistung nicht verbessern kann.

7.8.4 Konflikte

Wo immer Menschen zusammentreffen, um irgendetwas miteinander zu tun, kommt es früher oder später zu Konflikten. Das gilt auch und gerade in der Arbeitswelt und damit natürlich auch in der Projektarbeit. So stellt sich z.B. ein unterschiedliches Verständnis der Projektziele heraus, gegensätzliche Meinungen bezüglich des Vorgehens im Projekt prallen aufeinander, das Projektteam sieht einen größeren Ressourcenbedarf als der Auftraggeber zugestehen will u.a.m. Insbesondere, wenn das Projekt in einer Matrixorganisation ablaufen soll, sind Konflikte zwischen Projekt und Linie („Kampf um die Ressource Mitarbeiter") vorprogrammiert. Charakteristisch für alle (diese) Konflikte ist die

Situation der „Gegensätzlichkeit" – gegensätzliche Interessen, Bedürfnisse, Meinungen prallen aufeinander.

Nun sind Gegensätze an sich noch nicht weiter schlimm, und dennoch stehen viele Menschen Konflikten eher skeptisch gegenüber, verbinden sie mit unangenehmen Gefühlen, ordnen sie als gefährlich und unproduktiv ein. Dies erklärt sich wohl aus den überwiegend negativen Erfahrungen mit solchen Situationen. Und entsprechend wird mit Konflikten umgegangen: Vermeidungsstrategien, der Einsatz von (Positions-)Macht, „faule" Kompromisse (z.B. um des lieben Friedens willen) oder vorschnelles Aufgeben dominieren. Dabei sind Konflikte nicht nur völlig normal und allgegenwärtig, sie können ausgesprochen produktiv sein, wenn es gelingt, sie zu akzeptieren und (möglichst partnerschaftlich) zu bearbeiten.

K O N F L I K T E	**sind** normal
	sind allgegenwärtig
	können produktiv sein

Projektleiter und Projektteam sollten Konflikte niemals negieren. Konfliktscheues Verhalten kann letztlich den gesamten Projekterfolg gefährden. Die Folgen nicht ausgetragener Konflikte sind vielfältig:

Nicht ausgetragene Konflikte und ihre Folgen

- Es entstehen Ressentiments
- Negative, nicht verarbeitete Gefühle werden auf andere Personen oder Situationen übertragen
- Die Atmosphäre wird vergiftet, Gerüchte werden verbreitet
- Die Zusammenarbeit im Team wird belastet
- Die Qualität der Projektarbeit lässt nach.

Die „Lösung" liegt also im offensiven Umgang mit Konflikten. Für die Arbeit des Projektteams gilt daher (wie für jede Form von Teamarbeit) das Prinzip: Störungen haben Vorrang!

Als eine große Hürde beim konstruktiven Umgang mit Konfliktsituationen erweist sich immer wieder die „Schuldfrage". Natürlich ist jeder von der absoluten Richtigkeit seiner Position überzeugt. Es liegt allein am Anderen, dass es zur Auseinandersetzung kommt („ich habe ja nur, weil du ...; du hast angefangen ..."). Wird diese Sichtweise nicht durchbrochen, ist eine Eskalation unvermeidlich, es entsteht ein Teufelskreis:

Konflikte | 427

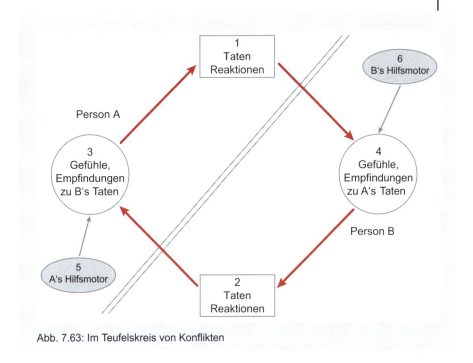

Abb. 7.63: Im Teufelskreis von Konflikten

In diesem aus sechs Elementen bestehenden Grundschema (vgl. CHRISTOPH THOMANN) bezeichnet

1. die „Taten" der Person A: das beobachtete Verhalten, die Reaktionen auf den Anderen
2. das gleiche für die Person B: ihre Taten und Reaktionen
3. die Gefühle und Empfindungen der Person A im Zusammenhang mit dem Verhalten des Anderen (also Person B), z.B. Hilflosigkeit, Ärger, sich schuldig, herabgesetzt fühlen
4. das gleiche der Person B: ihre Empfindungen und Gefühle zum Verhalten der Person A
5. zusätzliche Motoren der Person A: alte „Kerben" (Erfahrungen), in die hinein das aktuelle Verhalten von B schlägt, und aus diesem Hintergrund heraus die jetzigen Reaktionen verschärft
6. Zusatzmotoren der Person B.

Das Grundschema hilft, teufelskreisartige Strukturen zu erkennen. Es enthält die vier Stationen des aktuellen Teufelskreises, wobei sowohl das äußere Verhalten (im eckigen Kasten) als auch die inneren Reaktionen (in Kreisen) berücksichtigt sind. Hinzu kommen die beiden „Hilfsmotoren" aus der individuellen Biographie der Beteiligten (in Ellipsen).

Es macht wenig Sinn, mit aller Energie nach dem Auslöser zu suchen. Erfolgversprechender ist es, gemeinsam „auszusteigen", die zugrunde liegenden Bedürfnisse zu beschreiben und die Gegensätze herauszuarbeiten. Auf der Basis so gewonnener Klarheit lässt sich dann in vielen Fällen eine Lösung finden, zumindest aber eine Möglichkeit, mit der Gegensätzlichkeit umzugehen.

Konflikte sind zwar alltäglich, dennoch kann der Projektleiter mögliche Konfliktpotenziale in seinem Team von vornherein reduzieren. Bewährt haben sich folgende Maßnahmen:

Konfliktpotenzial reduzieren

- Kooperative Führung der Projektgruppe
- Intensives gegenseitiges Kennenlernen
- Wertschätzender Umgang mit Unterschieden
- Festschreiben der Projektdaten
- Vereinbaren von Spielregeln.

Erfolgreiche Konfliktbearbeitung setzt Offenheit und die Bereitschaft zur Einigung voraus. Wenn in einem Konflikt die Entscheidung nicht von einer Person oder Gruppe getroffen werden soll, sondern eine gemeinsame Lösung angestrebt wird, die von allen mitgetragen werden kann, empfiehlt sich ein Problemlösungsprozess in sechs Schritten (nach GORDON):

Problemlösungsprozess auch für Konflikte

1. Bedürfnisse erkennen und beschreiben
2. Lösungsideen sammeln
3. Lösungsvorschläge bewerten
4. Entscheidung treffen
5. Planung der Umsetzung
6. Erfolgskontrolle

Ein Konfliktgespräch ist immer ein Dialog und muss die Bedürfnisse aller Konfliktpartner berücksichtigen.

Der Schlüssel zum Erfolg liegt in der Planung und Vorbereitung des Gesprächs.

Zunächst ist aber eine Grundsatzentscheidung zu treffen, von der dann alles weitere abhängt. Die Frage lautet:

Grundsatzentscheidung!

Was will ich? → Will ich siegen? (also den anderen besiegen)
oder
→ Will ich eine Lösung?

Entscheide ich mich für den „Sieg" (und „besiege" den anderen), riskiere ich natürlich eine Fortsetzung des Geschehens, weil mein Konfliktgegner mit großer Wahrscheinlichkeit nach Gelegenheiten suchen wird, sich zu revanchieren. Eine Erfolg versprechende Zusammenarbeit ist damit so gut wie ausgeschlossen. Somit liegt es auf der Hand, dass im Interesse einer weiteren Zusammenarbeit die Suche nach einer tragfähigen und für beide Seiten akzeptablen Lösung des Problems sinnvoller ist. Dabei geht es darum, die eigenen Interessen zur Geltung zu bringen, gleichzeitig aber auch die der Gegenseite zu berücksichtigen.

Bei der Vorbereitung hilft folgendes Schema:

Eigene Sicht	Sicht des Konfliktpartners
Was will ich erreichen? → Verhandlungsspielraum Was muss ich erreichen?	Was will er vermutlich erreichen? → Vermuteter Verhandlungsspielraum Was muss er vermutlich erreichen?
Was kommt für mich überhaupt nicht in Frage? („Schmerzgrenze")	Was wird vermutlich für ihn nicht in Frage kommen?
Welche Gefühle spielen für mich eine Rolle?	Wie sieht es wohl mit seinen Emotionen aus?
Wo zeichnen sich Differenzen bzw. Interessenkollisionen ab? Wo gibt es vermutlich Übereinstimmungen? Welche Lösungsansätze kann ich mir vorstellen? Was kann (muss) ich für eine konstruktive Gesprächsatmosphäre tun?	

Persönliche Vorbereitung eines Konfliktgesprächs

Abb. 7.64: Vorbereitung eines Konfliktgesprächs

Wenn es auch in erster Linie um Sachverhalte geht, die miteinander geklärt werden müssen, sollten die Emotionen wie z.B. Verärgerung oder Enttäuschung nicht ausgeklammert werden. Sie zuzulassen und ihnen in angemessener Weise Ausdruck zu geben, ist wichtig und macht eine nachhaltige Konfliktbearbeitung erst möglich. So vorbereitet kann das Gespräch dann beginnen.

Der nachstehende Leitfaden (Abb. 7.65) dient der Orientierung und erleichtert einen gut strukturierten Gesprächsablauf.

Wichtig ist, dass alle am Konflikt Beteiligten ausreichend Gelegenheit bekommen, ihre Sicht der Situation im Detail zu erläutern. Erst wenn alle Positionen „auf dem Tisch" liegen, lassen sich Art und Ausmaß der Gegensätzlichkeit wirklich erkennen. Diese Klarheit ist für sich allein schon ein Gewinn, darüber hinaus liefert sie die Basis für eine mögliche Lösung. Dabei kann sich durchaus (und gar nicht selten) herausstellen, dass der Konflikt lediglich auf Mutmaßungen bzw. Unterstellungen beruhte und sich „in Luft auflöst".

Konflikt-
leitfaden

Mich stört	→	Vollständige Ich-Botschaft Situation + Folgen + Gefühle		
Mein Ziel	→	Ich möchte ...		
Dein Ziel	→	Was meinst Du dazu? Wie siehst Du das?		
Gemeinsamkeit	→	Da sind wir uns ja ...		
Lösungen	→	Wie können wir es lösen? (Sammeln + Bewerten → Trennen)		
Vereinbarung	→	Wer?	Was?	Bis wann?

Abb. 7.65: Konfliktleitfaden

7.8.5 Verhandlungen im Projekt

> „Das Kunststück ist nicht, dass man mit dem Kopf durch die Wand rennt, sondern bloß mit den Augen die Tür findet."
> Georg von Siemens

Die Erfahrung zeigt, dass ein klarer und eindeutiger Projektauftrag die Basis für ein erfolgreiches Projekt darstellt. Das Projektteam muss sehr genau wissen, welche Projektziele zu verfolgen sind, wie der Gestaltungsbereich aussieht und welche Rahmenbedingungen zu beachten sind, um ziel- und erfolgsorientiert arbeiten zu können. Die erforderliche Klarheit ist jedoch nicht immer gegeben. Es ist die Aufgabe des Projektleiters, in Verhandlungen mit dem Auftraggeber für eindeutige Vorgaben zu sorgen. Das gilt ebenso für die Bereitstellung der erforderlichen Ressourcen, die Festsetzung realistischer Termine und die Klärung von Aufgaben, Kompetenzen und Verantwortung. Darüber hinaus gibt es zahlreiche weitere Verhandlungsanlässe, z.B. mit Linienvorgesetzten der Teammitglieder, mit externen Beratern, mit Zulieferern, mit Sponsoren u.a.m.

Auch während der Projektarbeit kann es immer wieder erforderlich werden, auf den Auftraggeber zuzugehen und in Verhandlungen nachträglich erkannte Defizite abzubauen oder aufgrund von Erkenntnissen aus der Arbeit Modifikationen (z.B. mehr Ressourcen, Terminänderungen, Zielrevisionen u.a.m.) herbeizuführen.

Inwieweit das dem Projektleiter gelingt, hängt in hohem Maße von seiner Kommunikations- und Konfliktfähigkeit (siehe auch Kap. 7.9.4 „Umgang mit Macht und Hierarchie"), seinem Selbstbewusstsein, seinem Auftreten und seinen Vorstellungen ab. Die Projektverantwortung liegt in jedem Fall beim Projektleiter. Er wird am Projekterfolg gemessen und zur Rechenschaft gezogen, wenn das Projekt scheitert. Im ureigensten Interesse muss ihm deshalb daran gelegen sein, entschieden für Bedingungen einzutreten, die für die Arbeit erforderlich sind. Darüber hinaus erstreckt sich seine Verantwortung auch auf das Projektteam. Die Teammitglieder erwarten zu Recht, dass ihr Projektleiter ihre Interessen vertritt und dafür sorgt, dass alle Voraussetzungen für eine erfolgreiche Projektbearbeitung geschaffen werden. Tut er das nicht, bedroht er die Zusammenarbeit und Motivation und damit die Qualität der Ergebnisse.

Auch vor Verhandlungen ist – wie schon im Kap. 7.8.4 „Konflikte" ausführlich beschrieben – eine Grundsatzentscheidung zu treffen: Will ich einen Sieg oder eine Lösung? Und auch hier gilt, dass für erfolgreiche Projektarbeit wohl allein die Entscheidung für die Suche nach einer akzeptablen Lösung sinnvoll ist.

Die nachfolgenden Tipps können die Verhandlungsführung unterstützen:

- Verschaffen Sie sich (zusammen mit Ihrem Team) zunächst Klarheit darüber, welche Passagen des Projektauftrags „nachgebessert" werden müssen
- Legen Sie für sich eine Reihenfolge des Vorgehens fest, überlegen Sie sich überzeugende Argumente
- Bereiten Sie – soweit erforderlich – Informationen auf
- Seien Sie sich Ihrer Verantwortung sich selbst, dem Projekt und dem Team gegenüber bewusst
- Stellen Sie sich auf mögliche Einwände ein und formulieren Sie schon im Vorfeld passende Erwiderungen
- Glauben Sie an sich und trauen Sie sich zu, Ihren Auftraggeber mit guten Argumenten zu überzeugen
- Trauen Sie Ihrem Verhandlungspartner Einsicht und Verständnis zu
- Akzeptieren Sie nicht vorschnell Ablehnung
- Weisen Sie auf Konsequenzen hin, wenn elementare „Forderungen" nicht erfüllt werden
- Unternehmen Sie einen neuen Versuch, wenn das Verhandlungsergebnis nicht Ihren Vorstellungen entspricht.

Tipps für Verhandlungen

Niemals darf es also darum gehen, den Verhandlungspartner „niederzuringen" und als „Sieger" aus der Verhandlungsrunde hervorzugehen. Die Verhandlungen sollten vielmehr von dem Bemühen getragen sein, im Interesse des Projekts gemeinsam realistische und akzeptable Lösungen (Kompromisse) zu finden.

Als Vorgehensmodell bietet sich die Harvard-Methode (FISHER/URY/PATTON) an, die weltweit in Wirtschaft, Politik und Gesellschaft erfolgreich angewendet wird. Ihr liegen folgende Prinzipien zugrunde:

Prinzipien der Harvard-Methode

- Menschen und Probleme getrennt voneinander behandeln
- Auf Interessen konzentrieren, nicht auf Positionen
- Optionen entwickeln zum beiderseitigen Vorteil
- Auf der Anwendung objektiver Kriterien bestehen.

Es gilt der Grundsatz: Geben und Nehmen („Gewinner/Gewinner-Strategie").

5 Regeln

Das Konzept sieht fünf Regeln vor, deren Berücksichtigung die Problembearbeitung und Kompromissfindung erheblich erleichtern kann:

Regel 1: Suchen Sie zunächst gemeinsam nach objektivierbaren Kriterien

Regel 2: Formulieren Sie erst Ihre eigenen Ziele, dann die des Anderen

Regel 3: Suchen Sie schon vor der Verhandlung nach Lösungsalternativen

Regel 4: Vermeiden Sie jegliche Anschuldigungen

Regel 5: Sorgen Sie für ein gutes Kommunikationsklima

7 Elemente

Je besser die Verhandlungen vorbereitet werden, desto eher kann es zu einvernehmlichen und tragfähigen Kompromissen bzw. Ergebnissen kommen. Das Harvard-Konzept unterscheidet sieben Elemente einer erfolgreichen Verhandlung, über die in der Vorbereitungsphase intensiv nachgedacht werden sollte:

Interessen

Unabhängig von der Forderung oder „Position" wünschen die an der Verhandlung Beteiligten ein Ergebnis, das ihren zugrundeliegenden Interessen entspricht – den Dingen, die sie benötigen oder um die sie sich Sorgen machen. Je mehr man vorher über seine Interessen nachgedacht hat, desto wahrscheinlicher werden sie befriedigt.

Häufige Fehler:

- Konzentration auf Positionen anstatt auf Interessen
- Nur daran denken, was man selbst will.

Tipp

Suchen Sie nach den Interessen hinter den Positionen!
Setzen Sie Prioritäten bei Ihren Interessen!
Berücksichtigen Sie die Interessen der anderen Seite!

Optionen

Mit „Optionen" sind mögliche Übereinkünfte oder Teile einer möglichen Übereinkunft gemeint. Je mehr Optionen man bereits hat, desto wahrscheinlicher wird man eine realisieren können, die mit den eigenen Interessen im Einklang ist.

Häufige Fehler:

- Eine enge, einseitige Sichtweise
- Vernachlässigung des Nutzens von Differenzen.

> Suchen Sie nach Möglichkeiten der Zusammenarbeit, um den Nutzen zu vergrößern!
> Entdecken Sie Nutzen in Unterschieden!

Tipp

Alternativen

Ein gutes Ergebnis sollte besser sein als jede Alternative außerhalb der Verhandlung, d.h. besser als das, was man selbst oder mit anderen tun könnte. Bevor man einen Vertrag unterschreibt – oder ablehnt –, sollte man sich darüber klar sein, was man sonst tun könnte.

Häufige Fehler:

- Nicht über die beste Alternative nachdenken
- Annehmen, die beste Alternative sei „ein alter Hut".

> Bestimmen Sie Ihre beste Alternative!
> Stärken Sie Ihre beste Alternative!
> Berücksichtigen Sie die beste Alternative der anderen Seite!

Tipp

Legitimität

Niemand will unfair behandelt werden. Es ist hilfreich, externe Standards zu finden, die man als „Lanze" benutzen kann, um andere davon zu überzeugen, dass sie fair behandelt werden, und als „Schild", um sich selbst davor zu schützen, hereingelegt zu werden.

Häufige Fehler:

- Völliges Ignorieren der Legitimität
- Nicht darüber nachdenken, wie die andere Seite das Abkommen erläutern will
- Nur an eine einzige objektive Begründung denken.

> **Tipp**
> Entwickeln Sie eine Spannweite der Fairness!
> Denken Sie über „faire" Verfahren nach!
> Helfen Sie der anderen Seite, das Ergebnis der Verhandlung zu erklären!

Kommunikation

Unter sonst gleichen Umständen ist ein Ergebnis besser, wenn es effizient erzielt wurde. Das erfordert eine gute Kommunikation in beide Richtungen, da jede Seite die andere zu beeinflussen sucht. Man sollte vorher darüber nachdenken, worauf man hören und was man sagen will.

Häufige Fehler:
- Konzentration auf das Einstudieren des Textes
- Ignorieren der blinden Flecken.

> **Tipp**
> Bereiten Sie sich auf zweiseitige Kommunikation vor!

Beziehung

Ein gutes Ergebnis wird die Arbeitsbeziehungen eher stärken als schädigen. Die Vorbereitung kann helfen, über die zwischenmenschlichen Beziehungen nachzudenken, d.h. über die Personen am Tisch. Man sollte eine Vorstellung davon haben, wie man eine Beziehung aufbauen kann, die eine Übereinkunft erleichtert anstatt behindert.

Häufige Fehler:
- Beziehung und Sachfrage durcheinanderbringen
- Annehmen, dass die Beziehung etwas Gegebenes ist und Probleme „deren Schuld" sind.

> **Tipp**
> Bereiten Sie sich darauf vor, Beziehung und Sachfrage unabhängig voneinander zu behandeln!
> Bereiten Sie sich darauf vor, vorbehaltlos konstruktive Schritte zur Verbesserung der Beziehung zu unternehmen!

Verpflichtung

Die Qualität eines Ergebnisses kann auch an der Qualität der Versprechungen gemessen werden, die gegeben werden. Solche Verpflichtungen sind wahrscheinlich besser, wenn man vorher über die Versprechen nachgedacht hat, die man während oder bei Abschluss einer Verhandlung realistischerweise erwarten oder geben kann.

Häufige Fehler:

- Nicht wissen, wie „erledigt" aussieht
- Annehmen, dass jeder weiß, worum es bei der Besprechung geht
- Versäumnis, die für den Abschluss eines Abkommens notwendigen Maßnahmen festzulegen

> Planen Sie umsetzungsfähige Verpflichtungen voraus!   Tipp
> Klären Sie Zweck, Ergebnis und Ablauf Ihrer Besprechungen!
> Planen Sie den Weg!

Die nachfolgende Checkliste hilft bei der Gesprächsvorbereitung:

- Situation aus eigener Sicht gründlich analysieren
- Ziele und Wunschvorstellungen definieren (Was will ich, was brauche ich für das Projekt?)
- Ziele der anderen Seite überlegen
- Verhandlungsthemen klären
- Informationen sammeln
- Menschlichkeit und angenehmes Verhandlungsklima schaffen: Was kann ich tun?
- Auf Konflikte vorbereiten – wo liegen die Gegensätze?
- Kompromisse/Lösung der strittigen Punkte und Alternativen vorüberlegen, Grenzen eigenen Entgegenkommens festlegen
- Vereinbarungen und Bestätigung vorskizzieren.

Fragen und Aufgaben zur Wiederholung:

1. Welche Bedeutung kommt der Kommunikation mit den Stakeholdern eines Projekts zu?
2. Was macht gutes Zuhören aus und was ist aktives Zuhören?
3. Wie führen Sie eine Präsentation zielgruppenorientiert durch?
4. Worin bestehen die vier Seiten einer Nachricht? Demonstrieren Sie diese an einem Beispiel aus dem Projektalltag.
5. Welche Punkte sind in einem Kommunikationsplan zu regeln? Wenden Sie die Checkliste für eine Betriebsversammlung an.
6. Benennen Sie typische Projektsituationen, in denen der Projektleiter Verhandlungskompetenzen benötigt. Beschreiben Sie eine solche Situation aus Ihrer Projektpraxis. Wie sind Sie vorgegangen? Inwieweit konnten Sie Ihre Verhandlungsziele erreichen und was hat dazu beigetragen?
7. Welchen Stellenwert hat die Kommunikation bei der Entstehung und Lösung von Konflikten? Erläutern Sie die Antwort anhand eines Beispiels aus Ihrer Projektpraxis.
8. Welche Phasen sollte ein mitarbeiterzentriertes Gespräch durchlaufen?
9. Wie wirkt sich in Konflikten ein sogenannter „Teufelskreis" aus?
10. Welchen Grundsätzen folgt das Harvard-Verhandlungskonzept?

7.9 Wirksame Projektsteuerung

Kompetenzelemente der ICB 3.0		Kapitel und PM-Prozesse des PMBOK®	
1.08	Problemlösung	4.4	Projektarbeit überwachen und steuern
1.15	Änderungen	4.5	Integrierte Änderungssteuerung durchführen
1.16	Überwachung, Controlling und Berichtswesen		
		5.5	Inhalt und Umfang validieren
1.18	Kommunikation	5.6	Inhalt und Umfang steuern
2.04	Durchsetzungsvermögen	10.3	Kommunikation steuern
2.05	Entspannung und Stressbewältigung	12.3	Beschaffungen steuern
2.07	Kreativität	13.3	Engagement der Stakeholder steuern
2.09	Effizienz		

Ziele dieses Kapitels – Was können Sie erwarten?

Sie kennen

- die Eskalationsgrenzen und Befugnisse beim Änderungsverfahren
- die Funktionen des Konfigurationsmanagements.

Sie können

- den Projektsteuerungsprozess gezielt anwenden
- geeignete Maßnahmenbündel zur Projektsteuerung bilden und gegenüber dem Lenkungsausschuss vertreten.

> „Es genügt nicht, einen scharfen Verstand zu haben, die Hauptsache ist, ihn richtig zu gebrauchen."
> René Descartes

Bei vielen Projekten in der Praxis entsteht der Eindruck, dass die Diagnose von Abweichungen durchaus in Ordnung ist. Es gibt frühzeitig Prognosen, die vor einem enormen Defizit warnen, und dennoch werden keine wirksamen Steuerungsmaßnahmen eingeleitet oder sie kommen zu spät. Dieses Phänomen gibt

438 | Projektdiagnose und -steuerung

Gründe für unwirksame Projektsteuerung

es nicht nur bei spektakulären Großprojekten. Immer wieder kennen Projektleiter und Teammitglieder sehr genau die Gründe von Abweichungen, dennoch reißt niemand das Ruder herum. Was sind die Ursachen?

- Projektleiter scheinen mehr Wert auf eine einfache Umsetzung von Maßnahmen als auf deren Wirkung zu legen
- Die Kompetenzen des Projektleiters sind eingeschränkt
- Projektleiter verfügen nur über ein geringes Repertoire an Steuerungsmaßnahmen, entwickeln wenig Fantasie und beteiligen das Projektteam nur unzureichend
- Viele Maßnahmen erfordern die Bearbeitung von Konflikten, die aber ausgespart werden
- Notwendige Interventionen bei Machtträgern unterbleiben aufgrund von negativen Erfahrungen in der Vergangenheit
- Auf operativer Ebene klar vorgetragene Anliegen werden auf dem Weg durch die Linienhierarchie verwässert
- Beschlüsse des Lenkungsausschusses werden in der Linie nicht durchgesetzt
- Viele erfolglose Korrekturversuche demotivieren („Wir können sowieso nichts ändern")
- Vorschnelle inhaltliche Steuerungsmaßnahmen dominieren und deren Auswirkungen auf einzelne Teammitglieder, die Teambeziehungen und das Vorgehen werden kaum beachtet
- Es wird nicht überprüft, ob eingeleitete Maßnahmen erfolgreich waren.

Wie die Beispiele zeigen, kann gerade bei der Steuerung im Projekt nur ein ganzheitlicher Ansatz Abhilfe schaffen.

7.9.1 Steuerungsmaßnahmen

Voraussetzungen für eine gute Steuerung sind

- fundierte, aktuelle und ausreichend detaillierte Ist-Daten
- transparent aufbereitete Abweichungen und Zusammenhänge
- systematisch identifizierte Ursachen
- eindeutige Controlling-Verfahren.

Abb. 7.66: Steuerungsprozess

Checklisten und Kataloge geben erste Anhaltspunkte, welche Maßnahmen denkbar sind.

Katalog möglicher Maßnahmen

Strategiebezogene Maßnahmen	Strukturbezogene Maßnahmen
■ Leistungsreduzierung ■ Versionenkonzept ■ Prioritätenverschiebung ■ Wechsel der verfolgten Lösung ■ Ablehnung von Änderungswünschen ■ Rückgriff auf Alternativen ■ Einbau von Sicherheiten ■ Verschiebung Endtermin	■ Parallelarbeit ■ Änderung zeitlich-logischer Abfolge ■ Technikeinsatz ■ Streichung unwichtiger Arbeitspakete ■ Umverteilung innerhalb Puffer ■ Einstellung zusätzlicher Mitarbeiter ■ Zukauf externer Kapazitäten ■ Überstunden, Mehrschicht
Kulturbezogene Maßnahmen	**Prozessbezogene Maßnahmen**
■ Fortbildung der Mitarbeiter ■ Projektmarketing ■ Motivationsförderung ■ Transparenz ■ Offene Informationspolitik ■ Persönliche Anerkennung ■ Delegation ■ Verbesserung Arbeitsumfeld ■ Räumliche Zusammenlegung der Teams	■ Ausbau des Informationssystems ■ Verbesserung des Kommunikationssystems ■ Abschirmung der Mitarbeiter ■ Intensivierung der Planung ■ Erhöhung der Kontrollen ■ Sorgfältige Ursachenforschung ■ Räumliche Zentralisierung ■ Optimierung der Sachmittelausstattung

Abb. 7.67: Maßnahmen zur Projektsteuerung

7.9.2 Maßnahmenverfolgung

Nachdem einzelne Maßnahmen oder ein Maßnahmenmix initiiert wurden, gilt es, deren Wirksamkeit zu verfolgen. Hierbei ist der zeitliche Abstand zwischen der Feststellung der Abweichung und der Wirkung der Maßnahmen zu berücksichtigen. Damit eine Veränderung überhaupt sichtbar und verfolgbar wird, sind die ergriffenen Maßnahmen sauber zu dokumentieren, der Projektüberwachungszyklus zu verkürzen, die Überwachungsinhalte zu modifizieren und unter Umständen das Berichtswesen anzupassen.

Werden die genannten Anpassungen nicht zur Absicherung und Unterstützung einer Korrekturmaßnahme ergriffen, so zeigt die Praxis, dass die Steuerung über weite Strecken wirkungslos bleibt.

7.9.3 Eskalation

Sollten die ergriffenen Steuerungsmaßnahmen keine Wirkung zeigen, ist eine Eskalation in Betracht zu ziehen. Sie wird insbesondere dann notwendig, wenn erforderliche Korrekturmaßnahmen die Kompetenz des Projektleiters überschreiten.

Eine Eskalation weitet in der Regel das Problemfeld aus, und es treten oft unerwünschte Nebeneffekte auf. Deshalb sollte der Projektleiter Abweichungen in Angriff nehmen, solange sie noch klein sind und mit „Bordmitteln" bearbeitet werden können.

In der Praxis macht es allerdings Sinn, bei Überschreiten fest definierter Eskalationsgrenzen sofort zu reagieren, um rechtzeitig eine Klärung herbeizuführen. Unklare Projektsituationen führen unweigerlich zu Verzögerungen, die dann dem Projektleiter angelastet werden.

Sollten bei bestimmten Planabweichungen die Eskalationsgrenzen überschritten werden, sind Auftraggeber, Lenkungsausschuss und Geschäftsleitung informell, aber auch formal zu informieren.

Abweichung	Eskalations-grenzen	Auftraggeber		Lenkungs-ausschuss		Geschäfts-leitung	
		Form	Tage*)	Form	Tage*)	Form	Tage*)
Planänderungen	alle	informell	1	formal	5		
Personalverfügbarkeit	< 50 % pro KW	informell	1	formal	5		
Aufwandsüberschreitung pro Phase	> 5 %	informell	3	formal	10		
Aufwandsüberschreitung Gesamtprojekt	> 5 %	informell	1	formal	5	formal	10
Terminüberschreitung Meilenstein	> 5 Arbeitstage	informell	3				
Terminüberschreitung Einführungstermin	> 5 Arbeitstage	informell	1	formal	5	formal	5
Gefährdung der Projektergebnisse	< 75 %	informell	1	formal	10		

Legende: informell = mündlich oder schriftlich per E-Mail
formal = schriftlich mit Ursachen, Konsequenzen, Maßnahmen

*) Nachricht innerhalb von x Arbeitstagen

Abb. 7.68: Eskalationsgrenzen

Folgendes Vorgehen hat sich bewährt:

1. Legen Sie die Abweichung offen und führen Sie mit den Betroffenen und Beteiligten Problemlösungsgespräche.
2. Binden Sie einen Moderator in den Prozess ein. Ein neutraler Dritter kann unter Umständen schlichtend auf die unterschiedlichen Positionen einwirken.

Behutsam eskalieren

3. Gehen Sie gezielt und bewusst auf die Vorgesetzten der beteiligten Mitarbeiter zu. Diese werden sich zunächst vor ihre Mitarbeiter stellen. Achten Sie daher darauf, einen für alle akzeptablen Ausweg oder Kompromiss zu finden.

Für eine schnelle Reaktion im Projekt können folgende Kriterien für die Einschaltung von Lenkungsausschuss und Bewilligungsgremium als Schlichtungsstelle hilfreich sein.

Verantwortung für Schlichtung im Projekt

Lenkungsausschuss schlichtet bei....	Bewilligungsgremium schlichtet bei....
■ Problemen mit den Projektvorgaben (Abweichungen der Kosten, Termine oder Leistungsparameter bis 15%)	■ größeren Problemen mit den Projektvorgaben (Abweichungen der Kosten, Termine oder Leistungsparameter übersteigen 15%)
■ Problemen mit den Anwendern und Linienmanagern (Lösungsgestalt, Nutzung, Zusammenarbeit)	■ Problemen mit dem Projektauftrag (Ziele, Aufbauorganisation, Gestaltungsbereich)
■ Konflikten im Projektteam (Zusammenarbeit, Informationen, Verhalten)	■ Problemen mit dem Lenkungsausschuss (Entscheidungen, Informationen, Rollen)
■ Konflikten mit einem anderen Projekt (Gestaltungsbereich, Abhängigkeiten).	■ Konflikten zwischen Projekten und Lenkungsausschüssen (Prioritäten, Ressourcen, Termine)
	■ Konflikten zwischen Projektleiter und Linienmanager (Ressourcen, Zusammenarbeit, Informationen)
	■ Problemen mit der Sozial- und Geschäftspolitik (personelle Veränderungen, Strategieänderung).

7.9.4 Umgang mit Macht und Hierarchie

Nicht selten werden Projektleiter und -mitarbeiter durch Machteinflüsse in ihrer Arbeit eingeschränkt oder behindert. Das kann Stress und Unzufriedenheit bei den Projektbeteiligten auslösen. Die Palette möglicher Behinderungen reicht von unklaren Aufträgen bis zu Zielen, die in Wirklichkeit Lösungen sind, von ungeregelten Zuständigkeiten über unberechenbare Eingriffe in die Projektarbeit bis zur Hinauszögerung wichtiger Entscheidungen.

Rolle, Position und Aufgaben des Projektleiters erfordern ein hohes Maß an Verantwortung – gegenüber dem Projekt, gegenüber dem Team und nicht zuletzt gegenüber der eigenen Person, denn der entscheidende Beurteilungsmaßstab ist letztlich immer der Projekterfolg. Ein Projekt zu leiten bedeutet somit auch, klar und eindeutig Stellung zu beziehen, die Interessen des Projektteams entschieden zu vertreten und ausgleichend und vermittelnd zwischen den verschiedenen Interessengruppen zu wirken (siehe Abbildung 7.69).

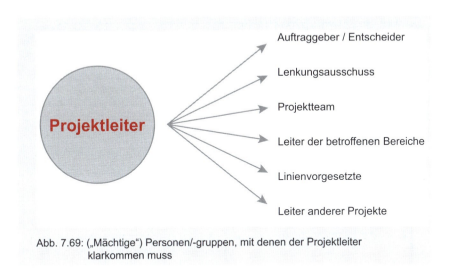

Abb. 7.69: („Mächtige") Personen/-gruppen, mit denen der Projektleiter klarkommen muss

Projektleiter benötigen also nicht nur ausreichende Fach- und Projektmanagementkompetenz, gefordert sind darüber hinaus Selbstvertrauen, Überzeugungskraft, Konfliktfähigkeit, Verhandlungsgeschick, Durchsetzungsvermögen und reichlich Mut und Zivilcourage.

Um diesen Anforderungen entsprechen zu können, bedarf es permanenter Lern- und Entwicklungsprozesse, eigene Einstellungen und Verhaltensweisen müssen immer wieder analysiert und hinterfragt werden. Hierbei geht es insbesondere um den persönlichen Umgang mit Macht und Hierarchie, der von vielen Faktoren wie z.B. der Erziehung, den Erfahrungen, der Unternehmenskultur und der eigenen Persönlichkeit abhängig ist.

Bei der Übernahme einer Projektleitung sind daher

- die Klärung der eigenen Position
- die Klärung der persönlichen Fähigkeiten
- die Klärung der an den Projektleiter gestellten Erwartungen
- die Klärung der konkreten Aufgaben (z.B. im Projekt allgemein, im Kick-off-Meeting, in Projektteamsitzungen, in Verhandlungen mit dem Auftraggeber, in Sitzungen des Lenkungsausschusses)
- die Überwindung „innerer Hierarchievorstellungen" („selbst gemachte" Filter, Hindernisse und Hemmnisse, Vorurteile und Klischees, vermutete Grenzen usw.)

Eigene Verantwortung bei der Übernahme der Projektleitung

außerordentlich wichtig. Nur ein „unbequemer" Projektleiter kann letztlich ein guter Projektleiter sein. Das liegt sowohl im Interesse des Projekts als auch des Unternehmens selbst.

Das nachfolgende Bearbeitungsmodell bietet eine Möglichkeit zur Selbstreflexion:

Bearbeitungsmodell für eigenes Verhalten

1. Schritt	Beschreibung des eigenen Verhaltens	„Wie verhalte ich mich gegenüber Macht und Hierarchie und wie geht es mir dabei?"
2. Schritt	Analyse des eigenen Verhaltens	„Warum verhalte ich mich so?"
3. Schritt	Beschreibung der eigenen Wunschvorstellung	„Wie möchte ich mich lieber verhalten?"
4. Schritt	Ermittlung der eigenen Blockade	„Warum verhalte ich mich nicht so, wie ich es gerne möchte?"
5. Schritt	Entscheidung	„Will ich mein Verhalten ändern, und wenn ja, was will ich ausprobieren?"

Abb. 7.70: Bearbeitungsmodell zur Reflexion des eigenen Verhaltens (vgl. HANSEL/LOMNITZ, 2003)

Selbstverständlich zielt der 5. Schritt auf eine völlig autonome Entscheidung. Entscheidet sich der Projektleiter jedoch trotz erkennbaren Handlungsbedarfs gegen den Versuch, sein eigenes Verhalten (gegenüber Macht und Hierarchie) zu verändern, muss er wissen, dass alles so (ungut oder unzulänglich) bleibt, wie es sich zum Zeitpunkt seiner Selbstreflexion darstellt. „Jammern und Klagen" ist dann eigentlich nicht länger legitim!

Aber auch die Vertreter der Hierarchie können maßgeblich zum Erfolg der Projektarbeit beitragen, indem sie

Beitrag der Hierarchie

- klare Zuständigkeiten schaffen und sich selbst an die Vereinbarungen halten
- Zeitvorstellungen mit dem Projektleiter abstimmen und aufgeschlossen für Sachargumente sind
- in schwierigen Projektsituationen notwendige Entscheidungen treffen
- sich kooperativ verhalten und im Rahmen ihrer zeitlichen Möglichkeiten und ihrer Aufgabenstellung mitarbeiten
- fachliche Grenzen in Detailfragen des Projekts respektieren
- Vertrauen in das Projektteam setzen und nicht mit positivem Feedback sparen.

7.9.5 Sitzungen des Lenkungsausschusses

Der Lenkungsausschuss (oder Project Steering Committee) setzt sich – wie in Kap. 2.3.4 beschrieben – aus leitenden Mitarbeitern der wesentlich betroffenen Einheiten zusammen. Er stellt personelle Ressourcen bereit und entscheidet an den Meilensteinen und bei wichtigen Anlässen über Projektergebnisse und das weitere Vorgehen. Damit spielt er für den Projektleiter und sein Team eine herausragende Rolle. Umso wichtiger ist eine konstruktive und reibungslose Zusammenarbeit, die insbesondere in den Sitzungen des Lenkungsausschusses zum Tragen kommt. Gerade hier zeigt sich der persönliche Umgang des Projektleiters mit „Macht und Hierarchie". Nur wenn es ihm gelingt, dem Ausschuss gegenüber selbstbewusst und nachdrücklich seine bzw. die Position des Projektteams zu vertreten sowie die – gerade in Krisen – notwendige Unterstützung und erforderliche Entscheidungen einzufordern, wird er letztlich seiner Verantwortung gerecht.

Unterstützung einfordern

Hilfreich ist es, sich gemeinsam mit dem Team gründlich auf die anstehende Sitzung des Lenkungsausschusses vorzubereiten. Gemeinsam werden die relevanten Themen, Fragestellungen oder Probleme aufbereitet und die jeweiligen Positionen formuliert. Dabei erweist sich eine sorgfältige visuelle Aufbereitung mit Hilfe von Flipcharts, Metaplanwänden oder auch Folien als nützlich: die Informationen werden für die Mitglieder des Lenkungsausschusses transparenter, der Entscheidungs- und Handlungsbedarf klarer.

Transparenz im Entscheidungsbedarf

In der Sitzung selbst muss dann der Projektleiter die zuvor mit seinem Team erarbeiteten Positionen entschieden vertreten und ggf. die Konsequenzen bei ausbleibenden Entscheidungen und/oder mangelnder Unterstützung aufzeigen. Das muss er aber nicht unbedingt alleine tun. Sofern zulässig kann die „Verstärkung" durch einige Teammitglieder, die einzelne Themenbereiche übernehmen können, die Wirkung erhöhen und zusätzlich die Motivation des Projektteams positiv beeinflussen.

Teamgedanken repräsentieren

Mitunter neigen Lenkungsausschüsse dazu, dem Projektleiter die Vor- und Nachbereitung sowie die Moderation der Sitzungen zu übertragen. Das hat auch Vorteile, können so beispielsweise wichtige Themen angesprochen werden. Problematisch ist das jedoch hinsichtlich der Moderation. Der Projektleiter gerät sehr schnell in einen Rollenkonflikt, weil die Neutralität erfordernde Moderationsaufgabe mit den (berechtigten) Interessen des Projektteams kollidieren kann. Zumindest im Zusammenhang mit anstehenden Entscheidungen empfiehlt es sich daher für den Projektleiter, die Moderation wenigstens vorübergehend abzugeben.

Schwierige Moderation durch Projektleiter

Für die Durchführung der Sitzungen gelten wiederum die bereits für das Projektteam beschriebenen Gestaltungsprinzipien (Zielklärung, Gruppenarbeitsplan, Visualisierung, Handlungsorientierung/Aktionsplan).

7.9.6 Konfigurations- und Änderungsmanagement

> „Wer festhält, was verändert werden muss, der verliert alles."
> Norbert Blüm

Auftragsänderungen

Jedes erfolgreiche Projekt ist auf eine klare Definition und einen soliden Plan gegründet. Diese Pläne sind nicht unfehlbar, denn es kommt relativ häufig vor, dass sie zur Überwindung unvorhergesehener Probleme abgeändert werden müssen. Der Projektauftrag sollte allerdings möglichst während einer Projektphase bis zur nächsten Abnahme beibehalten werden, da Änderungen in diesem Bereich gravierende Auswirkungen auf das gesamte Projekt haben. Dennoch ist es manchmal notwendig oder wünschenswert, den Projekt-(Phasen)auftrag zwischendurch neu festzusetzen.

Systemänderungen

Projekte verändern Systeme und Produkte. Diese nehmen während des Projekts unterschiedliche Entwicklungsstände ein, die am Ende wieder in den laufenden Betrieb einfließen. Diese unterschiedlichen Entwicklungsstufen werden als Konfigurationen bezeichnet. Das Konfigurationsmanagement sorgt nun dafür, dass, übergreifend für alle Projekte und als Schnittstelle zur Linienorganisation, jedes Teil zu jeder Zeit eindeutig identifizierbar ist und dem jeweiligen System/Produkt zugeordnet werden kann.

Damit in dem sich rasch ändernden Umfeld eines Projekts das Projektteam nicht

Nutzen des Änderungsmanagements

- unrealistische Pläne zu erfüllen versucht
- mit nicht mehr aktuellen Unterlagen arbeitet
- im Schnittstellenchaos versinkt
- durch fehlende Freigaben aufgehalten wird,

müssen Änderungsverfahren und die zugehörigen Aufgaben und Kompetenzen bei Änderungen geregelt sein.

Der Projektrahmen legt ein Projekt grundlegend fest und beeinflusst die Projektstrategie und das prinzipielle Vorgehen. Er enthält Annahmen und Prämissen, unter denen das Projekt genehmigt wurde. Hierzu gehören Prognosen von Marktentwicklungen, das Verhalten von Wettbewerbern und die Verfügbarkeit von Technologie und Wissensträgern. Wenn sich hierbei vollkommen neue Erkenntnisse ergeben, kann das enorme Auswirkungen auf betroffene Projekte haben.

Beispiel

So hatte die Ankündigung von Boeing, dass künftig in ihren Flugzeugen der Transatlantikreisende während des Flugs im Internet arbeiten kann, enorme Änderungen in der Entwicklung des A340 500/600 von EADS zur Folge. Um die Wettbewerbsfähigkeit zu erhalten, musste die geplante Konstruktion des Rumpfes in seinen Abmessungen völlig verändert werden.

Solche Änderungen müssen auf oberster Ebene freigegeben werden, da sie oft weitreichende Folgen haben. Grundsätzlich sollten alle Änderungen des Projektrahmens schriftlich mit dem Auftraggeber vereinbart werden, damit Missverständnisse ausgeschlossen sind und im Detail über die Auswirkungen auf die Projektziele und Einsatzmittel nachgedacht werden kann.

Änderungen des Projektauftrags können auf mehreren Ebenen erfolgen und unterschiedlich „große Kreise ziehen". Deshalb sollten bereits im Projektauftrag Out-of-line-Kriterien definiert werden, die den Projektbeteiligten Handlungsspielräume geben. Solange die Schwellenwerte nicht überschritten werden, brauchen die Abweichungen nicht der zuständigen Projektinstanz gemeldet zu werden.

> Je Änderungsart und -umfang gibt es zuständige Projektinstanzen

Je nach Änderungsart und -umfang sollten unterschiedliche Projektinstanzen verantwortlich sein. In der Änderungsorganisation muss klar geregelt sein, wer wann welche Anpassungen zu melden hat und wer sie veranlassen darf.

Ein Beispiel für eine Änderungsorganisation könnte wie folgt aussehen:

Abb. 7.71: Änderungsorganisation

Jede Änderung sollte schriftlich in Form von Änderungsanträgen beantragt und dokumentiert werden, um Sinnhaftigkeit und Auswirkungen von Änderungen beurteilen zu können und die Lenkung der Änderungsdokumente im Unternehmen zu gewährleisten.

Am Anfang steht der spezifizierte Änderungswunsch meist des Auftraggebers, der vom Projektleiter hinsichtlich der Machbarkeit und der Auswirkungen auf Termine, Kosten und Qualität eingeschätzt wird. Daraus ergibt sich ein „offizieller" Änderungsantrag, der vom Projektmanagement-Office neutral hinsichtlich der übergreifenden Auswirkungen bewertet und zur Genehmigung an die entsprechende Instanz weitergeleitet wird.

Formular

Änderungsantrag

Projekt-Nummer	Projekt-Name	Antragsteller	Datum

Lfd. Nr.	Änderungsbezeichnung

Änderungsbeschreibung	Änderung der	
	Ergebnisse	
	Termine	
	Kosten	
	Ziele	
	Planung	
	Vorgehen	

Ziele und Nutzen der Änderung	Passend zu Projektzielen	
	Ja	
	Nein	
	Muss-Änderung	
	Ja	
	Nein	

Betroffene Arbeitspakete	Neue Arbeitspakete

	Änderung	Nachtrag	Summe	Umsetzungsdauer
Aufwand in PT				
Kosten				

Projektinterne Konsequenzen

Externe Konsequenzen

Freigabe (Datum, Unterschrift) durch	Information an
Projekt-Controlling	
Projektleiter	
Auftraggeber	
Lenkungsausschuss	
Änderungsboard	

Abb. 7.72: Änderungsantrag

Konfigurations- und Änderungsmanagement

Nach der positiven Entscheidung über den Änderungsantrag müssen zwingend alle von der Änderung betroffenen Bereiche, Projektmitarbeiter, Lieferanten und gegebenenfalls auch Kunden informiert werden. Die schnelle und fehlerfreie Umsetzung der Änderungen ist in vielen Branchen heute zu einem Erfolgsfaktor geworden.

Auf die schnelle, fehlerfreie Umsetzung kommt es an

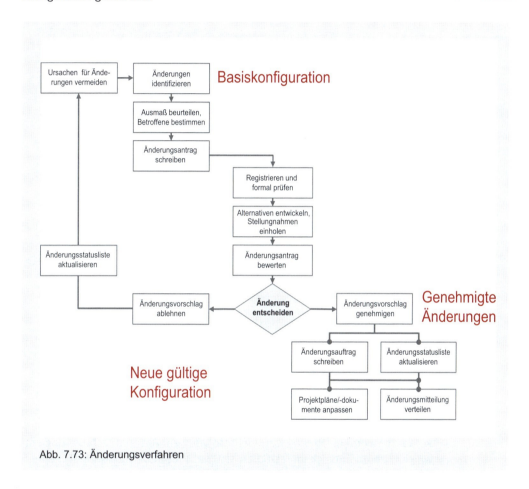

Abb. 7.73: Änderungsverfahren

Damit der Änderungsumfang im Projekt nicht ausufert und der Status der beantragten und bewilligten Änderungen immer transparent ist, sollte der Projektleiter in einer Tabelle eine Änderungsstatistik führen. Sie bildet die Entscheidungsgrundlage, ob eine gewünschte Änderung noch im Projekt untergebracht werden kann oder wegen deutlicher Termin- und Kostenüberschreitungen auf ein Folgeprojekt verschoben werden soll.

Durch eine Summenzeile kann immer die Relation zwischen Änderungsumfang und genehmigtem Gesamtbudget beobachtet werden.

Nr.	Name/Arbeitspaket	Status Wer?	Änderung bestehende Arbeitspakete			Nachtrag neue Arbeitspakete			Gesamt
			Anzahl	PT	Anteil	Anzahl	PT	Anteil	PT
1	Maskenlayout	PI	1	10	2%				10
2	Ergänzung Außendienst	AB	4	40	8%	2	20	4%	60
3	Schulungsdokumentation	PI				2	10	2%	10
4	Vertriebsmodul	LA	7	60	12%	2	10	2%	70
5	Projekt-Homepage	BEA				1	5	1%	5

Status 10.10.2013

Änderungsstatistik

Summe durchgeführter Änderungen: 70 / 14% | 20 / 4% | 90

Projektbudget Call-Center Kundenservice: 500

PI Projektinterne Absprache
AB Abgelehnt vom Auftraggeber
LA Genehmigt vom Lenkungsausschuss
BEA Beantragt durch Projektleiter

Abb. 7.74: Änderungsstatistik

Aufgrund des enormen Zeitdrucks, unter dem viele Projekte stehen, kommen sehr oft Teillösungen zum Einsatz, die in späteren Schritten ergänzt oder ausgetauscht werden. Oder es werden Prototypen zur Akzeptanzsteigerung entwickelt, deren Entwicklungsstadien sich sehr oft ändern und bei denen ein Rückgriff auf ältere Lösungsvarianten möglich sein muss. Aufgrund der hohen Komplexität ist es schwierig, die Integrität der Systembestandteile sicherzustellen. Hierzu soll das Konfigurationsmanagement beitragen.

Das Konfigurationsmanagement integriert die Systeme, Projekte, Daten und Regelungen im Unternehmen und sorgt dafür, dass

- ein Produkt bezüglich seiner funktionellen wie auch äußeren Merkmale eindeutig identifizierbar ist
- die Konfigurationen während der gesamten Entwicklung überwacht werden können

- die Zusammenhänge und Unterschiede zwischen früheren Konfigurationen und den aktuellen Konfigurationen jederzeit erkennbar sind
- Bauteile als Module von Systemen wieder verwendet werden können
- Mängel, fehlerhafte Teile bis zum Herstellplatz zurückverfolgt werden können
- die Projektbeteiligten jederzeit über die aktuellen Versionen informiert sind
- verschiedene Auftragnehmer mit einheitlich vorgeschriebenen Konstruktionsnormen arbeiten.

Zweck des Konfigurationsmanagements

Abb. 7.75: Konfigurationsmanagement in Projekt und Unternehmen

Eine Konfiguration ist eine benannte und formal freigegebene Menge von Entwicklungsergebnissen mit den jeweils gültigen Versionsangaben, die in ihrer Wirkungsweise und ihren Schnittstellen aufeinander abgestimmt sind und gemeinsam eine vorgegebene Aufgabe erfüllen sollen.

Definition

452 | Projektdiagnose und -steuerung

Entwicklungsergebnisse sind alle Ergebnisse, die im Projektverlauf entstehen. Hierzu gehören:

Bestandteile einer Konfiguration

- Freigegebener Code
- Pflichtenhefte
- Zeichnungen
- Projektdokumente
- Konzepte.

Konfigurationsmanagement in der Softwareentwicklung ist kritischer Erfolgsfaktor

In der Softwareentwicklung stellen die parallelen Entwicklungen von Systemkomponenten in mehreren Varianten von vielen Entwicklern an mehreren, auch internationalen Standorten, die eine Unmenge von Dateien in verschiedenen Versionen verwenden, besonders hohe Anforderungen an das Konfigurationsmanagement.

Zum Konfigurationsmanagement gehören folgende Funktionen, die auf die Projektziele, das Projektumfeld und die verfügbaren Mittel ausgerichtet werden müssen (siehe Abbildungen 7.76 und 7.77).

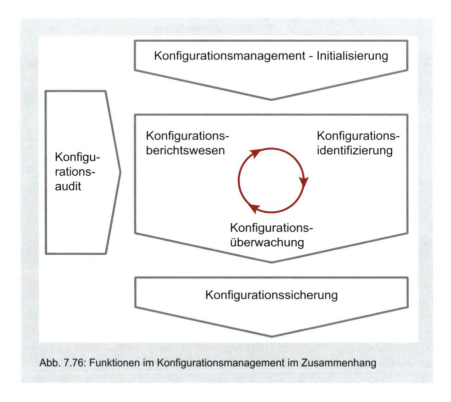

Abb. 7.76: Funktionen im Konfigurationsmanagement im Zusammenhang

Konfigurations- und Änderungsmanagement

Initialisierung des Konfigurationsmanagements
- Festlegen des organisatorischen Rahmens in einem Konfigurationsmanagementplan
- Produktbibliothek definieren
- EDV-Werkzeuge bereitstellen

Konfigurationsidentifizierung
- Alle Objekte einer Konfiguration (Dokumente, Berichte, Implementierungsdokumente, Compiler etc.) in der „Produktbibliothek" archivieren und katalogisieren, so dass die Objekte weder absichtlich noch unabsichtlich zerstört werden können
- Objekte eindeutig, formal und fachlich-inhaltlich identifizierbar machen
- Einen definierten Aufsetzpunkt für Änderungen geben

Konfigurationsüberwachung
- Erfassung und Verwaltung eingehender Fehlermeldungen, Problemmeldungen und Verbesserungsvorschläge in Form von Änderungsanträgen
- Entscheidung über die Bearbeitung von Änderungsanträgen
- Auswahl von Lösungsvorschlägen unter Berücksichtigung von technischen und terminlichen Auswirkungen auf den Projektverlauf
- Veranlassung der Bearbeitung
- Abschluss der Änderung und Information aller Betroffenen

Konfigurationsberichtswesen
- Formalisierte Dokumentation und Berichterstattung über den Stand laufender Änderungsanträge und die Durchführung genehmigter Änderungen
- Führen der Änderungshistorie
- Liefern von Differenzinformationen zwischen Konfigurationen, Versionen und Dateien

Konfigurationsaudit
- Formale Überprüfung des Ausführungsstands einer Konfigurationseinheit bzw. des Produkts auf Übereinstimmung mit den geltenden Konfigurationsdokumenten

Konfigurationssicherung
- Ablage und Archivierung der Konfigurationsdaten

Abb. 7.77: Aufgaben des Konfigurationsmanagements

Fragen und Aufgaben zur Wiederholung:

1. Erläutern Sie den Begriff Konfiguration an einem Beispiel aus Ihren Projekten.
2. Was sind die wichtigsten Stationen eines Änderungsprozesses?
3. Welche Bedeutung hat das Konfigurationsmanagement in IT-Projekten?
4. Wann sollte ein Projektänderungsantrag gestellt werden?
5. Worauf müssen Sie achten, um richtig zu eskalieren?
6. Was kann dem Projektleiter den eigenen Umgang mit Macht und Hierarchie (z. B. mit dem Auftraggeber) im Projekt erleichtern?

8 Projektabschluss

Kompetenzelemente der ICB 3.0
1.20 Projektabschluss
2.01 Führung
2.02 Motivation und Engagement
2.06 Offenheit
2.09 Effizienz
2.14 Wertschätzung

Kapitel und PM-Prozesse des PMBOK®
4.6 Projekt oder Phase abschließen
12.4 Beschaffung abschließen

Ziele dieses Kapitels – Was können Sie erwarten?

Sie kennen

- die Bedeutung von Lernerfahrungen im Projektmanagement
- die Inhalte eines Projektabschlussberichts
- das Project Excellence-Bewertungsmodell
- die Bedeutung einer sorgfältigen Abschlussanalyse.

Sie können

- eine Abschlussbesprechung gestalten, um Lernerfahrungen zu sichern
- abgeschlossene Projekte nach vergleichbaren Kriterien bewerten.

8.1 Aktivitäten im Überblick

> „Vergeben und vergessen heißt kostbare Erfahrungen wegwerfen."
> Arthur Schopenhauer

Werden bei der Initialisierung eines Projekts schon große Unterlassungssünden begangen, so trifft dies in weit größerem Maße für die Beendigung eines Projekts zu – vermutlich, weil die Beteiligten einerseits froh sind, dass „es vorüber ist", und sich andererseits schon wieder neue bzw. aufgeschobene alte Aufgaben aufdrängen.

So kommt es, dass

- Projekte (oft unter dem Deckmantel „Maintenance") kein Ende finden
- Projekte „sang- und klanglos" zu Ende gehen

Versäumnisse beim Projektabschluss

- misslungene Projekte „unter den Teppich gekehrt" werden
- versäumt wird, erfolgreiche Projekte entsprechend positiv zu würdigen
- die große Chance vergeben wird, aus den gemachten Erfahrungen für künftige Projekte zu lernen.

Bereits zu Beginn eines Projekts sollte ein Szenario entwickelt werden, das beschreibt, wann das anstehende Projekt als beendet anzusehen ist. Es handelt sich dabei aus fachlicher Sicht um die Definition des letzten Meilensteins eines Projekts, aus motivationaler Sicht um eine Vision, die eine bildhafte Vorstellung von dem zu Erreichenden vermittelt.

Tritt das definierte Projektende ein, fallen folgende Abschlussaktivitäten an:

Für die Abschlussaktivitäten genügend Zeit reservieren

- Abschlussbesprechung des Projektteams durchführen. Die Besprechungspunkte entsprechen dem Inhaltsraster des Abschlussberichts
- Abschlussbericht erstellen (Mustergliederung siehe Kap. 8.4), um so die gemachten Erfahrungen für Nachfolgeprojekte zu sichern und nutzbar zu machen
- Erhaltungsplan aufstellen, damit die neue Lösung sich schneller und besser stabilisiert. Beim Erhaltungsplan handelt es sich praktisch um einen Auftrag mit den bekannten Inhalten für die Erhaltungs- bzw. Nutzungsphase bzw. für einen begrenzten Zeitraum derselben. Der Erhaltungsplan kann ein eigenständiges Dokument oder Bestandteil des Abschlussberichts sein
- Antrag auf Abnahme des Projekts stellen
- Abschlussbesprechung mit dem Auftraggeber durchführen
- Projektbeteiligte formal von der Projektverantwortung entlasten
- Abnahme des Abschlussberichts dokumentieren
- Archivierung der Projektunterlagen und Aktualisierung der „Erfahrungsbibliothek" (sofern vorhanden)
- Formale Übergabe der Lösung an die Anwender
- Auflösen der Projektorganisation
- Referenzen und Beteiligung am Projekt festhalten
- Abschlussfest veranstalten
- Erfolgskontrolle vereinbaren und durchführen.

8.2 Lernen aus Projekterfahrungen

In einem oft langen Zeitraum hat das Projektteam zusammengearbeitet. In dieser Zeit entsteht ein enormer Wissens- und Erfahrungsschatz, der für die erfolgreiche Gestaltung der Zukunft und erst recht für die persönliche Entwicklung der beteiligten Mitarbeiter außerordentlich wichtig sein kann. Wissenszuwachs und Erfahrungen betreffen zum einen die im Projekt bearbeiteten Fachthemen, zum anderen die praktizierte und erlebte Zusammenarbeit im Team mit allen ihren Höhen und Tiefen, Konfliktsituationen, Problemen, Lösungsversuchen, Erfolgen, Rückschlägen, Durststrecken, euphorischen Phasen u.v.m.

Darüber hinaus hat das Projektteam Erfahrungen im Umgang mit „Macht und Hierarchie" gesammelt. Zu denken ist hier insbesondere an die Zusammenarbeit mit dem Auftraggeber bzw. Entscheider, mit dem Lenkungsausschuss oder auch mit den Leitern der vom Projekt betroffenen Bereiche. Wichtige Erkenntnisse dürften sich auch im Zusammenspiel mit den Betroffenen ergeben haben. Erlebte Formen von Widerstand gegen die sich abzeichnenden Veränderungen, das Bemühen um Aufdeckung der Ursachen, Erfahrungen mit Maßnahmen zur Überwindung von Abwehrhaltungen können sich prägend auf die persönliche Einstellung und künftige Verhaltensweisen auswirken.

Diese kleine Aufzählung deutet auf die enormen Lernchancen hin, die Projektarbeit bieten kann. Sie zu nutzen, bringt dem ganzen Unternehmen einen zusätzlichen Gewinn, der bisweilen sogar über den Ertrag des eigentlichen Projekts hinausgehen kann. Neben der grundsätzlichen Bereitschaft müssen vor allem einige entscheidende Voraussetzungen gegeben sein, um diesen Schatz zu heben:

- Ein wertschätzender Umgang mit den Erfahrungen anderer
- Eine konstruktive Fehlerkultur, die das Zugeben bzw. Offenlegen von Fehlern und die sorgfältige Analyse der Ursachen zulässt und nicht die „Schuldfrage" in den Vordergrund stellt (Fehler sind gerade bei der Projektarbeit niemals auszuschließen. Darf man sie nicht offenbaren, müssen sie getarnt und damit dem Lernprozess entzogen werden!)
- Ein Verfahren (Projektbibliothek, Wissensmanagement, Berichte in der Hauszeitschrift, Informationsbörsen, Projektreviews u.ä.), mit dem allen Interessierten die Erfahrungen zugänglich gemacht werden.

Erfolgsfaktoren für das Lernen im Projekt

Die Erfahrungen des Projektteams zu schätzen und zu nutzen, ist nicht nur ökonomisch sinnvoll, sondern drückt gleichzeitig auch die Wertschätzung der Mitarbeiter aus, was sich in deren Motivation für die weitere (Projekt-)Arbeit niederschlagen wird.

8.3 Abschlussbesprechung planen und durchführen

Der beschriebene Lernprozess sollte bereits während des laufenden Projekts einsetzen, indem regelmäßig Reviews und Prozessanalysen durchgeführt und daraus Konsequenzen abgeleitet werden. Zusätzlich bieten die Maßnahmen zur Diagnose und Steuerung jede Menge Lernansätze. Die Abschlussbesprechung hat aber insofern eine besondere Qualität, als hier die Summe der Erfahrungen sichtbar wird. Dabei kann es zweckmäßig sein, zunächst im Projektteam eine Abschlussbesprechung durchzuführen, um von der hier möglichen Offenheit und Vertrautheit zu profitieren und alle relevanten Punkte zusammenzutragen, die dann in einer weiteren abschließenden Besprechung mit dem Auftraggeber behandelt werden sollen.

Eine gründliche (gemeinsame) Vorbereitung „garantiert" einen erfolgreichen Ablauf. Folgende Aspekte sind besonders wichtig:

- Klärung und Festlegung der Besprechungsziele
- Erarbeitung einer auf die Zielsetzung abgestimmten Tagesordnung (Gruppenarbeitsplan!)
- Aufbereitung und Bereitstellung aller benötigten Unterlagen
- Klärung der Rahmenbedingungen (Raum, Medien, Bewirtung u.a.m.).

Ein etwas festlicherer Rahmen dieser Zusammenkunft unterstreicht die Bedeutung und macht den Teammitgliedern die Besonderheit des Anlasses bewusst.

Für die abschließende Prozessanalyse des Projektteams können die nachfolgend aufgeführten Fragen richtungsweisend sein:

Prozessanalyse

- ☑ Können wir mit der Zielerreichung zufrieden sein?
- ☑ Wie haben wir zusammengearbeitet?
- ☑ Was hat uns gefördert, was behindert?
- ☑ Wie sind wir alles in allem miteinander umgegangen?
- ☑ Wo lagen unsere Stärken, wo unsere Schwächen?
- ☑ Welche Probleme gab es hinsichtlich der Vorgehensweise?
- ☑ Wie lief die Zusammenarbeit mit Auftraggeber/Entscheider/Lenkungsausschuss/Bereichsleitern/Projektmanagement-Office?
- ☑ Wie sind wir mit den Betroffenen umgegangen?
- ☑ Was haben wir, was hat jeder für sich aus dem Projekt gelernt?
- ☑ Was sollte man in Zukunft grundsätzlich anders machen?

Ideal wäre es, wenn auch diese Erkenntnisse dokumentiert würden und im Unternehmen allgemein zur Verfügung gestellt werden könnten. Ob sich das Projektteam dazu entschließen kann, hängt jedoch in erster Linie von der Unternehmenskultur und dem von ihr getragenen Ausmaß an Offenheit, Vertrauen und Fairness ab. In jedem Fall bietet die abschließende Prozessanalyse den Teammitgliedern selbst wertvolle Hilfen für die Zukunft.

Weitere Besprechungspunkte ergeben sich aus der Gliederung des Abschlussberichts.

8.4 Abschlussbericht

1	**Einleitung**	
1.1	Grundlagen/Ausgangslage (aus Projektauftrag übernehmen)	
1.2	Gestaltungsbereich (aus Projektauftrag übernehmen): Welche Modifikationen wurden im Laufe des Projekts warum vorgenommen?	
1.3	Ziele des Projekts (aus Projektauftrag übernehmen): Welche Modifikationen wurden im Laufe des Projekts warum vorgenommen?	
2	**Diagnose des Projektmanagements**	
2.1	Projektaufbauorganisation (aus Projektauftrag übernehmen): Was wurde am Projektaufbau warum personell/strukturell verändert?	
2.2	Projektplanung: Welche Planabweichungen hat es warum gegeben hinsichtlich Projektstruktur- und Projektablaufplan, Budget, Terminen?	
2.3	Projektkultur (projektteamintern): Beurteilung des Teamverhaltens	
3	**Diagnose der Projektergebnisse** Beurteilung der Ergebnis-/Lösungsqualität (Zielerfüllung)	
3.1	Einzelergebnis 1	→ Text
3.2	Einzelergebnis 2	→ Text
3.3	Zusammenfassung	→ Text
4	**Projektkultur (Projektumfeld)** Wie wurde die Einstellung (z.B. Lenkungsausschuss, Vorgesetzte, Betroffene und andere Stakeholder) zur Projektarbeit erlebt?	
5	**Gesamtbeurteilung** Gesamtbeurteilung der Struktur, Kultur und Wirtschaftlichkeit des Projekts	
6	**Überleitungspläne (Beteiligte, Sachmittel, sonstige Strukturen)** Was passiert mit den Beteiligten und Sachmitteln? Wurde das Projektkonto geschlossen? Wohin werden das Projekt betreffende Nachträge verbucht?	
7	**Erhaltungsplan** Wie sind Erfolgskontrollen, Stabilisierung und Optimierung der Lösung nach Projektabschluss geregelt? Wer trägt hierfür die Kosten?	
8	**Erkenntnisse und Konsequenzen für die Zukunft** Was haben wir strukturell und kulturell gelernt? Was werden wir beibehalten? Was werden wir das nächste Mal anders/besser machen? Welche Standards sind entstanden, haben sich bewährt und können verallgemeinert werden?	

Inhalte des Abschlussberichts als Formblatt

Abb. 8.01: Inhalte des Abschlussberichts

8.5 Projektreferenzen

Um schnell auf die im Projektabschluss erstellten Unterlagen zugreifen zu können, sollten alle Unterlagen mit einer Charakterisierung des Projekts verbunden werden. Ein sogenanntes Projektreferenzblatt kann aus den Projektstammdaten und den beim Projektende festgestellten Besonderheiten gewonnen werden. Die Angaben können dann in einer unternehmensweiten Referenzdatenbank hinterlegt werden.

Referenzen als Marketinginstrument

Diese Referenzen sind jedoch nicht nur für die Projekte als solche wichtig. Beratungsunternehmen, Werbeagenturen und Anlagenbauer verwenden sie als wichtiges Marketinginstrument, um zu zeigen, welche Themen, Kampagnen und Projekte mit welchen Kunden aus welchen Branchen in welchem Zeitraum erfolgreich abgewickelt wurden. In der Praxis fehlen allerdings oft Prozesse, die automatisch die Aktualisierung der Werbeunterlagen sicherstellen.

Projektreferenzen in der Personalentwicklung

Aber auch für die Projektbeteiligten sollte der Erfahrungs- und Kompetenzgewinn durch das Projekt dokumentiert werden. Jedes Projekt ist ein wichtiger Karriereschritt für Mitarbeiter und Führungskräfte, über den die Personalabteilung informiert sein sollte, um die Personalakten zu ergänzen. Hier genügt es nicht, nur den Projekttitel und die Zeitdauer aufzunehmen, sondern die im Projekt wahrgenommene Rolle und die erworbenen Kenntnisse und Fertigkeiten sind besonders wichtig.

Werden die Projektmitarbeiter zentral in einem Ressourcenpool geführt, werden die Einsatzprofile nach Projektende aufgefrischt und in „gelben Seiten" veröffentlicht, damit Projektleiter und Projektmitarbeiter zielgerichtet für neue Projekte ausgewählt werden können.

Erfolgreiche Projekte dokumentieren die Leistungsfähigkeit von Unternehmen und Mitarbeitern. Sie eignen sich somit gut als Werbeträger und sollten durch Öffentlichkeitsarbeit herausgestellt werden. Ansatzpunkte sind:

- Referenzliste
- 1- bis 2-seitige Projektkurzinformationen, ansprechend gestaltet mit Schaubildern
- Projektberichte als Bestandteil von Akquisitionsunterlagen
- Veröffentlichungen in Fachzeitschriften
- Vorträge bei Fachveranstaltungen und
- Schautafeln/Poster für Messen.

Über die eigenen Erfolge zu berichten, motiviert auch Projektmitarbeiter und Projektleiter.

8.6 Projektbewertung

Eine abschließende Projektbewertung kann oft erst nach einigen Monaten vorgenommen werden, da sich die Qualität der Projektergebnisse im praktischen Einsatz beweisen muss und der wirtschaftliche Erfolg erst nach mehreren Jahren korrekt beurteilt werden kann.

Mit einer Projektbewertung nach dem Bewertungsmodell Project Excellence lassen sich wichtige Erkenntnisse für die künftigen Projekte gewinnen, während Nachkalkulationen den wirtschaftlichen Aspekten im Projektmanagement Nachdruck verleihen und die Daten für Aufwandsschätzungen, Angebotsabgaben und Wirtschaftlichkeitsrechnungen verbessern.

Ansatzpunkte für Verbesserungen im Projektmanagement

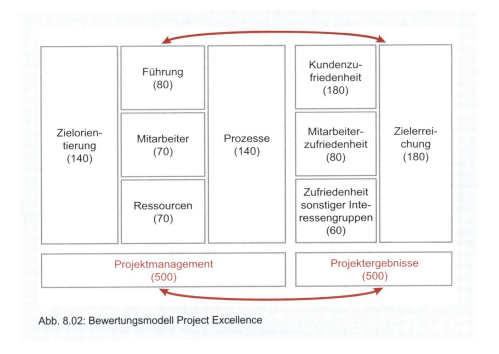

Abb. 8.02: Bewertungsmodell Project Excellence

Das Modell Project Excellence der Deutschen Gesellschaft für Projektmanagement (GPM) liefert Standardfragen und Bewertungsmaßstäbe, die eine ausgezeichnete, fortschrittliche Vorgehensweise und deren Anwendung im Projektmanagement ergründen sowie hervorragende Projektergebnisse diagnostizieren. Es lehnt sich an das EFQM-Modell der European Foundation of Quality Management an.

GPM hat EFQM-Modell auf Projekte übertragen

Die einzelnen Fragenkomplexe sind mit Punktwerten gewichtet. Ein Assessorenteam bewertet in neun Kriterien und 22 Nachweisfeldern den Erreichungsgrad hinsichtlich der Maximalpunktzahl. Daraus lassen sich Stärken erkennen und Verbesserungspotenziale aufzeigen. Das Ergebnis wird in Form eines Projektprofils visualisiert.

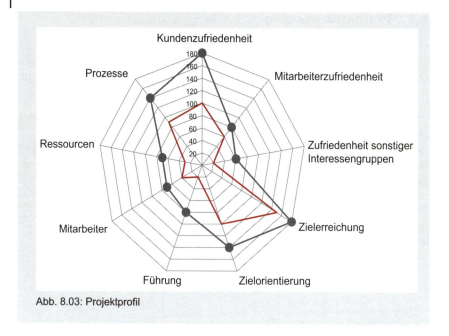

Abb. 8.03: Projektprofil

Fragen und Aufgaben zur Wiederholung:

1. Welche Themen werden in einer Projektabschlusssitzung behandelt?

2. Erläutern Sie den Ablauf einer Produktabnahme.

3. Wie ist ein Projektabschlussbericht aufgebaut?

4. Bei welchen Projekten sollte eine Projektbewertung durchgeführt werden? Welche Voraussetzungen müssen hierfür während des Projekts geschaffen werden?

5. Beschreiben Sie, welche Erfahrungsdatenbanken für Ihre Projekte nützlich sind. Inwieweit werden diese in Ihrem Bereich erstellt und genutzt? Nennen Sie Ursachen für mögliche Defizite.

6. Wie können die Erfahrungen in der Projektarbeit als Lernchance genutzt werden?

9   Weiterentwicklung des Projektmanagements

Kompetenzelemente der ICB 3.0
3.04 Projekt-, Programm-, Portfolioeinführung
3.08 Personalmanagement

Kapitel und PM-Prozesse des PMBOK®
2.4.3 Prozessvermögen der Organisation

Ziele dieses Kapitels – Was können Sie erwarten?

Sie kennen

- die Modelle zur Bestimmung des Reifegrads im Projektmanagement einer Organisation
- die Bestandteile eines Projektmanagementsystems
- Deming's Prinzip der kontinuierlichen Verbesserung.

Sie können

- Projektmanagement-Systeme beurteilen und daraus Handlungsbedarf für eine Weiterentwicklung ableiten
- Initiativen zur Weiterentwicklung des Projektmanagements als Veränderungsprojekte bilden
- die Unterschiede der international anerkannten Verfahren zur Zertifizierung von Projektpersonal aufzeigen und für Ihre Karriere im Projektmanagement nutzen.

> „Alles sollte so einfach wie möglich gemacht werden,
> aber nicht einfacher."
> Albert Einstein

Jedes abgeschlossene Projekt liefert anhand Projektbewertung und Abschlussbericht ein Bild über die Qualität des Projektmanagements im Unternehmen und damit viele Anregungen, das Projektmanagement weiter zu entwickeln. Diese gilt es, systematisch aufzugreifen und einem etablierten kontinuierlichen Verbesserungsprozess des Projektmanagement-Systems zuzuführen.

Dazu benötigt man:

- Standards im Projektmanagement, die „bestes" Projektmanagement („Best-Practice") beschreiben
- Entwicklungsstufen, um den Reifegrad im Projektmanagement zu messen
- Einen kontinuierlichen Verbesserungsprozess, um von einer Entwicklungsstufe zur nächsten zu gelangen.

Drei Säulen, um PM-Systeme zu verbessern

9.1 Bestandteile eines Projektmanagement-Systems

Definition

Ein Projektmanagement-System ist die Gesamtheit aller eigens für die Projektarbeit installierten Stellen, Techniken, Dokumentationen, Qualifikations- und Unterstützungsmaßnahmen.

Das Qualitätsmanagement-System für Projekte

Wenn man die Gedanken des Qualitätsmanagements konsequent auf Projekte anwendet, ist ein Projektmanagement-System das Qualitätsmanagement-System für die Bearbeitung von Projekten. Es enthält damit dauerhaft gültige Regeln und Strukturen für das Projektmanagement, die in einer hierarchisch aufgebauten Dokumentation beschrieben sind. Sie basieren auf allgemeingültigen Normen, die für Unternehmen oder Institutionen spezifisch ausformuliert sind.

Durch (interne, externe) Audits wird festgestellt und nachgewiesen, inwieweit die Regeln und Strukturen bekannt sind, akzeptiert und angewendet werden. Der Erfolg wird durch ein Zertifikat bestätigt und Nachbesserungen müssen bis zum nächsten Audit umgesetzt sein.

In ähnlicher Form soll die Qualität der Projektarbeit in Unternehmen und Institutionen festgestellt und systematisch weiterentwickelt werden.

Abb. 9.01: QM-Dokumentation

Bestandteile eines Projektmanagement-Systems | 465

Ein Projektmanagement-System enthält strategische, strukturelle, technische und kulturelle Komponenten, die optimal aufeinander abgestimmt sind:

- Eine aus der Unternehmensstrategie abgeleitete Projektmanagement-Strategie, die die grundlegenden Vorfahrtsregeln für die Genehmigung von Vorhaben enthält
- Ein zentrales Bewilligungsgremium auf TOP-Management-Ebene als maßgebliche Entscheidungsinstanz für das Multiprojektmanagement
- Ein in die Unternehmensplanung eingebettetes Genehmigungsverfahren für Projekte
- Sponsoring von Projekten durch die obersten Führungsebenen
- Ein zentrales Projektmanagement-Office, das die strategische Ausrichtung des Projektportfolios vorbereitet und laufende Projekte wirtschaftlich und methodisch begleitet
- Ein vom Personalbereich getragenes Personalentwicklungskonzept für alle Projektbeteiligten vom Projektmitarbeiter bis zu den Mitgliedern des Bewilligungsgremiums, das Grundlage für die Besetzung von Projektteams und -gremien ist
- Eine Projektkultur, die den Erfahrungsaustausch im Projektmanagerkreis fördert, Transparenz über den Projektstatus pflegt und die kontinuierliche Verbesserung der Projektarbeit zum Grundprinzip hat
- Projektübergreifende Strukturen, die die Auswirkungen von Veränderungen in laufenden Projekten beobachten und die operative und strategische Diagnose und Steuerung des Projektportfolios aufeinander abstimmen
- Eine IT-Infrastruktur, die die Planung und Abwicklung von Projekten unterstützt, die übergreifende Planung und Steuerung der Einsatzmittel (Mitarbeiter und Sachmittel) ermöglicht und das Controlling mit einer getrennten projektbezogenen Abrechnung versorgt
- Unternehmensweit akzeptierte und im Organisations- bzw. Qualitätsmanagement-Handbuch dargestellte Regeln und Standards für die Projektarbeit, die allen im Unternehmen bekannt sind und alle Projektbeteiligte anwenden können.

Ein funktionierendes PM-System hat ineinandergreifende Komponenten

Weiterentwicklung des Projektmanagements

Strategie	Struktur
PM-Strategie in Unternehmensstrategie integriert Abgrenzung Linie - Projekt Zentrales Bewilligungsgremium Übergreifendes Genehmigungsverfahren	Projektmanagement-Office Projektübergreifende Richtlinien für Strukturen und Prozesse Projektmanagement-Handbuch mit Verfahrensbeschreibungen, Formularen und Checklisten
Technik	**Kultur**
Spezialprogramme für Arbeitspakete Workflow-Unterstützung für Einzelprojekte Ressourcenorientierte Multi-Projektmanagement-Systeme Enterprise-Projektmanagement-Systeme für die Unternehmenssteuerung und Abrechnung Plattformen zur Unterstützung der Zusammenarbeit	Sponsoring von Projekten durch TOP-Management Personalentwicklungskonzept für Projektbeteiligte Erfahrungsaustausch der Projektleiter Grundprinzip der kontinuierlichen Verbesserung

Abb. 9.02: Bestandteile eines Projektmanagement-Systems

IPMA nutzt Referenzmodelle für Personen, Projekte und die Organisation

Seit 2013 beschreibt die IPMA ein Projektmanagement-System mit einem integrierten Referenzmodell, das aus einzelnen Modulen für Personen, Projekte und die Organisation besteht. Das Modul Personen nutzt die bekannte Zertifizierung von Personen und misst, wie gut das Projektpersonal über PM-Methoden-, PM-Verhaltens- und PM-Kontextkompetenzen verfügt und diese auch in der Praxis anwendet.

Für Projekte wird das Bewertungsmodell Project Excellence eingesetzt, das auch zur Auswahl der jährlichen Preisträger des Projektmanagement-Awards der IPMA dient (siehe Kapitel 8.6).

Die Organisation wird in den Dimensionen Governance, Prozesse, Personen und Kontext abgeklopft, wobei neben der IPMA Competence Baseline 3.0 vor allem die bekannten ISO-Normen 9001, 10006 und 21500 Bezugspunkte sind. Die Ausprägungen der einzelnen Elemente werden durch standardisierte offene Fragen erhoben, die prüfen sollen, inwieweit die Organisation genormten Prozessen im Projektmanagement folgt.

Die Ergebnisse erlauben neben der Bestimmung des Status Quo und der Ableitung von Optimierungsmaßnahmen auch eine Zertifizierung der Organisation entsprechend einer genormten Kompetenzklasse, die vor allem für Unternehmen im Projektgeschäft Wettbewerbsvorteile bietet.

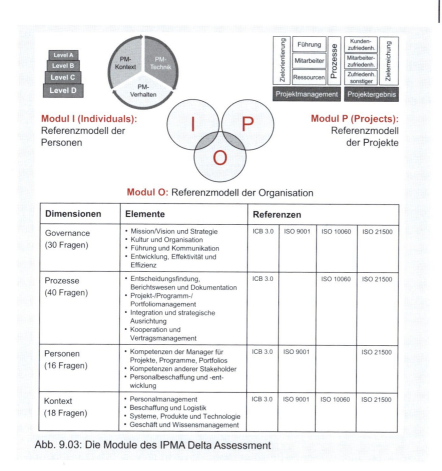

Abb. 9.03: Die Module des IPMA Delta Assessment

Bei der Auswertung werden auch die Abhängigkeiten zwischen den verschiedenen Modulen berücksichtigt. Das neue IPMA Delta Assessment ersetzt das PM Delta der Deutschen Gesellschaft für Projektmanagement (GPM).

Auch das Project Management Institute (PMI®) hat in den letzten Jahren sehr viel für Referenzmodelle zum Projektmanagement in Organisationen beigetragen. Das 2004 erstmalig veröffentlichte Organizational Project Management Maturity Model (OPM3®) gibt es nun in seiner dritten Auflage als vollständiges Framework. Es umfasst die Bereiche Portfolio-, Programm- und Projektmanagement, eine umfassende Liste von Best-Practice-Prozessen, sogenannte „Befähiger" der Organisation und einen kontinuierlichen Verbesserungsprozess, der in eine Initiierung, Planung und Steuerung von Veränderungsinitiativen mündet.

PMI® hat OPM3® zu einem umfassenden Werkzeug für die Weiterentwicklung des PM in Organisationen ausgebaut

Mit geschlossenen Standardfragen zu den Prozessen und Befähigern werden die Einschätzungen der Organisation vorgenommen und die Ergebnisse in Prozessverbesserungsstufen von **S** für Standard über **M** (Maßstäbe) und **C** (Control – Steuerung) bis **I** (Improve – Verbesserung) dargestellt.

Zum Portfolio- und Programmmanagement gibt es ausführliche Prozessbeschreibungen (siehe Anhänge 26 und 27), die nach dem Muster des PMBOK® nach Wissensgebieten aufgeteilt sind. Auf deren Grundlage werden auch Personenzertifizierungen zum Program Management Professional PgMP® angeboten.

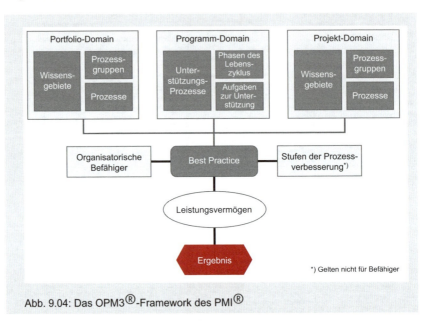

Abb. 9.04: Das OPM3®-Framework des PMI®

Befähiger beschreiben organisatorische Voraussetzungen für gutes Multiprojektmanagement

Über die organisatorischen Befähiger werden wichtige Voraussetzungen für ein optimales (Multi-)Projektmanagement von der strategischen Ausrichtung über Benchmarking bis zum unternehmensweiten Wissensmanagement berücksichtigt. Das Hinterfragen dieser Punkte gibt dem Management viele Anregungen, um regelmäßig Verbesserungsinitiativen zu starten.

Außerdem liefert das Framework Beratern eine sehr gute Basis für die Unterstützung von Unternehmen, um das Projektmanagement weiter zu professionalisieren. Dabei gilt es allerdings, genau auf die Bedeutung der einzelnen Punkte für das Geschäft der Organisation und die Praxistauglichkeit der Best-Practice zu achten, damit die Wirkung des sicherlich sehr mächtigen Werkzeugs nicht verpufft oder es an den falschen Stellen genutzt wird.

Auch für ein internes Projektmanagement-Office (PMO), das sich der kontinuierlichen Verbesserung des Projektmanagements in der Organisation verschrieben hat, liefert das OPM3®-Framework einen umfassenden Werkzeugkasten mit Checklisten, Prozessen und Vorgehensweisen.

1	Benchmarking	10	Projektmanagement-Praktiken der Organisation
2	Kompetenzmanagement	11	Projektmanagement-Techniken und Templates
3	Unternehmensführung	12	Organisationsstrukturen
4	Individuelle Leistungsbewertungen	13	Projektmanagement-Metriken
5	Wissensmanagement und Projektmanagement-Informationssystem	14	Projektmanagement-Training
6	Management-Systeme	15	Projekterfolgskriterien
7	Projektmanagement-Communities	16	Ressourcenbereitstellung
8	Projektmanagement-Methoden der Organisation	17	Projektförderung/-unterstützung
9	Projektmanagement-Grundsätze der Organisation	18	Strategische Ausrichtung

Abb. 9.05: Befähiger der Organisation

9.2 Beurteilung eines Projektmanagement-Systems

Um das bestehende Projektmanagement-System eines Unternehmens gezielt weiterzuentwickeln, muss es zuvor eingeschätzt werden. Ziel dieser Untersuchung ist es,

- die Bedeutung der Projektarbeit für das Unternehmen einzuschätzen
- die Erfahrung mit Projektarbeit (Umfang und Art) in den verschiedenen Bereichen des Unternehmens zu ermitteln
- die vorhandenen Standards zu sammeln und deren Akzeptanz und Nutzung im Unternehmen zu bestimmen.

Aus den Projektmanagement-Standards des PMI® und der IPMA abgeleitete Diagnose-Checklisten und Prüffragen-Kataloge sollten dazu genutzt werden, um konkrete Anhaltspunkte für Verbesserungspotenziale zu erhalten. Außerdem wird dadurch ein Vergleich mit anderen Unternehmen oder den besten Wettbewerbern der jeweiligen Branche möglich. Dieser wird durch die Einführung von Reifegrad-Modellen erleichtert, die unterschiedliche Entwicklungsstufen im Projektmanagement beschreiben.

470 | Weiterentwicklung des Projektmanagements

IPMA nutzt für sein IPMA Delta Assessment fünf sogenannte Kompetenzklassen. Dabei wird geprüft, ob die jeweilige Kompetenzklasse nicht, teilweise, meist oder vollständig erreicht wird:

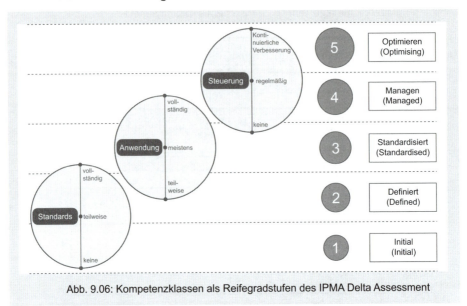

Abb. 9.06: Kompetenzklassen als Reifegradstufen des IPMA Delta Assessment

Reifegradstufen des IPMA

Die unterste Stufe 1 (Initial) ist erreicht, wenn die Erfolge im Projektmanagement auf einzelnen Personen beruhen, die Leistungen nicht einheitlich sind und die Organisation keine formalen Standards, Prozesse und Strukturen für das Projektmanagement besitzt.

Auf der nächsten Stufe 2 (Defined) sind teilweise Projektmanagementstandards, -strukturen und -prozesse definiert und werden auch größtenteils angewendet.

Stufe 3 (Standardised) verlangt vollständig definierte Projektmanagementstandards, -strukturen und -prozesse, die in der gesamten Organisation meistens genutzt werden.

Auf Stufe 4 (Managed) werden vollständig definierte Projektmanagementstandards, -strukturen und -prozesse überall genutzt und das Management überwacht und steuert aktiv deren Einsatz.

Auf Stufe 5 (Optimising) werden zusätzlich die Ergebnisse der Steuerung und Überwachung der Projektmanagementprozesse, -standards und -strukturen dazu verwendet, diese kontinuierlich und regelmäßig zu verbessern. Hier werden ein aktives Benchmarking mit anderen Organisationen und das kontinuierliche Aufgreifen von Verbesserungsvorschlägen aus den Projekten heraus gefordert. Abschlussberichte von Projekten werden für das interne Wissensmanagement aufbereitet. Mentoren tragen dann aktiv die neuen Erkenntnisse im Projektmanagement in die Organisation.

Das OPM3®-Modell des PMI® nutzt in der ersten Edition einen Beurteilungsfragebogen mit insgesamt 151 Fragen. Sie können nur mit „Ja" oder „Nein" beantwortet werden. Der Anteil der Antworten mit „Ja" im jeweiligen Bereich ergibt den Reifegrad in %.

Die Anforderungen aus den Fragen nehmen je Betrachtungsebene und je Verbesserungsstufe zu. Sie sind jedoch hinsichtlich ihrer Bedeutung für die einzelnen Aspekte alle gleichgewichtet.

Die Fragen beziehen strategische, strukturelle, technische, kulturelle und vor allem auch personelle Aspekte in die Beurteilung mit ein, so dass der heute vorherrschende ganzheitliche Ansatz im Projektmanagement als „Best-Practice" gut abgedeckt ist.

Hier ein paar ausgewählte Fragen zu den verschiedenen Betrachtungsebenen:

- Sind die Sponsoren und andere Interessenträger bei der Ausrichtung und Definition des Projekts beteiligt? Ist die Ausrichtung im besten Sinne für alle Interessengruppen?
- Haben die Projekte in der Organisation klare und messbare Ziele, die über die Aspekte Termine, Budget und Funktionalität hinausgehen?
- Nutzt die Organisation Projektmanagement-Prozesse und -Techniken in einer Art und Weise, dass diese effektiv und verbindlich für jedes Projekt sind?
- Ist in der Organisation für jedes Projekt eine Projektleiterrolle bestimmt?
- Schafft die Organisation eine Arbeitsumgebung, in der Teamarbeit und Vertrauensbildung gefördert werden? Werden Projektteams bestärkt, kalkulierbare Risiken einzugehen?

Betrachtungsebene Projekt

- Bewerten Programmmanager die Aussagesicherheit von Projektplänen unter Berücksichtigung der Zeitplanung, der Abhängigkeiten von Projekten untereinander und der Verfügbarkeit von gemeinsamen Ressourcen?
- Verstehen die Programmmanager, wie die eigenen und fremden Programme der Organisation zu den übergeordneten Zielen und Strategien der Organisation passen?
- Verfügt die Organisation über gemeinsame Prozesse, die sie nutzt, um Programme einheitlich zu steuern und aufeinander abzustimmen?

Betrachtungsebene Programmmanagement

- Bewertet die Organisation die Prozesse der Leistungsmessung über alle Ebenen auf der Suche nach Verbesserungsansätzen?
- Werden die Projekte der Organisation an der Geschäftsstrategie ausgerichtet und auf deren Grundlage priorisiert?

Betrachtungsebene Portfoliomanagement

Weiterentwicklung des Projektmanagements

- Verfügt die Organisation über eine interne Projektmanagement-Gruppe, die proaktiv alle notwendigen Rollen bzw. Funktionen im Portfoliomanagement wahrnimmt? Wird diese von der Organisation aktiv unterstützt?
- Verfügt die Organisation über eine Strategie, geschaffenes Wissen und gewonnene Erfahrung bei internen und externen Ressourcen zu speichern bzw. zu bewahren?
- Stellt die Organisation kontinuierlich Trainings- und Entwicklungschancen für Projektmanagement-Ressourcen bereit?
- Hat die Organisation Karrierepfade mit mehreren Stufen für projektbezogene Rollen?

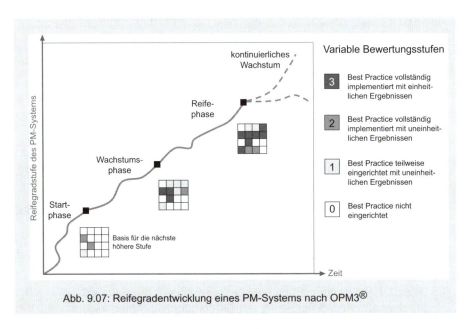

Abb. 9.07: Reifegradentwicklung eines PM-Systems nach OPM3®

Studie über das Projektmanagement nach OPM3®

Eine Studie von David Barcklow (ibo) unter 130 Finanzdienstleistungsunternehmen hat ergeben, dass in dieser Branche nahezu alle Unternehmen über Projektmanagement-Standards verfügen und diese kontinuierlich weiterentwickeln. Entwicklungspotenzial gibt es noch im Messen des Projekterfolgs und in der entsprechenden Steuerung.

OPM3® von 2013 ist umfassend erweitert

Die dritte Auflage des OPM3® von 2013 lässt bei der Bewertung auch Zwischenstufen zu. Damit können in einzelnen Bereichen Entwicklungsschritte der Organisation differenzierter beschrieben und klar messbare strategische Zielsetzungen für das Projektmanagement-System formuliert werden. Wie diese zur kontinuierlichen Weiterentwicklung des Projektmanagement-Systems genutzt werden sollen, liefert das OPM3® von 2013 gleich mit.

BP ID	Name der Best Practice (BP)	Beschreibung der Best Practice (BP)	Domain			Befähiger der Organisation	SMCV-Stufe
			Portfolio	Programm	Projekt		
1000	Einrichten von Grundsätzen des Projektmanagement-Systems	Die Organisation hat Grundsätze beschrieben zum Vereinheitlichen, Messen, Steuern und kontinuierlichen Verbessern des Projektmanagement-Systems	X	X	X	PM-Grundsätze und Vision der Organisation	
1005	Vereinheitliche den Prozess „Projektauftrag entwickeln"	Standards für den Prozess „Projektauftrag entwickeln" sind eingerichtet			X		S
1070	Vereinheitliche den Prozess „Vorgangsdauer schätzen"	Der Prozess „Vorgangsdauer schätzen" ist vereinheitlicht			X		S
1460	Projektmanagement-Prozesse flexibel anpassen	Die Organisation benutzt nur Prozesse, die für das jeweilige Projekt relevant sind	X	X	X	Projektmanagement-Methoden der Organisation	
1590	Halte Zuordnungen der Projektressourcen fest	Die Organisation hat einen formalen Prozess, um Projektressourcen zuzuordnen und diese festzuhalten	X	X	X	Ressourcenbereitstellung	
3235	Steuere den Prozess „Überwachen der Programmleistung"	Der Prozess „Überwachen der Programmleistung" ist eingerichtet und wird ausgeführt, um die Stabilität des Prozesses zu steuern		X			C

Abb. 9.08: Auszug aus der Liste der Best Practices nach OPM3® von 2013

Speziell für das Management von Software-Entwicklungsprojekten sind das Prozessmodell CMMI (Capability Maturity Model Integration) der Carnegie Melon University Pittsburgh und das Assessment-Modell SPICE (Software Process Improvement Capability Determination – basierend auf ISO/IEC

12207) weit verbreitet. Beide Modelle beinhalten einen speziellen Prozesskatalog für Software-Entwicklungsprojekte und deren Umgebung. Besonders hervorgehoben wird, wie der regelmäßige Support-Prozess in das Projektmanagement von Software-Entwicklungsprojekten einzubinden ist.

9.3 Das Projektmanagement-System systematisch verbessern

> „Niemand hat so viele Feinde wie der Befürworter einer neuen Ordnung, da die Anhänger und Profiteure der alten Ordnung sehr wohl wissen, was sie zu verlieren haben, die Befürworter der neuen Ordnung dagegen noch unsicher sind und sich daher nur als laue Unterstützer erweisen."
> Niccolo Machiavelli

In allen Reifegradmodellen ist ein etablierter kontinuierlicher Verbesserungsprozess des Projektmanagement-Systems die höchste Stufe. Dies setzt allerdings voraus, dass bereits eine einheitliche Sprache sowie einheitliche Verfahren, Standards und Methodiken eingeführt sind und angewendet werden. Wie können aber diese Voraussetzungen geschaffen werden?

Sind, wie es häufig in kleineren und mittleren Unternehmen der Fall ist, nur in wenigen projektorientiert arbeitenden Teilbereichen Projektmanagement-Methoden bekannt, so sollten mit einem extern begleiteten Pilotprojekt Grundlagen geschaffen werden, die anschließend ständig verbessert werden.

Befindet sich die Organisation bereits auf einer mittleren Reifegradstufe, reicht es oft aus, einen kontinuierlichen Verbesserungsprozess für das Projektmanagement zu verankern. Dazu sind strukturelle und kulturelle Veränderungen nötig:

Kontinuierlichen Verbesserungsprozess im Unternehmen verankern

- Geregelte Verantwortung für den Verbesserungsprozess des PM-Systems
- Prozessorientierte Formulierung des Projektmanagements
- Grundeinstellung der Suche nach Verbesserungen bei allen Projektbeteiligten
- Professionelle Anwendung der Methoden und Techniken aus dem Regelkreis der ständigen Verbesserung
- Handlungs- und umsetzungsorientierte Führung.

Mit den OPM3®-Prozessen werden Schritte dargestellt, wie regelmäßig die kontinuierliche Verbesserung des Projektmanagement-Systems als Best-Prac-

Das Projektmanagement-System systematisch verbessern | 475

tice erfolgen soll. Bevor etwa ein externer Berater in ein Assessment einsteigt, soll er sich erst ein umfassendes Wissen in den Kompetenzfeldern

- Governance, Risiko, Compliance
- Lieferung und Qualität der Projektergebnisse
- Management des Projektnutzens
- Change Management – Organisationales Lernen

aneignen. Dies ist ein wichtiger Erfolgsfaktor für das sich anschließende Assessment, denn alleine die Ankündigung einer Untersuchung des Projektmanagements in einem Bereich der Organisation beeinflusst schon deren Bereitschaft, in der Bewertung offen auf Fragen zu antworten.

Kontext des Projektmanagements im Unternehmen unbedingt vorher analysieren

In Organisationen mit einem funktionierenden Qualitätsmanagement-System oder regelmäßigen Lean-Six-Sigma-Programmen werden kontinuierliche Verbesserungsprozesse breit angewendet. Hier ist oft das organisationale Lernen zu einem festen Bestandteil der Unternehmenskultur geworden, so dass viele mit dem Prozess vertraut sind. Es gilt allerdings Projektmanagement zu einem wichtigen Gegenstand der Betrachtung zu machen.

Im QM zertifizierte Unternehmen sind mit der kontinuierlichen Verbesserung vertraut

Inwieweit Veränderungen im Projektmanagement erfolgreich waren, lässt sich auch nicht so unmittelbar feststellen wie bei Prozessen, die täglich mehrfach durchgeführt werden.

Zyklen Kompetenzfelder	Wissen aneignen	Assessment durchführen	Verbesserungen managen
Governance, Risiko und Compliance	Projektmanagement-System verstehen	Plan erstellen	Ergebnisse messen
Lieferung der Ergebnisse und Management des Nutzens	Organisationen verstehen	Inhalt und Umfang definieren	Empfehlungen entwickeln
			Initiativen auswählen
		Bewertung ausführen	Verbesserungen implementieren
Änderungen der Organisation	Änderungsbereitschaft einschätzen	Veränderungen initiieren	Veränderungen (beg)leiten

Abb. 9.09: Die OPM3®-Prozesse

Aktuelle Studien wie die Pulse-Umfrage des PMI® (März 2012) zeigen jedoch auf, dass ein hoher Reifegrad im Projektmanagement zu signifikant mehr Projekterfolg führt. Während diese es schaffen, dass bis zu 70% ihrer Projekte im Kosten- und Zeitrahmen bleiben und dabei auch die geforderten Qualitäts- und Geschäftsziele erreichen, sinkt diese Quote auf unter 40%, wenn der Reifegrad des Projektmanagement-Systems gering ist. Allerdings bleibt offen, welche konkrete Maßnahme welchen Effekt bedeutet.

Die Wirtschaftlichkeit ist häufig eine wichtige Motivation, in die kontinuierliche Verbesserung des Projektmanagement-Systems zu investieren. Die TU Berlin hat dazu auf der Nutzenseite den sogenannten Multiprojektperformance-Index (MPI) mit den Komponenten Geschäftserfolg, Portfolioerfolg und Multiprojektmanagementqualität eingeführt. In die Multiprojektmanagementqualität gehen

- die Qualität der Zusammenarbeit
- die Informationsqualität
- die Qualität der Ressourcenallokation und
- die Abbruchqualität

ein.

Der Projektportfolioerfolg wird anhand

- des durchschnittlichen Einzelprojekterfolgs
- der Portfoliobalance
- der Synergienutzung
- dem Strategie-Fit und
- dem Timing der Projektfreigaben

gemessen.

Für den Geschäftserfolg sind der wirtschaftliche Erfolg der Organisation und deren Zukunftsausrichtung maßgebend. Dies sind wichtige Zielgrößen, die sich regelmäßig beobachten lassen und Begründungen für Verbesserungsmaßnahmen liefern.

Bei den Kosten des Projektmanagements in der Organisation werden 75% davon im institutionalisierten Projektmanagement durch Projektbeteiligte und Gremien für Planung, Überwachung, Steuerung und Koordination verursacht, während lediglich jeweils ein Achtel für kontinuierliche Verbesserungsmaßnahmen und die Unterstützungsfunktionen wie Projekt-Office (PO) und Projektmanagement-Office (PMO) verbraucht werden. Eine Erhöhung dieser Anteile dürfte noch eine Menge von Einsparungen im institutionalisierten Projektmanagement selbst und bei den Projektergebnissen ermöglichen. Der folgende Katalog aus quantitativem und qualitativem Nutzen soll dem Leser Anregung und Argumentationshilfe sein:

Quantitativer Nutzen	Qualitativer Nutzen	Anteil
■ Reduzierte Nachbesserungen ■ Weniger Fehlerkosten ■ Verringerte Projektkosten ■ Verbesserte Personaleinsatzplanung ■ Pünktliche, schnellere Projektergebnisse ■ Kürzerer Time-to-market ■ Kürzere Projektlaufzeiten ■ Verbesserte, schnellere Entscheidungsprozesse	Systematik ■ Planungs-/Prognosequalität ■ Klare standardisierte Prozesse	23%
	Transparenz ■ Verantwortlichkeiten ■ Kommunikation ■ Klarheit über Kapazitäten, Aufwände	16%
	Effizienz ■ Weniger Abstimmprobleme ■ Engpassoptimierung	7%
	Wettbewerbsfähigkeit	17%
	Mitarbeiterzufriedenheit/-motivation	9%
	Kundenzufriedenheit/-orientierung	7%

Abb. 9.10: Nutzen von Verbesserungen des Projektmanagement-Systems (vgl. PROJECTMANAGEMENT AKTUELL, 2012)

Weiterentwicklung des Projektmanagements

Obwohl der Nutzen von Verbesserungen des Projektmanagement-Systems offensichtlich ist, bleiben viele Verbesserungsinitiativen stecken. Die Veränderungsenergie der Projektbeteiligten oder deren Einfluss ist oft zu gering. Hier ist ein aktives Change Management in allen 9 Handlungsfeldern der Veränderung (siehe Abbildung 4.04) notwendig, das den Veränderungsprozess begleitet. Auch können stetig durchgeführte kleinere Maßnahmen nach dem Prinzip der kontinuierlichen Verbesserung (W. E. DEMING) die Trägheit der Organisation überwinden.

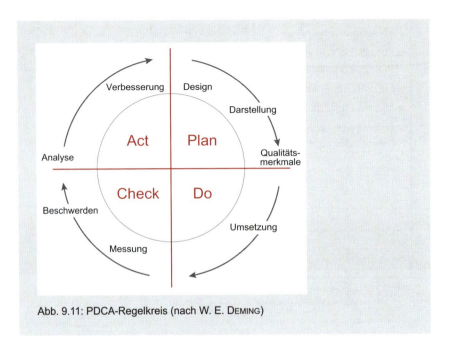

Abb. 9.11: PDCA-Regelkreis (nach W. E. DEMING)

Um spürbare und nachhaltige Erfolge zu erzielen, sollten die Verbesserungsinitiativen systematisch geplant werden und zu einem wesentlichen Bestandteil der Entscheidungen über das Projektportfolio einer Organisation gehören. Hier gilt wieder der Grundsatz, dass dieser Bereich Vorbild für alle anderen Projekte sein sollte in der Art der Entscheidungsvorbereitung und -durchsetzung und der späteren Realisierung. Abbildung 9.12 zeigt, wie das OPM3® sich diese Integration vorstellt.

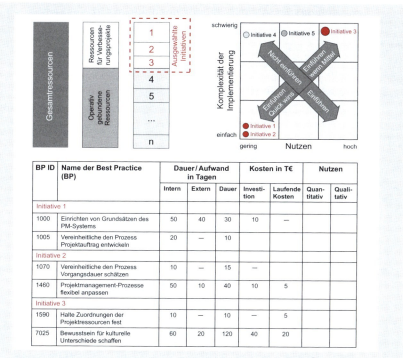

Abb. 9.12: Priorisieren von Verbesserungsinitiativen nach OPM3®

9.4 IT-Einsatz im Projektmanagement

> „Manche Errungenschaften beruhen darauf, dass der Mensch auch aus falschen Prämissen richtige Schlussfolgerungen zu ziehen vermag. Der Computer kann das nicht."
> Lothar Schmidt

Typische Probleme beim IT-Einsatz im Projektmanagement

Der Fortschritt in der Entwicklung und Anwendung von Projektmanagement-Software wird getrieben von der Idealvorstellung, eine einmal gegebene Information jedem berechtigten Nutzer, an jedem Ort, zu jedem Zeitpunkt, in jeder Form zur Verfügung zu stellen. Die Realität sieht jedoch anders aus:

- Vielfalt an Tools für spezielle Funktionen
- Geringe Integration der Systeme
- Individuelle Lösungen je Projektart

IT-Einsatz in Projekten in der Praxis

- Übergreifendes Einsatzmittelmanagement kaum abgedeckt
- Einzelprojektsicht dominiert
- Geringe Anwendungsbreite (nur zur Planung)
- Mangelnde Aktualität der Unterlagen und Daten
- Viele, auch manuelle Schnittstellen zu den unternehmensweiten Standardanwendungen (ERP-Systeme).

Ursachen hierfür sind:

- Fehlende organisatorische Vorbereitung
- Komplexität und Einführungsaufwand werden unterschätzt
- Projektmanagement wird vom IT-Management nicht als Kernprozess betrachtet
- Aufwand für Dateneingabe und ständige Aktualisierung wird unterschätzt
- Mangelnde Durchsetzung übergreifender Regelungen und Standards
- Geringe Akzeptanz bei den Projektbeteiligten („Überwachungssystem")
- Keine übergreifende Administration und Anwenderunterstützung
- Spezifische Unternehmensmerkmale (Größe, Branche, Stellenwert von Projekten, Kernkompetenzen, Geschäftsfelder) unzureichend berücksichtigt
- Häufige Wechsel der Systemplattformen.

IT-Technik muss organisatorisch eingebettet sein

Eine erfolgreiche Implementierung von Projektmanagement-Software erfordert zwingend eine Einbindung in das gesamte Projektmanagement-System eines Unternehmens mit all seinen Regelungen, Standards, Ausbildungs- und Betreuungskonzepten.

Trends beim Einsatz von Projektmanagement-Software

Eine Studie der GPM-Fachgruppe „Software für Projektmanagementaufgaben" vom Sommer 2005 hat folgende Trends verifiziert:

- Eine organisationsweit einheitlich eingesetzte Softwareunterstützung für das Projektmanagement ist derzeit die Ausnahme
- Netzplanbasierte Software hat die Grenze der Komplexität erreicht
- Der überwiegende Teil der Anwender kommt mit wenigen Funktionen der PM-Software aus und beherrscht nur geringe Teile der Funktionalität der eingesetzten PM-Software
- Die PM-Software muss stärker an die unterschiedlichen Bedürfnisse und Kenntnisse der Anwender angepasst werden (maßgeschneiderte Funktionsreduzierung)

- Die Integration der Projektdaten aus der PM-Software in allgemeine Unternehmensdaten gewinnt an Bedeutung wie Schnittstellen zu ERP-Systemen und anderer PM-Software
- Webbasierte Lösungen werden vornehmlich aufgrund der Vorteile für Verteilung und Wartung bevorzugt. Schwächen in der Ergonomie gilt es auszugleichen
- Das Portfoliomanagement ist für PM-Software ein Kernthema der kommenden 5 Jahre
- Der mobile Zugriff auf Projektdaten nimmt zu.

Evaluation von Projektmanagement-Software

In welchem Umfang und in welcher Form sinnvollerweise IT im Projekt zum Einsatz kommt, hängt vom Projektumfeld und der konkreten Problemstellung ab. Deshalb sollten zu Beginn der Evaluation von Projektmanagement-Software folgende Fragen beantwortet werden:

- Fordert der Auftraggeber den Einsatz?
- Werden öffentlichkeitswirksame Unterlagen benötigt?
- Gibt es bereits eingeführte Projektmanagement-Software im Unternehmen?
- Welche Vorkenntnisse sind bereits vorhanden?
- Gibt es ausreichend Projekte (Laufzeit, Komplexität, Anzahl der Parallelaufgaben etc.), in denen sich der Einsatz lohnt?
- Welcher Art, welchen Umfangs sind die zu erstellenden Planungsunterlagen (Netzpläne, Balkendiagramme, Terminlisten etc.)?
- Gibt es bereits ein Projektkontrollsystem?
- Wie häufig sollen Soll-Ist-Vergleiche durchgeführt werden?
- Sollen Kosten und Kapazitäten der Einsatzmittel in die Diagnose und Steuerung einbezogen werden?
- Welche typischen Hinderungsgründe für den Einsatz wie Produktkomplexität, hohe Lizenzkosten, lange Schulungsdauer und hoher Umstellungsaufwand sind relevant?

Fragen zur Vorbereitung

Anschließend wird ein spezifisches Anforderungsprofil abgeleitet, das nach den Kategorien unabdingbar (K.O.), notwendig und nützlich unterscheidet. Dabei müssen auch die Anforderungen hinsichtlich ihrer Bedeutung gewichtet werden. So sind heute die Benutzeroberfläche, Implementierungszeit, Referenzen, Serviceleistungen und Kosten wichtige Entscheidungskriterien, während der Funktionsumfang weniger wichtig ist. Unterstützend können umfangreiche allgemeine Kriterienkataloge genutzt werden.

K.O.-Kriterien und Prioritäten

Anhand der K.O.-Kriterien wird das Software-Angebot eingeschränkt und zu möglichen Einsatzalternativen kombiniert. In Produktpräsentationen und

Weiterentwicklung des Projektmanagements

Testinstallationen verifizieren IT-Experten und die verschiedenen Anwender (Projektleiter, Projektmitarbeiter, Entscheider) die Abdeckung der Kriterien.

Eine Kosten-Nutzen-Analyse unterstützt die endgültige Entscheidung.

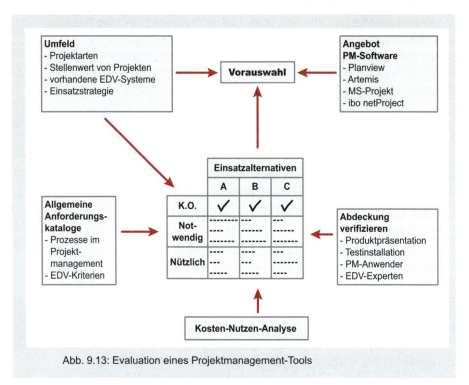

Abb. 9.13: Evaluation eines Projektmanagement-Tools

Unterscheidungsmerkmale für PM-Software

Das Angebot an Projektmanagement-Software reicht von individuell entwickelten Großrechnerlösungen bei projektorientiert arbeitenden Unternehmen (Siemens, ABB, GE etc.) bis zu als Shareware erhältlicher PC-Software für Einzelprojekte. Da sich der generelle Leistungsumfang der Tools nur noch geringfügig unterscheidet, werden

- das vorherrschende Einsatzgebiet (Einzelprojekt, Multiprojekt, Einsatzmittel)
- die Integration in bestehende Arbeitsplatz- und ERP-Systeme
- die Abbildung von Projektmanagement-Standards
- die Zukunftssicherheit der genutzten Systemplattform
- die Preisklasse

zu relevanten Unterscheidungsmerkmalen. Im Internet gibt es eine Reihe von Anbietern, die meist kostenpflichtig detaillierte Produktinformationen mit einem Leistungsvergleich anbieten (siehe MEYER/AHLEMANN 2014).

9.5 Personalentwicklung für Projektpersonal

Der nach wie vor ungebrochene Projektboom in den Unternehmen sollte dazu führen, dass diese Entwicklung auch in der Personalpolitik berücksichtigt wird. Dabei geht es nicht allein darum, in ausreichender Zahl projektfähige Mitarbeiter zur Verfügung zu haben. Die Projektarbeit selbst ist als Personalentwicklungsmaßnahme zu sehen, vermittelt sie doch Erfahrungen und Fähigkeiten, die auch für die Arbeit in der Linie von großem Nutzen sind. Für projektorientiert arbeitende Unternehmen ist ein professionelles Personalmanagement für die personelle Besetzung von Projekten unerlässlich.

Die wichtigsten Ziele einer hierauf abgestimmten Personalentwicklung für Projektbeteiligte aller Hierarchiestufen sind:

- Mehr Flexibilität bei der Besetzung von Projekten ermöglichen
- Den langfristig wachsenden Bedarf decken
- Zufriedene, leistungsbereite Mitarbeiter entwickeln
- Mitarbeitern interessante Entwicklungsperspektiven im Unternehmen bieten
- Qualifizierten Führungsnachwuchs und Knowhow-Träger gewinnen und an das Unternehmen binden
- Den Knowhow-Aufbau fördern
- Bessere Projektergebnisse erzeugen.

In vielen Unternehmen ist es sehr schwierig, die Stellen in Projekten mit geeigneten Mitarbeitern zu besetzen. Typische Probleme sind:

- In der Linie stark eingebundene Führungskräfte werden gleichzeitig zu Projektleitern von umfangreichen Projekten, da den Mitarbeitern die Führungsaufgabe nicht zugetraut wird
- Die Anforderungen aus der Projektarbeit werden kaum zur Auswahl der Projektmitarbeiter herangezogen
- Langwierige Suche nach den richtigen Projektmitarbeitern, da es keinen übergreifenden Pool von Projektpersonal gibt, sondern je Rekrutierung über Linienvorgesetzte erfolgt
- Der Termindruck ermöglicht keine projektbezogene Qualifizierung
- Die Anreize für Mitarbeiter fehlen, in Projekten zu arbeiten, da Entlohnung, Aufstiegschancen und Laufbahn Projektarbeit unzureichend berücksichtigen
- Es gibt Vorbehalte und Ängste gegenüber der ungewohnten Projektarbeit vor allem bei Mitarbeitern aus Geschäftsbereichen.

Typische Probleme bei der Suche nach geeignetem Projektpersonal

Da die geeignete Besetzung der Projekte ein kritischer Erfolgsfaktor ist, sollten bei der Entwicklung des Projektmanagement-Systems

- die Qualifikationen potenzieller Projektbeteiligter aus allen Hierarchiestufen gezielt erhöht werden
- Projektarbeit in bestehende Laufbahnkonzepte integriert werden
- attraktive Pools von Projektmitarbeitern eingerichtet werden
- klare Anforderungskriterien für alle Rollen in Projekten vorliegen
- das Arbeiten in Projekten ein Bestandteil der Unternehmenskultur werden.

Leistungen in Projekten sollten in das betriebliche Beurteilungssystem einbezogen sein

Für eine Personalentwicklung von Mitarbeitern sind die Leistungen kontinuierlich zu beurteilen und die Erfolge absolvierter Qualifizierungsmaßnahmen zu überprüfen. Der in Projekten typische Wechsel von Ansprechpartnern und Führungskräften erschwert diese Aufgabe, zumal ein Rollentausch Projektleiter/Linienvorgesetzter und eine offene Feedbackkultur in Projekten keineswegs selbstverständlich sind.

Deshalb sollte der Personalbereich als Mittler auftreten und Träger der Personalentwicklung auch für Projekte im Unternehmen sein.

Mitarbeiter können betrieblich für die Projektarbeit gefördert werden, indem

- Projektmanagement-Schulungen als Stufenprogramm angeboten werden (siehe Abbildung 9.15)
- das Beurteilungssystem so angepasst wird, dass auch Projektleistungen in die Personalbeurteilung einfließen
- adäquate Laufbahnmuster im Unternehmen geschaffen werden.

Unabhängig vom Unternehmen können sich Mitarbeiter ihre Leistungen in Projekten auch durch den Erwerb einer Zertifizierung bestätigen lassen.

Zur Bestimmung von geeigneten Personalentwicklungsmaßnahmen für Projektbeteiligte gehören:

- Die Definition von Zielen der Personalentwicklung für Projektbeteiligte
- Die Erarbeitung des Weiterbildungsbedarfs für alle Mitarbeiter. Die Anforderungen werden dabei aus den im Projektmanagement-Handbuch festgelegten Aufgaben, Kompetenzen und Verantwortungen abgeleitet
- Das Festlegen von Auswahlkriterien zukünftiger Mitarbeiter in der Projektarbeit
- Das Festlegen von Auswahl- und Beurteilungsverfahren für Projektleiter und Projektmitarbeiter

- Die Erarbeitung eines Betreuungskonzepts von der Einstellung bis zur Erreichung des geforderten Qualifikationsniveaus
- Die Entwicklung eines Beurteilungssystems für Projektleiter und Projektmitarbeiter mit Vergütungsregelung
- Die Ausarbeitung eines Rückführungskonzepts von Mitarbeitern aus der Projektarbeit in die Linie.

Grundsätzlich sollte Projektarbeit ein fester Bestandteil der Personalentwicklung aller Mitarbeiter im Unternehmen sein.

Laufbahnkonzepte und Nachfolgeplanung sind Instrumente der betrieblichen Aufstiegsplanung. Sie sind ein wichtiger Aspekt, Mitarbeiter zu motivieren. Die Aufstiegsplanung geht von den beruflichen Wünschen und Fähigkeiten der Mitarbeiter aus und versucht, die individuelle Karriere mit den Inhalten der betrieblichen Laufbahnplanung zu harmonisieren.

Qualifizierung: Training, Praxiseinsatz, Erfahrungsaustausch	Leistungsbeurteilung: Bewertungskriterien, Beobachtung, Rollenpartner	Fachlaufbahn		Führungslaufbahn
		Mitglied im Bewilligungsgremium		Geschäftsführer
		Projektcoach	Projektleiter Großprojekte	Bereichsleiter
		Mitglied im Lenkungsausschuss		Abteilungsleiter
		PM-Methoden	Projektleiter Normalprojekte	Gruppenleiter
		Trainer / Berater		
		Projektassistent	Teilprojektleiter	Linienarbeit
		Projektarbeit		
		Trainee-Programm		
		Berufsausbildung		

Abb. 9.14: Laufbahnen im Projektmanagement

Lernphase	Lernform	Methodik
Grundlagenwissen erwerben	Seminar	• Sensibilisierung (Spiele) • Einfache Beispiele • Orientierungsmodelle • Lehrgespräch • Gruppenarbeiten • Ergebnispräsentationen
Festigung des Grundlagenwissens durch Pilotanwendung	Web-based Training / Coaching	• Transferprojekt • Hausarbeit • Standortbestimmung • Lernerfolgskontrollen • Rückmeldung durch Tutoren
Wissen vertiefen • Organisationskompetenz • Methodenkompetenz • Managementkompetenz • Soziale Kompetenz	Seminare	• Fallstudien • Eigene Fälle • Rollenspiele • Projektsimulation • Feedback • Reflexion
Festigung des neu erworbenen Wissens in der praktischen Projektarbeit	Coaching intern/extern	• Anwendung in Projekten • Praxisbericht anfertigen • Projektteam als Lerngruppe • Feedback der Projektbeteiligten
Austausch von Wissen und Erfahrungen	Praxistransfer mit Abschluss	• Präsentation eines Praxisprojekts • Diskussionen, Fragen • Bewertung des Methodeneinsatzes • Prüfung (Erfolgsnachweis)

Abb. 9.15: Stufenprogramm für Projektmanagement-Schulungen

9.6 Zertifizierung von Projektleitern

Vielen Führungskräften in Unternehmen fällt es schwer, die Leistungen ihrer Projektleiter und Projektmanager zu beurteilen. Sie haben wenigen Kontakt und hören manchmal nur noch am Rande von Projekterfolgen.

Der Führerschein für Projektpersonal

In gleichem Maße beklagen sich Projektleiter darüber, dass niemand von ihrer persönlichen Entwicklung Notiz nimmt und die Qualität ihrer Arbeit kaum nachweisbar ist. Ihr Karrierepfad wird, da immer gleich das nächste Projekt wartet, von der Linie abgekoppelt, so dass qualifizierte Projektleiter oft (unnötigerweise) in Linienpositionen drängen, obgleich ihre Kernkompetenzen für ein Unternehmen in Projekten sinnvoller eingesetzt wären.

Die Zertifizierung von Projektmanagern kann diesen Tendenzen entgegenwirken. Sie bestätigt die Kompetenz von Projektmanagern durch eine unparteiische Institution auf Basis eines international anerkannten Standards. Zertifizierungen werden vom Project Management Institute (PMI®) und der International Project Management Association (IPMA) angeboten. Im Folgenden sollen die beiden Zertifizierungsverfahren kurz vorgestellt werden.

Das steigende Interesse an Zertifizierungen im Projektmanagement und deren Integration in die Personalentwicklung ist wohl angesichts des Wettbewerbsdrucks am Arbeitsmarkt und im Unternehmen erst der Anfang einer sich verstärkenden Entwicklung, denn Zertifizierungen bieten für Projektmanager und Unternehmen eine Reihe von Vorteilen.

Vorteile	
Für den Projektmanager persönlich	**Für die Unternehmen**
■ Unabhängiger Nachweis der Projektmanagement-Kompetenz ■ Reflektion der eigenen Qualifikation ■ Vorteile bei der Karriereplanung ■ Führen eines anerkannten Titels ■ Sicherung der eigenen Wettbewerbsfähigkeit.	■ Vergleichbarer Qualitätsstandard und Gütesiegel für Projektmanager ■ Ergänzung zur betrieblichen Personalentwicklung ■ Imageverbesserung durch gelebte Projektmanagement-Kompetenz ■ Sicherung eines Wettbewerbsvorteils.

9.6.1 Die Zertifizierungsverfahren der IPMA

Die IPMA hat die geforderten Kernkompetenzen eines Projektmanagers in der IPMA Competence Baseline (ICB) beschrieben.

Über 100 nationale Projektmanagement-Vereinigungen (Deutschland: GPM) haben sich auf diesen Standard verständigt und eigenständige, zentrale Zertifizierungsstellen gegründet. In Deutschland gibt es seit 1996 die PM-Zert mit Sitz in Nürnberg. Abhängig von Wissen, Erfahrung und Ausbildungsstand der Projektmanager werden vier unterschiedliche Zertifizierungsstufen angeboten, die nacheinander durchlaufen oder direkt angestrebt werden können.

Stufe	Zertifikat und Anforderungen
D	**Zertifizierter Projektmanagement-Fachmann (GPM)** (Certified Project Management Associate – CPMA) - Verfügt über gute Schulbildung und Berufserfahrung - Besitzt umfassendes Wissen in allen Bereichen des Projektmanagements und die Fähigkeit, die Kenntnisse anzuwenden - Ist fähig, als Mitglied im Projektleitungsteam eines komplexen Projekts in irgendeinem Projektmanagement-Bereich zu arbeiten - Kann Leitungsfunktionen in einem Projekt übernehmen
C	**Zertifizierter Projektmanager (GPM)** (Certified Project Manager – CPM) - Kann mindestens 3 Jahre Projektmanagement-Erfahrung in verantwortlichen Leitungsfunktionen von nicht-komplexen Projekten nachweisen - Ist verantwortlich für ein nicht-komplexes Projekt und alle seine Projektparameter - Ist verantwortlich für und führt ein kleines Team von Projektmanagement-Personal - Kann als Mitglied im Projektleitungsteam eines komplexen Projekts in jedem Projektmanagement-Bereich arbeiten und übernimmt die Verantwortung für die diesbezüglichen Projektparameter - Wendet Projektmanagement-Methoden, -Techniken und -Werkzeuge an

Abb. 9.16 (Teil 1): Zertifizierungsstufen der PM-Zert

Stufe	Zertifikat und Anforderungen
B	**Zertifizierter Senior-Projektmanager (GPM)** (Certified Senior Project Manager – CSPM) ■ Kann mindestens 5 Jahre Projektmanagement-Erfahrung nachweisen, davon 3 Jahre in verantwortlichen Leitungsfunktionen von komplexen Projekten ■ Ist verantwortlich für ein komplexes Projekt mit vielen abhängigen Subsystemen und Elementen und vielfältigen Beziehungen zum Projektumfeld, mit mehreren beteiligten Organisationen bzw. Organisationseinheiten, mit unterschiedlichen Fachdisziplinen, verschiedenen Projektphasen von nicht zu kurzer Dauer und vielfältigem Einsatz gebräuchlicher Projektmanagement-Methoden, -Techniken und -Werkzeuge
A	**Zertifizierter Projektdirektor (GPM)** (Certified Projects Director – CPD) ■ Kann mindestens 5 Jahre Erfahrung im Management von komplexen Projekten und Programmen nachweisen, davon 3 Jahre in verantwortlichen Leitungsfunktionen für die Koordination und das Portfolio-Management von Projekten ■ Hat Entscheidungsvollmacht für eine „Projekt-Familie" bzw. ein Projekt-Portfolio ■ Setzt Prioritäten im Projekt-Portfolio für das Management ■ Ist verantwortlich für Projekt- und Projektmanagement-Personalentwicklung ■ Ist verantwortlich für Projektmanager und deren Coaching ■ Ist verantwortlich für Projektmanagement-Einführung, -Einsatz, -Richtlinien, -Methoden und -Werkzeuge

Abb. 9.16 (Teil 2): Zertifizierungsstufen der PM-Zert

Basis für den Kompetenznachweis der Kandidaten ist die IPMA Competence Baseline (ICB), die nach 3 Kompetenzbereichen gegliedert ist (siehe Kapitel 1 und Anhang 2).

Ein Kandidat zur Zertifizierung führt anhand der insgesamt 46 ICB-Elemente eine Selbsteinschätzung durch, in der er den Umfang der Erfahrung und die Tiefe seines Wissens angibt. In ähnlicher Form gegliedert werden die Anwärter einem Wissenstest unterzogen. Die inhaltlichen Anforderungen hat die GPM in den vier Bänden „PM3-Kompetenzbasiertes Projektmanagement (PM3)" dargelegt.

Je nach Stufe sind für die Personen-Zertifizierung die in Abbildung 9.17 aufgezeigten Schritte zu durchlaufen.

Zertifizierungsverfahren der PM-Zert

Verfahrensschritt		IPMA Level D®	IPMA Level C®	IPMA Level B®
		CPMA	CPM	CSPM
1	Antrag	X	X	X
2	Selbstbewertung	X	X	X
3	Projektliste	-	X	X
4	Projekterfahrungsbericht	-	X	-
5	Schriftliche Prüfung (Basiswissen)	2 Std.	2 Std.	2 Std.
6	Schriftliche Prüfung (levelbezogenes Wissen)	-	2 Std.	2 Std.
7	Transfernachweis	X	-	-
8	Mündliche Prüfung	0,5 Std.	-	-
9	Fallstudie im Zertifizierungsworkshop	-	1 Tag	1 Tag
10	Zulassung zur Projektstudienarbeit	-	-	X
11	Themenvorgaben für Projektstudienarbeit und Literaturkonspekt			X
12	Projektstudienarbeit	-	-	X
13	Literaturkonspekt	-	-	X
14	Zulassung zum Prüfungsgespräch	-	X	X
15	Prüfungsgespräch	-	1 Std.	1. Std.
16	Zertifikatserteilung	X	X	X
	Rezertifizierung	5 Jahre	5 Jahre	5 Jahre

Abb. 9.17: Anforderungen zur Zertifizierung nach PM-Zert

Die Bewerbungsunterlagen sind vollständig und in dreifacher Ausfertigung bei der PM-Zert einzureichen. Sie umfassen:

Bewerbungsunterlagen

- Ausgefülltes Antragsformular (Anforderung über Internet)
- Formlose Ausarbeitung mit
  - Lebenslauf
  - schulischer und beruflicher Ausbildung
  - beruflichem Werdegang
  - Kurzdarstellung des Unternehmens (nur C und B)
  - Aus- und Weiterbildung im Projektmanagement
  - Erfahrungen im Projektmanagement mit Projektliste und der wahrgenommenen Rolle in den Projekten
  - Selbstbewertung anhand der IPMA Competence Baseline
  - einem persönlich formulierten Projekterfahrungsbericht eines Projekts, das der Kandidat geleitet oder maßgeblich mitgestaltet hat, in einem Umfang von 5 bis 25 Seiten (nur C)

- Referenzen von zwei Personen (Unternehmen, Stellung/Funktion, Telefonnummer), die Auskunft über die Projektarbeit des Kandidaten geben können (nur C und B).

Einige Unternehmen haben dieses Verfahren übernommen. So verlangt UNISYS von allen Projektmanagern des Bereichs „Information Services" die Zertifizierung und verknüpft sie mit einem internen Schulungsprogramm, und die Deutsche Telekom lässt seit 2000 regelmäßig Projektmanager zertifizieren und hat ein darauf ausgerichtetes Entgeltsystem eingeführt.

9.6.2 Zertifizierungen des Project Management Institute (PMI®)

Das PMP®-Zertifikat des Project Management Institute (PMI®) zum Project Management Professional® gilt mit über 600.000 zertifizierten Personen in über 100 Ländern als der globale Projektmanagement-Kompetenznachweis. Es dominiert vor allem bei IT-Dienstleistern und in englischsprachigen Ländern und ist in den USA und Kanada zu einer Art Arbeitserlaubnis für Projektmanager geworden.

Inhaltliche Basis ist der Guide to the Project Management Body of Knowledge (PMBOK® Guide), der mit über einer Million Exemplaren verbreitet ist und das Projektmanagement begrifflich standardisiert hat.

Die Zertifizierung zum PMP® umfasst die vier Elemente:

- Education (Ausbildung)
- Experience (Erfahrung)
- Exam (Prüfung)
- Ethics (Grundhaltung).

Die vier „E" des PMP®

Sie erfolgt ähnlich wie beim Führerschein über eine Wissensprüfung, zu der die PMP®-Kandidaten über einen entsprechenden Antrag zugelassen werden. Mit der Anmeldung weisen sie nach, dass sie über eine abgeschlossene Berufsausbildung oder Abitur verfügen, mindestens 35 Stunden Präsenztraining (entspricht einem einwöchigen Seminar) im Bereich Projektmanagement absolviert haben, bis zu 7.500 Stunden in Projekten (unabhängig von der Rolle) gearbeitet haben und sich zur Einhaltung der ethischen Grundsätze im Projektmanagement verpflichten.

Trainingsvoraussetzungen

Nach der erfolgten Annahme der Unterlagen wird ein individueller Prüfungstermin innerhalb von 6 Monaten in einem der Testzentren in Hamburg, Berlin, Frankfurt, München oder Wien vereinbart.

Testzentren

Der Prüfungstext ist in Deutsch verfügbar, Grundsprache für die Begriffe bleibt allerdings Englisch, was hier und da zu Verwirrung führt. Es müssen ohne Unterlagen in 4 Stunden 137 von 200 Multiple-Choice-Fragen mit jeweils vier Antwortmöglichkeiten (nur eine ist richtig!) korrekt beantwortet werden.

Multiple-Choice-Test

Da der Test in der Regel online erfolgt, wissen die Kandidaten sofort, ob sie erfolgreich waren.

Weiterentwicklung des Projektmanagements

Erneuerung alle drei Jahre
3 Jahre nach der ersten Prüfung muss das Zertifikat durch den Nachweis von Aktivitäten im Bereich Projektmanagement erneuert werden. Hierzu sind 60 Professional Development Units (PDU) erforderlich (1 PDU entspricht einer Trainingsstunde). Sie werden erworben durch

- Aus- und Weiterbildungskurse zum Projektmanagement bei registrierten Weiterbildern (z. B. ibo), i.d.R. 1 PDU für 1 Stunde
- Berufliche Aktivitäten, z.B. Autor von PM-Artikeln oder Lehrbüchern, Referent bei Konferenzen, TN oder Moderator von Expertenrunden (5-30 PDU)
- Selbständiges Lernen durch Bücher, CD-Rom, Diskussionsrunden etc. (15 PDU).

Die PDUs müssen mittels Zeugnissen, Kopien, Protokollen und anderen Hilfsmitteln nachgewiesen werden.

Nach dem enormen Erfolg des PMP® bietet das PMI® mittlerweile eine ganze Familie von Projektmanagementzertifikaten an. So wurde durch den CAPM® (Certified Associate in Project Management) ein Zertifikat für Projektmitarbeiter geschaffen, das dem Level D des IPMA-Zertifikats entspricht. Analog zum zertifizierten Projektdirektor (IPMA Level A®) gibt es auch den PgMP® (Program Management Professional) bzw. PfMP®(Portfolio Management Professional).

Im Zuge der Spezialisierung von Projektmanagementrollen vor allem in großen Projekten hat das PMI® zusätzlich den PMI Scheduling Professional (PMI-SP®) und den PMI Risk Management Professional (PMI-RMP®) eingeführt. Seit 2012 folgt das PMI® mit dem PMI-ACP® (PMI Agile Certified Practitioner) dem Trend zu agilen Methoden im Projektmanagement. Die folgende Tabelle gibt einen Überblick über die Zulassungsbedingungen und Prüfungsanforderungen dieser Zertifizierungen.

CAPM®	PMI-SP®	PMI-RMP®	PgMP®
Projektmitarbeiter	Entwickelt und betreut Terminpläne	Identifiziert, beurteilt Risiken und bewältigt diese	Verfolgt unternehmensweite Ziele durch Definition und Überwachung von Projekten, Ressourcen
Abitur	Abitur	Abitur	Abitur
1.500 Std. Projekterfahrung	5.000 Std. Erfahrung in Projektterminplanung und 40 Std. PM-Training (Terminplanung)	4.500 Std. Erfahrung in Projektterminplanung und 40 Std. PM-Training (Risikomanagement)	4 Jahre Projektmanagementerfahrung 7 Jahre Erfahrung im Programmmanagement

Abb. 9.18 (Teil1): Anforderungen für Projektmanagementzertifikate des PMI®

CAPM®	PMI-SP®	PMI-RMP®	PgMP®
Oder			
23 Std. PM-Training	Hochschulabschluss 3.500 Std. Erfahrung in Projekttermin-planung und 30 Std. PM-Training (Terminplanung)	Hochschulabschluss 3.500 Std. Erfahrung in Projekttermin-planung und 30 Std. PM-Training (Risikomanagement)	Hochschulabschluss 4 Jahre Projektmanage-menterfahrung 4 Jahre Erfahrung im Programmmanagement
Multiple-Choice-Test			Multiple-Choice-Test Review der Programmpla-nung Rating Assessment
Test 3,0 Std., 150 Fragen	Test 3,5 Std., 170 Fragen	Test 3,5 Std., 170 Fragen	Test 4,0 Std., 170 Fragen
Erneuerung nach 5 Jahren mit Test	Erneuerung nach 3 Jahren, 30 PDUs in Termin-planung	Erneuerung nach 3 Jahren, 30 PDUs in Risikoma-nagement	Erneuerung nach 3 Jahren, 60 PDUs

Abb. 9.18 (Teil 2): Anforderungen für Projektmanagementzertifikate des PMI®

Fragen und Aufgaben zur Wiederholung:

1. Wie lässt sich der Reifegrad des Projektmanagements in einer Organisation beurteilen?
2. Welchen Einfluss hat die Unternehmenskultur für die Gestaltung des Projektmanagement-Systems einer Organisation?
3. Woran kann man die Bedeutung des Projektmanagements für eine Organisation erkennen?
4. Wofür stehen die Abkürzungen CMMI, SPICE und OPM3® und wofür werden diese Modelle eingesetzt?
5. Welche Kriterien lassen sich für die Beurteilung des Projektmanagements heranziehen?
6. Beschreiben Sie wesentliche Komponenten eines Karrieremodells für Projektpersonal.
7. Welche international anerkannten Zertifikate für Projektleiter gibt es? Welchen Nutzen haben diese Zertifikate für Unternehmen und Mitarbeiter?

9.7 Zukunft des Projektmanagements

Viele Projektmanagement-Veranstaltungen stellen sich die Frage nach der Zukunft des Projektmanagements und versuchen, Themen herauszufinden, die auch in den nächsten 10 Jahren aktuell sind und bleiben. So wollen auch wir als Autoren unsere Sicht über die Zukunft der Fachdisziplin beschreiben, mit der wir uns in den letzten zwei Jahrzehnten intensiv beschäftigt haben.

Wir glauben, dass in Zukunft Projektarbeit eine selbstverständliche Abwechslung (privat oder beruflich) für jeden Mitarbeiter in Unternehmen und Organisationen sein wird. Damit werden die Kompetenzfelder der ICB 3.0 zu einem wichtigen Bestandteil für die Personalentwicklung von Mitarbeitern, und die Zukunft/Überlebensfähigkeit von Unternehmen wird maßgeblich über die Erfolgsquote ihrer Projekte bestimmt. Für hochqualifizierte, junge Mitarbeiter ist die Innovationskraft eines Unternehmens ein wichtiges Entscheidungskriterium für die Wahl des Arbeitsplatzes und ihre Motivation für Top-Leistungen.

Damit wird Projektmanagement in vielfältigen Umgebungen angewendet und der Erfolg von Methoden, Techniken, Standards, Leitfäden, Trainings- und Beratungsmaßnahmen immer wieder überprüft. So werden sich mannigfaltige „Best-Practice"-Strukturen herausbilden, die schnell und einfach gelernt und erfolgreich angewendet werden können. Es werden sich nur Prozesse und Methoden durchsetzen, die andere durch ihre strahlenden Erfolge inspirieren, um einen Mehrwert für sich und ihre Unternehmen zu schaffen. Die Grenze zwischen Fachdisziplinen und Branchen wird verschwimmen und der Projektmanager wird kunstvoll die Projektherausforderungen meistern. Die Kunst wird darin bestehen,

- agil (schnell und flexibel) häufig wechselnde Anforderungen pünktlich zur Zufriedenheit von Auftraggeber und anderen Stakeholdern umzusetzen
- den dadurch hervorgerufenen Wandel zu managen
- durch Retrospektiven das Prozessvermögen von Projektbeteiligten zu steigern
- plötzlich auftauchende Chancen und Krisen zu meistern
- sich in internationalen Netzwerken zu bewegen
- mit möglichst wenigen Belastungen und unnötigen Schritten auszukommen.

Daraus ergeben sich viele neue Themen, die wir in unserer nächsten Auflage gerne aufgreifen werden.

Anlage A: Anhänge 1 - 33

Anhang 1: Internationale Projektmanagement-Normen im Vergleich

#	Prozessuntergruppen der DIN 69901:2009	#	Wissensgebiete des PMBOK®	PM-technische Kompetenzen IPMA Competence Baseline 3.0
1	Ablauf und Termine	6	Terminmanagement	1.11 Projektphasen, Ablauf, Termine
2	Änderungen	4	Integrationsmanagement	1.19 Projektstart 1.15 Änderungen 1.16 Überwachung, Steuerung, Berichtswesen 1.20 Projektabschluss
3	Information, Kommunikation, Berichtswesen, Dokumentation	10 13	Kommunikationsmanagement Stakeholdermanagement	1.02 Interessierte Parteien 1.17 Information und Dokumentation 1.18 Kommunikation
4	Kosten und Finanzen	7	Kostenmanagement	1.13 Kosten und Finanzmittel
5	Organisation	2	Projektlebenszyklus und Organisation	1.06 Projektorganisation
6	Qualität	8	Qualitätsmanagement	1.05 Qualität
7	Ressourcen	9	Personalmanagement	1.07 Teamarbeit 1.12 Ressourcen
8	Risiko	11	Risikomanagement	1.04 Risiken und Chancen
9	Projektstruktur	5.3	Projektstrukturplan	1.09 Projektstrukturen
10	Verträge und Nachforderungen	12	Beschaffungsmanagement	1.14 Beschaffung und Verträge
11	Ziele	5	Inhalts-/Umfangsmanagement	1.01 Projektmanagementerfolg 1.03 Projektanforderungen/-ziele 1.08 Problemlösung 1.10 Leistungsumfang/Lieferobjekte

Anhang 2: Taxonomie der IPMA – der Zertifizierungslevel der ICB 3.0

Nr.	PM-technische Kompetenzelemente	IPMA Level D®	IPMA Level C®	IPMA Level B®	IPMA Level A®
1.01	Projektmanagementerfolg	Wissen	Können	Können	Managen
1.02	Interessierte Parteien	Können	Können	Können	Managen
1.03	Projektanforderungen und Projektziel	Können	Können	Können	Können
1.04	Risiken und Chancen	Können	Können	Können	Managen
1.05	Qualität	Wissen	Wissen	Können	Managen
1.06	Projektorganisation	Können	Können	Können	Managen
1.07	Teamarbeit	Können	Können	Können	Managen
1.08	Problemlösung	Wissen	Können	Managen	Managen
1.09	Projektstrukturen	Können	Können	Können	Managen
1.10	Leistungsumfang und Lieferobjekte	Wissen	Wissen	Können	Managen
1.11	Projektphasen, Ablauf und Termine	Können	Können	Können	Managen
1.12	Ressourcen	Können	Können	Managen	Managen
1.13	Kosten und Finanzmittel	Können	Können	Können	Managen
1.14	Beschaffung und Verträge	Wissen	Wissen	Können	Managen
1.15	Änderungen	Wissen	Wissen	Können	Managen
1.16	Überwachung und Steuerung, Berichtswesen	Wissen	Können	Können	Managen
1.17	Information und Dokumentation	Wissen	Können	Können	Managen
1.18	Kommunikation	Können	Können	Managen	Managen
1.19	Start	Können	Können	Können	Managen
1.20	Abschluss	Wissen	Können	Können	Managen

Nr.	Elemente der PM-Verhaltenskompetenzen	IPMA Level D®	IPMA Level C®	IPMA Level B®	IPMA Level A®
2.01	Führung	Wissen	Können	Können	Managen
2.02	Engagement und Motivation	Können	Können	Managen	Managen
2.03	Selbststeuerung	Kennen	Können	Managen	Managen
2.04	Durchsetzungsvermögen	Kennen	Können	Können	Können
2.05	Entspannung und Stressbewältigung	Kennen	Können	Können	Managen
2.06	Offenheit	Kennen	Können	Können	Können
2.07	Kreativität	Wissen	Können	Managen	Managen
2.08	Ergebnisorientierung	Wissen	Können	Können	Managen
2.09	Effizienz	Wissen	Können	Können	Managen
2.10	Beratung	Kennen	Können	Können	Können
2.11	Verhandlungen	Wissen	Wissen	Können	Managen
2.12	Konflikte und Krisen	Wissen	Können	Managen	Managen
2.13	Verlässlichkeit	Wissen	Können	Können	Können
2.14	Wertschätzung	Kennen	Können	Können	Können
2.15	Ethik	Können	Können	Können	Können

Nr.	Elemente der PM-Kontextkompetenzen	IPMA Level D®	IPMA Level C®	IPMA Level B®	IPMA Level A®
3.01	Projektorientierung	Wissen	Können	Können	Managen
3.02	Programmorientierung	Kennen	Wissen	Können	Managen
3.03	Portfolioorientierung	Kennen	Wissen	Wissen	Managen
3.04	Einführung von PPP-Management	Kennen	Wissen	Können	Managen
3.05	Stammorganisation	Wissen	Können	Können	Managen
3.06	Geschäft	Wissen	Können	Können	Managen
3.07	System, Produkte und Technologie	Kennen	Können	Können	Wissen
3.08	Personalmanagement	Wissen	Können	Können	Managen
3.09	Gesundheit, Betriebs-, Arbeits- und Umweltschutz	Wissen	Können	Können	Managen
3.10	Finanzierung	Wissen	Können	Können	Managen
3.11	Rechtliche Aspekte	Kennen	Wissen	Können	Managen

Anhang 3: Kriterien zur Wahl der Projektaufbauorganisation

Organisationsform Kriterien	Einfluss-Projektorganisation	Matrix-Projektorganisation			Autonome Projektorganisation
		Schwach	Standard	Stark	
Bedeutung für das Unternehmen	gering	gering	mittel	groß	sehr groß
Projektumfang	gering	gering	mittel	groß	sehr groß
Risiko	gering	gering	mittel	groß	sehr groß
Technologie	Standard	Standard	Standard	kompliziert	neu
Zeitdruck	gering	gering	gering bis mittel	mittel	hoch
Projektdauer	kurz	kurz	kurz bis mittel	mittel	lang
Komplexität	gering	gering	mittel	mittel	hoch
Betroffenheit der Mitarbeiter	hoch	mittel bis hoch	mittel	gering bis mittel	gering
Bedürfnis nach zentraler Steuerung	mittel	mittel	groß	groß	sehr groß
Projektleitereinsatz	Teilzeit	Teilzeit	Vollzeit	Vollzeit	Vollzeit
%-Anteil an Projekteinsatz des Projektleiters	gering	0-25%	15-60%	50-95%	85-100%
Mitarbeitereinsatz	Teilzeit	Teilzeit	Teilzeit	Vollzeit	Vollzeit
Persönlichkeit des Projektleiters	sehr wichtig	wichtig	qualifiziert bis wichtig	qualifiziert	qualifiziert

Anhang 4: Tabellarische Rollenbeschreibung „Projektleiter"

Zweck	■ Plant, diagnostiziert und steuert ein Projekt im Rahmen des Projektauftrags und schließt es ab
Aufgaben	■ Erstellt den Projektauftrag gemeinsam mit dem Projektteam ■ Informiert regelmäßig über sein Projekt an festgelegte Adressaten ■ Kontrolliert die Ergebnisse der Projektmitarbeiter ■ Führt die Verlaufsdokumentation (Projektlogbuch) ■ Führt die Projektmitarbeiter im Rahmen seiner Projektkompetenzen
Befugnisse	■ Kann über freigegebene Mittel verfügen ■ Kann besondere Anliegen des Projekts in den LA einbringen ■ Kann dem LA Projektabbruch oder Projektstopp vorschlagen
Verantwortung	■ Ist für die termin- und qualitätsgerechte Bereitstellung der Arbeitsergebnisse des Projekts verantwortlich ■ Bereitet phasengerechte Entscheidungen vor und führt diese herbei ■ Fördert die Teambildung ■ Ist verantwortlich für rechtzeitige Eskalation

Anhang 5: Tabellarische Rollenbeschreibung „Projektmitarbeiter"

Zweck	■ An der Erreichung der Projektziele aktiv mitarbeiten
Aufgaben	■ Projektleiter über absehbare Terminverzögerungen frühzeitig informieren, Lösungen vorschlagen und nach Abstimmung umsetzen ■ Teamarbeit fördern durch aktives Einbringen der eigenen Persönlichkeit, Fähigkeiten und Fertigkeiten ■ Themen für Teamsitzungen erarbeiten, Inhalte vorbereiten und abstimmen
Befugnisse	■ Selbständige Erledigung von definierten Arbeitspaketen im Rahmen des Freistellungsgrads für das Projekt
Verantwortung	■ Eigenen Arbeitsaufwand festhalten und melden ■ Teilnahme an Teamsitzungen, an Statusmeetings und Workshops ■ Mit seinem Fachbereich abgestimmte Arbeitsergebnisse liefern ■ Arbeitsergebnisse dokumentieren

Anhang 6: Tabellarische Rollenbeschreibung „Lenkungsausschuss"

Zweck	▪ Überwacht und lenkt als Gremium im Einvernehmen mit dem Projektleiter die Abwicklung des Projekts
Aufgaben	▪ Unterstützt den Projektleiter bei der Umsetzung und/oder Durchsetzung von Projektentscheiden ▪ Vertritt das Projekt aktiv nach außen (Projektmarketing) ▪ Informiert sich regelmäßig über den Status des Projekts
Befugnisse	▪ Definiert spezifische/zusätzliche Kompetenzen des Projektleiters ▪ Entscheidet über die Freigabe definierter Meilensteine sowie über einzuschlagende Lösungswege
Verantwortung	▪ Mitglied des Lenkungsausschusses (Auftraggeber) unterzeichnet den Projektauftrag ▪ Beendet das Projekt durch Freigabe des Projektabschlussberichts ▪ Trifft Entscheidungen innerhalb angemessener Fristen, um Verzögerungen der Projektarbeit zu vermeiden

Anhang 7: Tabellarische Rollenbeschreibung „Bewilligungsgremium"

Zweck	▪ Sicherstellen der strategischen Ausrichtung aller Projekte
Aufgaben	▪ Vierteljährliche Entscheidungssitzung abhalten (Termine festlegen) ▪ Priorisieren der Anforderungen für alle Projekte ▪ Über Besetzung von Lenkungsausschuss und Projektleiter entscheiden ▪ Über Groß- und Normalprojekte und Zusatzressourcen entscheiden
Befugnisse	▪ Budgetüberschreitungen genehmigen
Verantwortung	▪ Bei Konflikten zwischen den verschiedenen Projekten, die nicht über die Lenkungsausschüsse geklärt werden können, verbindlich entscheiden ▪ Sich über die Entwicklung des Projektportfolios informieren

Anhang 8: Tabellarische Rollenbeschreibung „Multiprojektleiter/Portfoliomanager"

Zweck	■ Gesamtsicht auf alle Projekte und Programme herstellen ■ Dauerhaft die strategische Ausrichtung der Projekte sicherstellen
Aufgaben	■ Sitzungen des Bewilligungsgremiums moderieren ■ Pflegen des Projektportfolios ■ Gesamtbudget des Portfolios überwachen ■ Weiterentwicklung der Projektmanagement-Standards initiieren ■ Personalsituation der Projektlandschaft analysieren ■ Priorisierungskriterien/-regeln aus der Unternehmensstrategie ableiten ■ Konflikte im Portfolio zwischen Geschäftsleitung, Auftraggeber und Projektleiter aufzeigen und klären
Befugnisse	■ Zugang zu allen Strategieentscheidungen der Geschäftsleitung ■ Zugriff auf die Personalsituation der Bereiche
Verantwortung	■ Informiert den Antragsteller über den Status seines Antrags ■ Kritische Entwicklungen im Projektportfolio oder der Ressourcenbelastung transparent machen

Anhang 9: Tabellarische Rollenbeschreibung „Programmmanager"

Zweck	■ Erreichen der strategischen Zielsetzung des Programms
Aufgaben	■ Projekte und Supportaufgaben aus der Programmzielsetzung ableiten ■ Programmpläne (Road-Map) erarbeiten ■ Programmorganisation etablieren ■ Abhängigkeiten zwischen den Projekten managen ■ Rahmenbedingungen für eine erfolgreiche Zusammenarbeit im Programm schaffen ■ Umfeld und Stakeholder-Kommunikation
Befugnisse	■ Über das genehmigte Budget des Programms verfügen ■ Bei Problemen in Projekte eingreifen ■ Disziplinarische Führung der Mitarbeiter des Programms
Verantwortung	■ Bei Konflikten zwischen den verschiedenen Projekten verbindlich entscheiden ■ Über die Entwicklung der Projekte des Programms informiert sein

Anhang 10: Tabellarische Rollenbeschreibung „Projektmanagement-Office (PMO)"

Zweck	■ Projektmanagementstandards sind bei den Projektbeteiligten bekannt und akzeptiert →PM-Governance
Aufgaben	■ Projektanträge klassifizieren und prüfen ■ Sitzungen des Bewilligungsgremiums vorbereiten ■ Pflegen des Projektportfolios ■ Beraten und Schulen der Projektbeteiligten in der Handhabung der Projektmanagement-Standards ■ Pflegen und Weiterentwickeln der Projektmanagement-Standards ■ Organisieren des Erfahrungsaustauschs von Projektleitern ■ Mitarbeiter für das Projekt-Office entwickeln und delegieren
Befugnisse	■ Einhaltung der Projektmanagement-Standards einfordern ■ Erhalten der Projektstatusberichte von Projekten
Verantwortung	■ Informiert den Antragsteller über den Status seines Antrags ■ Kritische Entwicklungen im Projektportfolio oder der Ressourcenbelastung transparent machen

Anhang 11: Tabellarische Rollenbeschreibung „Projekt-Office (PO)"

Zweck	■ Projektleiter und Programmmanager administrativ entlasten
Aufgaben	■ Projektberichte erstellen ■ Projektfortschritt ermitteln und verfolgen ■ Projektbestellungen abwickeln ■ Projektkosten erfassen und überwachen ■ In Kundenprojekten Rechnungen stellen und Zahlungen überwachen ■ Projektdokumentation überwachen und Projekthomepage pflegen ■ Risikostatus des Projekts festhalten ■ Risikobewältigungsmaßnahmen überwachen
Befugnisse	■ Projektmanagement-Standards, -verfahren und Templates nutzen ■ An Projektbesprechungen teilnehmen, ggf. moderieren ■ Erhalten der Statusberichte von Projekten und Arbeitspaketen
Verantwortung	■ Informiert Projektleiter über kritische Entwicklungen im Projekt ■ Konsolidiert und prüft Projektkennzahlen

Anhänge 1 - 33 | 503

Anhang 12: Geschäftsfeldmatrix eines IT-Dienstleisters

Produkte \ Kunden	Banken im Verbund	Landes-banken	Privat-banken	Versiche-rungen	Sonstige
Kernbankanwendungen	SGF1	SGF4			
Office-Anwendungen					
Web-Applikationen					
Individualentwicklung					
RZ und Netzbetrieb		SGF2			
Hotline					
Einsatzberatung					
PM-Service					
Systemmigration		SGF3			
Outsourcing					

Anhang 13: Kernkompetenzen als Basis der Wettbewerbsfähigkeit einer Stammorganisation

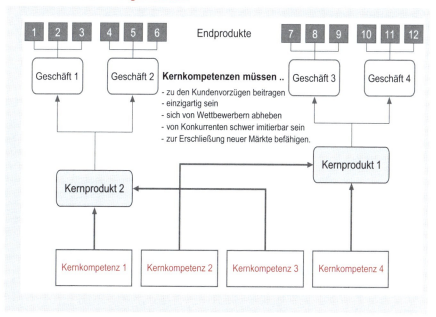

504 | Anhänge 1 - 33

Anhang 14: Aufbau einer Stammorganisation

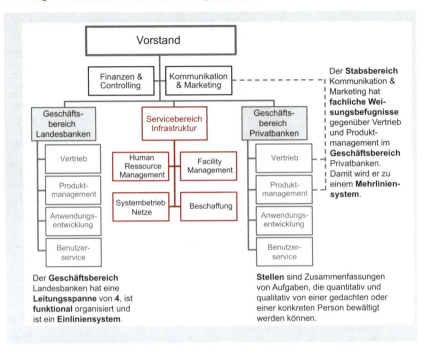

Anhang 15: Arten der Unternehmenskultur

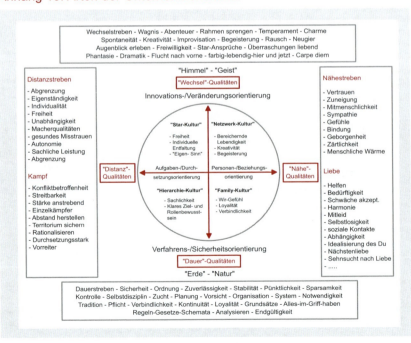

Anhang 16: Teamrollen nach Meredith Belbin (HEINRICH/WALL 2013)

Teamrolle	Rollenbeitrag	Charakteristika	Zulässige Schwächen
Neuerer/ Erfinder	Bringt neue Ideen ein	Unorthodoxes Denken	Oft gedankenverloren
Wegbereiter/ Weichensteller	Entwickelt Kontakte	Kommunikativ, extrovertiert	Oft zu optimistisch
Koordinator/ Integrator	Fördert Entscheidungsprozesse	Selbstsicher, vertrauensvoll	Kann als manipulierend empfunden werden
Macher	Hat Mut, Hindernisse zu überwinden	Dynamisch, arbeitet gut unter Druck	Ungeduldig, neigt zu Provokation
Beobachter	Untersucht Vorschläge auf Machbarkeit	Nüchtern, strategisch, kritisch	Mangelnde Fähigkeit zur Inspiration
Teamarbeiter/ Mitspieler	Verbessert Kommunikation, baut Reibungsverluste ab	Kooperativ, diplomatisch	Unentschlossen in kritischen Situationen
Umsetzer	Setzt Pläne in die Tat um	Diszipliniert, verlässlich, effektiv	Unflexibel
Perfektionist	Vermeidet Fehler, stellt optimale Ergebnisse sicher	Gewissenhaft, pünktlich	Überängstlich, delegiert ungern
Spezialist	Liefert Fachwissen und Information	Selbstbezogen, engagiert, Fachwissen zählt	Verliert sich oft in technischen Details

Schlussfolgerungen:
- Je nach Verhalten können den Teammitgliedern neun verschiedene Rollen zugeordnet werden
- Das Rollenverhalten einer Person im Team ist aufgrund von Testergebnissen vorhersehbar
- Die richtige Kombination von verschiedenen Teamrollen macht Teams effizient
- Die falsche Kombination von verschiedenen Teamrollen schwächt Teams
- Eine individuelle Teamrolle entspricht nicht notwendigerweise seiner funktionalen/organisatorischen Zuordnung
- Die Abwesenheit einer der acht bzw. neun Rollen muss ein Team nicht unbedingt schwächen
- Es gibt Teamrollen, die für den Erfolg wichtiger sind als andere.

M. Belbin will mit seinem Modell Teambildung erleichtern, indem er Menschen einzelnen Kategorien zuordnet (wobei die Übergänge fließend sein können).

Anhang 17: Anforderungsprofile für Rollen in Projekten

	Anforderungen in den Projektrollen (Hoch - 5 ; Gering - 1)	LA-Mitglied	Projektleiter	Teilprojektleiter	Projektservice	Projektmitarbeiter	Fachexperte IT
Fachliches Wissen	Kernprozesse des Unternehmens	3	3	3	4	5	4
	Branchenkenntnis	4	3	3	4	4	3
	Grundlagenwissen BWL	3	4	3	4	2	2
	Informatik-Basis- und Trendwissen	3	4	4	4	3	5
	Erhebungs- und Analysetechniken	1	4	4	3	4	2
	Problemlöse-/Kreativitätstechniken	3	5	4	3	4	3
	Entscheidungstechniken	4	5	4	5	4	3
	Projektmanagement-Methoden	4	5	4	5	4	2
	Moderationstechniken	4	5	4	4	3	2
	Präsentationstechniken	4	5	4	4	3	3
Persönliche Fähigkeiten	Persönliches Zeitmanagement	4	5	4	4	3	3
	Kritikfähigkeit	5	5	4	3	3	3
	Konfliktbearbeitung	5	5	3	4	2	2
	Entscheidungsfreude	5	4	4	3	2	2
	Fähigkeit zur Teamarbeit	4	5	5	3	5	3
	Kommunikationsfähigkeit	4	5	4	5	3	3
	Engagement	4	4	4	3	4	3
	Gestaltungswille	4	4	4	3	5	5
	Durchsetzungs-/Überzeugungskraft	4	4	3	3	2	2
	Einfühlungsvermögen	4	5	4	4	2	2
	Ertragsorientiertes Handeln	5	4	3	4	3	3
	Denken in Zusammenhängen	4	5	4	5	3	4

Anhang 18: Tabellarischer Projektstrukturplan der Hauptstudie „Call-Center für den Kundenservice"

Code	Vorgangsname	Aufwand	AP-Verantwortlicher
D200000	**1 Hauptstudie**	**139 t**	
D200100	**1.1 Aufgabenumfang des Call-Centers**	**15 t**	
D200110	1.1.1 Inbound	5 t	Barcklow
D200120	1.1.2 Outbound	5 t	Follert
D200130	1.1.3 Interne Aufgaben	2 t	Fischermanns
D200140	1.1.4 Schnittstellenmanagement	3 t	Liebelt
D200400	**1.2 Prozessgestaltung**	**29 t**	
D210410	1.2.1 Prozesse erheben und analysieren	5 t	Pucker
D210420	1.2.2 Schnittstellen erheben	3 t	Pucker
D220400	1.2.3 Stärken/Schwächen ermitteln	3 t	Rohde
D230400	1.2.4 Prozessziele formulieren	2 t	Barcklow
D240410	1.2.5 Soll-Prozesse definieren	5 t	Pucker
D240420	1.2.6 Soll-Schnittstellen beschreiben	3 t	Barcklow
D240430	1.2.7 Anforderungen an Technik festlegen	3 t	Pucker
D250400	1.2.8 Umfang der Prozessänderung festlegen	2 t	Fischermanns
D260410	1.2.9 Prozesse dokumentieren (Grob)	3 t	Liebelt
D200500	**1.3 Aufbauorganisation**	**32 t**	
D200510	1.3.1 Front Office	4 t	Barcklow
D200520	1.3.2 Back Office	5 t	Follert
D200530	1.3.3 Funktionen im Call-Center	5 t	Pucker
D200540	1.3.4 Struktur der Call-Center-Gruppen	3 t	Rohde
D200550	1.3.5 Outsourcing untersuchen	15 t	Fischermanns
D200200	**1.4 Technikkonzept**	**20 t**	
D200210	**1.4.1 Ausgestaltung der neuen Technik**	**8 t**	
D210210	1.4.1.1 Marktangebot sichten	3 t	Forgel
D220210	1.4.1.2 Expertise einholen	2 t	Pucker
D240210	1.4.1.3 Größenordnung festlegen	2 t	Follert
D250210	1.4.1.4 Kosten ermitteln	1 t	Forgel
D200220	1.4.2 Integration zur TK-Anlage	3 t	Müller
D200230	1.4.3 Integration zur Bürokommunikation	3 t	Müller
D200240	**1.4.4 Integration zu den EDV-Systemen**	**6 t**	
D200241	1.4.4.1 Kundensysteme	2 t	Forgel
D200242	1.4.4.2 Bestellsysteme	1 t	Forgel
D200243	1.4.4.3 Stammdatensysteme	3 t	Forgel
D200600	**1.5 Personalkonzept**	**14 t**	
D200610	1.5.1 Personalbedarf	1 t	Fischermanns
D200620	1.5.2 Personalanforderungen	3 t	Barcklow
D200630	1.5.3 Personaleinsatzplanung	3 t	Follert
D200640	1.5.4 Arbeitszeiten (Grundzüge/Schichtmodelle)	4 t	Bock
D200650	1.5.5 Information und Kommunikation im CC	2 t	Follert
D200660	1.5.6 Weiterbildungsbedarf	1 t	Fischermanns
D200300	1.6 Vermarktungskonzept	5 t	Meister
D200700	**1.7 Raumkonzept**	**5 t**	
D210700	1.7.1 Raumbedarf	1 t	Meister
D240700	1.7.2 Alternative Räume ermitteln	3 t	Bock
D260700	1.7.3 Standort entscheiden	1 t	Fischermanns
D200800	**1.8 Servicequalität**	**12 t**	
D200810	1.8.1 Standards	7 t	Barcklow
D200820	1.8.2 Messverfahren	2 t	Rohde
D200830	1.8.3 Überwachung	3 t	Rohde
D200900	**1.9 Gesamtkonzept**	**7 t**	
D240900	1.9.1 Abgrenzen der Teilstudien	2 t	Rohde
D250900	1.9.2 Wirtschaftlichkeitsrechnung	1 t	Barcklow
D260900	1.9.3 Umsetzungsplan	1 t	Rohde
D270900	1.9.4 Gesamtkonzept abnehmen	3 t	Fischermanns

Anhang 19: Projektstrukturplan von Hauptstudie bis Projektabschluss „Call-Center für den Kundenservice"

Code	Vorgangsname	Aufwand	AP-Verantwortlicher
D200000	**1 Hauptstudie**	**139 t**	
D200100	1.1 Aufgabenumfang des Call-Centers	15 t	
D200400	1.2 Prozessgestaltung	29 t	
D200500	1.3 Aufbauorganisation	32 t	
D200200	1.4 Technikkonzept	20 t	
D200600	1.5 Personalkonzept	14 t	
D200300	1.6 Vermarktungskonzept	5 t	Meister
D200700	1.7 Raumkonzept	5 t	
D200800	1.8 Servicequalität	12 t	
D200900	1.9 Gesamtkonzept	7 t	
D300000	**2 Teilstudien und Systembau**	**150 t**	
D300500	2.1 Aufbauorganisation	15 t	
D310510	2.1.1 Detaillierte Mengenanalyse	4 t	Pucker
D340510	2.1.2 Zuordnung von Geschäftsvorfällen	2 t	Barcklow
D340520	2.1.3 Gruppenzusammensetzung	2 t	Follert
D400510	2.1.4 Stellenbeschreibungen	3 t	Liebelt
D340530	2.1.5 Einordnung in Gesamtorganisation	2 t	Fischermanns
D400530	2.1.6 Organigramme	2 t	Liebelt
D300200	2.2 Kommunikationstechnik	43 t	
D300210	**2.2.1 ACD-Anlage**	**26 t**	
D300220	**2.2.2 Erweiterung TK-Anlage**	**7 t**	
D300230	**2.2.3 Sprachcomputer**	**10 t**	
D300250	2.3 Integration zu den EDV-Systemen	36 t	
D310250	2.3.1 Schnittstellenbeschreibungen	3 t	Liebelt
D320250	2.3.2 Programmbeschreibungen	4 t	Forgel
D330250	2.3.3 Datenbankentwurf	3 t	Forgel
D340250	2.3.4 Testkonzept	3 t	Rohde
D410250	2.3.5 Programmierung	15 t	Müller
D450250	2.3.6 Funktionstest	5 t	Müller
D460250	2.3.7 Integrationstest	3 t	Liebelt
D300600	**2.4 Personal**	**18 t**	
D400630	2.4.1 Stellenausschreibung	2 t	Bock
D400620	2.4.2 Mitarbeiter auswählen	5 t	Fischermanns
D400640	2.4.3 Schulungsplan	1 t	Liebelt
D400610	2.4.4 Arbeitszeitregelung vereinbaren	10 t	Rohde
D300400	**2.5 Prozesse und Steuerung**	**17 t**	
D300410	2.5.1 Prozessvorgaben für Technik	4 t	Pucker
D300420	2.5.2 Reporting	8 t	Rohde
D400430	2.5.3 Arbeitsanweisungen	5 t	Liebelt
D300300	**2.6 Vermarktung**	**9 t**	
D300310	2.6.1 Werbeaussagen	3 t	Meister
D300320	2.6.2 Werbeeinsatz planen	1 t	Meister
D400300	2.6.3 Werbemittel anpassen	5 t	Meister
D300700	**2.7 Raum**	**12 t**	
D310700	2.7.1 Raumplanung	2 t	Fischermanns
D300710	2.7.2 Mobiliar	2 t	Bock
D400720	2.7.3 Umbauten	8 t	Bock
D500000	**3 Einführung**	**20 t**	
D500600	3.1 Mitarbeiter schulen	10 t	Liebelt
D500500	3.2 Neue Organisation veröffentlichen	3 t	Fischermanns
D500200	3.3 Support regeln	2 t	Forgel
D500800	3.4 Kundenbefragung	5 t	Barcklow
P600000	**4 Projektmanagement**	**27 t**	
P600110	4.1 Projektauftrag (Änderungsmanagement)	2 t	Rohde
P600200	4.2 Projektinfrastruktur bereitstellen	2 t	Bock
P600310	4.3 Projektplanung (Detailpläne)	4 t	Rohde
P600400	4.4 Vertragsmanagement	3 t	Follert
P600500	4.5 Berichtswesen	7 t	Rohde
Q600600	4.6 Reviews	4 t	Liebelt
P600700	4.7 Projektmarketing	3 t	Rohde
Q600900	4.8 Abschlussbericht	2 t	Rohde

Anhang 20: Schrittweise Berechnung von Terminen und Puffern entlang des Netzplans

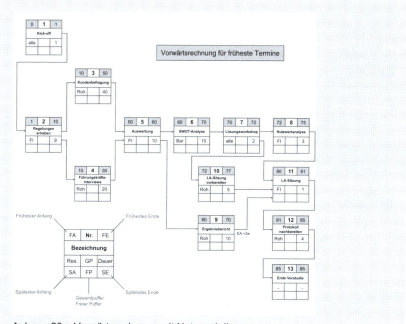

Anhang 20a: Vorwärtsrechnung mit Netzwerkdiagramm

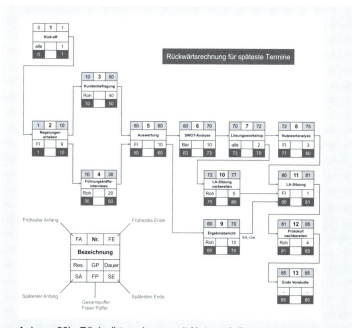

Anhang 20b: Rückwärtsrechnung mit Netzwerkdiagramm

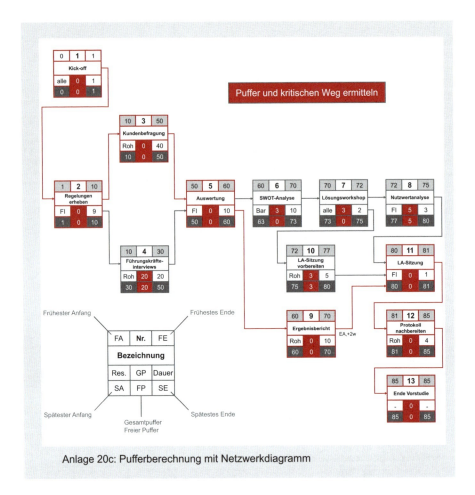

Anlage 20c: Pufferberechnung mit Netzwerkdiagramm

Anhang 21: Arbeitspaketformular

Arbeitspaketauftrag	Seite 1
Projekt/Phase/Teilprojekt Bezeichnung des Arbeitspakets	Projekt-Nr. AP-Nr.

Datum/Unterschrift (Teil-)Projektleiter	Datum/Unterschrift Arbeitspaketverantwortliche(r) AVP

Inhalte des Arbeitspakets

1. Grundlage des Arbeitspakets
Beschreibung der vorausgesetzten Arbeitsergebnisse, z.B. von anderen Arbeitspaketen, getroffene Entscheidungen, vorhandene Dokumente

2. Gestaltungsbereich
Benennung der vom Arbeitspaket betroffenen Organisationseinheit(en) und Prozesse, Aufzählung von Schnittstellen/Gemeinsamkeiten mit anderen Arbeitspaketen/Teilprojekten

3. Gestaltungsaufgaben
Aufzählung wesentlicher durchzuführender Aufgaben

4. Ziele/Ergebnisse des Arbeitspakets
Aufzählung der für das Arbeitspaket relevanten Ziele und Aufzählung, was durch diesen Auftrag an Ergebnissen erbracht werden soll

5. Einflussgrößen (Restriktionen und Rahmenbedingungen)
Zwingend einzuhaltende Restriktionen und zu beachtende Gesetze oder äußere Einflüsse

6. Budget für Aufwand und Kosten
Nennung des geplanten Arbeitspaketaufwands und der Kostenobergrenze

7. Termine/Meilensteine
Festlegung des Endtermins für die Vorlage der Arbeitspaketergebnisse und/oder Benennung von Meilensteinen für Zwischenergebnisse und Reviews

8. Ressourcenzugriff/Befugnisse
Aufzählung der beanspruchbaren Mitarbeiterkapazitäten; Beschreibung der Weisungs-, Vertretungs- und Verfügungsbefugnisse, die das Arbeitspaket betreffen

9. Information
Festlegung der Informationsempfänger und Informanten sowie der Termine, Anlässe und Form(en) der Informationen, die zur Berichterstattung über den Arbeitsfortschritt und zur Zusammenarbeit notwendig sind

10. Risiken
Auflistung möglicher Risiken, die die Arbeitspaketerledigung beeinträchtigen können

Anlagen

Ausführungen zu den Punkten 1-10 auf den folgenden Seiten des Arbeitspaketauftrags

Erledigt: Datum/Unterschrift APV	Abgenommen: Datum/Unterschrift (Teil-)Projektleiter

Anhang 22: Fertigstellungswert-Analyse

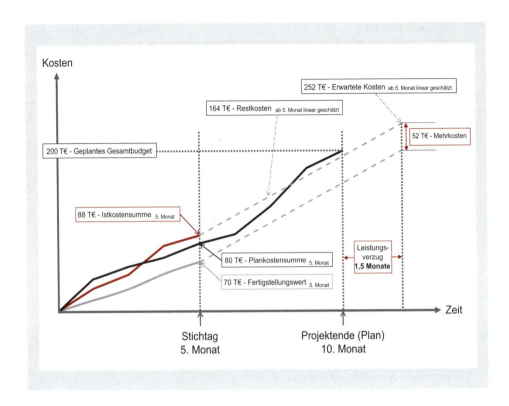

Anhang 23: Earned-Value-Kennzahlen und deren Synonyme

PK	Summe der Plankosten zum Stichtag (Plankostensumme)	
BCWS	Budgeted Cost of Work Scheduled	Amerik. für Plankostensumme
PV	Planned Value	Andere Bezeichnung für BCWS
PGK	Geplante Projektkostengesamtsumme	
BAC	Budget at Completion	Amerik. für Projektgesamtkosten (Plan)
FGR_{Plan}	Fertigstellungsgrad des Arbeitspakets zum Stichtag laut Planung	
FGR_{Ist}	Ermittelter Fertigstellungsgrad des Arbeitspakets zum Stichtag. Z. B. über Istkosten/(Istkosten+Restkosten) oder andere Bewertungsformen	
FW	Fertigstellungswert: der erreichte Fertigstellungsgrad wird mit den Plankosten der Arbeitspakete oder des Gesamtprojekts bewertet. FW=FGR_{Ist} • PGK	
BCWP	Budgeted Cost of Work Performed	Amerik. für Fertigstellungswert
EV	Earned Value	Andere Bezeichnung für BCWP
IK	Istkostensumme (Summe der Istkosten zum Stichtag)	
ACWP	Actual Cost of Work Performed	Amerik. für Istkostensumme
AC	Actual Cost	Andere Bezeichnung für ACWP
PRK	Geplante Kosten der von einem Stichtag bis zum Projektende noch offenen Arbeitspakete. PRK = PGK - FW	
BCWR	Budgeted Cost for Work Remaining	Amerik. für Geplante Restkosten
CV	Cost Variance CV=EV-AC oder FW-IK	Kostenvarianz
CPI	Cost Performance Index CPI=FW/IK	Kosten-Leistungs-Index
SV	Schedule Variance SV=EV-PV oder FW-PK	Termin- oder Leistungsvarianz
SPI	Schedule Performance Index SPI=FW/PK	Termin-Leistungs-Index
TCPI	To-Complete-Performance-Index TCPI=(BAC-EV)/(BAC-AC). Kosten-Leistungs-Index für die verbleibende Arbeit, um Kostenziel zu erreichen.	
EGK_1	Erwartete Projektgesamtkosten nach linearer Hochrechnung zum Stichtag: EGK_1=PGK/CPI	
EAC	Estimate at Completion	Amerik. für Erwartete Gesamtkosten (lin.)
EGK_2	Erwartete Projektgesamtkosten nach additiver Hochrechnung zum Stichtag: EGK_2=IK+PRK=PGK+IK-FW	
ERK	Erwartete Restkosten zum Stichtag: ERK=EGK_1-IK	
CTC	Cost to Complete	Amerik. für Erwartete Restkosten
PGD	Geplante Gesamtdauer des Projekts	
PD	Geplante Dauer bis zum Stichtag	
ET_1	Lineare Terminhochrechnung: ET_1=PGD/SPI	
ET_2	Additive Terminhochrechnung: ET_2=PGD+PD/SPI-PD	

Anhang 24: Einschätzen von Eintrittswahrscheinlichkeiten

Eintrittswahrscheinlichkeit		Mögliche Eintrittsrate	Rang
Sehr hoch:	Eintreten fast sicher	1 in 2	10
		1 in 3	9
Hoch:	Häufiges Eintreten sicher	1 in 8	8
		1 in 10	7
Moderat:	Gelegentliches Eintreten	1 in 80	6
		1 in 400	5
		1 in 2.000	4
Gering:	Relativ wenige Fälle in der Vergangenheit	1 in 15.000	3
		1 in 150.000	2
Sehr gering:	Eintritt ist äußerst ungewöhnlich	< 1 in 1.500.000	1

Anhang 25: Schwere des Effekts von Risikoereignissen

Gefahrenstufe	Schwere des Ereignisses	Rang
Katastrophe ohne Anzeichen	Projekt ist ernsthaft gefährdet, möglicher Abbruch ohne Vorwarnung	10
Katastrophe mit Anzeichen	Projekt ist ernsthaft gefährdet, möglicher Abbruch mit Vorwarnung	9
Sehr hoch	Beträchtliche Auswirkungen auf Projekttermine, Projektkosten und Projektleistung, die ernsthafte Verspätungen, hohe Mehrkosten und eine Verschlechterung der Leistungsfähigkeit bedeuten	8
Hoch	Projekttermine, Projektkosten oder Projektleistung werden spürbar; Projekt kann angeschlossen werden, aber Kunde wird sehr unzufrieden sein	7
Moderat	Kunden werden unzufrieden sein; Projekttermine, Projektkosten oder Leistung werden beeinträchtigt	6
Niedrig	Kunden werden teilweise unzufrieden sein; Projekttermine, Projektkosten oder Leistung werden etwas beeinträchtigt	5
Sehr niedrig	Leichter Einfluss auf das Projekt; alle Kunden werden Auswirkung wahrnehmen	4
Geringfügig	Etwas Einfluss auf das Projekt; ein durchschnittlicher Kunde nimmt Auswirkung wahr	3
Sehr geringfügig	Auswirkung ist so klein, dass sie nur von einem anspruchsvollen Kunden wahrgenommen wird	2
Keine	Nicht spürbare Auswirkung	1

Anhang 26: Prozessgruppen und Wissensgebiete des Portfolio-Management nach PMI®

Wissens-gebiete	Prozessgruppen		
	Definieren	Ausrichten	Genehmigen und Steuern
4. Strategisches Portfolio-Management	4.1 Strategischen Portfolioplan entwickeln 4.2 Portfolio-Charter entwickeln 4.3 Portfolio-Roadmap definieren	4.4 Strategische Änderungen managen	
5. Portfolio-Governance-Management	5.1 Portfolio-Managementplan entwickeln 5.2 Portfolio definieren	5.3 Portfolio optimieren	5.4 Portfolio genehmigen 5.5 Portfolio-Aufsicht unterstützen
6. Portfolio-Performance-Management	6.1 Portfolio-Performance-Managementplan entwickeln	6.2 Ressourcen- und Projektnachfrage managen 6.3 Portfoliowert managen	
7. Portfolio-Kommunikationsmanagement	7.1 Portfolio-Kommunikationsmanagementplan entwickeln	7.2 Portfolio-Informationen managen	
8. Portfolio-Risikomanagement	8.1 Portfolio-Risikomanagementplan entwickeln	8.2 Portfolio-Risiken managen	

Anhang 27: Phasen des Programmmanagement-Lebenszyklus mit zugeordneten Unterstützungsaufgaben nach PMI®

Aufgaben-bereiche	Phasen des Programmlebenszyklus		
	Programmdefinition	Lieferung des Programm-nutzen	Programm-abschluss
8.1 Kommuni-kations-management	8.1.1 Kommunikations-planung	8.1.2 Informationsvertei-lung 8.1.3 Programmleistungs-berichte	
8.2 Finanz-management	8.2.1 Programmkosten-schätzung 8.2.2 Programmfinanz-rahmen einrichten 8.2.3 Programmfinanzmana-gementplan entwickeln	8.2.4 Kostenschätzung der Programmkomponenten 8.2.5 Programmkosten-budgetierung 8.2.6 Programmfinanzie-rung überwachen und steuern	8.2.7 Programm-finanz-abschluss
8.3 Integrations-management	8.3.1 Programminitiierung 8.3.2 Programmmanage-mentplan entwickeln 8.3.3 Programminfrastruk-tur entwickeln	8.3.4 Programmausfüh-rungsmanagement 8.3.5 Programmleistung überwachen und steuern	8.3.6 Programmüber-gabe u. Nutzen-erhaltung 8.3.7 Programm-abschluss
8.4 Beschaffungs-management	8.4.1 Programmbeschaf-fungsplanung	8.4.2 Programmbeschaf-fungen 8.4.3 Programmbeschaf-fungsadministration	8.4.4 Programm-beschaffungs-abschluss
8.5 Qualitäts-management	8.5.1 Programmqualitäts-planung	8.5.2 Programmqualitäts-sicherung 8.5.3 Programmqualitäts-lenkung	
8.6 Ressourcen-management	8.6.1 Ressourcenplanung	8.6.2 Ressourcenpriori-sierung 8.6.3 Ressourcenabhängig-keiten managen	
8.7 Risiko-management	8.7.1 Programmrisiko-management planen	8.7.2 Programmrisiko-identifizierung 8.7.3 Programmrisiko-analyse 8.7.4 Programmrisiko-bewältigungsplanung 8.7.5 Programmrisiken überwachen u. steuern	
8.8 Termin-management	8.8.1 Programmtermin-planung	8.8.2 Programmterminplan steuern	
8.9 Inhalts- und Umfangs-management	8.9.1 Programmumfang und -inhalt planen	8.9.2 Programmumfang und -inhalt steuern	

Anhang 28: GRID-Modell der Führung nach BLAKE/MOUTON (1964)

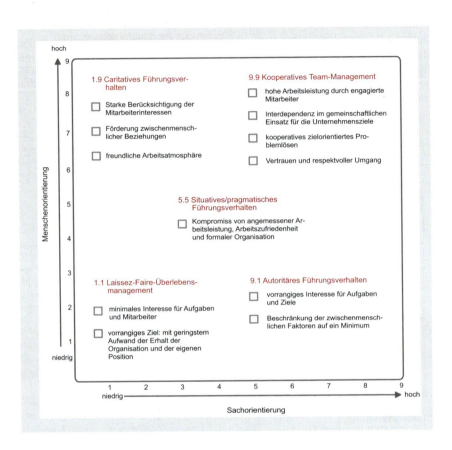

Wenn auch ein kooperativer Führungsstil dem Teamgedanken der Projektarbeit (Projektarbeit = Teamarbeit) am ehesten entspricht, sollte der Projektleiter immer die Erfordernisse der konkreten Situation im Auge behalten (situatives Führungsverhalten) und entsprechend agieren. Nicht alle Mitarbeiter sind immer (und in gleich hohem Maße) in der Lage, eigenverantwortlich und selbständig zu handeln. Der eine braucht mehr, der andere weniger Anweisung und Kontrolle. Darüber hinaus können unvorhersehbare Ereignisse, aufkommender Zeitdruck u.a.m. beispielsweise ein direktiveres Vorgehen des Projektleiters erforderlich machen (Balance-Akt zwischen Können-Wollen-Dürfen!).

Anhang 29: Johari-Fenster

In Kapitel 6.5 „Feedback als Lernchance" wurde erläutert, dass Feedback Orientierung für die eigene (Weiter-)Entwicklung bieten kann (Abgleich von Selbst- und Fremdbild). Dies wird auch im „Johari-Fenster" (LUFT/INGHAM, 1955) deutlich, das gleichzeitig noch eine zweite Möglichkeit zur Erweiterung des individuellen Handlungsspielraums aufzeigt:

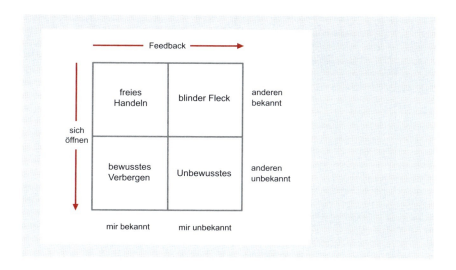

Die aus dem „blinden Fleck" resultierende Unsicherheit bindet Energie, die für das „freie Handeln" nicht zur Verfügung steht. Konstruktives Feedback verkleinert den blinden Fleck und trägt so zu einer Vergrößerung des eigenen Handlungsspielraums bei.

Aber auch das „bewusste Verbergen" (Gefühle, Wünsche, Ängste, Einstellungen u.a.m.) kostet Kraft (auf der Hut sein, keine Stellung beziehen usw.) und schränkt somit die eigenen Handlungsmöglichkeiten ein. Etwas mehr Offenheit trägt also ebenfalls zu mehr Handlungsfreiheit bei, allerdings um den Preis einer vielleicht etwas größeren „Angriffsfläche". Jeder muss für sich selbst herausfinden, wie viel Offenheit er sich leisten will (und kann). Aber es lohnt sich: Je größer das Feld des freien Handelns ist, desto mehr Handlungs- und Entwicklungsmöglichkeiten stehen zur Verfügung.

Anhang 30: Das Eisberg-Modell der Kommunikation

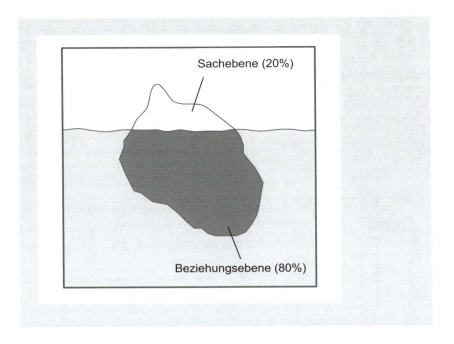

PAUL WATZLAWICK (1969) hat als Axiom der Kommunikation formuliert: „Jede Kommunikation hat einen Inhalts- und einen Beziehungsaspekt, wobei letzterer den Ersteren bestimmt." Somit ist davon auszugehen, dass die Beziehungsebene für das Gelingen oder Misslingen der Verständigung von entscheidender Bedeutung ist. Das auf Sigmund Freud zurückgehende Eisberg-Modell zeigt den hohen Anteil der Beziehungsebene sehr deutlich.

Die Sachanteile in einem Gespräch (das gesprochene Wort) machen etwa 20% aus, die Beziehungsanteile (u.a. Emotionen, geheime Wünsche, Interessen, Ziele, Werte, Sympathien) hingegen an die 80%! Wie bei einem Eisberg ist also im Kommunikationsprozess nur ein relativ kleiner Teil (der Botschaft) direkt wahrnehmbar – die Informationen auf der Sachebene. Wesentliche Aspekte der Beziehungsebene teilen sich nicht unmittelbar oder allenfalls indirekt mit (Mimik, Gestik, Intonation etc.). Kommunikation (Verständigung) kann aber nur gelingen, wenn auf beiden Ebenen und bei (beiden) Kommunikationspartnern Einigkeit über die Inhalts- und Beziehungsaspekte herbeigeführt werden kann.

Anhang 31: Krisenbewältigung bedeutet (Wieder)herstellen der Handlungsfähigkeit

1. Strukturen schaffen	▪ Eskalationsebenen klar und unmissverständlich regeln ▪ Ressourcen dem Krisenprojekt zuweisen und sichern ▪ Kernteam mit starken „Zugpferden" einsetzen → Identifikationsfiguren ▪ Projektteams wichtiger Stakeholder nicht aussparen → Negativspirale ▪ Punktuell „Joker/Querdenker" einsetzen → Paradigmenwechsel ▪ Intensive Einbeziehung des Top-Managements → Krise ist Chefsache
2. Nachhaltig agieren	▪ Recovery-Pläne mit eng getakteten Meilensteinen vereinbaren ▪ Commitment unterstreichen ▪ Meilensteinumsetzung eng verfolgen; Einhaltung zeigt rasche Erfolge ▪ Rückfallebenen konkretisieren (vertragliche Möglichkeiten sauber klären) ▪ Grundstrategie reglmäßg überprüfen, dennoch möglichst festhalten
3. Komplexität reduzieren	▪ Kostenbewusstsein schaffen und durchsetzen → Gürtel enger schnallen ▪ Umfang und Komplexität der Leistung klären und gemeinsam vereinfachen ▪ Gegebenenfalls Extrempositionen einnehmen ▪ Erkenntnisse aus dem Projektverlauf relativieren → Ziele dazu nutzen
4. Gezielt kommunizieren	▪ Auf allen Hierarchieebenen sowohl intern wie extern persönlich kommunizieren ▪ Leute vor Ort ins Geschehen schicken ▪ Informelles Beziehungsmanagement forcieren ▪ Intelligente Offenheit leben ▪ Einfache, verständliche Darstellungen von Status und Plänen ▪ Mitarbeit im Projekt wieder als begehrlich propagieren

Anhang 32: Grundstrategien des Krisenmanagements

Eine klare Richtung haben und durchhalten:
- Projekt fortsetzen ↔ Projektabbruch
- Punktuelle Korrekturen ↔ Projekt neu aufsetzen/ planen
- Konflikt austragen und lösen ↔ Kooperation mit Stakeholder
- Verschlossenheit ↔ intelligente Offenheit
- Einfrieren des Auftrags ↔ „Investition" in Lösung
- Revidiertes fixes Commitment ↔ bewusste Iteration

Anhang 33: Elementarer Rahmen für das Krisenmanagement

- Ab wann und in welcher Form wird eine Task-Force aktiviert?
- Wie erhält die Task-Force notwendige Informationen?
- Wie tagen und kommunizieren die Mitglieder?
- Was ist die Aufgabe des Krisenstabes im Projekt?
- Wer meldet? Wer entscheidet? Wer macht?
- Sind alle Betroffenen eingebunden?
- Sind die Kompetenzen im Krisenfall klar?
- Wie erfolgt die Eskalation, wie wird der Krisenstab autorisiert?
- Wie wird ein einheitlicher Kenntnisstand hergestellt?
- Organisatorische Einbindung und Berichtsstrukturen an den Entscheiderkreis?
- Welches Kompetenzprofil ist für Mitglieder des Krisenteams notwendig?

Anlage B: Glossar

Adaption: Anpassung an unterschiedliche Lebens-/oder Projektbedingungen

Adaptive Reaktion: Form der Selbstorganisation. Gelernte Fähigkeit, sich an unterschiedliche Umfeldbedingungen anzupassen

Amplitude: Schwingungsweite, Ausschlag

Artefakt: Modellelement für ein Ergebnis aus einem Arbeitsprozess. Es kann auch als Zwischenergebnis oder Endergebnis in der Softwareentwicklung entstehen

Audit: allgemein: Prüfung. Qualitätsmanagement: Systematische Untersuchung eines Qualitätsmanagement-Systems durch einen neutralen Dritten

Business Case: für größere Investitionsentscheidungen unerlässliche Darstellung und Abwägung prognostizierter finanzieller und nicht-finanzieller Konsequenzen von Handlungsalternativen

Claimmanagement (Nachforderungsmanagement): die „Überwachung und Beurteilung von Abweichungen bzw. Änderungen und deren wirtschaftlichen Folgen zwecks Ermittlung und Durchsetzung von Ansprüchen"

Definition of Done: Sammlung von Kriterien, die beschreiben, wann eine Aufgabe als fertig gilt. Wird in der agilen Softwareentwicklung für „User Stories" verwendet

Earned Value-Analyse: zeigt den aktuellen Stand des Projekts unter Berücksichtigung des integrierten Zusammenhangs der Zielgrößen

Entity-Relationship-Diagramm: grafische Darstellung von Entitätstypen und Beziehungstypen

Extreme Tailoring: Anpassung eines Vorgehensmodells, zum Beispiel V-Modell XT, für ein konkretes Projekt durch Verwendung kleinster passender Bausteine

Heuristische Regeln: Vorgehensweise, mit deren Anwendung sich gute Lösungen eines Problems ermitteln lassen. Sie wird durch neue Erkenntnisse kontinuierlich verbessert, kann aber nicht als „optimal" bewiesen werden.

Inbound: traditioneller telefonischer Kundendienst, um Kundenbestellungen, Informationsanforderungen, Störungsmeldungen, Beschwerden entgegen zu nehmen

Interfacekosten: Schnittstellenkosten

Iterativer Prozess: ein sich wiederholender Prozess

Kompetenzniveau: Vorgegebener oder eingeschätzter Abdeckungsgrad einer Handlungskompetenz für einen Mitarbeiter oder eine Rolle.

Konfigurationsmanagement: Summe der technischen, organisatorischen und Beschluss fassenden Maßnahmen und Strukturen, die sich mit der Spezifikation (Konfiguration) eines Produkts befassen

Kontinuum: lückenlos Zusammenhängendes, Stetiges

Lobbying: Interessenvertretung

Maintenance: Wartung, Instandhaltung (in der Software)

Management Summary: inhaltliche Zusammenfassung eines Textes (z.B. für Führungskräfte, Entscheider)

Multiple Choice: Mehrfachauswahl

Multiplikatoren: bei der Einführung von Projektergebnissen ausgewählte Mitarbeiter der betroffenen Bereiche, die durch gute Kommunikationsfähigkeiten die Neuerungen an ihre Kollegen weitergeben und als erste Ansprechpartner zur Verfügung stehen

Multitasking: gleichzeitiges Ausführen mehrerer Tätigkeiten

Murphys Gesetz: eine auf den US-amerikanischen Ingenieur Edward A. Murphy jr. zurückgehende Lebensweisheit, die eine Aussage über das menschliche Versagen bzw. über die Fehlerquellen in komplexen Systemen macht: „Alles, was schief gehen kann, wird auch schief gehen."

Outbound: gezieltes Anrufen von potenziellen Kunden und Bestandskunden durch ein Call-Center, um Kundenbedarf zu ermitteln, Ansprechparter zu aktivieren, Adressen zu aktualisieren oder Feedback zur Kundenzufriedenheit zu erhalten

Paraphrasieren: inhaltliche Wiederholung (in eigenen Worten) des Gehörten („aktives Zuhören"), dient der Sicherstellung der Verständigung

Projektattraktivität: Beurteilung der positiven (Chancen) und negativen (Risiken) Auswirkungen eines Vorhabens auf die aktuelle Strategie einer Organisation

Projektportfolio: die Menge aller aktiven Projekte eines Unternehmens

Projektpotenzial: Einschätzung der Erfolgsaussichten eines geplanten Vorhabens anhand der Fähigkeiten und des Willens der Organisation, es umzusetzen

Quality Gate: projektübergreifend definierter Meilenstein, dessen vorliegende Ergebnisse zwingend für die anschließenden Schritte nötig sind. Die Ergebnisse werden anhand von fixierten Checklisten formal geprüft. Je nach Ausgang kann das Projekt abgebrochen oder verzögert werden oder normal weiterlaufen

Refactoring: manuelle oder automatisierte Verbesserung der Struktur von Programmquellen unter Beibehaltung des beobachtbaren Programmverhaltens. Durch bessere Lesbarkeit und Verständlichkeit sollen die Wartung und die Fehleranalyse vereinfacht und die Wiederverwendung von Bausteinen erhöht werden

Review: Überprüfung von Arbeitsergebnissen

Risikomanagement: Ausschaltung, Vermeidung oder Verringerung von Risiken

Rollierende Planung: Verfahren zur systematischen Aktualisierung und Konkretisierung der Pläne durch Fortschreibung

Sensitivitätsanalyse: Überprüfung einer Rangfolge von Lösungsvarianten auf ihre Robustheit gegenüber Änderungen einzelner oder mehrerer Parameterwerte

Sozialisation: alle Vorgänge und Prozesse, in deren Verlauf der Mensch zum Mitglied einer Gesellschaft und Kultur wird

Stakeholder: Person, Gruppe oder Einrichtung, die am Ergebnis und der Art des Zustandekommens ein unmittelbares Interesse hat

Stammorganisation: Summe aller dauerhaft wirksamen Regelungen des Aufbaus und der Prozesse einer Organisation

Story Point: Schätzeinheit zur Bewertung der relativen Größe von User Stories

Systemdenken: auf der Systemtheorie aufbauender methodischer Ansatz zur Bearbeitung komplexer Problemstellungen

Taxonomie: einheitliches Verfahren, um Objekte eines gewissen Bereichs (z.B. Lernziele, Projektmanagement-Kompetenzen) nach bestimmten Kriterien zu klassifizieren

User Stories: eine aus Anwendersicht beschriebene Anforderung an ein zu entwickelndes Softwaresystem, die dem Anwender einen konkreten Nutzen verspricht

Validation: Bestätigung, Überprüfung

Verifikation: Plausibilitätsprüfung, Absicherung

Walkthrough: Testverfahren, bei dem ein Testfall gedanklich entlang der geplanten Lösung durchgespielt wird und sich ergebende Unzulänglichkeiten festgehalten werden

Anlage C: Literaturverzeichnis

Andler, N.: Tools für Projektmanagement, Workshops und Consulting. 5. Aufl., Erlangen 2013

Baguley, P.: Optimales Projektmanagement. Niedernhausen 1999

Balzer, H.: Den Erfolg im Visier. Unternehmenserfolg durch Multi-Projekt-Management. Stuttgart 1998

Barcklow, D.: Projektmanagement geht zu selten über die Standards hinaus. In: projektMANAGEMENT aktuell 1/2006

Bartsch-Beuerlein, S.: Qualitätsmanagement in IT-Projekten. München 2000 [Qualitätsorientierter Ansatz für Projektarbeit. Enthält Überblick zur Zertifizierung von Projektleitern und Auszeichnungen von Projekten durch die GPM.]

Baumann, D. T.; Besson, F.; Hauser, T. K.; Kassowitz, G.; Knöpfel, H.; Muntwiler, M.; Scheifele, D.: Swiss National Competence Baseline (Swiss NCB 4.0). Glattbrugg 2007

Baumann, D.; Seidl, J.: Kapitel 3.03 Portfolioorientierung. In: GPM (Hrsg.): Kompetenzbasiertes Projektmanagement (PM3). Nürnberg 2009

Bea, F. X.; Scheurer, S.; Hesselmann, S.: Projektmanagement. Stuttgart 2008

Benien, K.; Schulz von Thun, F.: Schwierige Gespräche führen. Reinbek bei Hamburg 2003

Berger, M.; Chalupsky, J.; Hartmann, F.: Change Management – (Über-)Leben in Organisationen. 7. Aufl., Gießen 2013

Berkel, K.: Konflikttraining. Konflikte verstehen, analysieren, bewältigen. 6. Aufl., Heidelberg 2001

Blake, R.; Mouton, J.: The Managerial Grid. Houston 1964

Boutellier, R.; Völker, R.; Voit, E.: Innovationscontrolling. München/Wien 1999

Bundschuh, M.; Fabry, A.: Aufwandsschätzung von IT-Projekten. 2. Aufl., Bonn 2004

Burghardt, M.: Projektmanagement – Leitfaden für die Planung, Überwachung und Steuerung von Projekten. 9. Aufl., Erlangen 2012

Burke, R.: Fundamentals of Project Management – Tools and Techniques. 2nd edition, 2010

Burmester, R.; Vahs, D.: Innovationsmanagement. 2. Aufl., Stuttgart 2002

Clement, U.: Kon-Fusionen – Über den Umgang mit interkulturellen Business-Situationen. 1. Aufl., Heidelberg 2011

Cohn, M.: Succeeding with agile. Boston 2010

Comelli, G.; Rosenstiel, L. von: Führung durch Motivation: Mitarbeiter für Organisationsziele gewinnen. 3. Aufl., München 2003

Cox, J. F.; Schleier, J. G.: Theory of constraints handbook. Washington D.C. 2010

Crowe, A.: Alpha project managers – what the top 2% know that everyone else does not. Second edition, August 2008

Czichos, R.: Creativität und Chaos-Management. 4. Aufl., München 2001

Daenzer, W. F.; Huber, F. (Hrsg.): Systems Engineering: Methodik und Praxis. 7. Aufl., Zürich 1992

DeMarco, T.; Lister, T.: Bärentango. München 2003

DeMarco, T.: Der Termin. München 1998

DeMarco, T.: Spielräume. München 2001

DeMarco, T.: „Was man nicht messen kann...". Landsberg 2004

Deming, W. E.: Out of the Crisis. MIT, Cambridge 1982

Dobson, M. S.; Leemann, T.: Creative Project Management – Innovative project options to solve problems on time and under budget. New York 2010

Dörner, D.: Die Logik des Mißlingens. 13. Aufl., Reinbek bei Hamburg 2000

Doppler, K.: Der Change Manager: Sich selbst und andere verändern. 2. Aufl., Frankfurt 2011

Doppler, K.; Lauterburg, Ch.: Change Management: Den Unternehmenswandel gestalten. 12.Aufl., Frankfurt 2008

Eschenbruch, K.: Die Verfehlung der Projektziele bei Großprojekten. In: projektMANAGEMENT aktuell 2/2013

Fatzer, G. (Hrsg.): Organisationsentwicklung für die Zukunft. 3. Aufl., Köln 2004

Fiedler, R.: Controlling von Projekten. 5. Aufl., Wiesbaden 2010

Fischer-Epe, M.: Coaching: Miteinander Ziele erreichen. Reinbek bei Hamburg 2011

Fischer-Epe, M.; Epe, C.: Selbstcoaching: Hintergrundwissen, Anregungen und Übungen zur persönlichen Entwicklung. Reinbek bei Hamburg 2007

Fischermanns, G.: Praxishandbuch Prozessmanagement. 11. Aufl., Gießen 2013

Fisher, R.; Ury, W.; Patton, B.: Das Harvard-Konzept. Frankfurt/New York 2009

Füting, U. Ch.; Hahn, I.: Projektcontrolling leicht gemacht. Frankfurt 2005

Gaulke, M.: Risikomanagement in IT-Projekten. München/Wien 2002

Gessler, M.: Kapitel 1.00 Projektarten. In: GPM (Hrsg.): Kompetenzbasiertes Projektmanagement (PM3). Nürnberg 2009

Gigerenzer, G.: Bauchentscheidungen – Die Intelligenz des Unbewussten und die Macht der Intuition. München 2007

Gigerenzer, G.: Risiko – Wie man die richtigen Entscheidungen trifft. München 2014
Glasl, F.: Konfliktmanagement. 9. Aufl., Bern/Stuttgart 2009
Goldratt, E. M.: Die kritische Kette. Frankfurt 2002
Goldratt, E. M.: Das Ziel. 2. Aufl., Frankfurt 2001
Goldratt, E. M.: Das Ziel Teil II. Frankfurt 2003
Gordon, Th.: Managerkonferenz: Effektives Führungstraining. München 2005
GPM (Hrsg.): Kompetenzbasiertes Projektmanagement (PM3). 2. Aufl., Nürnberg 2009
Greene, J.; Stellman, A.: Head first PMP. 2nd Edition, Sebastopol (CA) 2009
Grün, O.: Taming Giant Projects. Heidelberg 2004
Gruner, K.; Jost, C.; Spiegel, F.: Controlling von Softwareprojekten. 1. Aufl., Wiesbaden 2003
Haeske, U.: Team- und Konfliktmanagement: Teams erfolgreich leiten. – Konflikte konstruktiv lösen. 3. Aufl., Berlin 2008
Hanisch, R.: Das Ende des Projektmanagements – Wie die Digital Natives die Führung übernehmen und Unternehmen verändern. Wien 2013
Hansel, J.; Lomnitz, G.: Projektleiter-Praxis: Optimale Kommunikation und Kooperation in der Projektarbeit. 4. Aufl., Berlin/Heidelberg/New York 2003
Harrant, H.; Hemmrich, A.: Risikomanagement in Projekten. München 2004
Hedeman, B.; Vis van Heemst, G.; Fredriksz, H.: Projektmanagement auf der Grundlage von PRINCE2. 1. Aufl., Zaltbommel 2006
Heeg, F.-J.: Projektmanagement. Grundlagen der Planung und Steuerung von betrieblichen Problemlöseprozessen. 2. Aufl., München 1993
Heinrich, A.; Wall, J.: Teamrollen. Das Modell nach Belbin. München 2013
Heintel, P.; Krainz, E. E.: Projektmanagement: eine Antwort auf die Hierarchiekrise? 3. Aufl., Wiesbaden 1994
Hermarij, J.: Better Practices of Project Management – Based on IPMA competences. 3rd revised edition, Zaltbommel (NL) 2013
Hinsch, R.; Wittmann, S.: Soziale Kompetenz kann man lernen. 2.Aufl., Weinheim 2010
Hirzel, M.; Kühn, F.; Wollmann, P.: Multi Projekt Management. Strategische und operative Steuerung von Projekteportfolios. Frankfurt/Main 2002
Hobbs, P.: Professionelles Projektmanagement. Landsberg am Lech 2000
Holzkamp, K.: Grundlegung der Psychologie. Frankfurt 2003

Jacob, D.; Bergland, S.; Cox, J.: Velocity – Die Strategie der Geschwindigkeit. Frankfurt 2010

Kahneman, D.: Schnelles Denken, langsames Denken. München 2012

Kellner, H.: Die Posträuber-Methode. Frankfurt 1996

Kellner, H.: Phasen der Teambildung im Projekt. In: Projekt-Management 4/1996

Kempis, R.-D.: do IT smart. Frankfurt/Wien 1998

Kendall, G. I.; Rollins, S. C.: Advanced Project Portfolio Management and the PMO. Boca Raton (Florida) 2003

Kerzner, H.: Projektmanagement – Ein systemorientierter Ansatz zur Planung und Steuerung. 2. deutsche Aufl., Heidelberg 2008

Keßler, H.; Hönle, C: Karriere im Projektmanagement. Berlin/Heidelberg 2002

Kiefer, B.-U.; Knebel, H.: Taschenbuch Personalbeurteilung: Feedback in Organisationen. 12. Aufl., Hamburg 2011

Klose, B.: Projektabwicklung. Arbeitshilfen, Projektanalyse, Fallbeispiele, Checklisten. Frankfurt/Wien 2008

Köhler, J.; Oswald, A.: Die collective Mind-Methode – Projekterfolg durch Soft Skills. Heidelberg 2009

Kraus, G.; Westermann, R.: Projektmanagement mit System. 2. Aufl., Wiesbaden 1997

Kremer, R.; Rohde, A.: Kapitel 1.06 Projektorganisation. In: GPM (Hrsg.): Kompetenzbasiertes Projektmanagement (PM3). Nürnberg 2009

Kupper, H.: Zur Kunst der Projektsteuerung. Qualifikation und Aufgaben eines Projektleiters – aufgezeigt am Beispiel von DV-Projekten. 6. Aufl., München/Wien 1991

Kuppinger, M.; Reinke, H.: Microsoft Project 98 – Das Handbuch. Unterschleißheim 1998

Lappe, M.; Spang, K.: Return on Invest (ROI) von Projektmanagement. In: projektMANAGEMENT aktuell 2/2012

Leach, L. P.: Critical Chain Project Management. Boston/London 2000

Leopold, K.; Kaltenecker, S.: Kanban in der IT – Eine Kultur der kontinuierlichen Verbesserung schaffen. München 2012

Levine, H. A.: Project Portfolio Management. San Francisco 2005

Lewis, J. P.: The Project Manager's Desk Reference. 3rd Edition, San Francisco 2006

List, W.; Voight, R.: Kritische Projekte retten – Leitfaden für die Diagnose, Sanierung und Prävention. München 2011

Litke, H.-D.: Projektmanagement. 5. Aufl., München 2007

Lock, D.: Projektmanagement. Wien 1997

Lomnitz, G.: Multiprojektmanagement. Projekte erfolgreich planen, vernetzen und steuern. 3. Aufl., München 2008

Luft, J.; Ingham, H.: The Johari Window, a graphic model for interpersonal relations. Los Angeles 1955

Lumma, K.: Strategien der Konfliktlösung: Betriebliches Verhaltenstraining in Theorie und Praxis. 3. Aufl., Hamburg 2007

Madauss, B. J.: Handbuch Projektmanagement. 5. Aufl., Stuttgart 1993

Maslow, A. H.: Motivation und Persönlichkeit. Reinbek bei Hamburg 1999

Mees, J.; Oefner-Py, St.; Sünnemann, K.-O.: Projektmanagement in neuen Dimensionen. Wiesbaden 1993

Meyer, J. U.: Das Edison-Prinzip. Frankfurt 2008

Meyer, M. M.; Ahlemann, F.: Project Management Software Systems. 8. Aufl., 2014

Michel, R. M.: Taschenbuch Projektcontrolling. Heidelberg 1993

Möhrle, M. G. (Hrsg.): Der richtige Projekt-Mix. Berlin/Heidelberg 1999

Motzel, E.: Projektmanagement-Lexikon. 2. Aufl., Weinheim 2010

Mulcahy, R.: PMP® Exam Prep. 8th Edition, aligned with the PMBOK® Guide, fifth edition. United States 2013

Nagel, K.: Anspruch und Wirklichkeit der Projektkommunikation. In: projektMANAGEMENT aktuell 3/2013

Newbold, R. C.: Project Management in the fast lane. Boca Raton 1998

Oestereich, B.; Weiss, C.: Agiles Projektmanagement – APM. Heidelberg 2008

Opelt, A.; Gloger, B.; Pfarl, W.; Mittermayr, R.: Der agile Festpreis – Leitfaden für wirklich erfolgreiche IT-Projekt-Verträge. München 2012

Osterhold, G.: Veränderungsmanagement. 2. Aufl., Wiesbaden 2002

Patzak, G.: Messung der Komplexität von Projekten. In: projektMANAGEMENT aktuell 5/2009

Pichler, R.: SCRUM – agiles Projektmanagement erfolgreich einsetzen. Heidelberg 2008

PMI (Hrsg.): A guide to the project management body of knowledge (PMBOK® Guide). 5th Edition, Newton Square (Pennsylvania) 2013

PMI (Hrsg.): Organizational project management maturity model OPM3®. 3rd Edition, Newton Square (Pennsylvania) 2013

PMI (Hrsg.): Pulse of the Profession in-depth Study: Talent Management and the high cost of low performance. March 2013

PMI (Hrsg.): Pulse of the Profession in-depth Report: Portfolio Management. 2012

PMI (Hrsg.): Pulse of the Profession in-depth Report: The essential role of communications. May 2013

PMI (Hrsg.): The standard for program management. 3rd Edition, Newton Square (Pennsylvania) 2013

Pohl, F.; Thyssen, P.: Kapitel 3.05 Stammorganisation. In: GPM (Hrsg.): Kompetenzbasiertes Projektmanagement (PM3). Nürnberg 2009

Redlich, A.: Konflikt-Moderation. 6. Aufl., Hamburg 2004

Rietiker, S.: Der neunte Schlüssel – Vom Projektmanagement zum projektbewussten Management. Bern 2006

Rietiker, S.; Scheurer, S.; Wald, A.: Mal andersrum gefragt: Ergebnisse einer Studie zu Misserfolgsfaktoren in der Projektarbeit. In: projektMANAGEMENT aktuell 4/2013

Rinza, P.: Projektmanagement. 4. Aufl., Berlin 1998

Robertson, S.; Robertson, J.: Mastering the Requirements Process. 2nd Edition, Massachusetts 2007

Rohrschneider, U.; Spang, K.: Kapitel 1.04 Risiken und Chancen. In: GPM (Hrsg.): Kompetenzbasiertes Projektmanagement (PM3). Nürnberg 2009

Rosenow, J.: Von der Motivationstheorie zur Motivationspraxis mit Schwerpunkt auf der Zweifaktoren-Theorie nach Herzberg. München 2007

Rother, A.: Unternehmensphilosophie in Textbausteinen. Frankfurt 2003

Rupp, C. und die SOPHISTen: Requirements-Engineering und -Management. 4. Aufl., München 2007

Schelle, H.: Projekte zum Erfolg führen. 7. Auflage, München 2014

Schelle, H.: Aktuelles Stichwort: Organizational Project Management Maturity Model (OPM3) des PMI. In: projektMANAGEMENT-aktuell 1/2006

Schelle, H.; Ottmann, R.; Pfeiffer, A.: Projektmanager. 1. Aufl., Nürnberg 2005

Schmidt, G.: Organisation und Business Analysis – Methoden und Techniken. 14. Aufl., Gießen 2009

Schreckeneder, B. C.: Projektcontrolling – Projekte überwachen, steuern und präsentieren. 3. Aufl., München 2010

Schulz von Thun, F.: Miteinander reden. Bde. 1-3, Reinbek bei Hamburg 2011

Schulz von Thun, F.: Klarkommen mit sich selbst und anderen: Kommunikation und soziale Kompetenz. Reinbek bei Hamburg 2004

Schulz von Thun, F.; Ruppel, J.; Stratmann, R.: Miteinander reden. Kommunikationspsychologie für Führungskräfte. Reinbek bei Hamburg 2003

Schwab, J.: Projektplanung realisieren mit PROJECT 2007. München 2008

Schwarz, G.: Konfliktmanagement. Konflikte erkennen, analysieren, lösen. 8. Aufl., Wiesbaden 2010

Seidl, J.: Multiprojektmanagement. Heidelberg 2011

Seifert, J. W.: Moderation und Konfliktklärung: Leitfaden zur Konfliktmoderation. Offenbach 2009

Seifert, J. W.: Visualisieren – Präsentieren – Moderieren. Offenbach 2009

Seifert, J. W.: Besprechungs-Moderation. Offenbach 2002

Seifert, J. W.; Holst, Chr.: Projekt-Moderation. Offenbach 2004

Seitz, D.; Kerlen, C.; Steg, H.: Projekterfolg: Was macht Projekte wirtschaftlich? In: projektMANAGEMENT aktuell 2/2005

Senge, P. M.: Die fünfte Disziplin: Kunst und Praxis der lernenden Organisation. 10. Aufl., Stuttgart 2008

Sprenger, R. K.: Das Prinzip Selbstverantwortung: Wege zur Motivation. 12. Aufl., Frankfurt 2007

Sprenger, R. K.: Mythos Motivation: Wege aus einer Sackgasse. 19. Aufl., Frankfurt 2010

Sprenger, R. K.: Vertrauen führt: Worauf es im Unternehmen wirklich ankommt. 3. Aufl., Frankfurt 2007

Stahl, E.: Dynamik in Gruppen. 2. Aufl., Weinheim/Basel 2007

Steeger, O.: In der Kritik: Berliner Hauptstadtflughafen und Elbphilharmonie. In: projektMANAGEMENT aktuell 5/2012

Taleb, N. N.: Antifragilität. München 2013

Taleb, N. N.: The Black Swan. New York 2010

Tannenbaum, R.; Schmidt, W. H.: How to choose a Leadership pattern. In: Harvard Business Review, May-June 1973

Taylor, P.: Projektmanagement für Faulenzer – Wie Sie Ihre Produktivität verdoppeln und dennoch früher Feierabend machen können. Offenbach 2011

Techt, U.: Aktuelles Stichwort: „Critical-Chain-Projektmanagement". In: projektMANAGEMENT aktuell 2/2005

Techt, U.; Lörz, H.: Critical Chain – Beschleunigen Sie Ihr Projektmanagement. 1. Aufl., München 2007

Thomann, Ch.: Klärungshilfe 1. Reinbek bei Hamburg 2003

Thomsett, R.: Radical Project Management. New York 2002

Tries, J.; Reinhardt, R.: Konflikt- und Verhandlungsmanagement: Konflikte konstruktiv nutzen. Berlin 2008

Trout, J.; Rivkin, St.: Die Macht des Einfachen. Frankfurt/Wien 1999

Tuckman, B. W.; Jensen, M. A. C.: Stages of small-group development revisited. In: Group and Organizational Studies 2/1977

Tuckman, B. W.: Development sequence in small groups. In: Psychological Bulletin 63/1965, S. 384-399

Tumuscheit, K. D.: Überleben im Projekt – 10 Projektfallen und wie man sie umgeht. Heidelberg 2007

VDI (Hrsg.): Innovative Lösungen für Kunden und Unternehmen. Tagung Berlin, 14./15. September 2000. Düsseldorf 2000

Versteegen, G.: Projektmanagement mit dem Rational Unified Process. Berlin 2000

Waterman, R. H.: Ad-hoc-Strategien – Die Kraft zur Veränderung. Paderborn 1993

Watzlawick, P.; Beavin, J. H.; Jackson, D. D.: Menschliche Kommunikation. Bern 1969/2011

Wehmeyer, D.; Münch, C.: Konflikt-Management für das Projektteam. In: zfo 6/1993, S. 425-428

Wheeler, D. J.: Understanding Variation – The Key to Managing Chaos. Knoxville 2000

Wirdemann, R.: SCRUM mit User Stories. München 2009

Wißkirchen, F. (Hrsg.): Outsourcing-Projekte erfolgreich realisieren. Stuttgart 1999

Wolf, H.; van Solingen, R.; Rustenburg, E.: Die Kraft von Scrum. München 2011

Wuttke, T.; Gartner, P.; Triest, S.: Das PMP-Examen. Bonn 2004

Young, T.: 30 Minuten bis zum erfolgreichen Projektmanagement. Offenbach 1998

Yourdon, E.: Death March. 2nd Edition, New Jersey 2004

Anlage D: Stichwortverzeichnis

4 Grundsätze von Widerstand 156
80/20-Regel 353
ABC-Analyse, qualitative 106
ABC-Analyse, quantitative 105
Abfragen, formale 335
Abhängigkeiten von Projekten 112
Abhängigkeitsanalyse 112
Abnahme 351
Abschlussaktivität 456
Abschlussbericht 459
Abschlussbesprechung 457
Abschlussreview 349
ACD-Anlagen (Automatic Call Distribution) 210
Actual Costs (AC) 368
Adaptive Software Development (ASD) 196
Änderungsantrag 447
Änderungsorganisation 447
Änderungsstatistik 450
Änderungsverfahren 449
Agile Praktiken 196
Agiles Manifest 195
Agiles Vorgehen 194
Aktionsfelder der Projektführung 307
Aktivitätenbericht 339
Akzeptanzprojekten 25
Alleinstellungsmerkmale (Unique Selling Proposition) 226
Alpha Project Managers 140
Amortisationsdauer 98
Ampelbericht 130, 408
Ampelfarben, Bedeutung der 130
Analogiemethoden 279
Anfang-Anfang-Beziehung 248
Anforderung 221
Anforderungen, elementare 225
Anforderungen, funktionale 221
Anforderungen, nichtfunktionale 221
Anforderungen, überzeugende 226
Anforderungen an Ziele 215
Anforderungsportfolio 224
Anforderungsprofil 506
Anforderungsprofil für den Projektleiter 149
Anlagenbauprojekte 26
Annäherung, kulturelle 326
Anordnungsbeziehungen 247
Anordnungsbeziehungen, diskrete 247
Antragsteller 54
Arbeitspaket 234
Arbeitspaketauftrag 511
Arbeitspaketformular 511
Arbeitspaketvergabe 314
Archivierungsprinzipien 412
Arten der Unternehmenskultur 504
Aspekte der Sach- und Beziehungsebene 308
Aufbau einer Stammorganisation 504
Auftraggeber 52
Auftraggebersicht im Projekt 60
Auftragnehmersicht im Projekt 60
Auftragsabstimmungsprozess 138
Auftragsformblatt 142
Auftragsinhalte 140
Aufwandsschätzmethoden 275
Aufwandsschätzung 274
Ausdrucksformen von Widerstand 157
Ausführung 37
Ausführung von Arbeitspaketen 37
Ausführungsanweisungen 303
Ausgestaltung der Projektaufbauorganisation 48
Auslastung, kapazitätsgetreue 272
Auswahl der Projektmitarbeiter 51

Balanced Scorecard (BSC) 88
Balkenplan 257
Basisplan 303

Stichwortverzeichnis

Bauprojekte 26
Bedeutung des Projektabschlusses 40
Bedürfnispyramide 317
Begriffe des Systemdenkens 204
Belastungsdiagramm 363
Belegungsplan 269
Benutzervertreter 61
Beobachtung 335
Beratungsgremium 59
Bereichskoordinatoren 60
Berichtsarten 407
Berichtspflichten 401
Berichtswesen 406
Beschaffung 281
Beschaffungsprozess 282
Best Case-Schätzung 262
Best Practices nach OPM3® 473
Bestandteile eines Projektmanagement-Systems 466
Bestellmenge, optimale 282
Bestimmung der Projektklasse 24
Betaverteilung 389
Beteiligung der Personalvertretungen 166
Beteiligungsanalyse 164
Betroffenheitsanalyse 154, 155
Bewilligungsgremium 54, 500
Bewilligungsgremien nach Projektklassen 55
Beziehungen 204
Botschaftsarten 417

Bruttokapazität 271
Budget at Completion (BAC) 368
Budgetfreigabe 298
Burn-Down-Rate 346
Business Case 20

CAPM® (Certified Associate in Project Management) 492
Change Management 146
CMMI (Capability Maturity Model Integration) 473
COCOMO 275
Codierung 237
Collective Mind 39
Collective Mind-Methode 39
Controlling-Funktionen 329
Controlling-Konzept 334
Cost Performance Index (CPI) 370
Cost Variance (CV) 370
Critical Chain 260
Crystal 196

DART 342
DART-Prinzip 190
DART-Projektstatus 345
Datengewinnung, teamorientierte 335
Decision Committee 54
Definition of done 198
Dekomposition 234
Diagnose und Steuerung 306
Dienstvertrag 285
DIN 69901:2009 42
Dokumentation 410

Dokumentationsregeln 413
Dokumentationsverfahren 410
Drei-Punkt-Schätzung 253
Dreiecksverteilung 389
Drum-Ressourcen 119

Earned Value-Analyse 368
Earned Value-Kennzahlen 513
EFQM-Modell 461
Eignung der Matrix-Projektorganisation 64
Eignung der Reinen Projektorganisation 66
Eignung der Stabs- oder Einfluss-Projektorganisation 63
Einflussgrößenanalyse 208
Einkauf 282
Einsatzmittel 266
Einsatzmittelarten 267
Einsatzplanung, kapazitätstreue 270
Einsatzplanung, termintreue 270
Einschätzung des Fertigstellungsgrads 339
Eintrittswahrscheinlichkeit 380
Einzelprojektorganisation 48
Eisberg-Modell 520
Element 204
Elemente des Projektmarketings 167
Ende-Anfang-Beziehung 247

Ende-Ende-Beziehung 248
Erfolgreiches Projektmanagement 17
Erfolgsfaktoren, harte 93, 94
Erfolgsfaktoren, weiche 95, 96
Ergebniserwartungen 303
Ergebniserwartung des Antragstellers 103
Ergebnisqualität 352
Erhaltung 186
Eskalaion 441
Eskalationsgrenze 441
Estimate at Completion (EAC) 370
Estimate to Complete (ETC) 371
Eventualmaßnahmen 390
Expected Monetary Value (EMV) 388
Expertenbefragung 279
Externe Berater 61
EXtreme Programming (XP) 195
Eye of Competence 46

Fachbeauftragte 59
Fast Lane 118
Feature Driven Development (FDD) 196
Feedback 324
Feedbackkultur 325
Fehlerklassen 349
Fehlerkultur 457
Fehler-Möglichkeits- und -Einflussanalyse (FMEA) 350

Fehlerstatus in der Software-Entwicklung 351
Fertigstellungsgrad (FGR) 339
Fertigstellungswert (FW) 341
Fertigstellungswertanalyse 341, 512
Festpreis, absoluter 287
Festpreis mit Neufestsetzungsregel 287
Festpreis mit Preisgleitklausel 287
FIFO-Prinzip 269
Finanzmittel 298
Finanzmittelbedarf 301
Fischgrät-Diagramm 355
Flexibilität eines Terminplans 257
Fokussierung der Besten im Projektmanagement 20
Folgebeziehungen 248
Formen der Partizipation 162
Formen der Projektorganisation 62
Forschungsprojekte 27
Fortschrittsermittlung 340
Fortschrittsmessung in IT-Projekten 342
Fortschrittsüberwachung von Anforderungen 344
Freistellungsvereinbarungen 67
Fremdbild 324
Frühester Anfang (FA) 255
Frühestes Ende (FE) 255
Frühwarnsystem 384

Führen 312
Führung 306
Führung und Zusammenarbeit 306
Führungsfunktionen 312
Führungsinstrumente 309
Führungskontinuum 309
Führungsverhalten 308
Funktion von Zielen 214
Funktionen des Multiprojektmanagements 72

Gantt-Chart 257
Gesamtpufferzeit (GP) 255
Gesamtrisiko 390
Geschäftsbereichsleitung 60
Geschäftsbesorgungsvertrag 285
Geschäftsfelder der Stammorganisation 74
Geschäftsfeldmatrix 503
Gesprächsführung, mitarbeiterzentrierte 420
Gesprächsführungstechniken 422
Gesprächsphase 421
Gestaltungsinhalt 202, 207
Gliederungsebene 240
Gliederungsprinzipien 235
GRID-Modell 518
Grundeinstellungen 29
Grundhaltung 422
Gruppenarbeitsplan 172, 314

Handlungsebenen des Projektleiters 38

Handlungsportfolio 113	Kapazitätsabgleich 272	Konfiguration 451
Hard Logic 247	Kapazitätsauslastung 115	Konfigurationsaudit 453
Harvard-Methode 432	Kapazitätsbelastung 272	Konfigurationsmanagement 232, 446, 450
Haubentaucher-Modell 188	Kapitaleinsatzkosten 294	
	Katastrophe 374	Konfigurationsüberwachung 453
Hauptstudie 184	Kaufvertrag 285	
Hochrechnung, additive 370	Kernkompetenzen 75, 503	Konflikte 425
		Konfliktleitfaden 430
Hochrechnung, lineare 370	KEY9-Raster 74	Konfliktpotenziale 428
	Keyplayer-Analyse 129	Konsortialverträge 286
Hot Spots 355	Kick-off-Meeting 169	Koordinationsarbeitspakete 234
Inbound 211	Klassifikationsnummern 238	
Informationsbeziehungen 401		Korrekturmaßnahme 440
	Known unknowns 387	Korridorplanung, rollierende 177
Informationskanäle 400	Kommunikation 416	
Informationsmanagement 398	Kommunikation, informelle 399	Kosten des Projektmanagements 476
Inhalte der Projektdiagnose 331	Kommunikation, nonverbale 416	Kostenarten für Projekte 294
Initiative (Multiprojekt-) 33	Kommunikation, verbale 416	Kostenartenanalyse 366
		Kostenbasisplan 296
Inspektion 348	Kommunikationsformen 404	Kostenganglinie 300
Interessen je Stakeholder 153	Kommunikationsmängel 398	Kostenmanagementplan 296
International Project Management Association (IPMA) 45	Kommunikationsplan 399	Kostenplantabelle 300
	Kommunikationsprobleme 417	Kostenplanung 292
		Kostenplanung, integrierte 298
IPMA Competence Baseline (ICB 3.0) 45	Kommunikationsregeln 419	Kostenstrukturanalyse 366
IPMA Delta Assessment 467	Kompetenz, interkulturelle 326	Kostenvergleichswerte 367
IPMA Level A, B, C oder D 46	Kompetenz des Projektleiters 51	Krise 374, 394
Ishikawa-Diagramm 355	Kompetenzen des Lenkungsausschusses 54	Krisenbewältigung 396
Ist-Erfassung 334		Krisenindikatoren 384
Istkosten 365	Kompetenzniveau 46	Krisenindikatoren, harte 384
Istkostensumme 368	Komplexitätsbewertung 24	
Johari-Fenster 519		Krisenindikatoren, weiche 384
Kano-Analyse 224	Konfidenzintervall 255	Krisensitzung 395

Krisenverlauf	395	
Kritikalität	103	
Kritikgespräch	422	
Kritische Erfolgsfaktoren von Organisationen	88	
Kulturveränderungsprojekte	28	
Lage, zeitliche	255	
Laufbahnen im Projektmanagement	485	
Lebensdauer von Systemen	83	
Leistungskennzahlen	371	
Leistungsunterschied	252	
Leistungsverzeichnis	290	
Leitbild	86	
Leitung IT/Organisation	60	
Lenkungsausschuss	52, 500	
Lernchance	324, 457	
Lernen im Projekt	457	
Lieferobjekt	193, 210	
Lieferobjekte der Projektphasen	211	
Macht und Hierarchie	442	
Machteinflüsse	442	
Magisches Dreieck	215	
Management by Objectives	311	
Management by Systems	311	
Management Summary	408	
Marketingmaßnahmen	168	
Maßnahmen zur Projektsteuerung	440	
Materialkosten	294	
Materialverwaltung	282	
Matrix-Projektorganisation	63	
Matrix-Projektorganisation, schwache	65	
Matrix-Projektorganisation, starke	64	
Meilenstein	249	
Meilensteintrendanalyse (MSTA)	359	
Menschenbilder	310	
Methoden, algorithmische	275	
Methoden, parametrische	275	
Metrik	218	
Mitarbeiterkapazität (MAK)	272	
Modellbildung des Projektgegenstands	203	
Motivation	315, 316	
Motivation, extrinsische	318	
Motivation, intrinsische	318	
MPM	71	
MPM-Funktion	72	
Multiplikatoren	60	
Multiprojektberichtswesen	127	
Multiprojekt-Cockpit	133	
Multiprojektinitiative	77	
Multiprojektleiter	56, 501	
Multiprojektmanagement	71	
Multiprojektmanagement-Modell	73	
Multiprojektperformance-Index (MPI)	476	
Multitasking	119	
Muss-Projekte	90	
Nachfolger	249	
Nachrichtenquadrat	417	
Nettokapazität	271	
Netzwerkdiagramm	250, 509	
Neun-Felder-Matrix für ganzheitliche Veränderungen	147	
Normalfolge	247	
Normen und Richtlinien im Projektmanagement	41	
Notfall	374	
Nutzen des Projektstrukturplans	234	
Nutzungsdauer von Projektergebnissen	98	
Nutzwertanalyse	106	
Nutzwertpunkten	108	
OPM3®-Framework des PMI®	468	
OPM3®-Prozesse	475	
Optimismusfalle	102	
Optische Fortschrittsmessung	345	
Ordnungssystem	233	
Organisationsprojekte	27	
Organisatorische Einordnung des Projektmanagement-Office	57	
Organizational Project Management Maturity Model (OPM3®)	467	
Out-of-line-Kriterien	447	
Outbound	211	
Outsourcing-Projekte	27	

Stichwortverzeichnis

Pareto-Prinzip 353	Planungszyklus 183	Project Excellence 461
Parteien, interessierte 150	PM-Verhaltenskompetenz 150	Project Management Institute (PMI®) 467
Partizipation 160	PMBOK® Guide 43	Project Management Professional® 491
PDCA-Regelkreis 478	PMI-ACP® (PMI Agile Certified Practitioner) 492	Project Performance Report 371
Performance-Anforderungen 225	PMP®-Zertifikat 491	
Personalbeschaffung 281	Pönale 290	Project Steering Committee 52
Personaleinsatzplanung 270	Portfolio 22	Projekt 20
Personalentwicklung für Projektbeteiligte 483	Portfolio-Analyse, 2-dimensionale 110	Projektabschluss 455
	Portfolio-Analyse, 3-dimensionale 111	Projektantrag 84
Personalkosten 294	Portfolio-Management nach PMI® 516	Projektarten 25
PERT-Dauer 253		Projektauftrag 140
PERT-Methode (Project Evaluation and Review Technique) 253	Portfoliomanager 56	Projekt-Basket 93
	Potenzialprojekt 25	Projektberichte 406
	PRAKTIKER-Prinzipien 240	Projektbeteiligte 48
Pflichtenheft 290	Präventivmaßnahmen 390	Projektbewertung 461
PfMP® (Portfolio Management Professional) 492	Preisgestaltung 288	Projektbibliothekar 411
	PRINCE2 20	Projektbudget 296
PgMP® (Program Management Professional) 492	Prinzip der kontinuierlichen Verbesserung 478	Projekt-Cockpit 331
		Projektdokumente 412
	Priorisierungstabelle 109	Projektdurchsatz 119, 120
Phasen der Gesprächsführung 421	Priorisierungsverfahren 105	Projektentstehung 78
Phasen der Gruppenentwicklung 320	Probleme in der Projektarbeit 19	Projekterfolgskriterien 92
		Projektfähigkeit 93
Phasen der Veränderung 147	Product Backlog 198	Projektfehlschläge, aktuelle 18
Phasen des Produktlebenszyklus 82	Product Owner 198	Projektfinanzierung 301
	Produktlebenszyklus 81	Projekthomepage 405
Phasenergebnisse 181	Produktmanagement 80	Projektidentität 166
Plan-Ist-Terminvergleich mit Balkendiagramm 359	Professional Development Units (PDU) 492	Projektklasse 23
Plankostensumme 368		Projektkosten, erwartete 365
Planned Value (PV) 368	Programm 22	Projektkostenrechnung 297
Planung 175	Programmmanagement nach PMI® 517	
Planungsinhalte 36		Projektkultur 32, 95
Planungsphase 183	Programmmanager 55, 501	Projektlebenszyklus 181
Planungsprozess 178		

Projektleiter	50, 499	
Projektlogbuch	410	
Projektmanagement	30	
Projektmanagement-Handbuch des Projekts	304	
Projektmanagement-Informationssystem	132	
Projektmanagement-Modell	31	
Projektmanagement-Normen	495	
Projektmanagement-Office (PMO)	56, 502	
Projektmanagement-Plan	303	
Projektmanagement-Schulungen	486	
Projektmanagement-Software	480	
Projektmanagement-System	464	
Projektmarketing	166	
Projektmitarbeiter	51, 499	
Projekt-Office (PO)	51, 502	
Projektorganigramme	67	
Projektorganisation, autonome	65	
Projektorganisation, reine	65	
Projektpersonal	483	
Projektphasen	182	
Projektprofil	462	
Projektpuffer	261	
Projektrahmenorganisation	48	
Projektreferenz	460	
Projektreserve	132	
Projektsitzung, erste	170	
Projektstrategie	32	
Projektstrukturen	33, 232	
Projektstrukturplan	233	
Projektstrukturplan für ein Bauprojekt	237	
Projektstrukturplan für ein Organisationsprojekt	235	
Projektstrukturplan für ein technisches Projekt	236	
Projektstrukturplan, tabellarischer	507	
Projekttagebuch	414	
Projektumfeld	150	
Projektverantwortung	138	
Projektwilligkeit	95	
Protokollführung, offene	173, 315	
Prototyping	188	
Prozentsatzverfahren	277	
Prozess	79	
Prozessanalyse	315, 458	
Prozesshaus	42	
Prozesshaus der DIN 69901:2009	43	
Prozessmanagement	80	
Prozessverbesserungsstufen	467	
Prozessvermögen der Organisation	44	
Prüffragen	348	
Prüfobjekte	348	
Prüfung von Vorhaben	86	
Prüfungsprozess	101	
Puffer, freie	257	
Puffer für Unvorhergesehenes	260	
Pufferberechnung	510	
Pufferverbrauch	361	
Pufferzeiten	255	
QFD	227	
Qualifikationsstufe	252	
Qualität	229	
Qualität des Projektmanagement	463	
Qualitätsaudit	348	
Qualitätsbewertung	335	
Qualitätskosten	229	
Qualitätsmanagement in Projekten	229	
Qualitätsmanagementplan	230	
Qualitätsregelkarte	230	
Qualitätsstatus	349	
Quality Function Deployment	227	
Quality Gates	181	
Quick-wins	223	
Rahmenbedingungen	209	
Rational Unified Process	189	
Reaktionen, adaptive	158	
Reaktionszeit von Statusberichten	333	
Refactoring	196	
Referenzmodell	466	
Regelkreis der Diagnose und Steuerung	330	
Regeln der Zusammenarbeit	173	
Regeln, heuristische	121	
Regeltätigkeiten	115	

Stichwortverzeichnis

Reifegradstufen des IPMA Delta Assessment 470
Ressourcen 267
Ressourcenallokation 117
Ressourcenanforderungen 252
Ressourcenarten 267
Ressourcenbelastung 273
Ressourcengruppe 252
Ressourcenhistogramm 272
Ressourcenkonflikte 273
Ressourcenmanagement, engpassorientiertes 119
Ressourcenplanung 266
Ressourcenplanung, übergreifende 115
Ressourcenpuffer 264
Restkosten 365
Restriktionen 209
Retrospektive 199
Reviewprotokoll 349
Reviews 348
Risiko 210
Risikoabsicherung 391
Risikoanalyse 374
Risikoanalyse, qualitative 379
Risikoanalyse, quantitative 387
Risikobewältigung 390
Risikocheckliste 376
Risiko-Controlling 384, 392
Risikoeinschätzung 379
Risikoeinschätzung, qualitative 382
Risikoentwicklungen 393

Risikoereignis 380
Risikoklasse 382
Risikolage 393
Risikomanagement 374
Risikomanagementplan 375, 391
Risikoportfolio 383
Risikoregister 210, 378
Risikostrukturplan 378
Risikoursachen 385
Risikowert 379
Risikowert, quantitativer 387
Roadmap 71
Rollen der Projektorganisation 49
Rollen im Projekt 50
Rollenmodelle 313
Rollenverständnis in Projekten 48
Rückmeldeinhalte 334
Rückwärtsrechnung 255, 509
Rule of seven 231

Sach- und Dienstleistungskosten 294
Sachmittel 269
Schadensereignis 379
Schadenshöhe eines Risikos 380
Schadensstufen 381
Schätzpoker 280
Schedule Performance Index (SPI) 369
Schedule Variance (SV) 369
Schlichtung im Projekt 442
Schnittstelle zur Linie 64

Schwarze Schwäne 374
Schwellenwerte für die Projektfreigabe 106
Scoring der Komplexität 24
Scrum 197
Scrum-Master 198
Sekundärorganisation 21
Sekundärrisiken 390
Selbstbild 324
Selbstkostenerstattungspreis 287
Selbstkostenerstattungspreis mit Prämienregulierung 288
Selbstreflexion 444
Sensitivitätsanalyse 101
SEUSAG 205
Sicherheitspuffer 260
Sitzung des Lenkungsausschusses 445
Sitzungen von Bewilligungsgremien 122
SMART 216
Soft Logic 247
Sozialkompetenz 149
Spätester Anfang (SA) 255
Spätestes Ende (SE) 255
Spielräume 131
Spiralmodell 193
Sponsor 52
Sponsoren, formelle und informelle 52
Sprint Planning Meeting 198
Sprints 198
Stabs- oder Einfluss-Projektorganisation 62
Stakeholder 150

Stichwortverzeichnis

Stakeholder-Analyse 151
Stakeholder-Portfolio 152
Stakeholder-Zielmatrix 219
Stammorganisation 76
Standardabweichung 253
Statuslinie 358
Statusüberblick 130
Stellenwert der Projektarbeit 25
Stellenwert des Projektmanagements 74
Steuerungsprozess 439
Störung 374
Strategie 86
Strategiebeitrag von Projektportfolios 91
Strategiebezug von Projekten 89
Strukturplan, funktionsorientierter 236
Strukturplan, objektorientierter 236
Strukturplan, phasenorientierter 235
System 203
Systemabgrenzung 206
Systembau 185
Systemdiagramm 151, 207
Systemkosten 297
Systemmanagement 83
Systemplanung 202
Systems Engineering 202
Systemziele 215

Taxonomie der IPMA 496
Teambildung 319
Teamdiagnose 323
Teamfähigkeit 159
Teamsteuerung 321
Techniken der Projektdiagnose 337
Teilbereiche, projektorientierte 66
Teilstudien 185
Teilsystem 204
Termineinschränkungen 247
Terminkonflikte 259
Terminliste 358
Terminmanagementplan 245
Terminplan beschleunigen 258
Terminverschiebung 259
Test 349
Testobjekte 349
Testprotokoll 349
Testverfahren 349
Teufelskreis von Konflikten 427
Timeboxing 200
Traceability matrix 222
Tragweite 380
Triage 102
Typisierung von Projektarten 26

Überlappung von Vorgängen 248
Überwachungszyklus 332
Umgang mit Macht und Hierarchie 443
Umsystem 204
Unified Modeling Language (UML) 189
Unknown unknowns 387
Unsicherheit von Zeitschätzungen 253

Unsicherheiten 387
Unternehmenskultur 28
Unternehmenskultur, kooperative 29
Unternehmensleitung 58
Untersystem 204
Ursache-Wirkungs-Netzwerk 355
Ursachen von Widerständen 158
Ursachenanalyse 354
User Story 198
USP 226

V-Modell XT 191, 193
V-Welt 192
Variance at Completion (VAC) 370
Varianz 253
Veränderungen im Projektportfolio 134
Veränderungsenergie 148
Verantwortung des Projektleiters 51
Verantwortungsebene 247
Verbesserungsinitiativen 479
Verfügbarkeitstabelle 362
Vergleichsmethoden 276
Verhandlungen 284, 430
Verhandlungsführung 431
Verkaufen der Projektidee 121
Verrechnung von Projektleistungen 125
Versionenkonzept 188
Verteilungsschlüssel für Projektkosten 126
Verträge mit Unterauftragnehmern 286

Vertragsarten	285	
Vertragsbeziehungen	286	
Vertragsformen	284	
Vertragsgegenstand	285	
Vertragsinhalte	289	
Vertragsparteien	285	
Vertragsstrafen	290	
Voice of the customer	222	
Volere-Schema	221	
Voraussetzungen für Partizipation	162	
Vorbereitung eines Konfliktgesprächs	429	
Vorgänge	246	
Vorgänge, kritische	256	
Vorgänger	249	
Vorgangsfolgen	247	
Vorgangsfolgen, erzwungene	247	
Vorgangsknotennetzplan (VKN)	250	
Vorgangsliste	249	
Vorgehen, empirisches	181	
Vorgehen, iteratives	189	
Vorgehen, konzeptionelles	181	
Vorgehen, phasenorientiertes	181	
Vorgehenskosten	296	
Vorgehensmodell	180	
Vorgehensmodell nach Götz Schmidt	183	
Vorgehensprinzipien	180	
Vorgehensziele	215	
Vorhaben nach Status und Priorität	131	
Vorselektion	101	
Vorstudie	184	
Vorwärtsrechnung	255, 509	
Vorziehzeit	248	
Wahl der Projektaufbauorganisation	498	
Wahrscheinlichkeitsverteilungen	389	
Walkthrough	348	
Wasserfallmodell	182	
Weisungsbefugnisse in einem Projekt	67	
Weg, kritischer	256	
Werkvertrag	285	
Werkzeuge, interkulturelle	327	
Wertesysteme	32	
Widerstände	156	
WIP	117	
Wirtschaftlichkeit von Projektideen	97	
Wirtschaftlichkeitsrechnung	98, 100	
Wissensgebiete des PMBOK®	45	
Wissensmanagement	468	
Work Breakdown Structure	233	
Work-in-Process	117	
X-, Y-Theorie	310	
Zeit- und Materialverträge	288	
Zeitdauer, ressourcenabhängige	252	
Zeitpunkt der Partizipation	164	
Zertifizierung der Organisation	466	
Zertifizierung von Projektmanagern	487	
Zertifizierungsstufen der PM-Zert	488	
Zertifizierungsverfahren	487	
Zertifizierungsverfahren der IPMA	488	
Zertifizierungsverfahren der PM-Zert	490	
Ziel	213	
Zielbildungsprozess	216	
Ziele, operationalisierte	218	
Ziele der Partizipation	161	
Zielhierarchie	218	
Zielstruktur, gewichtete	220	
Zinsfuß, interner	101	
Zuführungspuffer	263	
Zuhören, aktives	417	
Zwei-Faktoren-Theorie	318	